INTRODUCCIÓN

25 AÑOS DEL PRIMER EVANGELIO ANUAL (1997-2021)

Llegamos con esta edición al XXV Aniversario del primer Evangelio que apareció en la Iglesia para cada día del año: 1997. Desde entonces, el Señor me ha hecho el regalo de poder preparar cada año el Evangelio del año siguiente: en 1996, el primero, de 1997. Y así he llegado al número/año 25: Evangelio 2021, con el que alcanzamos los ***16 millones de ejemplares.*** Los primeros años era una experiencia única: para mí y para quienes iban conociéndolo y dándolo a conocer. En el primer decenio del nuevo siglo aparecieron los primeros plagios: ediciones prácticamente iguales: en España (unas 30 editoriales) y en América hispana (varias docenas). Como periodista y editor, era consciente de que la ley protege la propiedad de Autor, y más de uno intentó persuadirme que denunciara los plagios. Pero, gracias a Dios, se impuso mi criterio de sacerdote dominico: cuantas más ediciones del Evangelio haya, más lectores tendrá la Palabra de Vida. Santo Domingo fundó la Orden de Predicadores en el siglo XIII para predicar la Palabra de Dios. Y, a los veinticinco años, con más de dieciséis millones de ejemplares de este Evangelio anual, el sentimiento que sobresale en mi corazón es decirle a Jesús: Señor, hermano y amigo mío: *¡GRACIAS por el gran regalo que nos has hecho a mí y a mis lectores, desde 1997 hasta 2021, de elegirme para ser pionero de esta iniciativa, y de llevar tu Vida y tu Palabra a tantos millones de hombres y mujeres de los siglos XX y XXI!*

Año Santo Compostelano

La propaganda de la Xunta de Galicia inventó la denominación de ***Año Jacobeo.*** Yo prefiero continuar con el nombre clásico en la Iglesia: ***Año Santo Compostelano.*** Con este pequeño gran libro nos unimos a todos los católicos del mundo en leer y meditar el mismo Evangelio de la misa de cada día. Y nos unimos a todos los españoles e hispanos para honrar la memoria del Apóstol que Jesús eligió para traer el Evangelio a España, y desde España a toda América, y a todo Oriente a través de Filipinas. Y no solo honrar la memoria, sino también agradecer a Dios que nos lo enviara y que haya hecho y siga haciendo una historia de salvación durante su vida en el siglo I, y en los veinte siglos siguientes desde su sepulcro en la catedral compostelana. Con el coro y el pueblo cristiano junto al sepulcro del apóstol de Cristo, le cantamos: *Santo adalid, patrón de las Españas, / amigo del Señor, / defiende a tus discípulos queridos, / protege a tu nación. / Las armas victoriosas del cristiano / venimos a templar / en el sagrado y encendido fuego / de tu devoto altar. / Firme y segura como aquella columna / que te entregó la Madre de Jesús / será en España la Santa Fe cristiana, / bien celestial que nos legaste tú.*

VIII Centenario de la Muerte de Santo Domingo

Del siglo I, al siglo XIII. De Santiago el Mayor que nos trajo el Evangelio, al mejor de los Guzmanes, nacido en Caleruega (Burgos) hacia 1174, y muerto en Bolonia el 6 de agosto de 1221: se cumplen este año 800 años, VIII Centenario de la Muerte de Santo Domingo de Guzmán, fundador de la Orden de Predicadores, para anunciar el Evangelio. La Iglesia en España, fecunda en santos fundadores, tiene el primero en Santo Domingo: muerto hace 800 años, sigue vivo y evangelizando la sociedad y la cultura por medio de sus hijos, los dominicos. El papa Benedicto XVI, en su obra *Jesús de Nazaret (Madrid, 2011, tomo 2, págs. 337-338)* habla de tres "venidas de Cristo": la *primera* que inauguró nuestra era, la *última* que clausurará los tiempos, y la *intermedia*, entre ambas, por medio de personas y acontecimientos. Y dice: *Hay modalidades de esta venida que hacen época. El impacto de dos grandes figuras -Francisco y Domingo- entre los siglos XII y XIII, fue un modo en que Cristo entró de nuevo en la historia, haciendo valer nuevamente su palabra y su amor: un modo con el cual renovó la Iglesia e impulsó la historia hacia Él.* Los últimos ocho siglos han cantado las glorias de Domingo de Guzmán, el enamorado de Cristo, de María, de cuyo Rosario puso las bases en su Orden Dominicana, y de la Iglesia, a la que sirvió sin reservas. Domingo guardaba la Palabra en su corazón -siempre llevaba consigo el *Evangelio según San Mateo* que sabía de memoria- y predicaba con entusiasmo contagioso. Solo hablaba con Dios (*oración*) o de Dios (*predicación*).

500 años de la Conversión de San Ignacio de Loyola.

El 20 de mayo de 1521, cuando tenía treinta años, Íñigo fue gravemente herido en la Batalla de Pamplona, asediada por los franceses. Amigo de la lectura, en su convalecencia pidió a su familia libros para llenar el tiempo. Esperaba algunos "libros de caballerías", las novelas de su tiempo, muy en la línea de su vida y amoríos que había tenido en su juventud. Pero le dieron dos muy distintos: la *Vita Christi*, la *Vida de Cristo*, del Cartujano, y *Flos sanctorum,* las *vidas de los santos* del dominico Jacobo de Varazze (o Vorágine, 1228 -1298). El mismo Ignacio dictó al P. Gonçalves de Cámara cómo fue su conversión, publicada en el *Relato del Pelegrino*, su "autobiografía": "Leyendo la vida de Nuestro Señor y de los santos, se paraba a pensar: ¿qué sería si yo hiciese esto que hizo San Francisco, y esto que hizo Santo Domingo? Santo Domingo hizo esto; pues yo lo tengo de hacer. San Francisco hizo esto; pues yo lo tengo de hacer". Atrás quedaba una vida mundana y encaminaba sus pasos hacia el cristiano Ignacio de Loyola, sus "Ejercicios Espirituales" y, sobre todo, la Compañía de Jesús.

Evangelio 2021, con los santos Santiago, Domingo e Ignacio

Los orígenes de la fe cristiana en España, el castellano de la primavera medieval de la Iglesia, y el vasco universal en el Siglo de Oro de España, de la mano de Colón, Velázquez, Cervantes... Tres momentos sobresalientes de nuestra historia, tres personajes gigantescos de nuestro cristianismo.

Cuando España ha caminado con el Evangelio -recibido y propagado por todo el mundo- ha alcanzado las cimas más altas de su historia. Cuando le da la espalda, es infiel a su destino universal y pierde el espíritu que le da vida y sentido, y el norte que le asegura el buen camino y el éxito histórico.

Es lo mismo que ocurre en tu vida y en la mía; se cumple la palabra de Jesús: *"Sin mí no podéis hacer nada"* (Juan 15,5: ver Evangelio del 5 de mayo). Lo bueno que hayamos podido hacer tú y yo en estos últimos 25 años ha nacido de nuestra unión con Cristo y con su Palabra de Vida que ofrece el Evangelio.

GRACIAS, Señor. Gracias, amigos colaboradores, distribuidores, libreros y lectores.

José Antonio Martínez Puche, O.P.
Convento Santo Domingo en Torrent-Valencia
6 abril 2020, 601 Aniversario de la Muerte de San Vicente Ferrer

EVANGELIO 2021
CON EL PAPA FRANCISCO - Ciclo B
AÑO SANTO COMPOSTELANO
VIII CENTENARIO MUERTE SANTO DOMINGO
500 AÑOS CONVERSIÓN SAN IGNACIO

TEXTO OFICIAL DE LA LITURGIA ESPAÑOLA

Con licencia eclesiástica

- **EVANGELIO DE LA EUCARISTÍA DIARIA Y LAS TRES LECTURAS DE LOS DOMINGOS**

CADA DÍA:
- **Comentario del Papa Francisco.**
- **Oración-reflexión.**
- **Calendario litúrgico.**
- **Santoral oficial de la Iglesia con cuadros o fotos.**

ANEXOS:
- **Índice de Santos.**
- **Oraciones y vida cristiana, con las oraciones del cristiano y preces por enfermos, moribundos y difuntos.**
- **Biblioteca básica cristiana: libros, audiolibros, música, películas.**

Preparado por
JOSÉ A. MARTÍNEZ PUCHE, dominico

EDIBESA. Juan de Urbieta, 51 28007 MADRID
Tel. 91 345 19 92 • email: edibesa@edibesa.com
www.edibesa.com

Colaboración de Don Ángel Martínez Puche,
Miembro de la Fraternidad Sacerdotal de Santo Domingo.
Capellán del Hospital General de Ntra. Sra. de la Arrixaca, de Murcia

A todas las víctimas del coronavirus:
los que pagaron con su vida:
que hayan alcanzado la VIDA ETERNA;
y los que lo vencieron: que vivan para Dios.
A los héroes de la pandemia:
los que les ayudaron a curarse o a bien morir.

Y a todos los que compartieron con nosotros la lectura y meditación
del Evangelio anual en estos 25 Años:
¡EN EL CIELO NOS VEREMOS!

Lecturas: Texto oficial de la Iglesia católica,
Enseñanzas del Papa Francisco.
Textos: José Antonio Martínez Puche, O. P.
Maquetación: Impresa.

Sede Social: Plaza Concilio de Trento, s/n 37001 SALAMANCA

Administración y pedidos: c/ Juan de Urbieta, 51 28007 MADRID
Tlf.: 91 345 19 92 - www.edibesa.com - E-mail: info@edibesa.com

SIGLAS DE LOS SANTOS Y BEATOS

(Si son varios, acaban en «s»)

ab	abad, abadesa	**em**	emperador, emperatriz	**ob**	obispo
ap	apóstol	**er**	ermitaño, anacoreta	**pb**	presbítero
AT	Antiguo Testamento	**es**	esposo, esposa	**pf**	padre de familia
cf	confesor	**ev**	Evangelista	**pp**	papa
co	compañeros	**la**	laico, laica	**prof**	profeta
ct	catequista	**mf**	madre de familia	**re**	rey, reina
dc	doctor de la Iglesia	**mj**	monje, monja	**rl**	religioso, religiosa
di	diácono	**mr**	mártir	**vd**	viuda
		NT	Nuevo Testamento	**vg**	virgen

LECTURA DE LA PALABRA EN CLIMA DE ORACIÓN

1. **Hago silencio,** *exterior e interior.*
   Estoy en la presencia del Señor
   Contemplo a Dios que me quiere, me acoge, me escucha, me habla.
2. **Petición:**
   Humildemente te pido, a ti, Señor, que eres la luz verdadera y la fuente misma de toda luz, que, meditando fielmente tu Palabra, viva siempre en tu claridad.
   Por Jesucristo, tu Hijo, nuestro Señor.
3. **Palabra de Dios**
   Leo tranquila y detenidamente el texto evangélico para hoy, en comunión con toda la Iglesia. Me fijo bien en todos los detalles.
4. **Ante la Palabra leída**
   –¿Qué dice este texto? *(Lectura honda: personas, circunstancias, actitudes...).*
   –¿Qué me dice a mí, personalmente? *(Meditación).*
   –Desde esto, ¿qué te digo yo ahora, Señor? *(Oración).*
   –¡Quiero identificarme contigo, Señor! ¿Qué hacer?
   (Contemplación, iluminación de mi vida concreta).
5. **Oración**
   Hay una oración-reflexión propia de cada día, como inicio de respuesta al texto evangélico. Al final puede añadirse la siguiente:
   Gracias, Señor, por tu presencia y tu cercanía en este rato de oración; y por la luz y la fuerza que me has dado. Ayúdame a vivir según tu voluntad y sirviendo siempre a mis hermanos. Por Jesucristo, tu Hijo, nuestro Señor.

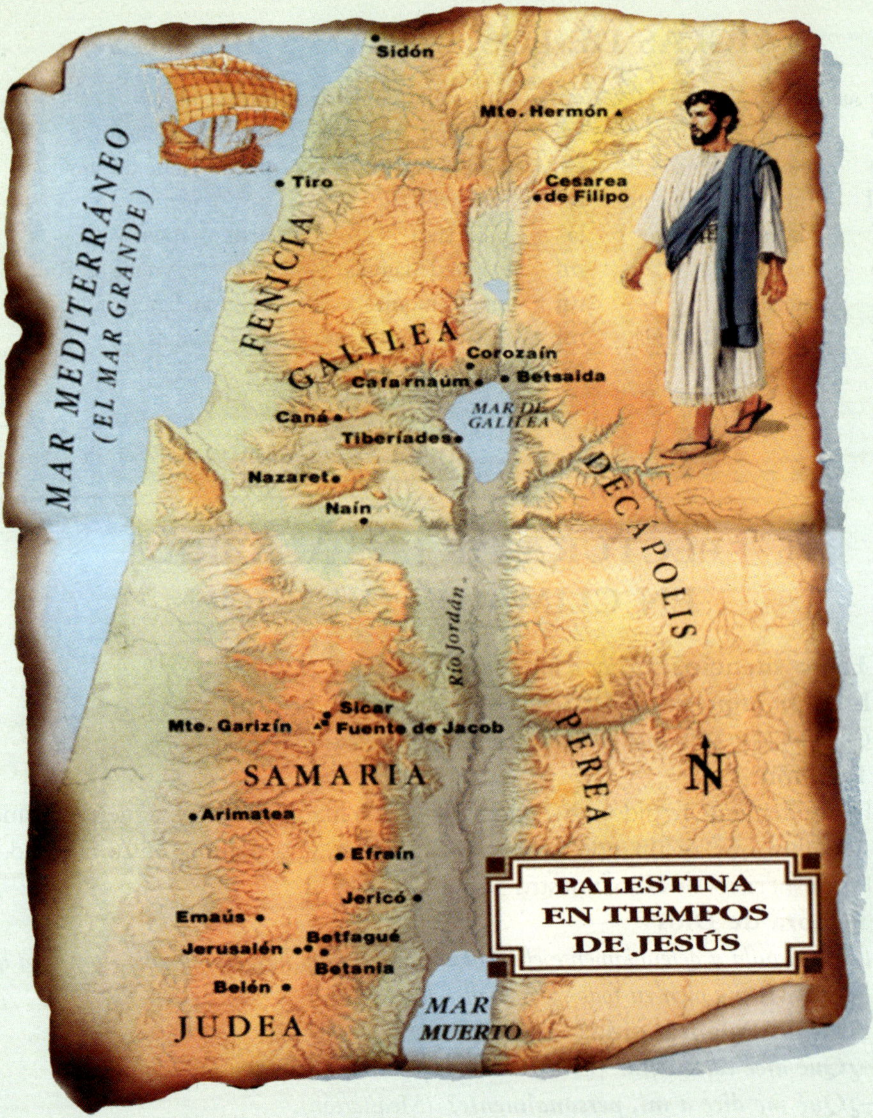

Los Santos Lugares se deben salvaguardar en su sacralidad, tutelando así no solo el legado del pasado, sino también a las personas que los visitan hoy y que los visitarán en el futuro. Que Jerusalén sea verdaderamente la Ciudad de la paz. Que resplandezca plenamente su identidad y su carácter sagrado, su valor universal, religioso y cultural, como tesoro para toda la humanidad. Qué bello que los peregrinos y los residentes puedan acudir libremente a los Lugares Santos y participar en las celebraciones.

Franciscus

ENERO

María es la Madre de Dios ("Theotókos"), pues por obra del Espíritu Santo concibió en su seno virginal y dio al mundo a Jesucristo, el Hijo de Dios. La Encarnación encuentra su prolongación en el misterio de la Iglesia, cuerpo de Cristo.
(San Juan Pablo II, "Redemptoris Mater", 5)

ENERO

1

VIERNES

Tiempo de Navidad "Liturgia de las horas": Tomo I - Salterio 1ª semana

SOLEMNIDAD DE SANTA MARÍA, MADRE DE DIOS.

Manuel (Enmanuel),
San Fulgencio de Ruspe *ob*

JORNADA MUNDIAL POR LA PAZ

MARÍA, MADRE DE DIOS

Papa Francisco: Hoy celebramos a la **Santa Madre de Dios.** Al igual que los pastores de Belén, permanecemos con la mirada fija en ella y en el Niño que tiene en sus brazos. Y de esta manera, mostrándonos a Jesús, el Salvador del mundo, ella, la Madre, nos bendice. Es la bendición de Dios lo que da sustancia a todos los buenos deseos que se intercambian en estos días. Y hoy, la liturgia evoca la antigua bendición con la que los sacerdotes israelitas bendecían al pueblo: «El Señor te bendiga y te proteja, ilumine su rostro sobre ti y te conceda su favor; el Señor se fije en ti y te conceda la paz». Hoy celebramos la 54ª **Jornada Mundial por la Paz.** Todos somos responsables de la vida de la "ciudad", del bien común; y cada uno tiene su parte al servicio de la paz. Que la Santa Madre de Dios nos ayude en este compromiso diario *(1-1-2019).*

PALABRA

• ***Números*** 6,22-27: El Señor habló a Moisés: «Di a Aarón y a sus hijos, esta es la fórmula con que bendeciréis a los hijos de Israel: "El Señor te bendiga y te proteja, ilumine su rostro sobre ti y te conceda su favor; el Señor se fije en ti y te conceda la paz". Así invocarán mi nombre sobre los israelitas y yo los bendeciré».

• *Salmo* 66,2-8: ***Que Dios tenga piedad y nos bendiga.***

• *Gálatas* 4,4-7: Cuando llegó la plenitud del tiempo, envió Dios a su Hijo, nacido de mujer, nacido bajo la ley, para rescatar a los que estaban bajo la ley, para que recibiéramos la adopción filial. Como sois hijos, Dios envió a nuestros corazones el Espíritu de su Hijo que clama: "¡Abba", Padre!». Así que ya no eres esclavo, sino hijo; y si eres hijo, eres también heredero por voluntad de Dios.

• **LUCAS 2,16-21:** Los pastores fueron corriendo hacia Belén y encontraron a María y a José, y al niño acostado en el pesebre. Al verlo, contaron lo que les habían dicho de aquel niño. Todos los que lo oían se admiraban de lo que les habían dicho los pastores. María, por su parte, conservaba todas estas cosas, meditándolas en su corazón. Y se volvieron los pastores dando gloria y alabanza a Dios por todo lo que habían oído y visto, conforme a lo que se les había dicho. Cuando se cumplieron los ocho días para circuncidar al niño, le pusieron por nombre Jesús, como lo había llamado el ángel antes de su concepción.

ORACIÓN

JESÚS, mi primera palabra en este año nuevo es ¡GRACIAS! Gracias, por tantos bienes recibidos de tu bondad a lo largo del año 2020. La segunda, PERDÓN: no siempre he respondido fielmente a tu generosidad. La tercera palabra quisiera decírsela a la MADRE, de la que naciste y compartes conmigo: *Santa María, Madre de Dios, ruega por mí, pecador, ahora y durante todos los días de 2021.* Contigo, Príncipe de la Paz, y con ella, Reina de la Paz, seré instrumento de paz, en este mundo tan castigado por el coronavirus devastador.

Santos BASILIO y GREGORIO ***obs docs*,**
Adalardo de Corbie ***ab***

Papa Francisco: *«En medio de vosotros hay uno que no conocéis...».* Para conocer a Jesús está la oración, el Espíritu Santo. Un buen sistema es tomar el Evangelio todos los días. Es importante llevar siempre consigo un Evangelio, quizás el de bolsillo, que es pequeñito, para llevarlo en el bolsillo, en el bolso, siempre conmigo. Teniéndolo siempre al alcance de la mano, se puede leer todos los días un pasaje del Evangelio: es el único modo de conocer a Jesús, de saber qué ha hecho, qué ha dicho. Y esto trabaja por dentro: es el Espíritu Santo quien hace el trabajo después. Esto es la semilla. Quien hace germinar y crecer la semilla es el Espíritu Santo *(7-1-2017).*

PALABRA

Este es el testimonio de Juan, cuando los judíos enviaron desde Jerusalén sacerdotes y levitas a que le preguntaran: «¿Tú quién eres?». Él confesó y no negó; confesó: «Yo no soy el Mesías». Le preguntaron: «¿Entonces, qué? ¿Eres tú Elías?». Él dijo: «No lo soy». «¿Eres tú el Profeta?». Respondió: «No».Y le dijeron: «¿Quién eres, para que podamos dar una respuesta a los que nos han enviado? ¿Qué dices de ti mismo?». Él contestó: «Yo soy la voz que grita en el desierto: "Allanad el camino del Señor", como dijo el profeta Isaías». Entre los enviados había fariseos y le preguntaron: «Entonces, ¿por qué bautizas si tú no eres el Mesías, ni Elías, ni el Profeta?». Juan les respondió: «Yo bautizo con agua; en medio de vosotros hay uno que no conocéis, el que viene detrás de mí, y al que no soy digno de desatar la correa de la sandalia». Esto pasaba en Betania, en la otra orilla del Jordán, donde Juan estaba bautizando.

1 Juan 2, 22-28; ***Salmo*** 97, 1bcde-4 • **JUAN 1, 19-28**

ORACIÓN

JESÚS, Juan me dice unas palabras preocupantes: "En medio de vosotros hay uno que no conocéis", y ese "uno" eres tú. ¿Cómo puedo vivir sin conocerte cada día mejor, para amarte más cada día? Tú me dices que "esta es la vida eterna: conocer a tu Padre y a su enviado, Jesucristo" *(Juan 17,3).* Y no me hablas de la vida después de la muerte, cuando te veré cara a cara, sino de esta vida, en la que desde mi bautismo tengo la vida eterna que me da la fe. Tú me quieres como amigo. Y si yo no te conozco, no conozco lo único que merece la alegría de conocer. Quiero dedicar este 2021 a progresar en "conocer al Padre y a su enviado". Lo demás, no me importa. ***Los confines de la tierra han contemplado la salvación de nuestro Dios*** (Salmo 97,3cd).

ENERO

3

DOMINGO

DOMINGO II DESPUÉS DE NAVIDAD Tomo I - Salterio 2ª semana

SANTÍSIMO NOMBRE DE JESÚS.

Santos Antero *pp*, Genoveva *vg*, Ciriaco Elías *ob*

Anagrama del NOMBRE DE JESÚS

Papa Francisco: «El Verbo –es decir, la Palabra creadora de Dios– se hace carne y viene a habitar en medio de nosotros» *(Juan 1,14).* Aquella Palabra, que habita en el cielo, o sea, en la dimensión de Dios, viene a la tierra para que nosotros escuchemos y podamos conocer y tocar con la mano el amor del Padre. El Verbo de Dios es el mismo Hijo Unigénito suyo, hecho hombre, lleno de amor y de fidelidad, es el mismo Jesús. El Evangelista no oculta la dramaticidad de la Encarnación del Hijo de Dios, subrayando que al don del amor de Dios se responde con el rechazo por parte de los hombres. El Verbo es la luz, y sin embargo los hombres han preferido las tinieblas. El Verbo viene a su casa, pero los suyos no lo recibieron. Han cerrado la puerta ante la cara del Hijo de Dios. Es el misterio del mal que toma posesión de nuestra vida, y que requiere nuestra vigilancia y atención para que no predomine. El libro del Génesis ofrece una bella frase que nos hace entender esto: dice que el mal "acecha a nuestra puerta". ¡Ay de nosotros si lo dejamos entrar, porque desde dentro de nosotros cerraría nuestra puerta a todos los demás! Nosotros estamos llamados a abrir de par en par la puerta de nuestro corazón a la Palabra de Dios, a Jesús, para llegar a ser así hijos de Dios *(3-1-2016).*

PALABRA

• ***Eclesiástico*** 24,1-2. 8-12: La sabiduría hace su propia alabanza, encuentra su honor en Dios y se gloría en medio de su pueblo. En la asamblea del Altísimo abre su boca y se gloría ante el Poderoso. «El Creador del universo me dio una orden, el que me había creado estableció mi morada y me dijo: "Pon tu tienda en Jacob, y fija tu heredad en Israel". Desde el principio, antes de los siglos, me creó, y nunca jamás dejaré de existir. Ejercí mi ministerio en la Tienda santa delante de él y así me establecí en Sion. En la ciudad amada encontré descanso, y en Jerusalén reside mi poder. Arraigué en un pueblo glorioso, en la porción del Señor, en su heredad».

• ***Salmo*** 147,12-15.19-20 (Juan 1,14): ***El Verbo se hizo carne y habitó entre nosotros.***

• ***Efesios*** 1,3-6.15-18: Bendito sea Dios, Padre de nuestro Señor Jesucristo, que nos ha bendecido en Cristo con toda clase de bienes espirituales en los cielos. Él nos eligió en Cristo, antes de la fundación del mundo, para que fuésemos santos e intachables ante él por el amor. Él nos ha destinado por medio de Jesucristo, según el beneplácito de su voluntad, a ser sus hijos, para alabanza de la gloria de su gracia, que tan generosamente nos ha concedido en el Amado. Por eso, habiendo oído hablar de vuestra fe en Cristo y de vuestro amor a todos los santos, no ceso de dar gracias por vosotros, recordándoos en mis oraciones, a fin de que el Dios de nuestro Señor Jesucristo, el Padre de la gloria, os dé espíritu de sabiduría y revelación para conocerlo, e ilumine los ojos de vuestro corazón para que comprendáis cuál es la esperanza a la que os llama, cuál la riqueza de gloria que da en herencia a los santos.

• **JUAN 1,1-5.9-18:** En el principio existía el Verbo, y el Verbo estaba junto a Dios, y el Verbo era Dios. Él estaba en el principio junto a Dios. Por medio de él se hizo todo, y sin él no se hizo nada de cuanto se ha hecho. En él estaba la vida, y la vida era la luz de los hombres. Y la luz brilla en la tiniebla, y la tiniebla no lo recibió. El Verbo era la luz verdadera, que alumbra a todo hombre, viniendo al mundo. En el mundo estaba; el mundo se hizo por medio de él, y el mundo no lo conoció. Vino a su casa y los suyos no lo recibieron. Pero a cuantos lo recibieron, les dio poder de ser hijos de Dios, a los que creen en su nombre. Estos no han nacido de sangre, ni de deseo de carne, ni de deseo de varón, sino que han nacido de Dios. Y el Verbo se hizo carne y habitó entre nosotros, y hemos contemplado su gloria: gloria como del Unigénito del Padre, lleno de gracia y de verdad. Juan da testimonio de él y grita diciendo: «Este es de quien dije: el que viene detrás de mí se ha puesto delante de mí, porque existía antes que yo». Pues de su plenitud todos hemos recibido, gracia tras gracia. Porque la ley se dio por medio de Moisés, la gracia y la verdad nos han llegado por medio de Jesucristo. A Dios nadie lo ha visto jamás: Dios Unigénito, que está en el seno del Padre, es quien lo ha dado a conocer.

ORACIÓN

JESÚS, JESÚS, JESÚS: En este día de tu Santísimo Nombre, quiero recordar el amor que me tienes, y el amor que quieres que yo tenga a tu Nombre bendito. Tú me amas tanto que no solo te rebajas a hacerte hombre, sino que sigues amándome con amor infinito después de que "viniste a tu casa y los tuyos no te recibimos": quizá, porque teníamos cosas más importantes que hacer... Quiero que mi vida de cada día esté limpia de pecado, digna de un discípulo tuyo, a quien has honrado con el nombre de amigo. Te pido que toda mi existencia transcurra siempre en tu compañía, saboreando tu santo Nombre. Y que mis últimas palabras sean pronunciar con todo mi amor: JESÚS, JESÚS, JESÚS, el Nombre-sobre-todo-nombre, la palabra más dulce y el mejor puente entre esta vida y la Vida a tu lado para siempre.

ENERO

4

LUNES

Lunes 2° Navidad Tomo I - Salterio 2ª semana

**Santos Genoveva Torres *vg*,
Manuel González *ob*,
Zedíslava de Lemberk *mf*,
Isabel Ana Seton *mf***

SAN MANUEL GONZÁLEZ

Papa Francisco: Cuando venía a hablaros, pensé en los jóvenes Apóstoles, pensé en el joven rico, pensé en el joven que se fue a buscar nueva vida con la herencia de su padre, pensé en el joven muerto. Los Apóstoles eran jóvenes, unos no tanto, otros sí. Juan era un muchachito. Y quedaron conmovidos por la figura de Jesús, entusiasmados, con ese estupor que produce cuando uno se encuentra con Jesús. Y van corriendo y le dicen a los amigos: "¡Hemos encontrado al Mesías!" *(26-4-2014).*

PALABRA

Estaba Juan con dos de sus discípulos y, fijándose en Jesús que pasaba, dice: «Este es el Cordero de Dios». Los dos discípulos oyeron sus palabras y siguieron a Jesús. Jesús se volvió y, al ver que lo seguían, les pregunta: «¿Qué buscáis?». Ellos le contestaron: «Rabí (que significa Maestro), ¿dónde vives?». Él les dijo: «Venid y veréis». Entonces fueron, vieron dónde vivía y se quedaron con él aquel día; era como la hora décima *[4 de la tarde]*. Andrés, hermano de Simón Pedro, era uno de los dos que oyeron a Juan y siguieron a Jesús; encuentra primero a su hermano Simón y le dice: «Hemos encontrado al Mesías (que significa Cristo)». Y lo llevó a Jesús. Jesús se le quedó mirando y le dijo: «Tú eres Simón, el hijo de Juan; tú te llamarás Cefas (que se traduce: Pedro)».

1 Juan 3,7-10; ***Salmo*** 97,1bcde.7-9 • **JUAN 1,35-42**

ORACIÓN

JESÚS, Juan el Bautista dedica su vida a anunciarte como el Mesías prometido, te da sus mejores discípulos que serán tus primeros apóstoles: Andrés y Juan; y termina entregando su vida por ti. ¿Qué vieron en ti Andrés y Juan, y luego Pedro y Santiago, para decidir sin titubeos irse contigo y quedarse a tu lado aquel bendito día? ¿Cómo era tu mirada que los fascinó? Cuando tu evangelista Juan tenía casi cien años, recordaba con precisión el día y la hora de su encuentro contigo: serían las cuatro de la tarde. Yo tengo la oportunidad diaria de encontrarme contigo en la Eucaristía. ¡Ah, si mi unión contigo y mi vivir en ti tuvieran el entusiasmo y la fidelidad de Andrés y Juan! ***Los confines de la tierra han contemplado la salvación de nuestro Dios*** *(Salmo 97,3cd).*

S. JUAN NEPOM. NEUMANN

Santos Juan Nepomuceno Neumann *ob*, Deogracias *ob*, Emiliana *vg*. Beato Carlos Houben *pb*

ENERO **5** MARTES

Papa Francisco: "Sígueme". La evangelización no se hace en el sofá. Después del martirio de Esteban estalló una gran persecución en Jerusalén: los cristianos eran perseguidos y los discípulos se dispersaron por todas las regiones de Judea y Samaría. Ese viento de la persecución hizo que los discípulos fueran más allá, y sembraron la palabra de Dios. Hay tres palabras clave en la evangelización: el Espíritu es quien empuja y dice: *"levántate"*, primera palabra; *"acércate"*, segunda palabra; y tercera palabra, *"parte de la situación"*. Exactamente con estas tres palabras se estructura toda la evangelización. Es el Espíritu quien te dice cómo debes ir para llevar la Palabra de Dios. Empieza diciendo: "Levántate y ve"; no existe una evangelización "de sofá". Debe vivirse la segunda palabra: "acércate", que significa «cercanía, acercarse para mirar qué sucede. "Parte de la situación": la tercera palabra. Por tanto, "levántate", "acércate", "parte de la situación": no partir de la teoría, sino de esa pregunta que el Espíritu suscita *(19-4-2018)*.

PALABRA

Determinó Jesús salir para Galilea; encuentra a Felipe y le dice: «Sígueme». Felipe era de Betsaida, ciudad de Andrés y de Pedro. Felipe encuentra a Natanael y le dice: «Aquel de quien escribieron Moisés en la Ley y los profetas, lo hemos encontrado: Jesús, hijo de José, de Nazaret». Natanael le replicó: «¿De Nazaret puede salir algo bueno?». Felipe le contestó: «Ven y verás». Vio Jesús que se acercaba Natanael y dijo de él: «Ahí tenéis a un israelita de verdad, en quien no hay engaño». Natanael le contesta: «¿De qué me conoces?». Jesús le responde: «Antes de que Felipe te llamara, cuando estabas debajo de la higuera, te vi». Natanael respondió: «Rabí, tú eres el Hijo de Dios, tú eres el Rey de Israel». Jesús le contestó: «¿Por haberte dicho que te vi debajo de la higuera, crees? Has de ver cosas mayores». Y le añadió: «En verdad, en verdad os digo: veréis el cielo abierto y a los ángeles de Dios subir y bajar sobre el Hijo del hombre».

1 Juan 3,11-21; ***Salmo*** 99,1-5 • **JUAN 1,43-51**

ORACIÓN

JESÚS, si me has elegido para manifestarme el amor de Amigo que me tienes, no es para que me guarde para mí ese inmenso don, sino para que lo comparta con quienes tengo cerca: hermanos, amigos, compañeros. Así reaccionó Felipe: se encontró contigo, quedó fascinado de tu presencia y corrió a comunicárselo a su amigo Natanael. Tú podrías haber rechazado a Natanael, que más bien se mostró escéptico y te menospreció al saber que eras de Nazaret. Pues sí, de Nazaret salió no solo "algo bueno" sino la fuente de toda Bondad, que eres tú mismo. Dame, Señor, un poco de tu Espíritu, ver cosas mayores: conocerte plenamente y tener una fe en ti tan viva que contagie a otros: después del 2020 ¡qué bien sabemos lo que es contagio! ***Aclama al Señor, tierra entera*** *(Salmo 99, 1)*.

ENERO

6

MIÉRCOLES

SOLEMNIDAD DE LA EPIFANÍA DEL SEÑOR.
Santos Andrés Corsini *ob*, Pedro Tomás *ob*

COLECTA DEL CATEQUISTA NATIVO Y DEL IEME

ADORACIÓN DE LOS MAGOS

Papa Francisco: Hoy es la fiesta de la manifestación de Jesús, simbolizada por la luz: «¡Levántate y resplandece, Jerusalén, porque llega tu luz; la gloria del Señor amanece sobre ti!» *(Isaías 60, 1)*. Los Magos, venidos de Oriente, representan a todos los pueblos lejanos de la fe judía tradicional: se dejan guiar por la estrella y se enfrentan a un largo y arriesgado viaje; se postran ante Jesús y le ofrecen regalos simbólicos: oro, incienso y mirra; la búsqueda del Señor implica también la generosidad del corazón *(6-1-2019)*.

PALABRA

• ***Isaías*** 60,1-6: ¡Levántate y resplandece, Jerusalén, porque llega tu luz; la gloria del Señor amanece sobre ti!
• ***Salmo*** 71,1-2.7-13: ***Se postrarán ante ti, Señor, todos los pueblos de la tierra.***
• ***Efesios*** 3,2-3a.5-6: Habéis oído hablar de la distribución de la gracia de Dios que se me ha dado en favor de vosotros, los gentiles.

• **MATEO 2,1-12:** Habiendo nacido Jesús en Belén de Judea en tiempos del rey Herodes, unos magos de Oriente se presentaron en Jerusalén preguntando: «¿Dónde está el Rey de los judíos que ha nacido? Porque hemos visto salir su estrella y venimos a adorarlo». Al enterarse el rey Herodes, se sobresaltó y todo Jerusalén con él; convocó a los sumos sacerdotes y a los escribas del país, y les preguntó dónde tenía que nacer el Mesías. Ellos le contestaron: «En Belén de Judea, porque así lo ha escrito el profeta: "Y tú, Belén, tierra de Judá, no eres ni mucho menos la última de las poblaciones de Judá; pues de ti saldrá un jefe que pastoreará a mi pueblo Israel"». Entonces Herodes llamó en secreto a los magos para que le precisaran el tiempo en que había aparecido la estrella, y los mandó a Belén diciéndoles: «Id y averiguad cuidadosamente qué hay del niño y, cuando lo encontréis, avisadme, para ir yo también a adorarlo». Ellos, después de oír al rey, se pusieron en camino, y, de pronto, la estrella que habían visto salir comenzó a guiarlos hasta que vino a pararse encima de donde estaba el niño. Al ver la estrella, se llenaron de inmensa alegría. Entraron en la casa, vieron al niño con María, su madre, y cayendo de rodillas lo adoraron; después, abriendo sus cofres, le ofrecieron regalos: oro, incienso y mirra. Y habiendo recibido en sueños un oráculo, para que no volvieran a Herodes, se retiraron a su tierra por otro camino.

ORACIÓN

JESÚS, quiero llevarte el oro de mis mejores deseos; el incienso que descubre en ti, pobre Niño, al Dios que lo creó todo; y la mirra que en ese Dios infinito adora al hombre que se encarnó por amor a mí. ¡Aquí me tienes este año nuevo, para afianzar mi amistad contigo, el Amigo!

S. RAIMUNDO DE PEÑAFORT

Jueves después de Epifanía

ENERO 7 JUEVES

Santos RAIMUNDO DE PEÑAFORT *pb*, Luciano *pb mr*, Ciro *ob mr*

Papa Francisco: ¿Cuáles son los criterios para hacer un buen discernimiento? En esto podéis reconocer el Espíritu de Dios: todo espíritu -toda emoción, toda inspiración que yo siento- que reconoce a Jesucristo venido en la carne, es de Dios; y todo espíritu que no reconoce a Jesús, no es de Dios. El servicio al prójimo, al hermano, a la hermana que tienen necesidad -son tantas las necesidades- incluso de un consejo, de mi oído para ser escuchado: estos son signos de que andamos por el camino del Verbo de Dios que se ha hecho carne *(7-1-2016)*.

PALABRA

Al enterarse Jesús de que habían arrestado a Juan se retiró a Galilea. Dejando Nazaret, se estableció en Cafarnaún, junto al mar, en el territorio de Zabulón y Neftalí, para que se cumpliera lo dicho por medio del profeta Isaías: «Tierra de Zabulón y tierra de Neftalí, camino del mar, al otro lado del Jordán, Galilea de los gentiles. El pueblo que habitaba en tinieblas vio una luz grande; a los que habitaban en tierra y sombras de muerte, una luz les brilló». Desde entonces comenzó Jesús a predicar diciendo: «Convertíos, porque está cerca el reino de los cielos». Jesús recorría toda Galilea, enseñando en sus sinagogas, proclamando el evangelio del reino y curando toda enfermedad y toda dolencia en el pueblo. Su fama se extendió por toda Siria y le traían todos los enfermos aquejados de toda clase de enfermedades y dolores, endemoniados, lunáticos y paralíticos. Y él los curó. Y lo seguían multitudes venidas de Galilea, Decápolis, Jerusalén, Judea y Transjordania.

1 Juan 3, 22 - 4, 6; ***Salmo*** 2, 7-12a • **MATEO 4, 12-17.23-25**

ORACIÓN

JESÚS, me invitas a la conversión, porque está cerca el reino de los cielos, y no puedo dejarlo pasar de largo: que mi vida se ajuste a tu Palabra. Quiero acoger tu invitación como el sediento acepta un vaso de agua fresca, o el hambriento un trozo de pan. Que tu reino de los cielos llegue a mi vida, cure mis dolencias y fortalezca mi debilidad, para que te sirva a ti en mis hermanos necesitados. ***Te daré en herencia las naciones*** *(Salmo 2,8b)*.

ENERO
8
VIERNES

Viernes después de Epifanía

Santos Apolinar *ob*, Severino *ab*, Lorenzo Justiniano *ob*

Papa Francisco: La Iglesia tratará de atender a la familia y sanarla, invitarla a la conversión y reconciliarla con el Señor. Cuánta oración necesita la Iglesia para ser capaz de llevar a cabo esta misión. Una oración llena de amor por la familia y por la vida. Una oración que sabe alegrarse con quien se alegra y sufrir con quien sufre, animada por la compasión del buen Pastor por su rebaño, especialmente por las personas y las familias «extenuadas y abandonadas, como ovejas que no tienen pastor» *(25-3-2015)*.

PALABRA

Jesús vio una multitud y se compadeció de ella, porque andaban como ovejas que no tienen pastor, y se puso a enseñarles muchas cosas. Cuando se hizo tarde se acercaron sus discípulos a decirle: «Estamos en despoblado y ya es muy tarde. Despídelos, que vayan a los cortijos y aldeas de alrededor y se compren de comer». Él les replicó: «Dadles vosotros de comer». Ellos le preguntaron: «¿Vamos a ir a comprar doscientos denarios de pan para darles de comer?». Él les dijo:«¿Cuántos panes tenéis? Id a ver». Cuando lo averiguaron le dijeron: «Cinco, y dos peces». Él les mandó que la gente se recostara sobre la hierba verde en grupos. Ellos se acomodaron por grupos de cien y de cincuenta.Y tomando los cinco panes y los dos peces, alzando la mirada al cielo, pronunció la bendición, partió los panes y se los iba dando a los discípulos para que se los sirvieran.Y repartió entre todos los dos peces. Comieron todos y se saciaron; y recogieron las sobras: doce cestos de pan y de peces. Los que comieron eran cinco mil hombres.

1 Juan 4, 7-10; ***Salmo*** 71, 1-4ab.7-8 • **MARCOS 6, 34-44**

ORACIÓN

JESÚS, tú, que lo creaste todo de la nada, decides no crear de la nada panes y peces para saciar a una multitud hambrienta: «Dadles vosotros de comer». Los cinco panes de mis sentidos y los dos peces -mi entendimiento y mi voluntad- en tus manos hacen maravillas. Aquí me tienes: soy pobre y débil pero, desde lo poco que soy y tengo, de mi pobreza y debilidad sacaré fuerzas para seguir tu consejo y “dar de comer” a quienes tienen menos y conmueven tu corazón.
Se postrarán ante ti, Señor, todos los pueblos de la tierra *(Salmo 71,11)*.

Sábado después de Epifanía

ENERO
9
SÁBADO

Santos EULOGIO DE CÓRDOBA *pb mr*, Adrián *ab*, Marcelino *ob*, Águeda Yi *vg mr*

Papa Francisco: Los doctores de la ley decían la verdad, pero no llegaban al corazón, estaba todo calmado, tranquilo. En cambio, la enseñanza de Jesús provoca estupor, movimiento en el corazón y la gente lo sigue, va detrás de él, porque entiende lo que dice aquel hombre y lo dice con autoridad. La autoridad no es “yo mando, tú haces”. No, es otra cosa, es un don, es una coherencia. Y Jesús recibió este don: la autoridad. Una de las cosas que da la autoridad es la cercanía y Jesús tenía autoridad porque se acercaba a la gente. Él entendía los pecados de la gente: porque era cercano, entendía, acogía, curaba y enseñaba con cercanía *(9-1-2018).*

PALABRA

Después de haberse saciado los cinco mil hombres, Jesús enseguida apremió a los discípulos a que subieran a la barca y se le adelantaran hacia la orilla de Betsaida, mientras él despedía a la gente. Y después de despedirse de ellos, se retiró al monte a orar. Llegada la noche, la barca estaba en mitad del mar, y Jesús, solo, en tierra. Viéndolos fatigados de remar, porque tenían viento contrario, a eso de la cuarta vigilia de la madrugada, fue hacia ellos andando sobre el mar, e hizo ademán de pasar de largo. Ellos, viéndolo andar sobre el mar, pensaron que era un fantasma y dieron un grito, porque todos lo vieron y se asustaron. Pero él habló enseguida con ellos y les dijo: «Ánimo, soy yo, no tengáis miedo». Entró en la barca con ellos y amainó el viento. Ellos estaban en el colmo del estupor, pues no habían comprendido lo de los panes, porque tenían la mente embotada.

1 Juan 4, 11-18; ***Salmo*** 71, 1-2.10-13 • **MARCOS 6, 45-52**

ORACIÓN

JESÚS, no, no pases de largo: también los vientos que corren en nuestro tiempo son contrarios al soplo de tu Espíritu. Entra en mi barca, ven a mi vida, y contigo lo podré todo, incluso el coronavirus, si te acompaño en esos ratos de oración que sueles reservar cada día para restablecer el trato con el Padre. Quiero retirarme hoy, y todos los días, a orar un rato, como tú me enseñas: unido al Padre, no podrán contra la barca de mi vida los vientos contrarios. ***Se postrarán ante ti, Señor, todos los pueblos de la tierra*** *(Salmo 71,11).*

ENERO

10

DOMINGO

FIESTA DEL BAUTISMO DEL SEÑOR.

Santos Gregorio de Nisa *ob*, Miltiades *pp*, Guillermo *ob*. Beatos Ana de los Ángeles *vg*, Gonzalo *pb*

EL BAUTISMO DE JESÚS

Papa Francisco: La celebración del Bautismo del Señor concluye hoy el tiempo de Navidad y nos invita a pensar en nuestro bautismo. **1. Jesús quiso recibir el bautismo** predicado y administrado por Juan el Bautista en el Jordán. Era un bautismo de penitencia: los que se acercaban manifestaban el deseo de ser purificados de los pecados y, con la ayuda de Dios, se comprometían a comenzar una nueva vida. Entendemos así la gran humildad de Jesús, el que no había pecado, poniéndose en fila con los penitentes, mezclado entre ellos para ser bautizado en las aguas del río. ¡Cuánta humildad tiene Jesús! Y al hacerlo, manifestó lo que hemos celebrado en Navidad: la disponibilidad de Jesús para sumergirse en el río de la humanidad, para asumir las deficiencias y debilidades de los hombres, para compartir su deseo de liberación y superación de todo lo que aleja de Dios y hace extraños a los hermanos. **2.** El Evangelio de hoy subraya que Jesús, «apenas salió del agua **vio rasgarse los cielos y al Espíritu que bajaba hacia él como una paloma».** El Espíritu Santo desciende en plenitud sobre Jesús para darle la fortaleza de cumplir su misión en el mundo. El Espíritu es el artífice del bautismo de Jesús y también de nuestro bautismo. Él nos abre los ojos del corazón a la verdad, a toda la verdad. Empuja nuestra vida por el sendero de la caridad. Él es el don que el Padre ha dado a cada uno de nosotros el día de nuestro bautismo. Él, el Espíritu, nos transmite la ternura del perdón divino. Y siempre es él, el Espíritu Santo, quien hace resonar la reveladora Palabra del Padre: «Tú eres mi Hijo». **3.** La fiesta del bautismo de Jesús **invita a cada cristiano a recordar su bautismo.** ¿Sabéis la fecha de vuestro bautismo? Si no sabéis la fecha o la habéis olvidado, al volver a casa, preguntádselo a vuestra madre, a la abuela, al tío, a la tía, al padrino... Y de esa fecha tenemos que acordarnos siempre, porque es una fecha de fiesta, es la fecha en la que el Padre nos dio al Espíritu Santo que nos impulsa a caminar, es la fecha del gran perdón. No lo olvidéis: ¿cuál es mi fecha de bautismo? *(7-1-2018).*

PALABRA

• ***Isaías*** 42, 1-4.6-7: Esto dice el Señor: Mirad a mi siervo, a quien sostengo; mi elegido, en quien me complazco. He puesto mi espíritu sobre él, manifestará la justicia a las naciones. No gritará, no clamará, no voceará por las calles. La caña cascada no la quebrará, la mecha vacilante no la apagará. Manifestará la justicia con verdad. No vacilará ni se quebrará, hasta implantar la justicia en el país. En su ley esperan las islas. Yo, el Señor, te he llamado en mi justicia, te tomé de la mano, te formé e hice de ti alianza de un pueblo y luz de las naciones, para que abras los ojos de los ciegos, saques a los cautivos de la cárcel, de la prisión a los que habitan en tinieblas.

• ***Salmo*** 28, 1-4.9-10: ***El Señor bendice a su pueblo con la paz.***

• ***Hechos*** 10, 34-38: Pedro tomó la palabra y dijo: «Ahora comprendo con toda verdad que Dios no hace acepción de personas, sino que acepta al que lo teme y practica la justicia, sea de la nación que sea. Envió su palabra a los hijos de Israel anunciando la Buena Nueva de la paz que traería Jesucristo, el Señor de todos. Vosotros conocéis lo que sucedió en toda Judea, comenzando por Galilea, después del bautismo que predicó Juan. Me refiero a Jesús de Nazaret, ungido por Dios con la fuerza del Espíritu Santo, que pasó haciendo el bien y curando a los oprimidos por el diablo; porque Dios estaba con él».

• **MARCOS 1, 7-11:** Proclamaba Juan: «Detrás de mí viene el que es más fuerte que yo y no merezco agacharme para desatarle la correa de sus sandalias. Yo os he bautizado con agua, pero él os bautizará con Espíritu Santo». Y sucedió que por aquellos días llegó Jesús desde Nazaret de Galilea y fue bautizado por Juan en el Jordán. Apenas salió del agua, vio rasgarse los cielos y al Espíritu que bajaba hacia él como una paloma. Se oyó una voz desde los cielos: «Tú eres mi Hijo amado, en ti me complazco».

ORACIÓN

JESÚS, en este último día del Tiempo de Navidad, la liturgia da un asalto de treinta años de tu vida, para poner delante de mí a todo un hombre, que ha pasado su infancia y juventud en el silencio de la casita de Nazaret con María y José, y, en los últimos años solo con María. Treinta años de silencio, oración y trabajo, y solo quedan tres para tu misión en medio de las muchedumbres. Comienzas por pasar como un pecador más que va al Jordán a ser bautizado. Dios Padre te declara su Hijo amado que le complaces, y Juan te declara Mesías. ¿Y yo? Quiero complacerte en toda mi vida de fiel amistad contigo y ser, porque tú quieres que yo lo comparta, hijo amado de Dios.

CAMBIO DE TOMO DE "Liturgia de las Horas"

DESDE MAÑANA, LUNES, TOMO III

ENERO
11
LUNES

Lunes 1° Tiempo Ordinario — **Tomo III - Salterio 1ª semana**

**Santos Higinio *pp*, Honorata *vg*,
Tomás de Cori *pb*, Teodosio *er***

SAN HIGINIO, PAPA

TIEMPO ORDINARIO

TOMO III de *la Liturgia de las Horas*

Papa Francisco: Jesús sigue siendo el centro de la vida cristiana: Jesucristo, Hijo del Padre, Salvador del mundo. No hay otro, es el único, y nosotros estamos invitados a conocerle, a reconocerle en la vida. Para conocer a Jesús está la oración, el Espíritu Santo, pero un buen sistema es llevar siempre consigo una edición del Evangelio de bolsillo, que es pequeño, para llevarlo conmigo, en el bolso, siempre conmigo. Por favor, haced esto: todos los días un pasaje del Evangelio, pequeñito, tres minutos, cuatro, cinco. Leyendo el Evangelio se entiende; y esto trabaja por dentro: es el Espíritu Santo quien hace el trabajo después. El Evangelio diario es la semilla. Quien hace germinar y crecer la semilla es el Espíritu Santo *(9-1-2017)*.

PALABRA

Después de que Juan fue entregado, Jesús se marchó a Galilea a proclamar el Evangelio de Dios. Decía: «Se ha cumplido el tiempo y está cerca el reino de Dios: convertíos y creed en el Evangelio». Pasando junto al mar de Galilea, vio a Simón y a Andrés, el hermano de Simón, echando las redes en el mar, pues eran pescadores. Jesús les dijo: «Venid en pos de mí y os haré pescadores de hombres». Inmediatamente dejaron las redes y lo siguieron. Un poco más adelante vio a Santiago, hijo de Zebedeo, y a su hermano Juan, que estaban en la barca repasando las redes. A continuación, los llamó, dejaron a su padre Zebedeo en la barca con los jornaleros y se marcharon en pos de él.

Hebreos 1, 1-6; ***Salmo*** 96, 1-2b.6.7c.9 • **MARCOS 1, 14-20**

ORACIÓN

SEÑOR, me anuncias que se cumple el plazo, que se acerca el reino, y que es urgente que me convierta y tome en serio el camino de la fe. El amor que me tienes no tiene medida ni sabe lo que es el olvido o la infidelidad, que veo en mi amistad contigo. ¡Solo con tu ayuda y la presencia de tu Espíritu Santo en mi vida, podré ser de verdad "hijo amado del Padre!". Quiero con toda mi alma dar la espalda a Satanás y al mundo con sus seducciones y convertirme a ti: dejarlo todo, como los apóstoles, y marchar en pos de ti. ***Adorad a Dios todos sus ángeles*** *(Salmo 96,7c)*.

ENERO
12
MARTES

Santos Martino de León *pb*, Arcadio *mr*, Cesárea *ab*, Antonio María Pucci *pb*

Papa Francisco: *"Les enseñaba con autoridad".* Jesús enseñaba la verdad, pero con autoridad. Jesús enseñaba con humildad, servía a la gente, explicaba las cosas para que la gente entendiese bien. Estaba al servicio de la gente. Tenía una actitud de servidor, y esto le daba autoridad. Los doctores de la ley tenían una psicología de príncipes: *nosotros mandamos, vosotros obedecéis.* Por eso, aunque la gente escuchaba y respetaba, no sentía que tuviesen autoridad sobre ellos. Una segunda actitud de la autoridad de Jesús era la cercanía: Jesús estaba cerca de la gente, estaba en medio de la gente. El Señor no tenía alergia a la gente: tocar a los leprosos, los enfermos no le daban repulsión. Ser cercano a la gente da autoridad *(10-1-2017).*

PALABRA

En la ciudad de Cafarnaún, el sábado entró Jesús en la sinagoga a enseñar; estaban asombrados de su enseñanza, porque les enseñaba con autoridad y no como los escribas. Había precisamente en la sinagoga un hombre que tenía un espíritu inmundo, y se puso a gritar: «¿Qué tenemos que ver nosotros contigo, Jesús Nazareno? ¿Has venido a acabar con nosotros? Sé quién eres: el Santo de Dios». Jesús lo increpó: «¡Cállate y sal de él!». El espíritu inmundo lo retorció violentamente y, dando un grito muy fuerte, salió de él. Todos se preguntaron estupefactos: «¿Qué es esto? Una enseñanza nueva expuesta con autoridad. Incluso manda a los espíritus inmundos y lo obedecen». Su fama se extendió enseguida por todas partes, alcanzando la comarca entera de Galilea.

Hebreos 2, 5-12; ***Salmo*** 8, 2ab. 5-9 • **MARCOS 1, 21b-28**

ORACIÓN

SEÑOR, con frecuencia aparece en tu presencia Satanás, el espíritu inmundo, que atormenta a hombres y mujeres. Pero ante tu poder, no tiene nada que hacer el demonio: ni en la vida de las personas de tu tiempo, ni en mí. San Pablo confesaba: Todo lo puedo en aquel que me conforta (Filipenses 4,13). No lo había aprendido en ningún libro, sino que lo experimentaba en su vida, y yo quiero experimentarlo también. Frente a las tentaciones del demonio, está el poder infinito de tu Espíritu: lo tienes tú en plenitud, y quieres compartirlo conmigo.
Diste a tu Hijo el mando sobre las obras de tus manos *(Salmo 8, 7a).*

ENERO
13
MIÉRCOLES

Miércoles 1° Tiempo Ordinario — Tomo III - Salterio 1ª semana

Santos HILARIO *ob dc*, Remigio *ob*, Gumersindo *pb mr.* Beata Verónica *vg*

Papa Francisco: ¿Tú haces oración de contemplación? -*¿Qué es eso, Padre? ¿Cómo es esa oración? ¿Dónde se compra? ¿Cómo se hace?*- Toma el Evangelio en la mano: lees un pasaje breve, imagina lo sucedido y habla con Jesús sobre eso. Así, tu mirada estará fija en Jesús, y no tanto en la telenovela, por ejemplo. La oración de contemplación nos ayuda en la esperanza y nos enseña a vivir de la esencia del Evangelio. Tienes que rezar siempre: rezar las oraciones, rezar el rosario, hablar con el Señor, pero también hacer esta oración de contemplación para tener la mirada fija en Jesús. Tomemos el Evangelio y hagamos esta oración de contemplación *(3-2-2015).*

PALABRA

Al salir Jesús de la sinagoga, fue con Santiago y Juan a la casa de Simón y Andrés. La suegra de Simón estaba en cama con fiebre, e inmediatamente le hablaron de ella. Él se acercó, la tomó de la mano y la levantó. Se le pasó la fiebre y se puso a servirles. Al anochecer, cuando se puso el sol, le llevaron todos los enfermos y endemoniados. La población entera se agolpaba a la puerta. Curó a muchos enfermos de diversos males y expulsó muchos demonios; y como los demonios lo conocían, no les permitía hablar. Se levantó de madrugada cuando todavía estaba muy oscuro, se marchó a un lugar solitario y allí se puso a orar. Simón y sus compañeros fueron en su busca y, al encontrarlo, le dijeron: «Todo el mundo te busca». Él les responde: «Vámonos a otra parte, a las aldeas cercanas, para predicar también allí; que para eso he salido». Así recorrió toda Galilea, predicando en sus sinagogas y expulsando los demonios.

Hebreos **2, 14-18;** ***Salmo*** **104,1-5.6-9 • MARCOS 1, 29-39**

ORACIÓN

SEÑOR, me aconsejaba el Papa hacer oración antes y después de leer tu Evangelio: tener los ojos, los oídos, todo mi ser pendiente de ti. Leer tu Evangelio y hablar contigo es el momento privilegiado de mi jornada… "Todos te buscan", y yo también. Cuando dedico estos minutos a escucharte y hablarte solo hago lo que tú hacías: "Se marchó a un lugar solitario y allí se puso a orar". ***El Señor se acuerda de su alianza eternamente*** *(Salmo 104, 8a).*

Santos JUAN DE RIBERA *ob*, Félix de Nola *pb*, Eufrasio *ob*, Macrina *mf mr*

Papa Francisco: Señor, si quieres, puedes limpiarme...». Jesús, sintiendo lástima; extendió la mano y lo tocó diciendo: «Quiero: queda limpio». La compasión de Jesús. Ese *padecer con*, que lo acercaba a cada persona que sufre. Jesús se da completamente, se involucra en el dolor y la necesidad de la gente... simplemente, porque él sabe y quiere *padecer con quien sufre*, porque tiene un corazón que no se avergüenza de tener *compasión*. El leproso no podía entrar abiertamente en ningún pueblo; se quedaba fuera, en descampado. Jesús ha tomado sobre sí la marginación que la ley de Moisés imponía. Jesús no tiene miedo del riesgo que supone asumir el sufrimiento de otro, sino que paga el precio con todas las consecuencias. La *compasión* lleva a Jesús a actuar concretamente: a *reintegrar al marginado (15-2-2015).*

PALABRA

Se acercó a Jesús un leproso, suplicándole de rodillas: «Si quieres, puedes limpiarme». Compadecido, extendió la mano y lo tocó diciendo: «Quiero: queda limpio». La lepra se le quitó inmediatamente y quedó limpio. Él lo despidió, encargándole severamente: «No se lo digas a nadie; pero, para que conste, ve a presentarte al sacerdote y ofrece por tu purificación lo que mandó Moisés, para que les sirva de testimonio». Pero, cuando se fue, empezó a pregonar bien alto y a divulgar el hecho, de modo que Jesús ya no podía entrar abiertamente en ningún pueblo; se quedaba fuera, en lugares solitarios; y aun así acudían a él de todas partes.

Hebreos 3, 7-14; ***Salmo*** 94,6-7cd.9-11 • **MARCOS 1, 40-45**

ORACIÓN

SEÑOR, el pobre leproso sabe que tú tienes poder de curarlo y solo apela a tu voluntad: *"Si quieres"*. Tú puedes curar las heridas que dejó el paso del coronavirus: físicamente en los contagiados y heridas del corazón en los familiares de los fallecidos, ¡tan solos! Y tú puedes y quieres limpiarme de todo lo que me impide seguirte con plena fidelidad, sin que nada mancille mi amistad contigo. Solo me falta abrir mi vida a tu poder y a tu amor, y recibir de ti el regalo de la apertura a tu poder, a tu querer y a tu obrar: ¡no tener ningún temor a recibir tu ternura! ***Ojalá escuchéis hoy la voz del Señor: "No endurezcáis vuestro corazón"*** *(Salmo 94,7d.8a).*

ENERO

15

VIERNES

Viernes 1° Tiempo Ordinario — **Tomo III - Salterio 1ª semana**

Santos Francisco Fernández de Capillas y *co mrs,* Arnoldo Janssen *pb,* Tarsicia *vg mr*

S. FRANCISCO FDEZ. DE CAPILLAS

Papa Francisco: Mucha gente sigue a Jesús quizá por el propio interés: la salud, una palabra de consuelo. ¡Cuántas veces seguimos a Jesús por cualquier interés! La pureza de intención es una gracia que se encuentra en el camino: lo importante es seguir a Jesús, caminar detrás de Jesús. Los que seguían a Jesús arriesgaban: *"Como no podían entrar, abrieron un boquete y descolgaron la camilla con el paralítico".* Estos hombres arriesgaron cuando abrieron el boquete en el techo: arriesgaron que el propietario de la casa les abriera una causa, les hiciera pagar: pero querían ir donde Jesús. ¿Yo arriesgo o sigo a Jesús siempre según las reglas de la compañía de seguros? Seguir a Jesús, porque necesitamos algo, y arriesgando, significa seguir a Jesús con fe: esta es la fe *(13-1-2017).*

PALABRA

Cuando a los pocos días volvió Jesús en Cafarnaún, se supo que estaba en casa. Acudieron tantos que no quedaba sitio ni a la puerta y les proponía la palabra. Y vinieron trayéndole un paralítico llevado entre cuatro y, como no podían presentárselo por el gentío, levantaron la techumbre encima de donde él estaba, abrieron un boquete y descolgaron la camilla donde yacía el paralítico. Viendo Jesús la fe que tenían, le dice al paralítico: «Hijo, tus pecados te son perdonados». Unos escribas, que estaban allí sentados, pensaban para sus adentros: «¿Por qué habla este así? Blasfema. ¿Quién puede perdonar pecados, sino solo uno, Dios?». Jesús se dio cuenta enseguida de lo que pensaban y les dijo: «¿Por qué pensáis eso? ¿Qué es más fácil, decir al paralítico: "Tus pecados te son perdonados", o decir: "Levántate, toma la camilla y echa a andar"? Pues, para que veáis que el Hijo del hombre tiene autoridad en la tierra para perdonar pecados -dice al paralítico-: "Te digo: Levántate, toma tu camilla y vete a tu casa"». Se levantó, tomó inmediatamente la camilla y salió a la vista de todos. Se quedaron atónitos y daban gloria a Dios diciendo: «Nunca hemos visto una cosa igual».

Hebreos 4.1-5.11; ***Salmo*** 77,3.4bc.6c-8 • **MARCOS 2, 1-12**

ORACIÓN

SEÑOR, tus palabras al paralítico –*"tus pecados quedan perdonados"*– son de las más importantes de tu vida y de la mía. Por tu parte, manifiestan tu misericordia de Dios. En mi vida, son muchas las veces que las he escuchado cuando me perdonas. ¿Qué sería de los pecadores si no tuviéramos el regalo de tu perdón? Solo tú puedes perdonar pecados, ¡porque eres Dios! ***No olvidéis las acciones de Dios*** *(Salmo 77,7b).*

SAN FULGENCIO DE CARTAGENA

Santos Fulgencio ***ob*****, Marcelo** ***pp*****,**
Honorato, Berardo y ***co mrs.***
Beata Juana M.ª Condesa ***vg***

Papa Francisco: La Iglesia no es una fortaleza cerrada, sino una tienda de campaña capaz de agrandarse para recibir a todos: es una Iglesia en salida, una Iglesia con las puertas siempre abiertas. La “asamblea de los Apóstoles y de los Ancianos”, dio lugar al “Concilio de Jerusalén”, en el que se afrontó la relación entre la fe en Cristo y la observancia de la ley de Moisés. Pablo y Bernabé propusieron no imponer la circuncisión a los paganos conversos, sino únicamente rechazar la idolatría y todas sus expresiones, pues solo la gracia del Señor Jesús es causa de salvación. La Asamblea de Jerusalén nos enseña cómo enfrentar las divergencias y buscar ‘la verdad en la caridad’ (Ef 4,5), para reflexionar y confrontarse, basados en el diálogo y en el discernimiento a la luz del Espíritu Santo *(23-10-2019).*

PALABRA

Jesús salió de nuevo a la orilla del mar; toda la gente acudía a él y les enseñaba. Al pasar vio a Leví, el de Alfeo, sentado al mostrador de los impuestos y le dice: «Sígueme». Se levantó y lo siguió. Sucedió que, mientras estaba él sentado a la mesa en casa de Leví, muchos publicanos y pecadores se sentaban con Jesús y sus discípulos, pues eran ya muchos los que lo seguían. Los escribas de los fariseos, al ver que comía con pecadores y publicanos, decían a sus Los discípulos: «¿Por qué come con publicanos y pecadores?». Jesús lo oyó y les dijo: «No necesitan médico los sanos, sino los enfermos. No he venido a llamar a justos, sino a pecadores».

Hebreos 4, 12-16; ***Salmo*** 18,8-10.15 • **MARCOS 2, 13-17**

ORACIÓN

SEÑOR, tus palabras me llenan de gozo y de esperanza, porque soy un pecador. Por eso me encuentro tan a gusto contigo, porque eres mi Salvador y mi Amigo. Quizá, si logro tener abierto el oído, hasta podría escuchar lo que dijiste a Mateo: *¡Sígueme!* -Aquí me tienes, Señor. ***Tus palabras, Señor, son espíritu y vida*** *(Juan 6,63c).*

ENERO

17

DOMINGO

DOMINGO II DEL TIEMPO ORDINARIO Tomo III - Salterio 2ª semana

Santos ANTONIO (ANTÓN) *ab*, Rosalina *rl*, Sulpicio *ob*

JORNADA MUNDIAL DE LAS MIGRACIONES

SAN ANTONIO ABAD

Papa Francisco: Como en la fiesta de la Epifanía y en la del Bautismo de Jesús, la página del Evangelio de hoy propone también el tema de la manifestación del Señor. Esta vez, es Juan Bautista quien lo señala a sus discípulos como "el Cordero de Dios", invitándolos a seguirlo. Y así es para nosotros: Aquel a quien hemos contemplado en el misterio de la Navidad, estamos ahora llamados a seguirlo en la vida cotidiana. Por lo tanto, el Evangelio de hoy nos introduce perfectamente en el ***tiempo litúrgico ordinario, un tiempo que sirve para animar y verificar nuestro camino de fe en la vida habitual,*** en una dinámica que se mueve entre Epifanía y seguimiento, entre manifestación y vocación. El relato del Evangelio indica las características esenciales del itinerario de fe, que es el itinerario de los discípulos de todos los tiempos, también del nuestro, a partir de la pregunta que Jesús dirige a los discípulos que comienzan a seguirle: "¿Qué buscáis?". **1.** Cada uno de nosotros, como ser humano, está en búsqueda: **búsqueda de felicidad,** búsqueda de amor, de una vida buena y plena. Dios Padre nos ha dado todo esto en su Hijo Jesús. **2.** En esta búsqueda, es fundamental el papel de un **verdadero testigo:** de una persona que ha hecho antes el camino y ha encontrado al Señor. En el Evangelio, Juan Bautista es ese testigo. Por eso pudo orientar a sus discípulos hacia Jesús, que los involucra en una nueva experiencia diciendo: ***"Venid y veréis".*** **3.** Y aquellos dos no pudieron olvidar **la belleza de este encuentro**, hasta el punto que el Evangelista anota incluso la hora: "Eran alrededor de las cuatro de la tarde". Solo un encuentro personal con Jesús genera un camino de fe y de discipulado, que, en esa hora que Dios conoce, puede dar un sentido pleno a nuestra vida y hacer fecundos nuestros proyectos y nuestras iniciativas. **4.** ***Es necesario ir en busca del Maestro Divino e ir adonde vive.*** La pregunta de los dos discípulos a Jesús, "¿Dónde vives?", tiene un sentido espiritual fuerte: expresa el deseo de saber dónde vive el Maestro. La vida de fe consiste en el deseo de estar con el Señor, reavivando el encuentro con Jesús en la oración, en la meditación de la Palabra de Dios y frecuentando los sacramentos para estar con él y dar fruto gracias a él, a su ayuda, a su gracia. Buscar a Jesús, encontrar a Jesús, seguir a Jesús: este es el camino *(14-1-2018).*

PALABRA

• ***1 Samuel*** 3, 3b-10.19: Samuel estaba acostado en el templo del Señor, donde se encontraba el Arca de Dios. Entonces el Señor llamó a Samuel. Este respondió: «Aquí estoy». Corrió adonde estaba Elí y dijo: «Aquí estoy, porque me has llamado». Respondió: «No te he llamado. Vuelve a acostarte». Fue y se acostó. El Señor volvió a llamar a Samuel. Se levantó Samuel, fue adonde estaba Elí y dijo: «Aquí estoy, porque me has llamado». Respondió Elí: «No te he llamado, hijo mío. Vuelve a acostarte». Samuel no conocía aún al

Señor, ni se le había manifestado todavía la palabra del Señor. El Señor llamó a Samuel, por tercera vez. Se levantó, fue adonde estaba Elí y dijo: «Aquí estoy, porque me has llamado». Comprendió entonces Elí que era el Señor el que llamaba al joven. Y dijo a Samuel: «Ve a acostarte. Y si te llama de nuevo di: "Habla, Señor, que tu siervo escucha"». Samuel fue y se acostó en su sitio. El Señor se presentó y llamó como las veces anteriores: «¡Samuel, Samuel!». Respondió Samuel: «Habla, que tu siervo escucha». Samuel creció. El Señor estaba con él, y no dejó que se frustrara ninguna de sus palabras.

• ***Salmo*** 39, 2.4ab. 7-8ab.9.10: ***Aquí estoy, Señor, para hacer tu voluntad.***

• ***1 Corintios*** 6, 13c-15a.17-20: Hermanos: El cuerpo no es para la fornicación, sino para el Señor; y el Señor, para el cuerpo. Y Dios resucitó al Señor y nos resucitará también a nosotros con su poder. ¿No sabéis que vuestros cuerpos son miembros de Cristo? El que se une al Señor es un espíritu con él. Huid de la inmoralidad. Cualquier pecado que cometa el hombre, queda fuera de su cuerpo. Pero el que fornica peca contra su propio cuerpo. ¿Acaso no sabéis que vuestro cuerpo es templo del Espíritu Santo, que habita en vosotros y habéis recibido de Dios? Y no os pertenecéis, pues habéis sido comprados a buen precio. Por tanto, ¡glorificad a Dios con vuestro cuerpo!

• **JUAN 1, 35-42:** Estaba Juan con dos de sus discípulos y fijándose en Jesús que pasaba, dice: «Este es el Cordero de Dios». Los dos discípulos oyeron sus palabras y siguieron a Jesús. Jesús se volvió y, al ver que lo seguían, les pregunta: «¿Qué buscáis?». Ellos le contestaron: «Rabí (que significa Maestro), ¿dónde vives?». Él les dijo: «Venid y veréis». Entonces fueron, vieron dónde vivía y se quedaron con él aquel día; era como la hora undécima *[cuatro de la tarde]*. Andrés, hermano de Simón Pedro, era uno de los dos que oyeron a Juan y siguieron a Jesús; encuentra primero a su hermano Simón y le dice: «Hemos encontrado al Mesías (que significa Cristo)». Y lo llevó a Jesús. Jesús se le quedó mirando y le dijo: «Tú eres Simón, el hijo de Juan; tú te llamarás Cefas (que se traduce: Pedro)».

ORACIÓN

SEÑOR, escucho tu voz que me dice: *Ven y verás.* No está la seguridad ciudadana para irse con un desconocido. Pero tú no solo eres conocido, sino amigo mío antes de verte: tu voz me ha hablado muchas veces, y tu palabra es infinitamente más de fiar que ninguna otra. Te seguiré, Jesús, adondequiera que vayas. E invitaré a quienes más quiero a que nos acompañen: *¡He encontrado al Mesías!*

ENERO

18

LUNES

Lunes 2° Tiempo Ordinario **Tomo III - Salterio 2ª semana**

Santos Margarita de Hungría ***vg,***
Prisca de Roma ***la mr,*** **Deícola** ***ab***

SANTA MARGARITA DE HUNGRÍA

18 - 25 enero
OCTAVARIO DE ORACIÓN POR LA UNIDAD DE LOS CRISTIANOS

Papa Francisco: La Palabra de Dios es sorpresa, porque nuestro Dios es el Dios de las sorpresas: viene y hace siempre nuevas las cosas. Es novedad. El Evangelio es novedad. Y nos pide esta docilidad a su novedad. Precisamente en el pasaje evangélico de hoy Jesús es claro en esto, es muy claro: vino nuevo en odres nuevos. Dios debe ser recibido con esta apertura a la novedad. Y esta actitud se llama docilidad. ¿Soy yo dócil a la Palabra de Dios o hago siempre lo que yo creo que es la Palabra de Dios? ¿O hago pasar por un alambique la Palabra de Dios y al final es otra cosa de aquello que Dios quiere hacer? Si yo hago esto, me convierto en algo peor *(24-1-2014).*

PALABRA

Como los discípulos de Juan y los fariseos estaban ayunando, vinieron unos y le preguntaron a Jesús: «Los discípulos de Juan y los discípulos de los fariseos ayunan. ¿Por qué los tuyos no?». Jesús les contesta: «¿Es que pueden ayunar los amigos del esposo, mientras el esposo está con ellos? Mientras el esposo está con ellos, no pueden ayunar. Llegarán días en que les arrebatarán al esposo, y entonces ayunarán en aquel día. Nadie echa un remiendo de paño sin remojar a un manto pasado; porque la pieza tira del manto -lo nuevo de lo viejo- y deja un roto peor. Tampoco se echa vino nuevo en odres viejos; porque el vino revienta los odres, y se pierden el vino y los odres; a vino nuevo, odres nuevos».

Hebreos 5, 1-10; ***Salmo*** 109, 1bcde-4 • **MARCOS 2, 18-22**

ORACIÓN

SEÑOR, me gusta el tono festivo que destacas en quienes tú invitas al banquete de bodas como amigos del esposo: esto no es lo que el mundo piensa de los cristianos. ¡Del Amigo por excelencia no puede llegarme nada malo! Y de ti me viene todo lo bueno que hay en mí. **No dejes que decaiga el deseo de caminar hacia la Unidad: que pronto celebremos juntos la fiesta de tu boda con la Iglesia y la humanidad.** ***Tú eres sacerdote eterno, según el rito de Melquisedec*** *(Salmo 109,4bc).*

ENERO

19

MARTES

Santos Arsenio *ob,* Germánico *mr,* Macario *ab,* Liberata y Faustina *vgs mrs.* Beato Marcelo Spínola *ob*

Papa Francisco: El autor de la *Carta a los Hebreos* (6, 10-20) nos exhorta hoy a «ser valientes». El valor es una palabra que habla del entrenamiento que hacen, en el estadio o en el gimnasio, los que quieren ganar: se necesita valor. La pereza es no tener valor, vivir en el frigorífico, así, para que todo permanezca así. Los cristianos que no luchan para hacer que las cosas cambien, son los que han encontrado en la Iglesia un gran aparcamiento. ¡Hay muchos cristianos aparcados!¡Sed valientes!: tenemos una fuerte motivación para agarrarnos con firmeza a la esperanza, que nos hace cristianos valientes y no vagos. Un cristiano vago no tiene esperanza, está cerrado ahí *(17-1-2017).*

PALABRA

Sucedió que un sábado Jesús atravesaba un sembrado, y sus discípulos, mientras caminaban, iban arrancando espigas. Los fariseos le preguntan: Mira, ¿por qué hacen en sábado lo que no está permitido?». Él les responde: «¿No habéis leído nunca lo que hizo David, cuando él y sus hombres se vieron faltos y con hambre, cómo entró en la casa de Dios, en tiempos del sumo sacerdote Abiatar, comió de los panes de la proposición, que solo está permitido comer a los sacerdotes, y les dio también a quienes estaban con él?». Y añadió: «El sábado se hizo para el hombre y no el hombre para el sábado; así que el Hijo del hombre es señor también del sábado».

Hebreos 6, 10-20; ***Salmo*** 110, 1b-5.9.10c • **MARCOS 2, 23-28**

ORACIÓN

SEÑOR, la unidad de los cristianos no puede venir del esfuerzo del hombre. Tú pediste al Padre la unidad de todos tus discípulos, para que el mundo crea. O nos viene del cielo, o continuaremos divididos para siempre. Te uniste a la humanidad por la nueva y eterna alianza en tu sangre. Solo en ti, convertidos en fieles seguidores tuyos, podremos encontrarnos: **¡Conviértenos, Señor, y nos convertiremos a ti!: es la única dinámica que lleva a la Unidad, a la meta del camino, que eres tú.** ***El Señor recuerda siempre su alianza*** *(Salmo 110,5b).*

ENERO
20
MIÉRCOLES

Miércoles 2º Tiempo Ordinario Tomo III - Salterio 2ª semana

Santos FABIÁN *pp* y SEBASTIÁN *mrs*, FRUCTUOSO *ob*, AUGURIO y EULOGIO *mrs*, Eustoquia *ab*

SANTOS FABIÁN Y SEBASTIÁN

Papa Francisco: Si pienso en las grandes ciudades contemporáneas, me pregunto dónde están las puertas ante las cuales llevar a los enfermos para que sean curados. Jesús nunca se negó a curarlos. Nunca pasó de largo, nunca miró para otro lado. Y cuando un padre o una madre, o incluso sencillamente personas amigas, le llevaban un enfermo para que lo tocase y lo curase, no se entretenía con otras cosas; la curación estaba antes que la ley, incluso una tan sagrada como el descanso del sábado (cf. *Mc* 3, 1-6). El amor de Jesús era dar la salud, hacer el bien. Jesús manda a los discípulos a realizar su misma obra y les da el poder de curar, o sea de acercarse a los enfermos y hacerse cargo de ellos completamente *(10-6-2015).*

PALABRA

Jesús entró otra vez en la sinagoga, y había allí un hombre que tenía una mano paralizada. Lo estaban observando, para ver si curaba en sábado y acusarlo. Entonces le dice al hombre que tenía la mano paralizada: «Levántate y ponte ahí en medio». Y a ellos les pregunta: «¿Qué está permitido en sábado?, ¿hacer lo bueno o lo malo?, ¿salvarle la vida a un hombre o dejarlo morir?». Ellos callaban. Echando en torno una mirada de ira y dolido por la dureza de su corazón, dice al hombre: «Extiende la mano». La extendió y su mano quedó restablecida. En cuanto salieron, los fariseos se confabularon con los herodianos para acabar con él.

Hebreos 7, 1-3.15-17; ***Salmo*** 109, 1bcde-4 • **MARCOS 3, 1-6**

ORACIÓN

SEÑOR, todos los días, también los sábados, son días para escuchar tu palabra: *Levántate,* para seguirte a ti y para acercarme a los demás. Estando más cerca de ti podré conocerte mejor y amarte más. Acercarme a los demás es reducir lo que nos separa y aleja. **¡Que todos seamos uno contigo y con el Padre!** ***Tú eres sacerdote eterno, según el rito de Melquisedec*** *(Salmo 109,4).*

Santos INÉS *vg mr,* Juan Yi *pf mr.*
Beata María Josefa de Santa Inés *vg*

Papa Francisco: ¡Jesús salva! Estas sanaciones, estas palabras que llegan al corazón son el signo y el inicio de una salvación. El recorrido de la salvación de muchos que comienzan con ir a escuchar a Jesús o a pedir una sanación y después vuelven a él y sienten la salvación. ¿Pero lo más importante de Jesús es que sana? No. ¿Que nos enseña? No. ¡Que salva! Él es el Salvador y nosotros somos salvados por él. Y esto es más importante. Y esta es la fuerza de nuestra fe... Y cuando nosotros, por una cosa u otra, estamos un poco bajos de ánimo, recordamos que él ruega por nosotros, intercede por nosotros continuamente *(22-1-2015).*

PALABRA

Jesús se retiró con sus discípulos a la orilla del mar, y lo siguió una gran muchedumbre de Galilea. Al enterarse de las cosas que hacía, acudía mucha gente de Judea, Jerusalén, Idumea, Transjordania y cercanías de Tiro y Sidón. Encargó a sus discípulos que le tuviesen preparada una barca, no lo fuera a estrujar el gentío. Como había curado a muchos, todos los que sufrían de algo se le echaban encima para tocarlo. Los espíritus inmundos, cuando lo veían, se postraban ante él y gritaban: «Tú eres el Hijo de Dios». Pero él les prohibía severamente que lo diesen a conocer.

Hebreos 7, 25 – 8,6; ***Salmo*** 39, 7-8a.8b-10.17 • **MARCOS 3, 7-12**

ORACIÓN

SEÑOR, hoy vienen los demonios a proclamar a gritos tu verdadera condición de Dios, y tú les prohíbes que te den a conocer, porque no lo hacen gratuitamente y porque quieres que lo descubramos quienes estamos invitados a seguirte: por tus frutos te conoceremos. Y, entre esos frutos, en estos días te pedimos uno, que coincide con la misma oración de los cristianos de todas las Iglesias: **Con tu poder, atráenos a ti, que estemos unidos en tu amor.**
Aquí estoy, Señor, para hacer tu voluntad *(Salmo 39, 8a.9a).*

ENERO
22
VIERNES

Viernes 2° Tiempo Ordinario Tomo III - Salterio 2ª semana

**Santos VICENTE *di mr*, Vicente Pallotti *pb*.
Beatos Guillermo J. Chaminade *pb*,
Laura Vicuña *vg***

SAN VICENTE MÁRTIR

Papa Francisco: La oración es una fuerza: «Pedid lo que deseáis», o sea, la oración potente, tanto que Jesús realiza lo que pedimos. Pero si nuestra oración es débil –si no se hace verdaderamente en Jesús– la oración no da sus frutos, porque el sarmiento no está unido a la vid. Pero si el sarmiento está unido a la vid, es decir, «si permanecéis en mí y mis palabras permanecen en vosotros, pedid lo que deseáis, y se realizará» (*Jn* 15, 7). Esta es la oración omnipotente. ¿De dónde viene esta omnipotencia de la oración? Del permanecer en Jesús; del estar unido a Jesús, como el sarmiento a la vid *(3-5-2015).*

PALABRA

Jesús subió al monte, llamó a los que quiso y se fueron con él. E instituyó doce para que estuvieran con él y para enviarlos a predicar, y que tuvieran autoridad para expulsar a los demonios: Simón, a quien puso el nombre de Pedro, Santiago el de Zebedeo, y Juan, el hermano de Santiago, a quienes puso el nombre de Boanerges, es decir, los hijos del trueno, Andrés, Felipe, Bartolomé, Mateo, Tomás, Santiago el de Alfeo, Tadeo, Simón el de Caná y Judas Iscariote, el que lo entregó.

Hebreos 8,6-13; ***Salmo*** 84,8.10-14 • **MARCOS 3, 13-19**

ORACIÓN

SEÑOR, lo primero que te propones al elegir a tus apóstoles es que "estén contigo", en cuerpo y alma. Es el mejor modo de conocerte, de saber cómo vives y cómo piensas. Así, podrás "enviarlos a predicar", que es tu segundo objetivo. Cuando te pidamos con fe que se cumpla el sueño de tu vida -que todos sean uno- comenzaremos a dar pasos firmes hacia la unidad. **Haz, Señor, que todos tus discípulos formemos un solo rebaño bajo un solo pastor.** ***La misericordia y la fidelidad se encuentran*** *(Salmo 84, 11a).*

SAN INDEFONSO DE TOLEDO (Murillo)

Santos ILDEFONSO *di*, Francisco Gil de Fréderic *pb mr*, Emerenciana *mr*

Papa Francisco: Que un día pueda decir Jesús de nosotros lo que dijo de esa multitud que lo seguía, los que estaban sentados a su alrededor: *"He aquí a mi madre y a mis hermanos.* Porque quien cumple la voluntad de Dios, ese es para mí hermano, hermana y madre". Hacer la voluntad de Dios nos hace formar parte de la familia de Jesús, nos hace madre, padre, hermana, hermano. De aquí el deseo de que el Señor nos dé la gracia de esta familiaridad con él; una familiaridad que significa precisamente hacer la voluntad de Dios *(27-1-2015).*

PALABRA

Jesús llegó a casa con sus discípulos y de nuevo se juntó tanta gente que no los dejaban ni comer. Al enterarse su familia, vinieron a llevárselo, porque se decía que estaba fuera de sí.

Hebreos 9,2-3.11-14; ***Salmo*** 46,2-3.6-9 • **MARCOS 3,20-21**

ORACIÓN

SEÑOR, seguro que golpeó duro en tu corazón saber que entre tus parientes había algunos que ni entendían ni querían entender tu misión y te tenían por loco. Bendita locura entregarse, como tú, a los enfermos y necesitados, que no te dejan comer ni descansar. El mundo egoísta no lo comprende ni admite que lo hagan los suyos. Yo me quedo contigo –y con tu Madre, que siempre te apoyó-, y quiero que tu vida, tu entrega, tu estilo, sea lo que yo viva, siguiendo tus pasos. **¡Que todos tus discípulos formemos una sola Iglesia en torno a ti, el Maestro, el Señor!** ***Dios asciende entre aclamaciones; el Señor, al son de trompetas*** *(Salmo 46,6).*

ENERO
24
DOMINGO

DOMINGO III DEL TIEMPO ORDINARIO Tomo III - Salterio 3ª semana

Santos FRANCISCO DE SALES *ob dc*, Bábila *ob* y *co mrs*, Feliciano *ob*

DOMINGO DE LA PALABRA DE DIOS

SAN FRANCISCO DE SALES

Papa Francisco: *La relación entre el Resucitado, la comunidad de creyentes y la Sagrada Escritura es intensamente vital para nuestra identidad.* Si el Señor no nos introduce es imposible comprender en profundidad la Sagrada Escritura, pero lo contrario también es cierto: sin la Sagrada Escritura, los acontecimientos de la misión de Jesús y de su Iglesia en el mundo permanecen indescifrables. San Jerónimo escribió con verdad: «La ignorancia de las Escrituras es ignorancia de Cristo» (*In Is.*, Prólogo: *PL* 24,17). Tras la conclusión del *Jubileo extraordinario de la misericordia,* pedí que se pensara en *«un domingo completamente dedicado a la Palabra de Dios,* para comprender la riqueza inagotable que proviene de ese diálogo constante de Dios con su pueblo» *(Carta ap. "Misericordia et misera", 7)*. Dedicar concretamente un domingo del Año litúrgico a la Palabra de Dios nos permite, sobre todo, hacer que la Iglesia reviva el gesto del Resucitado que abre también para nosotros el tesoro de su Palabra para que podamos anunciar por todo el mundo esta riqueza inagotable. Actualmente se ha convertido en una práctica común vivir momentos en los que la comunidad cristiana se centra en el gran valor que la Palabra de Dios ocupa en su existencia cotidiana. En las diferentes Iglesias locales hay una gran cantidad de iniciativas que hacen cada vez más accesible la Sagrada Escritura a los creyentes, para que se sientan agradecidos por un don tan grande, con el compromiso de vivirlo cada día y la responsabilidad de testimoniarlo con coherencia. Es bueno que nunca falte en la vida de nuestro pueblo esta relación decisiva con la Palabra viva que el Señor nunca se cansa de dirigir a su Esposa, para que pueda crecer en el amor y en el testimonio de fe. Así pues, **establezco que el III Domingo del Tiempo Ordinario esté dedicado a la celebración, reflexión y divulgación de la Palabra de Dios.** Este *Domingo de la Palabra de Dios* se colocará en un momento oportuno de ese periodo del año, en el que estamos invitados a fortalecer los lazos con los judíos y a rezar por la unidad de los cristianos. Celebrar el *Domingo de la Palabra de Dios* expresa un valor ecuménico, porque la Sagrada Escritura indica, a los que se ponen en actitud de escucha, el camino a seguir para llegar a una auténtica y sólida unidad. Las comunidades encontrarán el modo de vivir este *Domingo* como un día solemne. En cualquier caso, será importante que en la celebración eucarística se entronice el texto sagrado, a fin de hacer evidente a la asamblea el valor normativo que tiene la Palabra de Dios. En este domingo, de manera especial, será útil destacar su proclamación y adaptar la homilía para poner de relieve el aprecio que se hace a la Palabra del Señor. Que el domingo dedicado a la Palabra haga crecer en el pueblo de Dios la familiaridad religiosa y asidua con la Sagrada Escritura, como el autor sagrado lo enseñaba ya en tiempos antiguos: esta Palabra «está muy cerca de ti: en tu corazón y en tu boca, para que la cumplas» (*Dt* 30,14). *(30-9-2019. Inicio del 1600 aniversario de la muerte de san Jerónimo).*

PALABRA

• *Jonás* 3,1-5.10: El Señor dirigió la palabra a Jonás: «Ponte en marcha y ve a la gran ciudad de Nínive; allí les anunciarás el mensaje que yo te comunicaré». Jonás se puso en marcha hacia Nínive, siguiendo la orden del Señor. Nínive era una ciudad inmensa; hacían falta tres días para recorrerla. Jonás empezó a recorrer la ciudad el primer día, proclamando: «Dentro de cuarenta días, Nínive será arrasada». Los ninivitas creyeron en Dios, proclamaron un ayuno, y se vistieron con rudo sayal, desde el más importante hasta el menor. Vio Dios su comportamiento, cómo habían abandonado el mal camino, y se arrepintió Dios de la desgracia que había determinado enviarles. Así que no la ejecutó.

• ***Salmo*** 24, 4-9: ***Señor, enséñame tus caminos.***

• ***1 Corintios*** 7, 29-31: Digo esto, hermanos, que el momento es apremiante. Queda como solución que los que tienen mujer vivan como si no la tuvieran; los que lloran, como si no lloraran; los que están alegres, como si no se alegraran; los que compran, como si no poseyeran; los que negocian en el mundo, como si no disfrutaran de él; porque la representación de este mundo se termina.

• **MARCOS 1, 14-20:** Después de que Juan fue entregado, Jesús se marchó a Galilea a proclamar el Evangelio de Dios. Decía: «Se ha cumplido el tiempo y está cerca el reino de Dios. Convertíos y creed en el Evangelio». Pasando junto al mar de Galilea, vio a Simón y a Andrés, el hermano de Simón, echando las redes en el mar, pues eran pescadores. Jesús les dijo: «Venid en pos de mí y os haré pescadores de hombres». Inmediatamente dejaron las redes y lo siguieron. Un poco más adelante vio a Santiago, el de Zebedeo, y a su hermano Juan, que estaban en la barca repasando las redes. A continuación, los llamó, dejaron a su padre Zebedeo en la barca con los jornaleros y se marcharon en pos de él.

ORACIÓN

SEÑOR, «celebrar el *Domingo de la Palabra de Dios* expresa un valor ecuménico, porque la Sagrada Escritura indica a los que se ponen en actitud de escucha el camino a seguir para llegar a una auténtica y sólida unidad», nos dice tu Vicario para este domingo, dentro del Octavario de Oración por la Unidad de los Cristianos. Y se escucha con fuerza tu Palabra: *¡Convertíos!* Solo con tu Espíritu podré alcanzar la conversión, el camino más seguro hacia la unidad de todos tus seguidores contigo y entre nosotros. “El momento es apremiante”: no tengo tiempo que perder, urge que me convierta y te siga con la prontitud de los primeros apóstoles. ¡Dame la gracia de la conversión! **Y que la conversión de todos tus discípulos sea el camino seguro de la unidad en ti.**

ENERO

25

LUNES

FIESTA DE LA CONVERSIÓN DE SAN PABLO, APÓSTOL

San Ananías *NT. BB.*

Enrique Seuze *pb*, Arcángela *vg*

CONVERSIÓN DE SAN PABLO

Papa Francisco: El encuentro con Jesús en el camino de Damasco transformó radicalmente la vida de Pablo. A partir de entonces, el significado de su existencia no consiste ya en confiar en sus propias fuerzas para observar escrupulosamente la Ley, sino en la adhesión total de sí mismo al amor gratuito e inmerecido de Dios, a Jesucristo crucificado y resucitado. Del mismo modo, la reconciliación a la que somos urgidos no es simplemente una iniciativa nuestra, sino que es ante todo la reconciliación que Dios nos ofrece en Cristo. Más que ser un esfuerzo humano de creyentes que buscan superar sus divisiones, es un don gratuito de Dios *(25-1-2017).*

PALABRA

Jesús se apareció a los once y les dijo: «Id al mundo entero y proclamad el Evangelio a toda la creación. El que crea y sea bautizado se salvará; el que no crea será condenado. A los que crean, les acompañarán estos signos: echarán demonios en mi nombre, hablarán lenguas nuevas, agarrarán serpientes en sus manos y, si beben un veneno mortal, no les hará daño. Impondrán las manos a los enfermos, y quedarán sanos».

***Hechos* 22,3-16; *Salmo* 116,1.2 • MARCOS 16,15-18**

ORACIÓN

SEÑOR, en la fiesta de la Conversión de Pablo, escucho la misión que encomendaste a él y a tus apóstoles para el siglo I, y que me encomiendas a mí para el mundo del siglo XXI: *Id y proclamad el Evangelio.* Y esto, no solo porque tú lo mandas: estoy convencido de que tu Evangelio es lo que salva a todo hombre. Ser testigo del Evangelio en nuestro mundo -misión difícil- es lo que mejor puedes mandarme, en lo que mejor puedo emplear mi tiempo y gastar mi vida, como hizo san Pablo, convertido de perseguidor de la Iglesia a heraldo del Evangelio. Con la palabra y, sobre todo con el ejemplo de vida, todos estamos llamados a predicar que tú eres el Primero para nosotros, y que tu Evangelio es el camino de la auténtica e imperecedera felicidad. **Que la fe en ti, único Maestro de la Verdad, nos congregue a todos los cristianos en la única Iglesia.** ***Id al mundo entero y proclamad el Evangelio*** (Marcos 16,15).

SANTOS TIMOTEO Y TITO

Santos TIMOTEO y TITO *obs*, Paula *vd*, Alberico *ab*

ENERO **26** MARTES

Papa Francisco: La fe nos da la fuerza para vivir, cuando reavivamos este regalo de Dios. Nos da amor para hacer fecunda la fe. La fe de Timoteo es una fe noble, sin hipocresía, verdadera. Como el buen vino que, después de muchos años, es puro, noble. Son las mamás, las abuelas, quienes realizan la transmisión de la fe: «Recuerda de dónde viene tu fe, que te dio el Espíritu Santo, a través de tu madre y abuela» (*2 Tim. 1,5:* Loide y Eunice) La fe es un don. Estudias las verdades de la fe, para entenderlas mejor, pero con el estudio nunca llegas a la fe. La fe es un don del Espíritu Santo. Todos nosotros recibimos el don de la fe. Debemos custodiarlo, para que al menos no se agüe, para que siga siendo fuerte con el poder el Espíritu Santo que nos lo ha regalado *(26-1-2015).*

PALABRA

Llegaron la madre de Jesús y sus hermanos y, desde fuera, lo mandaron llamar. La gente que tenía sentada alrededor le dice: «Mira, tu madre y tus hermanos y tus hermanas están fuera y te buscan». Él les pregunta: «¿Quiénes son mi madre y mis hermanos?». Y mirando a los que estaban sentados alrededor, dice: «Estos son mi madre y mis hermanos. El que haga la voluntad de Dios, ese es mi hermano y mi hermana y mi madre».

Timoteo 1,1-8 (o ***Tito*** 1,1-5); ***Salmo*** 39,2.4ab.7-8a.10.11)

• MARCOS 3,31-35

ORACIÓN

SEÑOR, es curioso -y no es casualidad- que cuando el Evangelio habla de tu madre y tus hermanos, y tú amplías tu familia a todos tus discípulos, celebremos la memoria de los discípulos predilectos de san Pablo: los jóvenes obispos Timoteo y Tito, a quienes quería como de familia, aunque nunca se reservó nada para sí, sino que todo lo que era y tenía lo puso a tu servicio. Es para mí un honor y una responsabilidad saberme invitado a pertenecer a tu familia. ¡Aquí me tienes! ***Aquí estoy, Señor, para hacer tu voluntad*** *(Salmo 39, 8a.9a).*

ENERO

27

MIÉRCOLES

Miércoles 3° Tiempo Ordinario Tomo III - Salterio 3ª semana

Santos ÁNGELA DE MÉRICI *vg*, Enrique de Ossó *pb*, Julián *mr*, Mario *ab*

SANTA ÁNGELA DE MÉRICI

Papa Francisco: Jesús, el Maestro, enseñaba a la muchedumbre y al pequeño grupo de los discípulos, acomodándose a su capacidad de comprensión. Ya desde el Génesis, Dios le susurra al hombre esta invitación: cultivar y cuidar. Le da una misión, lo invita a ser parte de su obra creadora y le dice: "¡Cultiva! Te doy las semillas, la tierra, el agua, el sol, te doy tus manos y las de tus hermanos. Ahí lo tienes, es también tuyo" *(7-7-2015)*.

PALABRA

Jesús se puso a enseñar otra vez junto al mar. Acudió un gentío tan enorme que tuvo que subirse a una barca; y, ya en el mar, se sentó; y el gentío se quedó en tierra junto al mar. Les enseñaba muchas cosas con parábolas, y les decía instruyéndolos: «Escuchad: salió el sembrador a sembrar; al sembrar, algo cayó al borde del camino, vinieron los pájaros y se lo comieron. Otra parte cayó en terreno pedregoso, donde apenas tenía tierra; como la tierra no era profunda, brotó enseguida; pero, en cuanto salió el sol, se abrasó y, por falta de raíz, se secó. Otra parte cayó entre abrojos; los abrojos crecieron, la ahogaron, y no dio grano. El resto cayó en tierra buena: nació, creció y dio grano; y la cosecha fue del treinta o del sesenta o del ciento por uno». Y añadió: «El que tenga oídos para oír, que oiga». Cuando se quedó a solas, los que estaban alrededor y los Doce le preguntaban el sentido de las parábolas. Él les dijo: «El sembrador siembra la palabra. Hay unos que están al borde del camino donde se siembra la palabra; pero, en cuanto la escuchan, viene Satanás y se lleva la palabra sembrada en ellos. Hay otros que reciben la semilla como terreno pedregoso; son los que al escuchar la palabra, enseguida la acogen con alegría, pero no tienen raíces, son inconstantes y, cuando viene una dificultad o persecución por la palabra, enseguida sucumben. Hay otros que reciben la semilla entre abrojos; estos son los que escuchan la palabra, pero los afanes de la vida, la seducción de las riquezas y el deseo de todo lo demás los invaden, ahogan la palabra, y se queda estéril. Los otros son los que reciben la semilla en buena tierra; escuchan la palabra, la aceptan y dan una cosecha del treinta o del sesenta o del ciento por uno».

Hebreos 10,11-18; ***Salmo*** 109,1bcde-4 • **MARCOS 4,1-10.14-20**

ORACIÓN

SEÑOR, aquí tienes mi alma y mi vida: quiero presentártelas limpias de malezas y esponjadas, para acoger tu palabra con sed de ti. Que tu Espíritu me dé discernimiento y fortalezca: así escucharé y seguiré solo tu palabra de vida. ***Tú eres sacerdote eterno, según el rito de Melquisedec,*** *(Salmo 109,4bc)*.

Santo TOMÁS DE AQUINO *pb dc*, Julián de Cuenca *ob*, Águeda Lin Zhao *vg mr*

Papa Francisco: La primera lectura nos habla de la muerte: la muerte del rey David. La muerte es un hecho: nosotros podemos pensar muchas cosas, también imaginar que somos eternos, pero el hecho viene. Todos nosotros moriremos. "Tú piensa que Dios te mira/. Piensa que te está mirando/. Piensa que tú morirás/. Pero tú no sabes cuándo". Al acercarse la muerte, David dice a su hijo: "Yo me voy por el camino de cada hombre en la tierra". Todos iremos por este camino. ¿Cuál será la herencia que yo dejaré como testimonio de vida? Cuando yo muera, ¿qué me hubiera gustado hacer hoy, en esta decisión que yo debo tomar hoy, en el modo de mi vivir de hoy? *(1-2-2018).*

PALABRA

Jesús dijo al gentío: «¿Se trae la lámpara para meterla debajo del celemín o debajo de la cama?, ¿no es para ponerla en el candelero? No hay nada escondido, sino para que sea descubierto; no hay nada oculto, sino para que salga a la luz. El que tenga oídos para oír, que oiga». Les dijo también: «Atención a lo que estáis oyendo: la medida que uséis la usarán con vosotros, y con creces. Porque al que tiene se le dará, y al que no tiene se le quitará hasta lo que tiene».

Hebreos 10,19-25; ***Salmo*** 23, 1b-6 • **MARCOS 4,21-25**

ORACIÓN

SEÑOR, cada día me llega tu Palabra: es la luz que ilumina mi vida y me aclara si tengo doble vara de medir, una para los demás y otra para mí. El egoísmo causa atrocidades, pero tu luz nos hace ver la luz de la realidad. La lámpara que encendiste en tu Iglesia y en el mundo, con la vida y los escritos del gran dominico santo Tomás de Aquino, continúa encendida e iluminando a los hombres y mujeres del siglo XXI que buscan la Verdad. ***Esta es la generación que busca tu rostro, Señor*** *(Salmo 23,6).*

ENERO
29
VIERNES

Viernes 3° Tiempo Ordinario — Tomo III - Salterio 3ª semana

Santos Valero *ob*, Afraates *er*.
Beato Manuel Domingo y Sol *pb*

SAN VALERO

Papa Francisco: A través de las imágenes de la semilla y la mostaza, tomadas del mundo rural, Jesús presenta la eficacia de la Palabra de Dios y las exigencias de su Reino, mostrando las razones de nuestra esperanza y de nuestro compromiso en la historia. En la primera parábola la atención se centra en la semilla, echada en la tierra, que *arraiga y se desarrolla por sí misma*, independientemente de que el campesino duerma o vele. La mostaza, *la más pequeña* de todas las semillas, está llena de vida y crece hasta hacerse *más alta que las demás hortalizas.* Y así es el Reino de Dios. Para entrar a formar parte de él es necesario ser pobres de corazón; no confiar en las propias capacidades, sino en el poder del amor de Dios; no actuar para ser importantes ante los ojos del mundo, sino preciosos ante los ojos de Dios, que tiene predilección por los sencillos y humildes *(14-6-2015).*

PALABRA

Jesús decía al gentío: «El Reino de Dios se parece a un hombre que echa semilla en la tierra. Él duerme de noche y se levanta de mañana; la semilla germina y va creciendo, sin que él sepa cómo. La tierra va produciendo fruto sola: primero los tallos, luego la espiga, después el grano. Cuando el grano está a punto, se mete la hoz, porque ha llegado la siega». Dijo también: «¿Con qué podemos comparar el reino de Dios? ¿Qué parábola usaremos? Con un grano de mostaza: al sembrarlo en la tierra es la semilla más pequeña, pero después de sembrada crece, se hace más alta que las demás hortalizas y echa ramas tan grandes que los pájaros del cielo pueden anidar a su sombra». Con muchas parábolas parecidas les exponía la palabra, acomodándose a su entender. Todo se lo exponía con parábolas, pero a sus discípulos se lo explicaba todo en privado.

Hebreos 10, 32-39; ***Salmo*** 36, 3-6.23-24.39-40 • **MARCOS 4, 26-34**

ORACIÓN

SEÑOR, la lectura de este libro de tu Evangelio da luz a mi vida, veo lo que tú me dices y lo que me falta para poder considerarme como discípulo atento y como amigo fiel. Te agradezco este regalo de cada día, que, sin darme cuenta, va acercando mi mente a tus criterios, que me guían a seguirte con mayor fidelidad. ***El Señor es quien salva a los justos*** *(Salmo 36, 39a).*

SAN DAVID GALVÁN

Tomo III - Salterio 3ª semana **Sábado 3° Tiempo Ordinario**

ENERO

30

SÁBADO

Santos Lesmes *ab*, Martina de Roma *mr*, Jacinta Mariscotti *vg*, David Galván *pb mr*

Papa Francisco: [*Vamos a la otra orilla*] Enfermos, ancianos, golpeados por la vida... esperan solo una limosna, un gesto de atención y de bondad. Al igual que los apóstoles Pedro y Juan, cuando no tenían ni oro ni plata que dar al pobre paralítico, se les ofrece la fuerza y el poder de Dios que curan al hombre, lo levantan y lo hacen capaz de comenzar una nueva vida, *«pasando a la otra orilla» (29-11-2015).*

PALABRA

Aquel día, al atardecer, dijo Jesús a sus discípulos: «Vamos a la otra orilla». Dejando a la gente, se lo llevaron en barca, como estaba; otras barcas lo acompañaban. Se levantó una fuerte tempestad y las olas rompían contra la barca hasta casi llenarla de agua. Él estaba en la popa, dormido sobre un cabezal. Lo despertaron, diciéndole: «Maestro, ¿no te importa que perezcamos?». Se puso en pie, increpó al viento y dijo al mar: «¡Silencio, enmudece!». El viento cesó y vino una gran calma. Él les dijo: «¿Por qué tenéis miedo? ¿Aún no tenéis fe?». Se llenaron de miedo y se decían unos a otros: «Pero ¿quién es este? ¡Hasta el viento y el mar lo obedecen!».

***Hebreos* 11,1-2.8-19; *Salmo: Lucas* 1,69-75 • MARCOS 4,35-41**

ORACIÓN

SEÑOR, ¿duermes profundamente en medio del huracán que azotaba con fuerza la barca, o quizá te hacías el dormido para probar la fe de tus discípulos? ¿Cómo no va a importarte que perezcan contigo a bordo? Mi vida te importa mucho, y mi vida eterna me la aseguras con tu presencia -despierto o dormido- en la barca de mi vida. ***Bendito sea el Señor, Dios de Israel, porque ha visitado a su pueblo*** *(Lucas 1,68).*

ENERO

31

DOMINGO

DOMINGO IV DEL TIEMPO ORDINARIO Tomo III - Salterio 4ª semana

Santos JUAN BOSCO *pb*, Ciro y Juan *mrs,* Marcela *vb*, Waldo *ob*

SAN JUAN BOSCO

Papa Francisco: El Evangelio de este domingo forma parte de la narración más amplia conocida como la «jornada de Cafarnaún». En el centro del pasaje de hoy está el evento del exorcismo, a través del cual Jesús es presentado como profeta poderoso en palabras y en obras. **1.** Él entra en la sinagoga de Cafarnaún en sábado y se pone a ***enseñar***; las personas permanecen sorprendidas por ***sus palabras***, porque no son palabras comunes, no se parecen a lo que escuchan normalmente. Los escribas enseñan, pero sin tener una ***autoridad propia***. Jesús enseña como uno que tiene autoridad, revelándose así como el Enviado de Dios, y no como un simple hombre que debe fundar la propia enseñanza solo sobre las tradiciones precedentes. Jesús tiene una autoridad plena. La gente comentaba: «Una enseñanza nueva, expuesta con autoridad». **2.** Al mismo tiempo, Jesús se revela ***poderoso también en las obras.*** En la sinagoga de Cafarnaún hay un hombre poseído por un espíritu inmundo, que se manifiesta gritando: «¿Qué tenemos nosotros contigo, Jesús Nazareno? ¿Has venido a acabar con nosotros? Sé quién eres: el Santo de Dios». El diablo dice la verdad: Jesús ha venido para destruir al diablo, para destruir al demonio, para vencerlo. Este espíritu inmundo conoce el poder de Jesús y proclama también la santidad. Jesús le grita, diciéndole: «Cállate y sal de él». Estas pocas palabras de Jesús bastan para obtener la ***victoria sobre Satanás***, el cual sale de ese hombre «retorciéndole violentamente». El poder de Jesús confirma la autoridad de su enseñanza. Él no pronuncia solo palabras, ***sino que actúa.*** Así manifiesta el proyecto de Dios con las palabras y con el poder de las obras. Jesús revela el amor de Dios tanto con la predicación como con innumerables gestos de atención y socorro a los enfermos, a los necesitados, a los niños, a los pecadores. Jesús es nuestro Maestro, poderoso en palabras y obras. Jesús nos comunica toda la luz que ilumina las calles, a veces oscuras, de nuestra existencia; nos comunica también la fuerza necesaria para superar las dificultades, las pruebas, las tentaciones. ¡Pensemos en la gran gracia que es para nosotros haber conocido a Dios, tan poderoso y bueno! Un maestro y un amigo, que nos indica el camino y nos cuida, especialmente cuando lo necesitamos *(28-1-2018).*

PALABRA

• ***Deuteronomio*** 18, 15-20: Moisés habló al pueblo diciendo: «El Señor, tu Dios, te suscitará de entre los tuyos, de entre tus hermanos, un profeta como yo. A él lo escucharéis. Es lo que pediste al Señor, tu Dios, en el Horeb el día de la asamblea: "No quiero volver a escuchar la voz del Señor, mi Dios, ni quiero ver más ese gran fuego, para no morir". El Señor me respondió: "Está bien lo que han dicho. Suscitaré un profeta de entre sus hermanos, como tú. Pondré mis palabras en su boca y les dirá lo que yo le mande. Yo mismo pediré cuentas a quien no escuche las palabras que pronuncie en mi nombre. Y el profeta que tenga la arrogancia de decir en mi nombre lo que yo no le haya mandado, o hable en nombre de dioses extranjeros, ese profeta morirá"».

• *Salmo* 94, 1-2.6-9: ***Ojalá escuchéis hoy su voz: no endurezcáis vuestro corazón.***

• *1 Corintios* 7,32-35: Hermanos: Quiero que os ahorréis preocupaciones: el no casado se preocupa de los asuntos del Señor, buscando contentar al Señor; en cambio, el casado se preocupa de los asuntos del mundo, buscando contentar a su mujer, y anda dividido. También la mujer sin marido y la soltera se preocupan de los asuntos del Señor, de ser santa en cuerpo y alma; en cambio, la casada se preocupa de los asuntos del mundo, buscando contentar a su marido. Os digo todo esto para vuestro bien; no para poneros una trampa, sino para induciros a una cosa noble y al trato con el Señor sin preocupaciones.

• **MARCOS 1, 21-28:** En la ciudad de Cafarnaún, el sábado entró Jesús en la sinagoga a enseñar; estaban asombrados de su enseñanza, porque les enseñaba con autoridad y no como los escribas. Había precisamente en su sinagoga un hombre que tenía un espíritu inmundo, y se puso a gritar: «¿Qué tenemos que ver nosotros contigo, Jesús Nazareno? ¿Has venido a acabar con nosotros? Sé quién eres: el Santo de Dios». Jesús lo increpó: «Cállate y sal de él». El espíritu inmundo lo retorció violentamente y, dando un grito muy fuerte, salió de él. Todos se preguntaron estupefactos: «¿Qué es esto? Una enseñanza nueva expuesta con autoridad. Incluso manda a los espíritus inmundos y lo obedecen». Su fama se extendió enseguida por todas partes, alcanzando la comarca entera de Galilea.

ORACIÓN

SEÑOR, ante tu autoridad y tu poder divinos, unos te admiran y otros se escandalizan: estos siempre encuentran un "pero", y es que haces milagros en sábado. Acepta mi decisión de admirar cada día más tu palabra y tus obras. Pero ojalá mi admiración no se quede en un sentimiento vano, sino que me mueva a seguir tus pasos. Tú pasaste por el mundo haciendo el bien. ¿Se puede decir eso de mí hasta hoy? ¡Cuánto me gustaría que lo dijeras! Por mi parte, quiero intentarlo.

FEBRERO

Cuarenta días después del nacimiento de Jesús, María y José llevaron al niño a Jerusalén para presentarlo al Señor. Había en el Templo un hombre justo y piadoso, llamado Simeón: «Tomó en brazos al niño», y, vuelto al Señor, dijo: «Han visto mis ojos tu salvación, la que has preparado a la vista de todos los pueblos, luz para iluminar a los gentiles y gloria de tu pueblo Israel. Este está puesto para caída y elevación de muchos en Israel, y para ser señal de contradicción»; y añade con referencia a María: «Y a ti misma una espada te atravesará el alma».

(San Juan Pablo II: "Redemptoris Mater, 16)

FEBRERO

1

LUNES

Lunes 4º Tiempo Ordinario Tomo III - Salterio 4ª semana

Santos Ramón de Fitero *ab*, Severo *ob*, Pablo Hong Yong-ju, *ct* y *co mrs*

SAN RAMON DE FITERO

Papa Francisco: Cada uno de nosotros está llamado a llevar la luz de la palabra de Dios y la fuerza de la gracia a quienes sufren y a cuantos los asisten, para que el servicio al enfermo se preste cada vez con más humanidad, con entrega generosa, con amor evangélico y con ternura *(8-2-2015)*.

PALABRA

Jesús y sus discípulos llegaron a la otra orilla del mar, en la región de los gerasenos. Apenas desembarcó, le salió al encuentro, desde los sepulcros, un hombre poseído de espíritu inmundo. Y es que vivía entre los sepulcros. Viendo de lejos a Jesús, echó a correr, se postró ante él y gritó con voz potente: «¿Qué tienes que ver conmigo, Jesús, Hijo de Dios Altísimo? Por Dios te lo pido, no me atormentes». Porque Jesús le estaba diciendo: «Espíritu inmundo, sal de este hombre». Y le preguntó: «¿Cómo te llamas?». Él respondió: «Me llamo Legión, porque somos muchos». Y le rogaba con insistencia que no los expulsara de aquella comarca. Había cerca una gran piara de cerdos paciendo en la falda del monte. Los espíritus le rogaron: «Envíanos a los cerdos para que entremos en ellos». Él se lo permitió. Los espíritus inmundos salieron del hombre y se metieron en los cerdos; y la piara, unos dos mil, se abalanzó acantilado abajo al mar y se ahogó en el mar. Los que lo habían visto contaron *[a los del pueblo]* lo que había pasado al endemoniado y a los cerdos. Ellos le rogaban que se marchase de su comarca. Mientras se embarcaba, el que había estado poseído por el demonio le pidió que le permitiese estar con él. Pero no se lo permitió, sino que le dijo: «Vete a casa con los tuyos y anúnciales lo que el Señor ha hecho contigo y que ha tenido misericordia de ti». El hombre se marchó y empezó a proclamar por la Decápolis lo que Jesús había hecho con él; todos se admiraban.

Hebreos 11, 32-40; ***Salmo*** 30, 20-24 • **MARCOS 5,1-2.6-13.16-20**

ORACIÓN

SEÑOR, aquellos gerasenos tenían como máximo valor la economía, que con los dos mil cerdos ahogados había sufrido un serio descalabro. No quieren que se repita, y optan por invitarte a irte lejos de allí. Ya no habrá quien aloje los demonios en sus cerdos. Pero este pueblo pierde la mejor ocasión que tu presencia les ofrece: tu compañía, tu palabra, tus milagros, tu salvación. ¡Tú eres mi fuerza para vivir, y mi gozo de creer y de esperar! ***Sed valientes de corazón los que esperáis en el Señor*** *(Salmo 30,25)*.

PRESENTACIÓN DEL SEÑOR

FIESTA DE LA PRESENTACIÓN DEL SEÑOR

Purificación de María. Virgen de la Candelaria, de Copacabana, de la Calle. Santos Lorenzo *ob*, Burcardo *ob*

FEBRERO **2** MARTES

JORNADA DE LA VIDA CONSAGRADA

Papa Francisco: La liturgia de hoy nos muestra a Jesús que va al encuentro de su pueblo. Es la fiesta del encuentro: la novedad del Niño se encuentra con la tradición del templo; la promesa halla su cumplimiento; María y José, jóvenes, encuentran a Simeón y Ana, ancianos. Todo se encuentra, en definitiva, cuando llega Jesús. También nosotros estamos llamados a recibir a Jesús que viene a nuestro encuentro. Encontrarlo, reavivar el primer amor, tal vez escribir nuestra historia de amor con el Señor. Le hará bien a nuestra vida consagrada, para que no se convierta en un tiempo que pasa, sino que sea tiempo de encuentro *(2-2-2019).*

PALABRA

Cuando se cumplieron los días de la purificación, según la ley de Moisés, los padres de Jesús lo llevaron a Jerusalén, para presentarlo al Señor, de acuerdo con lo escrito en la ley del Señor: «Todo varón primogénito será consagrado al Señor», y para entregar la oblación, como dice la ley del Señor: «un par de tórtolas o dos pichones». Había entonces en Jerusalén un hombre llamado Simeón, hombre justo y piadoso, que aguardaba el consuelo de Israel; y el Espíritu Santo estaba con él. Le había sido revelado por el Espíritu Santo que no vería la muerte antes de ver al Mesías del Señor. Impulsado por el Espíritu, fue al templo. Y cuando entraban con el niño Jesús sus padres para cumplir con él lo acostumbrado según la ley, Simeón lo tomó en brazos y bendijo a Dios diciendo: «Ahora, Señor, según tu promesa, puedes dejar a tu siervo irse en paz. Porque mis ojos "han visto a tu Salvador", a quien has presentado ante todos los pueblos: "luz para alumbrar a las naciones" y gloria de tu pueblo Israel». Su padre y su madre estaban admirados por lo que se decía del niño. Simeón los bendijo y dijo a María, su madre: «Este ha sido puesto para que muchos en Israel caigan y se levanten; y será como un signo de contradicción -y a ti misma una espada te traspasará el alma-, para que se pongan de manifiesto los pensamientos de muchos corazones». Y, cuando cumplieron todo lo que prescribía la ley del Señor, se volvieron a Galilea, a su ciudad de Nazaret. El niño, por su parte, iba creciendo y robusteciéndose, lleno de sabiduría; y la gracia de Dios estaba con él.

Malaquías 3, 1-4; ***Salmo*** 23, 7-10 • **LUCAS 2,22-35.39-40**

ORACIÓN

JESÚS, los consagrados, religiosos, monjas y monjes son testigos de tu amor. Que nunca les falte la alegría de la fe, la esperanza de que tú llenes toda su vida, y el amor a ti y a los hermanos que da sentido a su existencia, hace el bien a los necesitados y sirve de ejemplo a cristianos y alejados. ***El Señor, Dios del universo, él es el Rey de la gloria*** *(Salmo 23,10bc).*

FEBRERO

3

MIÉRCOLES

Miércoles 4º Tiempo Ordinario Tomo III - Salterio 4ª semana

Santos BLAS *ob mr*, ÓSCAR *ob*,
Simeón y Ana *NT*,
Claudina Thévenet *vg*, Berlinda *vg*

Papa Francisco: *[Se admiraba de su falta de fe]* La fe se conoce por estar vinculada al amor, en cuanto el mismo amor trae una luz. La comprensión de la fe es la que nace cuando recibimos el gran amor de Dios que nos transforma interiormente y nos da ojos nuevos para ver la realidad. Al día siguiente de la resurrección de Jesús, sus discípulos no contemplaron una verdad puramente interior o abstracta, sino una verdad que se revelaba a ellos precisamente en el encuentro con el Resucitado, en la contemplación de su vida y de sus misterios *(28-1-2014)*.

PALABRA

Jesús se dirigió a su ciudad y lo seguían sus discípulos. Cuando llegó el sábado, empezó a enseñar en la sinagoga; la multitud que lo oía se preguntaba asombrada: «¿De dónde saca todo eso? ¿Qué sabiduría es esa que le ha sido dada? ¿Y esos milagros que realizan sus manos? ¿No es este el carpintero, el hijo de María, hermano de Santiago y José y Judas y Simón? Y sus hermanas ¿no viven con nosotros aquí?». Y se escandalizaban a cuenta de él. Les decía: «No desprecian a un profeta más que en su tierra, entre sus parientes y en su casa». No pudo hacer allí ningún milagro, solo curó algunos enfermos imponiéndoles las manos. Y se admiraba de su falta de fe. Y recorría los pueblos de alrededor enseñando.

Hebreos 12, 4-7.11-15; ***Salmo*** 102,1bc-2.13-14.17-18a • **MARCOS 6, 1-6**

ORACIÓN

SEÑOR, tienes razón: *No desprecian a un profeta más que en su tierra, entre sus parientes y en su casa.* Y es que "la excesiva familiaridad engendra desprecio" Quiero gozar de tu amistad y de tu familiaridad, con el gozo y el respeto de María y de José. Tú conoces mi debilidad cuando me quedo solo en mis fuerzas: me dejo arrastrar por la mundanidad; pero sé por larga experiencia que todo lo bueno me viene de ti, mi Amigo, el único plenamente fiel, de quien me fío profundamente y lo espero todo. ***La misericordia del Señor dura por siempre, para aquellos que lo temen*** *(Salmo 102,17)*.

SANTA CATALINA DE RICCI

Santos Catalina de Ricci *vg*, Juan de Britto *pb mr*, Gilberto *pb*, Rabano Mauro *ob*, Beata Isabel Canori *mf*

Papa Francisco: Recordemos juntos esas recomendaciones: «No llevéis para el camino más que un bastón; ni pan, ni alforja, ni dinero... permaneced en la casa donde os den alojamiento» *(cf. Mc 6,8-11).* Podríamos concentrarnos en las palabras: «pan», «dinero», «alforja», «bastón», «sandalias», «túnica». Pero me parece que hay una palabra clave, que podría pasar desapercibida frente a la contundencia de las que acabo de enumerar. Una palabra central en la espiritualidad cristiana, en la experiencia del discipulado: *hospitalidad.* Jesús, como buen maestro, pedagogo, los envía a vivir la hospitalidad. Les dice: «Permaneced donde os den alojamiento». Los envía a aprender una de las características fundamentales de la comunidad creyente. Podríamos decir que cristiano es aquel que ha aprendido a hospedar, que aprendió a alojar *(12-7-2015).*

PALABRA

Jesús llamó a los Doce y los fue enviando de dos en dos, dándoles autoridad sobre los espíritus inmundos. Les encargó que llevaran para el camino un bastón y nada más, pero ni pan, ni alforja, ni dinero suelto en la faja; que llevasen sandalias, pero no una túnica de repuesto. Y decía: «Quedaos en la casa donde entréis, hasta que os vayáis de aquel sitio. Y si un lugar no os recibe ni os escucha, al marcharos sacudíos el polvo de los pies, en testimonio contra ellos». Ellos salieron a predicar la conversión, echaban muchos demonios, ungían con aceite a muchos enfermos y los curaban.

Hebreos 12,18-19.21-24; ***Salmo*** 47,2-4.9-11 • **MARCOS 6,7-13**

ORACIÓN

SEÑOR, me creaste con infinitas ansias de amar y de ser amado. Así creaste también a los Doce. Y cuando ellos y yo experimentamos que "solo Dios basta", nada importa adónde eres enviado sin nada, confiado únicamente en la Providencia misericordiosa del Padre. Nada faltó a los Apóstoles que se fiaron de ti, y nada me falta a mí cuando no me dejo maniatar por los bienes terrenos, sino que opto por la libertad que tú prometes y que el Padre da a quien te sigue con la austeridad y disponibilidad de tus Apóstoles. ***Oh Dios, meditamos tu misericordia en medio de tu templo*** *(Salmo 47,10).*

FEBRERO

5

VIERNES

Viernes 4° Tiempo Ordinario Tomo III - Salterio 4ª semana

Santos ÁGUEDA *vg mr*, Pedro Bautista *pb mr*, Jesús Méndez *pb mr*, Adelaida *ab*

SANTA ÁGUEDA

Papa Francisco: La escena conmueve: Juan el Bautista, el más grande, manda al encuentro de Jesús a dos discípulos para preguntarle: "¿Eres tú o me he equivocado y tenemos que esperar a otro?". A lo largo del camino de Juan se asomó la oscuridad del error, la oscuridad de una vida consumida en el error: esto fue para él una cruz. Y después de esta purificación en el anonadamiento, termina su vida, bajo la autoridad de un rey mediocre, borracho y corrupto. Así termina el hombre más grande nacido de mujer. Esto no es algo del pasado: hoy sucede a nuestros mártires, que terminan su vida bajo la autoridad corrupta de gente que odia a Jesucristo *(6-2-2015)*.

PALABRA

Herodes había mandado prender a Juan el Bautista y lo había metido en la cárcel, encadenado. El motivo era que Herodes se había casado con Herodías, mujer de su hermano Filipo, y Juan le decía que no le era lícito tener a la mujer de su hermano. Herodías aborrecía a Juan y quería matarlo, pero no podía, porque Herodes respetaba a Juan. La ocasión llegó cuando Herodes, por su cumpleaños, dio un banquete a sus magnates, a sus oficiales y a la gente principal de Galilea. La hija de Herodías entró y danzó, gustando mucho a Herodes y a los convidados. El rey le dijo a la joven: «Pídeme lo que quieras, que te lo daré». Y le juró: «Te daré lo que me pidas, aunque sea la mitad de mi reino». Ella salió a preguntarle a su madre: «¿Qué le pido?». La madre le contestó: «La cabeza de Juan el Bautista». Entró ella enseguida, a toda prisa, se acercó al rey y le pidió: «Quiero que ahora mismo me des en una bandeja la cabeza de Juan el Bautista». El rey se puso muy triste; pero, por el juramento y los convidados, no quiso desairarla. Enseguida le mandó a uno de su guardia que trajese la cabeza de Juan. Fue, lo decapitó en la cárcel, trajo la cabeza en una bandeja y se la entregó a la joven; la joven se la entregó a su madre. Al enterarse sus discípulos fueron a recoger el cadáver y lo pusieron en un sepulcro.

Hebreos 13, 1-8; ***Salmo*** 26, 1bcde.3.5.8c-9abcd • **MARCOS 6, 17-20a.21-29**

ORACIÓN

SEÑOR, el testimonio de Juan, hasta quemar su vida por ti y por la verdad, es tan conmovedor hoy como lo fue, para ti y para los discípulos hace veinte siglos. Conmovedor, ejemplar, digno de imitar. ***El Señor es mi luz y mi salvación*** *(Salmo 26,1b)*.

SAN PABLO MIKI Y COMPAÑEROS

Sábado 4° Tiempo Ordinario

FEBRERO
6
SÁBADO

Santos PABLO MIKI *y co mrs,* Dorotea *vg mr,* Mateo Correa *pb mr*

Papa Francisco: Jesús vio una multitud y se compadeció de ella, porque andaban como ovejas sin pastor; y se puso a enseñarles con calma: *ver, tener compasión, enseñar.* Los podemos llamar *los verbos del Pastor.* Ver y tener compasión, están siempre asociados con la actitud de Jesús: su mirada, en efecto, no es la mirada de un sociólogo o de un reportero gráfico, porque él mira siempre con «los ojos del corazón». *Ver y tener compasión* configuran a Jesús como buen Pastor. Incluso su compasión es la conmoción del Mesías en quien se hizo carne la ternura de Dios. Y de esta compasión nace el deseo de Jesús de alimentar a la multitud con el pan de su Palabra *(19-7-2015).*

PALABRA

Los apóstoles volvieron a reunirse con Jesús y le contaron todo lo que habían hecho y enseñado. Él les dijo: «Venid vosotros a solas a un lugar desierto a descansar un poco». Porque eran tantos los que iban y venían que no encontraban tiempo ni para comer. Se fueron en barca a solas a un lugar desierto. Muchos los vieron marcharse y los reconocieron; entonces de todas las aldeas fueron corriendo por tierra a aquel sitio y se les adelantaron. Al desembarcar, Jesús vio una multitud y se compadeció de ella, porque andaban como ovejas que no tienen pastor; y se puso a enseñarles muchas cosas.

Hebreos 13, 15-17.20-21; ***Salmo*** 22, 1b-3ab.4-6 • **MARCOS 6, 30-34**

ORACIÓN

SEÑOR, no teníais tiempo ni para comer: tú propusiste que te acompañaran a un lugar tranquilo, no podíais más. Pero, aunque es necesario un descanso, ves una multitud ansiosa de tu palabra. Y en tu escala de valores el servicio, que brota de tu corazón de Pastor, es lo primero. ¡Gracias, Señor!
El Señor es mi pastor, nada me falta *(Salmo 22,1b).*

FEBRERO
7
DOMINGO

DOMINGO V DEL TIEMPO ORDINARIO Tomo III - Salterio 1ª semana

Santos Ricardo *pf,* Juliana *vd.* Beatos Pío IX *pp,* Anselmo Polanco *ob* y Felipe *pb mrs*

BB. ANSELMO Y FELIPE

Papa Francisco: La jornada de Jesús en Cafarnaún empieza con la sanación de la suegra de Pedro y termina con todo el pueblo que se agolpa delante de la casa donde él se alojaba, para llevar a todos los enfermos. La multitud, marcada por sufrimientos físicos y miserias espirituales, constituye, por así decir, «el ambiente vital» en el que se realiza la misión de Jesús, hecha de palabras y de gestos que sanan y consuelan. Jesús no ha venido a administrar la salvación en un laboratorio; no hace la predicación de laboratorio, separado de la gente: ¡está en medio de la multitud! ¡En medio del pueblo! Pensad que la mayor parte de la vida pública de Jesús la ha pasado en la calle, entre la gente, para predicar el Evangelio, para sanar las heridas físicas y espirituales. Es una humanidad surcada de sufrimientos, cansancios y problemas: a tal pobre humanidad se dirige la acción poderosa, liberadora y renovadora de Jesús. Así, en medio de la multitud hasta tarde, se concluye ese sábado. ¿Y qué hace después Jesús? Antes del alba del día siguiente, él sale sin que le vean por la puerta de la ciudad y se retira a un lugar apartado a orar. Jesús reza. De esta manera aparta su persona y su misión de una visión triunfalista, que malinterpreta el sentido de los milagros y de su poder carismático. Los milagros son «signos», que invitan a la respuesta de la fe; signos que siempre están acompañados de palabras, que las iluminan; y juntos, signos y palabras, provocan la fe y la conversión por la fuerza divina de la gracia de Cristo *(4-2-2018).*

PALABRA

• ***Job*** 7, 1-4.6-7: Job habló diciendo: «¿No es acaso milicia la vida del hombre sobre la tierra, y sus días como los de un jornalero?; como el esclavo, suspira por la sombra; como el jornalero, aguarda el salario. Mi herencia han sido meses baldíos, me han asignado noches de fatiga. Al acostarme pienso: ¿Cuándo me levantaré? Se me hace eterna la noche y me harto de dar vueltas hasta el alba. Corren mis días más que la lanzadera, se van consumiendo faltos de esperanza. Recuerdo que mi vida es un soplo, que mis ojos no verán más la dicha».

• ***Salmo*** 146, 1bc-6: ***Alabad al Señor, que sana los corazones destrozados.***

• ***1 Corintios*** 9, 16-19. 22-23: Hermanos: El hecho de predicar no es para mí motivo de orgullo. No tengo más remedio y, ¡ay de mí si no anuncio el Evangelio! Si yo lo hiciera por mi propio gusto, eso mismo sería mi paga. Pero, si lo hago a pesar mío, es que me han encargado este oficio. Entonces, ¿cuál es la paga? Precisamente dar a conocer el Evangelio, anunciándolo de balde, sin usar el derecho que me da la predicación del Evangelio. Porque, siendo libre como soy, me he hecho esclavo de todos para ganar a los más posibles. Me he hecho débil con los débiles, para ganar a los débiles; me he hecho todo para todos, para ganar, sea como sea, a algunos. Y todo lo hago por causa del Evangelio, para participar yo también de sus bienes.

• **MARCOS 1, 29-39:** Al salir Jesús de la sinagoga, fue con Santiago y Juan a la casa de Simón y Andrés. La suegra de Simón estaba en cama con fiebre, e inmediatamente le hablaron de ella. Él se acercó, la tomó de la mano y la levantó. Se le pasó la fiebre y se puso a servirles. Al anochecer, cuando se puso el sol, le llevaron todos los enfermos y endemoniados. La población entera se agolpaba a la puerta. Curó a muchos enfermos de diversos males y expulsó muchos demonios; y como los demonios lo conocían no les permitía hablar. Se levantó de madrugada, cuando todavía estaba muy oscuro, se marchó a un lugar solitario y allí se puso a orar. Simón y sus compañeros fueron en su busca y, al encontrarlo, le dijeron: «Todo el mundo te busca». Él les responde: «Vámonos a otra parte, a las aldeas cercanas, para predicar también allí; que para eso he salido». Así recorrió toda Galilea, predicando en sus sinagogas y expulsando los demonios.

ORACIÓN

SEÑOR, a la vista de las maravillas que haces, todo el mundo iba en tu búsqueda. Hoy parece que hay quien inventa otro tipo de maravillas, el hombre se cree adulto y le parece que Dios le sobra. Yo, como la suegra de Pedro, soy débil, y busco la fuerza en ti. Pon tu mano sobre mi cabeza, quedaré sano, me levantaré y te serviré en los hermanos.

FEBRERO

8

LUNES

Lunes 5º Tiempo Ordinario — Tomo III - Salterio 1ª semana

Santos Jerónimo EMILIANI *pb*, Josefina BAKHITA *vg*, Honorato *ob*, Esteban *er*. Beata Esperanza de Jesús *Amor Misericordioso*.

B. ESPERANZA ALHAMA

Papa Francisco: *Los que lo tocaban se curaban. Es la segunda creación de Dios…*Cuando escuchamos que la gente hace reuniones para pensar en cómo cuidar la Creación, podemos decir: *-Pero no, ¡son los verdes!* ¡No, no son los verdes! ¡Esto es cristiano! Es nuestra respuesta a la 'primera creación' de Dios. Un cristiano que no cuida la creación, es un cristiano al que no le importa el trabajo de Dios. La segunda creación es dejarnos reconciliar con Dios, ir por el camino de la reconciliación interior, porque la reconciliación es el trabajo de Cristo. No debemos afligir al Espíritu Santo, que trabaja dentro de nosotros. Creemos en un Dios personal: es persona el Padre, persona el Hijo y persona el Espíritu Santo. Que el Señor nos dé la gracia de entender que él trabaja y la gracia de responder justamente a este trabajo de amor *(9-2-2015)*.

PALABRA

Terminada la travesía, Jesús y sus discípulos llegaron a Genesaret y atracaron. Apenas desembarcados, lo reconocieron y se pusieron a recorrer toda la comarca; cuando se enteraba la gente dónde estaba Jesús, le llevaban los enfermos en camillas. En los pueblos, ciudades o aldeas donde llegaba colocaban a los enfermos en la plaza y le rogaban que les dejase tocar al menos la orla de su manto; y los que lo tocaban se curaban.

Génesis 1, 1-19; ***Salmo*** 103, 1-2a.5-6.10.12.24.35c • **MARCOS 6, 53-56**

ORACIÓN

SEÑOR, era grande la fe de quienes se conformaban con tocar el borde de tu manto para curarse. ¡Qué pequeña es mi fe, mientras todo tú vienes a mi vida en la Eucaristía frecuente y apenas te hago caso! Por eso mi alma sigue con sus enfermedades, pero hoy me enseñas que en ti está la fuente de la salud, también la salud del alma. ***Goce el Señor con sus obras*** *(Salmo 103,31b)*.

B. ANA CAT. EMMERICK

Santos Apolonia *vg mr,* Miguel Febres *rl,* Sabino *ob,* Rainaldo *ob.* Beatos Leopoldo de Alpandeire *rl,* Ana Catalina Emmerick *mj*

Papa Francisco: En el Evangelio, Jesús encuentra gente que tiene miedo de ponerse en camino y que se conforma con una caricatura de Dios. Es un falso documento de identidad. Estos no-inquietos han hecho callar la inquietud del corazón, pintan a Dios con mandamientos humanos y se olvidan de Dios: "Dejáis el mandamiento de Dios para aferraros a la tradición de los hombres", y así se alejan de Dios... Ponte en camino y tendrás conocimiento de tu identidad, porque tú eres imagen de Dios, estás hecho a semejanza de Dios. Ponte en camino y busca a Dios *(10-2-2015).*

PALABRA

Se reunieron junto a Jesús los fariseos y algunos escribas venidos de Jerusalén; y vieron que algunos discípulos comían con manos impuras, es decir, sin lavarse las manos. (Pues los fariseos, como los demás judíos, no comen sin lavarse antes las manos, restregando bien, aferrándose a la tradición de sus mayores, y al volver de la plaza no comen sin lavarse antes, y se aferran a otras muchas tradiciones, de lavar vasos, jarras y ollas). Y los fariseos y los escribas le preguntaron: «¿Por qué no caminan tus discípulos según las tradiciones de los mayores y comen el pan con manos impuras?». Él les contestó: «Bien profetizó Isaías de vosotros, hipócritas, como está escrito: "Este pueblo me honra con los labios, pero su corazón está lejos de mí. El culto que me dan está vacío, porque la doctrina que enseñan son preceptos humanos". Dejáis a un lado el mandamiento de Dios para aferraros a la tradición de los hombres». Y añadió: «Anuláis el mandamiento de Dios por mantener vuestra tradición. Moisés dijo: "Honra a tu padre y a tu madre" y "el que maldiga a su padre o a su madre es reo de muerte"; en cambio, vosotros decís: "Si uno le dice al padre o a la madre: los bienes con que podría ayudarte son 'corbán', es decir, ofrenda sagrada", ya no le permitís hacer nada por su padre o por su madre; invalidando la palabra de Dios con esa tradición que os transmitís; y hacéis muchas cosas semejantes».

Génesis **1, 20-2, 4a;** ***Salmo*** **8, 4-9 • MARCOS 7, 1-13**

ORACIÓN

SEÑOR, si a alguien le parecía muy dura tu palabra, la presentas corroborada por el gran Profeta, Isaías: *Este pueblo me honra con los labios, pero su corazón está lejos de mí.* Tú lo calificas de hipocresía, y lo es: lavarse las manos no autoriza a tergiversar la Ley de Dios. A la vista de semejantes maestros, cuánto tenemos que agradecerte la frescura espiritual de tu Evangelio. ***¡Señor, Dios nuestro, qué admirable es tu nombre en toda la tierra!*** *(Salmo 8,2ab).*

FEBRERO
10
MIÉRCOLES

Santos ESCOLÁSTICA *vg*, José Sánchez del Río *mr*, Silvano *ob*, Guillermo *er*. Beatos Luis Stepinac *ob*, Eusebia Palomino *vg*

SANTA ESCOLÁSTICA

Papa Francisco: Muchas veces vemos gentes que hacen el mal y parece que la vida les va bien: son felices, tienen lo que quieren, no les falta nada. ¿Por qué a este que es un descarado a quien no le importa ni Dios ni los otros, que es una persona injusta y mala, le va todo bien en la vida, tiene todo lo que quiere, y nosotros que queremos hacer el bien tenemos tantos problemas? La respuesta la encontramos en el salmo primero. Ahora no vemos los frutos de esta gente que sufre, de esta gente que lleva la cruz. ¿Qué dice el Salmo (1, 4.6) sobre los malvados, sobre los que pensamos que les va todo bien? *"No así los impíos, no así; serán paja que arrebata el viento. Porque el Señor protege el camino de los justos, pero el camino de los impíos acaba mal" (8-10-2015).*

PALABRA

Llamó Jesús de nuevo a la gente y les dijo: «Escuchad y entended todos: Nada que entre de fuera puede hacer al hombre impuro; lo que sale de dentro es lo que hace impuro al hombre». Cuando dejó a la gente y entró en casa, le pidieron sus discípulos que les explicara la parábola. Él les dijo: «¿También vosotros seguís sin entender? ¿No comprendéis? Nada que entre de fuera puede hacer impuro al hombre, porque no entra en el corazón, sino en el vientre, y se echa en la letrina». (Con esto declaraba puros todos los alimentos). Y siguió: «Lo que sale de dentro del hombre, eso sí hace impuro al hombre. Porque de dentro, del corazón del hombre, salen los pensamientos perversos, las fornicaciones, robos, homicidios, adulterios, codicias, malicias, fraudes, desenfreno, envidia, difamación, orgullo, frivolidad. Todas esas maldades salen de dentro y hacen al hombre impuro».

Génesis 2, 4b-9.15-17; ***Salmo*** 103, 1-2a.27-30 • **MARCOS 7, 14-23**

ORACIÓN

SEÑOR, tú expones con absoluta claridad de dónde procede la impureza y cuál es la fuente de la pureza: *Nada que entre de fuera puede hacer impuro al hombre… Del corazón del hombre salen todas las maldades que hacen al hombre impuro.* Es ridículo poner el énfasis en curarme una herida externa, cuando lo que necesito es una transfusión de sangre espiritual: cambiar la que tengo por la tuya. Si la fuente, el corazón está saneado, todo estará sano. ***Bendice, alma mía, al Señor*** *(Salmo 103, 1a).*

FEBRERO
11
JUEVES

Bienaventurada Virgen María de Lourdes
Santos Pedro Maldonado *pb mr,*
Sotera *vg mr,* **Pascual I** *pp*

JORNADA MUNDIAL DEL ENFERMO

Papa Francisco: Jesús se hizo débil, vivió la experiencia humana del sufrimiento. Es preciso acudir a Jesús, para encontrar la fuerza ante las inquietudes y las preguntas que surgen en vosotros, en esta *noche* del cuerpo y del espíritu. La Iglesia pretende ser una casa donde podréis encontrar personas que, curadas por la misericordia de Dios en su fragilidad, sabrán ayudaros a llevar la cruz haciendo de las propias heridas claraboyas a través de las cuales se pueda ver el horizonte más allá de la enfermedad, y recibir luz y aire puro para vuestra vida. Los agentes sanitarios tengan constantemente presente la dignidad y la vida de la persona, sin ceder a actos que lleven a la eutanasia, al suicidio asistido o a poner fin a la vida, ni siquiera cuando el estado de la enfermedad sea irreversible. Aunque a veces no podáis curar al enfermo, sí que podéis siempre cuidar de él *(3-1-2020).*

PALABRA

Había una boda en Caná de Galilea, y la madre de Jesús estaba allí. Jesús y sus discípulos estaban también invitados a la boda. Faltó el vino, y la madre de Jesús le dice: «No tienen vino». Jesús le dice: «Mujer, ¿qué tengo yo que ver contigo? Todavía no ha llegado mi hora». Su madre dijo a los sirvientes: «Haced lo que él os diga». Había allí colocadas seis tinajas de piedra, para las purificaciones de los judíos, de unos cien litros cada una. Jesús les dice: «Llenad las tinajas de agua». Y las llenaron hasta arriba. Entonces les dice: «Sacad ahora y llevadlo al mayordomo». Ellos se lo llevaron. El mayordomo probó el agua convertida en vino sin saber de dónde venía (los sirvientes sí lo sabían, pues habían sacado el agua), y entonces llama al esposo y le dice: «Todo el mundo pone primero el vino bueno, y cuando ya están bebidos, el peor; tú, en cambio, has guardado el vino bueno hasta ahora». Este fue el primero de los signos que Jesús realizó en Caná de Galilea; así manifestó su gloria y sus discípulos creyeron en él.

Isaías 66,10-14c; *Salmo: Judit* 13, 18bcde-19 • **JUAN 2, 1-11**

ORACIÓN

SEÑOR, hoy pongo en tus manos los sufrimientos, la soledad y la esperanza de los enfermos, que confían en la intercesión de tu Madre: en las bodas de Caná y en los dramas de sus vidas. La presencia de María junto al lecho de dolor siempre es alivio para el que sufre. Pienso en los que acuden o son llevados a la santa Gruta de Lourdes o a sus piscinas, y en los que no pueden ir. A todos nos invita nuestra Madre a seguir tu consejo: Haced lo que él os diga. Hace un año, eran alarmantes las noticias que llegaban de China y Corea del Sur: el Covid-19, coronavirus. Poco caso le hicimos y España fue el país más castigado...¡Ten piedad de los que sufren sus secuelas! ***Tú eres el honor de nuestro pueblo*** *(Judit 15,9d).*

FEBRERO

12

VIERNES

Viernes 5° Tiempo Ordinario Tomo III - Salterio 1ª semana

Santos Eulalia de Barcelona *vg mr*, Mártires de Abitinia. Beata Umbelina *ab*

S. EULALIA DE BARCELONA

Papa Francisco: Adán y Eva estaban en el paraíso terrenal con todos los dones que Dios les había dado. Y al inicio llega la tentación. Del mismo modo le vino a Jesús, "al principio", cuando deja Nazaret, se hace bautizar, va al desierto a rezar. "Padre de la mentira", así lo llama Jesús, el diablo es un mentiroso, sabe cómo engañar. Engañó a Eva con su astucia, paso a paso, la lleva donde él quiere. Jesús no dialoga con el diablo, lo escucha y le da respuesta, pero que no es suya sino de la Palabra de Dios. Hemos de pedir ayuda al Señor, porque solos no podemos. Adán y Eva se "esconden" del Señor: la tentación te lleva a esconderte del Señor. Es necesaria la gracia de Jesús para volver y pedir perdón, como hizo el hijo pródigo. En la tentación no se dialoga, se reza: *¡Ayúdame, Señor, soy débil, no quiero esconderme de ti!* Esto es valentía, esto es ganar: cuando tú empiezas a dialogar terminarás vencido, derrotado *(10-2-2017).*

PALABRA

Dejando Jesús el territorio de Tiro, pasó por Sidón, camino del mar de Galilea, atravesando la Decápolis. Y le presentaron un sordo que, además, apenas podía hablar; y le piden que le imponga la mano. Él, apartándolo de la gente, a solas, le metió los dedos en los oídos y con la saliva le tocó la lengua. Y mirando al cielo, suspiró y le dijo: «Effetá» (esto es: «ábrete)». Y al momento se le abrieron los oídos, se le soltó la traba de la lengua y hablaba correctamente. Él les mandó que no lo dijeran a nadie; pero, cuanto más se lo mandaba, con más insistencia lo proclamaban ellos. Y en el colmo del asombro decían: «Todo lo ha hecho bien; hace oír a los sordos y hablar a los mudos».

Génesis 3, 1-8; ***Salmo*** 31, 1b-2.5-7 • **MARCOS 7, 31-37**

ORACIÓN

SEÑOR, no sé cómo lo veían en tu tiempo, pero en el nuestro difícilmente aceptarían lo que tú hiciste –"apartándolo de la gente, a solas"- metiéndole los dedos en las orejas y tocándole la lengua con tu saliva. El final feliz todo lo cubrió, y el sordomudo oía y hablaba. Incluso, para proclamar las maravillas de tu misericordia, a pesar de tu mandato de silenciarlo. ¿En qué podía emplear mejor el don de hablar que le diste que en proclamarte maravilloso? ***Dichoso el que está absuelto de su culpa*** *(Salmo 31, 1a).*

B. JORDÁN DE SAJONIA

Santos Benigno *pb mr,* Cástor *pb er,* Esteban *ab.* Beato Jordán de Sajonia *pb*

Papa Francisco: Cristianos sí, pero... que no terminan de abrir el corazón a la salvación de Dios y siempre ponen condiciones. Y así el corazón se envenena. No aceptar el don de Dios con su estilo, eso es el pecado, eso es el veneno, nos envenena el alma y nos quita la alegría. Jesús toma sobre sí el veneno, el pecado. Y de esta tibieza del alma uno se cura solamente mirando la cruz. Miremos a la serpiente y su veneno, allí en el cuerpo de Cristo, el veneno de todos los pecados del mundo; y pidamos la gracia de aceptar los momentos difíciles. Que esta Semana Santa, ya próxima, nos ayude a salir de esta tentación y de ser cristianos sin "peros"... *(24-3-2015).*

PALABRA

Como de nuevo se había reunido mucha gente y no tenían qué comer, Jesús llamó a sus discípulos y les dijo: «Siento compasión de la gente, porque llevan ya tres días conmigo y no tienen qué comer, y si los despido a sus casas en ayunas, van a desfallecer por el camino. Además, algunos han venido desde lejos». Le replicaron sus discípulos: «¿Y de dónde se puede sacar pan, aquí, en despoblado, para saciar a tantos?». Él les preguntó: «¿Cuántos panes tenéis?». Ellos contestaron: «Siete». Mandó que la gente se sentara en el suelo y tomando los siete panes, dijo la acción de gracias, los partió y los fue dando a sus discípulos para que los sirvieran. Ellos los sirvieron a la gente. Tenían también unos cuantos peces; y Jesús pronunció sobre ellos la bendición, y mandó que los sirvieran también. La gente comió hasta quedar saciada, y de los trozos que sobraron llenaron siete canastas; eran unos cuatro mil y los despidió; y enseguida montó en la barca con sus discípulos y se fue a la región de Dalmanuta.

Génesis 3, 9-24; ***Salmo*** 89, 2-6.12-13 • **MARCOS 8, 1-10**

ORACIÓN

SEÑOR, te damos lástima cuando no tenemos qué comer. Y también, cuando buscamos saciar nuestra hambre y sed con placeres y alimentos que nos apartan de ti. Tu amor sabe remediar nuestra hambre y nuestra sed espirituales, con la Palabra de cada día y la Eucaristía que aquel día anunciaste multiplicando los siete panes. ¡Que siempre me sacie con el pan que viene de tu mano y la palabra que sale de tu boca! ***Señor, tú has sido nuestro refugio de generación en generación*** *(Salmo 89,1bc).*

FEBRERO

14

DOMINGO

DOMINGO VI DEL TIEMPO ORDINARIO Tomo III - Salterio 2ª semana

SANTOS CIRILO Y METODIO, Patronos de Europa, Valentín *mr*, Juan B. de la Concepción *pb*, Vital *mr*

SANTOS CIRILO Y METODIO

Papa Francisco: En el Evangelio de hoy la lucha de Jesús afronta un caso emblemático, porque el enfermo es un leproso. La lepra es una enfermedad contagiosa que no tiene piedad, que desfigura a la persona, y que era símbolo de impureza: el leproso tenía que estar fuera de los centros habitados e indicar su presencia a los que pasaban. Era marginado por la comunidad civil y religiosa. Era como un muerto ambulante. El episodio de la curación del leproso tiene lugar en tres breves pasos: la invocación del enfermo, la respuesta de Jesús y las consecuencias de la curación prodigiosa. **1.** ***El leproso suplica a Jesús*** «de rodillas» y le dice: «Si quieres, puedes limpiarme». **2.** Ante esta oración humilde y confiada, ***Jesús reacciona con*** una actitud profunda de su espíritu: ***la compasión***. Y «compasión» es una palabra muy profunda: compasión significa «padecer-con-el otro». El corazón de Cristo manifiesta la compasión paterna de Dios por ese hombre, acercándose a él y *tocándolo.* Y este detalle es muy importante. Jesús «extendió la mano y *lo tocó...* la lepra se le quitó inmediatamente y quedó limpio». La misericordia de Dios supera toda barrera y la mano de Jesús tocó al leproso. Él no toma distancia de seguridad y no actúa delegando, sino que se expone directamente al contagio de nuestro mal; y precisamente así nuestro mal se convierte en el lugar del contacto: Jesús toma de nosotros nuestra humanidad enferma y nosotros de él su humanidad sana y capaz de sanar. **3.** Esto sucede cada vez que recibimos con fe un Sacramento: el Señor Jesús nos «toca» y nos dona su gracia. En este caso pensemos especialmente en el ***sacramento de la reconciliación,*** que nos cura de la lepra del pecado. Una vez más el Evangelio nos muestra lo que hace Dios ante nuestro mal: Dios no viene a «dar una lección» sobre el dolor; no elimina del mundo el sufrimiento y la muerte, viene a cargar sobre sí el peso de nuestra condición humana, a conducirla hasta sus últimas consecuencias, para liberarnos de modo radical y definitivo. Así Cristo combate los males y los sufrimientos del mundo: haciéndose cargo de ellos y venciéndolos con la fuerza de la misericordia de Dios. **4.** Hoy, el Evangelio de la curación del leproso nos dice que si queremos ser auténticos discípulos de Jesús estamos llamados a ***llegar a ser, unidos a él, instrumentos de su amor misericordioso,*** superando todo tipo de marginación. Para ser «imitadores de Cristo», ante un pobre o un enfermo, no tenemos que tener miedo de mirarlo a los ojos y de acercarnos con ternura y compasión, y de tocarlo y abrazarlo *(15-2-2015).*

PALABRA

• ***Levítico*** 13, 1-2.44-46: El Señor dijo a Moisés y a Aarón: «Cuando alguno tenga una inflamación, una erupción o una mancha en la piel, y se le produzca una llaga como de lepra, será llevado ante el sacerdote

Aarón o ante uno de sus hijos sacerdotes. Se trata de un leproso: es impuro. El sacerdote lo declarará impuro de lepra en la cabeza. El enfermo de lepra, andará con la ropa rasgada y la cabellera desgreñada, con la barba tapada y gritando: "¡Impuro, impuro!". Mientras le dure la afección, seguirá siendo impuro. Es impuro y vivirá solo y tendrá su morada fuera del campamento».

• *Salmo* 31, 1b-2.5.11: ***Tú eres mi refugio, me rodeas de cantos de liberación.***

• *1 Corintios* 10,31 – 11,1: Ya comáis, ya bebáis o hagáis lo que hagáis, hacedlo todo para gloria de Dios. No deis motivo de escándalo ni a judíos, ni a griegos, ni a la Iglesia de Dios; como yo, que procuro contentar en todo a todos, no buscando mi propia ventaja, sino la de la mayoría, para que se salven. Sed imitadores míos como yo lo soy de Cristo.

• **MARCOS 1, 40-45:** Se acercó a Jesús un leproso, suplicándole de rodillas: «Si quieres, puedes limpiarme». Compadecido, extendió la mano y lo tocó diciendo: «Quiero: queda limpio». La lepra se le quitó inmediatamente y quedó limpio. Él lo despidió, encargándole severamente: «No se lo digas a nadie; pero para que conste, ve a presentarte al sacerdote y ofrece por tu purificación lo que mandó Moisés, para que les sirva de testimonio». Pero cuando se fue, empezó a pregonar bien alto y a divulgar el hecho, de modo que Jesús ya no podía entrar abiertamente en ningún pueblo; se quedaba fuera, en lugares solitarios; y aun así acudían a él de todas partes.

ORACIÓN

SEÑOR, si quieres, puedes limpiarme. A mi paso por este mundo, se me van pegando a los pies –y al corazón– el barro del mundo y sus apetencias, que son peor que la lepra. Yo quiero ser limpio de corazón, limpio de vida: no por mis fuerzas, sino por tu gracia y para tu gloria. Sobre todo, sano de espíritu. Pero no puedo olvidar que hace un año el coronavirus comenzaba a extenderse por Europa... ¡Dales, Señor, el descanso eterno a quienes murieron en la soledad y la tristeza: ya sufrieron aquí su purgatorio!

FEBRERO

15

LUNES

Lunes 6° Tiempo Ordinario Tomo III - Salterio 2ª semana

Santos Claudio de la Colombière *pb*, Onésimo *NT*, Faustino y Jovita *mrs*, Georgia *vg*, Sigfrido *ob*

S. CLAUDIO DE LA COLOMBIERE

Papa Francisco: En la primera lectura de hoy (*Génesis* 4, 1-15.25), por primera vez en la Biblia aparece la palabra "hermano". La de Caín y Abel es la historia de una fraternidad que debía crecer y ser hermosa y sin embargo termina destruida. Empezó con pequeños celos de Caín, como entre nosotros: comienzan con una pequeña cosa, unos celos, una envidia y luego esto crece y nosotros vemos la vida solamente desde ese punto y esa paja se convierte para nosotros en una viga. Y nuestra vida gira en torno a eso, y eso destruye el vínculo de hermandad, destruye la fraternidad. También cuando estamos bajo este instinto agazapado, en nuestro corazón, lo único que cuenta es lo que ha hecho mal el otro. Estamos obsesionados, perseguidos por eso, y así crece la enemistad y termina mal, siempre *(13-2-2017)*.

PALABRA

Se presentaron los fariseos y se pusieron a discutir con Jesús; para ponerlo a prueba, le pidieron un signo del cielo. Jesús dio un profundo suspiro y dijo: «¿Por qué esta generación reclama un signo? En verdad os digo que no se le dará un signo a esta generación». Los dejó, se embarcó de nuevo y se fue a la otra orilla.

Génesis 4, 1-15.25; ***Salmo*** 49, 1bc.8. 16bc17.20-21 • **MARCOS 8, 11-13**

ORACIÓN

SEÑOR, "te pidieron un signo del cielo" los fariseos de tu tiempo y de siempre, y alguna vez yo mismo. Te confundimos con un mago o un payaso, que tienen que distraer a su público. ¿No les bastaba con mirarte y comparar tu infinita ternura y la dureza de su corazón, que no son signos pasajeros sino realidades de tu personalidad y de su hipocresía? A mí me basta tu amor y me colma de gozo tu amistad. Te alabo y te adoro como mi Dios. ***Ofrece a Dios un sacrificio de alabanza*** *(Salmo 49, 14a)*.

Santos Elías y *co mrs,* Juliana *vg mr.*
Beato José Allamano *pb*

Papa Francisco: ¿Cuáles son las características de un invitado a anunciar la Palabra de Dios, a dar testimonio del Evangelio? **1.** En primer lugar, la Palabra de Dios se debe llevar ***con franqueza***, es decir, abiertamente; también con fuerza, ***con valentía.*** **2.** "***Rogad*** al Dueño de la mies que envíe obreros a su mies": La Palabra de Dios es proclamada con ***oración***. Solamente de un corazón en oración puede salir la Palabra de Dios. Para que el Señor acompañe este sembrar la Palabra y para que el Señor riegue la semilla a fin de que germine, se necesita la oración. **3.** Tercera característica: "Os envío como ***corderos en medio de lobos.*** ¿Qué significa? El verdadero testigo sabe que es débil, que no puede defenderse por sí mismo.: «Si tú no vas como cordero, si vas como lobo entre los lobos, el Señor no te protege: defiéndete solo" (S. Juan Crisóstomo) *(14-2-2017).*

PALABRA

A los discípulos se les olvidó tomar pan, y no tenían más que un pan en la barca. Jesús les ordenaba diciendo: «Estad atentos, evitad la levadura de los fariseos y de Herodes». Y discutían entre ellos sobre el hecho de que no tenían panes. Dándose cuenta, les dijo Jesús: «¿Por qué andáis discutiendo que no tenéis pan? ¿Aún no entendéis ni comprendéis? ¿Tenéis el corazón embotado? ¿Tenéis ojos y no veis, tenéis oídos y no oís? ¿No recordáis cuántos cestos de sobras recogisteis cuando repartí cinco panes entre cinco mil?». Ellos contestaron: «Doce». «¿Y cuántas canastas de sobras recogisteis cuando repartí siete entre cuatro mil?». Le respondieron: «Siete». Él les dijo: «¿Y no acabáis de comprender?».

Génesis 6,5-8;7,1-5.10; ***Salmo*** 28,1b-4.9c-10 • **MARCOS 8,14-21**

ORACIÓN

SEÑOR, la última palabra no la tienen los fariseos ni Herodes, que con su levadura corrompen la masa de la sociedad que no te conoce. Tienen el tiempo contado: hasta que tú vuelvas. Tú me invitas hoy a "no tener el corazón embotado" ni perder la memoria de tu amistad y tus palabras de vida eterna. ***El Señor bendice a su pueblo con la paz*** *(Salmo 28,11b).*

Desde mañana, TOMO II de LITURGIA DE LAS HORAS.

FEBRERO 17 MIÉRCOLES

Miércoles de Ceniza — Tomo II - Salterio 4ª semana

Santos SIETE FUNDADORES SERVITAS, Silvino *ob*, Teodoro *m*

Ayuno y abstinencia

SS. SIETE FUNDADORES SERVITAS

TIEMPO DE CUARESMA

Tomo II de la Liturgia de las Horas

Papa Francisco: La Cuaresma **1. *es el tiempo para redescubrir la ruta de la vida.*** Porque en el camino de la vida, como en todo viaje, lo que realmente importa es no perder de vista la meta. Sin embargo, cuando estás de viaje, si lo que te interesa es mirar el paisaje o pararte a comer, no vas muy lejos. ¿Busco la ruta? ¿Cuál es mi ruta? ¿Tal vez la búsqueda de la salud, que muchos dicen que es lo principal, pero que pasará tarde o temprano? ¿Quizá los bienes y el bienestar? Sin embargo, no estamos en el mundo para esto. ***Convertíos a mí***, dice el Señor. *A mí.* ***El Señor es la meta de nuestro peregrinar*** en el mundo. **2.** Para encontrar de nuevo la ruta, hoy se nos ofrece ***un signo: la ceniza en la cabeza.*** Es un signo que nos hace pensar en lo que tenemos en la mente: nada quedará de tantas cosas detrás de las que corres y te preocupas cada día. Son como una llamarada: una vez terminada, quedan solo las cenizas. La Cuaresma es el momento para liberarnos de la ilusión de vivir persiguiendo el polvo. **3.** En este viaje de la Cuaresma, viaje de regreso a lo esencial, ***el Evangelio propone tres etapas,*** que el Señor nos pide recorrer sin hipocresía, sin engaños: ***la limosna, la oración, el ayuno.*** ¿Para qué sirven? La limosna, la oración y el ayuno nos devuelven a las tres únicas realidades que no pasan. La oración nos une de nuevo con Dios; la caridad con el prójimo; el ayuno con nosotros mismos. ***Dios, los hermanos, mi vida: estas son las realidades que no acaban en la nada,*** y en las que debemos invertir *(6-2-2019).*

PALABRA

Dijo Jesús a sus discípulos: «Cuidad de no practicar vuestra justicia delante de los hombres para ser vistos por ellos; de lo contrario no tenéis recompensa de vuestro Padre celestial. Por tanto, cuando hagas limosna, no mandes tocar la trompeta ante ti, como hacen los hipócritas en las sinagogas y

* El miércoles de ceniza y el viernes santo son días de **ayuno** y **abstinencia.** Los viernes de cuaresma son días de **abstinencia.** Y todos los viernes del año, como toda la cuaresma, son días de **penitencia,** en los que se recomiendan las privaciones voluntarias, la limosna, las obras de caridad y la ayuda a las misiones (Ver **Catecismo Iglesia Cat.,** n. 1438).

por las calles para ser honrados por la gente; en verdad os digo que ya han recibido su recompensa. Tú, en cambio, cuando hagas limosna, que no sepa tu mano izquierda lo que hace tu derecha; así tu limosna quedará en secreto, y tu Padre, que ve en lo secreto, te recompensará. Cuando oréis, no seáis como los hipócritas, a quienes les gusta orar de pie en las sinagogas y en las esquinas de las plazas, para que los vean los hombres. En verdad os digo que ya han recibido su recompensa. Tú, en cambio, cuando ores, entra en tu cuarto, cierra la puerta y ora a tu Padre, que está en lo secreto, y tu Padre, que ve en lo secreto, te lo recompensará. Cuando ayunéis, no pongáis cara triste, como los hipócritas que desfiguran sus rostros para hacer ver a los hombres que ayunan. En verdad os digo que ya han recibido su paga. Tú, en cambio, cuando ayunes, perfúmate la cabeza y lávate la cara, para que tu ayuno lo note, no los hombres, sino tu Padre, que está en lo escondido; y tu Padre, que ve en lo escondido, te recompensará».

Joel 2,12-18; ***Salmo*** 50,3-6ab.12-14.17; 2 ***Corintios*** 5, 20 – 6,2
• MATEO 6,1-6.16-18

ORACIÓN

CRISTO, ayuno, oración y limosna son las armas que pones en mis manos para caminar más ligero hacia la Pascua, tu triunfo definitivo sobre el pecado y la muerte. Oración, porque sin ti no puedo dar un paso recto. Ayuno, porque mi fortaleza en este tiempo de combate no es la corporal, sino la del espíritu que domine a la carne. Y ayuno: tú ya nos adviertes del peligro del dinero, que intenta reinar en mi corazón y en toda mi vida, escalando el trono que solo tú puedes ocupar. ***Misericordia, Señor, hemos pecado*** *(Salmo 50, 3a).*

FEBRERO
18
JUEVES

Jueves después de Ceniza Tomo II - Salterio 4ª semana

Santos Sadot *ob* y *co mrs,* Eladio *ob,* Francisco Regis *pb mr.* Beato Juan de Fiésole (Fray Angélico) *pb*

B. JUAN DE FIESOLE (FRAY ANGÉLICO)

Papa Francisco: Detrás de las lecturas de hoy está el fantasma de la hipocresía: los hipócritas hacen todo lo que se debe hacer, parecen buenos. Pero son moralistas, moralistas sin bondad, porque han perdido el sentido de pertenencia a un pueblo: el sentido del auténtico ayuno, que se preocupa de la vida del hermano, que no se avergüenza de la carne del hermano. Nuestra perfección, nuestra santidad va adelante con nuestro pueblo. Es no avergonzarse de la carne de Cristo que viene hoy aquí: es el misterio del cuerpo y de la sangre de Cristo. Es ir a partir el pan con el hambriento, asistir a los enfermos, a los ancianos, a quienes no pueden darnos nada a cambio *(7-3-2014).*

PALABRA

Dijo Jesús a sus discípulos: «El Hijo del hombre tiene que padecer mucho, ser desechado por los ancianos, sumos sacerdotes y escribas, ser ejecutado y resucitar al tercer día». Entonces decía a todos: «Si alguno quiere venir en pos de mí, que se niegue a sí mismo, tome su cruz cada día y me siga. Pues el que quiera salvar su vida la perderá; pero el que pierda su vida por mi causa la salvará. ¿De qué le sirve a uno ganar el mundo entero si se pierde o se arruina a sí mismo?».

Deuteronomio 30, 15-20; ***Salmo*** 1, 1-4.6. • **LUCAS 9, 22-25**

ORACIÓN

CRISTO, me marcas en el Evangelio el programa de mi vida, siguiendo tus pasos, y yo lo acepto plenamente, aplicado en especial en esta Cuaresma '21. Tú vas delante: compartiré contigo los misterios de dolor, que tienen su complemento en los de gloria. Acabamos de iniciar el camino cuaresmal, que me llevará a perder la vida por tu causa y llegar a celebrar la Resurrección. ***Dichoso el hombre que ha puesto su confianza en el Señor*** *(Salmo 39,5ab).*

B. ÁLVARO DE CÓRDOBA

FEBRERO 19 VIERNES

Santos Lucía Yi *vg mr,* Conrado Confalonieri *er.* Beato Álvaro de Córdoba *pb*

Abstinencia

Papa Francisco: El ayuno verdadero no es solamente externo, una observancia externa, sino que es un ayuno que viene del corazón. En las tablas de la ley está la ley hacia Dios y la ley hacia el prójimo y las dos van juntas. Están unidos: el amor a Dios y el amor al prójimo son una unidad y si tú quieres hacer penitencia debes hacerla delante de Dios y también con tu hermano, con el prójimo. El camino de la Cuaresma es doble, a Dios y al prójimo, es decir, es real, no es meramente formal. No es no comer carne solamente el viernes, hacer algo, y después hacer crecer el egoísmo, la explotación del prójimo, ignorando a los pobres. Tú no puedes hacer ofrendas a la Iglesia sobre los hombros de la injusticia que haces con tus trabajadores. Esto es un pecado gravísimo: es usar a Dios para cubrir la injusticia. ¿Qué puedo hacer por los niños, por los ancianos, que no tienen la posibilidad de ser visitados por un médico? *(20-2-2015).*

PALABRA

Los discípulos de Juan se le acercan a Jesús, preguntándole: «¿Por qué nosotros y los fariseos ayunamos a menudo y, en cambio, tus discípulos no ayunan?». Jesús les dijo: «¿Es que pueden guardar luto los amigos del esposo, mientras el esposo está con ellos? Llegarán días en que les arrebatarán al esposo, y entonces ayunarán».

Isaías 58, 1-9a; ***Salmo*** 50, 3-6ab.18-19 • **MATEO 9, 14-15**

ORACIÓN

CRISTO, tu respuesta a los discípulos del Bautista es una respuesta alentadora: *¿Es que pueden guardar luto los amigos del esposo, mientras el esposo está con ellos?* Estas palabras, al principio de la Cuaresma, definen lo que tu Iglesia quiere destacar en la vivencia de nuestro camino hacia la Pascua: la cercanía del esposo, tu compañía personal con los que consideras tus amigos, entre los que -arrepentido de mis pecados- tengo la inmensa fortuna de encontrarme. ¡En ti confío! ***Un corazón quebrantado y humillado, oh Dios, tú no lo desprecias*** *(Salmo 50,19cd).*

FEBRERO

20

SÁBADO

Sábado después de Ceniza Tomo II - Salterio 4ª semana

Santos *niños* Francisco y Jacinta Marto de Fátima *cfs*, León *ob*, Eleuterio *ob*, Beata Julia Rodzninska *vg mr*

Papa Francisco: Todos nosotros tenemos dentro algunas zonas, algunas partes de nuestro corazón, que no están vivas, que están un poco muertas; una auténtica necrosis espiritual. Y cuando nosotros estamos en esta situación y nos damos cuenta de ello, tenemos ganas de salir de allí, pero no podemos. Solo el poder de Jesús es capaz de ayudarnos a salir de estas zonas muertas del corazón, estas tumbas de pecado, que todos nosotros tenemos. ¡Todos somos pecadores! Pero si estamos muy apegados a estos sepulcros y los custodiamos dentro de nosotros y no queremos que todo nuestro corazón resucite a la vida, nos convertimos en corruptos y nuestra alma comienza a dar mal olor, el olor de esa persona que está apegada al pecado *(6-4-2014).*

PALABRA

Vio Jesús a un publicano llamado Leví, sentado al mostrador de los impuestos, y le dijo: «Sígueme». Él, dejándolo todo, se levantó y lo siguió. Leví ofreció en su honor un gran banquete en su casa, y estaban a la mesa con ellos un gran número de publicanos y otros. Y murmuraban los fariseos y sus escribas diciendo a los discípulos de Jesús: «¿Cómo es que coméis y bebéis con publicanos y pecadores?». Jesús les respondió: «No necesitan médico los sanos, sino los enfermos. No he venido a llamar a los justos, sino a los pecadores a que se conviertan».

Isaías 58, 9b-14; ***Salmo*** 85, 1b-6 • **LUCAS 5, 27-32**

ORACIÓN

CRISTO, tu palabra me anima y me conforta, cuando afirmas que has venido a buscar a los débiles, enfermos y pecadores como yo. Los justos y los sanos –los que se creen así– parece que no te necesitan. Yo sí: cuento contigo para mi camino de conversión, que ha de ser esta Cuaresma, y que se prolongará toda mi vida. ***Enséñame, Señor, tu camino, para que siga tu verdad*** *(Salmo 85,11ab).*

DOMINGO I DE CUARESMA

FEBRERO
21
DOMINGO

Santos PEDRO DAMIÁN *ob*, Germán *ab*, Roberto Southwell *pb mr*

Papa Francisco: En este primer domingo de Cuaresma, el Evangelio menciona los temas de la ***tentación***, la ***conversión*** y la ***Buena Noticia***. **1.** Escribe el evangelista Marcos: «El Espíritu empujó a Jesús al desierto, y permaneció en el desierto cuarenta días, siendo ***tentado por Satanás***» (*Marcos* 1, 12-13). Jesús va al desierto a prepararse para su misión en el mundo. Él no necesita conversión, pero, en cuanto hombre, debe pasar a través de esta prueba, —ya sea por sí mismo, para obedecer a la voluntad del Padre, como por nosotros, para darnos la gracia de vencer las tentaciones—. Esta preparación consiste en la lucha contra el espíritu del mal, es decir, contra el diablo. También para nosotros la Cuaresma es un tiempo de lucha espiritual: estamos llamados a afrontar al maligno mediante la oración para ser capaces, con la ayuda de Dios, de vencerlo en nuestra vida cotidiana. **2.** Inmediatamente después de las tentaciones en el desierto, Jesús empieza a predicar ***el Evangelio, la Buena Noticia***, la segunda palabra. Y esta Buena Noticia exige del hombre conversión y fe. Él anuncia: «El tiempo se ha cumplido y el Reino de Dios está cerca»; después dirige la exhortación: «Convertíos y creed en la Buena Nueva», es decir creed en esta Buena Noticia: el Reino de Dios está cerca. **3.** En nuestra vida ***siempre necesitamos conversión*** —¡todos los días!—, y la Iglesia nos hace rezar por esto. De hecho, no estamos nunca suficientemente orientados hacia Dios y debemos continuamente dirigir nuestra mente y nuestro corazón a él. Para esto es necesario tener la valentía de rechazar todo lo que nos lleva fuera del camino, los falsos valores que nos engañan atrayendo nuestro egoísmo de forma sutil. Sin embargo, debemos fiarnos del Señor, de su bondad y de su proyecto de amor para cada uno de nosotros. La Cuaresma es un tiempo de penitencia, pero no es un tiempo triste, de luto. Es un compromiso alegre y serio para despojarnos de nuestro egoísmo, de nuestro hombre viejo, y renovarnos según la gracia de nuestro bautismo. Solamente Dios puede darnos la verdadera felicidad: es inútil que perdamos nuestro tiempo buscándola en otro lugar, en las riquezas, en los placeres, en el poder, en la carrera... El Reino de Dios es la realización de todas nuestras aspiraciones, porque es, al mismo tiempo, salvación del hombre y gloria de Dios *(18-2-2018).*

PALABRA

• ***Génesis*** 9, 8-15: Dios dijo a Noé y a sus hijos: «Yo establezco mi alianza con vosotros y con vuestros descendientes, con todos los animales que os acompañan, aves, ganados y fieras, con todos los que salieron del arca y ahora viven en la tierra. Establezco, pues, mi alianza con vosotros: el diluvio no volverá a destruir criatura alguna, ni habrá otro diluvio que devaste la tierra». Y Dios añadió: «Esta es la señal de la alianza que establezco con vosotros y con todo lo que vive con vosotros, para todas las generaciones: pondré mi arco en el cielo, como señal de mi alianza con la tierra. Cuando traiga nubes sobre la tierra, aparecerá en las nubes el arco, y recordaré mi alianza con vosotros y con todos los animales, y el diluvio no volverá a destruir a los vivientes».

• ***Salmo*** 24, 4-9: ***Tus sendas, Señor, son misericordia y lealtad, para los que guardan tu alianza.***

• ***1 Pedro*** 3, 18-22: Queridos hermanos: Cristo sufrió su pasión, de una vez para siempre, por los pecados, el justo por los injustos, para conduciros a Dios. Muerto en la carne, pero vivificado en el Espíritu; en el espíritu fue a predicar incluso a los espíritus en prisión, a los desobedientes en otro tiempo, cuando la paciencia de Dios aguardaba, en los días de Noé, a que se construyera el arca, para que unos pocos, es decir, ocho personas, se salvaran por medio del agua. Aquello era también un símbolo del bautismo que actualmente os está salvando, que no es purificación de una mancha física, sino petición a Dios de una buena conciencia, por la resurrección de Jesucristo, el cual fue al cielo, está sentado a la derecha de Dios y tiene a su disposición ángeles, potestades y poderes.

• **MARCOS 1, 12-15:** El Espíritu empujó a Jesús al desierto. Se quedó en el desierto cuarenta días, siendo tentado por Satanás; vivía con las fieras y los ángeles lo servían. Después de que Juan fue entregado, Jesús se marchó a Galilea a proclamar el Evangelio de Dios. Decía: «Se ha cumplido el tiempo y está cerca el reino de Dios. Convertíos y creed en el Evangelio».

ORACIÓN

CRISTO, me recuerdas hoy lo que me dijeron el miércoles pasado al imponerme la ceniza: *Conviértete y cree en el Evangelio.* Y me das ejemplo con tu actitud, cuando te dejas tentar por Satanás. No siempre soy tan rotundo con el demonio como lo fuiste tú, que a sus tentaciones solo respondiste con Palabra de Dios. Yo soy como Eva, que mantuvo una conversación con el tentador y cayó en sus redes. Pero quiero rechazarlo tajantemente con tu Palabra. Quiero convertirme y creer en el Evangelio que cada día me ofreces.

CÁTEDRA DE SAN PEDRO

FIESTA DE LA CÁTEDRA DE SAN PEDRO

Santos Margarita de Cortona *rl*, Papías *ob*, Maximiano *ob*

FEBRERO **22** LUNES

Papa Francisco: En el camino de liberación de Simón Pedro, es decisiva *la oración de Jesús:* «Yo he pedido por ti, para que tu fe no se apague». Es igualmente decisiva *la mirada llena de compasión* del Señor después de que Pedro le hubiera negado tres veces: una mirada que toca el corazón y disuelve las lágrimas de arrepentimiento. Entonces Simón Pedro *fue liberado de la prisión de su ego orgulloso, de su ego miedoso,* y superó la tentación de cerrarse a la llamada de Jesús a seguirle por el camino de la cruz. Seguir a Jesús significa tomar la propia cruz, lo cual conduce a la verdadera libertad, que nos libera del egoísmo y del pecado *(13-9-2015).*

PALABRA

Al llegar a la región de Cesarea de Filipo, Jesús preguntó a sus discípulos: «¿Quién dice la gente que es el Hijo del hombre?». Ellos contestaron: «Unos que Juan el Bautista, otros que Elías, otros que Jeremías o uno de los profetas». Él les preguntó: «Y vosotros, ¿quién decís que soy yo?». Simón Pedro tomó la palabra y dijo: «Tú eres el Mesías, el Hijo del Dios vivo». Jesús le respondió: «¡Bienaventurado tú, Simón, hijo de Jonás!, porque eso no te lo ha revelado ni la carne ni la sangre, sino mi Padre que está en los cielos. Ahora yo te digo: tú eres Pedro, y sobre esta piedra edificaré mi Iglesia, y el poder del infierno no la derrotará. Te daré las llaves del reino de los cielos; lo que ates en la tierra quedará atado en los cielos, y lo que desates en la tierra quedará desatado en los cielos».

1 Pedro 5,1-4; ***Salmo*** 22,1b-6 • **MATEO 16,13-19**

ORACIÓN

CRISTO, la pregunta que hiciste a tus apóstoles espera hoy mi respuesta personal: Y tú *¿quién dices que soy yo?* Te respondo que para mí lo eres todo: el Dios dueño de mi vida, el Mesías que vienes a salvarme, el Amigo que nunca defrauda. Pero quisiera que no fueran solo palabras que salen de mi boca, sino bases reales de vida cristiana, actitud profunda de conversión sincera, propuesta decidida a serte fiel en la amistad que quieres que tengamos tú y yo. ***El Señor es mi pastor, nada me falta*** *(Salmo 22,1b).*

Santos POLICARPO ***ob mr,*** **Milburga** ***ab.***
Beata Rafaela Ybarra ***mf rl***

SAN POLICARPO

Papa Francisco: «Perdona nuestras ofensas como también nosotros perdonamos a los que nos ofenden». En estas palabras del *Padrenuestro* está todo un proyecto de vida basado en la misericordia. La misericordia, la indulgencia, la condonación de la deuda, no es solo algo devocional, privado, un paliativo espiritual, una especie de óleo que ayuda a ser más suaves, más buenos, no. Es *la profecía de un mundo nuevo:* misericordia es profecía de un mundo nuevo, en el que la solidaridad y el acto de compartir son la consecuencia concreta de la fraternidad *(5-7-2014).*

PALABRA

Dijo Jesús a sus discípulos: «Cuando recéis, no uséis muchas palabras, como los gentiles, que se imaginan que por hablar mucho les harán caso. No seáis como ellos, pues vuestro Padre sabe lo que os hace falta antes de que lo pidáis. Vosotros orad así: "Padre nuestro que estás en el cielo, santificado sea tu nombre, venga a nosotros tu reino, hágase tu voluntad en la tierra como en el cielo, danos hoy nuestro pan de cada día, perdona nuestras ofensas, como también nosotros perdonamos a los que nos ofenden, no nos dejes caer en la tentación, y líbranos del mal". Porque si perdonáis a los hombres sus ofensas, también os perdonará vuestro Padre celestial, pero si no perdonáis a los hombres, tampoco vuestro Padre perdonará vuestras ofensas».

Isaías 55, 10-11; ***Salmo*** 33, 4-7.16-19 • **MATEO 6, 7-15**

ORACIÓN

CRISTO, me uno a ti en la oración al Padre, para que su nombre sea santificado, su reino venga a quedarse, se haga su voluntad en mi vida. Y contigo le pido al Padre que me dé el pan de cada día, que me perdone como yo quiero perdonar y olvidar, que no me deje caer en la tentación, y me libre del Maligno. Amén. ***Dios libra a los justos de sus angustias*** *(Salmo 33,18b).*

Santos Etelberto *cf*, Modesto *ob*,
Pedro Palatino *mr*.
Beata Ascensión Nicol *vg*

FEBRERO
24
MIÉRCOLES

Papa Francisco: *[Los habitantes de Nínive se convirtieron]* El Señor dijo a Samuel: "Levántate y unge a David". David era el más pequeño, el que a los ojos del papá no contaba: *¿Cómo va a escoger Dios a este muchacho?* No consideraba que "el hombre ve la apariencia, pero el Señor ve el corazón". Samuel tomó el cuerno de aceite y lo ungió y el espíritu del Señor vino sobre David. Entonces, ¿el Señor lo hizo santo? No, el rey David es el santo rey David, pero santo después de una larga vida, constelada de varios pecados. David fue santo y pecador. Tenía sus tentaciones y cometió pecados. David, incluso, fue un asesino que, para cubrir su lujuria, el pecado de adulterio, mandó matar. ¿El santo Rey David mató? Es cierto, pero también es cierto que cuando Dios envió al profeta Natán para hacerle ver esta realidad a David, el mismo David reconoció: "He pecado" y pidió perdón. Leyendo la historia de David, que hizo tantas cosas buenas y otras no tan buenas, me viene el pensar que en el camino cristiano no hay un santo sin pasado, ni tampoco un pecador sin futuro *(19-1-2016)*.

PALABRA

La gente se apiñaba alrededor de Jesús, y él se puso a decirles: «Esta generación es una generación perversa. Pide un signo, pero no se le dará más signo que el signo de Jonás. Pues como Jonás fue un signo para los habitantes de Nínive, lo mismo será el Hijo del hombre para esta generación. La reina del Sur se levantará en el juicio contra los hombres de esta generación y hará que los condenen, porque ella vino desde los confines de la tierra para escuchar la sabiduría de Salomón, y aquí hay uno que es más que Salomón. Los hombres de Nínive se alzarán en el juicio contra esta generación, y harán que la condenen; porque ellos se convirtieron con la proclamación de Jonás, y aquí hay uno que es más que Jonás».

Jonás 3, 1-10; ***Salmo*** 50, 3-4,12-13.18-19 • **LUCAS 11, 29-32**

ORACIÓN

CRISTO, ningún sabio de la humanidad en toda la historia, presente y futuro, puede compararse contigo en grandeza, en sabiduría ni en misericordia. No es extraño que las gentes quedaran colgadas de tus labios y se apiñaran a tu alrededor. Entre aquellas gentes -aun siendo una generación perversa- hubiera querido estar yo escuchándote, pero no pido más signos que tus palabras de vida. ***Un corazón quebrantado y humillado, oh Dios, tú no lo desprecias*** *(Salmo 50,19cd)*.

FEBRERO
25
JUEVES

Jueves 1° de Cuaresma — **Tomo II - Salterio 1ª semana**

Santos Luis Versiglia y Calixto *mrs*, Aldetrudis *vg ab*, Toribio Romo *pb mr*, Cesáreo *cf*, Néstor *ob mr*, Sebastián A. *rl*. Beato Ciriaco M.ª Sancha *ob*

SS. LUIS VERSIGLIA Y CALIXTO

Papa Francisco: No se puede vivir sin perdonarse, o al menos no se puede vivir bien, especialmente en la familia, en las comunidades. Cada día nos ofendemos unos a otros. Tenemos que considerar estos errores, debidos a nuestra fragilidad y a nuestro egoísmo. Lo que se nos pide es curar inmediatamente las heridas que provocamos, volver a tejer de inmediato los hilos que rompemos en la familia. Si esperamos demasiado, todo se hace más difícil. Y hay un secreto sencillo para curar las heridas y disipar las acusaciones. Es este: no dejar que acabe el día sin pedirse perdón, sin hacer las paces entre marido y mujer, entre padres e hijos, entre hermanos... entre nuera y suegra *(4-11-2015)*.

PALABRA

Dijo Jesús a sus discípulos: «Pedid y se os dará, buscad y encontraréis, llamad y se os abrirá; porque todo el que pide recibe, quien busca encuentra y al que llama se le abre. Si a alguno de vosotros le pide su hijo pan, ¿le dará una piedra?; y si le pide pescado, ¿le dará una serpiente? Pues si vosotros, aun siendo malos, sabéis dar cosas buenas a vuestros hijos, ¡cuánto más vuestro Padre que está en los cielos dará cosas buenas a los que le piden! Así, pues, todo lo que deseáis que los demás hagan con vosotros, hacedlo vosotros con ellos; pues esta es la Ley y los Profetas.

Ester 4, 17k.l-z; ***Salmo*** 137, 1bcd-3.7c-8 • **MATEO 7, 7-12**

ORACIÓN

CRISTO, no quiero dejar pasar la ocasión que me das, sin pedir al Padre, siguiendo tu consejo, que me dé la fe que me salva; el amor a ti que con tu amor a mí has creado nuestra amistad que vale más que todos los tesoros del mundo; y el amor al hermano, que se traduce en tratar a los demás como quiero que ellos me traten. ¡Apoya ante el Padre mi oración pues le pido, con fe y en tu nombre, lo que necesito para ser cristiano! ***Cuando te invoqué, me escuchaste, Señor*** *(Salmo 137, 3a)*.

SANTA PAULA MONTAL

FEBRERO 26 VIERNES

Santos Paula Montal *vg*, Alejandro *ob*, Porfirio *ob*, Víctor *er.* Beata Piedad de la Cruz *vg*

Abstinencia

Papa Francisco: *[Vete primero a reconciliarte]* El corazón es duro, con esa dureza que no deja entrar la misericordia de Dios: así se cree que son más importantes mis pensamientos, es más importante toda la lista de mandamientos que debo observar, todo, todo, todo, que la misericordia de Dios. Y este drama también Jesús lo vivió con los doctores de la Ley, que no entendían sus gestos de misericordia. 'Tú eres misericordioso y clemente'". Este Salmo nos sugiere ***"esperar en el Señor, porque en el Señor hay misericordia, y en él hay abundante redención"***. Donde está el Señor hay misericordia *(6-10-15).*

PALABRA

Dijo Jesús a sus discípulos: «Si vuestra justicia no es mayor que la de los escribas y fariseos, no entraréis en el reino de los cielos. Habéis oído que se dijo a los antiguos: "No matarás", y el que mate será reo de juicio. Pero yo os digo: todo el que se deja llevar de la cólera contra su hermano será procesado. Y si uno llama a su hermano «imbécil», tendrá que comparecer ante el Sanedrín, y si lo llama «necio», merece la condena de la "gehenna" del fuego. Por tanto, si cuando vas a presentar tu ofrenda sobre el altar, te acuerdas allí mismo de que tu hermano tiene quejas contra ti, deja allí tu ofrenda ante el altar y vete primero a reconciliarte con tu hermano, y entonces vuelve a presentar tu ofrenda. Con el que te pone pleito procura arreglarte enseguida, mientras vais todavía de camino, no sea que te entregue al juez, y el juez al alguacil, y te metan en la cárcel. En verdad te digo que no saldrás de allí hasta que hayas pagado el último céntimo».

Ezequiel 18, 21-28; ***Salmo*** 129, 1b-8 • **MATEO 5, 20-26**

ORACIÓN

CRISTO, tan importante es el perdón y la reconciliación, que no aceptas una ofrenda si antes no me reconcilio con el hermano que tenga quejas contra mí. Dame la humildad para pedir perdón cuando he causado una ofensa a otro, y el amor para reconciliarme con quienes tienen algo contra mí. La reconciliación es el clima habitual de quienes queremos ser discípulos tuyos. ***Si llevas cuenta de los delitos, Señor, ¿quién podrá resistir?*** *(Salmo 129,3).*

FEBRERO

27

SÁBADO

Sábado 1° de Cuaresma Tomo II - Salterio 1ª semana

Santos Gabriel de la Dolorosa *rl*, Ana Line *vd mr*, Baldomero *cf*, Honorina *vg mr*

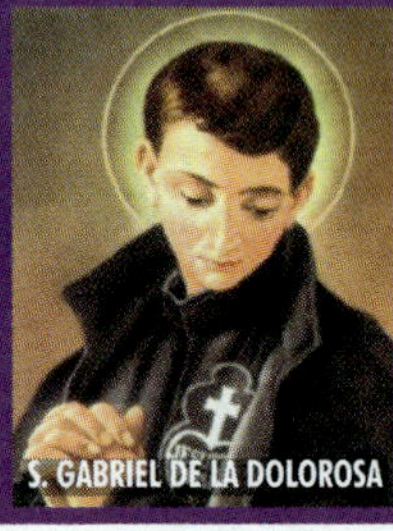
S. GABRIEL DE LA DOLOROSA

Papa Francisco: Jesús nos habla en el Evangelio de la santidad, y nos explica la nueva ley, la suya. Lo hace mediante algunas antítesis entre la justicia imperfecta de los escribas y los fariseos y la más alta justicia del Reino de Dios. La *primera antítesis* se refiere a la venganza. «Habéis oído que se os dijo: “Ojo por ojo, diente por diente”. Pues yo os digo: Si uno te abofetea en la mejilla derecha, preséntale la otra» (*Mt* 5,38-39). No solo no se ha de devolver al otro el mal que nos ha hecho, sino que debemos esforzarnos por hacerle el bien con generosidad *(23-2-2014).*

PALABRA

Dijo Jesús a sus discípulos: «Habéis oído que se dijo: “Amarás a tu prójimo y aborrecerás a tu enemigo”. Pero yo os digo: amad a vuestros enemigos y rezad por los que os persiguen, para que seáis hijos de vuestro Padre celestial, que hace salir su sol sobre malos y buenos y manda la lluvia a justos e injustos. Porque si amáis a los que os aman, ¿qué premio tendréis? ¿No hacen lo mismo también los publicanos? Y si saludáis solo a vuestros hermanos, ¿qué hacéis de extraordinario? ¿No hacen lo mismo también los gentiles? Por tanto, sed perfectos como vuestro Padre celestial es perfecto».

Deuteromio 26, 16-19; ***Salmo*** 118, 1-2.4-5.7-8 • **MATEO 5, 43-48**

ORACIÓN

CRISTO, yo quiero ser hijo del Padre, gracias a que tú me has hecho partícipe de tu filiación divina y me ayudarás a querer ser perfecto. Y quiero ser digno hijo: amando a mis enemigos y rezando por quienes me persiguen. No puedo tener ningún enemigo. Solo con tu ayuda podré aspirar a la perfección del amor. ***Dichoso el que camina en la ley del Señor*** *(Salmo 118,1b).*

SANTOS MÁRTIRES DE ALEJANDRÍA

DOMINGO II DE CUARESMA

Santos Mártires de Alejandría, Román *ab*, Osvaldo *ob*, Marana y Cira *vgs*. Beato Daniel Brottier *pb*

FEBRERO
28
DOMINGO

Papa Francisco: El Evangelio de hoy, segundo domingo de Cuaresma, nos invita a contemplar la ***transfiguración de Jesús***. Seis días antes Jesús había desvelado a sus discípulos que en Jerusalén debería «sufrir mucho y ***ser reprobado por los ancianos***, los sumos sacerdotes y los escribas, ***ser ejecutado y resucitar a los tres días***» (*Marcos* 8, 31). Este anuncio había puesto en crisis a Pedro y a todo el grupo de discípulos, que rechazaban la idea de que Jesús terminara rechazado por los jefes del pueblo y después asesinado. Ellos esperaban a un Mesías poderoso, fuerte, dominador; en cambio, Jesús se presenta como humilde, manso, siervo de Dios, siervo de los hombres, que deberá entregar su vida en sacrificio, pasando por el camino de la persecución, del sufrimiento y de la muerte. Pero, ¿cómo poder seguir a un Maestro y Mesías cuya vivencia terrenal terminaría de ese modo? Así pensaban ellos. Y la respuesta llega precisamente de la transfiguración. ***¿Qué es la transfiguración de Jesús? Es una aparición pascual anticipada***: por un momento, muestra a sus discípulos su gloria, gloria de Hijo de Dios. La transfiguración permite así a los discípulos afrontar la pasión de Jesús de un modo positivo, sin ser arrastrados. Lo vieron como será después de la pasión, glorioso. Jesús les prepara para la prueba. La transfiguración ayuda a los discípulos, y también a nosotros, a entender que la pasión de Cristo es un misterio de sufrimiento, pero es sobre todo un regalo de amor, de amor infinito por parte de Jesús. El evento de Jesús transfigurándose sobre el monte nos hace entender mejor también su resurrección. Para entender el misterio de la cruz es necesario saber con antelación que el que sufre y es glorificado no es solamente un hombre, sino el Hijo de Dios, que con su amor fiel hasta la muerte nos ha salvado *(25-2-2018).*

PALABRA

• ***Génesis*** 22, 1-2.9a-13.15-18: Dios puso a prueba a Abrahán. Le dijo: «¡Abrahán!». Él respondió: «Aquí estoy». Dios dijo: «Toma a tu hijo único, al que amas, a Isaac, y vete a la tierra de Moria y ofrécemelo allí en holocausto, en uno de los montes que yo te indicaré». Cuando llegaron al sitio que le había dicho Dios, Abrahán levantó allí el altar y apiló la leña. luego ató a su hijo Isaac y lo puso sobre el altar, encima de la leña. Entonces Abrahán alargó la mano y tomó el cuchillo para degollar a su hijo. Pero el ángel del Señor le gritó desde el cielo: «¡Abrahán, Abrahán!». Él contestó: «Aquí estoy». El ángel le ordenó: «No alargues la mano contra el muchacho ni le hagas nada. Ahora he comprobado que temes a Dios, porque no te has reservado a tu hijo, tu único hijo». Abrahán levantó los ojos y vio un carnero enredado por los cuernos en la maleza. Se acercó, tomó el carnero y lo ofreció en holocausto en lugar de su hijo. El ángel del Señor llamó a Abrahán por segunda vez desde el cielo y le dijo: «Juro por mí mismo, oráculo del Señor: por haber hecho esto, por no haberte reservado tu hijo, tu hijo único, te colmaré de bendiciones y multiplicaré a tus descendientes como las estrellas del cielo y como la arena de la playa. Tus descendientes conquistarán las puertas de sus enemigos. Todas las naciones de la tierra se bendecirán con tu descendencia, porque has escuchado mi voz».

• ***Salmo*** 115, 10.15-19: ***Caminaré en presencia del Señor, en el país de los vivos.***

• ***Romanos 8, 31b-34:*** Hermanos: Si Dios está con nosotros, ¿quién estará contra nosotros? El que no se reservó a su propio Hijo, sino que lo entregó por todos nosotros, ¿cómo no nos dará todo con él? ¿Quién acusará a los elegidos de Dios? Dios es el que justifica. ¿Quién condenará? ¿Acaso Cristo Jesús, que murió, más todavía, resucitó y está a la derecha de Dios, y que intercede por nosotros?

• **MARCOS 9, 2-10:** Jesús tomó consigo a Pedro, a Santiago y a Juan, subió aparte con ellos solos a un monte alto, y se transfiguró delante de ellos. Sus vestidos se volvieron de un blanco deslumbrador, como no puede dejarlos ningún batanero del mundo. Se les aparecieron Elías y Moisés, conversando con Jesús. Entonces Pedro tomó la palabra y dijo a Jesús; «Maestro, ¡qué bueno es que estemos aquí! Vamos a hacer tres tiendas, una para ti, otra para Moisés y otra para Elías». No sabía qué decir, pues estaban asustados. Se formó una nube que los cubrió y salió una voz de la nube: «Este es mi Hijo, el amado; escuchadlo». De pronto, al mirar alrededor, no vieron a nadie más que a Jesús, solo con ellos. Cuando bajaban del monte, les ordenó que no contasen a nadie lo que habían visto hasta que el Hijo del hombre resucitara de entre los muertos». Esto se les quedó grabado y discutían qué quería decir aquello de resucitar de entre los muertos.

ORACIÓN

CRISTO, da gusto ver a tus tres amigos en el Tabor. ¡Qué pena verlos dormidos en Getsemaní! Pedro te había prometido que jamás te dejaría, que daría su vida por ti. Y ahí lo tienes dormido. Tú conoces de qué barro nos hiciste: *El espíritu está dispuesto, pero la carne es débil.* ¿Me das valor para estar siempre a tu lado? Así seré testigo de las maravillas que hay en tu vida, y oiré la voz del Padre: *Este es mi Hijo amado; escuchadlo.* Con tu Palabra como guía, y con tu Espíritu como fuerza y motor de mi vida, mi transfiguración en fiel discípulo tuyo está asegurada: es la salvación que tú ofreces por amor, y yo acepto con un corazón agradecido.

Fray Angélico. Museo del Prado. Restaurada en 2019

MARZO

María es introducida en el misterio de Cristo a través de la Anunciación del ángel. La Encarnación constituye el cumplimiento de la promesa divina, después del pecado original.

(S. Juan Pablo II: "Redemptoris Mater",8.11)

MARZO

1

LUNES

Lunes 2° de Cuaresma

Tomo II - Salterio 2ª semana

Santos Félix III *pp*, Rosendo *ob ab*, Albino *ob*, David *ob*, Suitbert *ob*

SAN ROSENDO

Papa Francisco: No debemos juzgar: “No juzguéis y no seréis juzgados; no condenéis y no seréis condenados. Es más: perdonad y seréis perdonados”. En las reuniones que tenemos, una comida, pensemos de dos horas de duración, ¿cuántos minutos se han gastado para juzgar a los otros? “Sed misericordiosos como vuestro Padre es misericordioso”. ¿Yo juzgo a los otros? ¿Cómo juzgo? De la misma forma, yo seré juzgado. ¿Soy misericordioso con los otros? De la misma forma el Señor será misericordioso conmigo. Ante Dios, ¿yo me avergüenzo de ser pecador? Debemos pedir la gracia de la vergüenza. Al que hace el mal, se le llama “sinvergüenza”. Pidamos la gracia de que nunca nos falte la vergüenza delante de Dios: “A ti la justicia, a mí la vergüenza” *(26-2-2018).*

PALABRA

Dijo Jesús a sus discípulos: «Sed misericordiosos como vuestro Padre es misericordioso; no juzguéis, y no seréis juzgados; no condenéis, y no seréis condenados; perdonad, y seréis perdonados; dad, y se os dará: os verterán una medida generosa, colmada, remecida, rebosante, pues con la medida con que midiereis se os medirá a vosotros».

Daniel 9, 4b-10; ***Salmo*** 78, 8.9.11.13 • **LUCAS 6, 36-38**

ORACIÓN

CRISTO, amar a los otros como tú me amas... es absolutamente imposible para mis fuerzas humanas. Por eso, tú insistes en ese amor al prójimo como el único modo de tener tu Espíritu Santo e imitar tu vida hasta la cruz. Yo quiero ser cristiano, tener tu Espíritu, que es compasivo, que no juzga ni condena, que siempre perdona y da a manos llenas. Lo necesito como el aire que respiro. ¡Envíamelo ya, Jesús Amigo! ¿Cuándo me lo vas a dar? ***Señor, no nos trates como merecen nuestros pecados*** *(Salmo 102, 10a).*

Santos Ceada *ob*, Troadio *mr*

Papa Francisco: El Señor no se cansa de llamarnos a la conversión, a cambiar vida, a dar un paso adelante en el camino del encuentro con él. El Señor nos reprende muchas veces, de distintas maneras, nos advierte, nos hace ver el pecado que es tan feo. Pero cambia la manera de hacernos ver la maldad del pecado y con esto nos ayuda a la conversión. El comportamiento del Señor es el del padre con el hijo que se cree mayor, y todavía está a mitad de camino. El Señor sabe que todos nosotros estamos a mitad de camino y tantas veces necesitamos esto, sentir esta palabra: "Ven, no te asustes, ven, el perdón existe". Esto nos alienta: ir al Señor con el corazón abierto, es el padre que nos espera *(27-2-2018).*

PALABRA

Jesús habló a la gente y a los discípulos, diciendo: «En la cátedra de Moisés se han sentado los escribas y los fariseos: haced y cumplid todo lo que os digan; pero no hagáis lo que ellos hacen, porque ellos dicen, pero no hacen. Lían fardos pesados y se los cargan a la gente en los hombros, pero ellos no están dispuestos a mover un dedo para empujar. Todo lo que hacen es para que los vea la gente: alargan las filacterias y agrandan las orlas del manto; les gustan los primeros puestos en los banquetes y los asientos de honor en las sinagogas; que les hagan reverencias en las plazas y que la gente los llame "rabbí". Vosotros, en cambio, no os dejéis llamar "rabbí", porque uno solo es vuestro maestro, y todos vosotros sois hermanos. Y no llaméis padre vuestro a nadie en la tierra, porque uno solo es vuestro Padre, el del cielo. No os dejéis llamar maestros, porque uno solo es vuestro maestro, el Mesías. El primero entre vosotros será vuestro servidor. El que se enaltece será humillado, y el que se humilla será enaltecido».

Isaías 1, 10.16-20; *Salmo* 49, 8-9.16bc-17.21.23 • **MATEO 23, 1-12**

ORACIÓN

CRISTO, solo tú eres mi Maestro: solo tú tienes palabras de vida eterna. Tu Padre es mi Padre: quien me ha dado la vida que no tendrá fin. Solo tú eres mi Maestro y Consejero: tu palabra es el fiel reflejo de tu vida, me llamas con tu palabra y me empujas con el ejemplo de tu vida. Yo soy tu servidor, el hijo de tu esclava: rompiste mis cadenas. ***Al que sigue buen camino le haré ver la salvación de Dios*** *(Salmo 49,23cd).*

MARZO

3

MIÉRCOLES

Miércoles 2º de Cuaresma

Tomo II - Salterio 2ª semana

Santos Emeterio y Celedonio *mrs,*
Catalina Drexel *vg,* Cunegunda *em*

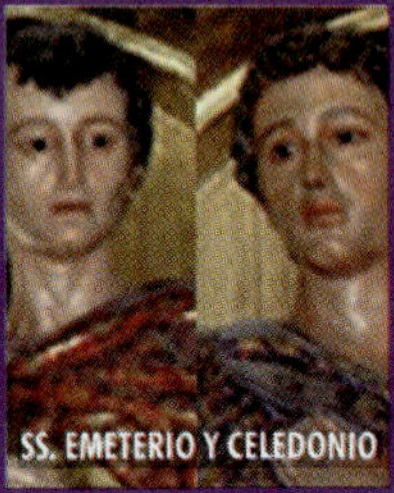
SS. EMETERIO Y CELEDONIO

Papa Francisco: Santiago y Juan querían sentarse a su derecha y a su izquierda en el reino de Dios, reclamando puestos de honor, según su visión jerárquica del reino. El planteamiento con el que se mueven estaba todavía contaminado por sueños de realización terrena... Jesús nos invita a cambiar de mentalidad y a pasar del afán del poder al gozo de desaparecer y servir; a erradicar el instinto de dominio sobre los demás y vivir la virtud de la humildad *(18-10-2015).*

PALABRA

Subiendo Jesús a Jerusalén, tomando aparte a los Doce, les dijo por el camino: «Mirad, estamos subiendo a Jerusalén, y el Hijo del hombre va a ser entregado a los sumos sacerdotes y a los escribas, y lo condenarán a muerte y lo entregarán a los gentiles, para que se burlen de él, lo azoten y lo crucifiquen; y al tercer día resucitará». Entonces se le acercó la madre de los hijos de Zebedeo con sus hijos y se postró para hacerle una petición. Él le preguntó: «¿Qué deseas?». Ella contestó: «Ordena que estos dos hijos míos se sienten en tu reino, uno a tu derecha y el otro a tu izquierda». Pero Jesús replicó: «No sabéis lo que pedís. ¿Podéis beber el cáliz que yo he de beber?». Contestaron: «Podemos». Él les dijo: «Mi cáliz lo beberéis; pero sentarse a mi derecha o a mi izquierda no me toca a mí concederlo, es para aquellos para quienes lo tiene reservado mi Padre». Los otros diez, al oír aquello, se indignaron contra los dos hermanos. Y llamándolos, Jesús les dijo: «Sabéis que los jefes de los pueblos los tiranizan y que los grandes los oprimen. No será así entre vosotros: el que quiera ser grande entre vosotros, que sea vuestro servidor, y el que quiera ser primero entre vosotros, que sea vuestro esclavo. Igual que el Hijo del hombre no ha venido a ser servido sino a servir y a dar su vida en rescate por muchos».

Jeremías 18, 18-20; ***Salmo*** 30, 5-6.14-16 • **MATEO 20, 17-28**

ORACIÓN

CRISTO, mientras tú tratas de invitarme a subir contigo a Jerusalén, donde te espera la pasión y la muerte, yo miro para otra parte y busco en ti, como los Zebedeos, un lugar de importancia en tu reino. No me hagas caso en esto: ayúdame a buscar ser el último, el que sirva a los demás, que es servirte a ti mismo. Lo demás, como tú quieras: siempre será lo mejor para mí hacer tu voluntad. ***Sálvame, Señor, por tu misericordia*** *(Salmo 30,17b).*

Santos CASIMIRO *re*, Apiano *rl*, Basino *ob*

Papa Francisco: El señor rico del Evangelio vive en su ambiente cerrado, se fía solamente de sí mismo, pierde la orientación, pierde la brújula y no sabe dónde están los límites. Pero en su puerta estaba el pobre: él sabía quién era ese pobre, porque después, cuando habla con Abrahán, le dice: "¡Envía a Lázaro!". Hay un límite del cual difícilmente se vuelve atrás. Y es cuando el pecado se transforma en corrupción *(16-3-2017).*

PALABRA

Dijo Jesús a los fariseos: «Había un hombre rico que se vestía de púrpura y de lino y banqueteaba espléndidamente cada día. Y un mendigo llamado Lázaro estaba echado en su portal, cubierto de llagas, y con ganas de saciarse de lo que caía de la mesa del rico. Y hasta los perros venían y le lamían las llagas. Sucedió que murió el mendigo, y fue llevado por los ángeles al seno de Abrahán. Murió también el rico y fue enterrado. Y, estando en el infierno, en medio de los tormentos, levantó los ojos y vio de lejos a Abrahán, y a Lázaro en su seno, y gritando, dijo: "Padre Abrahán, ten piedad de mí y manda a Lázaro que moje en agua la punta del dedo y me refresque la lengua, porque me torturan estas llamas". Pero Abrahán le dijo: "Hijo, recuerda que recibiste tus bienes en tu vida, y Lázaro, a su vez, males: por eso ahora él es aquí consolado, mientras que tú eres atormentado. Él dijo: "Te ruego, entonces, padre, que lo mandes a casa de mi padre, pues tengo cinco hermanos: que les dé testimonio de estas cosas, no sea que también ellos vengan a este lugar de tormento". Abrahán le dice: "Tienen a Moisés y a los profetas; que los escuchen". Pero él le dijo: "No, padre Abrahán. Pero si un muerto va a ellos, se arrepentirán". Abrahán le dijo: "Si no escuchan a Moisés y a los profetas, no se convencerán ni aunque resucite un muerto"».

Jeremías 17, 5-10; ***Salmo*** 1, 1-4.6 • **LUCAS 16, 19-25.27-31**

ORACIÓN

CRISTO, hoy me dices que no se puede hacer el propio paraíso en esta vida, despreciando a quienes malviven en este valle de lágrimas. ¡Dame un corazón como el tuyo, que sepa amar! ***Dichoso el hombre que ha puesto su confianza en el Señor*** *(Salmo 39,5ab).*

MARZO
5
VIERNES

Viernes 2º de Cuaresma

Tomo II - Salterio 2ª semana

Santos Lucio *pp*, Teófilo *ob*, Adrián *mr*, Juan J. de la Cruz *pb*

Abstinencia

Papa Francisco: «Tanto amó Dios al mundo, que entregó a su Unigénito» (*Jn* 3, 16). Al escuchar estas palabras, dirijamos la mirada de nuestro corazón a Jesús Crucificado y sintamos que Dios nos ama, nos ama. Esta es la expresión que resume todo el Evangelio, toda la fe, toda la teología: *Dios nos ama con amor gratuito y sin medida (15-3-2015).*

PALABRA

Dijo Jesús a los sumos sacerdotes y a los ancianos del pueblo: «Escuchad otra parábola: Había un propietario que plantó una viña, la rodeó con una cerca, cavó en ella un lagar, construyó una torre, la arrendó a unos labradores y se marchó lejos. Llegado el tiempo de los frutos, envió sus criados a los labradores para percibir los frutos que le correspondían. Pero los labradores, agarrando a los criados, apalearon a uno, mataron a otro, y a otro lo apedrearon. Envió de nuevo otros criados, más que la primera vez, e hicieron con ellos lo mismo. Por último, les mandó a su hijo, diciéndose: "Tendrán respeto a mi hijo". Pero los labradores, al ver al hijo, se dijeron: "Este es el heredero: venid, lo matamos y nos quedamos con su herencia". Y agarrándolo, lo sacaron fuera de la viña y lo mataron. Cuando vuelva el dueño de la viña, ¿qué hará con aquellos labradores?». Le contestan: «Hará morir de mala muerte a esos malvados y arrendará la viña a otros labradores, que le entreguen los frutos a su tiempo». Y Jesús les dice: «¿No habéis leído nunca en la Escritura: "La piedra que desecharon los arquitectos es ahora la piedra angular. Es el Señor quien lo ha hecho, ha sido un milagro patente"? Por eso os digo que se os quitará a vosotros el reino de Dios y se dará a un pueblo que produzca sus frutos».

Génesis 37, 3-4.12-13a.17b-28; ***Salmo*** 104, 16-21 • **MATEO 21, 33-43**

ORACIÓN

SEÑOR, no puedo pensar que se me podrá quitar tu reino. No, no: mi lote y mi heredad es tu reino. Nada puede compararse a ese tesoro que nos prometes. Es el aliento de mi vida, es la esperanza de mi corazón, es el gozo de mi fe. ***Recordad las maravillas que hizo el Señor*** *(Salmo 104, 5a).*

SAN OLEGARIO

Santos Olegario *ob*, Julián de Toledo *ob*, Coleta Boylet *vg*, Inés de Praga *vg*

Papa Francisco: En la parábola del hijo pródigo, se dice que cuando el padre -que es figura del Dios que perdona- ve llegar a su hijo tuvo compasión. Cuando Dios perdona, perdona como Padre y no como un empleado del tribunal, que lee una sentencia y dice: *Absuelto por insuficiencia de pruebas.* Nos perdona desde dentro. Perdona porque se ha puesto en el corazón de esta persona *(30-10-2015).*

PALABRA

Se acercaron a Jesús todos los publicanos y los pecadores a escucharlo. Y los fariseos y los escribas murmuraban diciendo: «Ese acoge a los pecadores y come con ellos». Jesús les dijo esta parábola: «Un hombre tenía dos hijos; el menor de ellos dijo a su padre: "Padre, dame la parte que me toca de la fortuna". El padre les repartió los bienes. No muchos días después, el hijo menor, juntando todo lo suyo, se marchó a un país lejano, y allí derrochó su fortuna viviendo perdidamente. Cuando lo había gastado todo, vino por aquella tierra un hambre terrible, y empezó él a pasar necesidad. Fue entonces y se contrató con uno de los ciudadanos de aquel país que lo mandó a sus campos a apacentar cerdos. Deseaba saciarse de las algarrobas que comían los cerdos, pero nadie se las daba. Recapacitando entonces, se dijo: "Cuántos jornaleros de mi padre tienen abundancia de pan, mientras yo aquí me muero de hambre. Me levantaré, me pondré en camino adonde está mi padre, y le diré: Padre, he pecado contra el cielo y contra ti; ya no merezco llamarme hijo tuyo: trátame como a uno de tus jornaleros". Se levantó y vino adonde estaba su padre; cuando todavía estaba lejos, su padre lo vio y se le conmovieron las entrañas; y, echando a correr, se le echó al cuello y lo cubrió de besos. Su hijo le dijo: "Padre, he pecado contra el cielo y contra ti; ya no merezco llamarme hijo tuyo". Pero el padre dijo a sus criados: "Sacad enseguida la mejor túnica y vestídsela; ponedle un anillo en la mano y sandalias en los pies; traed el ternero cebado y sacrificadlo; comamos y celebremos un banquete, porque este hijo mío estaba muerto y ha revivido; estaba perdido, y lo hemos encontrado". Y empezaron el banquete. Su hijo mayor estaba en el campo. Cuando al volver se acercaba a la casa, oyó la música y la danza, y llamando a uno de los criados, le preguntó qué era aquello. Este le contestó: "Ha vuelto tu hermano; y tu padre ha sacrificado el ternero cebado, porque lo ha recobrado con salud". Él se indignó y no quería entrar; pero su padre salió e intentaba persuadirlo. Entonces él respondió a su padre: "Mira: en tantos años como te sirvo, sin desobedecer nunca una orden tuya, a mí nunca me has dado un cabrito para tener un banquete con mis amigos; en cambio, cuando ha venido ese hijo tuyo que se ha comido tus bienes con malas mujeres, le matas el ternero cebado". El padre le dijo: "Hijo, tú siempre estás conmigo, y todo lo mío es tuyo; pero era preciso celebrar un banquete y alegrarse, porque este hermano tuyo estaba muerto y ha revivido; estaba perdido, y lo hemos encontrado"».

Miqueas 7, 14-15.18-20; ***Salmo*** 102, 1bc-4.9-12 • **LUCAS 15, 1-3.11-32**

ORACIÓN

CRISTO, el hijo joven de esta "parábola del Padre misericordioso", soy yo que abuso de la bondad del Padre. También soy a veces ese otro hijo, envidioso ante el gozo paterno que celebra el regreso de su hijo perdido. ¡Confío en tu misericordia! ***El Señor es compasivo y misericordioso*** *(Salmo 102,8a).*

MARZO
7
DOMINGO

DOMINGO III DE CUARESMA Tomo II - Salterio 3ª semana

Santos PERPETUA y FELICIDAD *mrs,* Teresa M. Redi *vg,* Simeón Berneux y *co mr*

SANTAS PERPETUA Y FELICIDAD

Papa Francisco: El Evangelio de hoy presenta el episodio en el que Jesús expulsa a los vendedores del templo de Jerusalén. Él hizo este gesto ayudándose con un látigo, volcó las mesas y dijo: «No convirtáis en un mercado la casa de mi Padre». Ciertamente no era una acción violenta, tanto es verdad que no provocó la intervención de los tutores del orden público: de la policía. ¡No! Sino que fue entendida como una acción típica de los profetas, los cuales a menudo denunciaban, en nombre de Dios, abusos y excesos. Con la Pascua de Jesús inicia el nuevo culto en el nuevo templo, el culto del amor, y el nuevo templo es él mismo. La actitud de Jesús contada en la actual página evangélica, nos exhorta a vivir nuestra vida no en la búsqueda de nuestras ventajas e intereses, sino por la gloria de Dios que es el amor. Somos llamados a tener siempre presentes esas palabras fuertes de Jesús: «No hagáis de la Casa de mi Padre una casa de mercado». Es muy feo cuando la Iglesia se desliza hacia esta actitud de hacer de la casa de Dios un mercado. Estas palabras nos ayudan a rechazar el peligro de hacer también de nuestra alma, que es la casa de Dios, un lugar de mercado que viva en la continua búsqueda de nuestro interés en vez de en el amor generoso y solidario *(4-3-2018).*

PALABRA

• ***Éxodo*** 20, 1-3.7-8-12-17: El Señor pronunció estas palabras: «Yo soy el Señor, tu Dios, que te saqué de la tierra de Egipto, de la casa de esclavitud. No tendrás otros dioses frente a mí. No pronunciarás el nombre del Señor, tu Dios, en falso. Porque no dejará el Señor impune a quien pronuncie su nombre en falso. Recuerda el día del sábado para santificarlo. Honra a tu padre y a tu madre, para que se prolonguen tus días en la tierra, que el Señor, tu Dios, te va a dar. No matarás. No cometerás adulterio. No robarás. No darás testimonio falso contra tu prójimo. No codiciarás los bienes de tu prójimo. No codiciarás la mujer de tu prójimo, ni su esclavo, ni su esclava, ni su buey, ni su asno, ni nada que sea de tu prójimo».

• ***Salmo*** 18, 8-11: ***Señor, tú tienes palabras de vida eterna*** *(Juan 6,68c).*

• ***1 Corintios*** 1, 22-25: Hermanos: Los judíos exigen signos, los griegos buscan sabiduría, pero nosotros predicamos a Cristo crucificado: escándalo para los judíos, necedad para los gentiles; pero para los llamados –judíos o griegos–, un Cristo que es fuerza de Dios y sabiduría de Dios. Pues lo necio de Dios es más sabio que los hombres; y lo débil de Dios es más fuerte que los hombres.

• **JUAN 2, 13-25:** Se acercaba la Pascua de los judíos y Jesús subió a Jerusalén. Y encontró en el templo a los vendedores de bueyes, ovejas y palomas, y a los cambistas sentados; y, haciendo un azote de cordeles, los echó a todos del templo, ovejas y bueyes; y a los cambistas les esparció las monedas y les volcó las mesas; y a los que vendían palomas les dijo: «Quitad esto de aquí: no convirtáis en un mercado la casa de mi Padre». Sus discípulos se acordaron de lo que está escrito: «El celo de tu casa me devora». Entonces intervinieron los judíos y le preguntaron: «¿Qué signos nos muestras para obrar así?». Jesús contestó: «Destruid este templo, y en tres días lo levantaré». Los judíos replicaron: «Cuarenta y seis años ha costado construir este templo, ¿y tú lo vas a levantar en tres días?». Pero él hablaba del templo de su cuerpo. Y cuando resucitó de entre los muertos, los discípulos se acordaron de que lo había dicho, y dieron fe a la Escritura y a la palabra que había dicho Jesús. Mientras estaba en Jerusalén por las fiestas de Pascua, muchos creyeron en su nombre, viendo los signos que hacía; pero Jesús no se confiaba a ellos, porque los conocía a todos y no necesitaba el testimonio de nadie sobre un hombre, porque él sabía lo que hay dentro de cada hombre.

ORACIÓN

CRISTO, te duele profundamente que conviertan la Casa de tu Padre en un mercado. Y mucho más, cuando convierto mi cuerpo y mi vida, templo de tu Espíritu, en instrumento de pecado. Ayúdame a tener siempre limpia mi alma, ordenadas mis pasiones, activadas las virtudes según tu corazón manso, humilde, puro, generoso: morada del Dios Uno y Trino.

Lunes 3º de Cuaresma — **Tomo II - Salterio 3ª semana**

Santos JUAN DE DIOS *rl*, José Olallo Valdés *rl*, Faustino Míguez *pb*, Veremundo *ab*, Félix *pb*

SAN JUAN DE DIOS

Papa Francisco: Hoy, 8 de marzo, un saludo a todas las mujeres. Todas las mujeres que cada día tratan de construir una sociedad más humana y acogedora. Y también un *gracias* fraterno a las que de mil modos testimonian el Evangelio y trabajan en la Iglesia. Esta es para nosotros una ocasión para reafirmar la importancia y la necesidad de su presencia en la vida. Un mundo donde las mujeres son marginadas es un mundo estéril, porque las mujeres no solo traen la vida sino que también nos transmiten la capacidad de ver más allá —ven más allá de ellas—, nos transmiten la capacidad de comprender el mundo con ojos diversos, de sentir las cosas con corazón más creativo, más paciente, más tierno *(8-3-2015).*

PALABRA

Habiendo llegado Jesús a Nazaret, le dijo al pueblo en la sinagoga: «En verdad os digo que ningún profeta es aceptado en su pueblo. Puedo aseguraros que en Israel había muchas viudas en los días de Elías, cuando estuvo cerrado el cielo tres años y seis meses, y hubo una gran hambre en todo el país; sin embargo, a ninguna de ellas fue enviado Elías, sino a una viuda de Sarepta, en el territorio de Sidón. Y muchos leprosos había en Israel en tiempos del profeta Eliseo, sin embargo, ninguno de ellos fue curado, sino Naamán, el sirio». Al oír esto, todos en la sinagoga se pusieron furiosos y, levantándose, lo empujaron fuera del pueblo hasta un precipicio del monte sobre el que estaba edificado su pueblo, con intención de despeñarlo. Pero Jesús se abrió paso entre ellos y seguía su camino.

2 Reyes 5,1-15a; *Salmo* 41,2.3; 42,3-4 • **LUCAS 4,24-30**

ORACIÓN

CRISTO, gracias por el don de la vida, de hoy y de cada día. Y por el don inmenso de la fe en ti. ¿Qué sería mi vida sin ti? Y te pido, releyendo el Evangelio, que tengas paciencia conmigo, porque no te trato mejor que tus paisanos. Pienso en lo triste que estaría tu alma al verte tan despreciado y odiado por tus paisanos. ¿Y yo, que me considero amigo y hermano tuyo, te ofrezco una actitud más acogedora? Tú sabes que te amo, aunque cometo errores. En recuerdo de todas las víctimas del coronavirus: A los que pagaron con su vida, a los que la vencieron y a todos los héroes que les ayudaron a curarse o a bien morir. ***Mi alma tiene sed del Dios vivo; ¿cuándo veré el rostro de Dios?*** *(Salmo 41,3).*

SANTA FRANCISCA ROMANA, viuda

Santos FRANCISCA ROMANA *rl*, Paciano *ob*, Bruno *ob*

Papa Francisco: Pedir perdón es una cosa, y otra cosa es pedir disculpas. El pecado no es una simple equivocación. El pecado es idolatría, es adorar a un ídolo, el del orgullo, el de la vanidad, el del dinero, el de sí mismo. El perdón se pide sinceramente, con el corazón, y tiene que ser dado con el corazón a quien cometió el mal. Como el patrón de la parábola evangélica... Primero, pedir perdón es tener conciencia del propio pecado. Segundo, Dios siempre perdona, siempre. Pero me pide que yo perdone. Si yo no perdono, en cierto sentido cierro la puerta al perdón de Dios *(10-3-2015).*

PALABRA

Acercándose Pedro a Jesús le preguntó: «Señor, si mi hermano me ofende, ¿cuántas veces tengo que perdonarlo? ¿Hasta siete veces?». Jesús le contesta: «No te digo hasta siete veces, sino hasta setenta veces siete. Por esto, se parece el reino de los cielos a un rey que quiso ajustar las cuentas con sus criados. Al empezar a ajustarlas, le presentaron uno que debía diez mil talentos. Como no tenía con qué pagar, el señor mandó que lo vendieran a él con su mujer y sus hijos y todas sus posesiones, y que pagara así. El criado, arrojándose a sus pies, le suplicaba diciendo: "Ten paciencia conmigo, y te lo pagaré todo". Se compadeció el señor de aquel criado y lo dejó marchar, perdonándole la deuda. Pero, al salir, el criado aquel encontró a uno de sus compañeros que le debía cien denarios y, agarrándolo, lo estrangulaba, diciendo: "Págame lo que me debes". El compañero, arrojándose a sus pies, le rogaba, diciendo: "Ten paciencia conmigo, y te lo pagaré". Pero él se negó y fue y lo metió en la cárcel hasta que pagara lo que debía. Sus compañeros, al ver lo ocurrido, quedaron consternados y fueron a contarle a su señor todo lo sucedido. Entonces el señor lo llamó y le dijo: "¡Siervo malvado! Toda aquella deuda te la perdoné porque me lo rogaste. ¿No debías tú también tener compasión de tu compañero, como yo tuve compasión de ti?". Y el señor, indignado, lo entregó a los verdugos hasta que pagara toda la deuda. Lo mismo hará con vosotros mi Padre celestial, si cada cual no perdona de corazón a su hermano».

Daniel 3, 25.34-43; ***Salmo*** 24, 4-9 • **MATEO 18, 21-35**

ORACIÓN

CRISTO, la actitud del perdonado que se niega a perdonar al compañero es escandalosa: ¿Cómo se puede ser tan despótico y cruel con los hermanos por cuatro perras, cuando tú has sido tan benigno y compasivo perdonándome millones? Respuesta: ese es mi vivo retrato, tú lo sabes. ¿Qué sería de mi vida y de mi fe sin tener el perdón generoso que brota de tu misericordia? ***Recuerda, Señor, tu ternura*** *(Salmo 24, 6a).*

MARZO
10
MIÉRCOLES

Miércoles 3º de Cuaresma

Tomo II - Salterio 3ª semana

Santos Cayo y Alejandro *mrs,* Macario *ob,* Víctor *mr,* Juan Ogilvie *pb mr,* M.ª Eugenia Milleret *vg.* Beatos Mateo Elías del Socorro Nieves *pb mr,* Juan José Lataste *pb*

B. JUAN JOSÉ LATASTE

Papa Francisco: Jesús no deroga la Ley de Moisés, sino que la lleva a plenitud (cf. *Mt* 5, 17), declarando, por ejemplo, la ineficacia contraproducente de la ley del talión; declarando que Dios no se complace en la observancia del sábado que desprecia al hombre y lo condena; o cuando ante la mujer pecadora, no la condena, sino que la salva de la intransigencia de aquellos que estaban ya preparados para apedrearla sin piedad, pretendiendo aplicar la Ley de Moisés... «Quiere que todos se salven y lleguen al conocimiento de la verdad» (1 *Tm* 2,4). *Misericordia quiero y no sacrificio (15-2-2015).*

PALABRA

Dijo Jesús a sus discípulos: «No creáis que he venido a abolir la Ley y los Profetas: no he venido a abolir, sino a dar plenitud. En verdad os digo que antes pasarán el cielo y la tierra que deje de cumplirse hasta la última letra o tilde de la ley. El que se salte uno solo de los preceptos menos importantes, y se lo enseñe así a los hombres, será el menos importante en el reino de los cielos. Pero quien los cumpla y enseñe será grande en el reino de los cielos».

Deuteronomio 4, 1.5-9; ***Salmo*** 147, 12-20 • **MATEO 5, 17-19**

ORACIÓN

CRISTO, viniste a dar plenitud a la ley, y yo quiero respetarla, amarla y cumplirla. Y no por puro cumplimiento, sino como aceptación gozosa de tu voluntad, que quiere lo mejor para mí y me señalas el camino. Tu Palabra me da vida: ¿cómo voy a prescindir de tu Palabra, que la estimo como la luz para mis pasos y la fuerza para seguir caminando hacia la Vida? ***Glorifica al Señor, Jerusalén*** *(Salmo 147, 12a).*

Santos Vicente de León *ab*, Sofronio *ob*, Domingo Câm *pb mr*

Papa Francisco: En estos días de prueba, mientras la humanidad tiembla ante la amenaza de la pandemia, querría proponer a todos los cristianos que unan sus voces hacia el Cielo. Invito a todos los Jefes de las Iglesias y a los líderes de todas las comunidades cristianas, junto con todos los cristianos de las diferentes confesiones, a invocar al Altísimo, Dios omnipotente, rezando al mismo tiempo la oración que Jesús Nuestro Señor nos enseñó. Permanezcamos unidos. Hagamos sentir nuestra cercanía a las personas más solas y más probadas. Nuestra cercanía a los médicos, a los profesionales de la salud, enfermeros y enfermeras, voluntarios... Nuestra cercanía a las autoridades que deben tomar medidas duras, pero para nuestro bien. Nuestra cercanía a los policías, a los soldados que buscan mantener el orden en las calles, para que se cumpla lo que el gobierno nos pide que hagamos por el bien de todos nosotros. Cercanía a todos *(11-3-2020).*

PALABRA

Estaba Jesús echando un demonio que era mudo. Sucedió que, apenas salió el demonio, empezó a hablar el mudo. La multitud se quedó admirada, pero algunos de ellos dijeron: «Por arte de Belzebú, el príncipe de los demonios, echa los demonios». Otros, para ponerlo a prueba, le pedían un signo en el cielo. Él, conociendo sus pensamientos, les dijo: «Todo reino dividido contra sí mismo va a la ruina y cae casa sobre casa. Si, pues, también Satanás se ha dividido contra sí mismo, ¿cómo se mantendrá su reino? Pues vosotros decís que yo echo los demonios con el poder de Belzebú. Pero si yo echo los demonios con el poder de Belzebú, vuestros hijos, ¿por arte de quién los echan? Por eso, ellos mismos serán vuestros jueces. Pero, si yo echo los demonios con el dedo de Dios, entonces es que el reino de Dios ha llegado a vosotros. Cuando un hombre fuerte y bien armado guarda su palacio, sus bienes están seguros, pero, cuando otro más fuerte lo asalta y lo vence, le quita las armas de que se fiaba y reparte su botín. El que no está conmigo está contra mí; el que no recoge conmigo desparrama».

Jeremías 7, 23-28; ***Salmo*** 94, 1-2.6-7c.7d-9 • **LUCAS 11, 14-23**

ORACIÓN

CRISTO, lo que yo más quiero es estar contigo, porque fuera de ti está la nada más el pecado, la muerte. Y quiero recoger contigo los frutos que da la siembra de tu Palabra en mi corazón. Nada podrá contra mí Satanás si tú no me dejas: con tu presencia en mi vida, caminaré seguro. ***Ojalá escuchéis hoy la voz del Señor: "No endurezcáis vuestro corazón"*** *(Salmo 94,7d-8a).*

MARZO
12
VIERNES

Viernes 3º de Cuaresma

Tomo II - Salterio 3ª semana

Santos Luis Orione *pb*, Maximiliano *mr*, Inocencio I *pp*

Abstinencia

SAN LUIS ORIONE

Papa Francisco: Como Jesús nos ha enseñado, toda la Ley y los Profetas se resumen en dos mandamientos: *ama al Señor tu Dios y ama a tu prójimo.* Nos podemos preguntar: ¿Quién es el prójimo para un profesor? El «prójimo» son sus estudiantes... El deber de un buen educador —con mayor razón de un profesor cristiano— es el de amar con mayor intensidad a sus alumnos más difíciles, más débiles, más desfavorecidos. Jesús diría: si amáis solo a los que estudian, a los que son bien educados, ¿qué mérito tenéis? *(14-3-2015).*

PALABRA

Un escriba se acercó a Jesús y le preguntó: «¿Qué mandamiento es el primero de todos?». Respondió Jesús: «El primero es: "Escucha, Israel, el Señor, nuestro Dios, es el único Señor: amarás al Señor, tu Dios, con todo tu corazón, con toda tu alma, con toda tu mente, con todo tu ser". El segundo es este: "Amarás a tu prójimo como a ti mismo". No hay mandamiento mayor que estos». El escriba replicó: «Muy bien, Maestro, sin duda tienes razón cuando dices que el Señor es uno solo y no hay otro fuera de él; y que amarlo con todo el corazón, con todo el entendimiento y con todo el ser, y amar al prójimo como a uno mismo vale más que todos los holocaustos y sacrificios». Jesús, viendo que había respondido sensatamente, le dijo: «No estás lejos del reino de Dios». Y nadie se atrevió a hacerle más preguntas.

Oseas 14, 2-10; ***Salmo*** 80, 6c-11ab.14.17 • **MARCOS 12, 28b-34**

ORACIÓN

CRISTO, el primerísimo mandamiento es "Escucha, Israel". Me invitas a estar siempre atento a tu palabra. Escucharte y dialogar contigo en la oración: es la manera de hacer que vaya creciendo lo que quiero que sea la columna vertebral de mi vida: la amistad contigo. Cuanto mejor te conozca, más te amaré y me dejaré amar por ti, mi Amigo. ***Yo soy el Señor, Dios tuyo: escucha mi voz*** *(Salmo 80, 11.9a).*

SAN RODRIGO, SACERDOTE MÁRTIR

Santos Rodrigo y Salomón *mrs*, Macedonio y Patricia *es* e hija, Modesta *mrs*, Sabino *mr*

Papa Francisco: No es suficiente preguntarnos “cuánto rezamos”, tenemos que preguntarnos también “cómo rezamos”, o mejor aún, “cómo es nuestro corazón”: es importante examinarlo para evaluar los pensamientos, los sentimientos y extirpar arrogancia e hipocresía. Pero me pregunto: ¿es posible rezar con arrogancia? No. ¿Se puede rezar con hipocresía? No. Tenemos que rezar solamente poniéndonos delante de Dios tal como somos. Los gestos de penitencia y las pocas y simples palabras del publicano testimonian su conciencia sobre su mísera condición. Su oración es lo esencial. Actúa como un humilde, seguro solo de ser un pecador necesitado de piedad. Si el fariseo no pedía nada porque lo tenía ya todo, el publicano puede solo mendigar la misericordia de Dios *(1-6-16).*

PALABRA

Dijo Jesús esta parábola a algunos que confiaban en sí mismos por considerarse justos y despreciaban a los demás: «Dos hombres subieron al templo a orar. Uno era fariseo; el otro, un publicano. El fariseo, erguido, oraba así en su interior: “¡Oh Dios!, te doy gracias, porque no soy como los demás hombres: ladrones, injustos, adúlteros; ni tampoco como ese publicano. Ayuno dos veces por semana y pago el diezmo de todo lo que tengo”. El publicano, en cambio, quedándose atrás, no se atrevía ni a levantar los ojos al cielo, sino que se golpeaba el pecho, diciendo: “¡Oh Dios!, ten compasión de este pecador”. Os digo que este bajó a su casa justificado, y aquel no. Porque todo el que se enaltece será humillado, y el que se humilla será enaltecido».

Oseas 6,1-6; ***Salmo*** 50,3-4.18-21ab • **LUCAS 18,9-14**

ORACIÓN

CRISTO, tú sabes que no exagero cuando digo con sinceridad que soy un gran pecador. Si algo tengo de bueno es lo que tú haces en mí, porque yo solo sé aparentar y sentirme más bueno que los demás. ¡Si ellos hubieran recibido los dones que tú me has dado...! ***Quiero misericordia, y no sacrificio*** *(Oseas 6, 6a).*

MARZO
14
DOMINGO

DOMINGO IV DE CUARESMA Tomo II - Salterio 4ª semana

Santos Matilde *re*, Alejandro *mr*, Lázaro *ob*, Paulina *rl*

SANTA MATILDE, reina

Papa Francisco: En este cuarto domingo de Cuaresma, llamado ***"laetare"*, que significa "alégrate",** porque la antífona de entrada de la liturgia eucarística nos invita a la alegría: «Alégrate, Jerusalén -así es su invitación a la alegría-; saltad de gozo y alegraos los que habéis caído en la tristeza». El motivo de este gozo es el gran amor de Dios a la humanidad, como nos dice el Evangelio de hoy: **«Tanto amó Dios al mundo, que entregó a su Unigénito, para que no perezca ninguno de los que creen en él, sino que tengan vida eterna».** Estas palabras, pronunciadas por Jesús en su coloquio con Nicodemo, sintetizan un tema que está en el centro del anuncio cristiano: incluso cuando la situación parece desesperada, Dios interviene, ofreciendo al hombre la salvación y la alegría. Dios, en efecto, no está a un lado aparte, sino que entra en la historia de la humanidad. **Se inmiscuye en nuestra vida, entra para animarla con su gracia y salvarla.** Estamos llamados a abrir los oídos a este anuncio, rechazando la tentación de considerarnos seguros de nosotros mismos, de querer prescindir de Dios, reivindicando para nosotros la absoluta libertad de él y de su palabra. Cuando encontramos el coraje de reconocer lo que realmente somos -¡se necesita mucho coraje para esto!-, nos damos cuenta de que somos personas llamadas a arreglar las cuentas con nuestra fragilidad y nuestros límites. Y nosotros tenemos la verdadera y grande esperanza en Dios Padre, rico en misericordia, que nos ha dado a su Hijo para salvarnos, y esa es nuestra alegría. Es verdad que también tenemos muchas tristezas, pero, cuando somos cristianos de verdad, está en nosotros la esperanza, esa pequeña alegría que va creciendo y te da seguridad. **No debemos desanimarnos cuando vemos nuestras limitaciones, nuestros pecados, nuestras debilidades: Dios está ahí a tu lado, Jesús está en la cruz para curarte.** Esto es el amor de Dios. Hemos de mirar al Crucificado y decirnos interiormente: "Dios me ama". Es verdad que tenemos limitaciones, debilidades y pecados, pero él es más grande que todas las limitaciones, pecados y debilidades *(11-3-2018).*

PALABRA

• ***2 Crónicas*** 36, 14-16. 19-23: Todos los jefes, los sacerdotes y el pueblo multiplicaron sus infidelidades, imitando las aberraciones de los pueblos y profanando el templo del Señor, que él había consagrado en Jerusalén. El Señor, Dios de sus padres, les enviaba mensajeros a diario porque sentía lástima de su pueblo y de su morada; pero ellos escarnecían a los mensajeros de Dios, se reían de sus palabras y se burlaban de sus profetas, hasta que la ira del Señor se encendió irremediablemente contra su pueblo. Incendiaron el templo de Dios, derribaron la muralla de Jerusalén; incendiaron todos sus palacios y destrozaron todos sus objetos valiosos. Deportó a Babilonia a todos los que habían escapado de la espada. Fueron esclavos suyos y de sus hijos hasta el advenimiento del reino persa. Así se cumplió lo que había dicho Dios por medio de Jeremías: «Hasta que la tierra pague los sábados, descansará todos los días de la desolación, hasta cumplirse setenta años». En el año primero de Ciro, rey de Persia, para cumplir lo que había dicho Dios por medio de Jeremías, el Señor movió a Ciro, rey de Persia, a promulgar de palabra y por escrito en todo su reino: «Así dice Ciro, rey de Persia: El Señor, Dios del cielo, me ha entregado todos los reinos de la tierra. Él me ha encargado construirle un templo en Jerusalén de Judá. Quien de entre vosotros pertenezca a ese pueblo, puede volver ¡Que el Señor, su Dios, esté con él!».

• *Salmo* 136, 1, 1-6: ***Que se me pegue la lengua al paladar si no me acuerdo de ti.***

• *Efesios* 2, 4-10: Hermanos: Dios, rico en misericordia, por el gran amor con que nos amó, estando nosotros muertos por los pecados, nos ha hecho vivir con Cristo – estáis salvados por pura gracia–; nos ha resucitado con Cristo Jesús, nos ha sentado en el cielo con él, para revelar en los tiempos venideros la inmensa riqueza de su gracia, mediante su bondad para con nosotros en Cristo Jesús. En efecto, por gracia estáis salvados, mediante la fe. Y no viene de vosotros; es don de Dios. Tampoco viene de las obras, para que nadie pueda presumir. Somos, pues, obra suya. Dios nos ha creado en Cristo Jesús, para que nos dediquemos a las buenas obras, que de antemano dispuso él que practicásemos.

• **JUAN 3, 14-21:** Dijo Jesús a Nicodemo: «Lo mismo que Moisés elevó la serpiente en el desierto, así tiene que ser elevado el Hijo del hombre, para que todo el que cree en él tenga vida eterna. Porque tanto amó Dios al mundo, que entregó a su Unigénito, para que todo el que cree en él no perezca, sino que tenga vida eterna. Porque Dios no envió a su Hijo al mundo para juzgar al mundo, sino para que el mundo se salve por él. El que cree en él, no será juzgado; el que no cree, ya está juzgado, porque no ha creído en el nombre del Unigénito de Dios. Este es el juicio: que la luz vino al mundo, y los hombres prefirieron la tiniebla a la luz, porque sus obras eran malas. Pues todo el que obra el mal detesta la luz, y no se acerca a la luz, para no verse acusado por sus obras. En cambio, el que obra la verdad se acerca a la luz, para que se vea que sus obras están hechas según Dios».

ORACIÓN

CRISTO, doblo mi rodilla ante la inmensidad del amor que me tiene el Padre, dándome a su Hijo para mi salvación. Y alabo tu obediencia incondicional, entregándote a la muerte en cruz. Te adoro, Cristo Crucificado: fijo mis ojos en ti y creo firmemente que has destruido mi muerte y aniquilado mi pecado. Me has curado, me has dado la vida.

MARZO

15

LUNES

Lunes 4° de Cuaresma **Tomo II - Salterio 4ª semana**

Clemente M. Hofbauer *pb*, Leocricia *vg mr*, Sisebuto *ab*

SAN CLEMENTE M. HOFBAUER

Papa Francisco: *[Habrá gozo y alegría por lo que voy a crear. Me gozaré de mi pueblo. Is 65,18.19: primera lectura].* Vemos que el Señor tiene mucho entusiasmo: habla de alegría y dice una palabra: 'Me gozaré de mi pueblo'. El Señor piensa en eso que hará, piensa que él, él mismo, estará en la alegría de su pueblo. Es como si fuera un ensueño del Señor: el Señor sueña. Tiene sus sueños. Sus sueños sobre nosotros. Ah, qué bonito será cuando nos encontremos todos juntos, cuando nos encontremos allí o cuando esa persona, esta otra... aquella otra caminará conmigo. ¡Yo disfrutaré en ese momento! Como si una chica con su novio o el chico con su novia pensara: *Cuando estemos juntos, cuando nos casemos...* ¡El Señor sueña conmigo! ¡Estoy en la mente, en el corazón del Señor! ¡El Señor es capaz de cambiar mi vida! ¿Y qué debemos hacer? Creer que el Señor puede cambiarme, que el Señor es poderoso: como ha hecho con ese hombre que tenía el hijo enfermo, en el Evangelio: ese hombre creyó en la palabra que Jesús le había dado y se puso en camino *(16-3-2015).*

PALABRA

Salió Jesús de Samaría para Galilea. Jesús mismo había atestiguado: «Un profeta no es estimado en su propia patria». Cuando llegó a Galilea, los galileos lo recibieron bien, porque habían visto todo lo que había hecho en Jerusalén durante la fiesta, pues también ellos habían ido a la fiesta. Fue Jesús otra vez a Caná de Galilea, donde había convertido el agua en vino. Había un funcionario real que tenía un hijo enfermo en Cafarnaún. Oyendo que Jesús había llegado de Judea a Galilea, fue a verle, y le pedía que bajase a curar a su hijo que estaba muriéndose. Jesús le dijo: «Si no veis signos y prodigios, no creéis». El funcionario insiste: «Señor, baja antes de que se muera mi niño». Jesús le contesta: «Anda, tu hijo vive». El hombre creyó en la palabra de Jesús y se puso en camino. Iba ya bajando, cuando sus criados vinieron a su encuentro diciéndole que su hijo vivía. Él les preguntó a qué hora había empezado la mejoría. Y le contestaron: «Ayer a la hora séptima lo dejó la fiebre». El padre cayó en la cuenta de que esa era la hora en que Jesús le había dicho: «Tu hijo vive». Y creyó él con toda su familia. Este segundo signo lo hizo Jesús al llegar de Judea a Galilea.

Isaías 65, 17-21; ***Salmo*** 29, 2.4-6.11-12a.13b • **JUAN 4, 43-54**

ORACIÓN

CRISTO, no me hacen falta milagros para saber que me amas, sentirme querido por ti, que quieres ser mi Amigo: ¿Puedo desear algo mejor para mí? Tu Palabra ilumina mi vida y mis pasos, y tu amistad es la base de mi esperanza. Tus milagros son la expresión de tu amor al necesitado, la manifestación de tu gloria y la confirmación de mi fe. ***Te ensalzaré, Señor, porque me has librado*** *(Salmo 29, 2a).*

S. JOSÉ G. DEL ROSARIO BROCHERO

Santos José Gabriel del Rosario Brochero *pb*, Eusebia *ab*, Heriberto *ob*, Julián *mr*

Papa Francisco: En un cierto momento [el paralítico] siente que las aguas se mueven, está el Espíritu Santo que mueve algo, o escucha una palabra o... "Ah, ¡yo quisiera ir!". Y tiene coraje y va. Y cuántas veces hoy en las comunidades cristianas se encuentran las puertas cerradas: "Tú te has equivocado. Si quieres venir, ven a misa el domingo, pero quédate ahí, no hagas más". Lo que hace el Espíritu Santo en el corazón de las personas, lo destruyen los cristianos con psicología de doctores de la ley. Es la casa de Jesús y Jesús acoge. Pero no solo acoge, va a encontrar a la gente como fue a buscar a este [paralítico]. ¿Quién eres tú para cerrar la puerta de tu corazón a un hombre, a una mujer que quiere mejorar, volver al pueblo de Dios? Pidamos a Dios una conversión a la misericordia de Jesús *(17-3-2015).*

PALABRA

Hay en Jerusalén, junto a la Puerta de las Ovejas, una piscina que llaman en hebreo Betesda. Esta tiene cinco soportales, y allí estaban echados muchos enfermos, ciegos, cojos, paralíticos. Estaba también allí un hombre que llevaba treinta y ocho años enfermo. Jesús, al verlo echado, y sabiendo que ya llevaba mucho tiempo, le dice: «¿Quieres quedar sano?». El enfermo le contestó: «Señor, no tengo a nadie que me meta en la piscina cuando se remueve el agua; para cuando llego yo, otro se me ha adelantado». Jesús le dice: «Levántate, toma tu camilla y echa a andar». Y al momento el hombre quedó sano, tomó su camilla y echó a andar. Aquel día era sábado, y los judíos dijeron al hombre que había quedado sano: «Hoy es sábado, y no se puede llevar la camilla». Él les contestó: «El que me ha curado es quien me ha dicho: Toma tu camilla y echa a andar». Ellos le preguntaron: «¿Quién es el que te ha dicho que tomes la camilla y eches a andar?». Pero el que había quedado sano no sabía quién era, porque Jesús, a causa del gentío que había en aquel sitio, se había alejado. Más tarde lo encuentra Jesús en el templo y le dice: «Mira, has quedado sano; no peques más, no sea que te ocurra algo peor». Se marchó aquel hombre y dijo a los judíos que era Jesús quien lo había sanado. Por esto los judíos perseguían a Jesús, porque hacía tales cosas en sábado.

Ezequiel 47, 1-9.12; ***Salmo*** 45, 2-3.5-6.8-9 • **JUAN 5, 2-3a.5-16**

ORACIÓN

CRISTO, lo que hiciste con el paralítico, lo haces conmigo: cuando te acercas a mí, me encuentras enfermo y tullido por mis pecados, y me ofreces el "levántate y anda" con el sacramento de la reconciliación. *Has quedado sano, no peques más, no sea que te ocurra algo peor.* ¿Aun peor? ***El Señor del universo está con nosotros, nuestro alcázar es el Dios de Jacob*** (Salmo 45,8).

MARZO

17

MIÉRCOLES

Miércoles 4° de Cuaresma **Tomo II - Salterio 4ª semana**

Santos PATRICIO *ob*, Gertrudis de Brabante *ab*, Juan Sarkander *pb mr*. Beato Juan Nepomuceno Zegrí *pb*

SAN PATRICIO

Papa Francisco: Pon a Cristo en tu vida. Él te espera: Escúchalo con atención y su presencia entusiasmará tu corazón. "Pon a Cristo": Él te acoge en el Sacramento del perdón, con su misericordia cura todas las heridas del pecado. Nunca se cansa de perdonarnos. Él te espera también en la Eucaristía. Déjate amar por Jesús, es un amigo que no defrauda *(25-7-2013)*.

PALABRA

Jesús dijo a los judíos: «Mi Padre sigue actuando, y yo también actúo». Por eso los judíos tenían más ganas de matarlo: porque no solo quebrantaba el sábado, sino también llamaba a Dios Padre suyo, haciéndose igual a Dios. Jesús tomó la palabra y les dijo: «En verdad, en verdad os digo: el Hijo no puede hacer nada por su cuenta sino lo que viere hacer al Padre. Lo que hace este, eso mismo hace también el Hijo, pues el Padre ama al Hijo y le muestra todo lo que él hace, y le mostrará obras mayores que esta, para vuestro asombro. Lo mismo que el Padre resucita a los muertos y les da vida, así también el Hijo da vida a los que quiere. Porque el Padre no juzga a nadie, sino que ha confiado al Hijo todo el juicio, para que todos honren al Hijo como honran al Padre. El que no honra al Hijo no honra al Padre que lo envió. En verdad, en verdad os digo: quien escucha mi palabra y cree al que me envió posee la vida eterna y no incurre en juicio, sino que ha pasado ya de la muerte a la vida. En verdad, en verdad os digo: llega la hora, y ya está aquí, en que los muertos oirán la voz del Hijo de Dios, y los que hayan oído vivirán. Porque, igual que el Padre tiene vida en sí mismo, así ha dado también al Hijo tener vida en sí mismo. Y le ha dado potestad de juzgar, porque es el Hijo del hombre. No os sorprenda esto, porque viene la hora en que los que están en el sepulcro oirán su voz: los que hayan hecho el bien saldrán a una resurrección de vida; los que hayan hecho el mal, a una resurrección de juicio. Yo no puedo hacer nada por mí mismo; según le oigo, juzgo, y mi juicio es justo, porque no busco mi voluntad, sino la voluntad del que me envió».

Isaías 49, 8-15; ***Salmo*** 144, 8-9.13cd-14.17-18 • **JUAN 5, 17-30**

ORACIÓN

CRISTO, hacer la voluntad del Padre lo pido cada día varias veces cuando te acompaño con la oración que me enseñaste, el Padrenuestro. Es lo mejor que me puede ocurrir: la voluntad de Dios. Quiero honrarte con todas mis fuerzas, escuchar o leer tu Palabra cada día, y creer firmemente en ti y en el Padre que te envió a salvarme. ***El Señor es clemente y misericordioso*** *(Salmo 144, 8a)*.

MARZO **18** JUEVES

Santos CIRILO DE JERUSALÉN *ob dc*, Salvador de Horta *rl*, Eduardo *re*

Papa Francisco: "Hay uno que os acusa: Moisés" *[1ª lectura: Moisés con Dios]* El Señor se irritó con su pueblo, que había adorado al becerro de oro. Moisés amaba al Señor: dice la Biblia que le hablaba cara a cara, como un hombre con su amigo. Qué hermoso es oír esto, porque hace entender que Moisés tenía libertad ante al Señor, suplicó a Dios, es decir, hizo una oración de intercesión. "Señor, escucha un poco. Tú, que hiciste salir a tu pueblo de Egipto con gran fuerza y con mano potente... ¿Y ahora destruirás todo lo que has hecho? Tú eres el Dios de la bondad y harás un mal papel ante los egipcios... Desiste, Señor; abandona este propósito de castigar a tu pueblo". Para la oración de intercesión se necesitan dos cosas: coraje y paciencia. Si yo quiero que el Señor escuche algo que le pido, debo ir, e ir, e ir, llamar a la puerta y llamar al corazón de Dios, y hacerlo porque mi corazón está involucrado con ello. Pero si mi corazón no se involucra con esa necesidad, con esas personas por la que debo rezar, no será capaz ni siquiera del coraje ni de la paciencia *(15-3-2018)*.

PALABRA

Jesús dijo a los judíos: «Si yo doy testimonio de mí mismo, mi testimonio no es verdadero. Hay otro que da testimonio de mí, y sé que es verdadero el testimonio que da de mí. Vosotros enviasteis mensajeros a Juan, y él ha dado testimonio de la verdad. No es que yo dependa del testimonio de un hombre; si digo esto es para que vosotros os salvéis. Juan era la lámpara que ardía y brillaba, y vosotros quisisteis gozar un instante de su luz. Pero el testimonio que yo tengo es mayor que el de Juan: las obras que el Padre me ha concedido llevar a cabo, esas obras que hago dan testimonio de mí: que el Padre me ha enviado. Y el Padre que me envió, él mismo ha dado testimonio de mí. Nunca habéis escuchado su voz, ni visto su rostro, y su palabra no habita en vosotros, porque al que él envió no lo creéis. Estudiáis las Escrituras pensando encontrar en ellas vida eterna; pues ellas están dando testimonio de mí, ¡y no queréis venir a mí para tener vida! No recibo gloria de los hombres; además, os conozco y sé que el amor de Dios no está en vosotros. Yo he venido en nombre de mi Padre, y no me recibisteis; si otro viene en nombre propio, a ese sí lo recibiréis. ¿Cómo podréis creer vosotros, que aceptáis gloria unos de otros y no buscáis la gloria que viene del único Dios? No penséis que yo os voy a acusar ante el Padre, hay uno que os acusa: Moisés, en quien tenéis vuestra esperanza. Si creyerais a Moisés, me creeríais a mí, porque de mí escribió él. Pero, si no creéis en sus escritos, ¿cómo vais a creer en mis palabras?».

Éxodo 32, 7-14; ***Salmo*** 105, 19-23 • **JUAN 5, 31-47**

ORACIÓN

CRISTO, "No queréis venir a mí para tener vida". No me explico cómo pudieron aguantar esta terrible acusación sin que te atacaran violentamente, como en otras ocasiones por palabras menos duras. Si me lo dijeras a mí, estaría temblando. Necesito un tiempo para meditarlo, porque yo sí quiero ir a ti y estar contigo, que eres la vida. Pero, por otra parte, cuando me engaña el enemigo y peco, te digo con la vida que no quiero estar contigo para tener vida. Perdón, Señor, no sé lo que hago. Sí sé que me lo dices "para que me salve".

Acuérdate de mí, Señor, por amor a tu pueblo *(Salmo 105,4ab).*

MARZO

19

VIERNES

SOLEMNIDAD DE SAN JOSÉ, ESPOSO DE LA BIENAVENTURADA VIRGEN MARÍA

SAN JOSÉ. Francisco Salzillo

Papa Francisco: San José, el custodio de María y de Jesús, es el guardián de nuestras debilidades para que se conviertan en firmes en la fe. Es también el guardián del sueño de Dios: el sueño de nuestro Padre, el sueño de la redención, de salvarnos a todos, de esta re-creación, está encomendado a él. ¡Grande este carpintero!: callado, trabaja, custodia, lleva adelante las debilidades, es capaz de soñar. Yo quisiera pedir: que nos dé a todos nosotros la capacidad de soñar, porque cuando soñamos cosas grandes, cosas bonitas, nos acercamos al sueño de Dios, las cosas que Dios sueña para nosotros. Que dé a los jóvenes —porque él era joven— la capacidad de soñar, de arriesgar y tomar las tareas difíciles que han visto en los sueños. Que nos dé la fidelidad que generalmente crece en una actitud adecuada, crece en el silencio y crece en la ternura que es capaz de custodiar las propias debilidades y las de los otros *(20-3-2017).*

PALABRA

Jacob engendró a José, el esposo de María, de la cual nació Jesús, llamado Cristo. La generación de Jesucristo fue de esta manera: María, su madre, estaba desposada con José y, antes de vivir juntos, resultó que ella esperaba un hijo por obra del Espíritu Santo. José, su esposo, que era justo y no quería difamarla, decidió repudiarla en privado. Pero, apenas había tomado esta resolución, se le apareció en sueños un ángel del Señor que le dijo: «José, hijo de David, no temas acoger a María, tu mujer, porque la criatura que hay en ella viene del Espíritu Santo. Dará a luz un hijo, y tú le pondrás por nombre Jesús, porque él salvará a su pueblo de sus pecados». Cuando José se despertó, hizo lo que le había mandado el ángel del Señor.

2 Samuel 7,4-5a.12-14a.16; ***Salmo*** 88,2-5.27.29; ***Romanos*** 4,13.16-18.22

• MATEO 1,16.18-21.24a

ORACIÓN

JESÚS, el carpintero de Nazaret, que el Padre eligió para hacer de padre contigo, como esposo de tu Madre, fue ejemplo de fidelidad a la misión que Dios le confió y fue un hombre de fe: se fio plenamente de Dios, cuando le reveló que el embarazo de su prometida era obra del Espíritu Santo. Sus proyectos de joven enamorado de la mujer más bella de la humanidad eran muy distintos. Pero, renunciando a sus legítimos deseos, aceptó los designios de Dios. Te pido esa disponibilidad, fidelidad y fe para la Iglesia de nuestro tiempo, y en especial para los seminaristas, los esposos, los papás, los moribundos... de los que José es Patrón celestial. ***Su linaje será perpetuo*** *(Salmo 88, 37a).*

Santos Martín de Braga *ob*, Juan Nepomuceno *pb mr*

Papa Francisco: En el período de la Cuaresma, la Iglesia, en nombre de Dios, renueva la llamada a la conversión. Es la llamada a cambiar de vida. Es un compromiso que dura toda la vida. ¿Quién entre nosotros puede presumir de no ser pecador? Ninguno. Todos lo somos. Escribe el apóstol Juan (1 *Jn* 1, 8-9): «Si decimos que no hemos pecado, nos engañamos y la verdad no está en nosotros. Pero, si confesamos nuestros pecados, él, que es fiel y justo, nos perdonará los pecados y nos limpiará de toda injusticia» *(28-3-2014).*

PALABRA

Algunos de entre la gente, que habían oído los discursos de Jesús, decían: «Este es de verdad el profeta». Otros decían: «Este es el Mesías». Pero otros decían: «¿Es que de Galilea va a venir el Mesías? ¿No dice la Escritura que el Mesías vendrá del linaje de David, y de Belén, el pueblo de David?».Y así surgió entre la gente una discordia por su causa. Algunos querían prenderlo, pero nadie le puso la mano encima. Los guardias del templo acudieron a los sumos sacerdotes y fariseos, y estos les dijeron: «¿Por qué no lo habéis traído?». Los guardias respondieron: «Jamás ha hablado nadie como ese hombre». Los fariseos les replicaron: «¿También vosotros os habéis dejado embaucar? ¿Hay algún jefe o fariseo que haya creído en él? Esa gente que no entiende de la ley son unos malditos». Nicodemo, el que había ido en otro tiempo a visitarlo y que era fariseo, les dijo: «¿Acaso nuestra ley permite juzgar a nadie sin escucharlo primero y averiguar lo que ha hecho?». Ellos le replicaron: «¿También tú eres galileo? Estudia y verás que de Galilea no salen profetas».Y se volvieron cada uno a su casa.

Jeremías 11, 18-20; ***Salmo*** 7, 2-3.9bc-12 • **JUAN 7, 40-53**

ORACIÓN

CRISTO, hasta tus enemigos reconocen que jamás nadie habló como tú. Tu elocuencia los atraía, pero mucho más tu cercanía, tu acogida, tu autoridad. Yo no he tenido la dicha de escucharte. Pero veo que tu palabra sigue siendo la que mejor responde a nuestros problemas. Y tu vida será siempre un camino para todo hombre y mujer de buena voluntad. Quiero seguirte: con tu Espíritu. ***Señor, Dios mío, a ti me acojo*** *(Salmo 7, 2a).*

MARZO

21

DOMINGO

DOMINGO V DE CUARESMA

Tomo II - Salterio 1ª semana

Santos Nicolás de Flue *pf er*, Jacobo el Confesor *mr*

SAN NICOLÁS DE FLUE

DÍA DEL SEMINARIO

Papa Francisco: Quien quiere conocer a Jesús debe mirar dentro de la cruz, donde se revela su gloria. Mirar dentro de la cruz. El Evangelio de hoy nos invita a ***dirigir nuestra mirada hacia el crucifijo,*** que no es un objeto ornamental: es un símbolo religioso para contemplar y comprender. En la imagen de Jesús crucificado se desvela el misterio de la muerte del Hijo como supremo acto de amor, fuente de vida y de salvación para la humanidad de todos los tiempos. ***En sus llagas fuimos curados***. ¿Cómo miro el crucifijo? ¿Como una obra de arte, para ver si es hermoso o no es hermoso? ¿O miro dentro, en las llagas de Jesús, hasta su corazón? ¿Miro el misterio del Dios aniquilado hasta la muerte, como un esclavo, como un criminal? Hay una hermosa devoción de rezar un Padrenuestro por cada una de las cinco llagas: intentamos ***entrar a través de las llagas de Jesús, dentro, precisamente a su corazón.*** Y allí aprenderemos la gran sabiduría del misterio de Cristo, la gran sabiduría de la cruz. Y para explicar el significado de su muerte y resurrección, Jesús se sirve de una imagen: ***«Si el grano de trigo no cae en tierra y muere, queda él solo; pero si muere, da mucho fruto»***. Quiere hacer entender que su caso extremo —es decir, la cruz, muerte y resurrección— es un acto de fecundidad —sus llagas nos han curado—, una fecundidad que dará fruto para muchos. Así se compara a sí mismo con el grano de trigo que pudriéndose en la tierra genera nueva vida. Con la Encarnación, Jesús vino a la tierra; pero él debe también morir, para rescatar a los hombres de la esclavitud del pecado y darles una nueva vida reconciliada en el amor. He dicho «para rescatar a los hombres»: pero, para rescatar a mí, a ti, a todos nosotros, a cada uno de nosotros, él pagó ese precio. Este es el misterio de Cristo. Ve hacia sus llagas. Entra, contempla; ve a Jesús, pero desde dentro. Y este dinamismo del grano de trigo, cumplido en Jesús, debe realizarse también en nosotros sus discípulos: estamos llamados a hacer nuestra esa ley pascual del perder la vida para recibirla nueva y eterna. ¿Y qué significa perder la vida? Es decir, ¿qué significa ser el grano de trigo? Significa ***pensar menos en sí mismos, en los intereses personales y saber «ver» e ir al encuentro de las necesidades de nuestro prójimo,*** especialmente de los últimos. Hacer con alegría obras de caridad a los que sufren en el cuerpo y en el espíritu es el modo más auténtico de vivir el Evangelio, es el fundamento necesario para que nuestras comunidades crezcan en la fraternidad y en la acogida recíproca *(18-3-2018).*

PALABRA

• ***Jeremías*** 31, 31-34: Ya llegan días –oráculo del Señor– en que haré con la casa de Israel y la casa de Judá una alianza nueva. No será una alianza como la que hice con sus padres, cuando los tomé de la mano para sacarlos de Egipto, pues quebrantaron mi alianza, aunque yo era su Señor, –oráculo del Señor–. Esta será la alianza que haré con ellos, después de aquellos días –oráculo del Señor–. Pondré mi ley en su interior y la escribiré en sus corazones; yo seré su Dios, y ellos serán mi pueblo. Ya no tendrán que enseñarse unos a otros diciendo: «Conoced al Señor». Porque todos me conocerán, desde el pequeño hasta el mayor –oráculo del Señor–, cuando perdone su culpa y no recuerde ya sus pecados.

• ***Salmo*** 50, 3-4. 12-19: ***Oh Dios, crea en mí un corazón puro.***

• ***Hebreos*** 5, 7-9: Cristo, en los días de su vida mortal, a gritos y con lágrimas, presentó oraciones y súplicas al que podía salvarlo de la muerte, siendo escuchado por su piedad filial. Y, aun siendo Hijo, aprendió, sufriendo, a obedecer. Y, llevado a la consumación, se convirtió, para todos los que le obedecen, en autor de salvación eterna.

• **JUAN 12, 20-33:** Entre los que habían venido a celebrar la fiesta había algunos griegos; estos, acercándose a Felipe, el de Betsaida de Galilea, le rogaban: «Señor, queremos ver a Jesús». Felipe fue a decírselo a Andrés; y Andrés y Felipe fueron a decírselo a Jesús. Jesús les contestó: «Ha llegado la hora de que sea glorificado el Hijo del hombre. En verdad, en verdad os digo: si el grano de trigo no cae en tierra y muere, queda infecundo; pero si muere, da mucho fruto. El que se ama a sí mismo, se pierde, y el que se aborrece a sí mismo en este mundo, se guardará para la vida eterna. El que quiera servirme, que me siga, y donde esté yo, allí también estará mi servidor; a quien me sirva, el Padre lo honrará. Ahora mi alma está agitada y, ¿qué diré? ¿Padre, líbrame de esta hora? Pero si por esto he venido, para esta hora. Padre, glorifica tu nombre». Entonces vino una voz del cielo: «Lo he glorificado y volveré a glorificarlo». La gente que estaba allí y lo oyó, decía que había sido un trueno; otros decían que le había hablado un ángel. Jesús tomó la palabra y dijo: «Esta voz no ha venido por mí, sino por vosotros. Ahora va a ser juzgado el mundo; ahora el príncipe de este mundo va a ser echado fuera. Y cuando yo sea elevado sobre la tierra, atraeré a todos hacia mí». Esto lo decía dando a entender la muerte de que iba a morir.

ORACIÓN

CRISTO, grano de trigo que cayó en tierra: por eso das fruto abundante. Al ser elevado en la cruz me atraes poderosamente hacia ti, a pesar de mis debilidades y traiciones. Aborrezco mis pecados, quiero servirte y seguirte hasta la cruz.

MARZO
22
LUNES

Lunes 5º de Cuaresma — **Tomo II - Salterio 1ª semana**

Santos Epafrodito *NT*, Bienvenido Scotivoli *ob*, Lea *vd*, Calínicas y Basilisa *mrs*

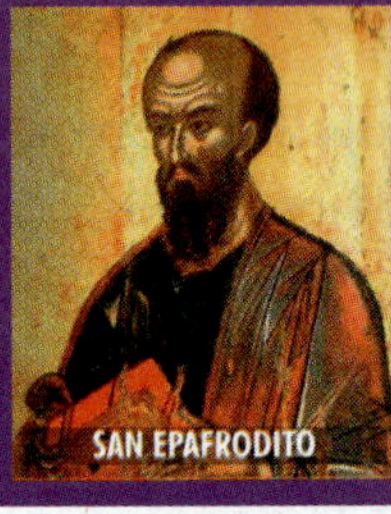
SAN EPAFRODITO

Papa Francisco: [Los fariseos] tenían dentro del corazón la corrupción de la rigidez. Se creían puros porque observaban "la letra de la ley" y porque decían: "La ley dice esto y se debe hacer esto". Pero no eran santos, **eran corruptos, porque una rigidez de este género solamente puede ir adelante en una doble vida** y estos que condenaban a estas mujeres, después iban a buscarlas de manera escondida, para divertirse un poco. **Los rígidos son**, uso el adjetivo que Jesús les daba a ellos, **hipócritas.** Tienen una doble vida. Con la rigidez no se puede ni siquiera respirar... El "tampoco yo te condeno" es una de las palabras más hermosas, porque están llenas de misericordia *(23-3-2015).*

PALABRA

Jesús se retiró al monte de los Olivos. Al amanecer se presentó de nuevo en el templo, y todo el pueblo acudía a él, y, sentándose, les enseñaba. Los escribas y los fariseos le traen una mujer sorprendida en adulterio, y, colocándola en medio, le dijeron: «Maestro, esta mujer ha sido sorprendida en flagrante adulterio. La ley de Moisés nos manda apedrear a las adúlteras; tú, ¿qué dices?». Le preguntaban esto para comprometerlo y poder acusarlo. Pero Jesús, inclinándose, escribía con el dedo en el suelo. Como insistían en preguntarle, se incorporó y les dijo: «El que esté sin pecado, que le tire la primera piedra». E inclinándose otra vez, siguió escribiendo. Ellos, al oírlo, se fueron escabullendo uno a uno, empezando por los más viejos. Y quedó solo Jesús, con la mujer, que seguía allí delante. Jesús se incorporó y le preguntó: «Mujer, ¿dónde están tus acusadores?; ¿ninguno te ha condenado?». Ella contestó: «Ninguno, Señor». Jesús dijo: «Tampoco yo te condeno. Anda, y en adelante no peques más».

Daniel 13, 41c-62; ***Salmo*** 22, 1b-6 • **JUAN 8, 1-11**

ORACIÓN

CRISTO, la infinita misericordia de Dios y la inteligencia del mayor Hombre resaltan en este episodio evangélico. ¡Qué bien supiste salir airoso de la trampa que te tendieron los fariseos! Y con cuánta misericordia trataste a la adúltera, resaltando su dignidad de mujer y su esperanza de creyente. A mí me lo dices: *Tampoco yo te condeno, no peques más.* ***Aunque camine por cañadas oscuras, nada temo, porque tú vas conmigo*** *(Salmo 22,4ab).*

SANTO TORIBIO DE MOGROVEJO

Santos Toribio de Mogrovejo *ob,* José Oriol *pb,* Rebeca de Himlaya *vg*

Papa Francisco: En la primera lectura de hoy *(Números 21, 4-9)*, el pueblo de Dios esclavo en Egipto había sido liberado: ellos habían visto verdaderos milagros. Y, cuando tuvieron miedo, en el momento de la persecución del faraón, cuando estuvieron ante el mar Rojo, vieron el milagro que Dios había realizado para ellos. El camino de liberación comenzó con la alegría: estaban contentos porque fueron liberados de la esclavitud, porque llevaban consigo la promesa de una tierra muy buena, y las mujeres tenían con ellas las joyas de las egipcias. Pero a un cierto punto, cuando se alargaba el camino, el pueblo ya no soportó el viaje y se cansó. Comenzó a hablar «contra Dios y contra Moisés: ¿por qué nos han sacado de Egipto para morir en el desierto? Comenzó a criticar: a hablar mal de Dios, de Moisés, diciendo: "No tenemos ni pan ni agua, y nos da náuseas ese pan sin sustancia, el maná". A los israelitas les daban náuseas las ayudas de Dios, el don de Dios. Y, así, la alegría del comienzo de la liberación se convirtió en tristeza, en murmuración *(4-4-2017).*

PALABRA

Dijo Jesús a los fariseos: «Yo me voy y me buscaréis, y moriréis por vuestro pecado. Donde yo voy no podéis venir vosotros». Y los judíos comentaban: «¿Será que va a suicidarse, y por eso dice: "Donde yo voy no podéis venir vosotros"?». Y él continuaba: «Vosotros sois de aquí abajo, yo soy de allá arriba: vosotros sois de este mundo, yo no soy de este mundo. Con razón os he dicho que moriréis en vuestros pecados; pues si no creéis que "Yo soy", moriréis en vuestros pecados». Ellos le decían: «¿Quién eres tú?». Jesús les contestó: «Lo que os estoy diciendo desde el principio. Podría decir y condenar muchas cosas en vosotros; pero el que me ha enviado es veraz, y yo comunico al mundo lo que he aprendido de él». Ellos no comprendieron que les hablaba del Padre. Y entonces dijo Jesús: «Cuando levantéis en alto al Hijo del hombre, sabréis que "Yo soy", y que no hago nada por mi cuenta, sino que hablo como el Padre me ha enseñado. El que me envió está conmigo, no me ha dejado solo; porque yo hago siempre lo que le agrada». Cuando les exponía esto, muchos creyeron en él.

Números 21, 4-9; ***Salmo*** 101, 2-3.16-21 • **JUAN 8, 21-30**

ORACIÓN

CRISTO, no te vayas de mi vida. ¿Qué haré sin ti? ¿Adónde iré? Yo quiero hacer siempre lo que agrada al Padre, pero no puedo si tú me dejas solo. Tu rostro buscaré, no me escondas tu rostro. ***Señor, escucha mi oración, que mi grito llegue hasta ti*** *(Salmo 101,2).*

MARZO

24

MIÉRCOLES

Miércoles 5° de Cuaresma

Tomo II - Salterio 1ª semana

Santos Óscar Arnulfo Romero *ob mr*,
Catalina de Suecia *vg*,
Beato Diego José de Cádiz *pb*.

Papa Francisco: El Evangelio indica los elementos del camino espiritual: la oración, el ayuno y la limosna (cf. *Mt* 6, 1-6.16-18). Los tres comportan la necesidad de no dejarse dominar por las cosas que aparentan: lo que cuenta no es la apariencia. El valor de la vida no depende de la aprobación de los demás o del éxito, sino de lo que tenemos dentro *(5-3-2014).*

PALABRA

Dijo Jesús a los judíos que habían creído en él: «Si permanecéis en mi palabra, seréis de verdad discípulos míos; conoceréis la verdad, y la verdad os hará libres». Le replicaron: «Somos linaje de Abrahán y nunca hemos sido esclavos de nadie. ¿Cómo dices tú: "Seréis libres"?». Jesús les contestó: «En verdad, en verdad os digo: todo el que comete pecado es esclavo. El esclavo no se queda en la casa para siempre, el hijo se queda para siempre. Y si el Hijo os hace libres, seréis realmente libres. Ya sé que sois linaje de Abrahán; sin embargo, tratáis de matarme, porque mi palabra no cala en vosotros. Yo hablo de lo que he visto junto a mi Padre, pero vosotros hacéis lo que le habéis oído a vuestro padre». Ellos replicaron: «Nuestro padre es Abrahán». Jesús les dijo: «Si fuerais hijos de Abrahán, haríais lo que hizo Abrahán. Sin embargo, tratáis de matarme a mí, que os he hablado de la verdad que le escuché a Dios, y eso no lo hizo Abrahán. Vosotros hacéis lo que hace vuestro padre». Le replicaron: «Nosotros no somos hijos de prostitución; tenemos un solo padre: Dios». Jesús les contestó: «Si Dios fuera vuestro padre, me amaríais, porque yo salí de Dios, y he venido. Pues no he venido por mi cuenta, sino que él me envió».

Daniel 3, 14-20.91-92.95; ***Salmo: Daniel*** 3, 52a-56a • **JUAN 8, 31-42**

ORACIÓN

CRISTO, un componente esencial de mi vida cristiana es "permanecer en tu palabra para ser discípulo tuyo". Pero hoy colmas esa realidad anunciando el mejor fruto de la Verdad: "Conoceréis la verdad, y la verdad os hará libres". ¡Ser libre! Una aspiración humana que únicamente pueden alcanzar tus discípulos. Ya sé que no es "hacer lo que me dé la gana", sea o no de tu agrado. Es la libertad de espíritu, la verdadera, la que viene de ti y me otorga no ser esclavo del pecado, ni del demonio, al que podré rechazar y vencer. Es la libertad que me salva. ***A ti gloria y alabanza por los siglos*** *(Daniel 3,52b).*

ANUNCIACIÓN DEL SEÑOR

SOLEMNIDAD DE LA ANUNCIACIÓN DEL SEÑOR

Santos Dimas (Buen Ladrón) ***NT*****, Matrona** ***mr*****, Margarita Clitherow** ***mf mr*****, Lucía Filippini** ***rl***

JORNADA PRO-VIDA

MARZO

25

JUEVES

Papa Francisco: Hoy el Evangelio nos señala el final de esta cadena de "síes" [del Antiguo Testamento: Abrahán, Moisés...], pero el inicio de otro "sí", que comienza a crecer: el "sí" de María. Y este "sí" hace que Dios no solo mira cómo va el hombre, no solo camina con su pueblo, sino que se hace uno de nosotros y toma nuestra carne. El "sí" de María abre la puerta al "sí" de Jesús: "Yo vengo para hacer tu voluntad", este "sí" que va con Jesús durante toda la vida, hasta la Cruz. Hoy es un bonito día para dar gracias al Señor por habernos enseñado el camino del "sí", pero también para pensar en nuestra vida. Todos nosotros durante cada día, debemos decir 'sí' o 'no' y pensar si siempre decimos 'sí' o muchas veces nos escondemos, con la cabeza baja, como Adán y Eva. Hoy es la fiesta del "sí". En el "sí" de María está el "sí" de toda la Historia de la Salvación, y comienza allí el último "sí" del hombre y de Dios *(4-4-2016)*.

PALABRA

El ángel Gabriel fue enviado por Dios a una ciudad de Galilea llamada Nazaret, a una virgen desposada con un hombre llamado José, de la estirpe de David: el nombre de la virgen era María. El ángel, entrando en su presencia, dijo: «Alégrate, llena de gracia, el Señor está contigo». Ella se turbó grandemente ante estas palabras y se preguntaba qué saludo era aquel. El ángel le dijo: «No temas, María, porque has encontrado gracia ante Dios. Concebirás en tu vientre y darás a luz un hijo, y le pondrás por nombre Jesús. Será grande, se llamará Hijo del Altísimo, el Señor Dios le dará el trono de David, su padre, reinará sobre la casa de Jacob para siempre, y su reino no tendrá fin».Y María dijo al ángel: «¿Cómo será eso, pues no conozco varón?». El ángel le contestó: «El Espíritu Santo vendrá sobre ti, y la fuerza del Altísimo te cubrirá con su sombra; por eso el Santo que va a nacer se llamará Hijo de Dios. También tu pariente Isabel ha concebido un hijo en su vejez, y ya está de seis meses la que llamaban estéril, "porque para Dios nada hay imposible"». María contestó: «He aquí la esclava del Señor; hágase en mí según tu palabra».Y el ángel se retiró.

Isaías 7,10-14; 8,10b; ***Salmo*** 39,7-11; ***Hebreos*** 10,4-10 • **LUCAS 1, 26-38**

ORACIÓN

VERBO ENCARNADO HIJO DEL PADRE ETERNO: tu Encarnación es el inicio de tu presencia humana entre nosotros: *El Verbo se hizo carne y habitó entre nosotros.* Y viniste desde el seno de María, la "llena de gracia, que encontró gracia ante el Señor y el Espíritu Santo vino sobre ella" para que fuera tu Madre. Gracias, Jesús, por tu inmenso amor, que te llevó a humillarte y participar de nuestra pobre naturaleza, que engrandeciste. Te felicito por la elección de María para ser la Madre: primero, tuya; luego, de toda la humanidad redimida. ¡Que tú y la Madre nunca estéis ausentes de mi vida! ***Aquí estoy, Señor, para hacer tu voluntad*** *(Salmo 39, 8a.9a)*.

MARZO
26
VIERNES

Viernes 5° de Cuaresma **Tomo II - Salterio 1ª semana**

Santos Braulio *ob*, Cástulo *mr*, Manuel, Sabino, Cuadrado y Teodosio *mrs*

Abstinencia

SAN BRAULIO DE ZARAGOZA

Papa Francisco: "Este es mi Hijo, el escogido, escuchadlo". Jesús nos trae a Dios, nos lleva a Dios, con él toda nuestra vida se transforma, se renueva, y nosotros podemos ver la realidad con ojos nuevos, desde el punto de vista de Jesús, con sus mismos ojos. Por eso os digo hoy a cada uno de vosotros: "Pon a Cristo" en tu vida y encontrarás un amigo del que siempre podrás fiarte *(25-7-2013)*.

PALABRA

Los judíos agarraron piedras para apedrear a Jesús. Él les replicó: «Os he hecho ver muchas obras buenas por encargo de mi Padre: ¿por cuál de ellas me apedreáis?». Los judíos le contestaron: «No te apedreamos por una obra buena, sino por una blasfemia: porque tú, siendo un hombre, te haces Dios». Jesús les replicó: «¿No está escrito en vuestra ley: "Yo os digo: sois dioses"? Si la Escritura llama dioses a aquellos a quienes vino la palabra de Dios, y no puede fallar la Escritura, a quien el Padre consagró y envió al mundo, ¿decís vosotros: "¡Blasfemas!" Porque he dicho: "Soy Hijo de Dios"? Si no hago las obras de mi Padre, no me creáis, pero si las hago, aunque no me creáis a mí, creed a las obras, para que comprendáis y sepáis que el Padre está en mí, y yo en el Padre». Intentaron de nuevo detenerlo, pero se les escabulló de las manos. Se marchó de nuevo al otro lado del Jordán, al lugar donde antes había bautizado Juan, y se quedó allí. Muchos acudieron a él y decían: «Juan no hizo ningún signo; pero todo lo que Juan dijo de este era verdad». Y muchos creyeron en él allí.

Jeremías 20,10-13; ***Salmo*** 17,2-7 • **JUAN 10, 31-42**

ORACIÓN

CRISTO, todo lo haces bien y todo lo que me dices y haces es para mi bien. No merezco tus "muchas obras buenas" en mi favor, pero quiero aprovecharlas. Que tu Palabra no me entre por un oído -o por los dos ojos- y me salga por el otro. Que la salvación que me ofreces no pase de largo, sino que consiga que la semilla divina de mi bautismo dé frutos de vida eterna, demostrados en obras de misericordia. ***En el peligro invoqué al Señor, y él me escuchó*** *(Salmo 17,7)*.

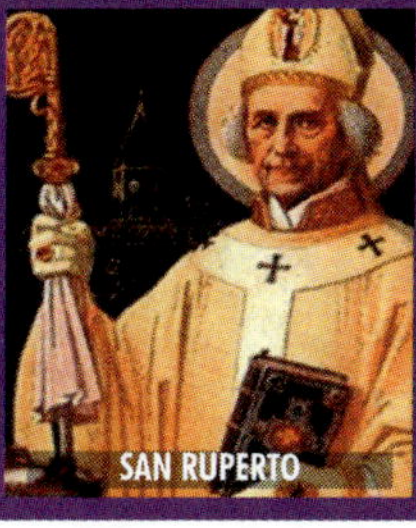

San Ruperto ***ob.***
Beato Francisco Faà de Bruno ***pb***

Papa Francisco: Los *mártires de hoy* —que son muchos— no reniegan de Jesús, y soportan con dignidad insultos y ultrajes. Lo siguen por su camino. Podemos hablar, verdaderamente, de "una nube de testigos": los mártires de hoy (cf. *Heb* 12,1). Durante esta Semana Santa, emprendamos también nosotros con decisión este camino de la humildad, movidos por el amor a nuestro Señor y Salvador. *El amor nos guiará y nos dará fuerza.* Y, donde está él, estaremos también nosotros *(29-3-2015).*

PALABRA

Muchos judíos que habían venido a casa de María, al ver lo que había hecho Jesús [la resurrección de Lázaro], creyeron en él. Pero algunos acudieron a los fariseos y les contaron lo que había hecho Jesús. Los sumos sacerdotes y los fariseos convocaron el Sanedrín y dijeron: «¿Qué hacemos? Este hombre hace muchos signos. Si lo dejamos seguir, todos creerán en él, y vendrán los romanos y nos destruirán el lugar santo y la nación». Uno de ellos, Caifás, que era sumo sacerdote aquel año, les dijo: «Vosotros no entendéis ni palabra; no comprendéis que os conviene que uno muera por el pueblo, y que no perezca la nación entera». Esto no lo dijo por propio impulso, sino que, por ser sumo sacerdote aquel año, habló proféticamente, anunciando que Jesús iba a morir por la nación; y no solo por la nación, sino también para reunir a los hijos de Dios dispersos. Y aquel día decidieron darle muerte. Por eso Jesús ya no andaba públicamente con los judíos, sino que se retiró a la región vecina al desierto, a una ciudad llamada Efraín, y pasaba allí el tiempo con los discípulos. Se acercaba la Pascua de los judíos, y muchos de aquella región subían a Jerusalén, antes de la Pascua, para purificarse. Buscaban a Jesús y, estando en el templo, se preguntaban: «¿Qué os parece? ¿No vendrá a la fiesta?». Los sumos sacerdotes y fariseos habían mandado que el que se enterase de dónde estaba les avisara para prenderlo.

Ezequiel 37, 21-28; ***Salmo: Jeremías*** 31, 10-13 • **JUAN 11, 45-57**

ORACIÓN

CRISTO, quieren quitarte de en medio porque tu presencia les molesta: eres un hombre bueno, curas a los enfermos y resucitas a Lázaro. ¡Cuánto te dolió aquella envidia de los que se creían grandes, y esta ingratitud mía cuando no reconozco tanto bien que me haces! Que tu muerte por el pueblo sea vida para mí y para todos los que ponen toda su confianza en ti. ***El Señor nos guardará como un pastor a su rebaño*** *(Jeremías 31,10d).*

MARZO
28
DOMINGO

SEMANA SANTA

DOMINGO DE RAMOS EN LA PASIÓN DEL SEÑOR **Tomo II - Salterio 2ª semana**

Santos Esteban Harding *ab*, Cástor *mr*, Gúntram *re*

DOMINGO DE RAMOS

Papa Francisco: Jesús entra en la ciudad rodeado de su pueblo, entre cantos y gritos bulliciosos. Podemos imaginar que es la voz del hijo perdonado, la del leproso sanado o el balar de la oveja perdida, que resuenan a la vez con fuerza en esa entrada triunfal. Es el canto del publicano y del impuro; es el grito del que vivía en los márgenes de la ciudad. Es el grito de hombres y mujeres que lo han seguido porque experimentaron su compasión ante su dolor y su miseria... Es el canto y la alegría espontánea de tantos postergados que tocados por Jesús pueden gritar: «Bendito el que llega en nombre del Señor». ¿Cómo no alabar a Aquel que les había devuelto la dignidad y la esperanza? Es la alegría de tantos pecadores perdonados que volvieron a confiar y a esperar. Y estos gritan. Se alegran. Es la alegría. Esta alegría y alabanza resulta incómoda y se transforma en sinrazón escandalosa para aquellos que se consideran a sí mismos justos y «fieles» a la ley y a los preceptos rituales. Alegría insoportable para quienes han bloqueado la sensibilidad ante el dolor, el sufrimiento y la miseria. Muchos de estos piensan: «¡Mira qué pueblo más maleducado!». Alegría intolerable para quienes perdieron la memoria y se olvidaron de tantas oportunidades recibidas. ¡Qué difícil es comprender la alegría y la fiesta de la misericordia de Dios para quien quiere justificarse a sí mismo y acomodarse! ¡Qué difícil es poder compartir esta alegría para quienes solo confían en sus propias fuerzas y se sienten superiores a otros! Y así nace el grito del que no le tiembla la voz para gritar: «¡Crucifícalo!». No es un grito espontáneo, sino el grito armado, producido, que se forma con el desprestigio, la calumnia, cuando se levanta falso testimonio. Es el grito que nace cuando se pasa del hecho a lo que se cuenta, nace de lo que se cuenta. Es la voz de quien manipula la realidad y crea un relato a su conveniencia y no tiene problema en «manchar» a otros para salirse con la suya *(25-3-2018).*

PROCESIÓN

PALABRA • **MARCOS 11, 1-10:** Cuando se acercaban a Jerusalén, por Betfagé y Betania, junto al Monte de los Olivos, mandó Jesús a dos de sus discípulos, diciéndoles: «Id a la aldea de enfrente, y en cuanto entréis, encontraréis un pollino atado, que nadie ha montado todavía. Desatadlo y traedlo. Y si alguien os pregunta por qué lo hacéis, contestadle: «El Señor lo necesita, y lo devolverá pronto».

Fueron y encontraron el pollino en la calle atado a una puerta; y lo soltaron. Algunos de los presentes les preguntaron: ¿Qué hacéis desatando el pollino?». Ellos les contestaron como había dicho Jesús; y se lo permitieron. Llevaron el pollino, le echaron encima los mantos, y Jesús se montó. Muchos alfombraron el camino con sus mantos, otros con ramas cortadas en el campo. Los que iban delante y detrás, gritaban: «Hosanna, bendito el que viene en nombre del Señor. Bendito el reino que llega, el de nuestro padre David. ¡Hosanna en las alturas!».

MISA DEL DÍA

• ***Isaías*** 50, 4-7: El Señor Dios me ha dado una lengua de discípulo; para saber decir al abatido una palabra de aliento. Cada mañana me espabila el oído, para que escuche como los discípulos. El Señor Dios me ha abierto el oído; yo no resistí ni me he eché atrás. Ofrecí la espalda a los que me golpeaban, las mejillas a los que mesaban mi barba; no escondí el rostro ante ultrajes y salivazos. El Señor Dios me ayuda, por eso no sentía los ultrajes; por eso endurecí el rostro como pedernal, sabiendo que no quedaría defraudado.

• ***Salmo*** 21,8-9.17-18a.19-20.23-24: ***Dios mío, Dios mío, ¿por qué me has abandonado?***

• ***Filipenses*** 2,6-11: Cristo, siendo de condición divina, no retuvo ávidamente el ser igual a Dios; al contrario, se despojó de sí mismo tomando la condición de esclavo, hecho semejante a los hombres. Y así, reconocido como hombre por su presencia, se humilló a sí mismo, hecho obediente hasta la muerte, y una muerte de cruz. Por eso Dios lo exaltó sobre todo y le concedió el Nombre-sobre-todo-nombre; de modo que al nombre de Jesús toda rodilla se doble en el cielo, en la tierra, en el abismo, y toda lengua proclame: Jesucristo es Señor, para gloria de Dios Padre.

• **PASIÓN DE NUESTRO SEÑOR JESUCRISTO SEGÚN SAN MARCOS (15,1-39):** Apenas se hizo de día, los sumos sacerdotes, con los ancianos, los escribas y el Sanedrín en pleno, hicieron una reunión. Llevaron atado a Jesús y lo entregaron a Pilato.

Pilato le preguntó: «¿Eres tú el rey de los judíos?». Él respondió: «Tú lo dices». Y los sumos sacerdotes lo acusaban de muchas cosas. Pilato le preguntó de nuevo: «¿No contestas nada? Mira de cuántas cosas te acusan». Jesús no contestó más; de modo que Pilato estaba extrañado. Por la fiesta solía soltarles un preso, el que le pidieran. Estaba en la cárcel un tal Barrabás, con los rebeldes que habían cometido un homicidio en la revuelta. La muchedumbre que se había reunido comenzó a pedirle lo que era costumbre. Pilato les contestó: «¿Queréis que os suelte al rey de los judíos?». Pues sabía que los sumos sacerdotes se lo habían entregado por envidia. Pero los sumos sacerdotes soliviantaron a la gente para que pidieran la libertad de Barrabás. Pilato tomó de nuevo la palabra y les preguntó: «¿Qué hago con el que llamáis rey de los judíos?». Ellos gritaron de nuevo: «¡Crucifícalo!». Pilato les dijo: «Pues ¿qué mal ha hecho?». Ellos gritaron más fuerte: «¡Crucifícalo!». Y Pilato, queriendo complacer a la gente, les soltó a Barrabás; y a Jesús, después de azotarlo, lo entregó para que lo crucificaran. Los soldados se lo llevaron al interior del palacio –al pretorio– y convocaron a toda la compañía. Lo visten de púrpura, le ponen una corona de espinas, que habían trenzado, y comenzaron a hacerle el saludo: «¡Salve, rey de los judíos!». Le golpearon la cabeza con una caña, le escupieron; y, doblando las rodillas, se postraban ante él. Terminada la burla, le quitaron la púrpura y le pusieron su ropa. Y lo sacaron para crucificarlo. Pasaba uno que volvía del campo, Simón de Cirene, el padre de Alejandro y de Rufo; y lo obligan a llevar la cruz. Y conducen a Jesús al Gólgota (que quiere decir lugar de «la Calavera»), y le ofrecían vino con mirra; pero él no lo aceptó. Lo crucifican y se reparten sus ropas, echándolas a suerte, para ver lo que se llevaba cada uno. Era la hora tercia cuando lo crucificaron. En el letrero de la acusación estaba escrito: «El rey de los judíos». Crucificaron con él a dos bandidos, uno a su derecha y otro a su izquierda. Los que pasaban lo injuriaban, meneando la cabeza y diciendo: «Tú que destruyes el templo y lo reconstruyes en tres días, sálvate a ti mismo bajando de la cruz». De igual modo, también los sumos sacerdotes comentaban entre ellos, burlándose: «A otros ha salvado, y a sí mismo no se puede salvar. Que el Mesías, el rey de Israel, baje ahora de la cruz, para que lo veamos y creamos». También los otros crucificados lo insultaban. Al llegar la hora sexta, toda la región quedó en tinieblas hasta la hora nona. Y, a la hora nona, Jesús clamó con voz potente: Eloí, Eloí, lemá sabactaní (que significa: «Dios mío, Dios mío, ¿por qué me has abandonado?». Algunos de los presentes, al oírlo, decían: «Mira, llama a Elías». Y uno echó a correr y, empapando una esponja en vinagre, la sujetó a una caña, y le daba de beber, diciendo: «Dejad, a ver si viene Elías a bajarlo». Y Jesús, dando un fuerte grito, expiró. El velo del templo se rasgó en dos, de arriba abajo. El centurión, que estaba enfrente, al ver cómo había expirado, dijo: «Realmente este hombre era Hijo de Dios».

ORACIÓN

CRISTO JESÚS, comienzan los misterios. Y entre los misterios, el gran misterio de la sinrazón de la masa, que hoy te vitorea como rey y el viernes pedirá a gritos tu muerte en cruz. Pero el misterio principal es tu obediencia hasta la muerte, tu aceptación de ser un rey crucificado por el amor infinito que me tienes. Al pensar en las gentes que te aclaman hoy, quiero estar entre ellas, pero no seguirlas el viernes pidiendo tu crucifixión ante Pilato. Te doy gracias de corazón y te adoro como mi único Señor y Dios: esta Semana Santa te acompañaré en el Cenáculo, Getsemaní y el Calvario, y contigo espero celebrar tu triunfo sobre el pecado y la muerte, con tu gloriosa Resurrección.

MARZO
29
LUNES

LUNES SANTO

**Santos Eustasio *ob*,
Guillermo Tempier *ob*, Ludolfo *ob***

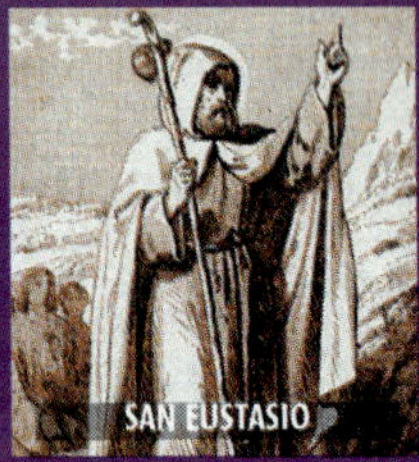

Papa Francisco: En estos días, días de amor, dejémonos envolver por el misterio de Jesús que, como grano de trigo, muriendo nos dona la vida. Él es la semilla de nuestra esperanza. Contemplamos el Crucifijo, fuente de esperanza. Poco a poco entenderemos que esperar con Jesús es aprender a ver ya desde ahora la planta en la semilla, la Pascua en la cruz, la vida en la muerte. Quisiera ahora daros una tarea para hacer en casa. A todos nos hará bien deteneros delante del Crucifijo —todos vosotros tenéis uno en casa— mirarlo y decirle: "Contigo nada está perdido. Contigo puedo siempre esperar. Tú eres mi esperanza" *(12-4-2017)*.

PALABRA

Seis días antes de la Pascua, fue Jesús a Betania, donde vivía Lázaro, a quien había resucitado de entre los muertos. Allí le ofrecieron una cena; Marta servía, y Lázaro era uno de los que estaban con él a la mesa. María tomó una libra de perfume de nardo, auténtico y costoso, le ungió a Jesús los pies y se los enjugó con su cabellera. Y la casa se llenó de la fragancia del perfume. Judas Iscariote, uno de sus discípulos, el que lo iba a entregar, dice: «¿Por qué no se ha vendido este perfume por trescientos denarios para dárselos a los pobres?». Esto lo dijo, no porque le importasen los pobres, sino porque era un ladrón; y como tenía la bolsa, se llevaba de lo que iban echando. Jesús dijo: «Déjala; lo tenía guardado para el día de mi sepultura; porque a los pobres los tenéis siempre con vosotros, pero a mí no siempre me tenéis». Una muchedumbre de judíos se enteró de que estaba allí y fueron no solo por Jesús, sino también para ver a Lázaro, al que había resucitado de entre los muertos. Los sumos sacerdotes decidieron matar también a Lázaro, porque muchos judíos, por su causa, se les iban y creían en Jesús.

Isaías 42, 1-7; ***Salmo*** 26, 1bcde-3.13-14 • **JUAN 12, 1-11**

ORACIÓN

CRISTO JESÚS, hoy, con María de Betania, me pongo a tus pies para llorar mis pecados y esperar tu perdón. El mejor perfume que puedo ofrecerte es permanecer a tu lado en los días tensos que se acercan. Quiero que esta sea mi Semana SANTA de verdad, y no solo de nombre. ***El Señor es mi luz y mi salvación*** *(Salmo 26,1b)*.

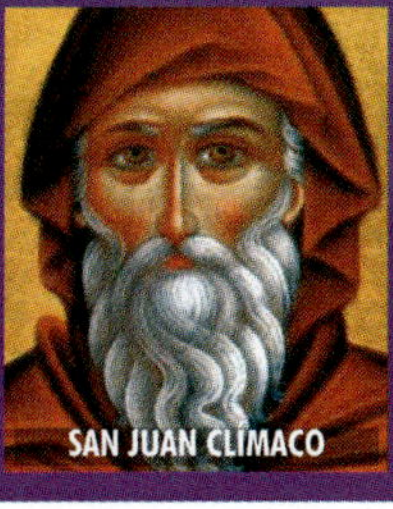
SAN JUAN CLÍMACO

MARTES SANTO

Santos Juan Clímaco *ab*, Antonio Daveluy *ob mr*, Leonardo Murialdo *pb*, Julio Álvarez *pb mr*, Zósimo *ob*

MARZO
30
MARTES

Papa Francisco: Jesús alcanza la completa humillación con la «muerte de cruz». Se trata de la peor muerte, la que se reservaba a los esclavos y a los delincuentes. Jesús era considerado un profeta, pero muere como un delincuente. Contemplando a Jesús en su pasión, vemos como en un espejo los sufrimientos de la humanidad y encontramos la respuesta divina al misterio del mal, del dolor, de la muerte. Muchas veces sentimos horror por el mal y el dolor que nos rodea y nos preguntamos: «¿Por qué lo permite Dios?» *(16-4-14).*

PALABRA

Estando Jesús a la mesa con sus discípulos, se turbó en su espíritu y dio testimonio diciendo: «En verdad, en verdad os digo: uno de vosotros me va a entregar». Los discípulos se miraron unos a otros perplejos, por no saber de quién lo decía. Uno de ellos, el que Jesús amaba, estaba reclinado a la mesa en el seno de Jesús. Simón Pedro le hizo señas para que averiguase por quién lo decía. Entonces él, apoyándose en el pecho de Jesús, le preguntó: «Señor, ¿quién es?». Le contestó Jesús: «Aquel a quien yo le dé este trozo de pan untado». Y, untando el pan, se lo dio a Judas, hijo de Simón el Iscariote. Detrás del pan, entró en él Satanás. Entonces Jesús le dijo: «Lo que vas a hacer, hazlo pronto». Ninguno de los comensales entendió a qué se refería. Como Judas guardaba la bolsa, algunos suponían que Jesús le encargaba comprar lo necesario para la fiesta o dar algo a los pobres. Judas, después de tomar el pan, salió inmediatamente. Era de noche. Cuando salió, dijo Jesús: «Ahora es glorificado el Hijo del hombre, y Dios es glorificado en él. Si Dios es glorificado en él, también Dios lo glorificará en sí mismo: pronto lo glorificará. Hijitos, me queda poco de estar con vosotros. Me buscaréis, pero lo que dije a los judíos os lo digo ahora a vosotros: "Donde yo voy, no podéis venir vosotros"». Simón Pedro le dijo: «Señor, ¿adónde vas?». Jesús le respondió: «Adonde yo voy no me puedes seguir ahora, me seguirás más tarde». Pedro replicó: «Señor, ¿por qué no puedo seguirte ahora? Daré mi vida por ti». Jesús le contestó: «¿Conque darás tu vida por mí? En verdad, en verdad te digo: no cantará el gallo antes de que me hayas negado tres veces».

Isaías 49, 1-6; ***Salmo*** 70, 1-6ab.15ab.17 • **JUAN 13, 21-33.36-38**

ORACIÓN

CRISTO JESÚS, con qué estupor escucharían los otros once aquel "Uno de vosotros me va a entregar". Pedro reacciona como quisiera haberlo hecho yo: *Daré mi vida por ti.* Aunque luego caerá en la debilidad de negarte, como tantas veces yo. No permitas que se endurezca mi corazón como el de Judas, que siguió con su proyecto deicida. Yo también soy débil. Pero tu Espíritu me anima a levantarme y a seguirte hasta, si quieres y me lo concedes, dar mi vida por ti. Ya lo sé: el martirio es un regalo. ***Mi boca contará tu salvación, Señor*** *(Salmo 70,15ab).*

MARZO
31
MIÉRCOLES

MIÉRCOLES SANTO

Santos Benjamín *di mr*, Balbina *mr*, Guido *ab*

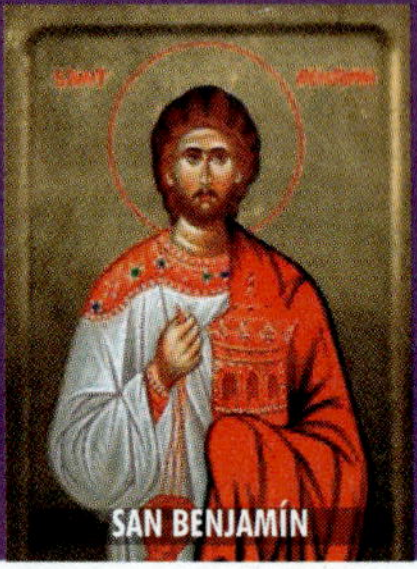

Papa Francisco: ¿Qué fiesta es la más importante para nuestra fe: la Navidad o la Pascua? - La Pascua, porque es la fiesta de nuestra salvación, la fiesta del amor de Dios por nosotros, la fiesta, la celebración de su Muerte y Resurrección. Y por esto yo quisiera reflexionar con vosotros sobre esta fiesta, sobre estos días, que son días pascuales, hasta la Resurrección del Señor. Estos días constituyen la memoria celebrativa de un único gran misterio: la Muerte y la Resurrección del Señor Jesús. El Triduo empieza mañana, con la misa de la Cena del Señor y se concluirá con las vísperas del Domingo de Resurrección. Dispongámonos a vivir este Triduo Santo ya inminente —comienza mañana—, para estar cada vez más profundamente integrados en el misterio de Cristo, muerto y resucitado por nosotros. Que nos acompañe en este itinerario espiritual la Virgen Santísima, que siguió a Jesús en su pasión —Ella estaba allí, miraba, sufría...— estuvo presente y unida a él al pie de la cruz, pero no se avergonzaba del hijo. ¡Una madre nunca se avergüenza del hijo! *(28-3-2018).*

PALABRA

Uno de los Doce, llamado Judas Iscariote, fue a los sumos sacerdotes y les propuso: «¿Qué estáis dispuestos a darme, si os lo entrego?». Ellos se ajustaron con él en treinta monedas de plata. Y desde entonces andaba buscando ocasión propicia para entregarlo. El primer día de los Ácimos se acercaron los discípulos a Jesús y le preguntaron: «¿Dónde quieres que te preparemos la cena de Pascua?». Él contestó: «Id a la ciudad, a casa de quien vosotros sabéis, y decidle: "El Maestro dice: mi momento está cerca; voy a celebrar la Pascua en tu casa con mis discípulos"». Los discípulos cumplieron las instrucciones de Jesús y prepararon la Pascua. Al atardecer se puso a la mesa con los Doce. Mientras comían dijo: «En verdad os digo que uno de vosotros me va a entregar». Ellos, muy entristecidos, se pusieron a preguntarle uno tras otro: «¿Soy yo acaso, Señor?». Él respondió: «El que ha metido conmigo la mano en la fuente, ese me va a entregar. El Hijo del hombre se va, como está escrito de él; pero, ¡ay de aquel por quien el Hijo del hombre va a ser entregado!; ¡más le valdría a ese hombre no haber nacido!». Entonces preguntó Judas, el que lo iba a entregar: «¿Soy yo acaso, Maestro?». Él respondió: «Tú lo has dicho».

Isaías 50, 4-9a; ***Salmo*** 68, 8-10.21-22.31.33-34 • **MATEO 26, 14-25**

ORACIÓN

CRISTO JESÚS, ni siquiera cuando descubres la identidad del apóstol traidor reacciona Judas y reconoce a tiempo su error. Luego será demasiado tarde, especialmente porque ya nada esperaba de ti, su Señor y su Salvador. Es de noche: en la calle y en el corazón del traidor. ¡Líbrame de apartarme a ciegas de ti, que eres la luz del mundo y de mi vida! ***Señor, que me escuche tu gran bondad el día de tu favor*** *(Salmo 68,14cb).*

ABRIL

La Redención, llevada a cabo por medio de la Cruz, ha vuelto a dar al hombre la dignidad y el sentido de su existencia. La Redención se ha cumplido en el misterio pascual, que, a través de la Cruz y la Muerte del Señor, conduce a la Resurrección.

(San Juan Pablo II, "Redemptor hominis", 10)

SANTO TRIDUO PASCUAL
De la tarde del Jueves Santo al Domingo de Pascua

ABRIL
1
JUEVES

JUEVES SANTO DE LA CENA DEL SEÑOR
Santos María Egipcíaca *er*, Nuño Alvares *rl*, Celso *ob*, Hugo *ob*, Venancio *ob mr*. Beatos Juan Bretton *pf mr*, José Girotti *pb mr*

Papa Francisco: *La Eucaristía, el servicio, la unción.* La realidad que vivimos hoy en esta celebración: el Señor que quiere permanecer con nosotros en **la *Eucaristía.*** Y nosotros nos convertimos siempre en sagrarios del Señor; llevamos al Señor con nosotros, hasta el punto de que él mismo nos dice que si no comemos su cuerpo y bebemos su sangre, no entraremos en el Reino de los Cielos. Este es el misterio del pan y del vino, del Señor con nosotros, en nosotros, dentro de nosotros. ***El servicio.*** Ese gesto que es una condición para entrar en el Reino de los Cielos. Servir, sí, a todos. Pero el Señor, en aquel intercambio de palabras que tuvo con Pedro (cf. *Jn* 13,6-9), le hizo comprender que para entrar en el Reino de los Cielos debemos dejar que el Señor nos sirva, que el Siervo de Dios sea siervo de nosotros. Y esto es difícil de entender. Si no dejo que el Señor sea mi siervo, que el Señor me lave, me haga crecer, me perdone, no entraré en el Reino de los Cielos. Y **el *sacerdocio.*** Hoy quisiera estar cerca de los sacerdotes, de todos los sacerdotes, desde el recién ordenado hasta el Papa. Todos somos sacerdotes: los obispos, todos... Somos *ungidos,* ungidos por el Señor; ungidos para celebrar la Eucaristía, ungidos para servir. Hoy no hemos tenido la Misa Crismal. No puedo dejar pasar esta Misa sin recordar a los sacerdotes. Sacerdotes que ofrecen su vida por el Señor, sacerdotes que son servidores. En estos días, más de sesenta han muerto aquí, en Italia, atendiendo a los enfermos en los hospitales, juntamente con médicos, enfermeros, enfermeras... Son "los santos de la puerta de al lado", sacerdotes que dieron su vida sirviendo. Y pienso en los que están lejos *(9-4-2020).*

PALABRA

• ***Éxodo*** 12, 1-8.11-14: Prescripciones sobre la cena pascual.
• ***Salmo*** 115, 12-18: ***El cáliz de la bendición es comunión con la sangre de Cristo*** *(1 Cor 10,16).*
• ***1 Corintios*** 11, 23-26: Yo he recibido una tradición, que procede del Señor y

que a mi vez os he transmitido: que el Señor Jesús, en la noche en que iba a ser entregado, tomó pan y, pronunciando la Acción de Gracias, lo partió y dijo: «Esto es mi cuerpo, que se entrega por vosotros. Haced esto en memoria mía». Lo mismo hizo con el cáliz, después de cenar, diciendo: «Este cáliz es la nueva alianza en mi sangre: haced esto cada vez que lo bebáis, en memoria mía». Por eso, cada vez que coméis este pan y bebéis del cáliz, proclamáis la muerte del Señor, hasta que vuelva.

• **JUAN 13, 1-15:** Antes de la fiesta de la Pascua, sabiendo Jesús que había llegado su hora de pasar de este mundo al Padre, habiendo amado a los suyos que estaban en el mundo, los amó hasta el extremo. Estaban cenando; ya el diablo había suscitado en el corazón de Judas, hijo de Simón Iscariote, la intención de entregarlo; y Jesús, sabiendo que el Padre había puesto todo en sus manos, que venía de Dios y a Dios volvía, se levanta de la cena, se quita el manto y, tomando una toalla, se la ciñe; luego echa agua en la jofaina y se pone a lavarles los pies a los discípulos, secándoselos con la toalla que se había ceñido. Llegó a Simón Pedro, y este le dice: «Señor, ¿lavarme los pies tú a mí?». Jesús le replicó: «Lo que yo hago tú no lo entiendes ahora, pero lo comprenderás más tarde». Pedro le dice: «No me lavarás los pies jamás». Jesús le contestó: «Si no te lavo, no tienes parte conmigo». Simón Pedro le dice: «Señor, no solo los pies, sino también las manos y la cabeza». Jesús le dice: «Uno que se ha bañado no necesita lavarse más que los pies, porque todo él está limpio. También vosotros estáis limpios, aunque no todos». Porque sabía quién lo iba a entregar, por eso dijo: «No todos estáis limpios». Cuando acabó de lavarles los pies, tomó el manto, se lo puso otra vez y les dijo: «¿Comprendéis lo que he hecho con vosotros? Vosotros me llamáis "el Maestro" y "el Señor", y decís bien, porque lo soy. Pues si yo, el Maestro y el Señor, os he lavado los pies, también vosotros debéis lavaros los pies unos a otros; os he dado ejemplo para que lo que yo he hecho con vosotros, vosotros también lo hagáis».

ORACIÓN

CRISTO JESÚS, en este primer día del Triduo Pascual, junto al ejemplo que nos das de infinito amor y profunda humildad, lavando los pies sucios de tus apóstoles indignos, les sorprendiste y nos sorprendes con tres regalos que te agradezco desde lo más hondo de mi corazón: ***el mandamiento nuevo del amor fraterno, el sacramento de la Eucaristía, y el sacramento del sacerdocio.*** Son elementos sustanciales en la vida cristiana, ante los que solo me sale una palabra: ¡GRACIAS! Hoy te pido para mí y para todos los sacerdotes la fidelidad a tu amistad y la disponibilidad a servir a los hermanos en el sacramento de la reconciliación. Y para todos los cristianos, un amor apasionado a la Eucaristía y a recibir tu perdón sacramental, y una disposición al amor a los demás como tú nos amas, hasta tu muerte en Cruz.

SANTO TRIDUO PASCUAL **Ayuno y Abstinencia**

ABRIL
2
VIERNES

VIERNES SANTO DE LA PASIÓN DEL SEÑOR

Santos **FRANCISCO DE PAULA** *er,* Domingo Tuóc *pb mr,* Abundio *ob,* Niceto *ob,* Teodora *vg mr*

COLECTA POR LOS SANTOS LUGARES

Papa Francisco: Pocos días antes, el gentío aclamaba a Jesús. Ahora transforma las alabanzas en un grito de acusación, prefiriendo incluso que en lugar de Jesús fuera liberado un homicida. Llega de este modo a la muerte en cruz, dolorosa e infamante, reservada a los traidores, a los esclavos y a los peores criminales. La soledad, la difamación y el dolor no son todavía la culminación del anonadamiento de Jesús. Para ser en todo solidario con nosotros, experimenta también en la cruz el misterioso abandono del Padre. Sin embargo, en el abandono, ora y confía: «Padre, a tus manos encomiendo mi espíritu». Suspendido en el patíbulo, además del escarnio, afronta la última tentación: la provocación a bajar de la cruz, a vencer el mal con la fuerza, y a mostrar el rostro de Dios potente e invencible. Jesús, en cambio, precisamente aquí, en el culmen del anonadamiento, revela el rostro auténtico de Dios, que es misericordia. Perdona a sus verdugos, abre las puertas del paraíso al ladrón arrepentido y toca el corazón del centurión. Si el misterio del mal es abismal, infinita es la realidad del Amor que lo ha atravesado, llegando hasta el sepulcro y los infiernos, asumiendo todo nuestro dolor para redimirlo, llevando luz donde hay tinieblas, vida donde hay muerte, amor donde hay odio. Jesús se ha humillado por nosotros, viene a salvarnos; y nosotros estamos llamados a elegir su camino: el camino del servicio, de la donación, del olvido de uno mismo. Os invito este día a mirar a menudo esta "cátedra de Dios", para aprender el amor humilde, que salva y da la vida, para renunciar al egoísmo, a la búsqueda del poder y de la fama. Dirijamos a él nuestra mirada, pidamos la gracia de entender al menos un poco de este misterio de su anonadamiento por nosotros en la Cruz *(20-3-2016).* Hoy, en este momento, pienso en el Señor crucificado y en las muchas historias de los crucificados de la historia, las de hoy, de esta pandemia [Covid-19, coronavirus): médicos, enfermeras, enfermeros, religiosas, sacerdotes... muertos en el frente, como soldados, que han dado su vida por amor, resistentes como María bajo sus cruces, las de sus comunidades, en los hospitales, curando a los enfermos. También hoy hay crucificados y crucificadas que mueren por amor y esto es lo que pienso en estos momentos *(Entrevista televisiva, 10-4-2020).*

PALABRA

• ***Isaías*** 52,13 - 53,12: Él fue traspasado por nuestras rebeliones.

• ***Salmo*** 30, 2.6.12-17.25: ***Padre, a tus manos encomiendo mi espíritu*** *(Luc 23,46).*

• ***Hebreos*** 4, 14-16; 5, 7-9: Ya que tenemos un sumo sacerdote grande que ha atravesado el cielo, Jesús, Hijo de Dios, mantengamos firme la confesión de fe. No tenemos un sumo sacerdote incapaz de compadecerse de nuestras debilidades, sino que ha sido probado en todo, como nosotros, menos en el pecado. Por eso, comparezcamos confiados ante el trono de la gracia, para alcanzar misericordia y encontrar gracia para un auxilio oportuno. Cristo, en efecto, en los días de su vida mortal, a gritos y con lágrimas, presentó oraciones y súplicas al que podía salvarlo de la muerte, siendo escuchado por su piedad filial. Y, aun siendo Hijo, aprendió, sufriendo, a obedecer. Y, llevado a la consumación, se convirtió, para todos los que lo obedecen, en autor de salvación eterna.

JUAN 18, 1 - 19, 42: PASIÓN DE NUESTRO SEÑOR JESUCRISTO SEGÚN SAN JUAN.

Salió Jesús con sus discípulos al otro lado del torrente Cedrón, donde había un huerto, y entraron allí él y sus discípulos. Judas, el que lo iba a entregar, conocía también el sitio, porque Jesús se reunía a menudo allí con sus discípulos. Judas entonces, tomando una cohorte y unos guardias de los sumos sacerdotes y de los fariseos, entró allá con faroles, antorchas y armas. Jesús, sabiendo todo lo que venía sobre él, se adelantó y les dijo: «¿A quién buscáis?». Le contestaron: «A Jesús, el Nazareno». Les dijo Jesús: «Yo soy». Estaba también con ellos Judas, el que lo iba a entregar. Al decirles: «Yo soy», retrocedieron y cayeron a tierra. Les preguntó otra vez: «¿A quién buscáis?». Ellos dijeron: «A Jesús, el Nazareno». Jesús contestó: «Os he dicho que soy yo. Si me buscáis a mí, dejad marchar a estos». Y así se cumplió lo que había dicho: «No he perdido a ninguno de los que me diste». Entonces Simón Pedro, que llevaba una espada, la sacó e hirió al criado del sumo sacerdote, cortándole la oreja derecha. Este criado se llamaba Malco. Dijo entonces Jesús a Pedro: «Mete la espada en la vaina. El cáliz que me ha dado mi Padre, ¿no lo voy a beber?».

Llevaron a Jesús ante Anás y Caifás. Negaciones de Pedro

La cohorte, el tribuno y los guardias de los judíos prendieron a Jesús, lo ataron y lo llevaron primero a Anás, porque era suegro de Caifás, sumo sacerdote aquel año; Caifás era el que había dado a los judíos este consejo: «Conviene que muera un solo hombre por el pueblo». Simón Pedro y otro discípulo seguían a Jesús. Este discípulo era conocido del sumo sacerdote y entró con Jesús en el palacio del sumo sacerdote, mientras Pedro se quedó fuera a la puerta. Salió el otro discípulo, el conocido del sumo sacerdote, habló a la portera e hizo entrar a Pedro. La criada portera dijo entonces a Pedro: «¿No eres tú también de los discípulos de ese hombre?». Él dijo: «No lo soy». Los criados y los guardias habían encendido un brasero, porque hacía frío, y se calentaban. También Pedro estaba con ellos de pie, calentándose. El sumo sacerdote interrogó a Jesús acerca de sus discípulos y de la doctrina. Jesús le contestó: «Yo he hablado abiertamente al mundo; yo he enseñado continuamente en la sinagoga y en el templo, donde se reúnen todos los judíos, y no he dicho nada a escondidas. ¿Por qué me preguntas a mí? Pregunta a los que me han oído de qué les he hablado. Ellos saben lo que yo he dicho». Apenas dijo esto, uno de los guardias que estaba allí le dio una bofetada a Jesús, diciendo: «¿Así contestas al sumo sacerdote?». Jesús respondió: «Si he faltado al hablar, muestra en qué he faltado; pero si he hablado como se debe, ¿por qué me pegas?». Entonces Anás lo envió atado a Caifás, sumo sacerdote. Simón Pedro estaba de pie, calentándose, y le dijeron: «¿No eres tú también de sus discípulos?». Él lo negó, diciendo: «No lo soy». Uno de los criados del sumo sacerdote, pariente de aquel a quien Pedro le cortó la oreja, le dijo: «¿No te he visto yo en el huerto con él?». Pedro volvió a negar, y enseguida cantó un gallo.

Ante Pilato. Mi reino no es de este mundo

Llevaron a Jesús de casa de Caifás al pretorio. Era el amanecer, y ellos no entraron en el pretorio para no incurrir en impureza y poder así comer la Pascua. Salió Pilato afuera, adonde estaban ellos, y dijo: «¿Qué acusación presentáis contra este hombre?». Le contestaron: «Si este no fuera un malhechor, no te lo entregaríamos». Pilato les dijo: «Lleváoslo vosotros y juzgadlo según vuestra ley». Los judíos le dijeron: «No estamos autorizados para dar muerte a nadie». Y así se cumplió lo que había dicho Jesús, indicando de qué muerte iba a morir. Entró otra vez Pilato en el pretorio, llamó a Jesús y le dijo: «¿Eres tú el rey de los judíos?». Jesús le contestó: «¿Dices eso por tu cuenta o te lo han dicho otros de mí?». Pilato replicó: «¿Acaso soy yo judío? Tu gente y los sumos sacerdotes te han entregado a mí; ¿qué has hecho?». Jesús le contestó: «Mi reino no es de este mundo. Si mi reino fuera de este mundo, mi guardia habría luchado para que no cayera en manos de los judíos. Pero mi reino no es de aquí». Pilato le dijo: «Entonces, ¿tú eres rey?». Jesús le contestó: «Tú lo dices: soy rey. Yo para esto he nacido y para esto he venido al mundo: para dar testimonio de la verdad. Todo el que es de la verdad escucha mi voz». Pilato le dijo: «Y, ¿qué es la verdad?». Dicho esto, salió otra vez adonde estaban los judíos y les dijo: «Yo no encuentro en él ninguna culpa. Es costumbre entre vosotros que por Pascua ponga a uno en libertad. ¿Queréis que os suelte al rey de los judíos?». Volvieron a gritar: «A ese no, a Barrabás». El tal Barrabás era un bandido.

¡Salve, rey de los judíos! ¡Crucifícalo!

Entonces Pilato tomó a Jesús y lo mandó azotar. Y los soldados trenzaron una corona de espinas, se la pusieron en la cabeza y le echaron por encima un manto color púrpura; y, acercándose a él, le decían: «¡Salve, rey de los judíos!». Y le daban bofetadas. Pilato salió otra vez afuera y les dijo: «Mirad, os lo saco afuera, para que sepáis que no encuentro en él ninguna culpa». Y salió Jesús afuera, llevando la corona de espinas y el manto color púrpura. Pilato les dijo: «He aquí al hombre». Cuando lo vieron los sumos sacerdotes y los guardias, gritaron: «¡Crucifícalo, crucifícalo!». Pilato les dijo: «Lleváoslo vosotros y crucificadlo, porque yo no encuentro culpa en él». Los judíos le contestaron: «Nosotros tenemos una ley, y según esa ley tiene que morir, porque se ha hecho Hijo de Dios». Cuando Pilato oyó estas palabras, se asustó aún más. Entró otra vez en el pretorio y dijo a Jesús: «¿De dónde eres tú?». Pero Jesús no le dio respuesta. Y Pilato le dijo: «¿A mí no me hablas? ¿No sabes que tengo autoridad para soltarte y autoridad para crucificarte?». Jesús le contestó: «No tendrías ninguna autoridad sobre mí, si no te la hubieran dado de lo alto. Por eso el que me ha entregado a ti tiene un pecado mayor». Desde este momento Pilato trataba de soltarlo, pero los judíos gritaban: «Si sueltas a ese, no eres amigo del César. Todo el que se hace rey está contra el César». Pilato entonces, al oír estas palabras, sacó afuera a Jesús y lo sentó en el tribunal, en el sitio que llaman «el Enlosado» (en hebreo "Gábbata"). Era el día de la Preparación de la Pascua, hacia el mediodía. Y dijo Pilato a los judíos: «He aquí a vuestro rey». Ellos gritaron: «¡Fuera, fuera; crucifícalo!». Pilato les dijo: «¿A vuestro rey voy a crucificar?». Contestaron los sumos sacerdotes: «No tenemos más rey que al César». Entonces se lo entregó para que lo crucificaran.

Crucifixión. Ahí tienes a tu madre. "Entregó el espíritu"

Tomaron a Jesús, y, cargando él mismo con la cruz, salió al sitio llamado «de la Calavera» (que en hebreo se dice "Gólgota"), donde lo crucificaron; y con él a otros dos, uno a cada lado, y en medio, Jesús. Y Pilato escribió un letrero y lo puso encima de la cruz; en él estaba escrito: «Jesús, el Nazareno, el rey de los judíos». Leyeron el letrero muchos judíos, porque estaba cerca el lugar donde crucificaron a Jesús, y estaba escrito en hebreo, latín y griego. Entonces los sumos sacerdotes de los judíos dijeron a Pilato: «No escribas: "El rey de los judíos", sino: "Este ha dicho: soy el rey de los judíos"». Pilato les contestó: «Lo escrito, escrito está». Los soldados, cuando crucificaron a Jesús, tomaron su ropa, haciendo cuatro partes, una para cada soldado, y apartaron la túnica. Era una túnica sin costura, tejida toda de una pieza de arriba abajo. Y se dijeron: «No la rasguemos, sino echémosla a suerte, a ver a quién le toca». Así se cumplió la Escritura: «Se repartieron mis ropas y echaron a suerte mi túnica». Esto hicieron los soldados. Junto a la cruz de Jesús estaban su madre, la hermana de su madre, María, la de Cleofás, y María, la Magdalena. Jesús, al ver a su madre y junto a ella al discípulo al que amaba, dijo a su madre: «Mujer, ahí tienes a tu hijo». Luego, dijo al discípulo: «Ahí tienes a tu madre». Y desde aquella hora, el discípulo la recibió como algo propio. Después de esto, sabiendo Jesús que ya todo estaba cumplido, para que se cumpliera la Escritura, dijo: «Tengo sed». Había allí un jarro lleno de vinagre. Y, sujetando una esponja empapada en vinagre a una caña de hisopo, se la acercaron a la boca. Jesús, cuando tomó el vinagre, dijo: «Está cumplido». E, inclinando la cabeza, entregó el espíritu.

Y al punto salió sangre y agua. Sepultura

Los judíos entonces, como era el día de la Preparación, para que no se quedaran los cuerpos en la cruz el sábado, porque aquel sábado era un día grande, pidieron a Pilato que les quebraran las piernas y que los quitaran. Fueron los soldados, le quebraron las piernas al primero y luego al otro que habían crucificado con él; pero al llegar a Jesús, viendo que ya había muerto, no le quebraron las piernas, sino que uno de los soldados, con la lanza, le traspasó el costado, y al punto salió sangre y agua. El que lo vio da testimonio, y su testimonio es verdadero, y él sabe que dice verdad, para que también vosotros creáis. Esto ocurrió para que se cumpliera la Escritura: «No le quebrarán un hueso»; y en otro lugar la Escritura dice: «Mirarán al que traspasaron». Después de esto, José de Arimatea, que era discípulo de Jesús, aunque oculto por miedo a los judíos, pidió a Pilato que le dejara llevarse el cuerpo de Jesús. Y Pilato lo autorizó. Él fue entonces y se llevó el cuerpo. Llegó también Nicodemo, el que había ido a verlo de noche, y trajo unas cien libras de una mixtura de mirra y áloe. Tomaron el cuerpo de Jesús y lo envolvieron en los lienzos con los aromas, según se acotumbra a enterrar entre los judíos. Había un huerto en el sitio donde lo crucificaron, y en el huerto un sepulcro nuevo donde nadie había sido enterrado todavía. Y como para los judíos era el día de la Preparación, y el sepulcro estaba cerca, pusieron allí a Jesús.

ORACIÓN

CRISTO JESÚS, unido a cristianos de tantos siglos, te miro con ojos nuevos clavado en la Cruz y te digo con ellos:

Alma de Cristo, santifícame./ Cuerpo de Cristo, sálvame./
Sangre de Cristo, embriágame./ Agua del costado de Cristo, lávame./
Pasión de Cristo, confórtame./ ¡Oh buen Jesús!, óyeme./
Dentro de tus llagas escóndeme./ No permitas que me aparte de ti./
Del maligno enemigo, defiéndeme./ En la hora de mi muerte, llámame,/
y mándame ir a ti,/ para que con tus santos te alabe/
por los siglos de los siglos. Amén.

ABRIL
3
SÁBADO

SANTO TRIDUO PASCUAL

SÁBADO SANTO DE LA SEPULTURA DEL SEÑOR

Santos Sixto I *pp*, Ricardo Wych *ob*, Luis Scrosoppi *pb*

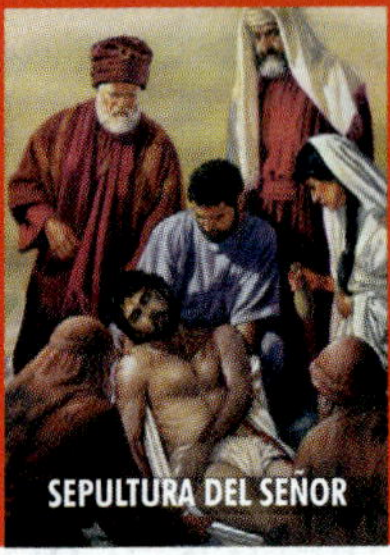
SEPULTURA DEL SEÑOR

Papa Francisco: El Evangelio de Juan nos presenta a María al pie de la cruz: el dolor por la muerte del Hijo. Lo primero que señala el evangelista es que María está "firmemente de pie" junto a su Hijo. No es un modo liviano de estar, tampoco evasivo y menos aún pusilánime. Es con firmeza, "clavada" al pie de la cruz, expresando con la postura de su cuerpo que nada ni nadie podría moverla de ese lugar. María *se muestra* en primer lugar así: al lado de los que sufren, de aquellos de los que todo el mundo huye, incluso de los que son enjuiciados, condenados por todos, deportados. No se trata solo de que sean oprimidos o explotados, sino de estar directamente "fuera del sistema", al margen de la sociedad. Con ellos está también la Madre, clavada junto a esa cruz de la incomprensión y del sufrimiento. También María *nos muestra* un modo de estar al lado de estas realidades; no es ir de paseo ni hacer una breve visita, ni tampoco es "turismo solidario". Se trata de que quienes padecen una realidad de dolor nos sientan a su lado y de su lado, de modo firme, estable; todos los descartados de la sociedad pueden hacer experiencia de esta Madre delicadamente cercana, porque en el que sufre siguen abiertas las llagas de su Hijo Jesús. Ella lo aprendió al pie de la cruz. También nosotros estamos llamados a "tocar" el sufrimiento de los demás. Vayamos al encuentro de nuestro pueblo para consolarlo y acompañarlo; no tengamos miedo de experimentar la fuerza de la ternura y de implicarnos y complicarnos la vida por los otros. Y, como María, permanezcamos firmes y de pie: con el corazón puesto en Dios y animados, levantando al que está caído, enalteciendo al humilde, ayudando a terminar con cualquier situación de opresión que los hace vivir como crucificados *(24-9-2018).*

ORACIÓN

CRISTO JESÚS, ayer escuchábamos tus últimas palabras antes de expirar clavado en la Cruz: "Todo se ha cumplido". ¿Todo, Jesús? Jamás tendrá la muerte la última palabra. Y, menos tu Muerte, que asestó el golpe mortal a la muerte que el hombre merecía por su pecado, que también fue derrotado en el Calvario. Tú has cumplido todo lo que el Padre te había programado. Pero ese programa solo ha llegado al final de su primera parte. Dentro de unas horas irrumpirá la Vida y la Luz: tú ya habías previsto la primera parte que has cumplido y la segunda que el Padre realizará. En estas horas de espera y de esperanza, nos queda tu Madre, la mujer de fe, de amor y de esperanza. Hay otras buenas mujeres que compran aromas para honrar tu cuerpo, y en cuanto lo permita la ley mosaica irán al sepulcro. Tú, Madre, permaneces en casa con el apóstol Juan, tu nuevo hijo adoptivo que nos representa a todos. Allí esperas confiada en que se cumplirá la palabra de Jesús, que seguramente te ofrecerá las primicias de su victoria con su primera aparición Resucitado. Mientras, me quedo a tu lado, admirando la firmeza de tu fe, por encima de tantas calamidades que han caído sobre ti, mártir revivida del Calvario: ha sido ***la obra de los hombres***, que culmina con la estampa de la Piedad, con tu Hijo muerto sobre tus brazos antes de ser sepultado. ¡Pero tampoco el hombre tiene la última palabra! Tú, Madre de la Palabra eterna de Dios, esperas con toda seguridad ***la obra de Dios***, que Jesús anunció y en su momento cumplirá: *Al tercer día resucitaré.* Y yo, a tu lado, comparto tu fe y tu esperanza.

SANTO TRIDUO PASCUAL

Santos Platón *ab*, Pedro *ob*.
Beato José Benito Dusmet *ob*

ABRIL
4
DOMINGO

DOMINGO DE PASCUA DE LA RESURRECCIÓN DEL SEÑOR

Papa Francisco: En esta fiesta conquistamos un derecho fundamental, que no nos será arrebatado: *el derecho a la esperanza;* es una esperanza nueva, viva, que viene de Dios. El sepulcro es el lugar donde quien entra no sale. Pero Jesús salió por nosotros, resucitó por nosotros, para llevar vida donde había muerte, para comenzar una nueva historia que había sido clausurada, tapándola con una piedra. Él, que quitó la roca de la entrada de la tumba, puede remover las piedras que sellan el corazón. Por eso, no cedamos a la resignación, no depositemos la esperanza bajo una piedra. Podemos y debemos esperar, porque Dios es fiel, no nos ha dejado solos, nos ha visitado y ha venido en cada situación: en el dolor, en la angustia y en la muerte. Su luz iluminó la oscuridad del sepulcro, y hoy quiere llegar a los rincones más oscuros de la vida. Hermana, hermano, aunque en el corazón hayas sepultado la esperanza, no te rindas: Dios es más grande. La oscuridad y la muerte no tienen la última palabra. Ánimo, con Dios nada está perdido *(11-4-2020)*.

PALABRA

VIGILIA PASCUAL EN LA NOCHE SANTA

- ***Génesis*** 1, 1 - 2, 2: Vio Dios todo lo que había hecho, y era muy bueno.
- ***Génesis*** 22, 1-18: El sacrificio de Abrahán, nuestro padre en la fe.
- ***Éxodo*** 14, 15 – 15, 1a: Los israelitas entraron en medio del mar, por lo seco.
- ***Isaías*** 54, 5-14: Con amor eterno te quiere el Señor, tu libertador.
- ***Isaías*** 55, 1-11: Venid a mí y viviréis. Sellaré con vosotros una alianza perpetua.
- ***Baruc*** 3, 9-15.32 – 4, 4: Camina al resplandor del Señor.
- ***Ezequiel*** 36, 16-28: Derramaré un agua pura, y os daré un corazón nuevo.
- ***Romanos*** 6, 3-11: Hermanos: Lo mismo que Cristo resucitó de entre los muertos, así también nosotros andemos en una vida nueva.
- ***Salmo*** 117, 1-2.16-17.22-23: ***ALELUYA, ALELUYA, ALELUYA.***
- **MARCOS 16, 1-7:** Pasado el sábado, María Magdalena, María la de Santiago y Salomé compraron aromas para ir a embalsamar a Jesús. Y muy temprano, el primer día de la semana, al salir el sol, fueron al sepulcro. Y se decían unas a otras: «¿Quién nos correrá la piedra de la entrada del sepulcro?». Al mirar, vieron que la piedra estaba corrida, y eso que era muy grande. Entraron en el sepulcro y vieron a un joven sentado a la derecha, vestido de blanco. Y quedaron aterradas. Él les

dijo: «No tengáis miedo. ¿Buscáis a Jesús el Nazareno, el crucificado? No está aquí. Ha resucitado. Mirad el sitio donde lo pusieron. Pero id a decir a sus discípulos y a Pedro: "Él va por delante de vosotros a Galilea. Allí lo veréis, como os dijo"».

MISA DEL DÍA DE PASCUA

• ***Hechos*** 10,34a.37-43: Pedro tomó la palabra y dijo: «Vosotros conocéis lo que sucedió en toda Judea, comenzando por Galilea, después del bautismo que predicó Juan. Me refiero a Jesús de Nazaret, ungido por Dios con la fuerza del Espíritu Santo, que pasó haciendo el bien y curando a todos los oprimidos por el diablo; porque Dios estaba con él. Nosotros somos testigos de todo lo que hizo en la tierra de los judíos y en Jerusalén. A este lo mataron, colgándolo de un madero. Pero Dios lo resucitó al tercer día y le concedió la gracia de manifestarse, no a todo el pueblo, sino a los testigos designados por Dios: a nosotros, que hemos comido y bebido con él después de su resurrección de entre los muertos. Nos encargó predicar al pueblo, dando testimonio de que Dios lo ha constituido juez de vivos y muertos. De él dan testimonio todos los profetas: que todos los que creen en él reciben, por su nombre, el perdón de los pecados».
• ***Salmo*** 117, 1-2.16-17.22-23: ***Este es el día que hizo el Señor: sea nuestra alegría y nuestro gozo.***
• ***Colosenses*** 3, 1-4: Hermanos: Si habéis resucitado con Cristo, buscad los bienes de allá arriba, donde Cristo está sentado a la derecha de Dios; aspirad a los bienes de arriba, no a los de la tierra. Porque habéis muerto; y vuestra vida está con Cristo escondida en Dios. Cuando aparezca Cristo, vida nuestra, entonces también vosotros apareceréis gloriosos, juntamente con él.

• ***SECUENCIA:*** ***Ofrezcan los cristianos / ofrendas de alabanza/***
a gloria de la Víctima / propicia de la Pascua.
-Cordero sin pecado / que a las ovejas salva,/
a Dios y a los culpables / unió con nueva alianza.
-Lucharon vida y muerte / en singular batalla,/
y, muerto el que es la Vida, / triunfante se levanta.
-«¿Qué has visto de camino, / María, en la mañana?»/
«A mi Señor glorioso, / la tumba abandonada,
-los ángeles testigos, / sudarios y mortaja./ Resucitó de veras / mi amor y mi esperanza.
-Venid a Galilea, / allí el Señor aguarda;/ allí veréis los suyos / la gloria de la Pascua».
-Primicia de los muertos / sabemos por tu gracia/ que estás resucitado; / la muerte en ti no manda.
-Rey vencedor, apiádate / de la miseria humana/ y da a tus fieles parte / en tu victoria santa.

• **JUAN 20, 1-9:** El primer día de la semana, María Magdalena fue al sepulcro al amanecer, cuando aún estaba oscuro, y vio la losa quitada del sepulcro. Echó a correr y fue donde estaba Simón Pedro y el otro discípulo, a quien Jesús amaba, y les dijo: «Se han llevado del sepulcro al Señor y no sabemos dónde lo han puesto». Salieron Pedro y el otro discípulo camino del sepulcro. Los dos corrían juntos, pero el otro discípulo corría más que Pedro; se adelantó y llegó primero al sepulcro; e, inclinándose, vio los lienzos tendidos; pero no entró. Llegó también Simón Pedro detrás de él y entró en el sepulcro: vio los lienzos tendidos y el sudario con que le habían cubierto la cabeza, no con los lienzos, sino enrollado en un sitio aparte. Entonces entró también el otro discípulo, el que había llegado primero al sepulcro; vio y creyó. Pues hasta entonces no habían entendido la Escritura: que él había de resucitar de entre los muertos.

ORACIÓN

JESUCRISTO RESUCITADO, ¡has resucitado, como habías dicho! Si tu palabra se cumple siempre, la de este día de Pascua no solo se cumplió puntualmente, sino que es el fundamento de nuestra fe, y nos llena de profundo gozo y de firme esperanza. La muerte que los hombres te causamos no tiene la última palabra. La tienes tú, el primogénito de entre los muertos, que, con tu Resurrección, abres ante mí la vida nueva de la Pascua. Quiero morir al pecado y vivir desde hoy esa vida nueva que me ofreces, triunfador del pecado y de la muerte. ¡Enhorabuena, Señor, para ti y para todos los que te queremos como nuestro Dios y Salvador! Con tu permiso, déjame felicitar también a tu Madre como lo hace toda la Iglesia: *Reina del cielo, alégrate, aleluya; porque el Señor, a quien mereciste llevar en tu seno, aleluya, ha resucitado, según su palabra, aleluya. Ruega a Dios por nosotros, aleluya.*

Santos VICENTE FERRER *pb*, Irene *vg mr*, Juliana *vg*

Papa Francisco: "En verdad, en verdad os digo: el que cree en mí, también él hará las obras que yo hago, y aún mayores, porque yo me voy al Padre" (*Juan* 14,12). Estas palabras de Jesús se manifiestan claramente en la actividad apostólica de san Vicente Ferrer, el cual, lleno de fe y de celo por la salvación de las almas, la corrección de las costumbres y la propagación de la fe católica, después de haber sido curado misericordiosamente por Cristo de una grave enfermedad, predicó asiduamente sobre todo en las regiones de España y de Francia, y el Señor cooperaba confirmando la palabra con las señales que lo acompañaban (*Marcos* 16,20). Llega a su fin la conmemoración jubilar digna y fructuosa de la muerte de san Vicente Ferrer, hace 600 años: voló a la Patria celestial desde Vannes (Francia), el 5 de abril de 1419. Esta conmemoración puede aprovechar a la unidad y a los frutos de toda la Iglesia *(Carta al Cardenal Delegado Clausura VI Centenario San Vicente Ferrer. 13-5-2019).*

PALABRA

Las mujeres se marcharon a toda prisa del sepulcro; llenas de miedo y de alegría, corrieron a anunciarlo a los discípulos. De pronto, Jesús les salió al encuentro y les dijo: «Alegraos». Ellas se acercaron, le abrazaron los pies y se postraron ante él. Jesús les dijo: «No temáis: id a comunicar a mis hermanos que vayan a Galilea; allí me verán». Mientras las mujeres iban de camino, algunos de la guardia fueron a la ciudad y comunicaron a los sumos sacerdotes todo lo ocurrido. Ellos, reunidos con los ancianos, llegaron a un acuerdo y dieron a los soldados una fuerte suma, encargándoles: «Decid que sus discípulos fueron de noche y robaron el cuerpo mientras vosotros dormíais. Y si esto llega a oídos del gobernador, nosotros nos lo ganaremos y os sacaremos de apuros». Ellos tomaron el dinero y obraron conforme a las instrucciones. Y esta historia se ha ido difundiendo entre los judíos hasta hoy.

Hechos 2, 14.22-33; ***Salmo*** 15, 1b-2a.5.7-11 • **MATEO 28, 8-15**

ORACIÓN

JESUCRISTO RESUCITADO: alegría, valor y misión son las palabras que hoy me dices, al dirigirte a las mujeres: *Alegraos, no tengáis miedo, id a comunicar...* Quiero vivir en esa dimensión esta Pascua nueva que me regalas. Alegre por tu triunfo; sin miedo a nada ni a nadie, porque tú estás conmigo, para que viva en tu gozo y anuncie tu victoria. ***Protégeme, Dios mío, que me refugio en ti*** *(Salmo 15,1b).*

ABRIL

6

MARTES

MARTES OCTAVA DE PASCUA

Santos Gala *vd*, Guillermo *ob*, Ireneo *ob*, Eutiquio *ob*

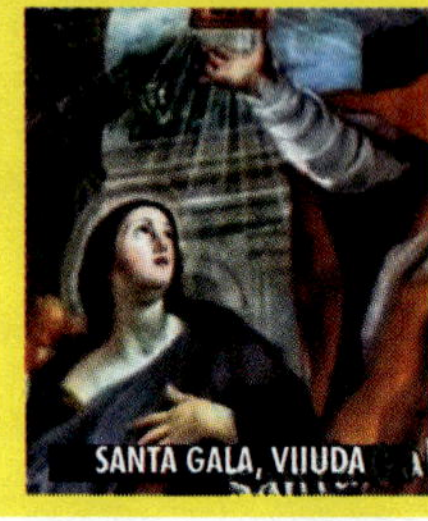
SANTA GALA, VIUDA

Papa Francisco: Esta semana es la semana de la alegría: celebramos la Resurrección de Jesús. Es una alegría auténtica, profunda, basada en la certeza de que Cristo Resucitado ya no muere más, sino que está vivo y operante en la Iglesia y en el mundo. «¿Por qué buscáis entre los muertos al que vive?». Estas palabras son como una piedra miliar en la historia; pero también una «piedra de tropiezo», si no nos abrimos a la Buena Noticia, si pensamos que causa menos molestias un Jesús muerto que un Jesús vivo *(23-04-2014).*

PALABRA

Estaba María [Magdalena] fuera, junto al sepulcro, llorando. Mientras lloraba, se asomó al sepulcro y vio dos ángeles vestidos de blanco, sentados, uno a la cabecera y otro a los pies, donde había estado el cuerpo de Jesús. Ellos le preguntan: «Mujer, ¿por qué lloras?». Ella les contesta: «Porque se han llevado a mi Señor y no sé dónde lo han puesto». Dicho esto, se vuelve y ve a Jesús, de pie, pero no sabía que era Jesús. Jesús le dice: «Mujer, ¿por qué lloras?, ¿a quién buscas?». Ella, tomándolo por el hortelano, le contesta: «Señor, si tú te lo has llevado, dime dónde lo has puesto y yo lo recogeré». Jesús le dice: «¡María!». Ella se vuelve y le dice: «¡Rabbuní!», que significa «¡Maestro!». Jesús le dice: «No me retengas, que todavía no he subido al Padre. Pero anda, ve a mis hermanos y diles: "Subo al Padre mío y Padre vuestro, al Dios mío y Dios vuestro"». María la Magdalena fue y anunció a los discípulos: «He visto al Señor y ha dicho esto».

Hechos 2, 36-41; ***Salmo*** 32, 4-5.18-20.22 • **JUAN 20, 11-18**

ORACIÓN

JESUCRISTO RESUCITADO: ¡Maestro, Señor Jesús, Dios mío!, te aclamo con María la Magdalena cuando oigo de tus labios que me llamas por mi nombre. El triunfo de la Pascua es tuyo y lo compartes con cada uno, también personalmente conmigo. Y no quiero que pase de largo. Te pido que tu presencia jamás falte en mi vida. ¿Qué sería de mí sin ti, Resucitado, siempre vivo? ***La misericordia del Señor llena la tierra*** *(Salmo 32,5b).*

SAN JUAN BAUTISTA DE LA SALLE

MIÉRCOLES OCTAVA DE PASCUA

ABRIL
7
MIÉRCOLES

Santos JUAN B. DE LA SALLE *pb*, Teodoro *ob*, Germán José *pb*, Pedro Nguyên Van Luu *pb mr*

Papa Francisco: Los discípulos de Emaús, deprimidos y con sentimientos de fracaso, llegan al encuentro con Jesús ¿Qué ruta sigo para encontrar a Cristo vivo? Él estará siempre cerca de nosotros para corregir la ruta si nos equivocamos *(23-04-2014).*

PALABRA

Aquel mismo día, el primero de la semana, dos de los discípulos de Jesús iban caminando a una aldea llamada Emaús, distante de Jerusalén unos sesenta estadios *[once kilómetros]*. Mientras conversaban y discutían, Jesús en persona se acercó y se puso a caminar con ellos. Pero sus ojos no eran capaces de reconocerlo. Él les dijo: «¿Qué conversación es esa que traéis mientras vais de camino?». Ellos se detuvieron con aire entristecido. Y uno de ellos, que se llama Cleofás, le respondió: «¿Eres el único forastero en Jerusalén que no sabes lo que ha pasado allí estos días?». Él les dijo: «¿Qué?». Ellos le contestaron: «Lo de Jesús el Nazareno, que fue un profeta poderoso en obras y palabras, ante Dios y ante todo el pueblo; cómo lo entregaron los sumos sacerdotes y nuestros jefes para que lo condenaran a muerte, y lo crucificaron. Nosotros esperábamos que él iba a liberar a Israel, pero, con todo esto, ya estamos en el tercer día desde que esto sucedió. Es verdad que algunas mujeres de nuestro grupo nos han sobresaltado, pues habiendo ido muy de mañana al sepulcro, y no habiendo encontrado su cuerpo, vinieron diciendo que incluso habían visto una aparición de ángeles, que dicen que está vivo. Algunos de los nuestros fueron también al sepulcro y lo encontraron como habían dicho las mujeres; pero a él no lo vieron». Entonces él les dijo: «¡Qué necios y torpes sois para creer lo que dijeron los profetas! ¿No era necesario que el Mesías padeciera esto y entrara así en su gloria?». Y, comenzando por Moisés y siguiendo por todos los profetas, les explicó lo que se refería a él en todas las Escrituras. Llegaron cerca de la aldea adonde iban, y él simuló que iba a seguir caminando; pero ellos lo apremiaron, diciendo: «Quédate con nosotros, porque atardece y el día va de caída». Y entró para quedarse con ellos. Sentado a la mesa con ellos, tomó el pan, pronunció la bendición, lo partió y se lo iba dando. A ellos se les abrieron los ojos y lo reconocieron. Pero él desapareció de su vista. Y se dijeron el uno al otro: «¿No ardía nuestro corazón mientras nos hablaba por el camino y nos explicaba las Escrituras?». Y, levantándose en aquel momento, se volvieron a Jerusalén, donde encontraron reunidos a los Once con sus compañeros, que estaban diciendo: «Era verdad, ha resucitado el Señor y se ha aparecido a Simón». Y ellos contaron lo que les había pasado por el camino y cómo lo habían reconocido al partir el pan.

Hechos 3,1-10; ***Salmo*** 104,1-4.6-9 • **LUCAS 24,13-35**

ORACIÓN

JESUCRISTO RESUCITADO: los discípulos de Emaús pasan del desconcierto al gozo desbordante. ¿Cómo? Por tu Palabra y por tu gesto de partir el Pan. ***Que se alegren los que buscan al Señor*** *(Salmo 104,3b).*

ABRIL

8

JUEVES

JUEVES OCTAVA DE PASCUA

Santos Dionisio de Corinto *ob*, Julia Billiart *vg*, Ágabo *NT*

Papa Francisco: Los dos discípulos de Emaús, tras ser iluminados por la Palabra, habían reconocido a Jesús resucitado al partir el pan, nuevo signo de su presencia. E inmediatamente sintieron la necesidad de regresar a Jerusalén, para contar a los demás discípulos esta experiencia: que habían encontrado a Jesús vivo y lo habían reconocido en ese gesto de la fracción del pan. El camino de Emaús se convierte así en símbolo de nuestro camino de fe: las Escrituras y la Eucaristía son los elementos indispensables para el encuentro con el Señor *(4-5-2014)*.

PALABRA

Los discípulos de Jesús contaron lo que les había pasado por el camino y cómo habían reconocido a Jesús al partir el pan. Estaban hablando de estas cosas, cuando él se presentó en medio de ellos y les dice: «Paz a vosotros». Pero ellos, aterrorizados y llenos de miedo, creían ver un espíritu. Él les dijo: «¿Por qué os alarmáis?, ¿por qué surgen dudas en vuestro corazón? Mirad mis manos y mis pies: soy yo en persona. Palpadme y daos cuenta de que un espíritu no tiene carne y huesos, como veis que yo tengo». Dicho esto, les mostró las manos y los pies. Pero como no acababan de creer por la alegría, y seguían atónitos, les dijo: «¿Tenéis ahí algo de comer?». Ellos le ofrecieron un trozo de pez asado. Él lo tomó y comió delante de ellos. Y les dijo: «Esto es lo que os dije mientras estaba con vosotros: que era necesario que se cumpliera todo lo escrito en la Ley de Moisés y en los Profetas y Salmos acerca de mí». Entonces les abrió el entendimiento para comprender las Escrituras. Y les dijo: «Así está escrito: el Mesías padecerá, resucitará de entre los muertos al tercer día y en su nombre se proclamará la conversión y el perdón de los pecados a todos los pueblos, comenzando por Jerusalén. Vosotros sois testigos de esto».

Hechos 3,11-26; ***Salmo*** 8,2a.5-9 • **LUCAS 24,35-48**

ORACIÓN

JESUCRISTO RESUCITADO: sí, yo también soy testigo de tu amor que te llevó a morir por mí, y de tu misericordia al darme la vida nueva en mi bautismo. Ante las tentaciones y dudas, me sales al paso tú en persona y me invitas a compartir contigo, mi Amigo, la luz de la Palabra y el Pan de la vida eterna. ***¡Señor, Dios nuestro, qué admirable es tu nombre en toda la tierra!*** *(Salmo 8,2ab)*.

SANTA CASILDA DE TOLEDO

VIERNES OCTAVA DE PASCUA

ABRIL
9
VIERNES

Santos Casilda *vg*, Hugo *ob*, Liborio *ob*, Máximo *ob*

Papa Francisco: Cada uno de nosotros puede preguntarse: *¿Cuál es mi Galilea?* Se trata de hacer memoria, regresar con el recuerdo. *¿Dónde está mi Galilea?* ¿La recuerdo? ¿La he olvidado? Búscala y la encontrarás. Allí te espera el Señor. He andado por caminos y senderos que me la han hecho olvidar. Señor, ayúdame: dime cuál es mi Galilea; sabes, yo quiero volver allí para encontrarte y dejarme abrazar por tu misericordia. No tengáis miedo, no temáis, volved a Galilea. El Evangelio es claro: es necesario volver allí, para ver a Jesús resucitado, y convertirse en testigos de su resurrección *(9-04-1914).*

PALABRA

Simón Pedro dice [a Tomás, Natanael, los Zebedeos y otros dos]: «Me voy a pescar». Ellos contestan: «Vamos también nosotros contigo». Salieron y se embarcaron; y aquella noche no pescaron nada. Estaba ya amaneciendo, cuando Jesús se presentó en la orilla; pero los discípulos no sabían que era Jesús. Jesús les dice: «Muchachos, ¿tenéis pescado?». Ellos contestaron: «No». Él les dice: «Echad la red a la derecha de la barca y encontraréis». La echaron, y no podían sacarla, por la multitud de peces. Y aquel discípulo a quien Jesús amaba le dice a Pedro: «Es el Señor». Al oír que era el Señor, Simón Pedro, que estaba desnudo, se ató la túnica y se echó al agua. Los demás discípulos se acercaron en la barca, porque no distaban de tierra más que unos doscientos codos [100 metros], remolcando la red con los peces. Al saltar a tierra, ven unas brasas con un pescado puesto encima y pan. Jesús les dice: «Traed de los peces que acabáis de pescar». Simón Pedro subió a la barca y arrastró hasta la orilla la red repleta de peces grandes: ciento cincuenta y tres. Y aunque eran tantos, no se rompió la red. Jesús les dice: «Vamos, almorzad». Ninguno de los discípulos se atrevía a preguntarle quién era, porque sabían bien que era el Señor. Jesús se acerca, toma el pan y se lo da, y lo mismo el pescado. Esta fue la tercera vez que Jesús se apareció a los discípulos después de resucitar de entre los muertos.

Hechos 4,1-12; ***Salmo*** 117,1-2.4.22-27a • **JUAN 21,3-14**

ORACIÓN

JESUCRISTO RESUCITADO: *¡Es el Señor!* Escucharlo significa que ha llegado la salvación. Y vienes cuando más te necesito, cuando me esfuerzo en vano. Como Pedro, quiero correr hasta ti, pero no mirando mis fuerzas, porque me hundo en la miseria. Fijaré mis ojos en los tuyos, de donde me viene la fuerza para vivir en tu presencia, que ha de llenar mi existencia y dar pleno sentido a mi vida, con sus gozos y sus penas. ***La piedra que desecharon los arquitectos es ahora la piedra angular*** *(Salmo 117,22).*

ABRIL

10

SÁBADO

SÁBADO OCTAVA DE PASCUA

Santos Miguel de los Santos *pb*,
Terencio y *co mrs*,
Magdalena de Canosa *vg*, Beda *mj*

SAN MIGUEL DE LOS SANTOS

Papa Francisco: Estamos llamados a estar primero ante la cruz de Jesús, como María, como las mujeres, como el centurión; a escuchar el grito de Jesús y su último suspiro, y, por último, el silencio; ese silencio que se prolonga durante todo el Sábado Santo. Y estamos llamados también a ir al sepulcro, para ver que la gran piedra fue movida; para escuchar el anuncio: «Ha resucitado, no está aquí» (*Mc* 16, 6). Allí está la respuesta. Allí está el fundamento, la roca. No en discursos persuasivos de sabiduría, sino en la palabra viviente de la cruz y la resurrección de Jesús *(3-11-2014).*

PALABRA

Jesús, resucitado al amanecer del primer día de la semana, se apareció primero a María Magdalena, de la que había echado siete demonios. Ella fue a anunciárselo a sus compañeros, que estaban de duelo y llorando. Ellos, al oírle decir que estaba vivo y que lo había visto, no la creyeron. Después se apareció en figura de otro a dos de ellos que iban caminando al campo. También ellos fueron a anunciarlo a los demás, pero no los creyeron. Por último, se apareció Jesús a los Once, cuando estaban a la mesa, y les echó en cara su incredulidad y dureza de corazón, porque no habían creído a los que lo habían visto resucitado. Y les dijo: «Id al mundo entero y proclamad el Evangelio a toda la creación».

Hechos 4,13-21; ***Salmo*** 117,1.14-21 • **MARCOS 16, 9-15**

ORACIÓN

JESUCRISTO RESUCITADO: a los apóstoles, que estaban de duelo, llorando y sin creer la Buena Noticia... los eliges para que lleven esa Buena Noticia al mundo entero. Ya sé que no te equivocas, al elegirlos a ellos y al elegirme a mí. Conoces mi debilidad y no te escandalizas de mis pecados. Me quieres, me envías, y me dejo querer: haz que tu amor vaya cambiando mi vida según tu corazón, para que sea un mensajero fiel del Amigo Resucitado. ***Te doy gracias, Señor, porque me escuchaste*** *(Salmo 117, 21a).*

ABRIL
11
DOMINGO

Santos ESTANISLAO *ob mr*, **Isaac** *mj*.
Beata Elena Guerra *vg*

DOMINGO DE LA DIVINA MISERICORDIA

Papa Francisco: Debemos agradecer a Tomás que no se conformara con escuchar a los demás decir que Jesús estaba vivo, ni tampoco con verlo en carne y hueso, sino que quiso *ver en profundidad*, tocar sus heridas, los signos de su amor. ***1.*** El Evangelio llama a ***Tomás «Dídimo», es decir, mellizo, y en su actitud es verdaderamente nuestro hermano mellizo.*** Porque tampoco para nosotros es suficiente saber que Dios existe; no nos llena la vida un Dios resucitado pero lejano; no nos atrae un Dios distante, por más que sea justo y santo. No, tenemos también la necesidad de "ver a Dios", de palpar que él resucitó, resucitó por nosotros. ***2. ¿Cómo podemos verlo?*** Como los discípulos, a través de sus ***llagas.*** Al mirarlas, ellos comprendieron que su amor no era una farsa y que los perdonaba, a pesar de que estuviera entre ellos quien lo negó y quien lo abandonó. Entrar en sus llagas es contemplar el amor inmenso que brota de su corazón. Este es el camino. Es entender que su corazón palpita por mí, por ti, por cada uno de nosotros. ***3.***Queridos hermanos: ***Necesitamos ver a Jesús tocando su amor.*** Solo así vamos al corazón de la fe y encontramos, como los discípulos, una paz y una alegría, que son más sólidas que cualquier duda. Entrando hoy en el misterio de Dios a través de las llagas, comprendemos que la ***misericordia*** no es una entre otras cualidades suyas, sino el latido mismo de su corazón. ***4.*** Y entonces, como Tomás, ya no vivimos como discípulos inseguros, devotos pero vacilantes, sino que nos convertimos también en verdaderos ***enamorados del Señor.*** No tengamos miedo a esta palabra: enamorados del Señor. ¿Cómo saborear este amor, cómo tocar hoy con la mano la ***misericordia de Jesús***? La misma noche de Pascua, lo primero que hizo Jesús apenas resucitado fue dar el Espíritu para ***perdonar los pecados.*** Para experimentar el amor hay que pasar por allí: dejarse perdonar. ¿Me dejo perdonar? -"Pero, Padre, ir a confesarse parece difícil...", porque nos viene la tentación ante Dios de hacer como los discípulos en el Evangelio: atrincherarnos con las puertas cerradas. Ellos lo hacían por miedo y nosotros también tenemos miedo, vergüenza de abrirnos y decir los pecados. ***5.*** Que el Señor nos conceda ***la gracia de comprender la vergüenza***, de no considerarla como una puerta cerrada, sino como el primer paso del encuentro. ***Cuando sentimos vergüenza, debemos estar agradecidos***: quiere decir que no aceptamos el mal, y esto es bueno. La vergüenza es una invitación secreta del alma que necesita del Señor para vencer el mal. El drama está cuando no nos avergonzamos ya de nada. No tengamos miedo de sentir vergüenza. Pasemos de la vergüenza al perdón. No tengáis miedo de sentir vergüenza *(8-4-2018).*

PALABRA

• ***Hechos de los Apóstoles*** 4, 32-35: El grupo de los creyentes tenía un solo corazón y una sola alma: nadie llamaba suyo propio nada de lo que tenía, pues lo poseían todo en común. Los apóstoles daban testimonio de la resurrección del Señor Jesús con mucho valor. Y se los miraba a todos con mucho agrado. Entre ellos no había necesitados, pues los que poseían tierras o casas las vendían, traían el dinero de lo vendido y lo ponían a los pies de los apóstoles; luego se distribuía a cada uno según lo que necesitaba.

• ***Salmo*** 117, 2-4. 16-18. 22-24: ***Dad gracias al Señor porque es bueno, porque es eterna su misericordia.***

• *1 Juan* 5, 1-6: Queridos hermanos: Todo el que cree que Jesús es el Cristo ha nacido de Dios; y todo el que ama al que da el ser ama también al que ha nacido de él. En esto conocemos que amamos a los hijos de Dios: si amamos a Dios y cumplimos sus mandamientos. Pues en esto consiste el amor de Dios: en que guardemos sus mandamientos. Y sus mandamientos no son pesados, pues todo lo que ha nacido de Dios vence al mundo. Y lo que ha conseguido la victoria sobre el mundo es nuestra fe. ¿Quién es el que vence al mundo sino el que cree que Jesús es el Hijo de Dios? Este es el que vino por el agua y la sangre: Jesucristo. No solo en el agua, sino en el agua y en la sangre; y el Espíritu es quien da testimonio, porque el Espíritu es la verdad.

• **JUAN 20, 19-31:** Al anochecer de aquel día, el primero de la semana, estaban los discípulos en una casa, con las puertas cerradas por miedo a los judíos. Y en esto entró Jesús, se puso en medio y les dijo: «Paz a vosotros». Y, diciendo esto, les enseñó las manos y el costado. Y los discípulos se llenaron de alegría al ver al Señor. Jesús repitió: «Paz a vosotros. Como el Padre me ha enviado, así también os envío yo». Y, dicho esto, sopló sobre ellos y les dijo: «Recibid el Espíritu Santo; a quienes les perdonéis los pecados, les quedan perdonados; a quienes se los retengáis, les quedan retenidos». Tomás, uno de los Doce, llamado el Mellizo, no estaba con ellos cuando vino Jesús. Y los otros discípulos le decían: «Hemos visto al Señor». Pero él les contestó: «Si no veo en sus manos la señal de los clavos, si no meto el dedo en el agujero de los clavos y no meto la mano en su costado, no lo creo». A los ocho días, estaban otra vez dentro los discípulos y Tomás con ellos. Llegó Jesús, estando cerradas las puertas, se puso en medio y dijo: «Paz a vosotros». Luego dijo a Tomás: «Trae tu dedo, aquí tienes mis manos; trae tu mano y métela en mi costado; y no seas incrédulo, sino creyente». Contestó Tomás: «¡Señor mío y Dios mío!». Jesús le dijo: «¿Porque me has visto has creído? Bienaventurados los que crean sin haber visto». Muchos otros signos, que no están escritos en este libro, hizo Jesús a la vista de los discípulos. Estos se han escrito para que creáis que Jesús es el Mesías, el Hijo de Dios, y para que, creyendo, tengáis vida en su nombre.

ORACIÓN

JESUCRISTO RESUCITADO: San Juan Pablo II eligió este domingo para celebrar cada año tu Divina Misericordia. Hay un lugar privilegiado para encontrarte y para sentir con fuerza tu divina misericordia: la comunidad cristiana, la Iglesia. Allí te encontró Tomás cuando volvió a la comunidad. Y con él, que te vio, te digo hoy sin haberte visto: *¡Señor mío y Dios mío!*

ABRIL
12
LUNES

Santos David Uribe *pb mr*, Julio I *pp*, José Moscati *cf*, Damián *ob*, Víctor *mr*, Visia y Sofía *mrs*

Papa Francisco: Cuando Jesús habla de "nacer de nuevo", nos hace entender que es el Espíritu el que nos cambia, el que viene de cualquier parte, como el viento: escuchemos su voz. Esto ayuda, pero es un instrumento de otro más grande: el Espíritu. Si no está el Espíritu, podemos hacer muchas cosas, mucho trabajo, pero no sirve de nada. La Iglesia nos prepara para recibir al Espíritu Santo *(13-4-2015)*.

PALABRA

Había un hombre del grupo de los fariseos llamado Nicodemo, jefe judío. Este fue a ver a Jesús de noche y le dijo: «Rabí, sabemos que has venido de parte de Dios, como maestro; porque nadie puede hacer los signos que tú haces si Dios no está con él». Jesús le contestó: «En verdad, en verdad te digo: el que no nazca de nuevo no puede ver el reino de Dios». Nicodemo le pregunta: «¿Cómo puede nacer un hombre, siendo viejo? ¿Acaso puede por segunda vez entrar en el vientre de su madre y nacer?». Jesús le contestó: « En verdad, en verdad te digo: el que no nazca de agua y de Espíritu no puede entrar en el reino de Dios. Lo que nace de la carne es carne, lo que nace del Espíritu es espíritu. No te extrañes de que te haya dicho: "Tenéis que nacer de nuevo"; el viento sopla donde quiere y oyes su ruido, pero no sabes de dónde viene ni adónde va. Así es todo el que ha nacido del Espíritu».

Hechos 4, 23-31; ***Salmo*** 2, 1-9 • **JUAN 3, 1-8**

ORACIÓN

JESUCRISTO, mi Bautismo fue mi nacer de nuevo a una vida que jamás terminará. La vida que me dieron mis padres acabará en la muerte. La Vida que viene de ti es eterna. Y quiero gozar de esa eternidad –tu compañía, fuente de vida, de gracia y de felicidad–, en este tiempo de gracia que me concedes, como un anticipo de lo que me tienes preparado para después de mi muerte. Siguiendo el consejo del Papa Francisco, si aún no lo sé, iré a mi parroquia a enterarme qué día recibí el Bautismo, más importante que mi cumpleaños, y lo celebraré cada año. ***Dichosos los que se refugian en ti, Señor*** *(Salmo 2,12c)*.

ABRIL

13

MARTES

Martes 2º de Pascua **Tomo II - Salterio 2ª semana**

Santos MARTÍN I *pp mr*, HERMENEGILDO *mr*, Sabás Reyes *pb mr*

Papa Francisco: En toda la historia, ¿quién es el verdadero protagonista? En este itinerario de la franqueza, ¿quién es el verdadero protagonista? ¿Pedro, Juan, el cojo curado, la gente que escuchaba, los sacerdotes, los soldados, Nicodemo, Jesús? El verdadero protagonista es precisamente el Espíritu Santo. Porque él es el único capaz de darnos la gracia de anunciar a Jesucristo. En la celebración del misterio de la muerte y resurrección de Jesús, podemos recordar toda la historia de salvación, nuestra propia historia de salvación. Pidamos la gracia de recibir el Espíritu para que nos dé la auténtica valentía para anunciar a Jesucristo» *(13-4-2015).*

PALABRA

Dijo Jesús a Nicodemo: «Tenéis que nacer de nuevo; el viento sopla donde quiere y oyes su ruido, pero no sabes de dónde viene ni adónde va. Así es todo el que ha nacido del Espíritu». Nicodemo le preguntó: «¿Cómo puede suceder eso?». Le contestó Jesús: «¿Tú eres maestro en Israel, y no lo entiendes? En verdad, en verdad te digo: hablamos de lo que sabemos y damos testimonio de lo que hemos visto, pero no recibís nuestro testimonio. Si os hablo de las cosas terrenas y no me creéis, ¿cómo creeréis si os hablo de las cosas celestiales? Nadie ha subido al cielo, sino el que bajó del cielo, el Hijo del hombre. Lo mismo que Moisés elevó la serpiente en el desierto, así tiene que ser elevado el Hijo del hombre, para que todo el que cree en él tenga vida eterna».

Hechos 4,32-37; ***Salmo*** 92,1ab-2.5 • **JUAN 3, 5a.7b-15**

ORACIÓN

JESUCRISTO, quisiste morir en lo alto de la Cruz para que te miráramos y viéramos el amor que nos tienes. Yo te miro, confieso con los labios y creo con el corazón que tú eres el Señor, el único. Mi salvación viene de esa fe. ***El Señor reina, vestido de majestad*** *(Salmo 92, 1a).*

Santos Lamberto *ob*, Bernardo *ab*, Ludivina *vg*.
Beato Pedro González (San Telmo) *pb*

Papa Francisco: Nicodemo era un hombre bueno. Era inquieto, no entendía. Su corazón estaba en la noche. Una noche diversa de la de Judas, porque esta es una noche que le llevaba a acercarse a Jesús, al otro, a alejarse. Ver a Jesús para pedir explicaciones. «En verdad digo que el que no nazca de lo alto, no puede ver el Reino de Dios». Y Nicodemo: «Pero ¿cómo se puede nacer otra vez?». Jesús le explica que se trata de un cambio de una mentalidad a otra. Y, con mucha paciencia, con mucho amor, a este hombre de buena voluntad, le ayuda Jesús *(24-4-2017).*

PALABRA

Dijo Jesús a Nicodemo: «Tanto amó Dios al mundo que entregó a su Unigénito, para que todo el que cree en él no perezca, sino que tenga vida eterna. Porque Dios no envió a su Hijo al mundo para juzgar al mundo, sino para que el mundo se salve por él. El que cree en él no será juzgado; el que no cree ya está juzgado, porque no ha creído en el nombre del Unigénito de Dios. Este es el juicio: que la luz vino al mundo, y los hombres prefirieron la tiniebla a la luz, porque sus obras eran malas. Pues todo el que obra el mal detesta la luz, y no se acerca a la luz, para no verse acusado por sus obras. En cambio, el que obra la verdad se acerca a la luz, para que se vea que sus obras están hechas según Dios».

Hechos 5,17-26; ***Salmo*** 33,2-9 • **JUAN 3,16-21**

ORACIÓN

JESUCRISTO, tu palabra de hoy es de gozo y de esperanza. Porque el Padre te envió para que yo no perezca, para que tenga vida eterna, para que me salve y me una a ti para siempre. ***El afligido invocó al Señor, y él lo escuchó*** *(Salmo 33,7ab).*

ABRIL
15
JUEVES

Jueves 2° de Pascua — Tomo II - Salterio 2ª semana

Santos Damián de Molokai *pb*, Abundio *cf*, Teodoro y Pausilipo *mrs*

SAN DAMIÁN DE MOLOKAI, LEPROSO

Papa Francisco: «Hay que obedecer a Dios antes que a los hombres» (*1ª lectura. Hch* 5, 27-33). ¿Qué significa obedecer a Dios? ¿Significa que nosotros debemos ser como esclavos, todos atados? No, porque precisamente quien obedece a Dios es libre, no es esclavo. Y no es una contradicción. Obedecer viene del latín, y significa escuchar, escuchar al otro. Obedecer a Dios es escuchar a Dios, tener el corazón abierto para ir por el camino que Dios nos indica. La obediencia a Dios es escuchar a Dios. Y esto nos hace libres. En este momento, tenemos muchos hermanos que, por obedecer, oír, escuchar lo que Jesús les pide, son perseguidos. Recordemos siempre que estos hermanos y hermanas han puesto la carne en el asador y nos dicen con su vida: «Yo quiero obedecer, ir por el camino que Jesús me dice». ¿Dónde tenemos la ayuda para ir por el camino de la escucha de Jesús? En el Espíritu Santo, que Dios ha dado a quienes le obedecen *(11-4-2013).*

PALABRA

Dijo Jesús a Nicodemo: «El que viene de lo alto está por encima de todos. El que es de la tierra es de la tierra y habla de la tierra. El que viene del cielo está por encima de todos. De lo que ha visto y ha oído da testimonio, y nadie acepta su testimonio. El que acepta su testimonio certifica que Dios es veraz. El que Dios envió habla las palabras de Dios, porque no da el Espíritu con medida. El Padre ama al Hijo y todo lo ha puesto en su mano. El que cree en el Hijo posee la vida eterna; el que no crea al Hijo no verá la vida, sino que la ira de Dios pesa sobre él».

Hechos 5, 27-33; ***Salmo*** 33, 2.9.17-20 • **JUAN 3, 31-36**

ORACIÓN

JESUCRISTO, me pones delante una realidad con dos vertientes. La realidad es mi vida, mi ser. Como hijo de Adán, "vengo de la tierra", y mi hombre viejo tiende a pensar con criterios humanos y "hablar de la tierra". Pero la segunda y más importante vertiente de mi ser es que he sido rescatado por ti, y me has dado la fe: "El que cree en el Hijo posee la vida eterna", soy un hombre, una mujer, para la eternidad. Hacia ella camino, de tu mano, con tu Espíritu. ***El afligido invocó al Señor, y él lo escuchó*** *(Salmo 33,7ab).*

SANTA ENGRACIA

Santos Engracia y *co mrs,* Bernardita Soubirous *vg,* Benito José Labre *cf,* Toribio de Astorga *ob*

Papa Francisco: Jesús hace el milagro de la multiplicación de los panes, pero no con la varita mágica: fue precisamente hecho por el poder de Dios que Jesús tenía en él, porque él es Dios. Y la gente se dio cuenta: la gente, dado el milagro que había hecho, decía: "Este es verdaderamente el Profeta —es ese, finalmente ha vuelto, ha venido— el que tenía que venir al mundo". Ante la gente entusiasta, Jesús, sabiendo que iban a tomarlo para hacerlo rey —porque, cuando el pueblo se mueve así, hace la revolución y lo hace rey— se retiró de nuevo al monte, él solo. Se cansó del triunfalismo, no se dejó engañar por este triunfalismo: era libre *(13-4-2018).*

PALABRA

Jesús se marchó a la otra parte del mar de Galilea, o de Tiberíades. Lo seguía mucha gente, porque habían visto los signos que hacía con los enfermos. Subió Jesús entonces a la montaña y se sentó allí con sus discípulos. Estaba cerca la Pascua, la fiesta de los judíos. Jesús entonces levantó los ojos, y al ver que acudía mucha gente, dice a Felipe: «¿Con qué compraremos panes para que coman estos?». Lo decía para probarlo, pues bien sabía él lo que iba a hacer. Felipe le contestó: «Doscientos denarios de pan no bastan para que a cada uno le toque un pedazo». Uno de sus discípulos, Andrés, el hermano de Simón Pedro, le dice: «Aquí hay un muchacho que tiene cinco panes de cebada y dos peces; pero, ¿qué es eso para tantos?». Jesús dijo: «Decid a la gente que se siente en el suelo». Había mucha hierba en aquel sitio. Se sentaron; solo los hombres eran unos cinco mil. Jesús tomó los panes, dijo la acción de gracias y los repartió a los que estaban sentados, y lo mismo todo lo que quisieron del pescado. Cuando se saciaron, dice a sus discípulos: «Recoged los pedazos que han sobrado; que nada se pierda». Los recogieron y llenaron doce canastos con los pedazos de los cinco panes de cebada que sobraron a los que habían comido. La gente entonces, al ver el signo que había hecho, decía: «Este es verdaderamente el Profeta que va a venir al mundo». Jesús, sabiendo que iban a llevárselo para proclamarlo rey, se retiró otra vez a la montaña él solo.

Hechos 5, 34-42; ***Salmo*** 26, 1bcde-4.13-14 • **JUAN 6, 1-15**

ORACIÓN

JESUCRISTO, eres el mejor Maestro, con las palabras de tu Evangelio de cada día. Pero también te preocupas de que no me falte "el pan nuestro de cada día"; no solo me enseñas que lo pida en el "padrenuestro", sino que me lo das. Solo pides una pequeña colaboración personal, como signo de que quiero que realices grandes cosas en mí: mis dos pececillos y mis escasos panes de cebada se convierten en tus manos en el mejor pan: entonces pan de panadería, y después del primer jueves santo, el Pan de vida, la Eucaristía. ***Una cosa pido al Señor: habitar en su casa*** *(Salmo 26,4ac).*

ABRIL

17

SÁBADO

Sábado 2º de Pascua

Tomo II - Salterio 2ª semana

Santos Roberto *ab*, Elías, Pablo e Isidoro de Córdoba *mrs*, Pablo y Hermógenes *mrs*

SAN ROBERTO ABAD

Papa Francisco: La Resurrección de Cristo no es una fiesta con muchas flores. Esto es bonito, pero no es esto, es más; es el misterio de la piedra descartada que termina siendo el fundamento de nuestra existencia. En esta cultura del descarte donde eso que no sirve toma el camino del usar y tirar, donde lo que no sirve es descartado, esa piedra —Jesús— es descartada y es fuente de vida *(16-4-2017).*

PALABRA

Al oscurecer, los discípulos de Jesús bajaron al mar, embarcaron y empezaron a atravesar hacia Cafarnaún. Era ya noche cerrada, y todavía Jesús no los había alcanzado; soplaba un viento fuerte, y el lago se iba encrespando. Habían remado unos veinticinco o treinta estadios, cuando vieron a Jesús que se acercaba a la barca, caminando sobre el lago, y se asustaron. Pero él les dijo: «Soy yo, no temáis». Querían recogerlo a bordo, pero la barca tocó tierra en seguida, en el sitio adonde iban.

Hechos 6,1-7; ***Salmo*** 32,1-2.4-5.18-19 • **JUAN 6,16-21**

ORACIÓN

JESUCRISTO, las noches oscuras y las borrascas suelen aparecer en toda vida humana. Tú me conoces bien, y sabes que mis ojos no pueden distinguirte en medio de la noche del espíritu, ni mis fuerzas son capaces de impedir que los fuertes vientos me envuelvan y dominen. Como Creador del día y de la noche, de la calma y de los vientos, puedes acercarte a mí para decirme en todo momento con energía y autoridad: *Soy yo, no temas.* Y volverá a mi corazón la luz y la paz que el mundo no puede dar, pero yo las necesito para vivir y para dar testimonio a fin de que acudan a verte y saciarse de tus delicias en la "Galilea de los gentiles". ***Que tu misericordia, Señor, venga sobre nosotros, como lo esperamos de ti*** *(Salmo 32,22).*

Santos Eusebio *ob*, Anastasia *vd*, Perfecto *pb mr.* María de la Encarnación *mf rl.* Beato Andrés Hibernón *rl.*

Papa Francisco: Estaban todos los apóstoles reunidos y apareció el Señor. Y ellos desde antes se asustaron y creían que era un espíritu. ***1.*** Pero Jesús mismo les dijo: «¿Por qué os alarmáis? ***Mirad mis manos y mis pies: soy yo en persona.*** Palpadme y daos cuenta de que un espíritu no tiene carne y huesos, como veis que yo tengo». ¿Pero por qué no creían? Responde el Evangelio: ***«No acababan de creer, por la alegría»***. ¡Era mucha esa alegría! ¡Si esto es verdad, es una alegría inmensa! «Ah, yo no creo. No puedo». No podían creer que hubiera tanta alegría; la alegría que lleva a Cristo. ***2. Nos pasa también a nosotros*** cuando nos dan una buena noticia. Antes de acogerla en el corazón decimos: «¿Pero es verdad? ¿Pero cómo lo sabes? ¿Dónde lo has escuchado?». Lo hacemos para estar seguros, porque si esto es verdad, es una alegría inmensa. Esto nos sucede a nosotros en lo pequeño, ¡imaginad a los discípulos! Era tanta la alegría que era más fácil decir: «No, yo no lo creo». ¡Pero estaba allí! Sí, pero no podían aceptar; no podían dejar pasar al corazón esa verdad que veían. Y al final, obviamente, creyeron. ***3.*** Y esta es la ***«renovada juventud»*** (oración colecta de hoy) que nos regala el Señor. Nosotros estamos acostumbrados a envejecer con el pecado... ***El pecado envejece el corazón***, siempre. Te hace un corazón duro, viejo, cansado. El pecado cansa el corazón y perdemos un poco la fe en Cristo Resucitado: «No, no creo... Sería mucha alegría esto... Sí, sí, está vivo, pero está en el Cielo por sus cosas...». Pero ¡sus cosas soy yo! ¡Cada uno de nosotros! Pero esta unión no somos capaces de hacerla. ***4.*** Hermanos, pidamos la gracia de creer que Cristo está vivo, ¡ha resucitado! Esta es nuestra fe, y si nosotros creemos esto, las demás cosas son secundarias. Esta es nuestra vida, esta es nuestra verdadera juventud. La victoria de Cristo sobre la muerte, la victoria de Cristo sobre el pecado. Cristo está vivo. «Sí, sí, ahora recibiré la comunión...». Pero ***cuando tú recibes la Comunión, ¿estás seguro de que Cristo está vivo ahí, ha resucitado?*** «Sí, es un poco de pan bendecido...». No, ¡es Jesús! Cristo está vivo, ha resucitado en medio de nosotros y si nosotros no creemos esto, no seremos nunca buenos cristianos, no podremos serlo ***(15-4-2018).***

PALABRA

• ***Hechos de los Apóstoles*** 3, 13-15.17-19: Pedro dijo al pueblo: «El Dios de Abrahán, de Isaac y de Jacob, el Dios de nuestros padres, ha glorificado a su siervo Jesús, al que vosotros entregasteis y de quien renegasteis ante Pilato, cuando había decidido soltarlo. Vosotros renegasteis del Santo y del Justo, y pedisteis el indulto de un asesino; matasteis al autor de la vida, pero Dios lo resucitó de entre los muertos y nosotros somos testigos de ello. Ahora bien, hermanos, sé que lo hicisteis por ignorancia, al igual que vuestras autoridades; pero Dios cumplió de esta manera lo que había predicho por los profetas, que su Mesías tenía que padecer. Por tanto, arrepentíos y convertíos, para que se borren vuestros pecados».

• *Salmo* 4, 2.7.9: ***Haz brillar sobre nosotros, Señor, la luz de tu rostro.***

• ***1 Juan*** 2, 1-5a: Hijos míos, os escribo esto para que no pequéis. Pero si alguno peca, tenemos a uno que abogue ante el Padre: a Jesucristo, el Justo. Él es víctima de propiciación por nuestros pecados, no solo por los nuestros, sino también por los del mundo entero. En esto sabemos que lo conocemos: en que guardamos sus mandamientos. Quien dice: «Yo lo conozco» y no guarda sus mandamientos, es un mentiroso y la verdad no está en él. Pero quien guarda su palabra, ciertamente el amor de Dios ha llegado en él a su plenitud.

• **LUCAS 24, 35-48:** Los discípulos de Jesús contaron lo que les había pasado por el camino y cómo lo habían reconocido al partir el pan. Estaban hablando de estas cosas, cuando él se presentó en medio de ellos y les dice: «Paz a vosotros». Pero ellos, aterrorizados y llenos de miedo, creían ver un espíritu. Y él les dijo: «¿Por qué os alarmáis?, ¿por qué surgen dudas en vuestro corazón? Mirad mis manos y mis pies: soy yo en persona. Palpadme y daos cuenta de que un espíritu no tiene carne y huesos, como veis que yo tengo». Dicho esto, les mostró las manos y los pies. Pero como no acababan de creer por la alegría, y seguían atónitos, les dijo: «¿Tenéis ahí algo de comer?». Ellos le ofrecieron un trozo de pez asado. Él lo tomó y comió delante de ellos. Y les dijo: «Esto es lo que os dije mientras estaba con vosotros: que era necesario que se cumpliera todo lo escrito en la Ley de Moisés y en los Profetas y Salmos acerca de mí». Entonces les abrió el entendimiento para comprender las Escrituras. Y les dijo: «Así está escrito: el Mesías padecerá, resucitará de entre los muertos al tercer día y en su nombre se predicará la conversión para el perdón de los pecados a todos los pueblos, comenzando por Jerusalén. Vosotros sois testigos de esto».

ORACIÓN

JESUCRISTO, *¡Paz a vosotros!* Falta me hace escuchar tus palabras después de resucitar. Porque, a pesar de las continuas muestras de amor, aún se cuelan dudas y falsas alarmas en mi corazón. Quiero sentirte a ti, vivo, en persona, que abras mi entendimiento para comprender las Escrituras y los designios que tiene para mí el Padre que te resucitó para mi salvación.

Santos León IX *pp*, Jorge de Antioquía *ob*, Marta *vg mr*

Papa Francisco: *Escuchar a Dios...* "Yo obedezco a Dios antes que a los hombres": es la gran respuesta cristiana. Esto significa escuchar a Dios sin reservas, sin demoras, sin cálculos; adherirnos a él para ser capaces de hacer una alianza con él y con aquellos que encontramos en nuestro camino. Pidamos también al Espíritu Santo la fuerza para no asustarnos frente a aquellos que nos mandan que nos callemos, nos calumnien e incluso ataquen nuestras vidas. Pidámosle que nos fortalezca interiormente para estar seguros de la presencia amorosa y consoladora del Señor a nuestro lado *(28-9-2019)*.

PALABRA

Después de que Jesús hubo saciado a cinco mil hombres, sus discípulos lo vieron caminando sobre el mar. Al día siguiente, la gente que se había quedado al otro lado del mar notó que allí no había habido más que una barca y que Jesús no había embarcado con sus discípulos, sino que sus discípulos se habían marchado solos. Entretanto, unas barcas de Tiberíades llegaron cerca del sitio donde habían comido el pan después que el Señor había dado gracias. Cuando la gente vio que ni Jesús ni sus discípulos estaban allí, se embarcaron y fueron a Cafarnaún en busca de Jesús. Al encontrarlo en la otra orilla del lago, le preguntaron: «Maestro, ¿cuándo has venido aquí?». Jesús les contestó: «En verdad, en verdad os digo: me buscáis, no porque habéis visto signos, sino porque comisteis pan hasta saciaros. Trabajad no por el alimento que perece, sino por el alimento que perdura para la vida eterna, el que os dará el Hijo del hombre; pues a este lo ha sellado el Padre, Dios». Ellos le preguntaron: «Y, ¿qué tenemos que hacer para realizar las obras de Dios?». Respondió Jesús: «La obra de Dios es esta: que creáis en el que él ha enviado».

Hechos 6,8-15; ***Salmo*** 118,23-24.26-27.29-30 • **JUAN 6,22-29**

ORACIÓN

JESUCRISTO, creo firmemente que tú eres el enviado del Padre. ¿Qué sería mi vida sin ti? Eres mi Vida, eres mi Amigo, eres mi Amor, te necesito: sin ti mi vida no tendría rumbo ni sentido. Tú eres el Amigo siempre fiel y solícito, que me garantiza –con la amistad– la gracia para creer en ti, el enviado del Padre, y trabajar siempre por el alimento que perdura. ***Dichoso el que camina en la ley del Señor*** *(Salmo 118,1b)*.

ABRIL
20
MARTES

Martes 3° de Pascua

Tomo II - Salterio 3ª semana

Santos Inés de Montepulciano *vg*, Aniceto *pp*, Secundino *mr*, Marcelino *ob*

SANTA INÉS DE MONTEPULCIANO

Papa Francisco: *[La primera lectura evoca el martirio de san Esteban (Hechos 7-8)]*. Los profetas comenzaron a decir la verdad con dulzura, para convencer, como Esteban, pero al final no siendo escuchados, hablaron duro. El profeta es capaz no solo de decir, sino de llorar sobre el pueblo que ha abandonado la verdad. Jesús por una parte recrimina con aquellas palabras duras —“generación perversa y adúltera” dice, por ejemplo— y por otra parte llora sobre Jerusalén. Este es el test: un verdadero profeta es aquel que es capaz de llorar por su pueblo y también de decir las cosas fuertes cuando debe decirlas. El verdadero profeta no es un “profeta de desventuras”. Como decía san Juan XXIII, un profeta de esperanza: abrir puertas, sanar las raíces, sanar la pertenencia al pueblo de Dios para ir adelante. Por lo tanto, no es por oficio un recriminador, sino que es un hombre de esperanza: recrimina cuando es necesario y abre las puertas mirando el horizonte de la esperanza. Sobre todo, el verdadero profeta, si hace bien su misión, se juega la piel y lo vemos aquí, en Esteban *(17-4-2018)*.

PALABRA

El gentío dijo a Jesús: «¿Y qué signo haces tú, para que veamos y creamos en ti? ¿Cuál es tu obra? Nuestros padres comieron el maná en el desierto, como está escrito: “Pan del cielo les dio a comer”». Jesús les replicó: «En verdad, en verdad os digo: no fue Moisés quien os dio pan del cielo, sino que es mi Padre el que os da el verdadero pan del cielo. Porque el pan de Dios es el que baja del cielo y da vida al mundo». Entonces le dijeron: «Señor, danos siempre de este pan». Jesús les contestó: «Yo soy el pan de vida. El que viene a mí no pasará hambre, y el que cree en mí no tendrá sed jamás».

Hechos 7,51 - 8, 1a; ***Salmo*** 30,3cd-4.6-8a.17.21ab • **JUAN 6, 30-35**

ORACIÓN

JESUCRISTO, tú eres el pan de vida. ¿Cómo es posible que me acostumbre a comerte en la Eucaristía sin saltar de gozo, sin progresar en el camino de la fe, sin crecer mi amistad contigo? Dame siempre de ese pan, pero concédeme que lo reciba con la certeza absoluta de que eres tú, y el gozo de tenerte Resucitado dentro de mí, sin ponerte obstáculos a transformar mi vida.

A tus manos, Señor, encomiendo mi espíritu *(Salmo 30, 6a)*.

Santos ANSELMO *ob dc*, Anastasio *ab*, Conrado de Parzham *rl*, Román Adame *pr mr*

Papa Francisco: El corazón se llena de confianza y esperanza pensando en las palabras de Jesús citadas en el Evangelio: «El que come mi carne y bebe mi sangre tiene vida eterna, y yo lo resucitaré en el último día». Vivamos la Eucaristía con espíritu de fe, de oración, de perdón, de penitencia, de alegría comunitaria, de atención hacia los necesitados y hacia las necesidades de tantos hermanos y hermanas, con la certeza de que el Señor cumplirá lo que nos ha prometido: la vida eterna *(Juan 6,40)*.

PALABRA

Dijo Jesús a gentío: «Yo soy el pan de vida. El que viene a mí no tendrá hambre, y el que cree en mí no tendrá sed jamás; pero, como os he dicho, me habéis visto y no creéis. Todo lo que me da el Padre vendrá a mí, y al que venga a mí no lo echaré afuera, porque he bajado del cielo no para hacer mi voluntad, sino la voluntad del que me ha enviado. Esta es la voluntad del que me ha enviado: que no pierda nada de lo que me dio, sino que lo resucite en el último día. Esta es la voluntad de mi Padre: que todo el que ve al Hijo y cree en él tenga vida eterna, y yo lo resucitaré en el último día».

Hechos 8,1b-8; ***Salmo*** 65,1b.-7a • **JUAN 6,35-40**

ORACIÓN

JESUCRISTO, tú sabes que mi mayor deseo es que se cumpla en mi vida la voluntad del Padre y que yo la acepte como lo mejor, porque así lo es. Tú no dejarás que me pierda, y me resucitarás en el último día, para alabarte eternamente con todos los santos. ***Aclamad al Señor, tierra entera*** *(Salmo 65,1b).*

Jueves 3° de Pascua

Santos Sotero y Cayo *pps,* Leónidas *mr,* Oportuna *ab,* Teodoro *ob*

SS. SOTERO Y CAYO, PAPAS

Papa Francisco: Al igual que el primer mártir de la Iglesia, san Esteban, también los que padecen hoy el martirio no buscan *otro pan* que no sea Jesús, su *único pan.* ¡En estos días, cuántos Esteban hay en el mundo! Pensemos en nuestros hermanos degollados en una playa de Libia. Pensemos en ese chiquillo quemado vivo por sus compañeros, por ser cristiano. Pensemos en esos migrantes que, en alta mar, fueron tirados al mar, por ser cristianos. Pensemos, en esos etíopes asesinados anteayer, por ser cristianos, y en tantos otros... Tantos otros que no sabemos, que sufren en cárceles, por ser cristianos... Hoy la Iglesia es Iglesia de mártires: ellos sufren, dan su vida y nosotros recibimos la bendición de Dios por su testimonio *(21-4-2015).*

PALABRA

Dijo Jesús al gentío: «Nadie puede venir a mí, si no lo atrae el Padre que me ha enviado. Y yo lo resucitaré en el último día. Está escrito en los profetas: "Serán todos discípulos de Dios". Todo el que escucha al Padre y aprende viene a mí. No es que alguien haya visto al Padre, a no ser el que está junto a Dios: ese ha visto al Padre. En verdad, en verdad os digo: el que cree tiene vida eterna. Yo soy el pan de la vida. Vuestros padres comieron en el desierto el maná y murieron: este es el pan que baja del cielo, para que el hombre coma de él y no muera. Yo soy el pan vivo que ha bajado del cielo; el que coma de este pan vivirá para siempre. Y el pan que yo daré es mi carne por la vida del mundo».

Hechos 8, 26-40; ***Salmo*** 65, 8-9.16-17.20 • **JUAN 6, 44-51**

ORACIÓN

JESUCRISTO, como "discípulo de Dios", necesito "escuchar al Padre" y creer lo que me dice, como todo discípulo ante su maestro. Tengo muy claro que quiero ser discípulo. Pero el ruido del mundo y las preocupaciones de la vida (que son tan secundarias) me impiden escuchar con atención y claridad. Y los criterios del mundo, cuántas veces oscurecen y debilitan mi fe. Yo creo, pero te grito con toda mi fuerza: ¡Aumenta mi fe! Palabra y Eucaristía vienen en mi ayuda. ***Aclamad al Señor, tierra entera*** *(Salmo 65,1b).*

ABRIL
23
VIERNES

Santos JORGE *mr*, Adalberto *ob mr*, Gerardo *ob*. Beato Gil de Asís *rl*

Papa Francisco: Jesús había dicho que era el Pan bajado del cielo y que daría su carne como alimento y su sangre como bebida, aludiendo así claramente al sacrificio de su misma vida. Estas palabras suscitaron frustración en la gente, que las juzgó indignas del Mesías, no «victoriosas». Algunos veían a Jesús como a un Mesías que debía hablar y actuar de modo que su misión tuviera un éxito inmediato. Pero, precisamente sobre esto se equivocaban: sobre el modo de entender la misión del Mesías *(23-8-2015)*.

PALABRA

Disputaban los judíos entre sí: «¿Cómo puede este darnos a comer su carne?». Entonces Jesús les dijo: «En verdad, en verdad os digo: si no coméis la carne del Hijo del hombre y no bebéis su sangre no tenéis vida en vosotros. El que come mi carne y bebe mi sangre tiene vida eterna, y yo lo resucitaré en el último día. Mi carne es verdadera comida, y mi sangre es verdadera bebida. El que come mi carne y bebe mi sangre habita en mí y yo en él. El Padre que vive me ha enviado y yo vivo por el Padre, del mismo modo, el que me come vivirá por mí. Este es el pan que ha bajado del cielo; no como el de vuestros padres, que lo comieron y murieron. El que come este pan vivirá para siempre». Esto lo dijo Jesús en la sinagoga, cuando enseñaba en Cafarnaún.

Hechos 9, 1-20; *Salmo* 116, 1-2 • **JUAN 6, 42-59**

ORACIÓN

JESUCRISTO, tu palabra no deja lugar a dudas. Cuando comulgo no me alimento con pan; lo que como es tu Cuerpo glorioso, que es fuente de vida que nunca terminará. ¡Dame conciencia viva y amor apasionado a la Eucaristía! Que te sienta Resucitado, que sienta tu compañía, que tu amor me lleve a amar a los demás. ***Id al mundo entero y proclamad el Evangelio*** *(Marcos 16,15)*.

ABRIL
24
SÁBADO

Sábado 3º de Pascua — **Tomo II - Salterio 3ª semana**

Santos FIDEL DE SIGMARINGA *pb mr*, M.ª Cleofé y M.ª Salomé *NT*, Gregorio de Elvira *ob*, Benito Menni *pb*, M.ª Eufrasia Pelletier *vg*

SAN FIDEL DE SIGMARINGA

Papa Francisco: Hoy concluye la lectura del capítulo sexto del Evangelio de san Juan (*Jn* 6,60-69), con el discurso sobre el «Pan de vida», que Jesús pronunció el día después del milagro de la multiplicación de los panes y los peces. Ni siquiera los discípulos logran aceptar ese lenguaje inquietante del Maestro: «¡Este modo de hablar es duro! ¿Quién puede hacerle caso?». Entonces, Pedro hace su confesión de fe: «Señor, ¿a quién vamos a acudir? Tú tienes palabras de Vida eterna». El problema de fondo no es ir y abandonar la obra emprendida, sino a quién ir. La fidelidad a Dios es una cuestión de fidelidad a una persona, a la cual nos adherimos para recorrer juntos un mismo camino. Y esta persona es Jesús *(23-8-2015).*

PALABRA

Muchos de los discípulos de Jesús dijeron: «Este modo de hablar es duro, ¿quién puede hacerle caso?». Sabiendo Jesús que sus discípulos lo criticaban, les dijo: «¿Esto os escandaliza?, ¿y si vierais al Hijo del hombre subir a donde estaba antes? El Espíritu es quien da vida; la carne no sirve para nada. Las palabras que os he dicho son espíritu y vida. Y con todo, hay algunos de entre vosotros que no creen». Pues Jesús sabía desde el principio quiénes no creían y quién lo iba a entregar. Y dijo: «Por eso os he dicho que nadie puede venir a mí, si el Padre no se lo concede». Desde entonces, muchos discípulos suyos se echaron atrás y no volvieron a ir con él. Entonces Jesús les dijo a los Doce: «¿También vosotros queréis marcharos?». Simón Pedro le contestó: «Señor, ¿a quién vamos a acudir? Tú tienes palabras de vida eterna; nosotros creemos y sabemos que tú eres el Santo de Dios».

Hechos 9,31-42; ***Salmo*** 115,12-17 • **JUAN 6,60-69**

ORACIÓN

JESUCRISTO, a ninguno obligas a que se quede contigo. Los que se habían hartado la tarde anterior fueron marchándose, con los que ellos mismos habían invitado a ser testigos de cierta "magia" de un Rabino estupendo. Solo quedaron los Doce: *¿También vosotros queréis marcharos?* Tú prefieres que te sigamos, pero no nos necesitas: te necesitamos nosotros. Por eso, te digo con Pedro: Fuera de ti, *¿a quién vamos a acudir? Solo tú tienes palabras de vida eterna.* ¡Siempre contigo, Señor! ***¿Cómo pagaré al Señor todo el bien que me ha hecho?*** *(Salmo 115,12).*

SAN MARCOS EVANGELISTA

DOMINGO IV DE PASCUA

ABRIL
25
DOMINGO

Santos Marcos *ev*, Pedro de Betancur *rl*, Aniano *ob*, Franca *ab*

JORNADA MUNDIAL DE ORACIÓN POR LAS VOCACIONES

Papa Francisco: En el Evangelio de hoy, Jesús dice: «Yo soy el buen pastor. El buen pastor da su vida por las ovejas». ***1.*** Esta autopresentación de Jesús no puede ser reducida a una sugestión emotiva, sin ningún efecto concreto. ***Jesús sana siendo un pastor que da vida.*** Dando su vida por nosotros. Jesús le dice a cada uno: «Tu vida es tan valiosa para mí, que para salvarla yo doy todo de mí mismo». Es precisamente esta ofrenda de vida lo que hace que sea el buen pastor por excelencia, el que sana, el que nos permite vivir una vida bella y fructífera. ***2.*** La segunda parte de la misma página evangélica nos dice ***en qué condiciones puede sanarnos Jesús***, y puede hacer nuestra vida bella y fecunda: «Yo soy el buen pastor, —dice Jesús— conozco a mis ovejas y las mías me conocen a mí, como me conoce el Padre y yo conozco al Padre». Jesús no habla de un conocimiento intelectual, sino de una relación personal, de predilección, de ternura mutua, un reflejo de la misma relación íntima de amor entre él y el Padre. Esta es la actitud a través de la cual se realiza una relación viva y personal con Jesús: dejándonos conocer por él. No cerrándonos en nosotros mismos, sino abrirnos al Señor, para que él nos conozca. Él está atento a cada uno de nosotros, conoce nuestro corazón profundamente: conoce nuestras fortalezas y nuestras debilidades, los proyectos que hemos logrado y las esperanzas que fueron decepcionadas. Pero nos acepta tal como somos, nos conduce con amor, porque de su mano podemos atravesar incluso caminos inescrutables sin perder el rumbo. Nos acompaña él. ***3.*** Nosotros estamos ***llamados a conocer a Jesús.*** Esto implica buscar un encuentro con él, que despierte el deseo de seguirlo abandonando las actitudes autorreferenciales para emprender nuevos senderos, indicados por Cristo mismo y abiertos a vastos horizontes. En esta Jornada Mundial de Oración por las Vocaciones, que María interceda para que muchos respondan con generosidad y perseverancia al Señor que llama a dejar todo por su Reino *(22-4-2018).*

PALABRA

• Hechos 4, 8-12: Pedro, lleno de Espíritu Santo, dijo: «Jefes del pueblo y ancianos: Porque le hemos hecho un favor a un enfermo, nos interrogáis hoy para averiguar qué poder ha curado a ese hombre; quede bien claro a todos vosotros y a todo Israel que ha sido el Nombre de Jesucristo el Nazareno, a quien vosotros crucificasteis y a quien Dios resucitó de entre los muertos; por este Nombre, se presenta este sano ante vosotros. Jesús es "la piedra que desechasteis vosotros, los arquitectos, y que se ha convertido en piedra angular"; no hay salvación en ningún otro, pues bajo el cielo no se ha dado a los hombres otro nombre por el que debamos salvarnos».

• *Salmo* 117, 1.8-9.21-29: ***La piedra que desecharon los arquitectos es ahora la piedra angular.***

• *1 Juan* 3, 1-2: Queridos hermanos: Mirad qué amor nos ha tenido el Padre para llamarnos hijos de Dios, pues ¡lo somos! El mundo no nos conoce porque no le conoció a él. Queridos: ahora somos hijos de Dios y aún no se ha manifestado lo que seremos. Sabemos que, cuando se manifieste, seremos semejantes a él, porque le veremos tal cual es.

• **JUAN 10, 11-18:** Dijo Jesús: «Yo soy el Buen Pastor. El buen pastor da su vida por las ovejas; el asalariado, que no es pastor ni dueño de las ovejas, ve venir al lobo, abandona las ovejas y huye; y el lobo las roba y las dispersa; y es que a un asalariado no le importan las ovejas. Yo soy el Buen Pastor, que conozco a las mías y las mías me conocen, igual que el Padre me conoce y yo conozco al Padre; yo doy mi vida por las ovejas. Tengo, además, otras ovejas que no son de este redil; también a estas las tengo que traer, y escucharán mi voz, y habrá un solo rebaño y un solo Pastor. Por esto me ama el Padre, porque yo entrego mi vida para poder recuperarla. Nadie me la quita, sino que yo la entrego libremente. Tengo poder para entregarla y tengo poder para recuperarla: este mandato he recibido de mi Padre».

ORACIÓN

JESUCRISTO, tú eres mi pastor, el que dio su vida libremente para que yo, pobre oveja tuya, tenga vida. Tú me conoces mejor que yo mismo, y yo quiero conocerte cada día más y mejor. Hoy te doy gracias por los padres que me diste: la mejor herencia que nos dejaron a hijos, nietos y bisnietos ha sido conocerte, creer en ti y gozar de tu amistad. No te canses, Buen Pastor, de llamar a jóvenes y mayores a consagrarse a ti y a tu Iglesia, en el sacerdocio y en la vida religiosa: que escuchen tu voz y te sigan.

ABRIL

26

LUNES

Santos ISIDORO *ob dc*, Cleto *pp*.
Beatos Domingo y Gregorio *pbs*

FIESTA DE SAN ISIDORO
Obispo y Doctor de la Iglesia

Papa Francisco: El Evangelio es fuente de alegría, de liberación y de salvación para todos los hombres. La Iglesia es consciente de este don, por lo tanto, no se cansa de proclamar sin cesar a todos «lo que existía desde el principio, lo que hemos oído, lo que hemos visto con nuestros propios ojos» (*1 Juan* 1,1). La misión de los servidores de la Palabra -obispos, sacerdotes, religiosos y laicos- es la de poner a todos, sin excepción, en una relación personal con Cristo. En el inmenso campo de la acción misionera de la Iglesia, todo bautizado está llamado a vivir lo mejor posible su compromiso, según su situación personal *(24-5-2015)*.

PALABRA

Dijo Jesús a sus discípulos: «Vosotros sois la sal de la tierra. Pero si la sal se vuelve sosa, ¿con qué la salarán? No sirve más que para tirarla fuera y que la pise la gente. Vosotros sois la luz del mundo. No se puede ocultar una ciudad puesta en lo alto de un monte. Tampoco se enciende una lámpara para meterla debajo del celemín, sino para ponerla en el candelero y que alumbre a todos los de casa. Brille así vuestra luz ante los hombres, para que vean vuestras buenas obras y den gloria a vuestro Padre que está en los cielos».

1 Corintios **2,1-10;** ***Salmo*** **118,99-104 • MATEO 5,13-16**

ORACIÓN

JESUCRISTO, "luz del mundo y sal de la tierra". Eso fue San Isidoro, a quien preparaste en el seno de una familia profundamente cristiana, que dejó su Cartagena natal para trasladarse a Sevilla y preservar su fe católica. Desde el siglo VII ha sido luz con sus obras, y sal con el ejemplo de su vida. Sal y luz: solo si yo estoy encendido por ti y salado con la sal de tu Palabra, podré ser luz y sal para los demás, con mi vida y mi palabra, y en las redes sociales. ***Lámpara es tu palabra para mis pasos, luz en mi sendero*** *(Salmo 118,105)*.

ABRIL

27

MARTES

Santos Rafael Arnaiz *mj*,
Zita *vg*, Simeón *ob mr.*
Ntra. Sra. de Montserrat

Papa Francisco: Los doctores de la ley tenían el corazón cerrado, se sentían dueños de sí mismos, pero eran huérfanos porque no tenían una relación con el Padre. Hablaban, sí, de sus padres: nuestro padre Abrahán, los Patriarcas, pero como figuras distantes. Jesús nos invita a ser sus discípulos, pero para serlo, debemos dejarnos atraer por el Padre hacia él. Y la oración humilde del hijo que podemos hacer es: *Padre, atráeme hacia Jesús; Padre, permíteme conocer a Jesús.* Y el Padre enviará el Espíritu que abrirá nuestros corazones y nos llevará a Jesús. Un cristiano que no se siente atraído por el Padre hacia Jesús es un cristiano que vive en condición de orfandad; y nosotros tenemos un Padre, no somos huérfanos *(19-4-2016).*

PALABRA

Se celebraba en Jerusalén la fiesta de la Dedicación del templo. Era invierno, y Jesús se paseaba en el templo por el pórtico de Salomón. Los judíos, rodeándolo, le preguntaban: «¿Hasta cuándo nos vas a tener en suspenso? Si tú eres el Mesías, dínoslo francamente». Jesús les respondió: «Os lo he dicho, y no creéis; las obras que yo hago en nombre de mi Padre, esas dan testimonio de mí. Pero vosotros no creéis, porque no sois de mis ovejas. Mis ovejas escuchan mi voz, y yo las conozco, y ellas me siguen, y yo les doy la vida eterna; no perecerán para siempre, y nadie las arrebatará de mi mano. Lo que mi Padre me ha dado es más que todas las cosas, y nadie puede arrebatar nada de la mano de mi Padre. Yo y el Padre somos uno».

Hechos 11, 19-26; ***Salmo*** 86, 1b-7 • **JUAN 10, 22-30**

ORACIÓN

JESUCRISTO, tú afirmas rotundamente que los fariseos no creían porque no eran de tus ovejas. ¿Y qué dices de mí...?¿Las durísimas palabras del Apocalipsis (3,15s): *"Ojalá fueras frío o caliente. Pero, porque eres tibio, estoy a punto de vomitarte de mi boca"?* ¡Ten paciencia conmigo: quiero sacudir mi tibieza, escuchar tu voz, conocerla como única voz fiable y seguirte como único Maestro y Amigo que tanto me ama y jamás defrauda! ***Alabad al Señor todas las naciones*** *(Salmo 116, 1a).*

ABRIL

28

MIÉRCOLES

Miércoles 4º de Pascua **Tomo II - Salterio 4ª semana**

Santos PEDRO CHANEL *pb mr*, LUIS M.ª G. DE MONTFORT *pb*, Vital *mr*, Prudencio *ob*, Juana Beretta Molla *mf*. Beato José Cebula *pb mr*

SANTA JUANA BERETTA MOLLA

Papa Francisco: El arrepentimiento debido, las obras y los esfuerzos humanos adquieren un sentido más profundo, no como precio de la invendible salvación, realizada por Cristo en la cruz gratuitamente, sino como respuesta a quien nos amó primero y nos salvó con el precio de su sangre inocente, cuando aún estábamos sin fuerzas. El primer deber de la Iglesia no es distribuir condenas o anatemas sino proclamar la misericordia de Dios, llamar a la conversión y conducir a todos los hombres a la salvación del Señor (cf. *Jn* 12,44-50) *(24-10-2015)*.

PALABRA

Jesús gritó diciendo: «El que cree en mí, no cree en mí, sino en el que me ha enviado. Y el que me ve a mí, ve al que me ha enviado. Yo he venido al mundo como luz, y así, el que cree en mí no quedará en tinieblas. Al que oiga mis palabras y no las cumpla yo no lo juzgo, porque no he venido para juzgar al mundo, sino para salvar al mundo. El que me rechaza y no acepta mis palabras tiene quien lo juzgue: la palabra que yo he pronunciado, esa lo juzgará en el último día. Porque yo no he hablado por cuenta mía; el Padre que me envió es quien me ha ordenado lo que he de decir y cómo he de hablar. Y sé que su mandato es vida eterna. Por tanto, lo que yo hablo lo hablo como me ha encargado el Padre».

Hechos 12, 24 - 13, 5a; ***Salmo*** 66, 2-3.5.6.8 • **JUAN 12, 44-50**

ORACIÓN

JESUCRISTO, creo en ti, y en el Padre que te envió, como luz del mundo, para iluminar mi vida. Sabes que soy débil, que no siempre sigo las sendas de la luz y que a veces camino en tinieblas: por eso me conforta saber que no vienes a juzgarme, sino a salvarme. Tu amor y tu misericordia no tienen límites, por eso me acojo confiado a ti. ***Oh Dios, que te alaben los pueblos, que todos los pueblos te alaben*** *(Salmo 66,4)*.

Santos **CATALINA DE SIENA** *vg dc*, Tíquico *NT*, Hugo *ab*

ABRIL
29
JUEVES

FIESTA DE SANTA CATALINA DE SIENA, VIRGEN Y DOCTORA DE LA IGLESIA, PATRONA DE EUROPA

Papa Francisco: Hoy celebramos la fiesta de santa Catalina de Siena, patrona de Italia y de Europa. Que su existencia nos haga comprender el significado de la vida vivida para Dios. Que la fe inquebrantable de la santa ayude a los enfermos a confiar en el Señor en los momentos de desconsuelo. Que su fuerza con los poderosos indique los valores que verdaderamente cuentan en la vida familiar *(29-4-2015).*

PALABRA

Tomó la palabra Jesús y dijo: «Te doy gracias, Padre, Señor del cielo y de la tierra, porque has escondido estas cosas a los sabios y entendidos y se las has revelado a los pequeños. Sí, Padre, así te ha parecido bien. Todo me ha sido entregado por mi Padre, y nadie conoce al Hijo más que el Padre, y nadie conoce al Padre sino el Hijo y aquel a quien el Hijo se lo quiera revelar. Venid a mí todos los que estáis cansados y agobiados y yo os aliviaré. Tomad mi yugo sobre vosotros y aprended de mí, que soy manso y humilde de corazón, y encontraréis descanso para vuestras almas. Porque mi yugo es llevadero y mi carga ligera».

1 Juan 1,5 - 2,2; ***Salmo*** 102,1b-2,8-9,13-14.17-18a • **MATEO 11,25-30**

ORACIÓN

JESUCRISTO, en la virgen dominica Catalina de Siena veo una obra maestra tuya. Es imposible humanamente que una mujer iletrada, en sus solo 33 años de vida terrena, como tú, llevara a cabo obras de tanto calado como conseguir que el Papa, después de 65 años en Francia, dejara su sede de Aviñón para regresar a Roma; poner paz entre ciudades y comarcas enemigas; escribir sus experiencias místicas y cientos de cartas a los principales de su tiempo, que la acreditan como doctora de la Iglesia; llevar una vida de plena unión contigo, su Esposo. Ella es de los "pequeños" en los que realizas grandes cosas. Junto con mi admiración, tomo nota de su ejemplo: amor sin límites a ti y a tu Iglesia. ***Bendice, alma mía, al Señor*** *(Salmo 102,1b).*

ABRIL

30

VIERNES

Viernes 4º de Pascua **Tomo II - Salterio 4ª semana**

Santos PÍO V *pp*, José Benito Cottolengo *pb*, Amador y *co mrs*, M.ª de la Encarnación Guyart *vd rl*

Papa Francisco: *Me voy a prepararos un lugar.* Con su oración Jesús intercede por cada uno de nosotros... Yo creo que Jesús hace ver sus llagas al Padre, porque las llagas las ha llevado consigo después de la Resurrección, las hace ver al Padre y nos nombra a cada uno de nosotros... El cristiano es un hombre de esperanza, que espera que el Señor vuelva. Toda la Iglesia está en la espera de Jesús, Jesús volverá. Esta es la esperanza cristiana *(22-4-16)*.

PALABRA

Dijo Jesús a sus discípulos: «No se turbe vuestro corazón, creed en Dios y creed también en mí. En la casa de mi Padre hay muchas moradas; si no, os lo habría dicho, porque me voy a prepararos un lugar. Cuando vaya y os prepare un lugar, volveré y os llevaré conmigo, para que donde estoy yo, estéis también vosotros. Y adonde yo voy, ya sabéis el camino». Tomás le dice: «Señor, no sabemos adónde vas, ¿cómo podemos saber el camino?». Jesús le responde: «Yo soy el camino, y la verdad, y la vida. Nadie va al Padre sino por mí».

Hechos 13,26-33; ***Salmo*** 2,6-12a • **JUAN 14,1-6**

ORACIÓN

JESUCRISTO, hoy, fiesta de san Pío V, el mayor de los cuatro Papas dominicos, el que aplicó el Concilio de Trento y logró la victoria de Lepanto, quieres contagiarme tu paz. Y quieres que viva en paz, con fe, sin temores. Y me anuncias que te vas a preparar una morada para mí en la casa del Padre, para vivir la paz eterna. ¡Qué magnífica presentación me haces de mi muerte: tu venida para llevarme al sitio que me has preparado en el cielo! ¿Cómo podré agradecerte todo lo que has hecho, haces y harás por mí, mi Camino, mi Verdad, mi Vida? ***Tú eres mi hijo: yo te he engendrado hoy*** *(Salmo 2,7bc)*.

MAYO

SAN JUAN PABLO II DIJO EN FÁTIMA:

Hoy he venido a Fátima porque en este mismo día del año pasado, en la Plaza de San Pedro en Roma, tuvo lugar el atentado contra la vida del Papa, misteriosamente coincidiendo con el aniversario de la primera aparición en Fátima, que ocurrió el 13 de mayo de 1917 (Fátima, 13 mayo 1982). (En otro momento de la celebración, san Juan Pablo II no dudó en afirmar: "Fue la Virgen quien me salvó la Vida")

MAYO

1

SÁBADO

SAN JOSÉ OBRERO

Santos JOSÉ OBRERO, Jeremías *prof,* Ricardo Pampuri *rl,* Segundo *ob,* Segismundo *re.* Beata Mafalda *vg*

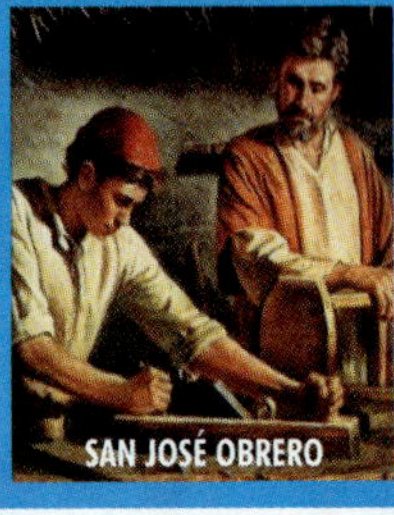

Papa Francisco: En el Evangelio, la Sagrada Familia de Nazaret se presenta como una familia de trabajadores, y Jesús mismo era conocido como el «hijo del carpintero», e incluso «el carpintero». Y san Pablo no duda en poner en guardia a los cristianos: «Si alguno no quiere trabajar, que no coma» (*2 Tesalonicenses* 3, 10). El compromiso del trabajo y la vida del espíritu, en la concepción cristiana, no están de ninguna manera en contraste entre sí. Es importante comprender bien esto. Oración y trabajo pueden y deben ir de la mano, en armonía. La falta de trabajo perjudica al espíritu, como la ausencia de oración hace daño también a la actividad práctica *(19-8-2015).*

PALABRA

Jesús fue a su ciudad y se puso a enseñar en su sinagoga. La gente decía admirada: «¿De dónde saca este esa sabiduría y esos milagros? ¿No es el hijo del carpintero? ¿No es su Madre María, y sus hermanos Santiago, José, Simón y Judas? ¿No viven aquí todas sus hermanas? Entonces, ¿de dónde saca todo eso?». Y se escandalizaban a causa de él. Jesús les dijo: «Solo en su tierra y en su casa desprecian a un profeta». Y no hizo allí muchos milagros, por su falta de fe.

Génesis 1,26 - 2,3; ***Salmo*** 89, 2-4.12-14.16 • **MATEO 13, 54-58**

ORACIÓN

JESÚS, el "Mes de María" comienza con la memoria del esposo de tu Madre, san José, en su calidad de obrero. Tu Palabra y tu Iglesia valoran altamente el trabajo del hombre y de la mujer, siempre que no absorba todas las energías humanas y todo el tiempo, sin dejar espacio para la relación contigo: no se vive para trabajar, sino que se trabaja para poder vivir. Tú eras "el hijo del carpintero" para tus paisanos de Nazaret. Al iniciar el mes de María con esta conmemoración litúrgica, honramos a tus "padres": así aparecen en Jerusalén, cuando te llevaron a la Pascua. Padres sencillos, trabajadores, mujer y hombre de fe, que te ayudaron a crecer en los caminos humanos y divinos. ***Haz prósperas las obras de nuestras manos, Señor*** *(Salmo 89,17c).*

Santos ATANASIO *ob dc*, **Félix de Sevilla** *di mr*, **Hesperio y Zoes** *es* **e hijos** *mrs.*

Papa Francisco: Hoy el Evangelio nos propone el momento en el que Jesús se presenta como ***la vid verdadera*** y nos invita a permanecer unidos a él para llevar mucho fruto. La vid es la planta que nos da la uva, y forma un todo con el sarmiento; y los sarmientos son fecundos únicamente cuando están unidos a la vid. Esta relación es el secreto de la vida cristiana y el evangelista Juan la expresa con el verbo «permanecer», que en el pasaje de hoy se repite siete veces. ***«Permaneced en mí»*** dice el Señor. Se trata de permanecer en el Señor para encontrar el valor de salir de nosotros mismos, de nuestras comodidades, de nuestros espacios restringidos y protegidos, para adentrarnos en el mar abierto de las necesidades de los demás y dar un respiro amplio a nuestro testimonio cristiano en el mundo. Este coraje de salir de sí mismos y de adentrarse en las necesidades de los demás, nace de la fe en el Señor Resucitado y de la certeza de que su Espíritu acompaña nuestra historia. ***Uno de los frutos más maduros que brota de la comunión con Cristo es el compromiso de caridad hacia el prójimo***, amando a los hermanos con abnegación de sí mismo, hasta las últimas consecuencias, como Jesús nos amó. El dinamismo de la caridad del creyente no es fruto de estrategias, no nace de solicitudes externas, de instancias sociales o ideológicas, sino del encuentro con Jesús y del permanecer en Jesús. Él es para nosotros la vida de la que absorbemos la savia, es decir, la «vida» para llevar a la sociedad una forma diferente de vivir y de brindarse, lo que pone en el primer lugar a los últimos. Cuando somos íntimos con el Señor, como son íntimos y unidos entre sí la vid y los sarmientos, somos capaces de dar frutos de vida nueva, de misericordia, de justicia y de paz, que derivan de la Resurrección del Señor *(29-4-2018).*

PALABRA

• Hechos de los Apóstoles 9, 26-31: Llegado Pablo a Jerusalén, trataba de juntarse con los discípulos, pero todos le tenían miedo, porque no se fiaban de que fuera discípulo. Entonces Bernabé, tomándolo consigo, lo presentó a los apóstoles y él les contó cómo había visto al Señor en el camino, lo que le había dicho y cómo en Damasco había actuado valientemente en el nombre de Jesús. Saulo se quedó con ellos y se movía con libertad en Jerusalén, actuando valientemente en el nombre del Señor. Hablaba y discutía también con los helenistas, que se propusieron matarlo. Al enterarse los hermanos, lo bajaron a Cesarea y lo enviaron a Tarso. La Iglesia gozaba de paz en toda Judea, Galilea y Samaría. Se iba construyendo y progresaba en el temor del Señor, y se multiplicaba con el consuelo del Espíritu Santo.

• *Salmo* 21, 26-32: ***El Señor es mi alabanza en la gran asamblea.***

• *1 Juan* 3, 18-24: Hijos míos, no amemos de palabra y de boca, sino de verdad y con obras. En esto conoceremos que somos de la verdad, y tranquilizaremos nuestro corazón ante él, en caso de que nos condene nuestro corazón, pues Dios es mayor que nuestro corazón y lo conoce todo. Queridos, si el corazón no nos condena, tenemos plena confianza ante Dios. Cuanto pidamos lo recibiremos de él, porque guardamos sus mandamientos y hacemos lo que le agrada. Y este es su mandamiento: que creamos en el nombre de su Hijo, Jesucristo, y que nos amemos unos a otros tal como nos lo mandó. Quien guarda sus mandamientos permanece en Dios y Dios en él; en esto conocemos que permanece en nosotros: por el Espíritu que nos dio.

• **JUAN 15, 1-8:** Dijo Jesús a sus discípulos: «Yo soy la verdadera vid y mi Padre es el labrador. A todo sarmiento que no da fruto en mí lo arranca, y a todo el que da fruto lo poda para que dé más fruto. Vosotros ya estáis limpios por la palabra que os he hablado; permaneced en mí y yo en vosotros. Como el sarmiento no puede dar fruto por sí, si no permanece en la vid, así tampoco vosotros, si no permanecéis en mí. Yo soy la vid, vosotros los sarmientos; el que permanece en mí y yo en él, ese da fruto abundante; porque sin mí no podéis hacer nada. Al que no permanece en mí, lo tiran fuera, como el sarmiento, y se seca; luego los recogen y los echan al fuego, y arden. Si permanecéis en mí y mis palabras permanecen en vosotros, pedid lo que deseáis, y se realizará. Con esto recibe gloria mi Padre, con que deis fruto abundante; así seréis discípulos míos».

ORACIÓN

JESUCRISTO, tú eres la vid verdadera, y yo un sarmiento que recibe de ti la vida. Te pido que podes, cortes, quemes, endereces, refuerces y dispongas a tu gusto de este pobre sarmiento, para que pueda dar fruto de vida eterna. ¡Sin ti no puedo nada!

SAN FELIPE Y SANTIAGO

FIESTA DE SAN FELIPE y SANTIAGO, APÓSTOLES
Santos Timoteo y Maura *mrs,* Juvenal *ob*

MAYO
3
LUNES

Papa Francisco: «Yo soy el Camino». Para caminar bien en la vida cristiana el camino es Jesús. La vida cristiana no es una fascinación: es una verdad. Es Jesucristo. Santa Teresa decía: "Nosotros caminamos para llegar al encuentro con Jesús". Una persona que camina para llegar a un sitio, no se detiene porque le gusta un albergue, porque le gusta el paisaje, sino que sigue adelante, adelante, adelante. Están las bellezas y hay que contemplarlas, porque las hizo Dios, pero no quedarse ahí, sino continuar la vida cristiana. El justo camino, la senda justa es Jesús. Hoy podemos preguntarnos: Mi camino cristiano, que comencé en el bautismo, ¿cómo va? ¿Se ha detenido? ¿Se ha equivocado de rumbo? ¿Estoy continuamente dando vueltas y no sé adónde ir espiritualmente? ¿Me detengo ante las cosas que me gustan: la mundanidad, la vanidad, o voy siempre hacia adelante, haciendo concretas las bienaventuranzas y las obras de misericordia? ¿Cómo camino? ¿Sigo a Jesús? *(3-5-2016).*

PALABRA

Dijo Jesús a Tomás: «Yo soy el camino y la verdad, y la vida. Nadie va al Padre, sino por mí». «Si me conocierais a mí, conoceríais también a mi Padre. Ahora ya lo conocéis y lo habéis visto». Felipe le dice: «Señor, muéstranos al Padre y nos basta». Jesús le replica: «Hace tanto que estoy con vosotros, ¿y no me conoces, Felipe? Quien me ha visto a mí ha visto al Padre. ¿Cómo dices tú: "Muéstranos al Padre"? ¿No crees que yo estoy en el Padre, y el Padre en mí? Lo que yo os digo no lo hablo por cuenta propia. El Padre, que permanece en mí, él mismo hace las obras. Creedme: yo estoy en el Padre, y el Padre en mí. Si no, creed a las obras. En verdad, en verdad os digo: el que cree en mí, también él hará las obras que yo hago, y aún mayores, porque yo me voy al Padre. Y lo que pidáis en mi nombre, yo lo haré, para que el Padre sea glorificado en el Hijo. Si me pedís algo en mi nombre, yo lo haré».

1 Corintios 15, 1-8; ***Salmo*** 18, 2-5b • **JUAN 14, 6-14**

ORACIÓN

JESUCRISTO, solo una cosa quiero pedir en tu nombre al Padre: que nada ni nadie pueda jamás apartarme de mi Camino, que eres tú. ***A toda la tierra alcanza su pregón*** *(Salmo 18,5a).*

MAYO

4

MARTES

Martes 5° de Pascua — Tomo II - Salterio 1ª semana

Santos José M.ª Rubio *pb*, Florián *mr*, Silvano y *co mrs*, Antonina *mr*. Beato Ceferino Jiménez *mr*

B. CEFERINO GIMÉNEZ, GITANO MÁRTIR

Papa Francisco: *"Mi paz os doy"*: Una paz que va dentro, también una paz que nos da fuerza, que refuerza lo que hoy hemos pedido al Señor: nuestra fe y nuestra esperanza. En la vida debemos ir por caminos de tribulación, pero esta es ley de vida. En esos momentos hemos de confiar en el Señor y él nos responde con la paz. Este Señor que es Padre nos ama mucho y nunca decepciona. Hemos de pedir al Señor que refuerce nuestra fe y nuestra esperanza, y que nos dé confianza para vencer las tribulaciones porque él ha vencido al mundo... Confiar al Señor este momento difícil, confiar mi persona al Señor, confiar al Señor a nuestros sacerdotes y obispos, confiar al Señor nuestras familias, nuestros amigos y decirle: Cuida a estos que son tuyos *(5-5-2015).*

PALABRA

Dijo Jesús a sus discípulos: «La paz os dejo, mi paz os doy; no os la doy yo como la da el mundo. Que no se turbe vuestro corazón ni se acobarde. Me habéis oído decir: "Me voy y vuelvo a vuestro lado". Si me amarais, os alegraríais de que vaya al Padre, porque el Padre es mayor que yo. Os lo he dicho ahora, antes de que suceda, para que cuando suceda creáis. Ya no hablaré mucho con vosotros, pues se acerca el príncipe del mundo; no es que él tenga poder sobre mí, pero es necesario que el mundo comprenda que yo amo al Padre, y que, como el Padre me ha ordenado, así actúo».

Hechos 14, 19-28; ***Salmo*** 144, 10-13ab.21 • **JUAN 14, 27-31a**

ORACIÓN

JESUCRISTO, me estás anunciando tu partida, pero me aseguras tu paz, la paz que solo tú puedes dar. Por eso, ni tiemblo ni me acobardo ante las dificultades, porque sé que nada ni nadie podrá arrebatarme esa paz del corazón. ***Tus amigos, Señor, proclaman la gloria de tu reinado*** *(Salmo 144,12).*

SAN ÁNGEL DE SICILIA

Santos Ángel de Sicilia *pb mr*, Francisco Laval *ob*, Máximo *ob*, Niceto *ob*.

Papa Francisco: Es necesario permanecer en Cristo resucitado y en su amor. Jesús lo había repetido con insistencia a sus discípulos: «Permaneced en mí... Permaneced en mi amor» (*Jn* 15, 4. 9). Este es el secreto de los santos: permanecer en Cristo, unidos a él como los sarmientos a la vid, para dar mucho fruto (cf. *Jn* 15, 1-8). Y este fruto no es otra cosa que el amor *(17-5-2015).*

PALABRA

Dijo Jesús a sus discípulos: «Yo soy la verdadera vid, y mi Padre es el labrador. A todo sarmiento que no da fruto en mí lo arranca, y a todo el que da fruto lo poda, para que dé más fruto. Vosotros ya estáis limpios por la palabra que os he hablado; permaneced en mí, y yo en vosotros. Como el sarmiento no puede dar fruto por sí, si no permanece en la vid, así tampoco vosotros, si no permanecéis en mí. Yo soy la vid, vosotros los sarmientos; el que permanece en mí y yo en él, ese da fruto abundante; porque sin mí no podéis hacer nada. Al que no permanece en mí lo tiran fuera, como el sarmiento, y se seca; luego los recogen y los echan al fuego, y arden. Si permanecéis en mí, y mis palabras permanecen en vosotros, pedid lo que deseáis, y se realizará. Con esto recibe gloria mi Padre, con que deis fruto abundante; así seréis discípulos míos».

Hechos 15,1-6; ***Salmo*** 121,1bc-5 • **JUAN 15, 1-8**

ORACIÓN

JESUCRISTO, no puedes hablar más claro. Es absolutamente necesario que esté unido a ti vitalmente, porque sin ti, no es que pueda poco: no podría hacer nada. Tú eres la vid, yo soy un sarmiento tuyo, que podas, con el sufrimiento y las pruebas, para que dé más fruto. Aceptado. Haz de mí lo que quieras, soy todo tuyo. ***Vamos alegres a la casa del Señor*** *(Salmo 121,1bc).*

MAYO

6

JUEVES

Jueves 5° de Pascua **Tomo II - Salterio 1ª semana**

Santos Domingo Savio *cf*, Pedro Nolasco *pb*, Benita *vg*, Mariano y Santiago *mrs*, Lucio Cireneo *NT*

SANTO DOMINGO SAVIO

Papa Francisco: En el Evangelio de hoy Jesús nos pide permanecer en su amor. Hay *dos criterios* que ayudan a distinguir el verdadero amor del que no lo es. *El primero: el amor está más en los hechos que en las palabras,* no es un amor de telenovela. El verdadero amor es concreto, está en las obras, es un amor constante. No es un sencillo entusiasmo. También, muchas veces es un amor doloroso: pensemos en el amor de Jesús llevando la cruz. Quien ama hace esto: el protocolo del juicio final. Estaba hambriento y me habéis dado de comer, etc. Concreción. También las bienaventuranzas, que son el *programa pastoral* de Jesús, son concretas. *El segundo criterio del amor: se comunica, no permanece aislado.* El amor da de sí mismo y recibe, se da esa comunicación que existe entre el Padre y el Hijo, una comunicación que la hace el Espíritu Santo *(7-5-2015).*

PALABRA

Dijo Jesús a sus discípulos: «Como el Padre me ha amado, así os he amado yo; permaneced en mi amor. Si guardáis mis mandamientos, permaneceréis en mi amor; lo mismo que yo he guardado los mandamientos de mi Padre y permanezco en su amor. Os he hablado de esto para que mi alegría esté en vosotros, y vuestra alegría llegue a plenitud».

Hechos 15, 7-21; ***Salmo*** 95,1-2a.2b-3.10 • **JUAN 15, 9-11**

ORACIÓN

JESUCRISTO, cuando Juan se atrevió a definir a Dios -indefinible, sin límites- lo encontró en la palabra AMOR: *Dios es amor.* Solo el amor explica que el Padre te enviara al mundo, el amor te condujo a los sufrimientos humanos de la vida y a los sobrehumanos de la Pasión y de la Cruz, por amor soportaste las ambiciones e infidelidades de los Apóstoles, y las mías. Tu amor es el eje de toda vida cristiana: el Padre te ama, tú nos amas, y solo amando podrá "nuestra alegría llegar a plenitud". ***Contad las maravillas del Señor a todas las naciones*** *(Salmo 95,3).*

SANTA FLAVIA DOMITILA

MAYO

7

VIERNES

Santos Flavia Domitila *mr,* Agustín Roscelli *pb,* Flavio *mr.* Beata Gisela *vd rl*

Papa Francisco: «Este es mi mandamiento: que os améis unos a otros, como yo os he amado» (*Jn* 15, 12). Y, pensando en el sacrificio de la cruz, añade: «Nadie tiene amor más grande que el que da la vida por sus amigos. Vosotros sois mis amigos si hacéis lo que yo os mando». Esta Palabra del Señor nos llama a amarnos unos a otros, incluso si no siempre nos entendemos y no siempre estamos de acuerdo... pero es precisamente ahí donde se ve el amor cristiano. Un amor que también se manifiesta aunque existan diferencias de opinión o de carácter, ¡pero el amor es más grande que estas diferencias! *(10-5-2015).*

PALABRA

Dijo Jesús a sus discípulos: «Este es mi mandamiento: Que os améis unos a otros como yo os he amado. Nadie tiene amor más grande que el que da la vida por sus amigos. Vosotros sois mis amigos si hacéis lo que yo os mando. Ya no os llamo siervos, porque el siervo no sabe lo que hace su señor: a vosotros os llamo amigos, porque todo lo que he oído a mi Padre os lo he dado a conocer. No sois vosotros los que me habéis elegido, soy yo quien os he elegido; y os he destinado para que vayáis y deis fruto, y vuestro fruto permanezca. De modo que lo que pidáis al Padre en mi nombre, os lo dé. Esto os mando: que os améis unos a otros».

Hechos 15, 22-31; ***Salmo*** 56, 8-12 • JUAN 15, 12-17

ORACIÓN

JESUCRISTO, la pregunta que hiciste a Pedro, hoy me la haces a mí. Una pregunta con dos vertientes: *primera,* amarte personalmente a ti, el más fiel Amigo, y amarte en los que encuentro en mi vida; *segunda,* amar, no en la medida de la ley de Moisés ("como a ti mismo"), sino en la medida de tu amor, "como yo os he amado". Ya me conformaría con amar a los otros como me amo a mí mismo. Pero tu mandamiento, reiterado para despejar dudas, es "que os améis como yo os he amado". Quiero ser tu amigo y cumplir tu mandato. Tú sabes que con mis fuerzas solas soy incapaz. Por eso, recurro a tu paciencia y a tu misericordia. ***Te daré gracias ante los pueblos, Señor*** *(Salmo 56,10a).*

MAYO
8
SÁBADO

Sábado 5° de Pascua

Tomo II - Salterio 1ª semana

Ntra. Sra. de los Desamparados, Patrona de Valencia; de Luján, Patrona de Argentina. Santos Eladio *ob*, Víctor *mr*, Arsenio *di*.

NTRA. SRA. DE LOS DESAMPARADOS

Papa Francisco: El odio es una palabra fuerte utilizada por Jesús. Precisamente el odio. Él, que es maestro del amor, a quien le complacía hablar de amor, habla de odio. A él le gustaba llamar a las cosas por su nombre. Nos dice: "¡No os asustéis!, el mundo os odiará. Sabed que me ha odiado a mí antes que a vosotros". El camino de los cristianos es el camino de Jesús: *Un siervo no es más que su señor. Si me han perseguido a mí, os perseguirán a vosotros.* Nos ha elegido y nos ha rescatado. Nos ha elegido por pura gracia. Somos salvados y aquel príncipe del mundo, que no quiere que seamos salvados, nos odia y hace nacer la persecución que desde los primeros tiempos de Jesús continúa hasta hoy. –Pero, Padre, ¿cuál es el arma para defenderse de las seducciones del príncipe de este mundo? –El arma es la misma de Jesús: la Palabra de Dios, y luego la humildad y la mansedumbre. Permanezcamos ovejas siempre, porque así tendremos un pastor que nos defiende *(4-5-2013).*

PALABRA

Dijo Jesús a sus discípulos: «Si el mundo os odia, sabed que me ha odiado a mí antes que a vosotros. Si fuerais del mundo, el mundo os amaría como cosa suya, pero como no sois del mundo, sino que yo os he escogido sacándoos del mundo, por eso el mundo os odia. Recordad lo que os dije: "No es el siervo más que su amo. Si a mí me han perseguido, también a vosotros os perseguirán; si han guardado mi palabra, también guardarán la vuestra". Y todo eso lo harán con vosotros a causa de mi nombre, porque no conocen al que me envió».

Hechos 16,1-10; ***Salmo*** 99,1-3.5 • **JUAN 15,18-21**

ORACIÓN

JESUCRISTO, nos hablas de odio y persecución, a causa del Nombre del Príncipe de la Paz y del Amor infinito hecho hombre. Un contrasentido que te llevó a librar duras batallas contra quienes se oponían a escuchar y guardar tu Palabra. Y te llevó a morir en la Cruz para dar testimonio de la Verdad. No es que a mí me odien tanto como te odiaron y persiguieron a ti hasta la muerte: el martirio es un don que no concedes a todos tus seguidores. ¿Lo tienes previsto para mí? ¡Viva Cristo Rey! En mis tiempos de África creí que me había llegado la hora. ***Aclama al Señor, tierra entera*** *(Salmo 99,1).*

SANTA LUISA DE MARILLAC

Santos Luisa de Marillac *rl*, Isaías *prof*, Hermes *NT*, Pacomio *ab*, Catalina de Bolonia *vg*.

Papa Francisco: El Evangelio de hoy presenta el mandato de Jesús: «Permaneced en mi amor» (*Juan* 15, 9): **permanecer en el amor de Jesús.** Habitar en la corriente del amor de Dios, tomar demora estable, es la condición para hacer que nuestro amor no pierda por el camino su ardor y su audacia. También nosotros, como Jesús y en él, debemos acoger con gratitud el amor que viene del Padre y permanecer en este amor, tratando de **no separarnos con el egoísmo y el pecado.** Es un programa arduo, pero no imposible. Es importante tomar conciencia de que el amor de Cristo no es un sentimiento superficial, no, es una actitud fundamental del corazón, que se manifiesta en el vivir como él quiere. Jesús afirma: «Si guardáis mis mandamientos, permaneceréis en mi amor, como yo he guardado los mandamientos de mi Padre, y permanezco en su amor». El amor se realiza en la vida de cada día, en las actitudes, en las acciones; de otra manera es solamente algo ilusorio. Son palabras, palabras, palabras: eso no es el amor. **El amor es concreto, cada día.** Jesús nos pide cumplir sus mandamientos, que se resumen en esto: «que os améis los unos a los otros como yo os he amado». Disponibilidad hacia cada hermano y hermana, sea quien sea y en cualquier situación que se encuentre, empezando por quien está cerca de mí en la familia, en la comunidad, en el trabajo, en la escuela... De esta manera, yo permanezco unido a Jesús, su amor puede alcanzar al otro y atraerlo a sí, a su amistad. Y este amor por los demás no se puede reservar a momentos excepcionales, sino que se debe convertir en la constante de nuestra existencia. Por esto, somos llamados, por ejemplo, a **cuidar de los ancianos** como un tesoro precioso y con amor, incluso si crean problemas económicos y dificultades, pero debemos cuidarlos. Por esto, **a los enfermos,** también si están en la última etapa, les hemos de dar toda la asistencia posible. Por esto **los no nacidos** deben ser siempre acogidos; por esto, en definitiva, **la vida debe ser siempre tutelada desde la concepción hasta su ocaso natural.** Y esto es amor. Nosotros somos amados por Dios en Jesucristo, que nos pide amarnos como él nos ama. Pero eso no podemos hacerlo si no tenemos en nosotros su mismo Corazón *(6-5-2018).*

PALABRA

• ***Hechos de los Apóstoles*** 10, 25-26.34-35.44-48: Cuando iba a entrar Pedro, Cornelio le salió al encuentro y, postrándose, le quiso rendir homenaje. Pero Pedro lo levantó diciéndole: «Levántate, que soy un hombre como tú». Pedro tomó la palabra y dijo: «Ahora comprendo con toda verdad que Dios no hace acepción de personas, sino que acepta al que lo teme y practica la justicia, sea de la nación que sea». Todavía estaba hablando Pedro, cuando bajó el Espíritu Santo sobre todos los que escuchaban la palabra, y los fieles de la circuncisión que habían venido con Pedro se sorprendieron de que el don del Espíritu Santo se derramara también sobre los gentiles, porque los oían hablar en lenguas extrañas y proclamar la grandeza de Dios. Entonces Pedro añadió: «¿Se puede negar el agua del bautismo a los que han recibido el Espíritu Santo igual que nosotros?». Y mandó bautizarlos en el nombre de Jesucristo. Entonces le rogaron que se quedara unos días con ellos.

• *Salmo* 97, 1-4: ***El Señor revela a las naciones su salvación.***

• *1 Juan* 4, 7-10: Queridos hermanos, amémonos unos a otros, ya que el amor es de Dios, y todo el que ama ha nacido de Dios y conoce a Dios. Quien no ama no ha conocido a Dios, porque Dios es amor. En esto se manifestó el amor que Dios nos tiene: en que Dios envió al mundo a su Unigénito, para que vivamos por medio de él. En esto consiste el amor: no en que nosotros hayamos amado a Dios, sino en que él nos amó y nos envió a su Hijo, como víctima de propiciación por nuestros pecados.

• **JUAN 15, 9-17:** Dijo Jesús a sus discípulos: Como el Padre me ha amado, así os he amado yo; permaneced en mi amor. Si guardáis mis mandamientos, permaneceréis en mi amor; lo mismo que yo he guardado los mandamientos de mi Padre y permanezco en su amor. Os he hablado de esto para que mi alegría esté en vosotros, y vuestra alegría llegue a plenitud. Este es mi mandamiento: que os améis unos a otros como yo os he amado. Nadie tiene amor más grande que el que da la vida por sus amigos. Vosotros sois mis amigos, si hacéis lo que yo os mando. Ya no os llamo siervos, porque el siervo no sabe lo que hace su señor: a vosotros os llamo amigos, porque todo lo que he oído a mi Padre os lo he dado a conocer. No sois vosotros los que me habéis elegido, soy yo quien os he elegido; y os he destinado para que vayáis y deis fruto, y vuestro fruto permanezca. De modo que lo que pidáis al Padre en mi nombre, os lo dé. Esto os mando: que os améis unos a otros.

ORACIÓN

JESUCRISTO, "Vosotros sois mis amigos, soy yo quien os he elegido". ¿Cómo es posible que me elijas a mí, habiendo tanta gente buena que encajaría mejor en tu amistad, conociendo mi debilidad y lo inútil que soy? Respuesta: tu amor misericordioso puede fortalecer mi fragilidad para dejarme modelar por tu Palabra y responder con mi vida a tu elección, que es lo mejor que me ha ocurrido.

Fiesta de San Juan de Ávila
Patrono de los sacerdotes españoles
Santos Antonino de Florencia *ob*, Job *AT*, Solongia *vg mr*

MAYO
10
LUNES

Papa Francisco: Cuando la gente dice de un sacerdote que «es cercano» suele resaltar dos cosas: *la primera* es que *«siempre está»* (contra el que «nunca está»: «Ya sé, Padre, que usted está muy ocupado», suelen decir). Y *la otra* es que sabe encontrar una palabra para cada uno. *«Habla con todos»*, dice la gente: con los grandes, los chicos, los pobres, con los que no creen... Curas cercanos, que están, que hablan con todos... En este punto, acudimos a María, Madre de los sacerdotes. La podemos invocar como «Nuestra Señora de la Cercanía»: «Como una verdadera madre, ella camina con nosotros, lucha con nosotros, y derrama incesantemente *la cercanía del amor de Dios»* (*Evang. gaud.*, 286), de modo que nadie se sienta excluido. Os sugiero meditar tres ámbitos de cercanía sacerdotal en los que estas palabras, «haced lo que Jesús os diga», deben resonar en el corazón de las personas con las que hablamos: el ámbito *del acompañamiento espiritual*, el de la *confesión* y el de la *predicación (29-3-2018).*

PALABRA

Dijo Jesús a sus discípulos: «Vosotros sois la sal de la tierra. Pero si la sal se vuelve sosa, ¿con qué la salarán? No sirve más que para tirarla fuera y que la pise la gente. Vosotros sois la luz del mundo. No se puede ocultar una ciudad puesta en lo alto de un monte. Tampoco se enciende una lámpara para meterla debajo del celemín, sino para ponerla en el candelero y que alumbre a todos los de casa. Brille así vuestra luz ante los hombres, para que vean vuestras buenas obras y den gloria a vuestro Padre que está en los cielos. No creáis que he venido a abolir la Ley y los Profetas: no he venido a abolir, sino a dar plenitud. En verdad os digo que antes pasarán el cielo y la tierra que deje de cumplirse hasta la última letra o tilde de la ley. El que se salte uno solo de los preceptos menos importantes, y se lo enseñe así a los hombres, será el menos importante en el reino de los cielos. Pero quien los cumpla y enseñe será grande en el reino de los cielos».

Hechos 13,46-49; ***Salmo*** 22,1b-6 • **MATEO 5,13-19**

ORACIÓN

SEÑOR, hoy quiero pedirte por mi párroco y por todos los sacerdotes: que sean cercanos, atentos, entregados, como tú. Que a la oración que los une a ti, se una el celo de la evangelización, que nos lleve a todos a ti. ***El Señor es mi pastor, nada me falta*** *(Salmo 22,1b).*

MAYO

11

MARTES

Martes 6° de Pascua

Tomo II - Salterio 2ª semana

Santos Francisco de Jerónimo *pb*, Mamerto *ob*. Beato Ceferino Namuncurá

SAN FRANCISCO DE JERONIMO

Papa Francisco: El demonio sabe hablar bien. Habla muy bien. Sus propuestas son todas mentiras, todas. Pero lamentablemente presenta las mentiras y nosotros las creemos. Es un derrotado, pero se mueve como vencedor. Es también capaz de darnos luz, ¡ilumina! Pero la luz del diablo es deslumbrante, como los fuegos artificiales, y no es duradera. Un instante, después desaparece. Sin embargo, la luz del Señor es tenue, pero permanente. El diablo nos engaña, nos seduce, sabe tocar nuestra vanidad, la curiosidad y nosotros compramos todo, compramos todo. Y ahí, caemos en la tentación. Si fuera la tentación de un gran guerrero, al menos ha luchado. Pero es la tentación presentada por un cobarde —porque es cobarde— por un mentiroso, por un seductor. En resumen, es un derrotado peligroso. Estad atentos, debemos estar atentos al diablo. -"Padre, ¿qué hago ante este diablo derrotado, pero astuto, mentiroso, seductor que quiere tomarme para sí? ¿Qué debo hacer?". Jesús nos dice, lo dice a los apóstoles: vigilar y rezar, "Vigilad y rezad". Y cuando rezamos el Padrenuestro pedimos la gracia de no caer en tentación, que nos proteja para no resbalar en la tentación *(8-5-2018).*

PALABRA

Dijo Jesús a sus discípulos: «Ahora me voy al que me envió, y ninguno de vosotros me pregunta: "¿Adónde vas?". Sino que, por haberos dicho esto, la tristeza os ha llenado el corazón. Sin embargo, os digo la verdad: os conviene que yo me vaya; porque si no me voy, no vendrá a vosotros el Paráclito. En cambio, si me voy, os lo enviaré. Y cuando venga, dejará convicto al mundo acerca de un pecado, de una justicia y de una condena. De un pecado, porque no creen en mí; de una justicia, porque me voy al Padre, y no me veréis; de una condena, porque el príncipe de este mundo está condenado».

Hechos 16, 22-34; ***Salmo*** 137, 1bcd-3.7c-8 • **JUAN 16, 5-11**

ORACIÓN

JESUCRISTO, me dices que me conviene que te vayas. Y me aclaras la razón: te vas para enviarme tu Espíritu Santo, de quien me vendrá la fortaleza y el consuelo. Aunque no te vea físicamente, tu Espíritu te hace siempre presente en mi vida, desde dentro. De tu Espíritu me viene todo consuelo, tan necesario en los momentos de tristeza, de duda, de cansancio espiritual. ***Tu derecha me salva, Señor*** *(Salmo 137,7c).*

Tomo II - Salterio 2ª semana **Miércoles 6º de Pascua**

MAYO

12

MIÉRCOLES

Santos NEREO Y AQUILES *mrs,*
PANCRACIO *mr,*
Domingo de la Calzada *pb,* **Germán** *ob.*
BB. Imelda Lambertini *vg,*
Juana de Portugal *mj,* **Álvaro del Portillo** *ob.*

Papa Francisco: Jesús anuncia el don del Espíritu Santo que recibirán sus discípulos después de su glorificación, es decir, su muerte y resurrección. El Espíritu Santo es el alma de la Iglesia. Él *da la vida, suscita los diferentes carismas* que enriquecen al Pueblo de Dios y, sobre todo, *crea la unidad* entre los creyentes: de muchos, hace un solo cuerpo, el cuerpo de Cristo. Toda la vida y la misión de la Iglesia dependen del Espíritu Santo; él realiza todas las cosas *(29-11-2014).*

PALABRA

Dijo Jesús a sus discípulos: «Muchas cosas me quedan por deciros, pero no podéis cargar con ellas por ahora; cuando venga él, el Espíritu de la verdad, os guiará hasta la verdad plena. Pues no hablará por cuenta propia, sino que hablará de lo que oye y os comunicará lo que está por venir. Él me glorificará, porque recibirá de lo mío y os lo anunciará. Todo lo que tiene el Padre es mío. Por eso os he dicho que recibirá y tomará de lo mío y os lo anunciará».

Hechos 17,15.22 - 8,1; ***Salmo*** 148,1bc-2.11-14 • **JUAN 16,12-15**

ORACIÓN

JESUCRISTO, me anuncias que me enviarás el Espíritu de la Verdad plena, que tenéis el Padre y tú. Es un alto honor para mí, y un consuelo, saber que el Padre, el Espíritu y tú me tenéis en cuenta, para no dejar que la barca de mi vida vaya a la deriva. Me uno a toda la creación para aclamaros: Gloria al Padre y al Hijo y al Espíritu Santo. ***Llenos están el cielo y la tierra de tu gloria*** *(Isaías 6,3c).*

MAYO

13

JUEVES

NTRA. SRA. DE FÁTIMA.
Santos Pedro Regalado *pb*,
Inés de Poitiers *ab*

Bienaventurada Virgen María del Rosario de Fátima

Papa Francisco: Tenemos una Madre, una «Señora muy bella», comentaban entre ellos los videntes de Fátima mientras regresaban a casa, la tarde de aquel bendito 13 de mayo de 1917. Y, por la noche, Jacinta no pudo contenerse y reveló el secreto a su madre: «Hoy he visto a la Virgen». Habían visto a la Madre del cielo. En la estela de luz que seguían con sus ojos, se posaron los ojos de muchos, pero... estos no la vieron. La Virgen Madre no vino aquí para que nosotros la viéramos: para esto tendremos toda la eternidad, a condición de que vayamos al cielo, por supuesto. Advirtiéndonos sobre el peligro del infierno al que nos lleva una vida —a menudo propuesta e impuesta— sin Dios y que profana a Dios en sus criaturas, vino a recordarnos la Luz de Dios que mora en nosotros y nos cubre. Fátima es sobre todo este manto de Luz que nos cubre, cuando nos refugiamos bajo la protección de la Virgen Madre para pedirle, como enseña la *Salve Regina*, «muéstranos a Jesús». ¡Tenemos una Madre, tenemos una Madre! Aferrándonos a ella como hijos, vivamos de la esperanza que se apoya en Jesús *(Fátima, 13-5-2017).*

PALABRA

Mientras Jesús hablaba a la gente, una mujer de entre el gentío, levantando la voz, le dijo: «Bienaventurado el vientre que te llevó y los pechos que te criaron». Pero él dijo: «Mejor, bienaventurados los que escuchan la Palabra de Dios y la cumplen».

Apocalipsis 11,19a;12,1-6a. 10ab; ***Salmo*** 44,11-17 • **LUCAS 11,27-28**

ORACIÓN

JESÚS, hoy te doy gracias por la presencia de tu Madre entre nosotros. "Yo soy la Virgen del Rosario", dijo a los pastorcitos en la aparición del 13 de octubre. Y aconseja el rezo del Rosario, Evangelio hecho oración y penitencia, que recorre tu vida y la de la Madre, y me une a ti en tu infancia y vida pública y cargado con la cruz: no temo llegar al Calvario, porque es el camino de la Resurrección. ***Escucha, hija, mira: inclina el oído*** *(Salmo 44,11).*

SAN MATÍAS, APOSTOL

FIESTA DE SAN MATÍAS, APÓSTOL

Santas María Dominica Mazzarello *rl*, Justa y Enedina *mrs*

MAYO **14** VIERNES

Papa Francisco: Todos los cristianos hemos recibido este don: la apertura, el acceso al corazón de Jesús, a la amistad de Jesús. Hemos recibido por suerte el don de tu amistad. Nuestro destino es ser amigos tuyos. Se trata de un don que el Señor conserva siempre y él es fiel a este don. Pero nosotros muchas veces no lo somos y nos alejamos, con nuestros pecados, con nuestros caprichos y muchas otras cosas. Sin embargo, él es fiel a la amistad porque nos ha llamado a vivirla. Nos ha elegido por esto, para ser sus amigos: "Ya no os llamo siervos —dice en el Evangelio (*Juan* 15, 9-17)— os llamo amigos". Y esta palabra la conserva hasta el final. ¿Cuál es la última palabra que Jesús dirige a Judas, precisamente en el momento de la traición? La respuesta es sorprendente: "Judas, amigo". Cuando precisamente Judas iba a entregarlo, él le dice "amigo", le recuerda esto. Porque él es fiel». El Señor no dice: "Vete porque tú te has alejado de mí. Vete". ¡No! Él hasta el final es fiel a este don que nos ha dado a todos: el don de la amistad *(14-5-2018)*.

PALABRA

Dijo Jesús a sus discípulos: «Como el Padre me ha amado, así os he amado yo; permaneced en mi amor. Si guardáis mis mandamientos, permaneceréis en mi amor; lo mismo que yo he guardado los mandamientos de mi Padre y permanezco en su amor. Os he hablado de esto para que mi alegría esté en vosotros, y vuestra alegría llegue a plenitud. Este es mi mandamiento: que os améis unos a otros como yo os he amado. Nadie tiene amor más grande que el que da la vida por sus amigos. Vosotros sois mis amigos, si hacéis lo que yo os mando. Ya no os llamo siervos, porque el siervo no sabe lo que hace su señor; a vosotros os llamo amigos, porque todo lo que he oído a mi Padre os lo he dado a conocer. No sois vosotros los que me habéis elegido, soy yo quien os he elegido y os he destinado para que vayáis y deis fruto, y vuestro fruto permanezca. De modo que lo que pidáis al Padre en mi nombre os lo dé. Esto os mando: que os améis unos a otros».

Hechos 1,15-17.20-26; ***Salmo*** 112,1b-8 • **JUAN 15, 9-17**

ORACIÓN

JESUCRISTO, en la fiesta del apóstol san Matías, insistes en la amistad entre tú y yo, una amistad firme y eterna por tu parte: tu amor es de siempre y para siempre. Y mi amistad contigo será realidad cuando sea fiel a tus mandatos. Tú me has elegido: estoy en tus manos, haz de mí lo que quieras, que siempre será lo que más me conviene y lo que me pone en el camino de la felicidad en la amistad contigo. ***El Señor lo sentó con los príncipes de su pueblo*** *(Sal 112,8)*.

MAYO

15

SÁBADO

Sábado 6° de Pascua **Tomo II - Salterio 2ª semana**

SAN ISIDRO LABRADOR

Santos Juana de Lestonnac *rl*,
Indalecio, Torcuato y Eufrasio *obs mrs*

Papa Francisco: Dios escucha siempre y conoce todo sobre nosotros, con amor. En nuestro camino cotidiano, especialmente en las dificultades, en la lucha contra el mal fuera y dentro de nosotros, el Señor no está lejos, está a nuestro lado; nosotros luchamos, con él a nuestro lado, y nuestra arma es precisamente la oración, que nos hace sentir su presencia junto a nosotros, su misericordia y también su ayuda *(20-10-2013)*.

PALABRA

Dijo Jesús a sus discípulos: «En verdad, en verdad os digo: si pedís algo al Padre en mi nombre, os lo dará. Hasta ahora no habéis pedido nada en mi nombre; pedid, y recibiréis, para que vuestra alegría sea completa. Os he hablado de esto en comparaciones; viene la hora en que ya no hablaré en comparaciones, sino que os hablaré del Padre claramente. Aquel día pediréis en mi nombre, y no os digo que yo rogaré al Padre por vosotros, pues el mismo Padre os quiere, porque vosotros me queréis y creéis que yo salí de Dios. Salí del Padre y he venido al mundo, otra vez dejo el mundo y me voy al Padre».

Hechos 18,23-28; ***Salmo*** 46,2-3.8-9.10 • **JUAN 16,23b-28**

ORACIÓN

JESUCRISTO, nos dices que "ahora dejo el mundo y me voy al Padre". Eso es una despedida en toda regla, ya no hablas en parábolas. Es un hecho que te despides, y, aunque la separación del Amigo es muy triste, más en tu caso, la acepto, porque tu lugar está a la derecha del Padre. Ah, pero no es una escapada sin más. No quieres romper relaciones conmigo: me tiendes un puente para continuar nuestra amistad y contar con tu generosidad: *Si pedís algo al Padre en mi nombre, os lo dará.* Pues sí, le pido al Padre en tu nombre que nada ni nadie pueda jamás enfriar nuestra amistad. Es mi mayor tesoro, tenerte como Amigo. No te doy un adiós indefinido. Te digo: ¡Hasta ahora, Amigo! ***Dios es el rey del mundo*** *(Salmo 46, 8a).*

ASCENSIÓN DEL SEÑOR

 DOMINGO VII DE PASCUA

MAYO 16 DOMINGO

Santos Simón Stock *pb,* Gema Galgani *vg,* Andrés Bobola *pb mr,* Alipio y Posidio *obs.* Beato Gil de Santarem *pb*

JORNADA MUNDIAL DE LAS COMUNICACIONES SOCIALES

SOLEMNIDAD DE LA ASCENSIÓN DEL SEÑOR

Papa Francisco: La Ascensión orienta nuestra mirada al cielo, donde Jesús glorificado se sienta a la derecha de Dios. Por otra parte, nos recuerda el inicio de la **misión de la Iglesia: Jesús resucitado ha subido al cielo y manda a sus discípulos a difundir el Evangelio en todo el mundo.** Por lo tanto, la Ascensión nos exhorta a levantar la mirada al cielo, para después dirigirla inmediatamente a la tierra, llevando adelante las tareas que el Señor resucitado nos confía: «Id por todo el mundo y proclamad la Buena Nueva a toda la creación». Aquella reducida compañía, irrelevante frente a las grandes potencias del mundo, es invitada a **llevar el mensaje de amor y de misericordia de Jesús a cada rincón de la tierra.** Pero este proyecto de Dios solo puede ser realizado con la fuerza que Dios mismo concede a los apóstoles. «Recibiréis la fuerza del Espíritu Santo, que vendrá sobre vosotros y seréis mis testigos en Jerusalén, en toda Judea y Samaría y hasta los confines de la tierra» (*Hechos* 1, 8). La misión confiada por Jesús a los apóstoles ha proseguido a través de los siglos, y prosigue todavía hoy: requiere la colaboración de todos nosotros. Cada uno, por el bautismo que ha recibido está habilitado para anunciar el Evangelio. Se trata de **ser hombres y mujeres de la Ascensión, es decir, buscadores de Cristo a lo largo de los caminos de nuestro tiempo,** llevando su palabra de salvación hasta los confines de la tierra. En este itinerario encontramos a Cristo mismo en nuestros hermanos, especialmente en los más pobres, en aquellos que sufren en carne propia la dura y mortificante experiencia de las viejas y nuevas pobrezas. **Como Cristo Resucitado al inicio envió a sus discípulos con la fuerza del Espíritu Santo, así hoy él nos envía a todos nosotros,** con la misma fuerza, para poner signos concretos y visibles de esperanza. Porque Jesús nos da la esperanza, se fue al cielo y abrió las puertas del cielo y la esperanza de que llegaremos allí *(13-5-2018).*

PALABRA

• *Hechos de los Apóstoles* 1, 1-11: En mi primer libro, Teófilo, escribí de todo lo que Jesús hizo y enseñó desde el comienzo hasta el día en que fue llevado al cielo, después de haber dado instrucciones a los apóstoles, que había escogido, movido por el Espíritu Santo Se les presentó él mismo después de su pasión, dándoles numerosas pruebas de que estaba vivo, apareciéndoseles durante cuarenta días y hablándoles del reino de Dios. Una vez que comían juntos les ordenó que no se alejaran de Jerusalén, sino «aguardad que se cumpla la promesa del Padre, de la que me habéis oído hablar, porque Juan bautizó con agua, pero vosotros seréis bautizados con Espíritu Santo, dentro de no muchos días». Los que se habían reunido, le preguntaron, diciendo: «Señor, ¿es ahora cuando vas a restaurar el reino de Israel?». Les dijo: «No os toca a vosotros conocer los tiempos o momentos que el Padre ha establecido con su propia autoridad; en cambio, recibiréis la fuerza del Espíritu Santo que va a venir sobre vosotros y seréis mis testigos en Jerusalén, en toda Judea y Samaría y "hasta el confín de la tierra"». Dicho esto, a la vista de ellos, fue elevado al cielo, hasta que una nube se lo quitó de la vista. Cuando miraban fijos al cielo, mientras él se iba marchando, se les presentaron dos hombres vestidos de blanco que les dijeron: «Galileos, ¿qué hacéis ahí plantados mirando al cielo? El mismo Jesús que ha sido tomado de entre vosotros y llevado al cielo, volverá como lo habéis visto marcharse al cielo».

• *Salmo* 46, 2-9: ***Dios asciende entre aclamaciones; el Señor, al son de trompetas.***

• *Efesios* 1, 17-23: Hermanos: El Dios de nuestro Señor Jesucristo, el Padre de la gloria, os dé espíritu de sabiduría y revelación para conocerlo, e ilumine los ojos de vuestro corazón para que comprendáis cuál es la esperanza a la que os llama, cuál la riqueza de gloria que da en herencia a los santos y cuál la extraordinaria grandeza de su poder en favor de nosotros, los creyentes, según la eficacia de su fuerza poderosa, que desplegó en Cristo, resucitándolo de entre los muertos y sentándolo a su derecha en el cielo, por encima de todo principado, poder, fuerza y dominación, y por encima de todo nombre conocido, no solo en este mundo, sino en el futuro. Y «todo lo puso bajo sus pies», y lo dio a la Iglesia, como Cabeza, sobre todo. Ella es su cuerpo, plenitud del que llena todo en todos.

• **MARCOS 16, 15-20:** Se apareció Jesús a los Once, y les dijo: «Id al mundo entero y proclamad el Evangelio a toda la creación. El que crea y sea bautizado, se salvará; el que no crea será condenado. A los que crean, les acompañarán estos signos: echarán demonios en mi nombre, hablarán lenguas nuevas, tomarán serpientes en sus manos, y, si beben un veneno mortal, no les hará daño. Impondrán las manos a los enfermos y quedarán sanos». Después de hablarles, el Señor Jesús fue llevado al cielo y se sentó a la derecha de Dios. Ellos se fueron a predicar por todas partes, y el Señor cooperaba confirmando la palabra con las señales que los acompañaban.

ORACIÓN

JESUCRISTO, me quedo mirando al cielo viéndote subir al Padre. Y te pido con la Iglesia: «Llévame en tu compañía,/ donde tú vayas, Jesús,/ porque bien sé que eres tú/ la vida del alma mía;/ si tú vida no me das,/ yo sé que vivir no puedo,/ ni si yo sin ti me quedo,/ ni si tú sin mí te vas». Y bajo del monte, dispuesto a dar testimonio de tu amor y de tu gloria. No puedo quedarme mirando al cielo, he de pisar el suelo y anunciar al mundo que te has ido para interceder por nosotros ante el Padre y prepararnos un lugar en la gloria. Adonde has ido tú, que eres nuestra Cabeza, estamos destinados a ir nosotros, que somos tu Cuerpo.

SAN PASCUAL BAILÓN

Tomo II - Salterio 3ª semana

Lunes 7° de Pascua

MAYO

17

LUNES

Santos PASCUAL BAILÓN *rl*, Víctor *mr*, Heraclio y Pablo *mrs*

Papa Francisco: Estar cerrados al Espíritu Santo no es solamente falta de libertad, sino también pecado. Hay muchos modos de cerrarse al Espíritu Santo. En el egoísmo del propio interés, en el legalismo rígido – como la actitud de los doctores de la ley que Jesús llama hipócritas -, en la falta de memoria de todo aquello que Jesús ha enseñado, en el vivir la vida cristiana no como servicio sino como interés personal... En cambio, el mundo tiene necesidad del valor, de la esperanza, de la fe y de la perseverancia de los discípulos de Cristo. El mundo necesita los frutos, los dones del Espíritu Santo, como enumera san Pablo (*Gál* 5, 22): «Amor, alegría, paz, paciencia, afabilidad, bondad, lealtad, modestia, dominio de sí» *(24-5-2015).*

PALABRA

Los discípulos dijeron a Jesús: «Ahora sí que hablas claro y no usas comparaciones. Ahora vemos que lo sabes todo y no necesitas que te pregunten; por ello creemos que has salido de Dios». Les contestó Jesús: «¿Ahora creéis? Pues mirad: está para llegar la hora, mejor, ya ha llegado, en que os disperséis cada cual por su lado y a mí me dejéis solo. Pero no estoy solo, porque está conmigo el Padre. Os he hablado de esto, para que encontréis la paz en mí. En el mundo tendréis luchas; pero tened valor: yo he vencido al mundo».

Hechos 19,1-8; ***Salmo*** 67,2-7ab • **JUAN 16,29-33**

ORACIÓN

JESUCRISTO, temo la hora en que pueda apartarme de ti, dejarte solo y quedarme solo. Contigo podré hacer frente a las tribulaciones y encontrar la paz. Me conforta tu palabra: «Ten valor, yo he vencido al mundo». Y yo, contigo y con el Padre. ***Reyes de la tierra, cantad a Dios*** *(Salmo 67, 33a).*

MAYO

18

MARTES

Martes 7º de Pascua

Tomo II - Salterio 3ª semana

Santos JUAN I *pp mr*, Rafaela M.ª *vg*, M.ª Josefa del Corazón de Jesús *vg*, Félix de Cantalice *rl*, Eric *re*

SANTA MARÍA JOSEFA C. J.

Papa Francisco: Jesús se despide, Pablo se despide y esto nos ayudará a reflexionar sobre nuestras despedidas. En nuestra vida hay muchas despedidas, pequeñas y grandes, y hay también mucho sufrimiento, muchas lágrimas en algunas de ellas. Pensad en la despedida de los cristianos y de los yazidíes, que piensan que no volverán a su tierra, porque han sido expulsados de sus casas... O la despedida de la madre, que saluda, da un último abrazo al hijo que se va a la guerra; y todos los días se levanta con miedo de que venga alguno y le diga: *Le agradecemos la generosidad de su hijo, que ha dado la vida por la patria.* Y está también la última despedida que todos debemos hacer, cuando el Señor nos llame a su orilla. Yo pienso en esto... Que Jesús muerto y resucitado nos envíe el Espíritu Santo para que nosotros aprendamos a decir esa palabra, *adiós*, existencialmente con toda la fuerza, la última palabra: adiós *(19-5-15).*

PALABRA

Levantando los ojos al cielo, dijo Jesús: «Padre, ha llegado la hora, glorifica a tu Hijo, para que tu Hijo te glorifique a ti y, por el poder que tú le has dado sobre toda carne, dé la vida eterna a los que le has dado. Esta es la vida eterna: que te conozcan a ti, único Dios verdadero, y a tu enviado, Jesucristo. Yo te he glorificado sobre la tierra, he llevado a cabo la obra que me encomendaste. Y ahora, Padre, glorifícame junto ti, con la gloria que yo tenía junto a ti, antes que el mundo existiese. He manifestado tu nombre a los que me diste de en medio del mundo. Tuyos eran, y tú me los diste, y ellos han guardado tu palabra. Ahora han conocido que todo lo que me diste procede de ti, porque yo les he comunicado las palabras que tú me diste, y ellos las han recibido, y han conocido verdaderamente que yo salí de ti, y han creído que tú me has enviado. Te ruego por ellos; no ruego por el mundo, sino por estos que tú me diste, porque son tuyos. Y todo lo mío es tuyo, y lo tuyo mío; y en ellos he sido glorificado. Ya no voy a estar en el mundo, pero ellos están en el mundo, mientras yo voy a ti».

Hechos 20,17-27; ***Salmo*** 67,10-11.20-21 • **JUAN 17,1-11a**

ORACIÓN

JESUCRISTO, acojo con la sed del desierto la vida eterna que ofreces a los que te dio el Padre. Y propongo como programa de mi vida terrena esa vida eterna: conocer mejor a tu Padre y a ti y al Espíritu, para amaros más y vivir unido a los Tres. Mi lectura del Evangelio es mi rato privilegiado de cada día para adelantar la vida eterna, conociendo mejor al Padre y a ti, su enviado, y cuál es vuestra Voluntad. ***Reyes de la tierra, cantad a Dios*** *(Salmo 67, 33a).*

Santos Francisco Coll *pb*, Urbano I *pp*, Celestino V *pp*, Ivón *pb*

Papa Francisco: Cuando se acercaba su hora, Jesús oró al Padre por sus discípulos, por los que estaban con él y por los que vendrían (cf. *Jn* 17,11-22). Nos hace bien pensar que, en su hora crucial, Jesús pone en su oración la vida de los suyos, nuestra vida. Y le pide a su Padre que los mantenga en la unidad y en la alegría. Conocía bien Jesús el corazón de los suyos, conoce bien nuestro corazón. Por eso reza, pide al Padre para que no los domine una conciencia que tiende a aislarse, refugiarse en las propias certezas, seguridades, espacios; a desentenderse de la vida de los demás. Son situaciones que desembocan en tristeza individualista, en una tristeza que poco a poco va dejando lugar al resentimiento, a la queja continua, a la monotonía; ese no es el deseo de Dios para nosotros, esa no es la vida en el Espíritu a la que nos invitó. Por eso Jesús reza, pide para que la tristeza y el aislamiento no nos ganen el corazón. Nosotros queremos hacer lo mismo, queremos unirnos a la oración de Jesús, a sus palabras para decir juntos: «Padre santo, guárdalos en tu nombre, para que sean uno, como nosotros y su gozo sea completo» *(20-9-2015).*

PALABRA

Levantando los ojos al cielo, oró Jesús diciendo: «Padre santo, guárdalos en tu nombre, a los que me has dado, para que sean uno, como nosotros. Cuando estaba con ellos, yo guardaba en tu nombre a los que me diste, y los custodiaba, y ninguno se perdió, sino el hijo de la perdición, para que se cumpliera la Escritura. Ahora voy a ti, y digo esto en el mundo para que tengan en sí mismos mi alegría cumplida. Yo les he dado tu palabra, y el mundo los ha odiado porque no son del mundo, como tampoco yo soy del mundo. No ruego que los retires del mundo, sino que los guardes del maligno. No son del mundo, como tampoco yo soy del mundo. Santifícalos en la verdad: tu palabra es verdad. Como tú me enviaste al mundo, así yo los envío también al mundo. Y por ellos yo me santifico a mí mismo, para que también ellos sean santificados en la verdad».

Hechos 20, 28-38; ***Salmo*** 67, 29-30.33-36d • **JUAN 17, 11b-19**

ORACIÓN

JESUCRISTO, me llena de gozo saber que continúas pidiéndole al Padre que me guarde del mal, que me consagre en la verdad, que tu palabra cale en mi corazón, y mi alegría, unido a ti, sea completa. Así podré seguir en el mundo, que me odia como a ti, por no ser del mundo. Y anunciar, con la palabra y la vida -como hizo el predicador dominico Francisco Coll- que en ti está la salvación de tus elegidos y de todo el mundo. ***Reyes de la tierra, cantad a Dios*** *(Salmo 67, 33a).*

MAYO
20
JUEVES

Jueves 7° de Pascua

Tomo II - Salterio 3ª semana

Santos BERNARDINO DE SIENA *pb*, Lidia *NT*, Áurea *mr*

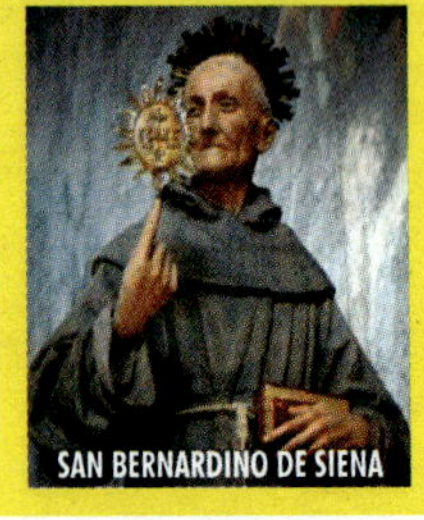
SAN BERNARDINO DE SIENA

Papa Francisco: A los Apóstoles, incapaces de soportar el escándalo de la pasión de su Maestro, el Espíritu les dará una nueva clave de lectura para introducirlos en la verdad y en la belleza de la salvación. Estos hombres, antes asustados y paralizados, encerrados en el cenáculo para evitar las consecuencias del viernes santo, ya no se avergonzarán de ser discípulos de Cristo, ya no temblarán ante los tribunales humanos. Gracias al Espíritu Santo, ellos comprenden «toda la verdad», esto es: que la muerte de Jesús no es su derrota, sino la expresión suprema del amor de Dios. Amor que en la Resurrección vence a la muerte y exalta a Jesús como el Viviente, el Señor, el Redentor del hombre, el Señor de la historia y del mundo. Y esta realidad, de la cual ellos son testigos, se convierte en Buena Noticia que se debe anunciar a todos *(24-5-2015)*.

PALABRA

Levantando los ojos al cielo, oró Jesús diciendo: «Padre Santo, no solo por ellos ruego, sino también por los que crean en mí por la palabra de ellos, para que todos sean uno, como tú, Padre, en mí y yo en ti, que ellos también lo sean en nosotros, para que el mundo crea que tú me has enviado. Yo les he dado la gloria que tú me diste, para que sean uno, como nosotros somos uno: yo en ellos y tú en mí, para que sean completamente uno, de modo que el mundo sepa que tú me has enviado y que los has amado como me has amado a mí. Padre, este es mi deseo: que los que me has dado estén conmigo, donde yo estoy, y contemplen mi gloria, la que me diste, porque me amabas, antes de la fundación del mundo. Padre justo, si el mundo no te ha conocido, yo te he conocido, y estos han conocido que tú me enviaste. Les he dado a conocer y les daré a conocer tu nombre, para que el amor que me tenías esté en ellos, como también yo estoy en ellos».

Hechos 22,30; 23,6-11; ***Salmo*** 15,1-2a. 5.7-11 • **JUAN 17,20-26**

ORACIÓN

JESUCRISTO, tu oración al Padre por los que dejas en este mundo nos es necesaria, para que se cumpla tu deseo, que es el fundamento de mi mayor esperanza: "Padre, que los que me has dado estén conmigo, donde yo estoy". Tú lo deseas y lo pides al Padre. Yo lo espero y te lo pido a ti. Tengo firmes motivos para esperar lo que es más importante para mí: estar eternamente contigo y con el Padre. ***Protégeme, Dios mío, que me refugio en ti*** *(Salmo 15,1b)*.

Santos CRISTÓBAL MAGALLANES y *co mrs,* Eugenio de Mazenod *ob.* Beato Jacinto M.ª Cormier *pb*

Papa Francisco: Todos nosotros tenemos como dos “espíritus”: *el Espíritu de Dios*, que nos lleva a las obras buenas, a la caridad, a la fraternidad, a adorar a Dios, a conocer a Jesús, a hacer tantas buenas obras de caridad, a rezar. Pero está también *el otro espíritu, el del mundo*, que nos lleva hacia la vanidad, el orgullo, la suficiencia, el chismorreo: otro camino. Nuestro corazón, decía un santo, es como un “campo de batalla, un campo de guerra donde estos dos espíritus luchan” y llamaba a esto el “combate espiritual”. En la vida cristiana se debe combatir para dejar espacio al Espíritu de Dios y expulsar —como Jesús expulsó este demonio— al espíritu del mundo. Hay una oración bonita que nosotros podemos hacer todos los días, antes de ir a dormir, echar un vistazo a la jornada y preguntarse “¿Pero qué espíritu he seguido yo hoy? ¿El Espíritu de Dios o el espíritu del mundo? *(4-9-2018).*

PALABRA

Habiéndose aparecido Jesús a sus discípulos, después de comer, le dice a Simón Pedro: «Simón, hijo de Juan, ¿me amas más que estos?». Él le contestó: «Sí, Señor, tú sabes que te quiero». Jesús le dice: «Apacienta mis corderos». Por segunda vez le pregunta: «Simón, hijo de Juan, ¿me amas?». Él le contesta: «Sí, Señor, tú sabes que te quiero». Él le dice: «Pastorea mis ovejas». Por tercera vez le pregunta: «Simón, hijo de Juan, ¿me quieres?». Se entristeció Pedro de que le preguntara por tercera vez: “¿Me quieres?” y le contestó: «Señor, tú conoces todo, tú sabes que te quiero». Jesús le dice: «Apacienta mis ovejas. En verdad, en verdad te digo: cuando eras joven, tú mismo te ceñías e ibas adonde querías; pero, cuando seas viejo, extenderás las manos, otro te ceñirá y te llevará adonde no quieras». Esto dijo aludiendo a la muerte con que iba a dar gloria a Dios. Dicho esto, añadió: «Sígueme».

Hechos 25,13b-21; ***Salmo*** 102,1bc-2.11-12.19-20ab • **JUAN 21,15-19**

ORACIÓN

JESUCRISTO, tú todo lo conoces, también mi corazón. Y sabes que te quiero, a pesar de que lo disimule alguna vez con mis infidelidades a tu amistad, a causa de la debilidad humana. Quiero ser el Pedro que, pecador, se arrepiente y te ama con todo su ser, y no el Judas que no confía en tu amor y se hunde en la desesperación. ***El Señor puso en el cielo su trono*** *(Salmo 102, 19a).*

MAYO

22

SÁBADO

Sábado 7º de Pascua Tomo II - Salterio 3ª semana

Santos JOAQUINA DE VEDRUNA *rl*, RITA DE CASIA *vl rl*, Quiteria *vg*, Domingo Ngôn *pf mr*

SANTA JOAQUINA DE VEDRUNA

Papa Francisco: El ir la Iglesia adelante es obra del Espíritu Santo. ¿Y cómo puedo estar seguro de que esa voz que escucho es la voz de Jesús, que cuanto he escuchado sobre lo que debo hacer está inspirado por el Espíritu Santo? La respuesta es sencilla: rezar. Sin oración, no hay sitio para el Espíritu. Pedir a Dios que nos mande este don: *'Señor, danos el Espíritu Santo para que podamos discernir en cada momento qué debemos hacer"*. La Iglesia va adelante con estas sorpresas, con estas novedades del Espíritu Santo *(3-5-15).*

PALABRA

Pedro, volviéndose, vio que los seguía *[a Jesús y a él]* el discípulo a quien Jesús amaba, el mismo que en la cena se había apoyado en su pecho y le había preguntado: «Señor, ¿quién es el que te va a entregar?». Al verlo, Pedro dice a Jesús: «Señor, y este ¿qué?». Jesús le contesta: «Si quiero que se quede hasta que yo venga, ¿a ti qué? Tú sígueme». Entonces empezó a correr entre los hermanos el rumor de que ese discípulo no moriría. Pero no le dijo Jesús que no moriría, sino: «Si quiero que se quede hasta que yo venga, ¿a ti qué?». Este es el discípulo que da testimonio de todo esto y lo ha escrito; y nosotros sabemos que su testimonio es verdadero. Muchas otras cosas hizo Jesús. Si se escribieran una por una, pienso que ni el mundo entero podría contener los libros que habría que escribir».

Hechos 28, 16-20.30-31; ***Salmo*** 10, 4-5.7 • **JUAN 21, 20-25**

ORACIÓN

JESUCRISTO, dos palabras tuyas dejan de lado mis posibles preguntas sobre cualquier otra cuestión: *"Tú sígueme"*. Lo demás no tiene importancia: para Pedro fue el lema del resto de su vida, en la que te siguió hasta la cruz. Para mí quiero que tu seguimiento sea fecundo, para mí y para los que tú pongas en mi camino de fe. ***Los buenos verán tu rostro, Señor*** *(Salmo 10,7b).*

Santos Eutiquio *ab,* Lucio y *co mrs,* Desiderio *ob.*

MAYO
23
DOMINGO

DÍA DE LA ACCIÓN CATÓLICA Y DEL APOSTOLADO SEGLAR

SOLEMNIDAD DE PENTECOSTÉS

Papa Francisco: Hoy, con las prisas que nos impone nuestro tiempo, parece que la armonía está marginada: reclamados por todas partes, corremos el riesgo de estallar, movidos por un continuo nerviosismo que nos hace reaccionar mal a todo. Y se busca la solución rápida, una pastilla detrás de otra para seguir adelante, una emoción detrás de otra para sentirse vivos. Pero lo que necesitamos sobre todo es el Espíritu: es él quien pone orden en el frenesí. **Él es la paz en la inquietud, la confianza en el desánimo, la alegría en la tristeza, la juventud en la vejez, el valor en la prueba. Es quien, en medio de las corrientes tormentosas de la vida, fija el ancla de la esperanza.** Es el Espíritu el que, como dice hoy san Pablo, nos impide volver a caer en el miedo porque hace que nos sintamos hijos amados (cf. *Rom* 8,15). Él es el Consolador, que nos transmite la ternura de Dios. Sin el Espíritu, la vida cristiana está deshilachada, privada del amor que todo lo une. Sin el Espíritu, Jesús sigue siendo un personaje del pasado, con el Espíritu es una persona viva hoy; sin el Espíritu la Escritura es letra muerta, con el Espíritu es Palabra de vida. **Un cristianismo sin el Espíritu es un moralismo sin alegría; con el Espíritu es vida. El Espíritu Santo no solo trae armonía *dentro,* sino también *fuera, entre los hombres.* Nos hace Iglesia,** compone las diferentes partes en un solo edificio armónico. San Pablo lo explica bien cuando, hablando de la Iglesia, repite a menudo una palabra, "diversidad": «*diversidad* de carismas, *diversidad* de actuaciones, *diversidad* de ministerios» (*1 Cor* 12,4-6). Somos diferentes en la variedad de cualidades y dones. El Espíritu los distribuye con creatividad, sin nivelar, sin homologar. Y a partir de esta diversidad construye la unidad *(9-6-2019).*

VIGILIA DE PENTECOSTÉS

PALABRA

• ***Génesis*** 11,1-9: Babel: allí confundió el Señor la lengua de toda la tierra.
• ***Éxodo*** 19,3-8.16-20b: El Señor descendió al monte Sinaí a la vista del pueblo.
• ***Ezequiel*** 37,1-14: Huesos secos: infundiré espíritu sobre vosotros y viviréis.
• ***Joel*** 3,1-5: Sobre mis siervos y siervas derramaré mi Espíritu.
• ***Salmo*** 103, 1-2.24-30: ***Envía tu Espíritu, Señor, y repuebla la faz de la tierra.***
• ***Romanos*** 8, 22-27: Hermanos: Sabemos que hasta hoy toda la creación está gimiendo y sufre dolores de parto. Y no solo eso, sino que también nosotros, que poseemos las primicias del Espíritu, gemimos en nuestro interior, aguardando la

adopción filial, la redención de nuestro cuerpo. Pues hemos sido salvados en esperanza. Y una esperanza que se ve, no es esperanza; efectivamente, ¿cómo va a esperar uno algo que ve? Pero si esperamos lo que no vemos, aguardamos con perseverancia. Del mismo modo, el Espíritu acude en ayuda de nuestra debilidad, pues nosotros no sabemos pedir como conviene; pero el Espíritu intercede por nosotros con gemidos inefables. Y el que escruta los corazones sabe cuál es el deseo del Espíritu, y que su intercesión por los santos es según Dios.

• **JUAN 7, 37-39:** El último día, el más solemne de la fiesta, Jesús en pie gritó: «El que tenga sed, que venga a mí y beba el que cree en mí; como dice la Escritura: "de sus entrañas manarán ríos de agua viva». Dijo esto refiriéndose al Espíritu, que habían de recibir los que creyeran en él. Todavía no se había dado el Espíritu, porque Jesús no había sido glorificado.

MISA DEL DÍA

• ***Hechos de los Apóstoles*** 2, 1-11: Al cumplirse el día de Pentecostés, estaban todos juntos en el mismo lugar. De repente, se produjo desde el cielo un estruendo, como de viento que soplaba fuertemente, y llenó toda la casa donde se encontraban sentados. Vieron aparecer unas lenguas, como llamaradas, que se dividían, posándose encima de cada uno de ellos. Se llenaron todos de Espíritu Santo y empezaron a hablar en otras lenguas, según el Espíritu les concedía manifestarse. Residían entonces en Jerusalén judíos devotos venidos de todos los pueblos que hay bajo el cielo. Al oírse este ruido, acudió la multitud y quedaron desconcertados, porque cada uno los oía hablar en su propia lengua. Estaban todos estupefactos y admirados, diciendo: «¿No son galileos todos esos que están hablando? Entonces, ¿cómo es que cada uno de nosotros los oímos hablar en nuestra lengua nativa? Entre nosotros hay partos, medos, elamitas y habitantes de Mesopotamia, de Judea y Capadocia, del Ponto y Asia, de Frigia y Panfilia, de Egipto y de la zona de Libia, que limita con Cirene; hay ciudadanos romanos forasteros, tanto judíos como prosélitos; también hay cretenses y árabes; y cada uno los oímos hablar de las grandezas de Dios en nuestra propia lengua».

• ***Salmo*** 103, 1ab.24ac.29bc-31.34: ***Envía tu Espíritu, Señor, y repuebla la faz de la tierra.***

• ***1 Corintios*** 12, 3b-7.12-13: Hermanos: Nadie puede decir «Jesús es Señor», sino por el Espíritu Santo. Hay diversidad de ministerios, pero un mismo Señor; y hay diversidad de actuaciones, pero un mismo Dios que obra todo en todos. Pero a cada cual se le otorga la manifestación del Espíritu para el bien común. Pues lo mismo que el cuerpo es uno y tiene muchos miembros, y todos los miembros del cuerpo, a pesar de ser muchos, son un solo cuerpo, así es también Cristo. Pues todos nosotros, judíos y griegos, esclavos y libres, hemos sido bautizados en un mismo Espíritu, para formar un solo cuerpo. Y todos hemos bebido de un solo Espíritu.

SECUENCIA: ***Ven, Espíritu divino, / manda tu luz desde el cielo. /***
Padre amoroso del pobre, / don, en tus dones espléndido; /
luz que penetra las almas; / fuente del mayor consuelo.
•Ven, dulce huésped del alma, / descanso en nuestro esfuerzo, /
tregua en el duro trabajo, / brisa en las horas de fuego, /
gozo que enjuga las lágrimas / y reconforta en los duelos.
•Entra hasta el fondo del alma, / divina luz y enriquécenos. /
Mira el vacío del hambre, / si tú le faltas por dentro; /
mira el poder del pecado, / cuando no envías tu aliento.
• Riega la tierra en sequía, / sana el corazón enfermo, /
lava las manchas, infunde / calor de vida en el hielo, /
doma el espíritu indómito, / guía al que tuerce el sendero.
• Reparte tus siete dones, / según la fe de tus siervos; /
por tu bondad y tu gracia, / dale al esfuerzo su mérito; /
salva al que busca salvarse / y danos tu gozo eterno.

• JUAN 20, 19-23: Al anochecer de aquel día, el primero de la semana, estaban los discípulos en una casa, con las puertas cerradas por miedo a los judíos. Y en esto entró Jesús, se puso en medio y les dijo: «Paz a vosotros». Y, diciendo esto, les enseñó las manos y el costado. Y los discípulos se llenaron de alegría al ver al Señor. Jesús repitió: «Paz a vosotros. Como el Padre me ha enviado, así también os envío yo». Y, dicho esto, sopló sobre ellos y les dijo: «Recibid el Espíritu Santo; a quienes les perdonéis los pecados, les quedan perdonados; a quienes se los retengáis, les quedan retenidos».

ORACIÓN

JESUCRISTO, gracias por el envío de tu Espíritu. Que lo que prometiste que haría el Espíritu, se cumpla en mi vida. ¡Ven, Espíritu Santo, llena mi corazón y enciende en mí el fuego de tu amor! Solo con la asistencia del Espíritu podrá renovarse la faz y la realidad de mi vida, hasta que llegue a ser cristiano, otro Cristo, prolongando tu presencia viva entre los hombres y mujeres del siglo XXI.

MAYO
24
LUNES

María Auxiliadora. Santos Vicente de Lérins *pb mj*, Simeón Estilita *pb er*, Juana mujer de Cusa *NT*, Traslación de Santo Domingo

TIEMPO ORDINARIO

TOMO I de *la Liturgia de las Horas*

BIENAVENTURADA VIRGEN MARÍA, MADRE DE LA IGLESIA

Papa Francisco: En María, Madre de la Iglesia, podemos entender la dimensión femenina de la Iglesia: cuando no está, la Iglesia pierde la verdadera identidad y se convierte en una asociación de beneficencia o en un equipo de fútbol o cualquier otra cosa, pero no la Iglesia. La Iglesia es "mujer" y cuando nosotros pensamos en el rol de la mujer en la Iglesia debemos remontarnos hasta esta fuente: María, madre. Y la Iglesia es "mujer" porque es madre, porque es capaz de "dar a luz hijos": su alma es femenina porque es madre, es capaz de dar a luz actitudes de fecundidad *(21-5-2018).*

PALABRA

Junto a la cruz de Jesús estaba su madre, la hermana de su madre, María, la de Cleofás, y María, la Magdalena. Jesús, al ver a su madre y junto a ella al discípulo al que amaba, dijo a su madre: «Mujer, ahí tienes a tu hijo». Luego, dijo al discípulo: «Ahí tienes a tu madre».Y desde aquella hora, el discípulo la recibió como algo propio.

Hechos 1,12-14; ***Salmo*** 86,1b-7 • **JUAN 19,25-27**

ORACIÓN

JESÚS, tu Iglesia proclamó solemnemente que María es Madre de la Iglesia, "nuestra Madre", tuya y nuestra" en pleno Concilio Vaticano II, en un histórico discurso de san Pablo VI, el 21 de noviembre de 1964: ***"Para gloria de la Virgen y consuelo nuestro, Nos proclamamos a María Santísima MADRE DE LA IGLESIA"***. Los Padres conciliares aplaudieron con entusiasmo, y toda la Iglesia lo acogió con un "AMÉN" de fe gozosa. ***¡Qué pregón tan glorioso para ti, ciudad de Dios!*** *(Salmo 86,3).*

SANTA MAGDALENA SOFÍA

MAYO **25** MARTES

Santos BEDA *pb dc*, GREGORIO VII *pp*, M.ª MAGDALENA DE PAZZI *vg*, Magdalena Sofía *vg*, Vicenta M.ª López Vicuña *vg*

Papa Francisco: Cuando un cristiano está apegado a los bienes, da la mala impresión de un cristiano que quiere tener dos cosas: el cielo y la tierra. Y Jesús indica la cruz y las persecuciones. Esto quiere decir negarse a sí mismo, llevar cada día la cruz... La gratuidad en seguir a Jesús es la respuesta a la gratuidad del amor y de la salvación que nos da Jesús. Qué feo es ver a un cristiano -sea laico, consagrado, sacerdote, obispo- cuando se ve que busca dos cosas: seguir a Jesús y los bienes, seguir a Jesús y seguir la mundanidad. Esto es un antitestimonio que aleja a la gente de Jesús *(25-6-2015)*.

PALABRA

Pedro se puso a decir a Jesús: «Ya ves que nosotros lo hemos dejado todo y te hemos seguido». Jesús dijo: «En verdad os digo que no hay nadie que haya dejado casa, o hermanos o hermanas, o madre o padre, o hijos o tierras, por mí y por el Evangelio, que no reciba ahora, en este tiempo, cien veces más –casas y hermanos y hermanas y madres e hijos y tierras, con persecuciones–, y en la edad futura, vida eterna. Muchos primeros serán últimos, y muchos últimos primeros».

Eclesiástico 35, 1-12; ***Salmo*** 49, 5-8.14.23 • **MARCOS 10, 28-31**

ORACIÓN

SEÑOR, es poco lo que dejaron los apóstoles para seguirte en libertad, pero era todo lo que tenían. ¡Qué poco dejo yo por ti! Pero tu generosidad me desborda: cien veces más en esta vida, (es verdad, con persecuciones) y Vida para siempre a tu lado. Jamás pudo el hombre soñar que conseguiría algo tan alto. Y tú me lo regalas. ***Al que sigue buen camino le haré ver la salvación de Dios*** (Salmo 49,23).

MAYO

26

MIÉRCOLES

Miércoles 8º Tiempo Ordinario **Tomo I - Salterio 1ª semana**

Santos FELIPE NERI *pb*,
Mariana de Jesús Paredes *vg*,
Pedro Mártir Sans *ob mr*, Felicísima *mr*

Papa Francisco: En la primera Carta de Pedro (1, 10-16), el apóstol nos recuerda ese mandamiento, digamos así, que el mismo Dios y los profetas nos han dado siempre: el mandamiento de ir, de caminar hacia la santidad: «Sed santos en toda vuestra conducta, como dice la Escritura: Seréis santos, porque yo soy santo». Es sencillo el modelo de santidad, pero no es fácil ser santos como nuestro Padre del cielo: la llamada a la santidad, que es la llamada normal, es la llamada a vivir como cristiano, que es decir "vivir como santo". Pedro explica claramente qué significa caminar hacia la santidad: "Poned toda vuestra esperanza en esa gracia que se os dará cuando Jesucristo se manifieste" *(29-5-2018)*.

PALABRA

Jesús dijo a los doce: «Mirad, estamos subiendo a Jerusalén, y el Hijo del hombre va a ser entregado a los sumos sacerdotes y a los escribas, lo condenarán a muerte y lo entregarán a los gentiles, se burlarán de él, le escupirán, lo azotarán y lo matarán; y a los tres días resucitará». Se le acercaron los hijos de Zebedeo, Santiago y Juan, y le dijeron: «Maestro, concédenos sentarnos en tu gloria uno a tu derecha y otro a tu izquierda». Jesús replicó: «No sabéis lo que pedís, ¿podéis beber el cáliz que yo he de beber, o de bautizaros con el bautismo con que yo me voy a bautizar?». Contestaron: «Podemos». Jesús les dijo: «El cáliz que yo voy a beber lo beberéis, y os bautizaréis con el bautismo con que yo me voy a bautizar, pero el sentarse a mi derecha o a mi izquierda no me toca a mí concederlo, sino que es para quienes está reservado». Los otros diez, al oír aquello, se indignaron contra Santiago y Juan. Jesús, llamándolos, les dijo: «Sabéis que los que son reconocidos como jefes de los pueblos los tiranizan, y que los grandes los oprimen. No será así entre vosotros: el que quiera ser grande, sea vuestro servidor; y el que quiera ser primero, sea esclavo de todos. Porque el Hijo del hombre no ha venido a ser servido, sino a servir y dar su vida en rescate por muchos».

Eclesiástico 36, 1.4-5a.10-17; ***Salmo*** 78, 8-11.13 • **MARCOS 10, 33-35.37-45**

ORACIÓN

SEÑOR, comienzas a anunciar a tus Apóstoles lo que vas a sufrir en Jerusalén: se lo decías "a los Doce", pero Santiago y Juan iban a lo suyo. Ellos querían los primeros puestos en tu reino, sin entender que tu trono sería la Cruz. Juan fue testigo ocular, y los dos recibieron tu Espíritu, que los condujo a entender tu Palabra de cruz y de resurrección. ***Muéstranos, Señor, la luz de tu misericordia*** *(Eclesiástico 36,1c).*

Santos AGUSTÍN DE CANTERBURY *ob*, Bruno *ob*, Bárbara Kim y Bárbara Yi *mrs*

MAYO
27
JUEVES

FIESTA DE JESUCRISTO SUMO Y ETERNO SACERDOTE

(«Liturgia de las Horas», tomo III, después del 31 de mayo)

Papa Francisco: Algunos veían a Jesús como un Mesías que debía hablar y actuar de modo que su misión tuviera un éxito inmediato. Pero se equivocaban sobre el modo de entender la misión del Mesías. «¡Este modo de hablar es duro! –decían– ¿Quién puede hacerle caso?» (*Jn* 6, 60). Todo lo que tenemos en el mundo no sacia nuestra hambre de infinito. ¡Tenemos necesidad de Jesús, de estar con él, de alimentarnos en su mesa, con sus palabras de vida eterna! Creer en Jesús significa hacer de él el centro, el sentido de nuestra vida. Cristo no es un elemento accesorio: es el «pan vivo», el alimento indispensable. Adherirse a él, en una verdadera relación de fe y de amor, no significa estar encadenados, sino ser profundamente libres, siempre en camino. Cada uno de nosotros puede preguntarse: ¿quién es Jesús para mí? ¿Es un nombre, una idea, es solamente un personaje histórico? O ¿es verdaderamente esa persona que me ama, que ha dado su vida por mí y camina conmigo? Para ti, ¿quién es Jesús? ¿Estás con Jesús? ¿Intentas conocerlo en su palabra? ¿Lees el Evangelio, todos los días un pasaje, para conocer a Jesús? Porque cuanto más estamos con él, más crece el deseo de permanecer con él *(23-8-2015).*

PALABRA

El primer día de los Ácimos, cuando se sacrificaba el cordero pascual, mientras comían, Jesús tomó pan y, pronunciando la bendición, lo partió y se lo dio diciendo: «Tomad, esto es mi cuerpo». Después tomó el cáliz, pronunció la acción de gracias, se lo dio y todos bebieron. Y les dijo: «Esta es mi sangre de la alianza, que es derramada por muchos. En verdad os digo que no volveré a beber del fruto de la vid hasta el día que beba el vino nuevo en el reino de Dios».

Jeremías 31,31-34; ***Salmo*** 109,1bcde.2.3 • **MARCOS 14,12a.22-25**

ORACIÓN

JESUCRISTO, SUMO Y ETERNO SACERDOTE, todos los que hemos sido bautizados participamos de tu sacerdocio, todos somos sacerdotes, profetas y reyes. Y más, los que tú has elegido para perpetuar la maravilla de la eucaristía, de la penitencia y demás sacramentos, por medio del sacramento del Orden. Gracias por el bautismo. Gracias por la eucaristía. Y gracias, porque sigues ejerciendo en el cielo tu Sacerdocio eterno, intercediendo continuamente por mí ante el Padre, y eligiendo entre los bautizados los ministros sagrados que continúan en tu Iglesia el sacerdocio ministerial. ***Tú eres sacerdote eterno, según el rito de Melquisedec*** *(Sal 109,4bc).*

MAYO
28
VIERNES

Viernes 8° Tiempo Ordinario Tomo I - Salterio 1ª semana

Santos Justo de Urgel *ob*, Germán de París *ob*, Guillermo *mj*

SAN JUSTO DE URGEL

Papa Francisco: La persecución es parte de la vida cristiana, es más, ser perseguido es una bienaventuranza. Cuando Jesús echa a los vendedores del templo, para purificar el templo, los jefes de los sacerdotes y los escribas “buscaban la manera de acabar con él”. Jesús fue perseguido a causa de su fidelidad al Padre *(1-6-2018).*

PALABRA

Después que el gentío lo hubo aclamado, entró Jesús en Jerusalén, en el templo, lo estuvo observando todo y, como era ya tarde, salió hacia Betania con los Doce. Al día siguiente, cuando salió de Betania, sintió hambre. Vio de lejos una higuera con hojas y se acercó para ver si encontraba algo; al llegar no encontró más que hojas, porque no era tiempo de higos. Entonces le dijo: «Nunca jamás coma nadie frutos de ti». Los discípulos lo oyeron. Llegaron a Jerusalén y, entrando en el templo, se puso a echar a los que vendían y compraban en el templo, volcando las mesas de los cambistas y los puestos de los que vendían palomas. Y no consentía a nadie transportar objetos por el templo. Y los instruía diciendo: «¿No está escrito: “Mi casa será casa de oración para todos los pueblos”? Vosotros en cambio la habéis convertido en cueva de bandidos». Se enteraron los sumos sacerdotes y los escribas y, como le tenían miedo, porque todo el mundo admiraba su enseñanza, buscaban una manera de acabar con él. Cuando atardeció, salieron de la ciudad. A la mañana siguiente, al pasar, vieron la higuera seca de raíz. Pedro cayó en la cuenta y dijo a Jesús: «Maestro, mira, la higuera que maldijiste se ha secado». Jesús contestó: «Tened fe en Dios. En verdad os digo que si uno dice a este monte: “Quítate de ahí y tírate al mar”, y no duda en su corazón, sino que cree en que sucederá lo que dice, lo obtendrá. Por eso os digo: Todo cuanto pidáis en la oración, creed que os lo han concedido, y lo obtendréis. Y cuando os pongáis a orar, perdonad lo que tengáis contra otros, para que también vuestro Padre del cielo os perdone vuestras culpas».

Eclesiástico 44,1.9-13; ***Salmo*** 149,1bc-6a.9b • **MARCOS 11,11-25**

ORACIÓN

SEÑOR, si tu casa es casa de oración, mi persona –templo de Dios– es sagrada y no puedo dedicarla a lo que me aparta de ti. Tú quieres que dé fruto, de lo contrario podría ocurrirme como a la higuera, que solo tenía hojas ¡Ten compasión de mí! ***El Señor ama a su pueblo*** *(Salmo 149, 4a).*

Santos PABLO VI *pp*, Maximino de Tréveris *ob*, Bona *vg*, Gerardo *ob*. Beato José Gérard *pb*

Papa Francisco: En el episodio de la expulsión de los vendedores del templo, Jesús hizo un látigo con cuerdas, los echó a todos del Templo, con ovejas y bueyes, el dinero, todo. Tal gesto suscitó una fuerte impresión en la gente y en los discípulos. Aparece claramente como un *gesto profético*, tanto que algunos de los presentes le preguntaron a Jesús: «¿Qué signos nos muestras para obrar así?», ¿quién eres para hacer estas cosas? Muéstranos una señal de que tienes realmente autoridad para hacerlas. Buscaban una señal divina, prodigiosa, que acreditara a Jesús como enviado de Dios. Y él les respondió: «Destruid este templo y en tres días lo levantaré». Ellos no comprendieron que el Señor se refería al *templo vivo de su cuerpo*, que sería destruido con la muerte en la cruz, pero que resucitaría al tercer día. Este gesto de Jesús y su mensaje profético se comprenden plenamente a la luz de su Pascua. Según el evangelista Juan, este es el primer anuncio de la muerte y resurrección de Cristo: su cuerpo, destruido en la cruz por la violencia del pecado, *se convertirá con la Resurrección en lugar de la cita universal entre Dios y los hombres.* Por eso su humanidad es el verdadero templo en el que Dios se revela, habla, se lo puede encontrar; y los verdaderos adoradores de Dios no son los custodios del templo material, los detentadores del poder o del saber religioso, sino los que *adoran a Dios «en espíritu y verdad» (Jn 4, 23) (8-3-2015).*

PALABRA

Jesús y los discípulos volvieron a Jerusalén y, mientras paseaba por el templo, se le acercaron los sumos sacerdotes, los escribas y los ancianos y le decían: «¿Con qué autoridad haces esto? ¿Quién te ha dado semejante autoridad para hacer esto? *[echar a los vendedores del templo]*». Jesús les replicó: «Os voy a hacer una pregunta y, si me contestáis, os diré con qué autoridad hago esto: El bautismo de Juan ¿era del cielo o de los hombres? Contestadme». Se pusieron a deliberar: «Si decimos que es del cielo, dirá: "¿Y por qué no le habéis creído?". ¿Pero cómo vamos a decir que es de los hombres?». (Temían a la gente, porque todo el mundo estaba convencido de que Juan era un profeta). Y respondieron a Jesús: «No sabemos». Jesús les replicó: «Pues tampoco yo os digo con qué autoridad hago esto».

Eclesiástico 51,12-20; ***Salmo*** 18,8.9.10.11 • **MARCOS 11,27-33**

ORACIÓN

SEÑOR, el Evangelio nos ofrece hoy tu admirable sabiduría: no hay quien te haga caer en la trampa de la dialéctica humana. Tus respuestas nunca son para vencer, sino para que conozcan la verdad de tu autoridad y de la salvación que ofreces a quien quiera escucharte con los oídos limpios y la mente y el corazón abiertos y sin prejuicios. ***Los mandatos del Señor son rectos y alegran el corazón*** *(Salmo 18,9).*

MAYO
30
DOMINGO

Santos FERNANDO III *re*,
Juana de Arco *vg*,
Matías Mulumba *mr*, Gabino *mr*.
Beata Matilde Téllez

DÍA PRO ORANTIBUS (monjes y monjas)

SANTÍSIMA TRINIDAD

SOLEMNIDAD DE LA SANTÍSIMA TRINIDAD

Papa Francisco: Hoy celebramos la fiesta de la Santísima Trinidad. Una fiesta para contemplar y alabar el misterio del Dios de Jesucristo, que es Uno en la comunión de tres Personas: el Padre, el Hijo y el Espíritu Santo. Para celebrar, con asombro siempre nuevo, **Dios-Amor que nos ofrece gratuitamente su vida y nos pide difundirla en el mundo.** Las lecturas bíblicas de hoy nos hacen entender que Dios no quiere tanto revelarnos que él existe, sino más bien que es el «Dios con nosotros», cerca de nosotros, que nos ama, que camina con nosotros, está interesado en nuestra historia personal y cuida de cada uno, empezando por los más pequeños y necesitados. Él «es Dios allá arriba en el cielo» pero también «aquí abajo en la tierra». San Pablo nos comunica el **deseo de Dios de que le llamemos Padre, «Papá» —Dios es «nuestro Papá»—, con la total confianza de un niño que se abandona en los brazos** de quien le ha dado la vida. Y recuerda que el Espíritu Santo, actuando en nosotros, hace que Jesucristo no se reduzca a un personaje del pasado, no, sino que lo sentimos cerca, nuestro contemporáneo, y experimentamos la alegría de ser hijos amados por Dios. Finalmente, en el Evangelio, **el Señor resucitado promete permanecer con nosotros para siempre.** Y precisamente gracias a esta presencia suya y a la fuerza de su Espíritu podemos realizar con serenidad la misión que él nos confía. **¿Cuál es la misión? Anunciar y testimoniar a todos su Evangelio y así dilatar la comunión con él y la alegría** que se deriva. Dios, caminando con nosotros, nos llena de alegría y la alegría es el primer lenguaje del cristiano. Por tanto, la fiesta de la Santísima Trinidad nos hace contemplar el misterio de Dios que incesantemente crea, redime y santifica, siempre con amor y por amor, y a cada criatura que lo acoge le da la posibilidad de reflejar un rayo de su belleza, bondad y verdad *(27-5-2018).*

PALABRA

• ***Deuteronomio*** 4, 32-34.39-40: Moisés habló al pueblo, diciendo: «Pregunta a los tiempos antiguos, que te han precedido, desde el día en que Dios creó al hombre sobre la tierra: pregunta desde un extremo al otro del cielo, ¿sucedió jamás algo tan grande como esto o se oyó cosa semejante? ¿Escuchó algún pueblo, como tú has escuchado, la voz de Dios, hablando desde el fuego, y ha sobrevivido? ¿Intentó jamás algún dios venir a escogerse una nación entre las otras mediante pruebas, signos, prodigios y guerra, con mano fuerte y brazo poderoso, con terribles portentos, como todo lo que hizo el Señor, vuestro Dios, con vosotros en Egipto, ante vuestros ojos? Así, pues, reconoce hoy, y medita en tu corazón, que el Señor es el único Dios allá arriba en el cielo, y aquí abajo en la tierra; no hay otro. Observa los mandatos y preceptos que yo te prescribo hoy, para que seas feliz, tú y tus hijos, después de ti, y se prolonguen tus días en el suelo que el Señor tu Dios te da para siempre».

• ***Salmo*** 32, 4-6.9. 18-20.22: ***Dichoso el pueblo que el Señor se escogió como heredad.***

• ***Romanos*** 8, 14-17: Hermanos: cuantos se dejan llevar por el Espíritu de Dios, esos son hijos de Dios. Pues no habéis recibido un espíritu de esclavitud, para recaer en el temor, sino que habéis recibido un Espíritu de hijos de adopción, en el que clamamos: «¡Abba, Padre!». Ese mismo Espíritu da testimonio a nuestro espíritu de que somos hijos de Dios; y, si hijos, también herederos; herederos de Dios y coherederos con Cristo; de modo que, si sufrimos con él, seremos también glorificados con él.

• **MATEO 28, 16-20:** Los once discípulos se fueron a Galilea, al monte que Jesús les había indicado. Al verlo, ellos se postraron, pero algunos dudaron. Acercándose a ellos, Jesús les dijo: «Se me ha dado todo poder en el cielo y en la tierra. Id, pues, y haced discípulos de todos los pueblos, bautizándolos en el nombre del Padre y del Hijo y del Espíritu Santo; enseñándoles a guardar todo lo que os he mandado. Y sabed que yo estoy con vosotros todos los días, hasta el final de los tiempos».

ORACIÓN

SANTÍSIMA TRINIDAD, PADRE, HIJO Y ESPÍRITU SANTO: que toda mi vida –aquí en la tierra y luego en el cielo– sea un acto de adoración a mis Tres y mi Todo. Que nunca olvide que soy vuestro templo, al que habéis venido para hacer morada en mí. ¡Lejos de mí el pecado, que es negación del Dios Uno y Trino: a quien más amo, al único que adoro! Gloria al Padre y al Hijo y al Espíritu Santo. Lo digo con mis labios y quiero glorificaros con mi vida.

MAYO
31
LUNES

FIESTA DE LA VISITACIÓN DE LA VIRGEN MARÍA
Santos Noé Mawaggali *mr*, Petronila *vg mr*, Silvio *ob*

VISITACIÓN DE MARÍA

Papa Francisco: Jesús salta de gozo en el seno de la madre: todo es alegría allí, todo. Dos aspectos: una ***actitud*** y un ***hecho***. **1.** *La actitud* es la del **servicio**. María va a servir: quien no vive para servir, no sirve para vivir. **2.** *El hecho* es el **encuentro** entre María e Isabel. Tanto el servicio como el encuentro requieren la actitud de salir de sí mismo: salir para servir y salir para encontrar, para abrazar a otra persona» *(31-5-2016).*

PALABRA

María se levantó y se puso en camino de prisa hacia la montaña, a una ciudad de Judá; entró en casa de Zacarías y saludó a Isabel. Aconteció que, en cuanto Isabel oyó el saludo de María, saltó la criatura en su vientre. Se llenó Isabel de Espíritu Santo y, levantando la voz, exclamó: «¡Bendita tú entre las mujeres, y bendito el fruto de tu vientre! ¿Quién soy yo para que me visite la madre de mi Señor? Pues, en cuanto tu saludo llegó a mis oídos, la criatura saltó de alegría en mi vientre. Bienaventurada la que ha creído, porque lo que le ha dicho el Señor se cumplirá». María dijo: «Proclama mi alma la grandeza del Señor, "se alegra mi espíritu en Dios, mi salvador; porque ha mirado la humildad de su esclava". Desde ahora me felicitarán todas las generaciones, porque el Poderoso ha hecho obras grandes en mí: "su nombre es santo, y su misericordia llega a sus fieles de generación en generación". Él hace proezas con su brazo: dispersa a los soberbios de corazón, "derriba del trono a los poderosos y enaltece a los humildes, a los hambrientos los colma de bienes y a los ricos los despide vacíos. Auxilia a Israel, su siervo, acordándose de la misericordia" –como lo había prometido a "nuestros padres"– en favor de Abrahán y su descendencia por siempre». María se quedó con Isabel unos tres meses y volvió a su casa.

Sofonías 3, 14-18; ***Salmo: Isaías*** 12, 2-6 • **LUCAS 1, 39-56**

ORACIÓN

JESÚS, la Madre de Dios, contigo en su seno, salió de prisa a hacerse la sierva de su prima. "Santa María que vas de prisa, ruega por nosotros", como el Papa Francisco sugiere que estaría bien en las Letanías. ¡Buen estreno de la más alta jerarquía femenina de la historia: el amor, la humildad, el servicio! ***Qué grande es en medio de ti el Santo de Israel*** *(Isaías 12,6b).*

JUNIO

Durante el mes de junio la piedad popular cristiana orienta nuestro espíritu hacia el misterio del Corazón de Jesús. Rico en misericordia hacia todos los que están oprimidos por el pecado, el Sagrado Corazón es principio y fundamento de paz y de verdadera esperanza. Jesús devuelve a todo hombre a la comunión con el Padre, atrayendo hacia sí mismo, desde la cruz, la mirada de cuantos buscan la salvación. Su corazón traspasado es la fuente inagotable de la caridad divina que perdona, regenera y devuelve la vida.

(San Juan Pablo II, 16-6-1991)

JUNIO

Santos JUSTINO *mr,* Fortunato *pb,* Íñigo *ab,* Próculo *mr.* Ntra. Sra. de la Luz

Papa Francisco: El don del Espíritu Santo ha sido dado en abundancia a la Iglesia y a cada uno de nosotros, para que podamos vivir con fe genuina y caridad operante, para que podamos difundir la semilla de la reconciliación y de la paz. Reforzados por el Espíritu Santo –que guía, nos guía a la verdad, que nos renueva a nosotros y a toda la tierra, y que nos da los frutos– reforzados en el Espíritu y por estos múltiples dones, llegamos a ser capaces de luchar, sin concesión alguna, contra el pecado, de luchar, sin concesión alguna, contra la corrupción que, día tras día, se extiende cada vez más en el mundo, y de dedicarnos con paciente perseverancia a las obras de la justicia y de la paz *(24-5-2015).*

PALABRA

Enviaron a Jesús algunos de los fariseos y de los herodianos, para cazarlo con una pregunta. Se acercaron y le dijeron: «Maestro, sabemos que eres veraz y no te preocupa lo que digan; porque no te fijas en apariencias, sino que enseñas el camino de Dios conforme a la verdad. ¿Es lícito pagar impuesto al César o no? ¿Pagamos o no pagamos?». Jesús, adivinando su hipocresía, les replicó: «¿Por qué me tentáis? Traedme un denario, que lo vea». Se lo trajeron. Y él les preguntó: «¿De quién es esta imagen y esta inscripción?». Le contestaron: «Del César». Les replicó: «Dad al César lo que es del César y a Dios lo que es de Dios». Y se quedaron admirados.

Tobías 2,9b-14; ***Salmo*** 111,1b-2.7-9 • **MARCOS 12, 13-17**

ORACIÓN

SEÑOR, en cuanto percibes algún rastro de fariseísmo, reaccionas rápidamente. Los fariseos y herodianos, como los que están en contra de ti y de tu Iglesia, discuten tu mensaje y te tienden trampas para que caigas. Pero tu sabiduría supera infinitamente la medida de su maldad y de su astucia: y son ellos quienes son atrapados por su trampa. Al César lo que es del César, a Dios lo que es de Dios. Mi vida entera, solo para Dios; lo demás, que se lo quede el César. Quiero buscar sobre todo el reino de Dios y su justicia. Tú pones lo demás. ***El corazón del justo está firme en el Señor*** *(Salmo 111,7b).*

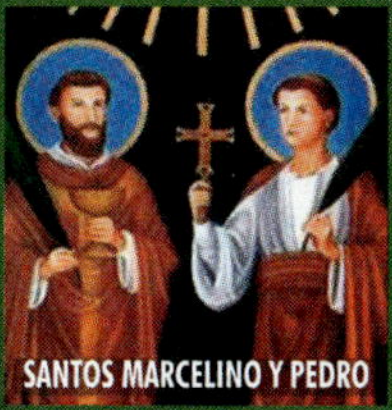

JUNIO
2
MIÉRCOLES

Santos MARCELINO Y PEDRO *mrs,* Eugenio I *pp,* Erasmo *ob mr,* Guido *ob.* Beato Sadoc y *co mrs*

Papa Francisco: En el libro de Tobías (3, 1-11.16-17), primera lectura de hoy, Tobit y de Sara aparecen como dos personas que sufren, al límite de la desesperación: buscan de «una vía de escape», que encuentran lamentándose. Lamentarse ante Dios no es pecado. El Señor oye, escucha nuestros lamentos. Lamentarse es humano: las personas que sufren deben entrar en mi corazón, deben causar una inquietud en mí. Ora: "Señor, mira a aquel, llora, sufre". Orad con la carne, permitidme decirlo así, no con las ideas; rezar con el corazón. Cuando Tobit rezaba, Sara rezaba, y la oración de ambos fue escuchada. La oración llega siempre ante la gloria de Dios. Siempre, cuando es una oración del corazón *(5-6-2013).*

PALABRA

Se acercan a Jesús unos saduceos, los cuales dicen que no hay resurrección, y le preguntan: «Maestro, Moisés nos dejó escrito: "Si a uno se le muere su hermano, dejando mujer, pero no hijos, que se case con la viuda y dé descendencia a su hermano". Pues bien, había siete hermanos: el primero se casó y murió sin hijos; el segundo se casó con la viuda y murió también sin hijos; lo mismo el tercero; y ninguno de los siete dejó hijos. Por último, murió la mujer. Cuando llegue la resurrección y resuciten, ¿de cuál de ellos será mujer? Porque los siete han estado casados con ella». Jesús les respondió: «¿No estáis equivocados, por no entender la Escritura ni el poder de Dios? Pues cuando resuciten, ni los hombres se casarán ni las mujeres serán dadas en matrimonio, serán como ángeles del cielo. Y a propósito de que los muertos resucitan, ¿no habéis leído en el libro de Moisés, en el episodio de la zarza, lo que le dijo Dios: "Yo soy el Dios de Abrahán, el Dios de Isaac, el Dios de Jacob"? No es Dios de muertos, sino de vivos. Estáis muy equivocados».

Tobías 3,1-11a.16-17a; ***Salmo*** 24,2-7cd. 8-9 • **MARCOS 12, 18-27**

ORACIÓN

SEÑOR, es verdad que tú sales victorioso y que quienes te tientan quedan en ridículo. Los saduceos no sabían en qué lío se metían con el alambicado caso de la viuda que tuvo siete maridos y ningún hijo. Yo me quedo con la sencillez de tus palabras sobre el Padre: *No es Dios de muertos, sino de vivos:* está con nosotros durante esta vida, que es solo el prólogo de la vida eterna. ***A ti, Señor, levanto mi alma*** *(Salmo 24,1b).*

JUNIO

3

JUEVES

Jueves 9º Tiempo Ordinario **Tomo III - Salterio 1ª semana**

Santos CARLOS LUANGA y *co mrs,*
Juan Grande *rl,*
Clotilde *re,* Olivia *vg*

Papa Francisco: Cuando Jesús responde al escriba cuál es el primero -y el segundo- mandamiento, no responde con una explicación, sino que usa la Palabra de Dios: «¡Escucha, Israel! El Señor nuestro Dios es el único Señor». La confesión de Dios se realiza en la vida, en el camino de la vida; no basta con decir: "Yo creo en Dios, el único"; sino que requiere preguntarse cómo se vive este mandamiento. Con frecuencia se sigue viviendo como si él no fuera el único Dios y existieran otros dioses a nuestra disposición. El camino del amor a Dios es un camino de amor, de fidelidad: al Señor le complace hacer la comparación de este camino con el amor nupcial. Y esta fidelidad nos impone expulsar a los ídolos, descubrirlos, porque existen y están bien ocultos, en nuestra personalidad, en nuestro modo de vivir; y nos hacen infieles al amor del Único, infieles al amor de Dios. El apóstol Pablo escribe a Timoteo (*2 Tim* 2,13): «Si eres infiel al Señor, él permanece fiel, porque no puede negarse a sí mismo. Él es la fidelidad plena. Él no puede ser infiel. Tanto es el amor que tiene por nosotros» *(6-6-2013).*

PALABRA

Un escriba se acercó a Jesús y le preguntó: «¿Qué mandamiento es el primero de todos?». Respondió Jesús: «El primero es: "Escucha, Israel: el Señor, nuestro Dios, es el único Señor: amarás al Señor, tu Dios, con todo tu corazón, con toda tu alma, con toda tu mente, con todo tu ser". El segundo es este: "Amarás a tu prójimo como a ti mismo". No hay mandamiento mayor que estos". El escriba replicó: «Muy bien, Maestro, tienes razón cuando dices que el Señor es uno solo y no hay otro fuera de él; y que amarlo con todo el corazón, con todo el entendimiento y con todo el ser, y amar al prójimo como a uno mismo vale más que todos los holocaustos y sacrificios». Jesús, viendo que había respondido sensatamente, le dijo: «No estás lejos del reino de Dios». Y nadie se atrevió a hacerle más preguntas.

Tobías 6.10-11;7.1.8--17; 8.4-9a; ***Salmo*** 127, 1bc-5 • **MARCOS 12, 28b-34**

ORACIÓN

SEÑOR, qué magnífica tu pedagogía: te pregunta por el primer mandamiento y tú contestas con los dos primeros en forma de uno, porque no son dos amores, sino el mismo y único amor a ti y al prójimo en el que tú estás resucitado, vivo y presente. ¡Que no me quede solo en fáciles y melodiosos cantos "al Amor de los amores", sin demostrar que te quiero ayudando a quienes lo necesitan a mi lado! ***Dichosos los que temen al Señor*** *(Salmo 127,1b).*

SAN PEDRO MÁRTIR DE VERONA

Santos Pedro de Verona *pb mr*, Francisco Caracciolo *pb*, Walter *ab*

JUNIO 4 VIERNES

Papa Francisco: El testimonio más grande del cristianismo es dar la vida como hizo Jesús, convertirse en un mártir y testigo. Pero hay también otro testimonio: el de todos los días, testimonio que empieza por la mañana cuando me levanto hasta la noche cuando voy a la cama; el testimonio cotidiano, el simple testimonio habitual. El Señor dice que este testimonio es hacer como la sal y como la luz, es más, convertirnos nosotros en sal y luz. Parece poca cosa, porque el Señor con pocas cosas nuestras hace milagros, hace maravillas. El cristiano debe tener esta actitud de humildad: solamente buscar ser sal y luz, ser sal para los demás, luz para los demás, porque la sal no se da sabor a sí misma, sino que está siempre al servicio. Y es así también la luz: la luz no se ilumina a sí misma, está siempre al servicio *(12-6-2018)*.

PALABRA

Mientras enseñaba en el templo, Jesús preguntó: «¿Cómo dicen los escribas que el Mesías es hijo de David? El mismo David, movido por el Espíritu Santo, dice: "Dijo el Señor a mi Señor: Siéntate a mi derecha, y haré de tus enemigos estrado de tus pies". Si el mismo David lo llama Señor, ¿cómo puede ser hijo suyo?». Una muchedumbre numerosa le escuchaba a gusto.

Tobías 11, 5-18; ***Salmo*** 145, 1b-2.6c-10 • **MARCOS 12, 35-37**

ORACIÓN

SEÑOR, la gente disfruta "escuchando a gusto" tu Palabra. ¡Si yo hubiera podido estar a tu lado físicamente y escuchar tu voz! Gracias a mi EVANGELIO 2021, aunque no te vea ni escuche tu voz, me dices lo que escucharon los discípulos que te seguían en Galilea y Judea. Tu Palabra, Hijo de David, me da vida y me liberará de los enemigos. Esa Vida me permitirá eternamente estar cerca de ti y disfrutar de tu presencia y de tu amor. ***Alaba, alma mía, al Señor*** *(Salmo 145,1b).*

JUNIO

5

SÁBADO

Sábado 9º Tiempo Ordinario **Tomo III - Salterio 1ª semana**

Santos BONIFACIO *ob mr,* Doroteo *ob mr,* Franco *er,* Sancho *mr*

Papa Francisco: Decían los escribas y fariseos: "Nosotros somos perfectos, nosotros seguimos la ley. Estos son pecadores, son publicanos". En cambio, la actitud de Jesús es incluir. Hay dos caminos en la vida: el camino de la exclusión de las personas fuera de nuestra comunidad, y el camino de la inclusión. La primera, incluso a nivel limitado, es la raíz de todas las guerras: todas las calamidades, todos los conflictos comienzan con una exclusión. Se excluye de la comunidad internacional, pero también de las familias, entre amigos: ¡cuántos conflictos! En cambio, el camino que nos muestra y nos enseña Jesús, es otra cosa, la contraria: es incluir. No es fácil incluir a la gente porque hay resistencia, hay esa actitud selectiva. No juzgar nunca, y decir: es su vida, pero yo no lo excluyo de mi corazón, de mi oración, de mi saludo, de mi sonrisa, y, si tengo ocasión, decirle una palabra bonita. Nunca excluir *(5-11-2015).*

PALABRA

Jesús, instruyendo al gentío, les decía: «¡Cuidado con los escribas! Les encanta pasearse con amplio ropaje y que les hagan reverencias en las plazas, buscan los asientos de honor en las sinagogas y los primeros puestos en los banquetes; y devoran los bienes de las viudas y aparentan hacer largas oraciones. Esos recibirán una condenación más rigurosa». Estando Jesús sentado enfrente del tesoro del templo, observaba a la gente que iba echando dinero: muchos ricos echaban mucho; se acercó una viuda pobre y echó dos moneditas, es decir, un cuadrante. Llamando a sus discípulos, les dijo: «En verdad os digo que esa pobre viuda ha echado en el arca de las ofrendas más que nadie. Porque los demás han echado de lo que les sobra, pero esta, que pasa necesidad, ha echado todo lo que tenía para vivir».

Tobías 12, 1.5-15.20; ***Salmo: Tobías*** 13, 2.6-8 • **MARCOS 12, 38-44**

ORACIÓN

SEÑOR, por un lado, me pones en alerta frente a los escribas que inútilmente te tendían trampas para dejarte en ridículo, y tratan de embaucarme y a veces consiguen que piense como el mundo, y no como tú me enseñas. Y por otro, alabas la humilde generosidad de la viuda pobre que da todo lo que tiene a Dios. Queda personificada la sentencia que repites con frecuencia: *El que se enaltece será humillado y el que se humilla será enaltecido.* Mi única actitud a tu lado es la humildad y la confianza plena en ti. ***Bendito sea Dios, que vive eternamente*** *(Tobías, 13,1b).*

Santos NORBERTO *ob,* Bonifacia Rodríguez *vg,* Rafael Guízar *ob,* Marcelino Champagnat *pb,* Artemio y Paulina *mrs*

JUNIO
6
DOMINGO

DÍA Y COLECTA DE LA CARIDAD

SOLEMNIDAD DEL SANTÍSIMO CUERPO Y SANGRE DE CRISTO

Papa Francisco: Hoy en muchos países se celebra la solemnidad del Santísimo Cuerpo y Sangre de Cristo o, según la expresión latina más conocida, la solemnidad del *Corpus Christi.* El Evangelio nos trae las palabras de Jesús, pronunciadas en la Última Cena con sus discípulos: «Tomad, esto es mi cuerpo». Y después: «Esta es mi sangre de la alianza, que es derramada por muchos». Precisamente en la fuerza de ese testamento de amor, la comunidad cristiana se reúne cada domingo y cada día, en torno a la eucaristía, sacramento del sacrificio redentor de Cristo. Y atraídos por su presencia real, los cristianos lo adoran y lo contemplan a través del humilde signo del pan convertido en su Cuerpo. Toda celebración eucarística, a la vez que constituye un acto de culto público a Dios, recuerda la vida y hechos concretos de nuestra existencia. Mientras nos nutrimos con el Cuerpo y la Sangre de Cristo, nos asimilamos a él, recibimos en nosotros su amor, no para retenerlo celosamente, sino para compartirlo con los demás. La fiesta del *Corpus* es un misterio de atracción y de transformación en Cristo. Y es escuela de amor concreto, paciente y sacrificado, como Jesús en la cruz. Expresión de la piedad eucarística popular son las procesiones con el Santísimo Sacramento, que se celebran en la solemnidad de hoy. Os invito a participar, físicamente asistiendo o también espiritualmente, a través de la radio y la televisión *(3-6-2018).*

PALABRA

• *Éxodo* 24, 3-8: Moisés bajó y contó al pueblo todas las palabras del Señor y todos sus decretos; y el pueblo contestó con voz unánime: «Cumpliremos todas las palabras que ha dicho el Señor». Moisés escribió todas las palabras del Señor. Se levantó temprano y edificó un altar en la falda del monte, y doce estelas, por las doce tribus de Israel. Y mandó a algunos jóvenes de los hijos de Israel ofrecer al Señor holocaustos e inmolar novillos como sacrificios de comunión. Tomó Moisés la mitad de la sangre y la puso en vasijas, y la otra mitad la derramó sobre el altar. Después tomó el documento de la alianza, se lo leyó en alta voz al pueblo, el cual respondió: «Haremos todo lo que ha dicho el Señor y le obedeceremos». Entonces Moisés tomó la sangre y roció al pueblo, diciendo: «Esta es la sangre de la alianza que el Señor ha concertado con vosotros, de acuerdo con todas estas palabras».

• *Salmo* 115, 12-13.15-18: ***Alzaré la copa de la salvación, invocando el nombre del Señor.***

• *Hebreos* 9, 11-15: Hermanos: Cristo ha venido como sumo sacerdote de los bienes definitivos. Su «tienda» es más grande y más perfecta: no hecha por manos de hombre, es decir, no de este mundo creado. No lleva sangre de machos cabríos, ni de becerros, sino la suya propia; y así ha entrado en el santuario una vez para siempre, consiguiendo la liberación eterna. Si la sangre de machos cabríos y de toros, y la ceniza de una becerra, santifican con su aspersión a los profanos, devolviéndoles la pureza externa, ¡cuánto más la sangre de Cristo que, en virtud del Espíritu eterno, se ha ofrecido a Dios como sacrificio sin mancha, podrá purificar nuestra conciencia de las obras muertas, para que demos culto del Dios vivo! Por esa razón, es mediador de una alianza nueva: en ella ha habido una muerte que ha redimido de los pecados cometidos durante la primera alianza; y así los llamados pueden recibir la promesa de la herencia eterna.

• **SECUENCIA** (Santo Tomás de Aquino)

¡Pan del Ángel, pan divino, / nutre al hombre peregrino;
Pan de hijos; don tan fino, / no a los perros se ha de echar!
Por figuras anunciado, / en Isaac inmolado,
maná del cielo bajado, / cordero sobre el altar.
¡Buen Pastor, Jesús clemente, / tu manjar de gracia fuente,
nos proteja y dé vigor; / y allá en la región viviente / que te veamos, Señor.
Pues poder y ciencia tienes / y aquí abajo nos mantienes, / con tus santos llámanos / al festín de eternos bienes, / comensales del gran Dios.
Amén.

• **MARCOS 14, 12-16.22-26:** El primer día de los Ácimos, cuando se sacrificaba el cordero pascual, le dijeron a Jesús sus discípulos: «¿Dónde quieres que vayamos a prepararte la cena de Pascua?». Él envió a dos discípulos diciéndoles: «Id a la ciudad, os saldrá al paso un hombre que lleva un cántaro de agua; seguidlo, y en la casa en que entre, decidle al dueño: "El Maestro pregunta: ¿Cuál es la habitación donde voy a comer la Pascua con mis discípulos?". Os enseñará una habitación grande en el piso de arriba, acondicionada y dispuesta. Preparádnosla allí». Los discípulos se marcharon, llegaron a la ciudad, encontraron lo que les había dicho y prepararon la Pascua. Mientras comían, Jesús tomó pan, y pronunciando la bendición, lo partió y se lo dio, diciendo: «Tomad, esto es mi cuerpo». Después, tomó el cáliz, pronunció la acción de gracias, se lo dio y todos bebieron. Y les dijo: «Esta es mi sangre de la alianza, que es derramada por muchos. En verdad os digo que no volveré a beber del fruto de la vid hasta el día que beba el vino nuevo en el reino de Dios». Después de cantar el himno, salieron para el monte de los Olivos.

ORACIÓN

¡BENDITO SEAS, JESÚS, EN EL SANTÍSIMO SACRAMENTO DEL ALTAR! Como mi participación en la Eucaristía no es una vez al año, sino cada día, tengo especial interés y cuento con tu apoyo, para no "acostumbrarme" a la Eucaristía. Hoy es distinto de ayer y de mañana, y tu presencia viva es siempre nueva. Quiero verte cada día con ojos nuevos para descubrir tu rostro cercano; y, con nuevo corazón, amarte como el mejor amigo y adorarte como mi Dios y mi Señor. Te has quedado para mí: que no pase ningún día sin que recuerde y agradezca ese gesto supremo de amor, que me llama a amarte también en los necesitados.

JUNIO
7
LUNES

Lunes 10° Tiempo Ordinario **Tomo III - Salterio 2ª semana**

Santos Antonio M.ª Gianelli *ob*, Roberto *ab*, Pedro y *co mrs.* Beata Ana de San Bartolomé *vg*

B. ANA DE S. BARTOLOMÉ

Papa Francisco: Las bienaventuranzas trazan el camino de la santidad, y es el camino mismo de la felicidad. Es el camino que recorrió Jesús, y aún más, es él mismo este camino: quien camina con él y pasa a través de él entra en la vida, en la vida eterna. Pidamos al Señor la gracia de ser personas sencillas y humildes, la gracia de saber llorar, la gracia de ser mansos, la gracia de trabajar por la justicia y la paz, y sobre todo la gracia de dejarnos perdonar por Dios para convertirnos en instrumentos de su misericordia. Así han hecho los santos, que nos han precedido en la patria celestial. Ellos nos acompañan en nuestra peregrinación terrenal, nos animan a ir adelante *(2-11-2015)*.

PALABRA

Al ver Jesús el gentío, subió al monte, se sentó y se acercaron sus discípulos; y, abriendo su boca, les enseñaba diciendo: «Bienaventurados los pobres en el espíritu, porque de ellos es el reino de los cielos. Bienaventurados los mansos, porque ellos heredarán la tierra. Bienaventurados los que lloran, porque ellos serán consolados. Bienaventurados los que tienen hambre y sed de la justicia, porque ellos quedarán saciados. Bienaventurados los misericordiosos, porque ellos alcanzarán misericordia. Bienaventurados los limpios de corazón, porque ellos verán a Dios. Bienaventurados los que trabajan por la paz, porque ellos serán llamados hijos de Dios. Bienaventurados los perseguidos por causa de la justicia, porque de ellos es el reino de los cielos. Bienaventurados vosotros cuando os insulten y os persigan y os calumnien de cualquier modo por mi causa. Alegraos y regocijaos, porque vuestra recompensa será grande en el cielo, que de la misma manera persiguieron a los profetas anteriores a vosotros.

2 Corintios 1,1-7; ***Salmo*** 33,2-9 • **MATEO 5, 1-12**

ORACIÓN

SEÑOR, cuando pronunciabas las bienaventuranzas seguramente eras consciente de que estabas dibujando tu vivo retrato. Y quieres que nosotros nos miremos en ese espejo y veamos si nuestros rasgos personales coinciden con los tuyos. Está claro que los míos no. Este texto, sorprendentemente delicioso y absolutamente imposible de llevar a la práctica solo con las fuerzas humanas, me invita a ser pobre, pacífico, misericordioso, limpio de corazón, sufrido... ¡Quiero serlo, pero cuántas veces fracaso! Cuento contigo, porque tú quieres y puedes ayudarme a parecerme a ti. ***Gustad y ved qué bueno es el Señor*** *(Salmo 33, 9a)*.

SAN MEDARDO, OBISPO

JUNIO
8
MARTES

Santos Maximino de AIX *ob*, Guillermo *ob*, Medardo *ob*. Beatas Diana y Cecilia *vgs*

Papa Francisco: *"La sal de la tierra, la luz del mundo".* ¿Yo soy luz para los otros? ¿Yo soy sal para los otros, que da sabor a la vida y la defiende de la corrupción? ¿Yo estoy agarrado a Jesucristo, que es el "sí"? ¿Yo me siento ungido, sellado? ¿Yo sé que tengo esta seguridad que será plena en el cielo, pero ahora al menos el Espíritu es "fianza". Jesús —en el Evangelio de Mateo (5, 13-16)— dice a los discípulos: «Brille así vuestra luz delante de los hombres, para que vean vuestras buenas obras y glorifiquen a vuestro Padre». Una vez más, «para glorificar a Dios». Por eso, pidamos esta gracia: estar agarrados, enraizados en la plenitud de las promesas en Cristo Jesús, que es "sí", totalmente "sí", y de llevar esta plenitud con la sal y la luz de nuestro testimonio a los otros para dar gloria al Padre que está en los cielos *(13-6-2017).*

PALABRA

Dijo Jesús a sus discípulos: «Vosotros sois la sal de la tierra. Pero si la sal se vuelve sosa, ¿con qué la salarán? No sirve más que para tirarla fuera y que la pise la gente. Vosotros sois la luz del mundo. No se puede ocultar una ciudad puesta en lo alto de un monte. Tampoco se enciende una lámpara para meterla debajo del celemín, sino para ponerla en el candelero y que alumbre a todos los de casa. Brille así vuestra luz ante los hombres, para que vean vuestras buenas obras y den gloria a vuestro Padre que está en los cielos».

2 Corintios 1,18-22; ***Salmo*** 118,129-133.135 • **MATEO 5,13-16**

ORACIÓN

SEÑOR, la sociedad que nos rodea promueve la nostalgia de tiempos pasados y la crítica a quienes han colaborado con sus políticas a que el aire sea a veces irrespirable. Pero, a la luz de tu palabra, veo que no es esa la actitud del cristiano, *sal de la tierra y luz del mundo.* A la crítica hay que anteponer la responsabilidad del testimonio personal, que contagie tu Evangelio en mi entorno familiar, laboral, social. A la hipocresía de ayunar, orar y dar limosna para ser vistos y alabados, hoy nos dices que vean vuestras buenas obras para que "den gloria a vuestro Padre". Lo que cuenta es la intención. ***Haz brillar, Señor, tu rostro sobre tu siervo*** *(Salmo 118, 135a).*

JUNIO
9
MIÉRCOLES

Miércoles 10° Tiempo Ordinario **Tomo III - Salterio 2ª semana**

Santos EFRÉN *di dc,* José de Anchieta *pb,* Ricardo *ob,* Columba *ab.* Beata Ana M.ª Taigi *mf*

Papa Francisco: Jesús revoluciona y sacude fuertemente la mentalidad judaica de su tiempo, cerrada por el miedo y recluida en los prejuicios. Él, sin embargo, no deroga la Ley de Moisés, sino que la lleva a plenitud (cf. *Mt* 5, 17), declarando, por ejemplo, la ineficacia contraproducente de la ley del talión; declarando que Dios no se complace en la observancia del Sábado que desprecia al hombre y lo condena; o cuando ante la mujer pecadora, no la condena, sino que la salva de la intransigencia de aquellos que estaban ya preparados para apedrearla sin piedad, pretendiendo aplicar la Ley de Moisés. Jesús revoluciona también las conciencias en el "Sermón de la montaña" (cf. *Mt* 5) abriendo nuevos horizontes para la humanidad y revelando plenamente la lógica de Dios. La lógica del amor no se basa en el miedo sino en la libertad, en la caridad, en el sano celo y en el deseo salvífico de Dios, Nuestro Salvador, «que quiere que todos se salven y lleguen al conocimiento de la verdad» (1*Tm* 2,4). «Misericordia quiero y no sacrificio» *(Mt 12,7; Os 6,6). (15-2-2015).*

PALABRA

Dijo Jesús a sus discípulos: «No creáis que he venido a abolir la Ley y los Profetas: no he venido a abolir, sino a dar plenitud. En verdad os digo que antes pasarán el cielo y la tierra que deje de cumplirse hasta la última letra o tilde de la ley. El que se salte uno solo de los preceptos menos importantes, y se lo enseñe así a los hombres, será el menos importante en el reino de los cielos. Pero quien los cumpla y enseñe será grande en el reino de los cielos».

2 Corintios 3,4-11; ***Salmo*** 98,5-9 • **MATEO 5,17-19**

ORACIÓN

SEÑOR, con qué facilidad se aspira a ser alguien, considerado, importante en este mundo. Erróneamente. Lo único que importa es tu opinión, no la del mundo. Y tu opinión sobre mí es de misericordia, pero también de responsabilidad. Hoy me dices que tu Palabra, aun en lo que me parecería menos importante, es la única guía de mi vida. No por ser grande en el cielo, sino porque tú eres mi Amigo y me dices lo que esperas de mí. No quiero defraudarte. ***Santo eres, Señor, nuestro Dios*** *(Salmo 98,9c).*

Santos Landerico *ob*, Itamar *ob*.
Beato Juan Dominici *ob*

Papa Francisco: «Si vuestra justicia no es mayor que la de los escribas y fariseos, no entraréis en el reino de los cielos». ¿Qué significa esta justicia mayor?, ¿en qué consiste? Jesús lo inicia desde el quinto mandamiento: «Habéis oído que se dijo a los antiguos: "No matarás... Pero yo os digo: todo el que se deja llevar de la cólera contra su hermano será procesado» (*Mt* 5, 21-22). Con esto, Jesús nos recuerda que incluso las palabras pueden matar. Cuando se dice de una persona que tiene la lengua de serpiente, ¿qué se quiere decir? Que sus palabras matan. El amor al prójimo es una actitud tan fundamental que Jesús llega a afirmar que nuestra relación con Dios no puede ser sincera si no queremos hacer las paces con el prójimo. Por ello estamos llamados a reconciliarnos con nuestros hermanos antes de manifestar nuestra devoción al Señor en la oración *(16-2-2014)*.

PALABRA

Dijo Jesús a sus discípulos: «Si vuestra justicia no es mayor que la de los escribas y fariseos, no entraréis en el reino de los cielos. Habéis oído que se dijo a los antiguos: "No matarás", y el que mate será reo de juicio. Pero yo os digo: todo el que se deja llevar de la cólera contra su hermano será procesado. Y si uno llama a su hermano «imbécil», tendrá que comparecer ante el Sanedrín, y si lo llama «necio», merece la condena de la "gehenna" del fuego. Por tanto, si cuando vas a presentar tu ofrenda sobre el altar, te acuerdas allí mismo de que tu hermano tiene quejas contra ti, deja allí tu ofrenda ante el altar y vete primero a reconciliarte con tu hermano, y entonces vuelve a presentar tu ofrenda. Con el que te pone pleito procura arreglarte enseguida, mientras vais todavía de camino, no sea que te entregue al juez, y el juez al alguacil, y te metan en la cárcel. En verdad te digo que no saldrás de allí hasta que hayas pagado el último céntimo».

2 Corintios 3,15 - 4,1.3-6; ***Salmo*** 84,9abc-14 • **MATEO 5,20-26**

ORACIÓN

SEÑOR, hoy das en la diana de lo que quieres de mí y de todo el que quiera ser discípulo tuyo: el amor fraterno. Cuando tenga alguna diferencia con otro, no importa de quién es la culpa ni quién tiene la razón: la razón no salva, ni la culpa del otro me redime. Amor y reconciliación, misericordiosos como tu Padre. Tomo nota, quiero hacerlo vida. ***La gloria del Señor habitará en nuestra tierra*** *(Salmo 84,10b)*.

JUNIO

11

VIERNES

San Bernabé, apóstol

Santas M.ª Rosa Molas *vg*, Alicia (Aleida) *vg*, Paula Frassinetti *vg*

Papa Francisco: Es feo cuando se encuentran evangelizadores que viven para ser atendidos. Es feo. Es la triste realidad de aquellos que se creen los «príncipes de la evangelización y piensan: "Yo voy y hago que me atiendan los demás porque he subido en la escala de la Iglesia, de la sociedad, y ahora me encuentro un paso más adelante...". Escalar en la Iglesia es un signo de que no se sabe qué es la evangelización. Es un signo de la gente que usa a los demás para ser atendido. No: ¡tú debes servir! El que manda debe ser como el que sirve, dice el Señor. Hay que aprender esto: que tu vida debe ser gratuita, en el servicio, en el anuncio, llevado por el Espíritu *(11-6-2018).*

PALABRA

Dijo Jesús a sus apóstoles: «Id y proclamad que ha llegado el reino de los cielos. Curad enfermos, resucitad muertos, limpiad leprosos, echad demonios. Gratis habéis recibido, dad gratis. No os procuréis en la faja oro, plata ni cobre; ni tampoco alforja para el camino, ni dos túnicas, ni sandalias, ni bastón; bien merece el obrero su sustento. Cuando entréis en una ciudad o aldea, averiguad quién hay allí de confianza y quedaos en su casa hasta que os vayáis. Al entrar en una casa, saludadla con la paz; si la casa se lo merece, vuestra paz vendrá a ella. Si no se lo merece, la paz volverá a vosotros».

Hechos 11,21b-26; 13,1-3; ***Salmo*** 97,1bcde-6 • **MATEO 10,7-13**

ORACIÓN

SEÑOR, la memoria de Bernabé, compañero de fatigas apostólicas de Pablo, me habla de la vocación evangelizadora de todos los bautizados: somos sacerdotes, reyes y profetas en el genuino sentido de "hablar en tu nombre". A todos, también a mí, débil y tantas veces infiel a tu amistad, me invitas a servir y no a ser servido, a ser apóstol, mensajero y testigo del Evangelio de la vida, de la paz y de la alegría, aun en medio del sufrimiento y la persecución. Contágiame tu luz, para que pueda iluminar la vida de los demás por el camino de la fe. ***El Señor revela a las naciones su justicia*** *(Salmo 97,2b).*

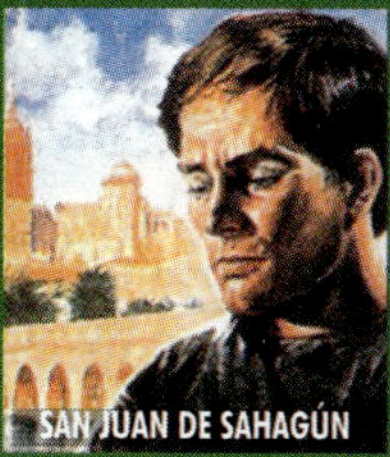

Santos León III *pp*, Onofre *er*, Juan de Sahagún *pb.* Beata Mercedes de Jesús *vg*

Papa Francisco: La primera lectura de hoy, de la segunda carta de Pablo a los Corintios (5, 14-21) nos dice que el amor de Cristo nos posee, nos impulsa, nos apremia. Esta es la velocidad de Pablo: cuando ve el amor de Cristo no puede permanecer quieto, con el afán por decirnos algo importante: habla del sí de Jesús, de la obra de reconciliación realizada por Jesús y también de la obra de reconciliación, de Cristo y del apóstol. Con fuerza y con ternura dice: «Yo soy un embajador en nombre de Cristo». Luego parece casi arrodillarse para implorar: «Os suplicamos en nombre de Cristo: dejaos reconciliar con Dios». Es Dios, en efecto, quien reconcilia consigo al mundo en Cristo, no imputando a los hombres sus culpas y confiándonos la palabra de reconciliación. Cristo nos ha reconciliado. Esta es la actitud del cristiano, esta es la paz del cristiano. Que el Señor nos dé esta urgencia para anunciar a Jesús; nos dé la sabiduría cristiana, que nace precisamente de su costado traspasado por amor. Y que nos convenza también de que la vida no es una terapia terminal para estar en paz hasta el cielo. La vida cristiana se conduce por el camino, por la vida, con esta premura de Pablo. El amor de Cristo nos posee, nos impulsa, nos apremia, con esta emoción que se siente cuando uno ve que Dios nos ama *(15-6-2013).*

PALABRA

Dijo Jesús a sus discípulos: «Habéis oído que se dijo a los antiguos: «No jurarás en falso» y «Cumplirás tus juramentos al Señor». Pero yo os digo que no juréis en absoluto: ni por el cielo, que es el trono de Dios; ni por la tierra, que es estrado de sus pies; ni por Jerusalén, que es la ciudad del Gran Rey. Ni jures por tu cabeza, pues no puedes volver blanco o negro un solo cabello. Que vuestro hablar sea sí, sí, no, no. Lo que pasa de ahí viene del Maligno».

2 Corintios 5, 14-21; ***Salmo*** 102, 1b-4.8-9.11-12 • **MATEO 5, 33-37**

ORACIÓN

SEÑOR, hoy me llamas a la sencillez, al "sí" o "no" simplemente, y al cumplimiento de mis votos, o el seguimiento fiel del camino que señalan mis promesas bautismales. Mis padres y padrinos las hicieron en mi nombre. Hoy las ratifico yo, al leer tu palabra. Quiero ser discípulo tuyo, miembro de tu Iglesia peregrina en esta vida, y de tu Iglesia celestial cuando me llames a la otra vida: en esta vida y en la muerte, siempre con la llave de la fe que me abre el cielo.

El Señor es compasivo y misericordioso *(Salmo 102, 8a).*

JUNIO

13

DOMINGO

DOMINGO XI DEL TIEMPO ORDINARIO Tomo III - Salterio 3ª semana

San ANTONIO DE PADUA *pb dc*, Eulogio *ob*, Aquileo *ob*

SAN ANTONIO DE PADUA

Papa Francisco: En la página del Evangelio de hoy (*Marcos* 4, 26-34), Jesús habla a la multitud del Reino de Dios y de los dinamismos de su crecimiento, y lo hace contando dos breves parábolas. **1.** En la ***primera parábola***, el Reino de Dios se compara con el ***crecimiento misterioso de la semilla***, que se lanza al terreno y después germina, crece y produce trigo, independientemente del cuidado cotidiano, que al finalizar la maduración se recoge. El mensaje de esta parábola lo que nos enseña es esto: mediante la predicación y la acción de Jesús, el Reino de Dios es anunciado, irrumpe en el campo del mundo y, como la semilla, crece y se desarrolla por sí mismo, por fuerza propia y según criterios humanamente no descifrables. Esta, en su crecer y brotar dentro de la historia, ***no depende tanto de la obra del hombre, sino que es sobre todo expresión del poder y de la bondad de Dios***, de la fuerza del Espíritu Santo que lleva adelante la vida cristiana en el Pueblo de Dios. A veces la historia, con sus sucesos y sus protagonistas, parece ir en sentido contrario al designio del Padre celestial, que quiere para todos sus hijos la justicia, la fraternidad, la paz. Pero nosotros estamos llamados a vivir estos periodos como ***temporadas de prueba, de esperanza y de espera vigilante de la cosecha.*** De hecho, ayer como hoy, el Reino de Dios crece en el mundo de forma misteriosa, de forma sorprendente, desvelando el poder escondido de la pequeña semilla, su vitalidad victoriosa. Dentro de los pliegues de eventos personales y sociales que a veces parecen marcar el naufragio de la esperanza, es necesario permanecer confiados en el actuar tenue pero poderoso de Dios. Por eso, en los momentos de oscuridad y de dificultad nosotros no debemos desmoronarnos, sino permanecer anclados en la fidelidad de Dios, en su presencia que siempre salva. Recordad esto: Dios siempre salva. Es el Salvador. **2.** En la ***segunda parábola***, Jesús compara el Reino de Dios con un ***grano de mostaza***. Es una semilla muy pequeña, y sin embargo se desarrolla tanto que se convierte en la más grande de todas las plantas del huerto: un crecimiento imprevisible, sorprendente. El Señor nos exhorta a una actitud de fe que supera nuestros proyectos, nuestros cálculos, nuestras previsiones. Dios es siempre el ***Dios de las sorpresas.*** El Señor siempre nos sorprende. Es una invitación a ***abrirnos con más generosidad a los planes de Dios***, tanto en el plano personal como en el comunitario. La autenticidad de la misión de la Iglesia no está dada por el éxito o por la gratificación de los resultados, sino por el ir adelante con la valentía de la confianza y la humildad del abandono en Dios. Ir adelante en la confesión de Jesús y con la fuerza del Espíritu Santo. Es la conciencia de ser pequeños y débiles instrumentos, que en las manos de Dios y con su gracia pueden realizar grandes obras, haciendo progresar su Reino que es «justicia, paz y gozo en el Espíritu Santo» (*Romanos* 14, 17). *(17-6-2018).*

PALABRA

• ***Ezequiel*** 17,22-24: Esto dice el Señor Dios: "También yo había escogido una rama del alto cedro y la había plantado; de las más altas y jóvenes ramas arrancaré una tierna y la plantaré en la cumbre de un monte elevado; la plantaré en una montaña alta de Israel, echará brotes y dará fruto. Se hará un cedro magnífico. Aves de todas clases anidarán al abrigo de sus ramas. Y reconocerán todos los árboles del campo que yo soy el Señor, que humillo al árbol elevado y exalto al humilde, hago secarse el árbol verde y florecer el árbol seco. Yo, el Señor, lo he dicho y lo haré".

• ***Salmo*** 91,2-3.13-16: ***Es bueno darte gracias, Señor.***

• ***2 Corintios*** 5,6-10: Hermanos: Siempre llenos de buen ánimo y sabiendo que, mientras habitamos en el cuerpo, estamos desterrados lejos del Señor, caminamos en fe y no en visión. Pero estamos de buen ánimo y preferimos ser desterrados del cuerpo y vivir junto al Señor. Por lo cual, en destierro o en patria, nos esforzamos en agradarlo. Porque todos tenemos que comparecer ante el tribunal de Cristo, para recibir cada cual por lo que haya hecho mientras tenía este cuerpo, sea el bien o el mal.

• **MARCOS 4, 26-34:** Decía Jesús al gentío: «El reino de Dios se parece a un hombre que echa semilla en la tierra. Él duerme de noche y se levanta de mañana; la semilla germina y va creciendo, sin que él sepa cómo. La tierra va produciendo fruto sola: primero los tallos, luego la espiga, después el grano. Cuando el grano está a punto, se mete la hoz, porque ha llegado la siega». Dijo también: «¿Con qué podemos comparar el reino de Dios? ¿Qué parábola usaremos? Con un grano de mostaza: al sembrarlo en la tierra es la semilla más pequeña, pero después de sembrada crece, se hace más alta que las demás hortalizas y echa ramas tan grandes que los pájaros del cielo pueden anidar a su sombra». Con muchas parábolas parecidas les exponía la palabra, acomodándose a su entender. Todo se lo exponía con parábolas, pero a sus discípulos se lo explicaba todo en privado.

ORACIÓN

SEÑOR, la parábola de la mostaza viene a ser una síntesis de los veinte siglos de vida de tu Iglesia, que comenzó con María y los apóstoles. Es completamente inexplicable la pujanza de la Iglesia después de tantos siglos de fracasos: solo una institución que está en tus manos puede subsistir y crecer. La iniciaste como un insignificante grano de mostaza, una rama tierna de cedro, y hoy es el mayor árbol que acoge al amparo de sus ramas a gentes de toda raza y nación. Que mi fe y mi vida cristiana sigan el mismo curso de crecimiento, a pesar de mis pecados, deficiencias y limitaciones: no por afán de grandeza, sino para ser útil a los más necesitados de acogida y de ayuda, espiritual o material. ¡Cuánto ha contribuido a ese crecimiento el gran san Antonio de Padua: durante su vida terrena, con su ejemplo y su palabra, y desde tu gloria, atendiendo los innumerables ruegos de quienes confiamos en el poder de su intercesión ante ti en favor nuestro!

JUNIO
14
LUNES

Lunes 11° Tiempo Ordinario **Tomo III - Salterio 3ª semana**

Santos Eliseo *prof,* Anastasio y *co mrs,* Fortunato *ob,* Metodio *ob*

Papa Francisco: "Sed perfectos como es perfecto vuestro Padre celestial". Por lo tanto, la indicación de Jesús consiste en imitar al Padre en la perfección del amor. Él perdona a sus enemigos. Pensemos en la ternura con la que Jesús recibe a Judas en el huerto de los Olivos. Jesús nos pide amar a los enemigos. Jesús nos dice: *rezad, rezad por vuestros enemigos.* La oración hace milagros; y esto vale no solo cuando tenemos enemigos; sino también cuando percibimos alguna antipatía, alguna pequeña enemistad. El amor a los enemigos nos hace pobres, como Jesús, quien, cuando vino, se abajó hasta hacerse pobre. Tal vez no es un «buen negocio» según la lógica del mundo. Sin embargo, es el camino que recorrió Dios, el camino que recorrió Jesús hasta conquistarnos la gracia que nos ha hecho ricos *(17-6-2013).*

PALABRA

Dijo Jesús a sus discípulos: «Habéis oído que se dijo: "Ojo por ojo, diente por diente". Pero yo os digo: no hagáis frente al que os agravia. Al contrario, si uno te abofetea en la mejilla derecha, preséntale la otra; al que quiera ponerte pleito para quitarte la túnica, dale también el manto; a quien te requiera para caminar una milla, acompáñale dos; a quien te pide, dale, y al que te pide prestado, no lo rehúyas».

2 Corintios 6,1-10; ***Salmo*** 97,1bcde-4 • **MATEO 5,38-42**

ORACIÓN

SEÑOR, lo que sale espontáneo del corazón humano es el "ojo por ojo" de la venganza pura y dura: "el que la hace, que la pague", sentencia la justicia del mundo. "Pero yo os digo", y nos dices muy bien, que es preferible la misericordia, la reconciliación, el perdón y el amor al enemigo. Seguro que a los santos les parecerían completamente razonables las palabras fuertes que pronunciaste, inspiradas en la misericordia para sacarnos del egoísmo. ***El Señor da a conocer su salvación*** *(Salmo 97, 2a).*

SANTA MARÍA MICAELA DEL S.S.

JUNIO
15
MARTES

Santos M.ª MICAELA *vg*, Amós *prof*, Germana *vg*, Benilde *mr*, Vito *mr*

Papa Francisco: Cuando, esta mañana rezaba sobre este texto, no encontraba el camino para hacer la prédica. Y pensé: "Pero Jesús tiene ideas que nosotros no podemos entender y no podemos recibir". Es cierto, nosotros debemos perdonar a los enemigos: esto lo entendemos, ***el perdón***, porque lo decimos todos los días en el Padrenuestro; nosotros perdonamos para ser perdonados: tragamos el orgullo y avanzamos. ***Rezar por los demás***: rezar por aquellos que nos aportan dificultad, que tienen un modo de ser agresivo en familia. Y rezar por aquellos que nos ponen a prueba: también esto es difícil, pero lo hacemos. Es el nivel superior el que parece incomprensible: ***rezar por aquellos que quieren destruirme***: esto es verdaderamente difícil de entender. Difícil, pero no imposible. Pensemos en el siglo pasado, los pobres cristianos rusos que por el simple hecho de ser cristianos eran mandados a Siberia a morir de frío: y rezaron. Pensemos en Auschwitz y en otros campos de concentración: ellos debían rezar por ese dictador que quería la raza pura y mataba sin escrúpulo y rezar para que Dios les bendijera. Rezar por aquel que está a punto de matarte, que busca matarte, destruirte... Hay dos oraciones que nos hacen entrar en esta lógica difícil de Jesús: la oración por los que lo mataban —"Padre, perdónalos"— y también los justifica: "No saben lo que hacen" *(19-6-2018).*

PALABRA

Dijo Jesús a sus discípulos: «Habéis oído que se dijo: «Amarás a tu prójimo y aborrecerás a tu enemigo». Pero yo os digo: Amad a vuestros enemigos y rezad por los que os persiguen, para que seáis hijos de vuestro Padre celestial, que hace salir su sol sobre malos y buenos, y manda la lluvia a justos e injustos. Porque, si amáis a los que os aman, ¿qué premio tendréis? ¿No hacen lo mismo también los publicanos? Y si saludáis solo a vuestros hermanos, ¿qué hacéis de extraordinario? ¿No hacen lo mismo también los gentiles? Por tanto, sed perfectos, como vuestro Padre celestial es perfecto».

2 Corintios 8,1-9; ***Salmo*** 145,1b-2. 5-9a • **MATEO 5,43-48**

ORACIÓN

SEÑOR, tú me pides que perdone, ame y rece por mis enemigos. Y yo te pido que hagas de mí un instrumento de tu paz. Donde haya odio, ponga yo amor; donde haya ofensa, ponga yo perdón; donde haya agravio, ponga yo amistad. Líbrame de la venganza, arroja de mi corazón el odio, el rencor y el desamor. ¡Quiero dar pasos cada día hacia la perfección del Padre y de sus mejores hijos! Con lo que tú me pides y lo que yo te ruego, me acercaré al Padre, que es perfecto. ***Alaba, alma mía, al Señor*** *(Salmo 145,1b).*

JUNIO

16

MIÉRCOLES

Santos Quirico y Julita ***mrs,***
Lutgarda ***vg,*** **Aureliano** ***ob***

SANTOS QUIRICO Y JULITA

Papa Francisco: Los hipócritas presumen al hacer ayuno, al dar limosna, al rezar: cuando la hipocresía llega a ese punto, estamos bastante cerca del pecado contra el Espíritu Santo. Estos no saben de belleza, no saben de amor, no saben de verdad; son pequeños, viles. La hipocresía en la Iglesia, ¡cuánto mal nos hace a todos! Todos nosotros tenemos la posibilidad de convertirnos en hipócritas. Por ello os invito a pensar en Jesús, que nos habla de rezar en lo secreto, perfumar la cabeza el día del ayuno y no tocar la trompeta cuando hacemos una obra buena. En la oración humilde, hallamos la imagen tan bella del publicano: "Ten piedad de mí, Señor, que soy un pecador". Y esta es la oración que nosotros debemos hacer todos los días, con la conciencia de que somos pecadores, con pecados concretos, no teóricos *(19-6-2013).*

PALABRA

Dijo Jesús a sus discípulos: «Cuidad de no practicar vuestra justicia delante de los hombres para ser vistos por ellos, de lo contrario, no tenéis recompensa de vuestro Padre celestial. Por tanto, cuando hagas limosna, no mandes tocar la trompeta ante ti, como hacen los hipócritas en las sinagogas y por las calles para ser honrados por la gente; en verdad os digo que ya han recibido su recompensa. Tú, en cambio, cuando hagas limosna, que no sepa tu mano izquierda lo que hace tu derecha; así tu limosna quedará en secreto, y tu Padre, que ve en lo secreto, te recompensará. Cuando oréis, no seáis como los hipócritas, a quienes les gusta orar de pie en las sinagogas y en las esquinas de las plazas, para que los vean los hombres. En verdad os digo que ya han recibido su recompensa. Tú, en cambio, cuando ores, entra en tu cuarto, cierra la puerta y ora a tu Padre, que está en lo secreto, y tu Padre, que ve en lo secreto, te lo recompensará. Cuando ayunéis, no pongáis cara triste, como los hipócritas, que desfiguran sus rostros para hacer ver a los hombres que ayunan. En verdad os digo que ya han recibido su paga. Tú, en cambio, cuando ayunes, perfúmate la cabeza y lávate la cara, para que tu ayuno lo note, no los hombres, sino tu Padre, que está en lo escondido; y tu Padre, que ve en lo escondido, te recompensará».

2 Corintios 9, 6-11; ***Salmo*** 111, 1b-4.9 • **MATEO 6, 1-6.16-18**

ORACIÓN

SEÑOR, la única opinión que debe importarme es la del Padre y la tuya. La salvación no viene de los hombres, y menos de los aduladores. Yo sé que tú me conoces tal como soy, y me amas siendo yo imperfecto y pecador. Pero quieres que sea feliz y por eso quieres que mi vida sea limpia a los ojos del Padre, que ve en lo escondido. También yo podré sentir su presencia en lo escondido. ***Dichoso quien teme al Señor*** *(Salmo 111,1b).*

SANTA TERESA DE PORTUGAL, reina

Santos Teresa de Portugal *re,* Avito *ab,* Domingo Nguyên y *co mrs*

JUNIO 17 JUEVES

Papa Francisco: «Padre» es la palabra que no puede faltar en la oración nunca, porque es piedra angular que nos da la identidad cristiana. Si se añade también la palabra «nuestro», todos podemos sentirnos miembros de «una familia». Y así, además, conseguimos vivir hasta el fondo la oración que Jesús mismo nos enseñó, sobre todo cuando nos invita a saber perdonar a los demás. Es una invitación a hacer un examen de conciencia sobre el *Padrenuestro.* El espacio de la oración es decir "Padre", y la atmósfera de la oración es decir "nuestro": seamos hermanos, seamos familia. Si estamos enfadados el uno con el otro, estamos en guerra, nos odiamos, obstaculizamos el amor del Padre. Todos somos hijos del mismo Padre: ¿Puedo odiar al hijo de mi Padre? ¡Pero Caín lo ha hecho! ¡y yo me convierto en Caín! Decir «Padre nuestro», significa decir: "Tú me das la identidad y me das una familia". Por eso, es tan importante la capacidad de perdón, de olvidar las ofensas, esa sana costumbre de: "venga, déjalo estar... que se encargue el Señor". Y no guardes rencor, resentimiento y ganas de venganza *(16-6-2016).*

PALABRA

Dijo Jesús a sus discípulos: «Cuando recéis, no uséis muchas palabras, como los gentiles, que se imaginan que por hablar mucho les harán caso. No seáis como ellos, pues vuestro Padre sabe lo que os hace falta antes de que lo pidáis. Vosotros orad así: "Padre nuestro que estás en el cielo, santificado sea tu nombre, venga a nosotros tu reino, hágase tu voluntad en la tierra como en el cielo, danos hoy nuestro pan de cada día, perdona nuestras ofensas, como también nosotros perdonamos a los que nos ofenden, no nos dejes caer en la tentación, y líbranos del mal". Porque si perdonáis a los hombres sus ofensas, también os perdonará vuestro Padre celestial, pero si no perdonáis a los hombres, tampoco vuestro Padre perdonará vuestras ofensas».

2 Corintios 11,1-11; ***Salmo*** 110,1b-4.7-8 • **MATEO 6,7-15**

ORACIÓN

SEÑOR, condicionas tu amor, tu generosidad y tu perdón al perdón que quieres que practique con los demás. Tú podrías obrar según tu omnipotencia, no según mi mezquindad. Pero has querido enseñarme que es imprescindible que sea misericordioso con los demás como lo es el Padre conmigo. Y tu Palabra es la Verdad. ***Justicia y verdad son las obras de tus manos, Señor*** *(Salmo 110, 7a).*

JUNIO

18

VIERNES

Santos Marcos y Marcelino *mrs*, Ciriaco y Paula *mrs*, Gregorio Barbarigo *ob*

SAGRADO CORAZÓN DE JESÚS

SOLEMNIDAD DEL SAGRADO CORAZÓN DE JESÚS

Papa Francisco: Solemnidad del Sagrado Corazón de Jesús. Podemos decir que hoy la Iglesia celebra la solemnidad litúrgica del amor de Dios: hoy es la fiesta del amor. Estamos ante un amor que no se puede entender, porque el «amor de Cristo supera todo conocimiento, supera todo: tan grande es el amor de Dios. Tanto que un poeta decía que era como "el mar, sin orillas, sin fondo", un mar sin límites. Esto es el amor que nosotros debemos entender, el amor que nosotros recibimos, esta es la gracia que pide Pablo: entender y anunciar a las gentes las riquezas inescrutables de Cristo. El Hijo se humilló a sí mismo, se aniquiló, tomó forma de siervo hasta la muerte, la muerte en la cruz". La grandeza más grande se expresa en la pequeñez más pequeña y más dramática: esto es el misterio del amor de Dios, de este amor que el Señor nos enseña a poner más en los hechos que en las palabras: dar de comer, de beber... Las obras de misericordia son el camino de amor que Jesús nos enseña en continuación con este amor de Dios, grande, sin límites, que se ha humillado en Jesucristo, y nosotros debemos expresarlo así *(8-6-2018)*.

PALABRA

Los judíos, como era el día de la Preparación, para que no se quedaran los cuerpos en la cruz el sábado, porque aquel sábado era un día grande, pidieron a Pilato que les quebraran las piernas y que los quitaran. Fueron los soldados, le quebraron las piernas al primero y luego al otro que habían crucificado con él; pero al llegar a Jesús, viendo que ya había muerto, no le quebraron las piernas, sino que uno de los soldados, con la lanza, le traspasó el costado, y al punto salió sangre y agua. El que lo vio da testimonio, y su testimonio es verdadero, y él sabe que dice verdad, para que también vosotros creáis. Esto ocurrió para que se cumpliera la Escritura: «No le quebrarán un hueso»; y en otro lugar la Escritura dice: «Mirarán al que traspasaron».

Oseas 11, 1.3-4.8c-9; ***Salmo: Isaías*** 12, 2-6; ***Efesios*** 3, 8-12.14-19 • **JUAN 19, 31-37**

ORACIÓN

¡SAGRADO CORAZÓN DE JESÚS, EN TI CONFÍO! Es el único siempre fiel, en el que puedo descansar, el que me perdona siempre que se lo pido y me ama infinitamente conociendo lo ingrato e infiel que le soy. ¿Cómo no amar al Corazón que más me ama, del que salió el agua de mi bautismo que me hizo hijo de Dios, y la sangre de la Eucaristía que me alimenta para la Vida? ***Sacaréis aguas con gozo de las fuentes de la salvación*** *(Isaías 12,3)*.

Santos ROMUALDO *ab*, Gervasio y Protasio *mrs*, Lamberto *mr*, Juliana de Falconieri *vg*

JUNIO
19
SÁBADO

Inmaculado Corazón de la Bienaventurada Virgen María

Papa Francisco: El oír la Palabra de Dios provoca estupor: quedaron asombrados José y María al encontrar a Jesús en el Templo. Es un momento en el cual se siembra la Palabra de Dios en nuestro corazón. Guardar la Palabra de Dios es recibirla en nuestro corazón. Es necesario preparar nuestro corazón para recibirla. Meditar siempre sobre lo que nos dice esta Palabra hoy, leer la vida con la Palabra de Dios. Y hacer memoria. La memoria es una custodia de la Palabra de Dios, nos ayuda a custodiarla, a recordar todo lo que el Señor ha hecho en mi vida, todas las maravillas de la salvación: *Su madre conservaba todo esto en su corazón (8-6-2013).*

PALABRA

Los padres de Jesús solían ir cada año a Jerusalén por la fiesta de la Pascua. Cuando Jesús cumplió doce años, subieron a la fiesta según la costumbre y, cuando terminó, se volvieron; pero el niño Jesús se quedó en Jerusalén, sin que lo supieran sus padres. Estos, creyendo que estaba en la caravana, anduvieron el camino de un día y se pusieron a buscarlo entre los parientes y conocidos; al no encontrarlo, se volvieron a Jerusalén buscándolo. Y sucedió que, a los tres días, lo encontraron en el templo, sentado en medio de los maestros, escuchándolos y haciéndoles preguntas. Todos los que le oían quedaban asombrados de su talento y de las respuestas que daba. Al verlo, se quedaron atónitos, y le dijo su madre: «Hijo, ¿por qué nos has tratado así? Tu padre y yo te buscábamos angustiados». Él les contestó: «¿Por qué me buscabais? ¿No sabíais que yo debía estar en las cosas de mi Padre?». Pero ellos no comprendieron lo que les dijo. Él bajó con ellos y fue a Nazaret y estaba sujeto a ellos. Su madre conservaba todo esto en su corazón.

Isaías 61,9-11; ***Salmo: 1 Samuel*** 2,1.4-8abcd • **LUCAS 2,41-51**

ORACIÓN

JESÚS, a tus doce años revelas a tus padres la misión divina que te trajo a la Tierra. Y María, la Madre, guardaba tus palabras en su corazón. El corazón de tu Madre latía al ritmo del tuyo. Ella es tu mejor discípula, mi mejor maestra, el más alto ejemplo para mi vida, que quiere ser cristiana. ***Mi corazón se regocija por el Señor, mi Salvador*** *(1 Samuel 2, 1a).*

JUNIO

20

DOMINGO

DOMINGO XII DEL TIEMPO ORDINARIO

Tomo III - Salterio 4ª semana

Santos Florentina de Cartagena *vg ab*, Metodio *ob*, Juan de Mateola *ab*

STA. FLORENTINA DE CARTAGENA

Papa Francisco: *El amor de Dios es estable y seguro,* como los escollos rocosos que protegen de la violencia de las olas. Jesús lo manifiesta cuando aplaca la tempestad, ordenando al viento y al mar. Los discípulos tienen miedo porque se dan cuenta de que no pueden, pero él abre sus corazones a la valentía de la fe *(21-6-2015).*

PALABRA

• ***Job*** 38, 1.8-11: El Señor habló a Job desde la tormenta: «¿Quién cerró el mar con una puerta, cuando escapaba impetuoso de su seno, cuando le puse nubes por mantillas y nubes tormentosas por pañales, cuando le establecí un límite poniendo puertas y cerrojos, y le dije: "Hasta aquí llegarás y no pasarás, aquí se romperá la arrogancia de tus olas"»?

• ***Salmo*** 106, 23-26.30-31: ***¡Dad gracias al Señor, porque es eterna su misericordia!***

• ***2 Corintios*** 5, 14-17: Hermanos: Nos apremia el amor de Cristo al considerar que, si uno murió por todos, todos murieron. Y Cristo murió por todos, para que los que viven, ya no vivan para sí, sino para el que murió y resucitó por ellos. De modo que nosotros desde ahora no conocemos a nadie según la carne; si alguna vez conocimos a Cristo según la carne, ahora ya no lo conocemos así. Por tanto, si alguno está en Cristo, es una criatura nueva. Lo viejo ha pasado, ha comenzado lo nuevo.

• **MARCOS 4, 35-40:** Un día, al atardecer, dice Jesús a sus discípulos: «Vamos a la otra orilla». Dejando a la gente, se lo llevaron en barca, como estaba; otras barcas lo acompañaban. Se levantó una fuerte tempestad y las olas rompían contra la barca hasta casi llenarla de agua. Él estaba en la popa, dormido sobre un cabezal. Lo despertaron diciendo: «Maestro, ¿no te importa que perezcamos?». Se puso en pie, increpó al viento y dijo al mar: «¡Silencio, enmudece!». El viento cesó y vino una gran calma. Él les dijo: «¿Por qué tenéis miedo? ¿Aún no tenéis fe?». Se llenaron de miedo y se decían unos a otros: «¿Pero, quién es este? ¡Hasta el viento y el mar lo obedecen!».

ORACIÓN

SEÑOR, parece que te haces el dormido, mientras tus discípulos luchan a brazo partido contra la tempestad. Entonces y ahora, quieres probar la fe de tus seguidores, para que nos convenzamos de que sin ti no podemos nada. Pero a tu lado, no hay por qué tener miedo a nada.

Santos LUIS GONZAGA *rl*, Ramón de Roda *ob*, José Isabel Flores *pb mr*, Radolfo *ob*

Papa Francisco: Lo esencial del Evangelio es la misericordia. Dios envió a su Hijo, Dios se hizo hombre para salvarnos, es decir para darnos su misericordia. Lo dice claramente Jesús al resumir su enseñanza para los discípulos: «Sed misericordiosos, como vuestro Padre es misericordioso». ¿Puede existir un cristiano que no sea misericordioso? No. La misericordia supera todo muro, toda barrera, y te conduce a buscar siempre el rostro del hombre, de la persona. Y es la misericordia la que cambia el corazón y la vida, que puede regenerar a una persona y permitirle incorporarse de un modo nuevo en la sociedad *(10-9-2014)*.

PALABRA

Dijo Jesús a sus discípulos: «No juzguéis, para que no seáis juzgados. Porque seréis juzgados como juzguéis vosotros, y la medida que uséis, la usarán con vosotros. ¿Por qué te fijas en la mota que tiene tu hermano en el ojo y no reparas en la viga que llevas en el tuyo? ¿Cómo puedes decirle a tu hermano: "Déjame que te saque la mota del ojo", teniendo una viga en el tuyo? Hipócrita; sácate primero la viga del ojo; entonces verás claro y podrás sacar la mota del ojo de tu hermano».

Génesis 12, 1-9; ***Salmo*** 32, 12-13.18-20.22 • **MATEO 7, 1-5**

ORACIÓN

SEÑOR, tu alusión a la viga propia y la paja ajena refleja perfectamente el egoísmo de la psicología humana. Como si delante de nosotros tuviéramos permanentemente los defectos ajenos y las virtudes propias; y, a la espalda, las virtudes ajenas y los defectos propios. Es más fácil ver la panorámica delantera: por eso veo la mota en el ojo ajeno y no veo mi enorme viga carcomida. Dame, Señor, tu luz y tu comprensión, para que sea humilde, para que sea misericordioso. El joven jesuita san Luis Gonzaga acogió en su corazón la invitación de Jesús a seguirle, en la mansedumbre, la humildad, el amor misericordioso. ***Dichoso el pueblo que el Señor se escogió como heredad*** *(Salmo 32)*.

JUNIO
22
MARTES

Martes 12° Tiempo Ordinario **Tomo III - Salterio 4ª semana**

Santos PAULINO DE NOLA *ob*, JUAN FISHER *ob* y TOMÁS MORO *pf mrs*

Papa Francisco: *Inocuidad y determinación.* La inocuidad nos hace cautos en el juicio, capaces de abstenernos de acciones impulsivas y apresuradas, es la capacidad de sacar lo mejor de nosotros mismos, de los demás y de las situaciones, actuando con atención y comprensión. Es hacer a los demás lo que queremos que ellos hagan con nosotros (*Mt* 7,12). La determinación es la capacidad de actuar con voluntad decidida, visión clara y obediencia a Dios, y solo por la suprema ley de la salvación de las almas *(21-12-2015).*

PALABRA

Dijo Jesús a sus discípulos: «No deis lo santo a los perros, ni les echéis vuestras perlas a los cerdos; no sea que las pisoteen con sus patas y después se vuelvan para destrozaros. Así, pues, todo lo que deseáis que los demás hagan con vosotros, hacedlo vosotros con ellos; pues esta es la Ley y los Profetas. Entrad por la puerta estrecha. Porque ancha es la puerta y espacioso el camino que lleva a la perdición, y muchos entran por ellos. ¡Qué estrecha es la puerta y qué angosto el camino que lleva a la vida! Y pocos dan con ellos».

Génesis 13, 2.5-18; ***Salmo*** 14, 2-5 • **MATEO 7, 6.12-14**

ORACIÓN

SEÑOR, muchas veces, y con palabras distintas, me dices que trate a los demás como yo quiero ser tratado. ¿Cómo siendo esto meridianamente claro, me equivoco tantas veces y no acierto a pasar por la puerta estrecha –y luminosa– del amor y de la humildad? ¡Ciérrame todas las otras puertas y entraré hasta el Padre a través de ti, la puerta siempre abierta a los pecadores! ***Señor, ¿quién puede hospedarse en tu tienda?*** *(Salmo 14,1b).*

Santos José Cafasso *pb*, Edeltrudis *ab*, Tomás Garnet *pb mr.* Beato Inocencio V

Papa Francisco: "Todo árbol bueno da frutos buenos y todo árbol malo da frutos malos" (*Mt* 7, 17). La gran familia humana es como un bosque, donde los árboles buenos aportan solidaridad, comunión, confianza, apoyo, seguridad, sobriedad feliz, amistad. La presencia de las familias numerosas es una esperanza para la sociedad. Y por ello es muy importante la presencia de los abuelos: una presencia preciosa tanto por la ayuda práctica como, sobre todo, por la colaboración educativa. Los abuelos custodian en sí los valores de un pueblo, de una familia, y ayudan a los padres a transmitirlos a los hijos *(28-12-2014)*.

PALABRA

Dijo Jesús a sus discípulos: «Cuidado con los profetas falsos; se acercan con piel de oveja, pero por dentro son lobos rapaces. Por sus frutos los conoceréis. ¿Acaso se cosechan uvas de las zarzas o higos de los cardos? Así, todo árbol sano da frutos buenos; pero el árbol dañado da frutos malos. Un árbol sano no puede dar frutos malos, ni un árbol dañado dar frutos buenos. El árbol que no da fruto bueno se tala y se echa al fuego. Es decir, que por sus frutos los conoceréis».

Génesis 15, 1-12. 17-18; ***Salmo*** 104, 1-4.6-9 • **MATEO 7, 15-20**

ORACIÓN

SEÑOR, las apariencias engañan, pero los frutos de mi vida señalan su auténtica realidad. Yo puedo aparecer bueno –y tontamente me empeño en parecerlo–, pero si no doy frutos de vida es que no estoy unido a ti, la vid verdadera. ¿Qué importa lo que aparente? Poda, cuida, corrige a tu siervo en esta vida, para que pueda estar unido a ti por toda la eternidad en tu gloria eterna. ***El Señor se acuerda de su alianza eternamente*** *(Salmo 104, 8a).*

JUNIO

24

JUEVES

Santos JUAN BAUTISTA prof, María Guadalupe García Zavala *vg*, Simplicio *pf ob*, Rumoldo *er mr*. Beata, *vg*

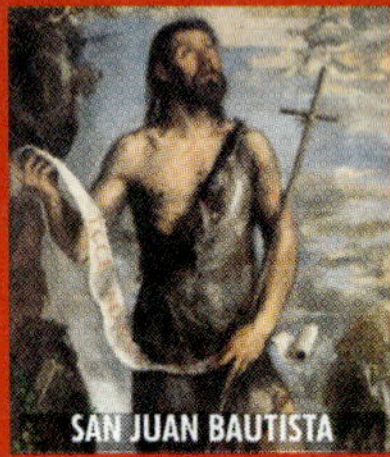
SAN JUAN BAUTISTA

SOLEMNIDAD DE LA NATIVIDAD DE SAN JUAN BAUTISTA

Papa Francisco: El Evangelio relata la natividad del Bautista y luego se detiene en el momento de la imposición del nombre al niño. Isabel elige un nombre: «Se llamará Juan», don gratuito y también inesperado, porque Juan significa «Dios ha hecho la gracia». El nacimiento de Juan Bautista está rodeado por un alegre sentido de asombro, de sorpresa, de gratitud. La gente fue invadida por un santo temor a Dios «y en toda la montaña de Judea se comentaban todas estas cosas», con alegría, estaban contentos, con sentido de asombro, de sorpresa y de gratitud. ¿Cómo es mi fe? ¿Es una fe alegre o una fe siempre igual, una fe «plana»? ¿Tengo sentido del asombro cuando veo las obras del Señor, cuando escucho hablar de cosas de la evangelización o de la vida de un santo? O, cuando veo a tanta gente buena, ¿siento la gracia dentro, o nada se mueve en mi corazón? *(24-6-2018).*

PALABRA

A Isabel se le cumplió el tiempo del parto y dio a luz un hijo. Se enteraron sus vecinos y parientes de que el Señor le había hecho una gran misericordia, y se alegraban con ella. A los ocho días vinieron a circuncidar al niño, y querían llamarlo Zacarías, como su padre, pero la madre intervino diciendo: «¡No! Se va a llamar Juan». Y le dijeron: «Ninguno de tus parientes se llama así». Entonces preguntaban por señas al padre cómo quería que se llamase. Él pidió una tablilla y escribió: «Juan es su nombre». Y todos se quedaron maravillados. Inmediatamente se le soltó la boca y la lengua, y empezó a hablar bendiciendo a Dios. Los vecinos quedaron sobrecogidos, y se comentaban todos estos hechos por toda la montaña de Judea. Y todos los que los oían reflexionaban diciendo: «Pues ¿qué será este niño?». Porque la mano del Señor estaba con él. El niño crecía y se fortalecía en el espíritu, y vivía en lugares desiertos hasta los días de su manifestación a Israel.

Isaías 49, 1-6; ***Salmo*** 138, 1b-3.13-15; ***Hechos*** 13,22-26 • **LUCAS 1, 57-66.80**

ORACIÓN

SEÑOR, tú definiste a tu pariente y precursor Juan como el más grande nacido de mujer. Tan grande, que lo sitúas en tu misma línea y la de tu Madre, los únicos tres Nacimientos que la Iglesia celebra. Y tu Madre, contigo en su vientre, estuvo cerca de Juan antes de su nacimiento. Qué estupendo inicio de su vida, para el que saltó de gozo en el vientre de su madre al acercarse la tuya. Hoy miro con asombro la gran figura de Juan, un magnífico ejemplo para mí: tan fiel a su misión, a la Verdad, a ti, hasta dar por ti su vida, decapitado en la cárcel. ***Te doy gracias porque me has escogido portentosamente*** (Salmo 138,1-15a).

Santos Domingo Henares ***ob mr,***
Máximo de Turín ***ob,***
Próspero de Aquitania ***es mj,*** **Orosia** ***vg mr***

JUNIO
25
VIERNES

Papa Francisco: Había gente que miraba desde la acera, y otras personas que no podían acercarse a Jesús: les estaba prohibido por la ley, porque eran "impuros", entre ellos estaba el leproso del que habla san Mateo en el Evangelio. Este leproso tenía fe en ese hombre, se armó de valor y se acercó a Jesús, dirigiéndole sencillamente su oración: "Señor, si quieres puedes limpiarme". La lepra era una condena de por vida. Y curar a un leproso era tan difícil como resucitar a un muerto. El leproso sabía que era impuro, enfermo, y se acercó. ¿Y qué hizo Jesús? No se quedó inmóvil sin tocarlo, sino que se acercó, aún más, le tendió la mano curándolo. Al que estaba excluido de la vida social, Jesús lo incluye: lo incluye en la Iglesia, lo incluye en la sociedad. Jesús jamás margina a nadie, jamás. Es más, Jesús se margina a sí mismo para incluir a los marginados, para incluirnos a nosotros, pecadores, marginados, con su vida. Esto es bello *(26-6-15).*

PALABRA

Al bajar Jesús del monte, lo siguió mucha gente. En esto, se le acercó un leproso, se arrodilló y le dijo: «Señor, si quieres, puedes limpiarme». Extendió la mano y lo tocó diciendo: «Quiero, queda limpio». Y enseguida quedó limpio de la lepra. Jesús le dijo: «No se lo digas a nadie, pero ve a presentarte al sacerdote y entrega la ofrenda que mandó Moisés, para que les sirva de testimonio».

Génesis 17, 1.9-10.15-22; ***Salmo*** 127, 1bc-5 • **MATEO 8,1-4**

ORACIÓN

SEÑOR, hay manchas peores que la lepra: el pecado y sus consecuencias nefastas para esta vida y la futura. Por eso, hoy reconozco que soy más que leproso, me postro a tus pies y te digo: "Si quieres, puedes limpiarme". Luego me presentaré al sacerdote, para que, en tu nombre, me absuelva de mis pecados, que aborrezco como lo peor que puede ocurrirme. Creo firmemente que tú puedes y quieres limpiarme: ahora del coronavirus, que tantos estragos hizo el año pasado; y siempre, de morir apartado de ti. ***Esta es la bendición del hombre que teme al Señor*** *(Salmo 127,4).*

JUNIO

26

SÁBADO

Sábado 12° Tiempo Ordinario Tomo III - Salterio 4ª semana

Santos PELAYO *mr*, Josemaría Escrivá *pb*, Juan y Pablo *mrs*, José María Robles *pb mr*

SAN JOSEMARÍA ESCRIVÁ

Papa Francisco: Dios trabaja, sigue trabajando y nosotros podemos preguntarnos cómo debemos responder a esta creación de Dios, que nace del amor porque él trabaja por amor». Así, a la creación debemos responder con la responsabilidad que el Señor nos da: «La tierra es vuestra, llevadla adelante, hacedla crecer». Por eso, también para nosotros está la responsabilidad de hacer crecer la tierra, de hacer crecer la creación, de custodiarla y hacerla crecer según sus leyes: somos señores de la creación, no dueños. Y no debemos adueñarnos de la creación, sino llevarla adelante, fiel a sus leyes. Precisamente esta es la primera respuesta al trabajo de Dios: trabajar para custodiar la creación, para hacerla fructificar *(9-2-2015).*

PALABRA

Al entrar Jesús en Cafarnaún, un centurión se le acercó rogándole: «Señor, tengo en casa un criado que está en cama paralítico y sufre mucho». Le contestó: «Voy yo a curarlo». Pero el centurión le replicó: «Señor, no soy digno de que entres bajo mi techo. Basta que lo digas de palabra, y mi criado quedará sano. Porque yo también vivo bajo disciplina y tengo soldados a mis órdenes; y le digo a uno: "Ve" y va; al otro: "Ven", y viene; a mi criado: "Haz esto", y lo hace». Al oírlo, Jesús quedó admirado y dijo a los que lo seguían: «En verdad os digo que en Israel no he encontrado en nadie tanta fe. Os digo que vendrán muchos de oriente y occidente y se sentarán con Abrahán, Isaac y Jacob en el reino de los cielos; en cambio, a los hijos del reino los echarán fuera, a las tinieblas. Allí será el llanto y el rechinar de dientes». Y dijo Jesús al centurión: «Vete; que te suceda según has creído». Y en aquel momento se puso bueno el criado. Al llegar Jesús a casa de Pedro, vio a su suegra en cama con fiebre; le tocó su mano, y se le pasó la fiebre; se levantó y se puso a servirle. Al anochecer, le llevaron muchos endemoniados; él, con su palabra, expulsó los espíritus y curó a todos los enfermos, para que se cumpliera lo dicho por el profeta Isaías: «Él tomó nuestras dolencias y cargó con nuestras enfermedades».

Génesis 18, 1-15; ***Salmo: Lucas*** 1, 46b-50.53-55 • **MATEO 8, 5-17**

ORACIÓN

SEÑOR, tan acostumbrado estoy a estar cerca de tu grandeza sin apreciarla debidamente, que han de venir de fuera para darme lecciones de fe y de admiración hacia ti. Me uno a la fe del centurión. Mientras, acepto complacido que tú cargues con mis dolencias y mis enfermedades. Como Jacob, también yo puedo ser "fuerte con Dios". ***El Señor se acuerda de su misericordia*** *(Lucas 1,54b).*

SAN CIRILO DE ALEJANDRÍA

JUNIO **27** DOMINGO

Santos CIRILO DE ALEJANDRÍA *ob dc*, Zoilo *mr*, Gudena *mr*. Ntra. Sra. del Perpetuo Socorro

COLECTA DEL ÓBOLO DE SAN PEDRO

Papa Francisco: El Evangelio de este domingo presenta dos prodigios hechos por Jesús, describiéndolos casi como una especie de marcha triunfal hacia la vida. **1.** ***Primero. Jairo,*** uno de los jefes de la Sinagoga, que va donde Jesús y le suplica ir a su casa porque ***la hija de doce años se está muriendo.*** Jesús acepta y va con él; pero, de camino, llega la noticia de que la chica ha muerto. Podemos imaginar la reacción de aquel padre. Pero Jesús le dice: «No temas, basta que tengas fe». Llegados a casa de Jairo, Jesús hace salir a la gente que lloraba y entra en la habitación solo con los padres y los tres discípulos y dirigiéndose a la difunta dice: «Contigo hablo, niña, levántate». E inmediatamente la chica se levanta, como despertándose de un sueño profundo. **2.** Dentro del relato de este milagro, Marcos incluye otro: la ***curación de una mujer que sufría de hemorragias y se cura en cuanto toca el manto de Jesús.*** Aquí impresiona el hecho de que la fe de esta mujer atrae —a mí me entran ganas de decir «roba»— el poder divino de salvación que hay en Cristo, el que, sintiendo que una fuerza «había salido de él», intenta entender qué ha pasado. Y le dice: «Hija, tu fe te ha salvado». **3.** Se trata de dos relatos entrelazados, con un único centro: la fe, y muestran a Jesús como fuente de vida, como quien vuelve a dar la vida a quien confía plenamente en él. Los dos protagonistas, es decir, ***el padre de la muchacha y la mujer enferma, no son discípulos de Jesús y sin embargo son escuchados por su fe.*** Tienen fe en aquel hombre. De esto comprendemos que en el camino del Señor están admitidos todos: ninguno debe sentirse un intruso o uno que no tiene derecho. Para tener acceso a su corazón, al corazón de Jesús hay un solo requisito: ***sentirse necesitado de curación y confiarse a él.*** Yo os pregunto: ¿Tú te sientes necesitado de curación? ¿De cualquier cosa, de cualquier pecado, de cualquier problema? Y, si sientes esto, ¿tienes fe en Jesús? Jesús los libera del miedo de vivir con una mirada y con una palabra que los pone de nuevo en camino después de tantos sufrimientos y humillaciones. También nosotros estamos llamados a aprender y a imitar estas palabras que liberan y a estas miradas que restituyen las ganas de vivir a quien está privado *(1-7-2018).*

PALABRA

• ***Sabiduría*** 1, 13-15; 2, 23-25: Dios no ha hecho la muerte, ni se complace destruyendo a los vivos. Él todo lo creó para que subsistiera y las criaturas del mundo son saludables: no hay en ellas veneno de muerte, ni el abismo reina en la tierra. Porque la justicia es inmortal. Dios creó al hombre incorruptible y lo hizo a imagen de su propio ser; mas por envidia del diablo entró la muerte en el mundo, y la experimentan los de su bando.

• ***Salmo*** 29, 2.4-6.11-13b: ***Te ensalzaré, Señor, porque me has librado.***

• ***2 Corintios*** 8, 7-9.13-15: Hermanos: Lo mismo que sobresalís en todo -en fe, en la palabra, en conocimiento, en empeño y en el amor que os hemos comunicado-, sobresalid también en esta obra de caridad. No os lo digo como un mandato, sino que deseo comprobar, mediante el interés por los demás, la sinceridad de vuestro amor. Pues conocéis la gracia de nuestro Señor Jesucristo, el cual, siendo rico, se hizo pobre por vosotros, para enriqueceros con su pobreza. Pues no se trata de aliviar a otros pasando vosotros estrecheces; se trata de igualar.

En este momento, vuestra abundancia remedia su carencia, para que la abundancia de ellos remedie vuestra carencia; así habrá igualdad. Como está escrito: «Al que recogía mucho no le sobraba; y al que recogía poco no le faltaba».

• **MARCOS 5, 21-30.33-43:** Jesús atravesó de nuevo en barca a la otra orilla, se le reunió mucha gente a su alrededor, y se quedó junto al mar. Se acercó un jefe de la sinagoga, que se llamaba Jairo, y, al verlo, se echó a sus pies, rogándole con insistencia: «Mi niña está en las últimas; ven, impón las manos sobre ella, para que se cure y viva». Se fue con él, y lo seguía mucha gente que lo apretujaba. Había una mujer que padecía flujos de sangre desde hacía doce años. Había sufrido mucho a manos de los médicos y se había gastado en eso toda su fortuna; pero, en vez de mejorar, se había puesto peor. Oyó hablar de Jesús y, acercándose por detrás, entre la gente, le tocó el manto, pensando: «Con solo tocarle el manto curaré». Inmediatamente se secó la fuente de sus hemorragias y notó que su cuerpo estaba curado. Jesús, notando que había salido fuerza de él, se volvió enseguida, en medio de la gente y preguntaba: «¿Quién me ha tocado el manto?...Hija, tu fe te ha salvado. Vete en paz y queda curada de tu enfermedad». Todavía estaba hablando, cuando llegaron de casa del jefe de la sinagoga para decirle: «Tu hija se ha muerto. ¿Para qué molestar más al maestro?». Jesús alcanzó a oír lo que hablaban y le dijo al jefe de la sinagoga: «No temas; basta que tengas fe». No permitió que lo acompañara nadie, más que Pedro, Santiago y Juan, el hermano de Santiago. Llegan a casa del jefe de la sinagoga y encuentra el alboroto de los que lloraban y se lamentaban a gritos y después de entrar les dijo: «¿Qué estrépito y qué lloros son estos? La niña no está muerta, está dormida». Se reían de él. Pero él los echó fuera a todos, y, con el padre y la madre de la niña y sus acompañantes, entró donde estaba la niña, la tomó de la mano, y le dijo: «Talitha qumi» (que significa: «Contigo hablo, niña, levántate»). La niña se levantó inmediatamente y echó a andar; tenía doce años. Y se quedaron fuera de sí llenos de estupor. Les insistió en que nadie se enterase; y les dijo que dieran de comer a la niña.

ORACIÓN

SEÑOR, me conmueve tu bondad y tus detalles. Demuestras tu bondad, compadeciéndote de aquel padre desolado resucitando a su hija, y curando a la mujer enferma. Y tus detalles, al preocuparte de que dieran de comer a la niña resucitada. Para lo más importante y para lo ordinario de cada día, tú eres único.

Santos IRENEO DE LYON *ob mr,*
Argimiro *mj mr,* **Pablo I** *pp,*
Lucía Wang-Cheng y *co mrs*

JUNIO
28
LUNES

Papa Francisco: El apóstol Pedro nos dice que “hemos sido regenerados a partir de una semilla incorruptible”. Y esta es la semilla de la Palabra de Dios. Esto es lo que se siembra: la Palabra de Dios. Se siembra. Sabemos que no hay crecimiento sin el Espíritu: es él quien hace a la Iglesia, es él quien hace crecer a la Iglesia, es él quien convoca a la comunidad de la Iglesia. Pero es necesario también el testimonio del cristiano. Y cuando el testimonio llega a su fin, cuando las circunstancias históricas nos piden un testimonio fuerte, allí están los mártires: los más grandes testigos *(30-6-2014).*

PALABRA

Viendo Jesús que lo rodeaba mucha gente, dio orden de atravesar a la otra orilla. Se le acercó un escriba y le dijo: «Maestro, te seguiré adonde vayas». Jesús le respondió: «Las zorras tienen madrigueras y los pájaros nidos, pero el Hijo del hombre no tiene donde reclinar la cabeza». Otro, que era de los discípulos, le dijo: «Señor, déjame ir primero a enterrar a mi padre». Jesús le replicó: «Tú, sígueme y deja que los muertos entierren a sus muertos».

Génesis 18,16-33; ***Salmo*** 102,1b-4.8-11 • **MATEO 8,18-22**

ORACIÓN

SEÑOR, hoy también te digo yo: *Te seguiré adonde vayas.* Exactamente lo contrario a la burguesía, que tanto nos arrastra, especialmente en los inicios de las vacaciones. Tú me dices que vaya en sentido contrario, que te siga. Nada tiene que ver con lo que ofrecen las agencias de viajes: buenos hoteles, comida abundante y selecta, y todo te lo dan hecho. Muy oportuna tu afirmación, reflejo fiel de tu vida misma, que quiero hacer mía: *El Hijo del hombre no tiene donde reclinar la cabeza.* Te seguiré… si me das tu Espíritu de fortaleza. ***El Señor es compasivo y misericordioso*** *(Salmo 102,8a).*

JUNIO
29
MARTES

Santos PEDRO Y PABLO ***aps,***
Emma ***vd,*** **Siro** ***ob***

SANTOS PEDRO Y PABLO

SOLEMNIDAD DE LOS SANTOS PEDRO Y PABLO, APÓSTOLES

Papa Francisco: Pedro y Pablo no se cansaron nunca de anunciar, de vivir en misión, en camino, desde la tierra de Jesús hasta Roma. Aquí dieron testimonio de él, hasta el final, entregando su vida como mártires. Si vamos a las raíces de su testimonio, los descubrimos como testigos de vida, testigos de perdón y testigos de Jesús, aun cuando sus vidas no fueron cristalinas y lineales. El punto de partida de la vida cristiana no está en ser dignos, sino en reconocerse necesitado. Fue precisamente en sus caídas donde descubrieron el poder de la misericordia del Señor, que los regeneró. En su perdón encontraron una paz y una alegría irreprimibles. ¡Cuántas veces pensaría Pedro en su negación! ¡Cuántos escrúpulos tendría Pablo, por el daño que había hecho a tantas personas inocentes! Humanamente habían fallado; pero sin embargo se encontraron con un amor más grande que sus fracasos, con un perdón tan fuerte como para curar sus sentimientos de culpa *(29-6-2019).*

PALABRA

Al llegar a la región de Cesarea de Filipo, Jesús preguntó a sus discípulos: «¿Quién dice la gente que es el Hijo del hombre?». Ellos contestaron: «Unos que Juan Bautista, otros que Elías, otros que Jeremías o uno de los profetas». Él les preguntó: «Y vosotros, ¿quién decís que soy yo?». Simón Pedro tomó la palabra y dijo: «Tú eres el Mesías, el Hijo de Dios vivo». Jesús le respondió: «¡Bienaventurado tú, Simón, hijo de Jonás!, porque eso no te lo ha revelado ni la carne ni la sangre, sino mi Padre que está en los cielos. Ahora yo te digo: tú eres Pedro, y sobre esta piedra edificaré mi Iglesia, y el poder del infierno no la derrotará. Te daré las llaves del reino de los cielos; lo que ates en la tierra, quedará atado en los cielos, y lo que desates en la tierra, quedará desatado en los cielos».

Hechos 12,1-11; ***Salmo*** 33,2-9; ***2 Timoteo*** 4,6-8.17-18 • **MATEO 16,13-19**

ORACIÓN

SEÑOR, sabías bien a quiénes elegías para estar al frente de los apóstoles. En Pedro tengo el ejemplo del hombre espontáneo y valiente que cae, se levanta, llora su pecado y promete amarte hasta la muerte. Y en Pablo, que queriendo hacer el bien es el mal lo que le sale, me enseñas a aspirar a que seas tú, no yo, quien viva en mí. Pedro y Pablo, los padres y testigos de la fe en Jesús, por cuya causa dieron su sangre en Roma, me señalan hoy el camino que me lleva a ti en la amistad y la fidelidad. ***El Señor me libró de todas mis ansias*** (Salmo 33,5b).

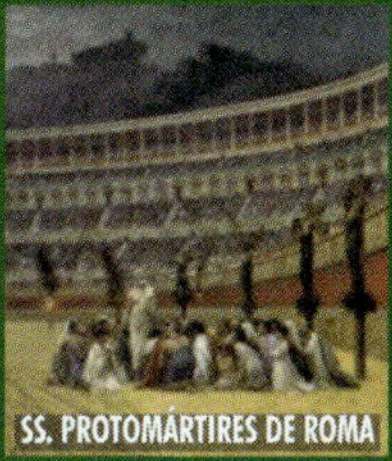

Santos PROTOMÁRTIRES DE ROMA, Marcial *ob*, Ladislao *re*, Adolfo *ob*

Papa Francisco: Las tentaciones vuelven siempre, el mal espíritu no se cansa nunca. Cuando el demonio ha sido expulsado tiene paciencia, espera para volver y si lo dejas entrar caes en una situación peor. De hecho, antes se sabía que era el demonio que atormentaba. Después, el Maligno se ha escondido, viene con sus amigos muy educados, llama a la puerta, pide permiso, entra y convive con el hombre, su vida cotidiana y juega y juega, da las instrucciones. Con esta modalidad educada el diablo convence para hacer las cosas con relativismo, tranquilizando la conciencia *(9-10-2015)*.

PALABRA

Llegó Jesús a la otra orilla, a la región de los gadarenos. Desde los sepulcros, dos endemoniados salieron a su encuentro; eran tan furiosos que nadie se atrevía a transitar por aquel camino. Y le dijeron a gritos: «¿Qué tenemos que ver nosotros contigo, Hijo de Dios? ¿Has venido a atormentarnos antes de tiempo?». A cierta distancia, una gran piara de cerdos estaba paciendo. Los demonios le rogaron: «Si nos echas, mándanos a la piara». Jesús les dijo: «Id». Salieron y se metieron en los cerdos. Y la piara entera se abalanzó acantilado abajo y murieron en las aguas. Los porquerizos huyeron al pueblo y lo contaron todo, incluyendo lo de los endemoniados. Entonces el pueblo entero salió a donde estaba Jesús y, al verlo, le rogaron que se marchara de su país.

Génesis 21, 5.8-20; ***Salmo*** 33, 7-8.10-13 • **MATEO 8, 28-34**

ORACIÓN

SEÑOR, los endemoniados quedaron libres de la terrible posesión de los demonios: para ellos vino Jesús. Sin embargo, sus paisanos, muy apegados a sus cerdos, no dieron importancia a la liberación de los endemoniados, por la pérdida de su piara de cerdos y te echaron de su región. ¿Cuántos cerdos alcanzan el valor de una persona humana? Tú lo creaste todo. Pero cuando te encarnaste fue solo para la salvación del hombre. Y a eso estamos invitados: a valorar a las personas más que todos los otros seres creados y escuchar tu Palabra que nos salva. ***El afligido invocó al Señor, y él lo escuchó*** *(Salmo 33,7b)*.

DOCE VIDAS DE JESÚS

1. Vida de Jesucristo según el Evangelio,
del **P. LAGRANGE, O.P.** (2.ª ed.). XII + 545 págs. 17,45 €.
2. La más antigua Vida de Jesús.
Diatessaron de Taciano (2.ª ed.). 259 págs. 10,50 €.
3. Vida de Cristo,
de **FRAY LUIS DE GRANADA** (2.ª ed.). 370 págs. 13,25 €.
4. Jesucristo,
de **L. DE GRANDMAISON, S.J.** (2.ª ed.). 638 págs. 21 €.
5. Vida de Jesús según los Evangelios sinópticos,
de **JOSÉ SALGUERO, O.P.** (2.ª ed.). 356 págs. 13,85 €.
6. Nuestro Señor Jesucristo según los Evangelios,
de **L.-Cl. FILLION** (2.ª ed.). 447 págs. 14,45 €.
7. Memorias de un reportero de los tiempos de Cristo,
del **P. Carlos M.ª de HEREDIA, S. J.** 1.010 págs. 23,45 €.
8. Vida de Nuestro Señor Jesucristo,
del **P. REMIGIO VILARIÑO, S. J.** (2.ª ed.). 645 págs. 21 €.
9. La vida de Jesús, en el país y pueblo de Israel,
de **F. M. WILLAM** (2.ª ed.). 493 págs. 17,45 €.
10. Vida de Jesús
de **FRANÇOIS MAURIAC.** 224 págs 10,50 €.
11. Historia de Cristo,
de **GIOVANNI PAPINI** (2.ª ed.). 383 págs. 14,45 €.
12. Vida de Jesucristo,
de **GIUSEPPE RICCIOTTI** (2.ª ed.). 590 págs. 19,25 €.

• **Precio especial de las 12 Vidas de Jesús: 179 €** *(no 196,50 €).*

Grandes obras sobre María

La Iglesia habla de María. ***50 años de documentos marianos pontificios.*** José A. Martínez Puche, O.P. 418 p. 5,75 €. 15 documentos, desde Pío XII a San Juan Pablo II.
María, la Madre del Señor, en el Nuevo Testamento. Klemens Stock, S.J. 184 p. 9 €
Vida de María. ***Vida y misterio de la Santísima Virgen.*** Fray Luis de Granada, O.P. 108 p. 5,50 €
El libro de la Inmaculada. ***Doctrina, historia, poesía y arte.*** José A. Martínez Puche, O.P. 208 p. 10,25 €
La leyenda mariana. ***Vida de Myriam de Nazaret.*** Carlos Mª de Heredia, S.J. 274 p. 11,45 €
Por su enorme interés, no es fácil dejar su lectura
Mariam de Judá. ***Vida de María.*** Jaime Colomina Torner. 278 p. 11,75 €

JULIO

Al celebrar tu memoria, santo Apóstol peregrino,
guíanos por el camino al Pórtico de la gloria.
Camino de Compostela, va un romero caminando,
y es el camino de estrellas polvareda de sus pasos.
En el pecho las vieiras, y alto bordón en la mano,
sembrando por la vereda las canciones y los salmos.
Llegó al corazón de España por el monte y por el llano:
en los anchos horizontes cielo y tierra se abrazaron.
Sube hasta el monte del Gozo y allí, de hinojos postrado,
las altas torres de ensueño casi toca con las mano.

(Bernardo Velayo)

JULIO

1

JUEVES

Jueves 13° Tiempo Ordinario Tomo III - Salterio 1ª semana

Santos Aarón *AT,* Nicasio *mr,* Teodorico *pb,* Justino Orona y Atilano Cruz *pbs mrs*

SAN AARÓN

Papa Francisco: Jesús nos ha dejado el memorial de su amor: la Eucaristía y los sacramentos para proseguir en el camino, encontrando en ellos la fuerza para avanzar cada día. Esta ha de ser la fuente de vuestra esperanza y de vuestro valor para *pasar a la otra orilla* con Jesús *(Mateo 9,1)*, que abre caminos nuevos para vosotros y vuestra generación, para vuestras familias y para vuestro país. Rezo para que tengáis esta esperanza. Aferraos a ella y la podréis dar a los demás, a nuestro mundo golpeado por las guerras, los conflictos, el mal y el pecado *(29-11-2015).*

PALABRA

Subió Jesús a una barca, cruzó a la otra orilla y fue a su ciudad. En esto le presentaron un paralítico, acostado en una camilla. Viendo la fe que tenían, dijo al paralítico: «¡Ánimo, hijo!, tus pecados te son perdonados». Algunos de los escribas se dijeron: «Este blasfema». Jesús, sabiendo lo que pensaban, les dijo: «¿Por qué pensáis mal en vuestros corazones? ¿Qué es más fácil, decir: "Tus pecados te son perdonados", o decir: "Levántate y echa a andar"? Pues, para que veáis que el Hijo del hombre tiene potestad en la tierra para perdonar pecados –entonces dice al paralítico–: "Ponte en pie, toma tu camilla y vete a tu casa"». Se puso en pie, y se fue a su casa. Al ver esto, la gente quedó sobrecogida y alababa a Dios, que da a los hombres tal potestad.

Génesis **22, 1-19;** ***Salmo*** **114, 1-6.8-9 • MATEO 9, 1-8**

ORACIÓN

SEÑOR, cuántas veces los calores del verano –que ahora llega con fuerza en el hemisferio Norte– logran congelar la vitalidad del espíritu, que queda paralizado ante los excesos del culto al cuerpo. Hoy escucho tu palabra de alerta y de ánimo: *Ponte en pie, toma tu camilla y anda.* ***Caminaré en presencia del Señor, en el país de los vivos*** *(Salmo 114,9).*

SAN BERNARDINO REALINO

Santos Bernardino Realino *pb*, Liberato y co *mrs*, Monegunda *er*

Papa Francisco: La salvación puede entrar en el corazón cuando nos abrimos a la verdad y reconocemos nuestros errores, nuestros pecados; entonces hacemos experiencia, esa hermosa experiencia de aquel que vino *a sanar no a los sanos, sino a los enfermos, vino a salvar no a los justos, sino a los pecadores* (cf. *Mt* 9, 12-13); experimentamos su paciencia –¡tiene mucha!– su ternura, su voluntad de salvar a todos. ¿Y cuál es el signo? El signo de que somos «nuevos» y que fuimos transformados por el amor de Dios es reconocerse despojado de las vestiduras gastadas y viejas de los rencores y las enemistades, para vestir la túnica limpia de la mansedumbre, la benevolencia, el servicio a los demás y la paz del corazón, propia de los hijos de Dios *(21-6-2015).*

PALABRA

Al pasar vio Jesús a un hombre llamado Mateo sentado al mostrador de los impuestos, y le dijo: «Sígueme». Él se levantó y lo siguió. Y, estando en la casa, sentado a la mesa, muchos publicanos y pecadores, que habían acudido, se sentaban con Jesús y sus discípulos. Los fariseos, al verlo, preguntaron a los discípulos: «¿Cómo es que vuestro maestro come con publicanos y pecadores?». Jesús lo oyó y dijo: «No tienen necesidad de médico los sanos, sino los enfermos. Andad, aprended lo que significa "Misericordia quiero y no sacrificios": que no he venido a llamar a justos, sino a pecadores».

Génesis 23, 1-4, 19; 24, 1-8, 62-67; ***Salmo*** 105, 1b-5 • **MATEO 9, 9-13**

ORACIÓN

SEÑOR, quieres misericordia, te juntas con los pecadores, no tienes asco de los que necesitamos tu salvación, incluso eliges para que sea tu Apóstol a un publicano, tan despreciado por sus conciudadanos… ¿Qué puedo temer cuando me veo pecador y enfermo, ante tan espléndido Salvador y acertado médico? ***Dad gracias al Señor porque es bueno*** *(Salmo 105,1b).*

JULIO

3

SÁBADO

FIESTA DE SANTO TOMÁS, APÓSTOL.

Santos Heliodoro *ob*, León II *pp*, Raimundo Gayrard *es*

SANTO TOMÁS, APÓSTOL

Papa Francisco: Tomás no quiso creer en el testimonio de los otros. «Si no veo y toco sus llagas no lo creeré» (cf. *Jn* 20, 25). Ocho días después Jesús vuelve a presentarse en medio de los suyos y se dirige inmediatamente a Tomás, invitándolo a tocar las heridas de sus manos y de su costado. Va al encuentro de su incredulidad, para que, a través de los signos de la pasión, pueda alcanzar la plenitud de la fe pascual, es decir, la fe en la resurrección de Jesús. Tomás es uno que no se contenta y busca, pretende constatar él mismo, tener una experiencia personal. Tras las iniciales resistencias e inquietudes, al final también él llega a creer, aunque avanzando con fatiga, pero llega a la fe. Jesús lo espera con paciencia y se muestra disponible ante las dificultades e inseguridades del último en llegar. El Señor proclama «bienaventurados» a los que creen sin ver *(12-4-2015).*

PALABRA

Tomás, uno de los Doce, llamado el Mellizo, no estaba con ellos cuando vino Jesús. Y los otros discípulos le decían: «Hemos visto al Señor». Pero él les contestó: «Si no veo en sus manos la señal de los clavos, si no meto el dedo en el agujero de los clavos y no meto la mano en su costado, no lo creo». A los ocho días, estaban otra vez dentro los discípulos y Tomás con ellos. Llegó Jesús, estando cerradas las puertas, se puso en medio y dijo: «Paz a vosotros». Luego dijo a Tomás: «Trae tu dedo, aquí tienes mis manos; trae tu mano y métela en mi costado; y no seas incrédulo, sino creyente». Contestó Tomás: «¡Señor mío y Dios mío!». Jesús le dijo: «¿Porque me has visto has creído? Bienaventurados los que crean sin haber visto».

Efesios 2,19-22; ***Salmo*** 116. 1-2 • **JUAN 20,24-29**

ORACIÓN

SEÑOR, la incredulidad de Tomás, que se rinde al verte Resucitado, es muy valiosa para los que somos exigentes, incluso contigo. Comienza por poner condiciones para creer: ver y meter su mano. Pero, a la hora de la verdad, tu presencia en medio de aquella Iglesia inicial produjo el milagro; con solo verte, confesó: *¡Señor mío y Dios mío!* Tomás solo vio tu cuerpo, y confesó su fe en tu divinidad. Me basta tu Palabra y la de tu Iglesia para creer en ti, Dios y Hombre resucitado, Salvador y Amigo que jamás defrauda. ***Id al mundo entero y proclamad el Evangelio*** *(Marcos 16,15).*

DOMINGO XIV DEL TIEMPO ORDINARIO

JULIO 4 DOMINGO

Santos ISABEL DE PORTUGAL *re*, Valentín de Berriochoa *ob mr*, Berta *ab*. Beato Pedro Jorge Frassati *la*

JORNADA DE RESPONSABILIDAD DEL TRÁFICO

Papa Francisco: El joven beato Pedro Jorge Frassati decía: «Jesús me visita cada mañana en la Comunión, y yo la restituyo del pobre modo que puedo, visitando a los pobres». Él había entendido lo que quiere decir tener un corazón misericordioso, sensible a los más necesitados. A ellos les daba mucho más que cosas materiales; se daba a sí mismo, empleaba tiempo, palabras, capacidad de escucha. Servía siempre a los pobres con gran discreción, sin ostentación. Un día antes de su muerte (4 julio 1027), estando gravemente enfermo, daba disposiciones de cómo ayudar a los necesitados. En su funeral, los familiares y amigos se quedaron atónitos por la presencia de tantos pobres, para ellos desconocidos, que habían sido visitados y ayudados por el joven Pier Giorgio *(15-8-2015).* La página evangélica del día presenta a Jesús cuando vuelve a Nazaret y un sábado comienza a enseñar en la sinagoga. Desde que había salido de Nazaret y comenzó a predicar por las aldeas y los pueblos vecinos, no había vuelto a poner un pie en su patria. Ha vuelto. Por lo tanto, irá todo el vecindario a escuchar a aquel hijo del pueblo cuya fama de sabio maestro y de poder sanador se difundía por toda la Galilea y más allá. ***La gente de Nazaret primero escucha y se queda asombrada;*** luego se pregunta perpleja: «¿De dónde saca todo eso? ¿Qué sabiduría es esa que le sido dada?», ***y finalmente se escandaliza, reconociendo en él al carpintero, el hijo de María, a quien vieron crecer.*** Por eso, Jesús concluye con la expresión que se ha convertido en proverbial: «No desprecian a un profeta más que en su tierra, entre sus parientes y en su casa». Nos preguntamos: ¿Por qué los compatriotas de Jesús pasan de la maravilla a la incredulidad? Hacen una comparación entre el origen humilde de Jesús y sus capacidades actuales: es carpintero, no ha estudiado, sin embargo, predica mejor que los escribas y hace milagros. Y en vez de abrirse a la realidad, se escandalizan: ¡Dios es demasiado grande para rebajarse a hablar a través de un hombre tan simple! ***Es el escándalo de la encarnación*** *(8-7-2018).*

PALABRA

• *Ezequiel* 2, 2-5: El espíritu entró en mí, me puso en pie y oí que me decía: «Hijo de Adán, yo te envío a los hijos de Israel, un pueblo rebelde que se ha rebelado contra mí. Ellos y sus padres me han ofendido hasta el día de hoy. También los hijos tienen dura la cerviz y el corazón obstinado; a ellos te envío para que les digas: "Esto dice el Señor". Te hagan caso o no te hagan caso, pues son un pueblo rebelde, conocerán que hubo un profeta en medio de ellos».

• *Salmo* 122, 1b-4: ***Nuestros ojos están en el Señor, esperando su misericordia.***

• *2 Corintios* 12, 7b-10: Hermanos: Para que no me engría, se me ha dado una espina en la carne: un emisario de Satanás que me abofetea, para que no me engría. Por ello, tres veces le he pedido al Señor que lo apartase de mí y me ha respondido: «Te basta mi gracia: la fuerza se realiza en la debilidad». Así que muy a gusto me glorío de mis debilidades, para que resida en mí la fuerza de Cristo. Por eso vivo contento en medio de las debilidades, los insultos, las privaciones, las persecuciones y las dificultades sufridas por Cristo. Porque cuando soy débil, entonces soy fuerte.

• **MARCOS 6, 1-6:** Se dirigió Jesús a su ciudad y lo seguían sus discípulos. Cuando llegó el sábado, empezó a enseñar en la sinagoga; la multitud que lo oía se preguntaba asombrada: «¿De dónde saca todo eso? ¿Qué sabiduría es esa que le ha sido dada? ¿Y esos milagros que realizan sus manos? ¿No es este el carpintero, el hijo de María, hermano de Santiago y José y Judas y Simón? Y sus hermanas ¿no viven con nosotros aquí?». Y se escandalizaban a cuenta de él. Les decía: «No desprecian a un profeta más que en su tierra, entre sus parientes y en su casa». No pudo hacer allí ningún milagro, solo curó algunos enfermos imponiéndoles las manos. Y se admiraba de su falta de fe. Y recorría los pueblos de alrededor enseñando.

ORACIÓN

SEÑOR, tus paisanos, que conocían tu oficio de carpintero y sabían quién era tu madre y quiénes eran tus primos, no podían explicarse ni tu sabia enseñanza ni tus maravillosos milagros. Sus prejuicios les impedían ver la realidad que palpaban. Yo te alabo por el trabajo de tus manos, por tu Madre, por José, por tus primos. El Padre te dio la mejor familia, en la que sobresale María, la que está siempre de tu parte y acoge y guarda tu Palabra en su corazón. Ser de tu familia es un privilegio. ¿Me aceptas en tu casa terrena y celestial?

Santos ANTONIO M.ª ZACCARIA *pb,* Marta *mf*

Papa Francisco: Una mujer que desde hacía doce años padecía flujos de sangre; y, a causa de esta enfermedad que, según la cultura del tiempo, la hacía «impura», debía evitar todo contacto humano: pobrecilla, estaba condenada a una muerte civil. Esta mujer anónima, en medio de la multitud que sigue a Jesús, se dice a sí misma: «Con solo tocarle el manto curaré». Y así fue: la necesidad de ser liberada la impulsó a probar y la fe «arranca», -por decirlo así-, la curación al Señor. Quien cree «toca» a Jesús y toma de él la gracia que salva. La fe es esto: tocar a Jesús y recibir de él la gracia que salva *(28-6-2015).*

PALABRA

Mientras Jesús hablaba, se acercó un jefe de los judíos que se arrodilló ante él y le dijo: «Mi hija acaba de morir. Pero ven tú, impón tu mano sobre ella y vivirá». Jesús se levantó y lo siguió con sus discípulos. Entre tanto, una mujer que sufría flujos de sangre desde hacía doce años, se le acercó por detrás y le tocó la orla del manto, pensando que con solo tocarle el manto se curaría. Jesús se volvió y al verla le dijo: «¡Ánimo, hija! Tu fe te ha salvado». Y en aquel momento quedó curada la mujer. Jesús llegó a casa de aquel jefe y, al ver a los flautistas y el alboroto de la gente, dijo: «¡Retiraos! La niña no está muerta, está dormida». Se reían de él. Cuando echaron a la gente, entró él, tomó a la niña de la mano, y ella se levantó. La noticia se divulgó por toda aquella comarca.

Génesis 28, 10-22a; ***Salmo*** 90, 1-4.14-15ab • **MATEO 9, 18-26**

ORACIÓN

SEÑOR, quienes no conocen tu poder –y la fuerza de tu amor–, se ríen de ti. Pero tú sabes bien lo que dices y lo que haces: tú eres la vida cuando se confía en ti, tú eres la verdad que salva a quien tiene fe en ti, tú eres el camino de la felicidad cuando se acoge tu amor. ¡Ah, si yo tuviera la fe de aquella mujer que te tocó el manto y se curó! ***Dios mío, confío en ti*** *(Salmo 90,2b).*

JULIO
6
MARTES

Martes 14° Tiempo Ordinario Tomo III - Salterio 2ª semana

Santos MARÍA GORETTI ***vg mr*****,**
Nazaria Ignacia March ***vg*****,**
Rómulo ***ob*****, Paladio** ***ob***

SANTA MARIA GORETTI

Papa Francisco: Unos por envidia, otros por rigidez doctrinal, otros porque tenían miedo que vinieran los romanos y les masacraran... trataban de alejar la autoridad de Jesús del pueblo y también con la calumnia. La calumnia aparece en el Evangelio de hoy: *"Si echa los demonios es con el poder de Belzebú, el jefe de los demonios"*. Le ponían delante una trampa para ver si caía. Hay que saber discernir las situaciones: es decir, lo que viene de Dios y lo que viene del maligno que siempre trata de engañar y de hacernos elegir un camino equivocado. El cristiano no puede estar tranquilo con que todo va bien, debe discernir las cosas y mirar bien de dónde vienen, y cuál es su raíz. Las tentaciones vuelven siempre, el mal espíritu no se cansa nunca *(9-10-2015).*

PALABRA

Llevaron a Jesús un endemoniado mudo. Y, después de echar al demonio, el mudo habló. La gente decía admirada: «Nunca se ha visto en Israel cosa igual». En cambio, los fariseos decían: «Este echa los demonios con el poder del jefe de los demonios». Jesús recorría todas las ciudades y aldeas, enseñando en sus sinagogas, anunciando el evangelio del reino y curando toda enfermedad y toda dolencia. Al ver a las muchedumbres, se compadecía de ellas, porque estaban extenuadas y abandonadas, «como ovejas que no tienen pastor». Entonces dice a sus discípulos: «La mies es abundante, pero los trabajadores son pocos; rogad, pues, al Señor de la mies que mande trabajadores a su mies».

Génesis 32,23-33; ***Salmo*** 16,1bcde-3.6-8.15 • **MATEO 9,32-38**

ORACIÓN

SEÑOR, al ver a las gentes de nuestro tiempo, también te compadeces de ellas: estamos extenuados bajo el peso del pecado, abandonados de los falsos pastores que huyen al menor peligro sin importarles que las ovejas se queden sin pastor. Tú eres el Pastor con el corazón más grande, la misericordia más amplia y el poder sin límites, para compadecerte de nuestro mundo y de mí, y aportar los remedios a todo mal. Tú eres la respuesta a tantas vidas sin rumbo y a tanto sufrimiento. ¡Envía a tu Iglesia testigos tuyos, seglares, religiosos y sacerdotes santos! Y, si tú quieres, cuenta conmigo, aunque bien conoces mi fragilidad. ***Yo con mi apelación vengo a tu presencia, Señor*** *(Salmo 16, 15a).*

 Miércoles 14° Tiempo Ordinario

JULIO
7
MIÉRCOLES

Santos Fermín *ob*, Odón *ob*, Edilburga *ab.* Beato Benedicto XI *pp*

Papa Francisco: Los doctores de la ley regañaban a Jesús porque curaba en el día de sábado, hacía el bien en sábado. Pero el amor de Jesús era dar la salud, hacer el bien: y esto va siempre en primer lugar. Jesús manda a los discípulos a realizar su misma obra y les da el poder de curar, o sea, de acercarse a los enfermos y hacerse cargo de ellos completamente (cf. *Mt* 10, 1). La comunidad cristiana sabe bien que a la familia, en la prueba de la enfermedad, no se la puede dejar sola. Y debemos dar gracias al Señor por las hermosas experiencias de fraternidad eclesial que ayudan a las familias a atravesar el difícil momento del dolor y del sufrimiento. Esta cercanía cristiana, de familia a familia, es un verdadero tesoro para una parroquia *(10-6-2015).*

PALABRA

Jesús, llamó a sus doce discípulos y les dio autoridad para expulsar espíritus inmundos y curar toda enfermedad y toda dolencia. Estos son los nombres de los doce apóstoles: el primero, Simón, llamado Pedro, y Andrés, su hermano; Santiago el de Zebedeo, y Juan, su hermano; Felipe y Bartolomé, Tomás y Mateo el publicano; Santiago el de Alfeo, y Tadeo; Simón el de Caná, y Judas Iscariote, el que lo entregó. A estos doce los envió Jesús con estas instrucciones: «No vayáis a tierra de paganos, ni entréis en las ciudades de Samaría, sino id a las ovejas descarriadas de Israel. Id y proclamad que ha llegado el reino de los cielos».

Génesis 41, 55-57; 42, 5-7a. 17-24a; ***Salmo*** 32, 2-3.10-11.18-19

•MATEO 10, 1-7

ORACIÓN

SEÑOR, como a los Doce, me llamas por mi nombre y mi apellido, sabes quién soy y de dónde vengo. Y me indicas adónde quieres que vaya. En tu nombre, proclamaré que "ha llegado el reino de los cielos", y que la conversión no es cosa de mañana: comienza hoy, no puedo dejar para mañana lo que tengo que hacer hoy. Y será misión de cada día. ***Que tu misericordia, Señor, venga sobre nosotros, como lo esperamos de ti*** *(Salmo 32,22).*

JULIO
8
JUEVES

Jueves 14º Tiempo Ordinario Tomo III - Salterio 2ª semana

Santos Áquila y Priscila *NT es*, Adrián *pp*, Pancracio *ob mr*, Landrada *ab*

SS. ÁQUILA Y PRISCILA, esposos

Papa Francisco: La obra salvífica de Cristo no termina con su persona y en el arco de su vida terrena; prosigue mediante la Iglesia, sacramento del amor y de la ternura de Dios por los hombres. Jesús confiere a sus discípulos en su misión un doble mandato: anunciar el Evangelio de la salvación y curar a los enfermos (cf. *Mt* 10, 7-8). «Pobres y enfermos tendréis siempre con vosotros», advierte Jesús (cf. *Mt* 26, 11), y la Iglesia los encuentra continuamente en su camino, considerando a las personas enfermas como una vía privilegiada para encontrar a Cristo, acogerlo y servirlo. Curar a un enfermo, acogerlo, servirlo, es servir a Cristo: el enfermo es la carne de Cristo. Por lo tanto, cada uno de nosotros está llamado a llevar la luz de la Palabra de Dios y la fuerza de la gracia a quienes sufren y a cuantos los asisten, familiares, médicos y enfermeros, para que el servicio al enfermo se preste cada vez con más con humanidad, entrega generosa, amor evangélico y ternura *(8-2-2015)*.

PALABRA

Dijo Jesús a sus apóstoles: «Id y proclamad que ha llegado el reino de los cielos. Curad enfermos, resucitad muertos, limpiad leprosos, arrojad demonios. Gratis habéis recibido, dad gratis. No os procuréis en la faja oro, plata ni cobre; ni tampoco alforja para el camino, ni dos túnicas, ni sandalias, ni bastón; bien merece el obrero su sustento. Cuando entréis en una ciudad o aldea, averiguad quién hay allí de confianza y quedaos en su casa hasta que os vayáis. Al entrar en una casa, saludadla con la paz; si la casa se lo merece, vuestra paz vendrá a ella. Si no se lo merece, la paz volverá a vosotros. Si alguno no os recibe o no escucha vuestras palabras, al salir de su casa o de la ciudad, sacudid el polvo de los pies. En verdad os digo que el día del juicio les será más llevadero a Sodoma y Gomorra que a aquella ciudad».

Génesis 44, 18-21.23b-29; 45, 1-5; ***Salmo*** 104, 16-21 • **MATEO 10, 7-15**

ORACIÓN

SEÑOR, cuando la sociedad actual tiene como sumo bien el bienestar –que no será «estar bien», si faltas tú y tu paz–, tú me recuerdas que tus discípulos hemos de estar desprendidos de todo lo que estorba para caminar con la agilidad del que es libre y la urgencia del que ha de anunciar que el Reino -el del auténtico bienestar- está al llegar. Y lo primero que nos encargas es "Curad enfermos" ¡Cómo lo recordamos desde el año pasado, con el coronavirus! ***Recordad las maravillas que hizo el Señor*** *(Salmo 104, 5a)*.

SAN AGUSTÍN ZHAO RONG

Santos AGUSTÍN ZHAO RONG *pb y co mars,* Juan de Colonia *pb y co mars,* Verónica Giuliani *ab,* N.ª S.ª del Rosario de Chiquinquirá

Papa Francisco: La paz que Dios nos da es capaz de tranquilizar la conciencia de aquellos que, a través de las pruebas de la vida, saben acoger la Palabra de Dios y se comprometen a observarla con perseverancia hasta el final (cf. *Mt* 10, 22). Recemos hoy de modo particular por quienes son discriminados, perseguidos y asesinados por el testimonio que dan de Cristo. Quisiera decir a cada uno de ellos: Si llevas esta cruz con amor, has entrado en el corazón de Cristo y de la Iglesia *(26-12-2014).*

PALABRA

Dijo Jesús a sus apóstoles: «Mirad que yo os envío como ovejas entre lobos; por eso, sed sagaces como serpientes y sencillos como palomas. Pero ¡cuidado con la gente!, porque os entregarán a los tribunales, os azotarán en las sinagogas y os harán comparecer ante gobernadores y reyes, por mi causa, para dar testimonio ante ellos y ante los gentiles. Cuando os entreguen, no os preocupéis de lo que vais a decir o de cómo lo diréis: en aquel momento se os sugerirá lo que tenéis que decir, porque no seréis vosotros los que habléis, sino que el Espíritu de vuestro Padre hablará por vosotros. El hermano entregará al hermano a la muerte, el padre al hijo; se rebelarán los hijos contra sus padres, y los matarán. Y seréis odiados por todos a causa de mi nombre; pero el que persevere hasta el final, se salvará. Cuando os persigan en una ciudad, huid a otra. En verdad os digo que no terminaréis con las ciudades de Israel antes de que vuelva el Hijo del hombre».

Génesis 46, 1-7.28-30; ***Salmo*** 36, 3-4.18-19.27-28.39-40

• MATEO 10, 16-23

ORACIÓN

SEÑOR, tú nos precedes, vas delante en ser perseguido y martirizado. Y quienes te seguimos no podemos elegir un camino distinto: estamos como ovejas en medio de lobos. Con tu gracia, perseveraré hasta el fin, y veré tu salvación. ***El Señor es quien salva a los justos*** *(Salmo 36, 39a).*

JULIO
10
SÁBADO

Sábado 14° Tiempo Ordinario Tomo III - Salterio 2ª semana

Santos Félix y Felipe *mrs,* Rufina y Segunda *mrs,* Anatolia y Victoria *mrs,* Bianor y Silvano *mrs.*

SANTA RUFINA Y SEGUNDA

Papa Francisco: Jesús es el centro de la creación; y así la actitud que se pide al creyente, que quiere ser tal, es la de reconocer y acoger en la vida esta centralidad de Jesucristo, en los pensamientos, las palabras y las obras. Y así nuestros pensamientos serán pensamientos *cristianos*, pensamientos de Cristo. Nuestras obras serán obras *cristianas*, obras de Cristo, nuestras palabras serán palabras *cristianas*, palabras de Cristo. En cambio, la pérdida de este centro, al sustituirlo por otra cosa cualquiera, solo provoca daños, tanto para el ambiente que nos rodea como para el hombre mismo *(24-11-2013).*

PALABRA

Dijo Jesús a sus apóstoles: «Un discípulo no es más que su maestro, ni un esclavo más que su amo; ya le basta al discípulo con ser como su maestro, y al esclavo como su amo. Si al dueño de casa lo han llamado Belzebú, ¡cuánto más a los criados! No les tengáis miedo, porque nada hay encubierto que no llegue a descubrirse; ni nada hay escondido que no llegue a saberse. Lo que os digo en la oscuridad, decidlo a la luz, y lo que os digo al oído, pregonadlo desde la azotea. No tengáis miedo a los que matan el cuerpo, pero no pueden matar el alma. No; temed al que puede llevar a la perdición alma y cuerpo en la "gehenna". ¿No se venden un par de gorriones por un céntimo? Y, sin embargo, ni uno solo cae al suelo sin que lo disponga vuestro Padre. Pues vosotros hasta los cabellos de la cabeza tenéis contados. Por eso, no tengáis miedo: valéis más vosotros que muchos gorriones. A quien se declare por mí ante los hombres, yo también me declararé por él ante mi Padre que está en los cielos. Y si uno me niega ante los hombres, yo también lo negaré ante mi Padre que está en los cielos».

Génesis 49, 29-32; 50, 15-26a; ***Salmo*** 104, 1-4.6-7 • **MATEO 10, 24-33**

ORACIÓN

SEÑOR, en nuestro tiempo predomina el culto a este cuerpo que un día enterrarán, mientras descuidamos lo único necesario: la vida del alma inmortal. Por eso me dices: *No temas a los que matan el cuerpo, sino a los que pueden destruir alma y cuerpo.* En todo caso, tú me garantizas que alma y cuerpo, todo mi ser, está en las manos del Padre más tierno y misericordioso. ***Los humildes, buscad al Señor, y revivirá vuestro corazón*** *(Salmo 68,33).*

JULIO 11 DOMINGO

Santos BENITO ABAD, PATRONO DE EUROPA, Pío I *pp*, Olga *mf*, Marciana *vg mr*, Abundio *pb mr*

Papa Francisco: El Evangelio de hoy narra el momento en el que Jesús envía a los Doce en misión. Se detiene en el estilo del enviado, que podemos resumir en dos puntos: la misión tiene un centro; la misión tiene un rostro. **1.** El discípulo misionero tiene antes que nada ***su centro de referencia, que es la persona de Jesús.*** La narración lo indica usando una serie de verbos que lo tienen a él por sujeto —«llama», «comenzó a mandarlos», «dándoles poder», «ordenó», «les dijo»—, así que el ir y el obrar de los Doce aparece como el irradiarse desde un centro, la presencia y la obra de Jesús en su acción misionera. Esto manifiesta cómo los apóstoles no tienen nada propio que anunciar, ni propias capacidades que demostrar, sino que hablan y actúan como «enviados», como mensajeros de Jesús. Este episodio evangélico se refiere también a nosotros, a todos los bautizados, llamados a testimoniar, en los distintos ambientes de vida, el Evangelio de Cristo. Y también para nosotros esta misión es auténtica solo a partir de su centro inmutable que es Jesús. No es una iniciativa de los fieles ni de los grupos y tampoco de las grades asociaciones, sino que es la misión de la Iglesia inseparablemente unida a su Señor. Ningún cristiano anuncia el Evangelio «por sí», sino solo enviado por la Iglesia que ha recibido el mandato de Cristo mismo. Es precisamente el bautismo lo que nos hace misioneros. Un bautizado que no siente la necesidad de anunciar el Evangelio, de anunciar a Jesús, no es un buen cristiano. **2.** La segunda característica del estilo del misionero es, por así decir, ***un rostro, que consiste en la pobreza de medios.*** Su equipamiento responde a un criterio de sobriedad. Los Doce, de hecho, tienen la orden de «llevar para el camino un bastón y nada más, pero ni pan, ni alforja, ni dinero suelto en la faja». El Maestro los quiere libres y ligeros, sin apoyos y sin favores, seguros solo del amor de él que les envía, fuertes solo por su palabra que van a anunciar. El bastón y las sandalias son la dotación de los peregrinos, porque tales son los mensajeros del reino de Dios, no gerentes omnipotentes, no funcionarios inamovibles. La situación de Jesús, que fue rechazado y crucificado, prefigura el destino de su mensajero. Y solo si estamos unidos a él, muerto y resucitado, conseguimos encontrar la valentía de la evangelización. Que la Virgen María, primera discípula y misionera de la Palabra de Dios, nos ayude a llevar al mundo el mensaje del Evangelio en un júbilo humilde y radiante, más allá de todo rechazo, incomprensión o tribulación *(15-7-2018).*

PALABRA

• ***Amós*** 7, 12-15: Amasías, sacerdote de Betel, dijo a Amós: «Vidente: vete, huye al territorio de Judá. Allí podrás ganarte el pan, y allí profetizarás. Pero en Betel no vuelvas a profetizar, porque es el santuario del rey y la casa del reino». Pero Amós respondió Amasías: «Yo no soy profeta ni hijo de profeta. Yo era un pastor y un cultivador de sicomoros. Pero el Señor me arrancó de mi rebaño y me dijo: "Ve, profetiza a mi pueblo Israel"».

• *Salmo* 84, 9abc-14: ***Muéstranos, Señor, tu misericordia y danos tu salvación.***

• *Efesios* 1, 3-10: Bendito sea Dios, Padre de Nuestro Señor Jesucristo, que nos ha bendecido en Cristo con toda clase de bendiciones espirituales en los cielos. Él nos eligió en Cristo antes de la fundación del mundo para que fuésemos santos e intachables ante él por el amor. Él nos ha destinado por medio de Jesucristo, según el beneplácito de su voluntad, a ser sus hijos, para alabanza de la gloria de su gracia, que tan generosamente nos ha concedido en el Amado. En él, por su sangre, tenemos la redención, el perdón de los pecados, conforme a la riqueza de la gracia que en su sabiduría y prudencia ha derrochado sobre nosotros, dándonos a conocer el misterio de su voluntad: el plan que había proyectado realizar por Cristo, en la plenitud de los tiempos: recapitular en Cristo todas las cosas del cielo y de la tierra.

• **MARCOS 6, 7-13:** Jesús llamó a los Doce y los fue enviando de dos en dos, dándoles autoridad sobre los espíritus inmundos. Les encargó que llevaran para el camino un bastón y nada más, pero ni pan ni alforja, ni dinero suelto en la faja; que llevasen sandalias, pero no una túnica de repuesto. Y decía: «Quedaos en la casa donde entréis, hasta que os vayáis de aquel sitio. Y si un lugar no os recibe ni os escucha, al marcharos sacudíos el polvo de los pies, en testimonio contra ellos». Ellos salieron a predicar la conversión, echaban muchos demonios, ungían con aceite a muchos enfermos y los curaban.

ORACIÓN

SEÑOR, envías a tus discípulos a anunciar la conversión y la paz, con poder de curar: tres elementos que necesito. *Conversión* de vida para ser todo tuyo; *paz*, que es el fruto de tu presencia en mi vida, en mi familia, en mi comunidad; y *curación* de las heridas del cuerpo y del alma. Gracias, Señor, por la misión que me encomiendas. Ayúdame a serte fiel.

SS. LUIS Y CELIA, padres Sª. Teresita

Santos Luis y Celia Martin *es pf,*
Ignacio Clemente Delgado *ob mr,*
Juan Gualberto *ab,*
Juan Jones y Juan Wall *pbs mrs*

Papa Francisco: Hay una tendencia nuestra a la destrucción, a la guerra, a la desunión: la tendencia que siembra en nuestro corazón el enemigo, el destructor de la humanidad: el diablo. ***Tres cosas para hacer la paz***, la unidad entre nosotros: ***humildad, paciencia*** —nosotros que estamos acostumbrados a insultarnos, a gritarnos...— ***y mansedumbre***". Los esposos, cuando pelean, también cuando vuelan los platos, y hay viento de tormenta en casa: el mejor consejo para darles es: "Sí, sí, sí, tirad todos los platos, pero no terminéis el día sin hacer las paces". ¿Por qué? Porque la guerra fría al día siguiente es peligrosísima. El consejo de Jesús: poneos de acuerdo al principio, haced la paz al principio. El mundo hoy necesita paz, nuestra sociedad necesita paz. Empecemos por casa para practicar estas cosas sencillas: mansedumbre, paciencia, humildad *(26-10-2018).*

PALABRA

Jesús dijo a sus apóstoles: «No penséis que he venido a la tierra a sembrar paz: no he venido a sembrar paz, sino espada. He venido a enemistar al hombre con su padre, a la hija con su madre, a la nuera con su suegra; los enemigos de cada uno serán los de su propia casa. El que quiere a su padre o a su madre más que a mí, no es digno de mí; y el que quiere a su hijo o a su hija más que a mí, no es digno de mí; y el que no carga con su cruz y me sigue, no es digno de mí. El que encuentre su vida la perderá, y el que pierda su vida por mí, la encontrará. El que os recibe a vosotros, me recibe a mí, y el que me recibe, recibe al que me ha enviado. El que recibe a un profeta porque es profeta, tendrá recompensa de profeta; y el que recibe a un justo porque es justo, tendrá recompensa de justo. El que dé a beber, aunque no sea más que un vaso de agua fresca, a uno de estos pequeños, solo porque es mi discípulo, en verdad os digo que no perderá su recompensa». Cuando Jesús acabó de dar instrucciones a sus doce discípulos, partió de allí para enseñar y predicar en sus ciudades.

Éxodo 1, 8-14.22; ***Salmo*** 123, 1b-8 • **MATEO 10, 34 - 11, 1**

ORACIÓN

SEÑOR, seguirte cada día cargando con la cruz no es una opción de tranquilidad y de pasividad facilona, es vida de combate ante quienes no aceptan tu Evangelio y rechazan tu presencia en su vida. Tú eres lo primero para mí, y eso supone Cruz y actitud de servicio, sabiendo que lo que haga a los demás, aunque solo sea dar un vaso de agua fresca, te lo hago a ti. ***Nuestro auxilio es el nombre del Señor*** *(Salmo 123, 8a).*

JULIO
13
MARTES

Martes 15° Tiempo Ordinario   Tomo III - Salterio 3ª semana

Santos ENRIQUE *em,* Teresa de J. de los Andes *vg,* Silas *NT,* Esdras *AT.* Beato Jacobo de Varazze *ob*

SAN ENRIQUE, EMPERADOR

Papa Francisco: Jesús nos dice cómo debería ser la vida de un discípulo, la vida de un cristiano. Nos da señales para avanzar en el camino. Por ejemplo, el discurso de las Bienaventuranzas, del cual surge algo revolucionario, porque parece la lógica de lo opuesto: es la lógica de lo contrario con respecto al espíritu del mundo. En esa ocasión el Señor nos enseña cómo debe ser un cristiano. Y en el capítulo 25 de Mateo, donde se habla de las obras de misericordia, el Señor nos enseña lo que una persona debe hacer para ser cristiano. Bienaventuranzas y obras de misericordia describen un «estilo», frente al cual decimos: "Ser cristiano no es fácil". No lo es. Pero nos hace felices. Es el camino de la felicidad, de la paz interior *(13-9-2018).*

PALABRA

Se puso Jesús a recriminar a las ciudades donde había hecho la mayor parte de sus milagros, porque no se habían convertido: «¡Ay de ti, Corozaín, ay de ti, Betsaida! Si en Tiro y en Sidón se hubieran hecho los milagros que en vosotras, hace tiempo que se habrían convertido, cubiertas de sayal y ceniza. Pues os digo que el día del juicio les será más llevadero a Tiro y a Sidón que a vosotras. Y tú, Cafarnaún, ¿piensas escalar el cielo? Bajarás al abismo. Porque si en Sodoma se hubieran hecho los milagros que en ti, habría durado hasta hoy. Pues os digo que el día del juicio le será más llevadero a Sodoma que a ti».

Éxodo 2, 1-15a; ***Salmo*** 68, 3.14.30-31.33-34 • **MATEO 11, 20-24**

ORACIÓN

SEÑOR, tus palabras de hoy me llenarían de espanto, si no las considerara como nacidas del amor que me tienes: me invitas a la conversión en esta vida, para que pueda gozar contigo en la vida eterna. El camino de la conversión es duro, pero estar privado de ti eternamente sería la ruina absoluta de mi ser para siempre. ¡Gracias, Señor! ***Los humildes, buscad al Señor, y revivirá vuestro corazón*** *(Salmo 68,33).*

SAN CAMILO DE LELIS

Santos CAMILO *pb*, Francisco Solano *pb*, Tuscana *vd rl*. Beato Mariano de Euse *pb*

Papa Francisco: En el Evangelio hay algunas palabras muy bonitas y fuertes de Jesús sobre los «pequeños». Este término, «pequeños», se refiere a todas las personas que dependen de la ayuda de los demás, y en especial a los niños. Jesús dice: «Te doy gracias, Padre, Señor del cielo y de la tierra, porque has escondido estas cosas a los sabios y entendidos, y se las has revelado a los pequeños» (*Mt* 11, 25). Y dice también: «Cuidado con despreciar a uno de estos pequeños, porque os digo que sus ángeles están viendo siempre en los cielos el rostro de mi Padre celestial» (*Mt* 18, 10). Los niños son en sí mismos una riqueza para la humanidad y también para la Iglesia, porque nos remiten constantemente a la condición necesaria para entrar en el reino de Dios: la de no considerarnos autosuficientes, sino necesitados de ayuda, amor y perdón. Y todos necesitamos ayuda, amor y perdón *(18-3-2015)*.

PALABRA

Tomó la palabra Jesús y dijo: «Te doy gracias, Padre, Señor del cielo y de la tierra, porque has escondido estas cosas a los sabios y entendidos y se las has revelado a los pequeños. Sí, Padre, así te ha parecido bien. Todo me ha sido entregado por mi Padre, y nadie conoce al Hijo más que el Padre, y nadie conoce al Padre sino el Hijo y aquel a quien el Hijo se lo quiera revelar».

Éxodo 3, 1-6.9-12; ***Salmo*** 102, 1b-4.6-7 • **MATEO 11, 25-27**

ORACIÓN

SEÑOR, revélame al Padre y muéstrate, vivo y claro, a mí. Quiero ser de los pequeños, de la gente sencilla, de los que se fían plenamente de ti, de los que ya experimentan aquí la vida eterna, conociendo a tu Padre y a ti, su enviado. ***El Señor es compasivo y misericordioso*** *(Salmo 102,8a)*.

JULIO

15

JUEVES

Jueves 15° Tiempo Ordinario Tomo III - Salterio 3ª semana

Santos BUENAVENTURA *pb dc*, Pompilio M. Pirrotti *pb*, Vladimiro *re*. Beata Ana Mª Javouhey

SAN BUENAVENTURA

Papa Francisco: «Venid a mí todos los que estáis cansados y agobiados, y yo os aliviaré» (*Mt* 11, 28). Cuando Jesús dice esto, tiene ante sus ojos a las personas que encuentra todos los días por los caminos de Galilea: mucha gente sencilla, pobres, enfermos, pecadores, marginados... Esta gente lo ha seguido siempre para escuchar su palabra, –¡una palabra que daba esperanza! Las palabras de Jesús dan siempre esperanza– y también para tocar incluso solo el borde de su manto. Jesús mismo buscaba a estas multitudes cansadas y agobiadas como ovejas sin pastor (cf. *Mt* 9, 35-36) y las buscaba para anunciarles el Reino de Dios y para curar a muchos en el cuerpo y en el espíritu. Ahora los llama a todos a su lado: «Venid a mí», y les promete alivio y consuelo. Esta invitación de Jesús se extiende hasta nuestros días, para llegar a muchos hermanos y hermanas oprimidos por precarias condiciones de vida, por situaciones existenciales difíciles y a veces privados de válidos puntos de referencia. En los países más pobres, pero también en las periferias de los países más ricos, se encuentran muchas personas cansadas y agobiadas bajo el peso insoportable del abandono y la indiferencia *(6-7-2014)*.

PALABRA

Tomó la palabra Jesús y dijo: «Venid a mí todos los que estáis cansados y agobiados y yo os aliviaré. Tomad mi yugo sobre vosotros y aprended de mí, que soy manso y humilde de corazón, y encontraréis descanso para vuestras almas. Porque mi yugo es llevadero y mi carga ligera».

Éxodo 3, 13-20; ***Salmo*** 104, 1.5.8-9.24-27 • **MATEO 11, 28-30**

ORACIÓN

SEÑOR, mientras el mundo me ofrece técnicas de relajación frente al estrés, tú me invitas a descansar en ti, a poner en tus manos mis afanes. Cansado y agobiado, llego a ti, cargando con tu yugo tan llevadero. Tú, que eres manso y humilde, haz mi corazón semejante al tuyo. ***El Señor se acuerda de su alianza eternamente*** *(Salmo 104, 8a)*.

NTRA. SRA. DEL CARMEN.
Santos Reinilda, Grimoaldo y Gondulfo *mrs.*
B. Guadalupe Ortiz de Landázuri *la*

JULIO
16
VIERNES

BIENAVENTURADA VIRGEN MARÍA DEL MONTE CARMELO

Papa Francisco: La imagen de María, la Madre que nos protege y acompaña, nos recuerda que fue llamada la "bienaventurada". A ella, que vivió el dolor como una espada que le atravesaba el corazón, a ella que cruzó el peor umbral del dolor que es ver morir a su hijo, pidámosle el don de la apertura al Espíritu Santo, de la alegría perseverante, esa que no se acobarda, ni se repliega, la que siempre vuelve a experimentar y afirmar: "El Todopoderoso ha hecho grandes obras, su nombre es santo" *(9-9-2019).*

PALABRA

Estaba Jesús hablando a la gente, cuando su madre y sus hermanos se presentaron fuera, tratando de hablar con él. Uno se lo avisó: "Tu madre y tus hermanos están fuera y quieren hablar contigo". Pero él contestó al que le avisaba: "¿Quién es mi madre y quiénes son mis hermanos?". Y, extendiendo su mano hacia los discípulos, dijo: "Estos son mi madre y mis hermanos. El que cumple la voluntad de mi Padre que está en los cielos, ese es mi hermano, y mi hermana, y mi madre".

Zacarías 2,14-17; ***Salmo: Lucas*** 1,46-55 • **MATEO 12,46-50**

ORACIÓN

SEÑOR, al proclamar familia tuya a los que cumplen la voluntad del Padre, definiste con toda propiedad lo más maravilloso de tu Madre: su condición de discípula fiel de la Palabra. Hoy aclamo a la Madre, con la hermosa advocación del Carmen, y te pido por quienes tienen este bello nombre, por la gran Familia Carmelitana y por las Gentes del Mar, y por todos los chilenos, que la veneran como Patrona. Para mí también pongo en tus manos una súplica: que me admitas, con tu madre y tus primos, en tu familia de la fe. ***Bendito sea el nombre del Señor por siempre*** *(Sal 112,2).*

JULIO
17
SÁBADO

Sábado 15° Tiempo Ordinario Tomo III - Salterio 3ª semana

Santos Justa y Rufina *vgs mrs,* Marcelina *vg,* Alejo *cf,* Jacinto *mr*

SANTAS JUSTA Y RUFINA

Papa Francisco: "Jesús curó a todos los enfermos". Me pregunto dónde están ahora las puertas ante las cuales llevar a los enfermos para que sean curados. Jesús nunca se negó a curarlos. Nunca pasó de largo, nunca miró hacia otro lado. Y cuando un padre o una madre, o incluso sencillamente personas amigas le llevaban un enfermo para que lo tocara y lo curara, no se entretenía con otras cosas; la curación estaba antes que la ley, incluso una tan sagrada como el descanso del sábado. He aquí la tarea de la Iglesia. Ayudar a los enfermos, no quedarse en habladurías, ayudar siempre, consolar, aliviar, estar cerca de los enfermos *(10-6-2015).*

PALABRA

Al salir de la sinagoga, los fariseos planearon el modo de acabar con Jesús. Pero Jesús se enteró, se marchó de allí, y muchos le siguieron. Él los curó a todos, mandándoles que no lo descubrieran. Así se cumplió lo que dijo el profeta Isaías: «Mirad a mi siervo, mi elegido, mi amado, en quien me complazco. Sobre él pondré mi espíritu para que anuncie el derecho a las naciones. No porfiará, no gritará, nadie escuchará su voz por las calles. La caña cascada no la quebrará, la mecha vacilante no la apagará, hasta llevar el derecho a la victoria; en su nombre esperarán las naciones».

Éxodo 12,37-42; ***Salmo*** 135, 1a.10a-15a • **MATEO 12, 14-21**

ORACIÓN

SEÑOR, especialmente en tiempo de vacaciones, la publicidad pondera lo importante que es el culto al cuerpo. Apenas se piensa que está muy por encima el culto del espíritu, porque el cuerpo tiene fecha de caducidad, la muerte, y el alma, creada a imagen y semejanza de Dios, tiene su destino en la gloria eterna contigo. Tú nos das ejemplo: aceptaste la muerte de tu cuerpo para dar vida al mundo: "el siervo, el elegido y amado del Padre, el que anunció el derecho a las naciones, que tienen en ti el derecho a la victoria" y la esperanza. ***Porque es eterna su misericordia*** *(Salmo 135,1b).*

S. BARTOLOMÉ MÁRTIRES

Santos Bartolomé de los Mártires *ob*, Federico *ob*, Arnulfo *ob*, Teodosia *mj mr*, Bruno *ob*

JULIO **18** DOMINGO

Papa Francisco: El Evangelio de hoy nos narra que los apóstoles, tras su primera misión, regresaron donde estaba Jesús y le contaron «todo lo que habían hecho y enseñado». Después de la experiencia de la misión, ciertamente entusiasta pero también agotadora, tenían necesidad de descanso. Jesús, lleno de comprensión, se preocupa de asegurarles un poco de alivio y dice: «Venid vosotros a solas, a un lugar desierto a descansar un poco». Pero la multitud corrió hacia allí antes de su llegada. A veces no logramos realizar nuestros proyectos porque surge un imprevisto urgente que modifica nuestros programas y que exige disponibilidad hacia las necesidades de los demás: «Al desembarcar, Jesús vio una multitud y se compadeció de ella, pues estaban como ovejas que no tienen pastor, y se puso a enseñarles muchas cosas». El evangelista nos ofrece un *flash* de especial intensidad, fotografiando los ojos del divino Maestro y su actitud. Observemos los tres verbos de este fotograma: ***ver, tener compasión, enseñar. Los podemos llamar los verbos del Pastor.*** **1.** ***La mirada*** de Jesús no es una mirada neutra, o peor, fría o alejada, porque Jesús mira siempre con los ojos del corazón. **2. Y *su corazón*** es tan tierno y está tan lleno de compasión, que sabe acoger las necesidades de las personas que permanecen incluso más escondidas. Además, su compasión no indica simplemente una reacción emotiva: es la actitud y la predisposición de Dios hacia el hombre y su historia. Jesús aparece como la preocupación y el cuidado de Dios por su pueblo. **3.** Podríamos esperar de él que obrara algún milagro. Sin embargo, ***se puso a enseñarles muchas cosas.*** He aquí el primer pan que el Mesías ofrece a la multitud hambrienta y perdida: ***el pan de la Palabra.*** Todos nosotros tenemos necesidad de palabras de verdad que nos guíen y que iluminen nuestro camino. Sin la verdad, que es Cristo mismo, no es posible encontrar la orientación correcta en la vida. Cuando nos alejamos de Jesús y de su amor, nos perdemos; y la existencia se transforma en desilusión e insatisfacción *(22-7-2018).*

PALABRA

• *Jeremías* 23,1-6: ¡Ay de los pastores que dispersan y dejan que se pierdan las ovejas de mi rebaño! –oráculo del Señor–. Por tanto, esto dice el Señor, Dios de Israel a los pastores que pastorean a mi pueblo: «Vosotros dispersasteis mis ovejas, las dejasteis ir sin preocuparos de ellas. Así que voy a pediros cuentas por la maldad de vuestras acciones –oráculo del Señor–. Yo mismo reuniré el resto de mis ovejas de todos los países adonde las expulsé, y las volveré a traer a sus dehesas, para que crezcan y se multipliquen. Les pondré pastores que las apacienten, y ya no temerán ni se espantarán. Ninguna se perderá –oráculo del Señor–». Mirad que llegan días –oráculo del Señor– en que suscitaré a David un vástago legítimo: reinará como monarca prudente, con justicia y derecho en la tierra. En sus días se salvará Judá, Israel habitará seguro. Y le pondrán este nombre: «El-Señor-nuestra-justicia».

• *Salmo* 22, 1b-6: ***El Señor es mi pastor, nada me falta.***

• *Efesios* 2, 13-18: Hermanos. Ahora, gracias a Cristo Jesús, los que un tiempo estabais lejos estáis cerca por la sangre de Cristo. Él es nuestra paz: el que de los dos pueblos ha hecho uno, derribando en su cuerpo de carne el muro que los separaba: la enemistad. Él ha abolido la ley con sus mandamientos y decretos, para crear, de los dos, en sí mismo, un único hombre nuevo, haciendo las paces. Reconcilió con Dios a los dos, uniéndolos en un solo cuerpo mediante la cruz, dando muerte, en él, a la hostilidad. Vino a anunciar la paz: paz a vosotros los de lejos, paz también a los de cerca. Así, unos y otros, podemos acercarnos al Padre por medio de él en un mismo Espíritu.

• **MARCOS 6, 30-34:** Los apóstoles volvieron a reunirse con Jesús, y le contaron todo lo que habían hecho y enseñado. Él les dijo: «Venid vosotros a solas a un lugar desierto a descansar un poco». Porque eran tantos los que iban y venían, que no encontraban tiempo ni para comer. Se fueron en barca a solas a un lugar desierto. Muchos los vieron marcharse y los reconocieron; entonces de todas las aldeas fueron corriendo por tierra a aquel sitio y se les adelantaron. Al desembarcar, Jesús vio una multitud y se compadeció de ella, porque andaban como ovejas que no tienen pastor, y se puso a enseñarles muchas cosas.

ORACIÓN

SEÑOR, tu entrega a anunciar la Buena Nueva, cumpliendo la misión que el Padre te confió, es tan fiel y absoluta, que no te queda tiempo ni para comer. Necesitas el descanso, pero lo rehúsas, porque te da lástima ver a la multitud –a mí entre tantos– como ovejas sin pastor. ¡Tú eres mi Pastor y Maestro, yo me siento a tus pies, como María, la hermana de Marta, para lo único necesario: escuchar tu Palabra!

SANTA ÁUREA DE CÓRDOBA

Santos Áurea de Córdoba *vg mr*, Bernoldo *ob*, Epafras *NT*, Macrina *vg*

Papa Francisco: El Bautismo nos introduce en el cuerpo de la Iglesia, en el pueblo santo de Dios. Y en este cuerpo, en este pueblo en camino, la fe se transmite de generación en generación: es la fe de la Iglesia. Es la fe de María, la fe de san José, de san Pedro, de los apóstoles y de los mártires, que llegó a nosotros a través del Bautismo: la cadena de transmisión de la fe. Enseñad a vuestros hijos que no se puede ser cristiano fuera de la Iglesia, no se puede seguir a Cristo sin la Iglesia, porque la Iglesia es madre, y nos hace crecer en el amor a Jesucristo *(11-1-2015).*

PALABRA

Algunos escribas y fariseos dijeron a Jesús: «Maestro, queremos ver un milagro tuyo». Él les contestó: «Esta generación perversa y adúltera exige una señal; pues no se le dará más signo que el del profeta Jonás. Tres días y tres noches estuvo Jonás en el vientre del cetáceo; pues tres días y tres noches estará el Hijo del hombre en el seno de la tierra. Los hombres de Nínive se alzarán en el juicio contra esta generación y harán que la condenen, porque ellos se convirtieron con la predicación de Jonás, y aquí hay uno que es más que Jonás. Cuando juzguen a esta generación, la reina del Sur se levantará y hará que la condenen, porque ella vino desde los confines de la tierra, para escuchar la sabiduría de Salomón, y aquí hay uno que es más que Salomón».

Éxodo 14, 5-18; ***Salmo: Éxodo*** 15, 1b-6 • **MATEO 12, 38-42**

ORACIÓN

SEÑOR, tu palabra de vida está muy por encima de la de Jonás, que logró convertir a los pecadores de Nínive. Y la sabiduría de Salomón, que asombró a sus coetáneos, no es ni la sombra de la tuya. ¡Tú lo sabes todo, tú tienes palabras de vida eterna! ¡Nadie hay, hubo ni habrá, tan grande como tú! ***Cantaré al Señor, gloriosa es su victoria*** *(Éxodo 15,1b).*

JULIO

20

MARTES

Martes 16° Tiempo Ordinario Tomo III - Salterio 4ª semana

Santos APOLINAR *ob mr,* Elías *prof,* José M.ª Díaz Sanjurjo *ob mr,* Marina *vg mr,* Aurelio *ob.* Beatas Rita, Dolores y Francisca *vgs mrs*

S. JOSE Mª DIAZ SANJURJO

Papa Francisco: Cuando Jesús afirma el primado de la fe en Dios, no encuentra una comparación más significativa que los afectos familiares. Y, por otro lado, estos mismos vínculos familiares, en el seno de la experiencia de la fe y del amor de Dios, se transforman, se «llenan» de un sentido más grande y llegan a ser capaces de *ir más allá de sí mismos,* para crear una paternidad y una maternidad más amplias, y para acoger como hermanos y hermanas también a los que están al margen de todo vínculo. Un día, en respuesta a quien le dijo que su madre y sus hermanos estaban fuera y lo buscaban, Jesús indicó a sus discípulos: «Estos son mi madre y mis hermanos. El que cumple la voluntad de Dios, ese es mi hermano y mi hermana y mi madre» (*Mc* 3, 34-35) *(2-9-2015).*

PALABRA

Estaba Jesús hablando a la gente, cuando su madre y sus hermanos se presentaron fuera, tratando de hablar con él. Uno se lo avisó: "Tu madre y tus hermanos están fuera y quieren hablar contigo". Pero él contestó al que le avisaba: «¿Quién es mi madre y quiénes son mis hermanos?». Y, extendiendo su mano hacia sus discípulos, dijo: «Estos son mi madre y mis hermanos. El que haga la voluntad de mi Padre que está en los cielos, ese es mi hermano y mi hermana y mi madre».

Éxodo 14, 21-15,1; ***Salmo: Éxodo*** 15, 8-10.12.17 • **MATEO 12,46-50**

ORACIÓN

SEÑOR, a tu Madre nadie puede imitarla en su maternidad divina, ni a tus primos en el parentesco de sangre. ¡Pero tú señalas lo más grande que tenía María: que siempre cumplió la voluntad del Padre! Como ella, te digo: Aquí está la esclava, el esclavo, del Señor. Hágase en mí según tu palabra. Con esta actitud, tengo la seguridad de ser de tu familia y de tus amigos. ***Cantaré al Señor, gloriosa es su victoria*** *(Éxodo 15,1b).*

Santos LORENZO DE BRINDIS *pb dc*, **Práxedes** *vg mr*, **Víctor** *mr*, **Alberico** *pb mr*

JULIO

21

MIÉRCOLES

Papa Francisco: La parábola del sembrador nos habla de *cultivar.* Nos muestra los tipos de tierra, los tipos de siembra, los tipos de fruto y la relación que entre ellos se genera. Y ya desde el Génesis, Dios le susurra al hombre esta invitación: cultivar y cuidar. Lo invita a ser parte de su obra creadora y le dice: "¡Cultiva! Te doy las semillas, te doy la tierra, el agua, el sol, te doy tus manos y la de tus hermanos. Ahí lo tienes, es también tuyo". Es un regalo, es un don, es una ofrenda. Y junto a la palabra cultivar, inmediatamente dice otra: *cuidar.* Una se explica a partir de la otra. Una va de mano de la otra. No cultiva quien no cuida *(7-7-2015).*

PALABRA

Salió Jesús de casa y se sentó junto al mar. Y acudió a él tanta gente que tuvo que subirse a una barca; se sentó, y la gente se quedó de pie en la orilla. Les habló muchas cosas en parábolas: «Salió el sembrador a sembrar. Al sembrar, una parte cayó al borde del camino; vinieron los pájaros y se la comieron. Otra parte cayó en terreno pedregoso, donde apenas tenía tierra, y, como la tierra no era profunda brotó enseguida; pero en cuanto salió el sol, se abrasó y por falta de raíz se secó. Otra cayó entre abrojos, que crecieron y la ahogaron. Otra cayó en tierra buena y dio fruto: una, ciento; otra, sesenta; otra, treinta. El que tenga oídos que oiga».

Éxodo 16,1-5. 9-15; ***Salmo*** 77, 18-19. 23-28 • **MATEO 13, 1-9**

ORACIÓN

SEÑOR, tú eres el verdadero sembrador de la Palabra. Quiero dejarme labrar, limpiar de malas hierbas, regar, podar… para acoger con toda la fuerza de mi alma limpia esa semilla de vida eterna. Durante esta vida, habrá en mi campo el trigo de las buenas obras que hagas por medio de mí y la cizaña que con el pecado consiento que siembre el demonio. Pero yo sé que el poder de tu amor es infinitamente mayor que lo que puede ese infeliz diablejo con su envidia y su odio. Y en mi vida triunfará tu amor. ***El Señor les dio pan del cielo*** *(Salmo 77,24b).*

JULIO

22

JUEVES

Santos MARÍA MAGDALENA *NT*, Anastasio *mj*, Cirilo *ob*, Gualterio (Walter) *cf*

SANTA MARÍA MAGDALENA

FIESTA DE SANTA MARÍA MAGDALENA

Papa Francisco: Son primero las mujeres las que van el sepulcro de Jesús, para hacer un gesto de compasión, de afecto, de amor; un gesto tradicional hacia un ser querido difunto, como hacemos también nosotros. Habían seguido a Jesús. Lo habían escuchado, se habían sentido comprendidas en su dignidad, y lo habían acompañado hasta el final, en el Calvario y en el momento en que fue bajado de la cruz. En las mujeres permanecía el amor, y es el amor a Jesús lo que les impulsa a ir al sepulcro. Pero ven corrida la piedra del sepulcro, se acercan y no encuentran el cuerpo...Cuántas veces tenemos necesidad de que el Amor nos diga: «Por qué buscáis entre los muertos al que está vivo?» *(30-3-2013).*

PALABRA

El primer día de la semana, María la Magdalena fue al sepulcro al amanecer, cuando aún estaba oscuro, y vio la losa quitada del sepulcro. Echó a correr y fue donde estaban Simón Pedro y el otro discípulo, a quien Jesús amaba, y les dijo: «Se han llevado al Señor y no sabemos dónde lo han puesto». Estaba María fuera, junto al sepulcro, llorando. Mientras lloraba, se asomó al sepulcro y vio dos ángeles vestidos de blanco, sentados, uno a la cabecera y otro a los pies, donde había estado el cuerpo de Jesús. Ellos le preguntan: «Mujer, ¿por qué lloras?». Ella les contesta: «Porque se han llevado a mi Señor y no sé dónde lo han puesto». Dicho esto, da media vuelta y ve a Jesús, de pie, pero no sabía que era Jesús. Jesús le dice: «Mujer, ¿por qué lloras?, ¿a quién buscas?». Ella, tomándolo por el hortelano, le contesta: «Señor, si tú te lo has llevado, dime dónde lo has puesto y yo lo recogeré». Jesús le dice: «¡María!». Ella se vuelve y le dice: «¡Rabbuní!», que significa: «¡Maestro!». Jesús le dice: «No me retengas, que todavía no he subido al Padre. Anda, ve a mis hermanos y diles: "Subo al Padre mío y Padre vuestro, al Dios mío y Dios vuestro"». María Magdalena fue y anunció a los discípulos: «He visto al Señor y ha dicho esto».

Cantar 3,1-4b; ***Salmo*** 62,2-6.8-9 • **JUAN 20,1.11-18**

ORACIÓN

SEÑOR, María Magdalena me da un doble ejemplo: su entrega total a tu amor que llenó toda su vida desde que te conoció, y su misión de anunciar a los demás que resucitaste, que estás vivo y que eres la Vida para quien se decida a seguirte. Amor y misión, que hago mías en esta vida. Y espero, Señor, que un día oiga que me llamas por mi nombre para decirme que estoy entre los elegidos para vivir cerca de ti en tu reino: así nuestra amistad será para siempre.
Mi alma está sedienta de ti, Dios mío *(Sal 62,2b).*

Santos BRÍGIDA ***vd rl*****, Ezequiel** ***prof*****,**
Juan Casiano ***pb*****,**
Beata Margarita M. L. de Maturana

JULIO
23
VIERNES

FIESTA DE SANTA BRÍGIDA, RELIGIOSA, PATRONA DE EUROPA

Papa Francisco: Es necesario permanecer en Cristo resucitado y en su amor: «Quien permanece en el amor permanece en Dios y Dios en él» (*1 Jn* 4, 16). Jesús lo había repetido con insistencia a sus discípulos: «Permaneced en mí... Permaneced en mi amor» (*Jn* 15, 4. 9). Este es el secreto de los santos: permanecer en Cristo, unidos a él como los sarmientos a la vid, para dar mucho fruto (cf. *Jn* 15, 1-8). Y este fruto no es otra cosa que el amor *(17-5-2015).*

PALABRA

Dijo Jesús a sus discípulos: «Yo soy la verdadera vid, y mi Padre es el labrador. A todo sarmiento mío que no da fruto en mí lo arranca, y a todo el que da fruto lo poda, para que dé más fruto. Vosotros ya estáis limpios por la palabra que os he hablado; permaneced en mí, y yo en vosotros. Como el sarmiento no puede dar fruto por sí, si no permanece en la vid, así tampoco vosotros, si no permanecéis en mí. Yo soy la vid, vosotros los sarmientos; el que permanece en mí y yo en él, ese da fruto abundante; porque sin mí no podéis hacer nada. Al que no permanece en mí lo tiran fuera, como el sarmiento, y se seca; luego los recogen y los echan al fuego, y arden. Si permanecéis en mí, y mis palabras permanecen en vosotros, pedid lo que deseáis, y se realizará. Con esto recibe gloria mi Padre, con que deis fruto abundante; así seréis discípulos míos».

Gálatas **2,19-20;** ***Salmo*** **33,2-11 • JUAN 15,1-8**

ORACIÓN

SEÑOR, sin ti no puedo hacer nada, nada bueno. Lo tengo experimentado. Mi propia cosecha, separado de ti, es el mal y el pecado que lleva a la muerte. Unido a ti, mis obras dan gloria al Padre. ¡Quiero permanecer en ti, como el sarmiento unido a la vid! Y te pido que tengas compasión de la vieja Europa, ayer evangelizadora del mundo, y hoy tierra de misión, de espaldas a lo que durante siglos fue su eje y su fuerza: la fe en ti, único Salvador del hombre y del mundo.
Bendigo al Señor en todo momento *(Salmo 33, 2a,9a).*

JULIO

24

SÁBADO

Sábado 16° Tiempo Ordinario Tomo III - Salterio 4ª semana

Santos SARBELIO MAKHLÛF *pb*, Cristina *vg mr*, Balduino *ab*, Boris y Gleb *mrs*, José Fernández *pb mr*. Beatas Mª Pilar, Teresa y Ángeles mjs y mrs

BEATAS Mª PILAR, TERESA Y ÁNGELES

Papa Francisco: Dios entró en diálogo con su pueblo, entró en la historia: una historia triste, Dios lo dio todo y solo recibió cosas malas. El pueblo le ha dado la espalda al Señor, pero él afirma: «Yo no me he cansado». Y los hombres endurecieron la cerviz y fueron peores que sus padres: la situación del pueblo de Dios empeoró, a través de las generaciones. Dios envió a los Profetas: «Ya puedes repetirles este discurso, seguro que no te escucharán; ya puedes gritarles, seguro que no te responderán. Aun así, les dirás: "Esta es la gente que no escucha la voz del Señor, su Dios, y no quiso escarmentar"». (Jeremías). Ha desaparecido la fidelidad... Vosotros no sois un pueblo fiel: "Te he amado tanto, te he dado tanto y tú... siempre, en contra de mí". En el corazón de Jesús estaba toda esta historia, donde la fidelidad había desaparecido. Es nuestra historia personal. Hoy, en este día, podemos preguntarnos: "¿Escucho la voz del Señor, o hago lo que yo quiero?" *(12-3-2015).*

PALABRA

Jesús propuso esta parábola al gentío: «El reino de los cielos se parece a un hombre que sembró buena semilla en su campo; pero, mientras los hombres dormían, un enemigo fue y sembró cizaña en medio del trigo y se marchó. Cuando empezaba a verdear y se formaba la espiga, apareció también la cizaña. Entonces fueron los criados a decirle al amo: "Señor, ¿no sembraste buena semilla en tu campo? ¿De dónde sale la cizaña?". Él les dijo: "Un enemigo lo ha hecho". Los criados le preguntan: "¿Quieres que vayamos a arrancarla?". Pero él les respondió: "No, que al recoger la cizaña podéis arrancar también el trigo. Dejadlos crecer juntos hasta la siega y cuando llegue la siega diré a los segadores: arrancad primero la cizaña y atadla en gavillas para quemarla, y el trigo almacenadlo en mi granero"».

Éxodo 24,3-8; ***Salmo*** 49,1b-2.5-6.14-15 • **MATEO 13, 24-30**

ORACIÓN

SEÑOR, en mi propia vida hay trigo: es lo que tú has sembrado y haces germinar, crecer y fructificar. Y hay cizaña: lo que sembró el enemigo e intenta apoderarse de mi vida. Lo mismo pasa en la sociedad y en la Iglesia: los hay buenos y los hay menos buenos, y enemigos. Pero tu amor y tu poder son la base de nuestra esperanza. ¡Gracias por tu paciencia, por la luz de tu Palabra y la fuerza de tu Espíritu, que me descubre las asechanzas del demonio y hace posible la victoria de tu gracia! Tu historia, al lado de tu pueblo, no termina en derrota, sino en victoria sobre el pecado y la muerte. ***Ofrece a Dios un sacrificio de alabanza*** *(Salmo 49, 14a).*

Santos SANTIAGO EL MAYOR *ap*, Cucufate *mr*, Cristóbal *mr*, Olimpia *vd mr*

JULIO
25
DOMINGO

SOLEMNIDAD DE SANTIAGO EL MAYOR, APÓSTOL, PATRONO DE ESPAÑA
Día central del AÑO SANTO COMPOSTELANO

Papa Francisco: ¿Quién es el más importante? Jesús es simple en su respuesta: «Quien quiera ser el primero -o sea, el más importante- que sea el último de todos y el servidor de todos». Quien quiera ser grande, que sirva a los demás, no que se sirva de los demás. Y esta es la gran paradoja de Jesús. Los discípulos discutían quién ocuparía el lugar más importante, quién sería seleccionado como el privilegiado –¡eran los discípulos, los más cercanos a Jesús, y discutían sobre eso!–, quién estaría exceptuado de la ley común, de la norma general, para destacarse en un afán de superioridad sobre los demás. Quién escalaría más pronto para ocupar los cargos que darían ciertas ventajas. Y Jesús les trastoca su lógica diciéndoles sencillamente que la vida auténtica se vive en el compromiso concreto con el prójimo. Es decir, sirviendo *(20-9-2015).*

PALABRA

• ***Hechos*** 4, 33; 5, 12.27-33; 12,2: Los apóstoles daban testimonio de la resurrección del Señor Jesús con mucho valor. Y se los miraba a todos con mucho agrado. Por mano de los apóstoles se realizaban muchos signos y prodigios en medio del pueblo. Todos se reunían con un mismo espíritu en el pórtico de Salomón. Les hicieron comparecer ante el Sanedrín y el sumo sacerdote los interrogó, diciendo: «¿No os habíamos ordenado formalmente no enseñar en ese Nombre? En cambio, habéis llenado Jerusalén con vuestra enseñanza y queréis hacernos responsables de la sangre de ese hombre». Pedro y los apóstoles replicaron: «Hay que obedecer a Dios antes que a los hombres. El Dios de nuestros padres resucitó a Jesús, a quien vosotros matasteis, colgándolo de un madero. Dios lo ha exaltado con su diestra, haciéndolo jefe y salvador, para otorgar a Israel la conversión y el perdón de los pecados. Testigos de esto somos nosotros y el Espíritu Santo, que Dios da a los que lo obedecen». Ellos, al oír esto, se consumían de rabia y trataban de matarlos. El rey Herodes hizo pasar a cuchillo a Santiago, hermano de Juan.

• ***Salmo*** 66, 2-8: ***Oh Dios, que te alaben los pueblos, que todos los pueblos te alaben.***

• ***2 Corintios*** 4, 7-15: Hermanos: Llevamos este tesoro en vasijas de barro, para que se vea que una fuerza tan extraordinaria es de Dios y no proviene de nosotros. Atribulados en todo, pero no aplastados; apurados, mas no desesperados; perseguidos, pero no abandonados; derribados, mas no aniquilados, llevando siempre y en todas partes en el cuerpo la muerte de Jesús, para que también la vida de Jesús se manifieste en nuestro cuerpo. Pues mientras vivimos, continuamente nos están entregando a la muerte, por causa de Jesús; para que también la vida de Jesús se manifieste en nuestra carne mortal. De este modo, la muerte actúa en nosotros, y la vida en vosotros. Pero teniendo el mismo espíritu de fe, según lo que está escrito: «Creí, por eso hablé», también nosotros creemos y por eso hablamos; sabiendo que quien resucitó al Señor Jesús también nos resucitará a nosotros con Jesús y nos presentará con vosotros ante él. Pues todo esto es para vuestro bien, a fin de que cuantos más reciban la gracia, mayor será el agradecimiento para gloria de Dios.

• **MATEO 20,20-28:** Se acercó a Jesús la madre de los hijos de Zebedeo con sus hijos y se postró para hacerle una petición. Él le preguntó: «¿Qué deseas?». Ella contestó: «Ordena que estos dos hijos míos se sienten en tu reino, uno a tu derecha y el otro a tu izquierda». Pero Jesús replicó: «No sabéis lo que pedís. ¿Podéis beber el cáliz que yo he de beber?». Contestaron: «Podemos». Él les dijo: «Mi cáliz lo beberéis; pero sentarse a mi derecha o a mi izquierda no me toca a mí concederlo, es para aquellos para quienes lo tiene reservado mi Padre». Los otros diez, al oír aquello, se indignaron contra los dos hermanos. Y llamándolos, Jesús les dijo: «Sabéis que los jefes de los pueblos los tiranizan y que los grandes los oprimen. No será así entre vosotros: el que quiera ser grande entre vosotros, que sea vuestro servidor, y el que quiera ser primero entre vosotros, que sea vuestro esclavo. Igual que el Hijo del hombre no ha venido a ser servido sino para servir y a dar su vida en rescate por muchos».

ORACIÓN

SEÑOR, en este día del Apóstol que evangelizó España y su mensaje llegó a los pueblos hermanos de América, lo veneramos como maestro de nuestra fe: lejos de las ambiciones de su juventud, Santiago vino a España para servir y entregar su vida por ti y por tu Evangelio. Fue tu elegido para que nos llegara la fe. Y en la fiesta central de este Año Santo Compostelano, la Iglesia y el mundo miran a Compostela. Desde su sepulcro, Santiago nos invita a seguirte como él te siguió: es nuestro Padre en la fe, nuestro ejemplo para la vida, nuestro intercesor por su sangre derramada en su martirio. Y nosotros le cantamos las primeras estrofas que hoy le cantan ante su sepulcro: Santo Adalid, Patrón de las Españas, /Amigo del Señor:/Defiende a tus discípulos queridos,/Protege a tu nación. -Las armas victoriosas del cristiano/ Venimos a templar/ En el sagrado y encendido fuego/De tu devoto altar. / Santo Adalid, Patrón de las Españas,/Amigo del Señor:/Defiende a tus discípulos queridos,/Protege a tu nación.

SAN JOAQUÍN Y SANTA ANA

Santos JOAQUÍN Y ANA *es*,
Jorge Preca *pb.* **Beato Vicente** *pb* y *co mrs*

Papa Francisco: Hoy es un hermoso día para festejar a los abuelos, el día de los abuelos de Jesús: san Joaquín y santa Ana. Cuando incensaba vi algo hermoso: la estatua de santa Ana no está coronada, la hija, María, está coronada. Y esto es hermoso. Santa Ana es la mujer que preparó a su hija para convertirse en reina, para convertirse en la reina de los cielos y de la tierra. Santa Ana tal vez escuchó a su hija María proclamar las palabras del Magníficat, que María seguramente repitió muchas veces: «Derriba del trono a los poderosos y enaltece a los humildes, a los hambrientos los colma de bienes» (*Lc* 1, 52-53). Que María os ayude a buscar el único tesoro, Jesús, y os enseñe a descubrir los criterios del obrar de Dios; él invierte los juicios del mundo, viene en ayuda de los pobres y de los pequeños y colma de bienes a los humildes, que confían su vida a él. Tened esperanza, la esperanza no defrauda. Y a mí me gusta repetiros: ¡no os dejéis robar la esperanza! *(26-7-2014).*

PALABRA

Jesús propuso otra parábola al gentío: «El reino de los cielos se parece a un grano de mostaza que uno toma y siembra en su campo; aunque es la más pequeña de las semillas, cuando crece es más alta que las hortalizas; se hace un árbol hasta el punto de que vienen los pájaros del cielo a anidar en sus ramas». Les dijo otra parábola: «El reino de los cielos se parece a la levadura; una mujer la amasa con tres medidas de harina, hasta que todo fermenta». Jesús dijo todo esto a la gente en parábolas y sin parábolas no les hablaba nada, para que se cumpliera lo dicho por medio del profeta: «Abriré mi boca diciendo parábolas, anunciaré lo secreto desde la fundación del mundo».

Éxodo 32, 15-24.30-34; ***Salmo*** 105, 19-23 • **MATEO 13, 31-35**

ORACIÓN

SEÑOR, si hiciéramos una encuesta, qué pocos cristianos proclamarían exultantes la grandeza de su bautismo, la maravilla de escuchar tu Palabra y comer tu Cuerpo y tu Sangre. Tu Iglesia es el gigantesco árbol donde pueden encontrar cobijo los que buscan la Vida, es el puñado de levadura que fermenta a toda la masa humana. ¿Tengo yo esa capacidad de acogida y ese poder –que viene de ti– de ser fermento de bien? Recordando a tus santos abuelos, te ruego por los míos: dales una ancianidad dichosa si están vivos; y, si han muerto, tenlos cerca de ti en tu reino. ***Dad gracias al Señor porque es bueno*** *(Salmo 105,1b).*

JULIO

27

MARTES

Martes 17° Tiempo Ordinario Tomo III - Salterio 1ª semana

Santos Pantaleón *mr,* Celestino I *pp,*
Beato Tito Brandsma *pb mr.*

Papa Francisco: La actitud del propietario [del campo donde se ha sembrado la cizaña] es la actitud de la esperanza fundada en la certeza de que el mal no tiene ni la primera ni la última palabra. Y, gracias a esta *paciente esperanza* de Dios, la cizaña misma, es decir el corazón malo con muchos pecados, al final puede llegar a ser buen trigo. Pero atención: la paciencia evangélica no es indiferencia ante el mal; no se puede crear confusión entre bien y mal. Ante la cizaña presente en el mundo, el discípulo del Señor está llamado a imitar la paciencia de Dios, alimentar la esperanza con el apoyo de una firme confianza en la victoria final del bien, es decir, de Dios *(20-7-2014).*

PALABRA

Jesús dejó a la gente y se fue a casa. Los discípulos se le acercaron a decirle: «Explícanos la parábola de la cizaña en el campo». Él les contestó: «El que siembra la buena semilla es el Hijo del hombre; el campo es el mundo; la buena semilla son los ciudadanos del reino; la cizaña son los partidarios del Maligno; el enemigo que la siembra es el diablo; la cosecha es el final de los tiempos, y los segadores los ángeles. Lo mismo que se arranca la cizaña y se echa al fuego, así será al final de los tiempos: el Hijo del hombre enviará a sus ángeles y arrancarán de su reino todos los escándalos y a todos los que obran iniquidad, y los arrojarán al horno de fuego; allí será el llanto y el rechinar de dientes. Entonces los justos brillarán como el sol en el reino de su Padre. El que tenga oídos, que oiga».

Éxodo 33, 7-11; 34, 5b-9.28; ***Salmo*** 102, 6-13 • **MATEO 13, 36-43**

ORACIÓN

SEÑOR, hay quien se empeña en convencerse y convencer de que el demonio es un invento de los curas para atemorizar a la gente. Esos son los que ya han caído en la primera victoria de Satanás: creer que no existe, y dejar de combatir contra sus tentaciones. Tu Palabra, que es la Verdad, invita a estar alerta y luchar contra el enemigo que siembra la cizaña para arrastrar al hombre al “horno encendido de los corruptores y malvados”. Tu Palabra, la mejor semilla, me da Vida y es el fundamento de mi gozo y mi esperanza. ***El Señor es compasivo y misericordioso*** *(Salmo 102, 8a).*

 Miércoles 17° Tiempo Ordinario

JULIO 28 MIÉRCOLES

Santos Catalina Thomas, Víctor I *pp*, Melchor de Quirós *ob mr*, Nazario y Celso *mrs*

Papa Francisco: Las semejanzas del tesoro escondido en el campo y la perla de gran valor tienen como protagonistas a un pobre jornalero y a un rico comerciante. Sin embargo, el resultado final es el mismo para los dos: el descubrimiento de algo precioso, para uno un tesoro, para el otro una perla de gran valor. Ambos se ven unidos por un mismo sentimiento: la sorpresa y la alegría de haber encontrado la satisfacción de todo deseo. Al final, no dudan los dos en venderlo todo para adquirir el tesoro que han encontrado. El reino de Dios se hace presente en la persona misma de Jesús. Él es el tesoro escondido, es él la perla de gran valor. Se comprende la alegría del campesino y del comerciante: ¡lo han encontrado! Es la alegría de cada uno de nosotros cuando descubrimos la cercanía y la presencia de Jesús en nuestra vida. Una presencia que transforma la existencia y nos hace estar abiertos a las exigencias de los hermanos; una presencia que invita a acoger a cada una de las demás presencias, incluso la del extranjero y del inmigrante. Es una presencia acogedora, alegre, fecunda: así es el reino de Dios dentro de nosotros *(26-7-2014)*.

PALABRA

Dijo Jesús al gentío: «El reino de los cielos se parece a un tesoro escondido en el campo: el que lo encuentra, lo vuelve a esconder, y, lleno de alegría, va a vender todo lo que tiene y compra el campo. El reino de los cielos se parece también a un comerciante de perlas finas, que al encontrar una de gran valor se va a vender todo lo que tiene y la compra».

Éxodo 34, 29-35; ***Salmo*** 98, 5-7.9 • **MATEO 13, 44-46**

ORACIÓN

SEÑOR, todo lo que me llega de ti es bueno, es fruto del amor inmenso que me tienes. Contigo, nada puedo temer. Alejado de ti, soy víctima de las maniobras del Maligno. Frente a tu amistad, todo lo demás es como basura, no vale nada. ¡Que un día, por tu misericordia, sellemos para siempre esta amistad entre los dos en el reino de tu Padre! ***¡Santo eres, Señor, nuestro Dios!*** *(Salmo 98,9c)*.

JULIO

29

JUEVES

Santa MARTA *NT*, Urbano II *pp*, Félix *mr*, Próspero *mr*

Santa Marta

Papa Francisco: Toda la divina Revelación es fruto del diálogo entre Dios y su pueblo: también la fe en la Resurrección está vinculada al diálogo, que acompaña el camino del pueblo de Dios en la historia. Jesús puede decir: *«Yo soy la resurrección y la vida»* (*Jn* 11, 25: Jesús a Marta), porque en él este misterio no solo se revela plenamente, sino que se realiza, tiene lugar, llega a ser realidad por primera vez y definitivamente. El relato de la muerte de Jesús y el del sepulcro vacío, representa la cima de todo el camino de la fe: es el acontecimiento de la Resurrección, que responde a la larga búsqueda del pueblo de Dios, a la búsqueda de todo hombre y de toda la humanidad *(3-11-2014)*.

PALABRA

Muchos judíos habían ido a ver a Marta y a María, para darles el pésame por su hermano. Cuando Marta se enteró de que llegaba Jesús, salió a su encuentro, mientras María se quedó en casa. Y dijo Marta a Jesús: «Señor, si hubieras estado aquí no habría muerto mi hermano. Pero aún ahora sé que todo lo que pidas a Dios, Dios te lo concederá». Jesús le dijo: «Tu hermano resucitará». Marta respondió: «Sé que resucitará en la resurrección en el último día». Jesús le dijo: «Yo soy la resurrección y la vida: el que cree en mí, aunque haya muerto, vivirá; y el que está vivo y cree en mí, no morirá para siempre. ¿Crees esto?». Ella le contestó: «Sí, Señor, yo creo que tú eres el Cristo, el Hijo de Dios, el que tenía que venir al mundo».

Éxodo 24, 3-8; ***Salmo*** 49, 1-6. 14-15 • **JUAN 11, 19-27**

ORACIÓN

SEÑOR, la figura de Marta ha pasado a la historia de la Iglesia como la mujer atareada por servirte lo mejor posible, frente a su hermana María, que estaba embelesada escuchando tu Palabra. Tú le aclaraste que solo una cosa es necesaria: escuchar y guardar tu Palabra. Y aprendió bien la lección, como lo demuestra en su confesión cuando te recibe ahora en su casa: *Yo creo que tú eres el Mesías, el Hijo de Dios, el que tenía que venir al mundo.* Con Marta, renuevo mi fe en ti, mi plena confianza en tu amor, mi amistad inquebrantable contigo. Tú eres la Vida. ***Ofrece a Dios un sacrificio de alabanza*** *(Salmo 49,14)*.

SAN PEDRO CRISÓLOGO

Santos PEDRO CRISÓLOGO *ob* y *dc*,
Abdón y Senén *mrs*, Julita *mr.*
Beatos Braulio y *co mrs*, José M.ª Muro y *co mrs*

El sábado/domingo próximo, cambio de tomo de *"Liturgia de las Horas"*: *TOMO IV*

Papa Francisco: La Sagrada Familia de Nazaret se presenta como una familia de trabajadores, y Jesús mismo era conocido como el *«hijo del carpintero»* (*Mt* 13, 55) o incluso «el carpintero» (*Mc* 6, 3). Trabajar es propio de la persona humana y expresa su dignidad de ser creada a imagen de Dios. Por ello se dice que el trabajo es sagrado. Causar una pérdida de puestos de trabajo significa provocar un grave daño social. Me entristece cuando veo que hay gente sin trabajo, que no encuentra trabajo y no tiene la dignidad de llevar el pan a casa. El trabajo es sagrado, el trabajo da dignidad a una familia. Tenemos que rezar para que no falte el trabajo en ninguna familia *(19-8-2015).*

PALABRA

Jesús fue a su ciudad y se puso a enseñar en su sinagoga. La gente decía admirada: «¿De dónde saca este esa sabiduría y esos milagros? ¿No es el hijo del carpintero? ¿No es su Madre María, y sus hermanos Santiago, José, Simón y Judas? ¿No viven aquí todas sus hermanas? Entonces, ¿de dónde saca todo eso?». Y se escandalizaban a causa de él. Jesús les dijo: «Solo en su tierra y en su casa desprecian a un profeta». Y no hizo allí muchos milagros, por su falta de fe.

Levítico 23,1.4-11.15-16.27.34b-37; ***Salmo*** 80, 3-6ab.10-11ab
• MATEO 13, 54-58

ORACIÓN

SEÑOR, no había proporción entre tus orígenes modestos y tu poder de hablar mejor que los mayores sabios y obrar milagros como solo Dios puede. Todo esto, en un pueblo pequeño, se notaba demasiado: y lo que para María y José eran los signos que confirmaban las palabras del Ángel del Señor en el anuncio de tu encarnación, para la mayoría de tus conciudadanos resultaba escandaloso: *¿De dónde saca este…?* Yo, Jesús Amigo, quiero ser de tu casa, para estar a tu lado y no perderme ni el buen olor de tu ejemplo ni la sabiduría de tu palabra. ***Aclamad a Dios, nuestra fuerza*** *(Salmo 80, 2a).*

JULIO

31

SÁBADO

Sábado 17° Tiempo Ordinario Tomo IV - Salterio 1ª semana

San IGNACIO DE LOYOLA *pb*, Fabio *mr*, Elena *vd*

SAN IGNACIO DE LOYOLA

Papa Francisco: Disminuir, disminuir, disminuir: así fue la vida de Juan el Bautista. Un grande que no buscó la propia gloria, sino la de Dios y que termina de una forma un tanto prosaica, en el anonimato. Pero con esta actitud preparó el camino a Jesús, que de forma similar murió en la angustia, solo y sin discípulos. Ved cómo vence Dios: el estilo de Dios no es el estilo del hombre. Pedid al Señor la gracia de la humildad que tenía Juan y no cargar sobre nosotros méritos y glorias de otros. Y, sobre todo, la gracia de que en nuestra vida siempre haya un lugar para que Jesús crezca y nosotros disminuyamos, hasta el final *(30-11-2013)*.

PALABRA

Oyó el tetrarca Herodes lo que se contaba de Jesús y dijo a sus cortesanos: «Ese es Juan el Bautista, que ha resucitado de entre los muertos, y por eso las fuerzas milagrosas actúan en él». Es que Herodes había mandado prender a Juan y lo había metido en la cárcel encadenado, por motivo de Herodías, mujer de su hermano Filipo; porque Juan le decía que no le era lícito vivir con ella. Quería mandarlo matar, pero tuvo miedo de la gente, que lo tenía por profeta. El día del cumpleaños de Herodes, la hija de Herodías danzó delante de todos, y le gustó tanto a Herodes que juró darle lo que pidiera. Ella, instigada por su madre, le dijo: «Dame ahora mismo en una bandeja la cabeza de Juan el Bautista». El rey lo sintió; pero, por el juramento y los invitados, ordenó que se la dieran; y mandó decapitar a Juan en la cárcel. Trajeron la cabeza en una bandeja, se la entregaron a la joven, y ella se la llevó a su madre. Sus discípulos recogieron el cadáver, lo enterraron, y fueron a contárselo a Jesús.

Levítico 25 1.8-17; ***Salmo*** 66, 2-3.5.7-8 • **MATEO 14, 1-12**

ORACIÓN

SEÑOR, Herodes fue víctima del desenfreno y mandó decapitar a Juan el Bautista, que, con toda claridad, y sabiendo lo que se jugaba, le dijo la verdad sobre su vida descarriada. ¿Qué importa morir si se siguen tus pasos hasta el Calvario? Se cumplen ahora 500 años que Íñigo de Loyola inició su conversión: lo decidió cuando te conoció, leyendo la "Vida de Cristo" y las vidas de los santos, "Flos sanctorum": *"¿Y si yo hiciera lo mismo que san Francisco o que santo Domingo?"*. Ignacio no solo se hizo él "compañero de Jesús", sino que fundó la Compañía de Jesús, una de las mayores instituciones de la Iglesia y del mundo, y compuso la maravillosa obra de los "Ejercicios espirituales", que tantísimo bien han hecho y hacen a quienes los practican. ***Oh Dios, que te alaben los pueblos, que todos los pueblos te alaben*** *(Salmo 66,4)*.

AGOSTO

¿A dónde va, cuando se va, la llama?
¿A dónde va, cuando se va la rosa?
¿Qué regazo, qué esfera deleitosa,
qué amor de Padre la alza y la reclama?
Esta vez como aquella, aunque distinto;
el Hijo ascendió al Padre pura flecha.
Hoy va la Madre al Hijo, va derecha
al Uno y Trino, al trono en su recinto.

AGOSTO

1

DOMINGO

Domingo XVIII Tiempo Ordinario Tomo IV - Salterio 2ª semana

Santos ALFONSO M.ª DE LIGORIO *ob dc*, Félix *mr*, B. Pedro Claverie *ob y co mrs*

Papa Francisco: Jesús ha venido a abrir nuestra existencia a un horizonte más amplio respecto a las preocupaciones cotidianas del nutrirse, del vestirse, de la carrera, etc. Por eso, exclama: «Vosotros me buscáis, no porque habéis visto señales, sino porque comisteis pan hasta saciaros». ¡La multiplicación de los panes y de los peces es un signo del gran don que el Padre ha hecho a la humanidad: es Jesús mismo! ***Él, verdadero «pan de la vida», quiere saciar no solamente los cuerpos sino también las almas.*** Por esto invita a la multitud a procurarse la comida que permanece para la vida eterna: un alimento que Jesús nos da cada día: su Palabra, su Cuerpo, su Sangre. La multitud le pregunta: «¿Qué tenemos que hacer para realizar las obras de Dios?». Piensan que él les pide cumplir los preceptos para obtener otros milagros como el de la multiplicación de los panes. Es la tentación de reducir la religión a la práctica de las leyes: qué acciones deben hacer para contentar a Dios. Pero Jesús da una respuesta inesperada: ***«La obra de Dios es esta: que creáis en el que el Padre ha enviado».*** Estas palabras están dirigidas, hoy, también a nosotros: la obra de Dios no consiste tanto en el «hacer» cosas, sino en el «creer» en el que él ha enviado. Esto significa que la fe en Jesús nos permite cumplir las obras de Dios. Si nos dejamos implicar en esta relación de amor y de confianza con Jesús, seremos capaces de realizar buenas obras con perfume de Evangelio, por el bien y las necesidades de los hermanos. El Señor nos invita a no olvidar que, si es necesario preocuparse por el pan, todavía más importante es cultivar la relación con él, ***reforzar nuestra fe en él, que es el «pan de la vida»,*** venido para saciar nuestra hambre de verdad, nuestra hambre de justicia, nuestra hambre de amor *(5-8-2018).*

PALABRA

• ***Éxodo*** 16, 2-4.12-15: La comunidad de los hijos de Israel murmuró contra Moisés y Aarón en el desierto diciendo: «¡Ojalá hubiéramos muerto a manos del Señor en la tierra de Egipto, cuando nos sentábamos alrededor de la olla de carne y comíamos pan hasta hartarnos! Nos habéis sacado a este desierto para matar de hambre a toda la comunidad». El Señor dijo a Moisés: «Mira, haré llover pan del cielo para vosotros: que el pueblo salga a recoger la ración de cada día; lo pondré a prueba a ver si guarda mi instrucción o no. He oído las murmuraciones de los hijos de Israel. Diles: "Al atardecer comeréis carne, por la mañana os hartaréis de pan; para que sepáis que yo soy el Señor Dios vuestro"». Por la tarde una banda de codornices cubrió todo el campamento; y por la mañana había una capa de rocío alrededor del campamento. Cuando se evaporó la capa de rocío apareció en la superficie del desierto un polvo fino, como escamas, parecido a la escarcha sobre la tierra.

Al verlo los hijos de Israel se dijeron: «¿Qué es esto?». Pues no sabían lo que era. Moisés les dijo: «Es el pan que el Señor os da de comer».

• *Salmo* 77, 3-4bc.23-25.54: ***El Señor les dio pan del cielo.***

• *Efesios* 4, 17.20-24: Hermanos: Esto es lo que digo y aseguro en el Señor: que no andéis ya, como es el caso de los gentiles, en la vaciedad de sus ideas. Vosotros, en cambio, no es así como habéis aprendido a Cristo, si es que lo habéis oído a él y habéis sido adoctrinados por él, conforme a la verdad que hay en Jesús. Despojaos del hombre viejo y de su anterior modo de vida, corrompido por sus apetencias seductoras; renovaos en la mente y en el espíritu y revestíos de la nueva condición humana, creada a imagen de Dios: justicia y santidad verdaderas.

• **JUAN 6, 24-35:** Cuando la gente vio que ni Jesús ni sus discípulos estaban allí, se embarcaron y fueron a Cafarnaún en busca de Jesús. Al encontrarlo en la otra orilla del lago, le preguntaron: «Maestro, ¿cuándo has venido aquí?». Jesús les contestó: «En verdad, en verdad os digo: me buscáis no porque habéis visto signos, sino porque comisteis pan hasta saciaros. Trabajad no por el alimento que perece, sino por el alimento que perdura para la vida eterna, el que os dará el Hijo del hombre; pues a este lo ha sellado el Padre, Dios». Ellos le preguntaron: «Y ¿qué tenemos que hacer para realizar las obras de Dios?». Respondió Jesús: «La obra de Dios es esta: que creáis en el que él ha enviado». Le replicaron: «¿Y qué signo haces tú, para que veamos y creamos en ti? ¿Cuál es tu obra? Nuestros padres comieron el maná en el desierto, como está escrito: "Pan del cielo les dio a comer"». Jesús les replicó: «En verdad, en verdad os digo: no fue Moisés quien os dio pan del cielo, sino que es mi Padre quien os da el verdadero pan del cielo. Porque el pan de Dios es el que baja del cielo y da vida al mundo». Entonces le dijeron: «Señor, danos siempre de este pan». Jesús les contestó: «Yo soy el pan de vida. El que viene a mí no tendrá hambre, y el que cree en mí no tendrá sed jamás».

ORACIÓN

SEÑOR, son muchos los trabajos que nos agobian día a día para procurar el alimento y el bienestar corporal perecedero. Tú nos dices: *Trabajad por el alimento que perdura para la vida eterna.* Te refieres al Pan de la vida. Y qué poca importancia doy algunos días a la Eucaristía –que debería ser el centro de mi jornada o de mi semana–, que es tu Cuerpo Resucitado, el pan de Dios que baja del cielo y da la vida al mundo. Te lo pido de corazón: ¡Dame siempre de ese Pan, y que yo lo reciba con plena conciencia y con toda el hambre de mi alma, con toda la gratitud de mi corazón!

AGOSTO

2

LUNES

Lunes 18° Tiempo Ordinario Tomo IV - Salterio 2ª semana

Santos EUSEBIO *ob*, PEDRO J. EYMARD *pb*, Pedro Fabro *pb*, Pedro de Osma *ob*. Beata Juana de Aza *mf*. Ntra. Sra. de los Ángeles

BEATA JUANA DE AZA, madre de santo Domingo

Papa Francisco: Jesús *pone a prueba a sus discípulos.* Los discípulos razonan con parámetros de «mercado», pero Jesús sustituye la lógica del *comprar* con otra lógica, la lógica del *dar.* Ordena a los discípulos que hagan sentar a la gente, luego *toma* los panes y los peces, *da gracias* al Padre y los *distribuye.* Estos gestos anticipan los de la última Cena, que dan al pan de Jesús su significado más auténtico. El pan de Dios es Jesús mismo. Al comulgar con él, recibimos su vida en nosotros y nos convertimos en hijos del Padre celestial y hermanos entre nosotros. Recibiendo la comunión nos encontramos con Jesús realmente vivo y resucitado. Participar en la Eucaristía significa entrar en la lógica de Jesús, la lógica de la gratuidad, de la fraternidad *(26-7-2015).*

PALABRA

Al enterarse Jesús de la muerte de Juan el Bautista, se marchó de allí en barca, a solas, a un lugar desierto. Cuando la gente lo supo, lo siguió por tierra desde los poblados. Al desembarcar, vio Jesús una multitud, se compadeció de ella y curó a los enfermos. Como se hizo tarde, se acercaron los discípulos a decirle: «Estamos en despoblado y es muy tarde, despide a la multitud para que vayan a las aldeas y se compren comida». Jesús les replicó: «No hace falta que vayan, dadles vosotros de comer». Ellos le replicaron: «Si aquí no tenemos más que cinco panes y dos peces». Les dijo: «Traédmelos». Mandó a la gente que se recostara en la hierba y, tomando los cinco panes y los dos peces, alzando la mirada al cielo, pronunció la bendición, partió los panes y se los dio a los discípulos; los discípulos se los dieron a la gente. Comieron todos y se saciaron y recogieron doce cestos llenos de sobras. Comieron unos cinco mil hombres, sin contar mujeres y niños.

Números 11, 4b-15; ***Salmo*** 80, 12-17 • **MATEO 14, 13-21**

ORACIÓN

SEÑOR, tus palabras: *"¡Dadles vosotros de comer!"* tenían un sentido concreto en aquel momento, y siguen teniendo un amplio sentido para nosotros hoy. La Iglesia tiene como misión suprema "anunciar el Evangelio a todas las gentes", pero sin olvidar que el hombre no es solo alma, y también la Iglesia ha de socorrer a quienes no tienen nada que comer. Yo, como miembro de la Iglesia, participo de esa doble misión: sobre las obras de misericordia espirituales y materiales seré juzgado el último día. ***Aclamad a Dios, nuestra fuerza*** *(Salmo 80, 2a).*

AGOSTO
3
MARTES

Santos Eufronio *ob*, Martín *er*, Pedro *ob*.
Beato Agustín Kazotic *ob*

Papa Francisco: *Caminar con Jesús o caminar a tientas:* No es lo mismo haber conocido a Jesús que no conocerlo, no es lo mismo caminar con él que caminar a tientas, no es lo mismo poder escucharlo que ignorar su Palabra, no es lo mismo poder contemplarlo, adorarlo, descansar en él, que no poder hacerlo. No es lo mismo tratar de construir el mundo con su Evangelio que hacerlo solo con la propia razón. Sabemos bien que la vida con él se vuelve mucho más plena y que con él es más fácil encontrarle un sentido a todo. Por eso evangelizamos, difundimos el Evangelio *(Evang.Gaud.266. 24-11-2013).*

PALABRA

Después que la gente se hubo saciado, Jesús apremió a sus discípulos a que subieran a la barca y se le adelantaran a la otra orilla, mientras él despedía a la gente. Y, después de despedir a la gente, subió al monte a solas para orar. Llegada la noche, estaba allí solo. Mientras tanto, la barca iba ya muy lejos de tierra, sacudida por las olas, porque el viento era contrario. A la cuarta vela de la noche se acercó Jesús andando sobre el agua. Los discípulos, viéndole andar sobre el agua, se asustaron y gritaron de miedo, pensando que era un fantasma. Jesús les dijo enseguida: «¡Ánimo, soy yo, no tengáis miedo!». Pedro le contestó: «Señor, si eres tú, mándame ir hacia ti sobre el agua». Él le dijo: «Ven». Pedro bajó de la barca y echó a andar sobre el agua, acercándose a Jesús; pero, al sentir la fuerza del viento, le entró miedo, empezó a hundirse y gritó: «Señor, sálvame». Enseguida Jesús extendió la mano, lo agarró y le dijo: «¡Hombre de le poca fe! ¿Por qué has dudado?». En cuanto subieron a la barca, amainó el viento. Los de la barca se postraron ante él, diciendo: «Realmente eres Hijo de Dios». Terminada la travesía, llegaron a tierra en Genesaret. Y los hombres de aquel lugar, apenas lo reconocieron, pregonaron la noticia por toda aquella comarca y le trajeron a todos los enfermos. Le pedían tocar siquiera la orla de su manto. Y cuantos la tocaban quedaban curados.

Números 12,1-13; ***Salmo*** 50,3-7.12-13 • **MATEO 14,22-36**

ORACIÓN

SEÑOR, me veo reflejado en Pedro: cuando me fío de ti puedo caminar sobre las aguas de la muerte, del sufrimiento, de la enfermedad. Pero cuando me apoyo en mis propias fuerzas, y dejo de mirarte, me hundo ante la más mínima prueba. ¡Contigo, al fin del mundo! ***Misericordia, Señor, hemos pecado*** *(Salmo 50, 3a).*

AGOSTO

4

MIÉRCOLES

Miércoles 18° Tiempo Ordinario Tomo IV - Salterio 2ª semana

Santos JUAN Mª. VIANNEY *pb*,
Patrón de los sacerdotes,
Jacinto *mr*, Rainiero *ob mr*, Aristarco *NT*

Papa Francisco: Una de las más bellas cartas que he recibido me la escribió Nicolás, un muchacho de 16 años, discapacitado de nacimiento. Me dice: "Querido Francisco: como yo no puedo escribirte, pedí a mis padres que lo hicieran en mi lugar. Todas las noches, desde que tú me lo has pedido, pido a mi ángel de la guarda, que se llama Eusebio, que te proteja y te ayude. Puedes estar seguro de que lo hace muy bien porque me cuida y me acompaña todos los días. ¡Ah! Y cuando no tengo sueño, viene a jugar conmigo. Me gustaría mucho ir a verte y recibir tu bendición y un beso: solo esto. Te mando muchos saludos y sigo pidiendo a Eusebio que te cuide y te dé fuerza. Besos. Nico". En esta carta, en el corazón de este muchacho, está la belleza, el amor, la poesía de Dios *(4-10-2013).*

PALABRA

Jesús se retiró al país de Tiro y Sidón. Entonces una mujer cananea, saliendo de uno de aquellos lugares, se puso a gritarle: «Ten compasión de mí, Señor, Hijo de David. Mi hija tiene un demonio muy malo». Él no le respondió nada. Entonces los discípulos se le acercaron a decirle: «Atiéndela, que viene detrás gritando». Él les contestó: «Solo he sido enviado a las ovejas descarriadas de Israel». Ella se acercó y se postró ante él diciendo: «Señor, ayúdame». Él le contestó: «No está bien tomar el pan de los hijos y echárselo a los perritos». Pero ella repuso: «Tienes razón, Señor; pero también los perritos se comen las migajas que caen de la mesa de los amos». Jesús le respondió: «Mujer, qué grande es tu fe; que se cumpla lo que deseas». En aquel momento quedó curada su hija.

Números 13, 1-2.25-14,1.26-29.34-35; ***Salmo*** 105,6-7ab.13-14.21-23

• MATEO 15, 21-28

ORACIÓN

SEÑOR, le dijiste a la cananea que su fe era tan grande, que no le importó la humillación. A mí nada me importa con tal de ser tu amigo y sentir tu presencia, tu cercanía confortadora: cura mis enfermedades del alma, fortalece mi fidelidad a ti. Ojalá algún día puedas decirme como a la Cananea: ¡Qué grande es tu fe! Gigantesca era la fe del santo Cura de Ars, Patrono de los sacerdotes. Te pido esa fe para la vida y la misión de todos los sacerdotes de tu Iglesia. ***Acuérdate de mí, Señor, por amor a tu pueblo*** *(Salmo 105,4ab).*

AGOSTO **5** JUEVES

DEDICACIÓN DE LA BASÍLICA DE SANTA MARÍA LA MAYOR, Ntra. Sra. de las Nieves, Virgen Blanca. Santos Casiano *ob*, Viator *er*, Margarita *vd*

Papa Francisco: ¡Con cuánto amor, con cuánta ternura nos ama Jesús! Nos siente suyos. Este es el afecto que edifica la Iglesia. Pidamos la gracia de amar a nuestra Iglesia. Pidamos ojos que sepan ver en ella *hermanos y hermanas,* un corazón que sepa acoger a los demás con el tierno amor que Jesús tiene para nosotros. Y pidamos la fuerza para rezar por aquellos que no piensan como nosotros *(29-6-2019).*

PALABRA

Al llegar a la región de Cesarea de Filipo, Jesús preguntó a sus discípulos: «¿Quién dice la gente que es el Hijo del hombre?». Ellos contestaron: «Unos que Juan el Bautista, otros que Elías, otros que Jeremías o uno de los profetas». Él les preguntó: «Y vosotros, ¿quién decís que soy yo?». Simón Pedro tomó la palabra y dijo: «Tú eres el Mesías, el Hijo de Dios vivo». Jesús le respondió: «¡Bienaventurado tú, Simón, hijo de Jonás!, porque eso no te lo ha revelado ni la carne ni la sangre, sino mi Padre que está en los cielos. Ahora yo te digo: Tú eres Pedro, y sobre esta piedra edificaré mi Iglesia, y el poder del infierno no la derrotará. Te daré las llaves del reino de los cielos; lo que ates en la tierra, quedará atado en los cielos, y lo que desates en la tierra, quedará desatado en los cielos». Y les mandó a los discípulos que no dijesen a nadie que él era el Mesías. Desde entonces empezó Jesús a manifestar a sus discípulos que tenía que ir a Jerusalén y padecer allí mucho por parte de los ancianos, sumos sacerdotes y escribas, y que tenía que ser ejecutado y resucitar al tercer día. Pedro se lo llevó aparte y se puso a increparlo: «¡Lejos de ti tal cosa, Señor! Eso no puede pasarte». Jesús se volvió y dijo a Pedro: «¡Ponte detrás de mí, Satanás! Eres para mí piedra de tropiezo, porque tú piensas como los hombres, no como Dios».

Números 20, 1-13; ***Salmo*** 94, 1-2.6-7cd.9 • **MATEO 16, 13-23**

ORACIÓN

SEÑOR, lo que te importaba en el diálogo con tus discípulos no es tanto la respuesta a la pregunta primera, la encuesta de opinión, sino la pregunta que compromete a tus apóstoles, y hoy a mí: "Y tú, ¿quién dices que soy yo?". Tú eres Dios, que te has rebajado hasta hacerte un hombre pobre, tan maltratado por los hombres a quienes viniste a salvar, desde la cuadra de Belén para nacer hasta la Cruz para morir. Tú eres Amor, mi Salvador, mi Señor, que me sigues queriendo como Amigo, continúas hablándome y acompañándome en mi vida. ***Ojalá escuchéis hoy la voz del Señor: «No endurezcáis vuestro corazón»*** *(Salmo 94,7d-8a).*

AGOSTO
6
VIERNES

FIESTA DE LA TRANSFIGURACIÓN DEL SEÑOR
Santos Justo y Pastor *mrs,* Hormisdas *pp*

Papa Francisco: El acontecimiento de la Transfiguración del Señor nos ofrece un mensaje de esperanza, nos invita a encontrar a Jesús, para estar al servicio de los hermanos. La subida de los discípulos al monte Tabor nos induce a reflexionar sobre la importancia de separarse de las cosas mundanas, para cumplir un camino hacia lo alto y contemplar a Jesús. Se trata de ponernos a la escucha atenta y orante de Cristo, buscando momentos de oración que permiten la acogida dócil y alegre de la Palabra de Dios. En esta ascensión espiritual, estamos llamados a redescubrir el silencio pacificador y regenerador de la meditación del Evangelio, de la lectura de la Biblia, que conduce hacia una meta rica de belleza, de esplendor y de alegría *(6-8-2017).*

PALABRA

Jesús tomó consigo a Pedro, a Santiago y a Juan, subió aparte con ellos solos a un monte alto, y se transfiguró delante de ellos. Sus vestidos se volvieron de un blanco deslumbrador, como no puede dejarlos ningún batanero del mundo. Se les aparecieron Elías y Moisés, conversando con Jesús. Entonces Pedro tomó la palabra y dijo a Jesús: «Maestro, ¡qué bueno es que estemos aquí! Vamos a hacer tres tiendas: una para ti, otra para Moisés y otra para Elías». No sabía qué decir, pues estaban asustados. Se formó una nube que los cubrió, y salió una voz de la nube: «Este es mi Hijo, el amado; escuchadlo». De pronto, al mirar alrededor, no vieron a nadie más que a Jesús, solo con ellos. Cuando bajaban del monte, les ordenó que no contasen a nadie lo que habían visto, hasta que el Hijo del hombre resucitara de entre los muertos. Esto se les quedó grabado y discutían qué quería decir aquello de resucitar de entre los muertos.

2 Pedro 1, 16-19; ***Salmo*** 96, 1-2.5-6.9 • **MARCOS 9,2-10**

ORACIÓN

SEÑOR, qué bien se está a tu lado cuando las cosas van bien, y te ven transfigurado. Luego, cuando te contemplen desfigurado, «varón de dolores», todos te abandonarán y huirán. ¿Me darás fuerzas para quedarme siempre contigo, en los misterios de luz y también en los de dolor? Tan presente estás en Getsemaní como en el Tabor, y a ambos lugares invitaste a los mismos tres apóstoles. A tu lado, estés donde y como estés, siempre me sentiré seguro. A tu lado vivió santo Domingo, y contigo desde el día de su muerte, hace hoy 800 años. ***El Señor reina, altísimo sobre toda la tierra*** *(Salmo 96, 1a.9b).*

AGOSTO
7
SÁBADO

Santos SIXTO II *pp*, CAYETANO *pb*, Alberto *pb*, Donato *ob*, Afra *mr*, Miguel de la Mora *pb mr*

Papa Francisco: *["Si tuvierais fe..."]* La fe no es un refugio para gente pusilánime, sino que ensancha la vida. Hace descubrir una gran llamada, la vocación al amor, y asegura que este amor es digno de fe, que vale la pena ponerse en sus manos, porque está fundado en la fidelidad de Dios, más fuerte que todas nuestras debilidades *(Lumen Fidei 53, 29-6-2013)*.

PALABRA

Se acercó a Jesús un hombre, que, de rodillas, le dijo: «Señor, ten compasión de mi hijo que es lunático y sufre mucho; muchas veces se cae en el fuego o en el agua. Se lo he traído a tus discípulos, y no han sido capaces de curarlo». Jesús tomó la palabra y dijo: «¡Generación incrédula y perversa! ¿Hasta cuándo tendré que estar con vosotros? ¿Hasta cuándo tendré que soportaros? Traédmelo». Jesús increpó al demonio, y salió; en aquel momento se curó el niño. Los discípulos se acercaron a Jesús y le preguntaron aparte: «¿Y por qué no pudimos echarlo nosotros?». Les contestó: «Por vuestra poca fe. En verdad os digo que, si tuvierais fe como un grano de mostaza, le diríais a aquel monte: "Trasládate desde ahí hasta aquí", y se trasladaría. Nada os sería imposible».

Deuteronomio 6, 4-13; ***Salmo*** 17, 2-4.47.51ab • **MATEO 17, 14-20**

ORACIÓN

SEÑOR, evidentemente, mi fe no es ni como el minúsculo grano de mostaza: no solo porque no mueve montañas, sino porque no puede ni mover mi vida siempre hacia el bien, hacia las buenas obras en favor de los necesitados. ***Yo te amo, Señor, tú eres mi fortaleza*** *(Salmo 17,2)*.

AGOSTO
8
DOMINGO

Domingo XIX Tiempo Ordinario Tomo IV - Salterio 3ª semana

Santos DOMINGO DE GUZMÁN *pb*, Ciriaco y *co mrs*, Pablo Ke Tingzhu *mr*

SANTO DOMINGO

Papa Francisco: Saludo a los representantes de la Orden de Predicadores, los dominicos. Que el Señor os bendiga mucho. Y muchas gracias por todo lo que hacéis en y por la Iglesia *(8-11-2015).* En la segunda lectura de hoy, San Pablo nos presenta una invitación comprometida: ***«No entristezcáis al Espíritu Santo** de Dios con que él os ha sellado para el día de la liberación final».* Pero yo me pregunto: ¿cómo se entristece al Espíritu Santo? Todos lo hemos recibido en el Bautismo y en la Confirmación. Para no entristecer al Espíritu Santo, es necesario vivir de una manera coherente con las promesas del Bautismo, renovadas en la Confirmación. De manera coherente, no con hipocresía: no olvidemos esto. El cristiano no puede ser hipócrita: debe vivir de una manera coherente. Las promesas del Bautismo tienen dos aspectos: *renuncia del mal y adhesión al bien.* **1. *Renunciar al mal*** significa decir «no» a las tentaciones, al pecado, a Satanás. Más en concreto significa decir ***"no" a una cultura de la muerte,*** que se manifiesta en la huida de la realidad y en la ida hacia una felicidad falsa que se expresa en ***la mentira, en la estafa, en la injusticia, en el desprecio del otro.*** A todo esto, "no". La vida nueva que se nos dio en el Bautismo, y tiene como fuente el Espíritu, rechaza una conducta dominada por sentimientos de división y de discordia. Por esto el Apóstol Pablo exhorta a desterrar del corazón *«la amargura, la ira, los enfados e insultos y toda maldad».* Estos cinco elementos o vicios, que perturban el gozo del Espíritu Santo, envenenan el corazón y conducen a maldiciones contra Dios y contra el prójimo. **2.** Pero no basta con no hacer el mal para ser un buen cristiano; es necesario ***adherirse al bien, hacer el bien.*** Por eso continúa diciendo san Pablo: ***«Sed buenos, comprensivos, perdonándoos unos a otros como Dios os perdonó en Cristo».*** Muchas veces escuchamos a algunos que dicen: "Yo no hago mal a nadie". Y se creen santos. De acuerdo, pero ¿hacen el bien? Cuántos no hacen el mal, pero tampoco hacen el bien, y su vida discurre en la indiferencia, la apatía, la tibieza. Esta actitud es contraria al Evangelio. Recordad lo que decía san Alberto Hurtado: ***"Es bueno no hacer el mal, pero es malo no hacer el bien"** (12-8-2018).*

PALABRA

• ***1 Reyes*** 19, 4-8: Elías anduvo por el desierto una jornada de camino, hasta que, sentándose bajo una retama, imploró la muerte diciendo: «¡Ya es demasiado, Señor! ¡Toma mi vida, pues no soy mejor que mis padres!». Se acostó y quedó dormido bajo la retama, pero un ángel lo tocó y le dijo: «Levántate y come». Miró alrededor y a su cabecera había una torta cocida sobre piedras calientes y un jarro de agua. Comió, bebió y volvió a recostarse. El ángel del Señor volvió por segunda vez, lo tocó y de nuevo dijo:

«Levántate, come, pues el camino que te queda es muy largo». Elías se levantó, comió y bebió, y, con la fuerza de aquella comida, caminó cuarenta días y cuarenta noches, hasta el Horeb, el monte de Dios.

• *Salmo* 33, 2-9: ***Gustad y ved qué bueno es el Señor.***

• *Efesios* 4, 30-5,2: Hermanos: No entristezcáis al Espíritu Santo de Dios con que él os ha sellado para el día de la liberación final. Desterrad de vosotros la amargura, la ira, los enfados e insultos y toda maldad. Sed buenos, comprensivos, perdonándoos unos a otros como Dios os perdonó en Cristo. Sed imitadores de Dios, como hijos queridos, y vivid en el amor como Cristo os amó y se entregó por nosotros a Dios como oblación y víctima de suave olor.

• **JUAN 6, 41-51:** Los judíos murmuraban de Jesús porque había dicho: «Yo soy el pan bajado del cielo», y decían: «¿No es este Jesús, el hijo de José? ¿No conocemos a su padre y a su madre?, ¿cómo dice ahora que ha bajado del cielo?». Jesús tomó la palabra y les dijo: «No critiquéis. Nadie puede venir a mí, si no lo atrae el Padre que me ha enviado. Y yo lo resucitaré en el último día. Está escrito en los profetas: "Serán todos discípulos de Dios". Todo el que escucha al Padre y aprende, viene a mí. No es que nadie haya visto al Padre, a no ser el que está junto a Dios: ese ha visto al Padre. En verdad, en verdad os digo: el que cree, tiene vida eterna. Yo soy el pan de la vida. Vuestros padres comieron en el desierto el maná y murieron: este es el pan que baja del cielo, para que el hombre coma de él y no muera. Yo soy el pan vivo que ha bajado del cielo: el que coma de este pan vivirá para siempre. Y el pan que yo daré es mi carne, por la vida del mundo».

ORACIÓN

SEÑOR, tu género de vida (enseñar y saciar a la gente, y retirarte a orar por la noche), lo tomó Domingo de Guzmán *-hoy es su fiesta-* como regla de su vida y lema de su Orden de Predicadores, dominicos: *Contemplar y ofrecer a los demás el fruto de la contemplación.* Domingo, siendo joven estudiante en Palencia, había vendido todo lo que tenía para dar de comer a los que pasaban hambre mortal. Hombre de fe, "solo hablaba con Dios o de Dios". Tú das a tu Iglesia unos modelos magníficos de los que me veo tan lejano...

AGOSTO

9

LUNES

FIESTA DE SANTA TERESA B. DE LA CRUZ, VIRGEN Y MÁRTIR, PATRONA DE EUROPA

Santos Cándida M.ª de J. *vg*, Román *mr*.
Beatos Florentino Asensio *ob mr*

SANTA TERESA BENEDICTA

Papa Francisco: La victoria de los mártires, su testimonio del poder del amor de Dios, sigue dando frutos en la Iglesia, que sigue creciendo gracias a su sacrificio. Jesús pide al Padre que nos consagre y proteja, pero no que nos aparte del mundo. Sabemos que él envía a sus discípulos para que sean fermento de santidad y verdad en el mundo: la sal de la tierra, la luz del mundo. En esto, los mártires nos muestran el camino. En nuestros días, muchas veces vemos cómo el mundo cuestiona nuestra fe, y de múltiples maneras se nos pide entrar en componendas con la fe, diluir las exigencias radicales del Evangelio y acomodarnos al espíritu de nuestro tiempo *(16-8-2014).*

PALABRA

Dijo Jesús a sus discípulos esta parábola: «El reino de los cielos se parece a diez vírgenes que tomaron sus lámparas y salieron al encuentro del esposo. Cinco de ellas eran necias y cinco eran prudentes. Las necias, al tomar las lámparas, no se proveyeron de aceite; en cambio, las prudentes se llevaron alcuzas de aceite con las lámparas. El esposo tardaba, les entró sueño a todas y se durmieron. A medianoche se oyó una voz: "¡Que llega el esposo, salid a su encuentro!". Entonces se despertaron todas aquellas vírgenes y se pusieron a preparar sus lámparas. Y las necias dijeron a las prudentes: "Dadnos de vuestro aceite, que se nos apagan las lámparas". Pero las prudentes contestaron: "Por si acaso no hay bastante para vosotras y nosotras, mejor es que vayáis a la tienda y os lo compréis". Mientras iban a comprarlo, llegó el esposo, y las que estaban preparadas entraron con él al banquete de bodas, y se cerró la puerta. Más tarde llegaron también las otras vírgenes, diciendo: "Señor, señor, ábrenos". Pero él respondió: "En verdad os digo que no os conozco". Por tanto, velad, porque no sabéis el día ni la hora».

Oseas 2,16b.17de.21-22; ***Salmo*** 44,11-12.14-17 • **MATEO 25,1-13**

ORACIÓN

SEÑOR, no siempre tengo en cuenta que lo que tiene más valor es mi alma, creada a tu imagen y semejanza: estar siempre preparado, dispuesto para recibirte, sin dejarme agobiar por este mundo y sus afanes. Lo sabía perfectamente santa Teresa Benedicta de la Cruz (Edith Stein), intrépida judía convertida al cristianismo, mártir carmelita descalza. A pesar de la mentalidad reinante del culto al cuerpo, yo quiero seguir su ejemplo: primero, y sobre todo, el alma. Así pudo subir al cielo cuando el Esposo vino a buscarla, y se entregó a él para siempre, dando testimonio de su fe. ***Escucha, hija, mira: inclina el oído*** *(Salmo 44, 11a).*

FIESTA DE SAN LORENZO, DIÁCONO Y MÁRTIR

San Blano *ob*

AGOSTO

10

MARTES

Papa Francisco: Los mártires nos invitan a poner a Cristo por encima de todo y a ver todo lo demás en relación con él y con su Reino eterno. Nos hacen preguntarnos si hay algo por lo que estaríamos dispuestos a morir. El ejemplo de los mártires nos enseña la importancia de la caridad en la vida de fe. La autenticidad de su testimonio de Cristo, expresada en la aceptación de la igual dignidad de todos los bautizados. Su negativa a separar el doble mandamiento del amor a Dios y amor al prójimo les llevó a una solicitud muy fuerte por las necesidades de los hermanos. Su ejemplo tiene mucho que decirnos a nosotros, que vivimos en sociedades en las que, junto a inmensas riquezas, prospera silenciosamente la más denigrante pobreza; donde rara vez se escucha el grito de los pobres; y donde Cristo nos sigue llamando, pidiéndonos que le amemos y sirvamos tendiendo la mano a nuestros hermanos necesitados *(16-8-2014)*.

PALABRA

Dijo Jesús a sus discípulos: «En verdad, en verdad os digo: si el grano de trigo no cae en tierra y muere, queda infecundo; pero si muere, da mucho fruto. El que se ama a sí mismo se pierde, y el que se aborrece a sí mismo en este mundo, se guardará para la vida eterna. El que quiera servirme, que me siga, y donde esté yo, allí también estará mi servidor; a quien me sirve, el Padre lo honrará».

2 Corintios 9,6-10; ***Salmo*** 111,1b-2.5-9 • **JUAN 12,24-26**

ORACIÓN

SEÑOR, caer en tierra, morir, aborrecerse a sí mismo..., son palabras duras, que golpean mis oídos e instintivamente provocan el rechazo. Pero yo sé que tú me quieres, y tu Palabra, pese a las apariencias, me indica siempre el camino de la vida y de la felicidad. Quiero servirte, quiero seguirte, estar contigo y ser reconocido por el Padre. ¿Me lo concedes? ***Dichoso el que se apiada y presta*** *(Salmo 111, 5a)*.

AGOSTO
11
MIÉRCOLES

Miércoles 19° Tiempo Ordinario Tomo IV - Salterio 3ª semana

Santos CLARA *vg,* Juan E. Newmann *ob,* Susana *mr,* Rufino *ob,* Alejandro *ob*

Papa Francisco: Jesús enseña que si mi hermano me ofende, yo debo tener caridad hacia él y, ante todo, hablarle personalmente. ¿Y si el hermano no me escucha? Jesús sugiere una intervención progresiva: primero, vuelve a hablarle con otras dos o tres personas, para que sea mayormente consciente del error que cometió; si, con todo, no acoge la exhortación, hay que decirlo a la comunidad; y si no escucha ni siquiera a la comunidad, hay que hacerle notar la fractura y la separación que él mismo ha provocado, menoscabando la comunión con los hermanos en la fe. Las etapas de este itinerario indican el esfuerzo que el Señor pide a su comunidad para acompañar a quien se equivoca, con el fin de que no se pierda. La actitud es de delicadeza, prudencia, humildad y atención respecto a quien ha cometido una falta, evitando que las palabras puedan herir y matar al hermano *(7-9-2014).*

PALABRA

Dijo Jesús a sus discípulos: «Si tu hermano peca contra ti, repréndelo estando los dos a solas. Si te hace caso, has salvado a tu hermano. Si no te hace caso, llama a otro o a otros dos, para que todo el asunto quede confirmado por boca de dos o tres testigos. Si no les hace caso, díselo a la comunidad, y si no hace caso ni siquiera a la comunidad, considéralo como un pagano o un publicano. En verdad os digo que todo lo que atéis en la tierra quedará atado en los cielos, y todo lo que desatéis en la tierra quedará desatado en los cielos. Os digo, además, que, si dos de vosotros se ponen de acuerdo en la tierra para pedir algo, se lo dará mi Padre que está en los cielos. Porque donde dos o tres están reunidos en mi nombre, allí estoy yo en medio de ellos».

Deuteronomio 34,1-12; ***Salmo*** 65, 1b-3a.5.16-17 • **MATEO 18, 15-20**

ORACIÓN

SEÑOR, qué delicadeza la tuya al trazar el itinerario de la corrección fraterna, comenzando por decirlo a solas al hermano sin echárselo en cara ni publicar sus defectos. Y qué consuelo para mí, saber que, cuando estoy reunido con otro en tu nombre, tú estás con nosotros. Contigo, todo lo bueno está asegurado. ***Bendito sea Dios, que me ha devuelto la vida*** *(Salmo 65, 20a. 9a).*

AGOSTO
12
JUEVES

Santos JUANA F. DE CHANTAL *rl*, Aniceto y Focio *mrs.* Beatos Inocencio XI *pp*, Victoria Díez *vg mr*, Sebastián Calvo y *co mrs*

Papa Francisco: Tenemos que suplicar al Señor que nos dé la gracia de ser misericordiosos con quienes nos hacen daño: «Padre, perdónalos, porque no saben lo que hacen» (*Lc* 23,34). El único camino para vencer el mal es la misericordia. La justicia es necesaria, pero ella sola no basta. No tengáis miedo de contemplar los ojos de Jesús llenos de amor infinito hacia vosotros, y dejaos tocar por su mirada misericordiosa, dispuesta a perdonar cada uno de vuestros pecados. ¡Id a él y no tengáis miedo! Y decidle desde lo más profundo del corazón: "¡Jesús, confío en ti!" *(15-8-2015).*

PALABRA

Acercándose Pedro a Jesús le preguntó: «Señor, si mi hermano me ofende, ¿cuántas veces tengo que perdonarlo? ¿Hasta siete veces?». Jesús le contesta: «No te digo hasta siete veces, sino hasta setenta veces siete. Por esto, se parece el reino de los cielos a un rey que quiso ajustar las cuentas con sus criados. Al empezar a ajustarlas, le presentaron uno que debía diez mil talentos [millones]. Como no tenía con qué pagar, el señor mandó que lo vendieran a él con su mujer y sus hijos y todas sus posesiones, y que pagara así. El criado, arrojándose a sus pies, le suplicaba diciendo: "Ten paciencia conmigo, y te lo pagaré todo". Se compadeció el señor de aquel criado y lo dejó marchar, perdonándole la deuda. Pero, al salir, el criado aquel encontró a uno de sus compañeros que le debía cien denarios [unas monedas] y, agarrándolo, lo estrangulaba, diciendo: "Págame lo que me debes". El compañero, arrojándose a sus pies, le rogaba, diciendo: "Ten paciencia conmigo, y te lo pagaré". Pero él se negó y fue y lo metió en la cárcel hasta que pagara lo que debía. Sus compañeros, al ver lo ocurrido, quedaron consternados. Entonces el señor lo llamó y le dijo: "¡Siervo malvado! Toda aquella deuda te la perdoné porque me lo rogaste. ¿No debías tú también tener compasión de tu compañero, como yo tuve compasión de ti?". Y el señor, indignado, lo entregó a los verdugos hasta que pagara toda la deuda. Lo mismo hará con vosotros mi Padre celestial, si cada cual no perdona de corazón a su hermano».

Josué 3,7-10a.11.13-17; ***Salmo*** 113a,1-6 • **MATEO 18,21-35**

ORACIÓN

SEÑOR, queda clara la enorme diferencia entre lo que perdonó el amo a su empleado y lo que este se negó a perdonar a su compañero. Aún hay más diferencia entre lo que tú me has perdonado en tantas absoluciones sacramentales y las cosillas que tanto me cuesta perdonar a mi hermano. ¡Haz mi corazón misericordioso! ***Aleluya*** *(Salmo 113A).*

AGOSTO

13

VIERNES

Viernes 19º Tiempo Ordinario Tomo IV - Salterio 3ª semana

Santos PONCIANO e HIPÓLITO ***mrs,*** **Máximo el Confesor** ***ab,*** **Radegunda** ***re,*** **Benildo** ***rl.*** **Beatos Secundino M.ª y** ***co mrs,*** **Santiago Gapp** ***pb mr***

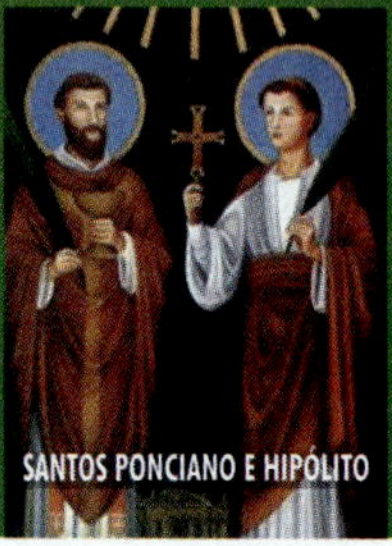
SANTOS PONCIANO E HIPÓLITO

Papa Francisco: Muchas veces los niños se esconden para llorar solos... Tenemos que entender esto bien. Marido y mujer son una sola carne. Pero sus criaturas son carne de su carne. Pensemos en la dureza con la que Jesús advierte a los adultos no escandalizar a los pequeños: *Al que escandalice a uno de estos pequeños, más le valdría que le colgasen una piedra de molino y lo arrojasen al mar* (*Mt* 18, 6). Así podemos comprender mejor su palabra sobre la gran responsabilidad de custodiar el vínculo conyugal que da inicio a la familia humana (cf. *Mt* 19, 6-9). Cuando el hombre y la mujer se convirtieron en una sola carne, todas las heridas y todos los abandonos del papá y de la mamá inciden en la carne viva de los hijos *(24-6-2015).*

PALABRA

Se acercaron a Jesús unos fariseos y le preguntaron, para ponerlo a prueba: «¿Es lícito a uno repudiar a su mujer por cualquier motivo?». Él les respondió: «¿No habéis leído que el Creador, en el principio, los creó hombre y mujer, y dijo: "Por eso dejará el hombre a su padre y a su madre, y se unirá a su mujer, y serán los dos una sola carne"? De modo que ya no son dos, sino una sola carne. Pues lo que Dios ha unido, que no lo separe el hombre». Ellos insistieron: «¿Y por qué mandó Moisés darle acta de divorcio y repudiarla?». Él les contestó: «Por la dureza de vuestro corazón os permitió Moisés repudiar a vuestras mujeres; pero, al principio, no era así. Pero yo os digo que, si uno repudia a su mujer –no hablo de unión ilegítima– y se casa con otra, comete adulterio». Los discípulos le replicaron: «Si esa es la situación del hombre con la mujer, no trae cuenta casarse». Pero él les dijo: «No todos entienden eso, solo los que han recibido ese don. Hay eunucos que salieron así del vientre de su madre, a otros los hicieron los hombres, y hay quienes se hacen eunucos ellos mismos por el reino de los cielos. El que pueda entender, entienda».

Josué 24, 1-13; ***Salmo*** 135, 1a-3a. 16a-18a. 21a, 22a, 24a • **MATEO 19, 3-12**

ORACIÓN

SEÑOR, vivimos tiempos de menosprecio del santo sacramento del matrimonio indisoluble y de la virginidad: no todos pueden con eso. Sí han podido y pueden los que se apoyan en ti y te tienen como el centro de su vida: tanto los que son llamados al matrimonio como los llamados a la virginidad y al celibato por el reino de los cielos. Lo importante para mí es que te sea fiel en la vocación a la que me has llamado: que, con tu gracia, yo pueda con esto y lo haga. ***Porque es eterna su misericordia*** *(Salmo 135,1b).*

SAN MAXIMILIANO M. KOLBE

Santos MAXIMILIANO M.ª KOLBE ***pb mr*****,**
800 Mártires de Otranto, Marcelo ***ob mr*****,**
Arnulfo ***ob***

AGOSTO
14
SÁBADO

Papa Francisco: «Le presentaron unos niños a Jesús para que les impusiera las manos y orase, pero los discípulos los regañaban. Jesús dijo: "Dejadlos, no impidáis a los niños acercarse a mí; de los que son como ellos es el reino de los cielos". Les impuso las manos y se marchó de allí» (*Mt* 19, 13-15). Qué bonita esa confianza de los padres, y esa respuesta de Jesús. ¡Cuánto quisiera que esta página se convirtiera en la historia normal de todos los niños! El Señor juzga nuestra vida escuchando lo que le refieren los ángeles de los niños, ángeles que «están viendo siempre en los cielos el rostro de mi Padre celestial» (cf. *Mt* 18, 10). Preguntémonos siempre: ¿qué le contarán a Dios de nosotros esos ángeles de los niños? *(8-4-2015).*

PALABRA

Le presentaron unos niños a Jesús para que les impusiera las manos y orase, pero los discípulos los regañaban. Jesús dijo: «Dejadlos, no impidáis a los niños acercarse a mí; de los que son como ellos es el reino de los cielos». Les impuso las manos y se marchó de allí.

Josué 24, 14-29; ***Salmo*** 15, 1b-2a.5.7-8.11 • **MATEO 19, 13-15**

ORACIÓN

SEÑOR, tu preferencia por los niños, por los que se dejan aconsejar y guiar por ti, por los que nada tienen y todo lo esperan… queda patente a lo largo de los cuatro Evangelios. Quienes nos creemos ricos y adultos, autosuficientes, nos alejamos de ti. Me uno al corro de los chavales: imponme tus manos y dame tu espíritu de infancia espiritual. ***Tú, Señor, eres el lote de mi heredad*** *(Salmo 15, 5a).*

AGOSTO
15
DOMINGO

ASUNCIÓN DE LA VIRGEN MARÍA,
Virgen de la Paloma, de los Reyes.
Santos Estanislao de Kostka *rl*,
Tarsicio, Luis Batis, Manuel Morales,
Salvador Lara y David Roldán *mrs*

ASUNCIÓN DE LA VIRGEN MARÍA

SOLEMNIDAD DE LA ASUNCIÓN DE LA BIENAVENTURADA VIRGEN MARÍA

Papa Francisco: En la solemnidad de hoy, la Asunción de la Bienaventurada Virgen María, el pueblo santo y fiel de Dios expresa con alegría su veneración por la Virgen Madre. Lo hace en la liturgia común y también con mil formas diferentes de piedad; y así la profecía de María misma se hace realidad: «Desde ahora me felicitarán todas las generaciones» (*Lucas* 1, 48). Porque el Señor ha puesto los ojos en la humildad de su esclava. María rezaba, gobernaba la familia y la casa, frecuentaba la sinagoga… Pero cada acción diaria la hacía siempre en unión total con Jesús. Y sobre el Calvario esta unión alcanzó la cumbre en el amor, en la compasión y en el sufrimiento del corazón. Por eso Dios le concedió una participación plena en la resurrección de Jesús. El cuerpo de la Santa Madre fue preservado de la corrupción, como el del Hijo. La Iglesia hoy nos invita a contemplar este misterio: este nos muestra que Dios quiere salvar al hombre por completo, alma y cuerpo. Jesús resucitó con el cuerpo que había asumido de María; y subió al Padre con su humanidad transfigurada. Con el cuerpo, un cuerpo como el nuestro, pero transfigurado. La asunción de María, criatura humana, nos da la confirmación de nuestro destino glorioso. Los filósofos griegos despreciaban el cuerpo —considerado prisión del alma— y no concebían que Dios hubiera dispuesto que también el cuerpo del hombre estuviera unido al alma en la bienaventuranza celestial. Nuestro cuerpo, transfigurado, estará allí. Esto —la «resurrección de la carne»— es un elemento propio de la revelación cristiana, una piedra angular de nuestra fe *(15-8-2018).*

PALABRA

• ***Apocalipsis*** 11, 19a; 12, 1-6a.10ab: Se abrió en el cielo el santuario de Dios y apareció en su santuario el arca de la alianza. Un gran signo apareció en el cielo: una mujer vestida de sol, y la luna bajo sus pies y una corona de doce estrellas sobre su cabeza; y está encinta, y grita con dolores de parto y con el tormento de dar a luz. Y apareció otro signo en el cielo: un gran dragón rojo que tiene siete cabezas y diez cuernos, y sobre sus cabezas siete diademas, y su cola arrastra la tercera parte de las estrellas del cielo y las arrojó sobre la tierra. Y el dragón se puso en pie ante la mujer que iba a dar a luz, para devorar a su hijo cuando lo diera a luz. Y dio a luz un hijo varón, el que ha de pastorear a todas las naciones con vara de hierro, y fue arrebatado su hijo junto a Dios y junto a su trono; y la mujer huyó al desierto, donde tiene un lugar preparado por Dios. Y oí una gran voz en el cielo que decía: «Ahora se ha establecido la salvación y el poder y el reinado de nuestro Dios, y la potestad de su Cristo».

• *Salmo* 44, 11-12.16: ***De pie a tu derecha está la reina, enjoyada con oro de Ofir.***

• *1 Corintios* 15, 20-27a: Cristo ha resucitado de entre los muertos y es primicia de los que han muerto. Si por un hombre vino la muerte, por un hombre vino la resurrección. Pues lo mismo que en Adán mueren todos, así en Cristo todos serán vivificados. Pero cada uno en su puesto: primero Cristo, como primicia; después todos los que son de Cristo, en su venida; después el final, cuando Cristo entregue el reino a Dios Padre, cuando haya aniquilado todo principado, poder y fuerza. Pues Cristo tiene que reinar hasta que ponga a todos sus enemigos bajo sus pies. El último enemigo en ser destruido será la muerte, porque lo ha sometido todo bajo sus pies.

• **LUCAS 1, 39-56:** María se puso en camino y fue de prisa hacia la montaña, a una ciudad de Judá; entró en casa de Zacarías y saludó a Isabel. Aconteció que, en cuanto Isabel oyó el saludo de María, saltó la criatura en su vientre. Se llenó Isabel de Espíritu Santo y, levantando la voz, exclamó: «¡Bendita tú entre las mujeres, y bendito el fruto de tu vientre! ¿Quién soy yo para que me visite la madre de mi Señor? Pues, en cuanto tu saludo llegó a mis oídos, la criatura saltó de alegría en mi vientre. Bienaventurada la que ha creído, porque lo que ha dicho el Señor se cumplirá». María dijo: «Proclama mi alma la grandeza del Señor, "se alegra mi espíritu en Dios, mi salvador; porque ha mirado la humildad de su esclava". Desde ahora me felicitarán todas las generaciones, porque el Poderoso ha hecho obras grandes por mí: "su nombre es santo, y su misericordia llega a sus fieles de generación en generación". Él hace proezas con su brazo: dispersa a los soberbios de corazón, "derriba del trono a los poderosos y enaltece a los humildes, a los hambrientos los colma de bienes y a los ricos los despide vacíos. Auxilia a Israel, su siervo, acordándose de la misericordia" –como lo había prometido a "nuestros padres"– en favor de Abrahán y su descendencia por siempre». María se quedó con Isabel unos tres meses y después volvió a su casa.

ORACIÓN

JESÚS, me uno a tu inmensa alegría al abrazar a María, cuando llegó en cuerpo y alma a participar de tu eterna gloria. Vivo con la esperanza de estar contigo y con la Madre, después de mi paso por este mundo, siguiendo su ejemplo de fe, de amor, de pureza. Mientras llega ese día, el más importante de mi vida, con María proclamo la grandeza del Señor y me alegro con Dios mi Salvador.

AGOSTO

16

LUNES

Lunes 20° Tiempo Ordinario Tomo IV - Salterio 4ª semana

Santos ESTEBAN DE HUNGRÍA *re*, Roque *cf*, Teodoro *ob*

Papa Francisco: La pobreza que le dio miedo a aquel muchacho tan generoso –había cumplido todos los mandamientos–, y cuando Jesús le dijo: "Mira, vende tus bienes y da el dinero a los pobres", se puso triste, le tuvo miedo a la pobreza (cf. *Mt* 19,16-22). Que hay que saber administrar los bienes es una obligación, pues los bienes son un don de Dios, pero cuando esos bienes entran en el corazón y te empiezan a conducir la vida, ahí perdiste. Ya no eres como Jesús. Tienes tu seguridad donde la tenía el joven triste, el que se fue entristecido *(20-9-2015).*

PALABRA

Se acercó uno a Jesús y le preguntó: «Maestro, ¿qué tengo que hacer de bueno para obtener la vida eterna?». Jesús le contestó: «¿Por qué me preguntas qué es bueno? Uno solo es Bueno. Mira, si quieres entrar en la vida, guarda los mandamientos». Él le preguntó: «¿Cuáles?». Jesús le contestó: «No matarás, no cometerás adulterio, no robarás, no darás falso testimonio, honra a tu padre y a tu madre, y ama a tu prójimo como a ti mismo». El muchacho le dijo: «Todo eso lo he cumplido. ¿Qué me falta?». Jesús le contestó: «Si quieres ser perfecto, anda, vende tus bienes, da el dinero a los pobres –así tendrás un tesoro en el cielo– y luego ven y sígueme». Al oír esto, el joven se fue triste, porque era rico.

Jueces 2,11-19; ***Salmo*** 105,34-37.38-40.43ab.44 • **MATEO 19,16-22**

ORACIÓN

SEÑOR, el joven rico llegó hasta ti con la mejor disposición, pero no sabía que seguirte a ti es incompatible con tener el corazón apegado al dinero. Y ante la elección entre sus riquezas y tú, se quedó con su dinero, sin ti y sin la alegría de vivir: *El joven se fue triste, porque era rico.* Yo prefiero la alegría para mi vida: vale más que todo el oro del mundo. Tú eres el lote de mi heredad y mi tesoro. Iré desprendido del falso dios dinero que esclaviza. Prefiero servir solo al único Dios: el que me libera. ***Acuérdate de mí, Señor, por amor a tu pueblo*** *(Salmo 105,4ab).*

Santos Jacinto de Polonia *pb*, Eusebio *pp*, Beatriz de Silva *vg*, Clara de Montefalco *vg*, Juana Delanoue *vg*

Papa Francisco: Cristo se hizo pobre enriqueciéndonos con su pobreza. Esta pobreza amorosa es solidaridad, compartir y caridad, y se expresa en la sobriedad, en la búsqueda de la justicia y en la alegría de lo esencial, para alertar ante los ídolos materiales que ofuscan el verdadero sentido de la vida. No sirve una pobreza teórica, sino la pobreza que se aprende al tocar la carne de Cristo pobre, en los humildes, los pobres, los enfermos y los niños. Sed incluso hoy, para la Iglesia y para el mundo, la avanzada de la atención a todos los pobres y a todas las miserias, materiales, morales y espirituales, como superación de todo egoísmo en la lógica del Evangelio, que enseña a confiar en la Providencia de Dios *(8-3-2014).*

PALABRA

Jesús a sus discípulos: «En verdad os digo que difícilmente entrará un rico en el reino de los cielos. Lo repito: más fácil le es a un camello pasar por el ojo de una aguja que a un rico entrar en el reino de los cielos». Al oírlo, los discípulos dijeron espantados: «Entonces ¿quién puede salvarse?». Jesús se les quedó mirando y les dijo: «Es imposible para los hombres; pero Dios lo puede todo». Entonces dijo Pedro a Jesús: «Ya ves, nosotros lo hemos dejado todo y te hemos seguido; ¿qué nos va a tocar?». Jesús les dijo: «En verdad os digo: cuando llegue la renovación y el Hijo del hombre se siente en el trono de su gloria, también vosotros, los que me habéis seguido, os sentaréis en doce tronos para juzgar a las doce tribus de Israel. Todo el que por mí deja casa, hermanos o hermanas, padre o madre, hijos o tierras, recibirá cien veces más, y heredará la vida eterna. Pero muchos primeros serán últimos y muchos últimos primeros».

Jueces 6, 11-24a; ***Salmo*** 84, 9.11-14 • **MATEO 19, 23-30**

ORACIÓN

SEÑOR, cuando Pedro te dijo que lo habían dejado todo para seguirte, no había seglares y religiosos: la pregunta de Pedro y tu respuesta es para todos los cristianos. Seguirte es la mejor opción para quien se siente invitado por ti. Tu invitación, a todos, hace posible lo que para las fuerzas humanas es imposible. Yo quiero dejar todo lo que me impide seguirte con libertad, fiándome plenamente de tu Palabra, que acojo con fe viva, amor fecundo y esperanza firme.

Dios anuncia la paz a su pueblo *(Salmo 84,9bc).*

AGOSTO

18

MIÉRCOLES

Miércoles 20° Tiempo Ordinario Tomo IV - Salterio 4ª semana

Santos Elena *em*, Alberto Hurtado *pb*,
Fermín *ob*, Agapito *mr*.
Beatos Manés de Guzmán *pb*,
Martín Martínez Pascual *pb mr*

SANTA ELENA

Papa Francisco: Jesús habla muchas veces de la importancia de la fe. La justicia de Dios se convierte en liberación para cuantos están oprimidos por la esclavitud del pecado y sus consecuencias. La justicia de Dios es su perdón. La misericordia no es contraria a la justicia, sino que expresa el comportamiento de Dios hacia el pecador, ofreciéndole una ulterior posibilidad para examinarse, convertirse y creer *(Miser.Vul. 20-21. 11-4-2015).*

PALABRA

Dijo Jesús a sus discípulos esta parábola: «El reino de los cielos se parece a un propietario que al amanecer salió a contratar jornaleros para su viña. Después de ajustarse con ellos en un denario por jornada, los mandó a la viña. Salió otra vez a media mañana, vio a otros que estaban en la plaza sin trabajo, y les dijo: «Id también vosotros a mi viña, y os pagaré lo debido». Ellos fueron. Salió de nuevo hacia mediodía y a media tarde e hizo lo mismo. Salió al caer la tarde y encontró a otros, parados, y les dijo: "¿Cómo es que estáis aquí el día entero sin trabajar?". Le respondieron: "Nadie nos ha contratado". Él les dijo: "Id también vosotros a mi viña". Cuando oscureció, el dueño dijo al capataz: "Llama a los jornaleros y págales el jornal, empezando por los últimos y acabando por los primeros". Vinieron los del atardecer y recibieron un denario cada uno. Cuando llegaron los primeros, pensaban que recibirían más, pero ellos también recibieron un denario cada uno. Al recibirlo se pusieron a protestar contra el amo: "Estos últimos han trabajado solo una hora, y los has tratado igual que a nosotros, que hemos aguantado el peso del día y el bochorno". Él replicó a uno de ellos: "Amigo, no te hago ninguna injusticia. ¿No nos ajustamos en un denario? Toma lo tuyo y vete. Quiero darle a este último igual que a ti. ¿Es que no tengo libertad para hacer lo que quiera en mis asuntos? ¿O vas a tener tú envidia porque yo soy bueno?". Así, los últimos serán los primeros y los primeros, últimos».

Jueces 9, 6-15; ***Salmo*** 20, 2-7 • **MATEO 20, 1-16**

ORACIÓN

SEÑOR, para todos hay trabajo en tu viña, según sus posibilidades. ¿En qué gastar mejor mi tiempo, mis medios y mis energías que en la viña de tu Iglesia? Ese trabajo lleva consigo la recompensa, aunque luego tú añadas el premio, en la medida de tu amor infinito. ***Señor, el rey se alegra por tu fuerza*** *(Salmo 20, 2a).*

SAN EZEQUIEL MORENO

AGOSTO
19
JUEVES

Santos EZEQUIEL MORENO *ob*, JUAN EUDES *pb*, Luis *ob*, Sixto III *pp*, Magín *mr*. Beato Guerrico *ab*

Papa Francisco: En la Sagrada Escritura la justicia es concebida esencialmente como un abandonarse confiado en la voluntad de Dios. Por su parte, Jesús habla muchas veces de la importancia de la fe, más que de la observancia de la ley. No es la observancia de la ley lo que salva, sino la fe en Jesucristo, que con su muerte y resurrección trae la salvación junto con la misericordia que justifica *(11-4-2015)*.

PALABRA

Jesús volvió a hablar en parábolas a los sumos sacerdotes y a los ancianos del pueblo, diciendo: «El reino de los cielos se parece a un rey que celebraba la boda de su hijo; mandó a sus criados para que llamaran a los convidados, pero no quisieron ir. Volvió a mandar otros criados, encargándoles que les dijeran: "Tengo preparado el banquete, he matado terneros y reses cebadas, y todo está a punto. Venid a la boda". Pero ellos no hicieron caso; uno se marchó a sus tierras, otro a sus negocios; los demás agarraron los criados y los maltrataron y los mataron. El rey montó en cólera, envió sus tropas, que acabaron con aquellos asesinos y prendieron fuego a la ciudad. Luego dijo a sus criados: "La boda está preparada, pero los convidados no se la merecían. Id ahora a los cruces de los caminos, y a todos los que encontréis, llamadlos a la boda". Los criados salieron a los caminos y reunieron a todos los que encontraron, malos y buenos. La sala del banquete se llenó de comensales. Cuando el rey entró a saludar a los comensales, reparó en uno que no llevaba traje de fiesta y le dijo: "Amigo, ¿cómo has entrado aquí sin el vestido de boda?". El otro no abrió la boca. Entonces el rey dijo a los servidores: "Atadlo de pies y manos y arrojadlo fuera, a las tinieblas. Allí será el llanto y el rechinar de dientes". Porque muchos son los llamados y pocos los elegidos».

Jueces 11, 29-39a; *Salmo* 39, 5.7-10 • **MATEO 22,1-14**

ORACIÓN

SEÑOR, hoy nos parece normal cualquier excusa para dejar de asistir, sea domingo o no, a la Eucaristía, el banquete cristiano. ¿Cómo puedo ser tan insensato y tan mal nacido para responderte con el desprecio y quedar ausente de tu fiesta de la vida, con cualquier excusa? Aumenta mi amor a ti y a tu presencia viva en la Eucaristía. Y que siempre vaya con traje de boda, en estado de gracia. ***Aquí estoy, Señor, para hacer tu voluntad*** *(Salmo 39, 8a.9a)*.

AGOSTO

20

VIERNES

Viernes 20° Tiempo Ordinario Tomo IV - Salterio 4ª semana

Santos BERNARDO *ab,* Samuel *prof,* Leovigildo y Cristóbal *mjs mrs*

SAN BERNARDO (Murillo)

Papa Francisco: En medio de la tupida selva de preceptos, prescripciones y legalismos, Jesús abre una brecha para distinguir dos rostros: el rostro del Padre y el del hermano. No son preceptos y fórmulas; nos entrega dos rostros, es más, un solo rostro, el de Dios que se refleja en muchos rostros, porque en el rostro de cada hermano, especialmente en el más pequeño, frágil, indefenso y necesitado, está presente la imagen misma de Dios. Y deberíamos preguntarnos, cuando encontramos a uno de estos hermanos, si somos capaces de reconocer en él el rostro de Dios *(26-10-2014).*

PALABRA

Los fariseos, al oír que Jesús había hecho callar a los saduceos, se reunieron en un lugar y uno de ellos, un doctor de la ley, le preguntó para ponerlo a prueba: «Maestro, ¿cuál es el mandamiento principal de la Ley?». Él le dijo: «“Amarás al Señor, tu Dios, con todo tu corazón, con toda tu alma, con toda tu mente”. Este mandamiento es el principal y primero. El segundo es semejante a él: “Amarás a tu prójimo como a ti mismo”. En estos dos mandamientos se sostienen toda la Ley y los Profetas».

Rut 1, 1.3-6.14b-16.22; ***Salmo*** 145, 5-10 • **MATEO 22, 34-40**

ORACIÓN

SEÑOR, un fariseo experto en la Ley te hizo una pregunta capciosa: ¿Cuál es el mandamiento principal? No sabía que el principal y primero está indisolublemente unido al segundo. Por eso aprovechas la ocasión para responder que no es posible amar a Dios, amarte a ti, sin amar al prójimo como a mí mismo. Y es que, amando al hermano, te amo a ti mismo. ***Alaba, alma mía, al Señor*** *(Salmo 145,1b).*

Santos PÍO X *pp*, Bonoso y Maximiano *mrs*, Ciriaca *vd*, José Dang Dinh *pb mr*. Beatos Victoria Rasoamanarivo *es*, Ramón Peiró *pb mr*

Papa Francisco: La tentación de la codicia siempre está presente. También la encontramos en la gran profecía de Ezequiel sobre los pastores: la codicia del dinero y del poder. Y para satisfacer esta codicia, los malos pastores cargan sobre los hombros de las personas fardos insoportables, que ellos mismos ni siquiera tocan con un dedo (cf. *Mt* 23,4). Podemos «frustrar» el sueño de Dios si no nos dejamos guiar por el Espíritu Santo. El Espíritu nos da esa sabiduría que va más allá de la ciencia, para trabajar generosamente con verdadera libertad y humilde creatividad *(5-10-2014)*.

PALABRA

Habló Jesús a la gente y a sus discípulos, diciendo: «En la cátedra de Moisés se han sentado los escribas y los fariseos: haced y cumplid todo lo que os digan; pero no hagáis lo que ellos hacen, porque ellos dicen, pero no hacen. Lían fardos pesados y se los cargan a la gente en los hombros, pero ellos no están dispuestos a mover un dedo para empujar. Todo lo que hacen es para que los vea la gente: alargan las filacterias y agrandan las orlas del manto; les gustan los primeros puestos en los banquetes y los asientos de honor en las sinagogas; que les hagan reverencias en las plazas y que la gente los llame "rabbí". Vosotros, en cambio, no os dejéis llamar "rabbí", porque uno solo es vuestro maestro, y todos vosotros sois hermanos. Y no llaméis padre vuestro a nadie en la tierra, porque uno solo es vuestro Padre, el del cielo. No os dejéis llamar maestros, porque uno solo es vuestro maestro, el Mesías. El primero entre vosotros será vuestro servidor. El que se enaltece será humillado, y el que se humilla será enaltecido».

Rut 2, 1-3.8-11; 4, 13-17; ***Salmo*** 127, 1bc-5 • **MATEO 23, 1-12**

ORACIÓN

SEÑOR, qué vacía y sin sentido es la vida de quien todo lo que hace es para que lo vea la gente. Lo que cuenta es la opinión que tú tienes de mí, que me conoces mejor que yo mismo y el futuro de mi vida está en tus manos… y en tu corazón. ¿De qué me sirve ponerme careta de bueno si soy lo que soy, un simple aspirante a discípulo tuyo? ¡Que no haga nada buscando la alabanza de los hombres, ni te robe la gloria que solo se debe a ti, autor de todo lo bueno que hay en mi vida! ***Esta es la bendición del hombre que teme al Señor*** *(Salmo 127,4)*.

AGOSTO

22

DOMINGO

DOMINGO XXI DEL TIEMPO ORDINARIO Tomo IV - Salterio 1ª semana

SANTA MARÍA VIRGEN, REINA.

Santos Sinforiano *mr*, Felipe Benizi *pb*, Juan Kemble *pb mr*

CORONACIÓN DE MARÍA

Papa Francisco: En el Evangelio de hoy, Jesús revela el origen de sus bendiciones cuando habla a sus discípulos. Muchos de ellos estaban desolados, confusos y también enfadados, debatiendo sobre aceptar o no sus “palabras duras”, tan contrarias a la sabiduría de este mundo. Como respuesta, el Señor les dice directamente: **1.** «Las palabras que os he dicho son espíritu y vida». Estas palabras, con su ***promesa del don del Espíritu Santo,*** rebosan de vida para nosotros que las acogemos desde la fe. Ellas indican la fuente última de todo el bien: el Espíritu de Dios, que insufla constantemente vida nueva en el mundo, en los corazones, en las familias y en las parroquias. Cada nuevo día en la vida de nuestras familias y cada nueva generación trae consigo la promesa de un nuevo Pentecostés, un ***Pentecostés doméstico,*** una nueva efusión del Espíritu, el *Paráclito,* que Jesús nos envía como nuestro Abogado, nuestro Consolador y quien verdaderamente nos da *valentía.* Cuánta necesidad tiene el mundo de este aliento que es don y promesa de Dios... **2.** En la segunda lectura de hoy, san Pablo nos dice que ***el matrimonio es una participación en el misterio de la fidelidad eterna de Cristo a su esposa, la Iglesia.*** Pero esta enseñanza, aunque magnífica, tal vez pueda parecer a alguno una “palabra dura”. Porque vivir en el amor, como Cristo nos ha amado, supone la imitación de su supremo sacrificio, implica morir a nosotros mismos para renacer a un amor más grande y duradero. Solo ese amor puede salvar al mundo de la esclavitud del pecado, del egoísmo, de la codicia y de la indiferencia ante las necesidades de los menos afortunados. Si somos honestos con nosotros mismos, también nosotros podemos encontrar duras las enseñanzas de Jesús. **3. *Qué difícil es perdonar siempre*** a quienes nos hieren. Qué desafiante es acoger siempre al emigrante y al extranjero. Qué doloroso es soportar la desilusión, el rechazo, la traición. Qué incómodo es ***proteger los derechos de los más frágiles, de los que aún no han nacido o de los más ancianos,*** que parece que obstaculizan nuestro sentido de libertad. Sin embargo, es justamente en esas circunstancias en las que el Señor nos pregunta: «¿También vosotros queréis marcharos?». Con la fuerza del Espíritu que nos anima y con el Señor siempre a nuestro lado, podemos responder: «Nosotros creemos y sabemos que tú eres el Santo de Dios». Con el pueblo de Israel, podemos repetir como Israel en la primera lectura: ***«También nosotros serviremos al Señor,*** ¡porque él es nuestro Dios!» (*Josué* 24,18) *(26-8-2018).*

PALABRA

• *Josué* 24, 1-2a. 15-17.18b: Josué reunió todas las tribus de Israel en Siquén y llamó a los ancianos de Israel, a los jefes, a los jueces y a los magistrados. Y se presentaron ante Dios. Josué dijo a todo el pueblo: «Si os resulta duro servir al Señor, elegid hoy a quién queréis servir: si a los dioses a quienes sirvieron vuestros padres al otro lado del Río, o a los dioses de los amorreos, en cuyo país habitáis; que yo y mi casa serviremos al Señor». El pueblo respondió: «¡Lejos de nosotros abandonar al Señor para ir a servir a otros dioses! Porque el Señor nuestro Dios es quien nos sacó, a nosotros y a nuestros padres, de Egipto, de la casa de la esclavitud; y quien hizo a nuestros ojos aquellos grandes prodigios y nos guardó en todo muestro peregrinar y entre todos los pueblos por los que atravesamos. También nosotros serviremos al Señor: ¡porque él es nuestro Dios!».

• ***Salmo*** 33, 2-3. 16-23: ***Gustad y ved qué bueno es el Señor.***

• ***Efesios*** 5, 21-32: Hermanos: Sed sumisos unos a otros en el temor de Cristo: las mujeres, a sus maridos, como al Señor; porque el marido es cabeza de la mujer, como Cristo es cabeza de la Iglesia; él, que es el salvador del cuerpo. Como la Iglesia se somete a Cristo, así también las mujeres a sus maridos en todo. Maridos, amad a vuestras mujeres como Cristo amó a su Iglesia: él se entregó a sí mismo por ella, para consagrarla, purificándola con el baño del agua y la palabra, y para presentársela gloriosa, sin mancha ni arruga ni nada semejante, sino santa e inmaculada. Así deben también los maridos amar a sus mujeres, como cuerpos suyos que son. Amar a su mujer es amarse a sí mismo. Pues nadie jamás ha odiado su propia carne, sino que le da alimento y calor, como Cristo hace con la Iglesia, porque somos miembros de su cuerpo. «Por eso dejará el hombre a su padre y a su madre, y se unirá a su mujer y serán los dos una sola carne». Es este un gran misterio: y yo lo refiero a Cristo y a la Iglesia.

• **JUAN 6, 60-69:** Muchos discípulos de Jesús, al oírlo, dijeron: «Este modo de hablar es duro, ¿quién puede hacerle caso?». Sabiendo Jesús que sus discípulos lo criticaban, les dijo: «¿Esto os escandaliza?, ¿y si vierais al Hijo del hombre subir adonde estaba antes? El Espíritu es quien da vida; la carne no sirve para nada. Las palabras que os he dicho son espíritu y vida. Y, con todo, hay algunos de entre vosotros que no creen». Pues Jesús sabía desde el principio quiénes no creían y quién lo iba a entregar. Y dijo: «Por eso os he dicho que nadie puede venir a mí, si el Padre no se lo concede». Desde entonces muchos discípulos se echaron atrás y no volvieron a ir con él. Entonces Jesús les dijo a los Doce: «¿También vosotros queréis marcharos?». Simón Pedro le contestó: «Señor, ¿a quién vamos a acudir? Tú tienes palabras de vida eterna; nosotros creemos y sabemos que tú eres el Santo de Dios».

ORACIÓN

SEÑOR, lo que pasó entonces sigue ocurriendo hoy: muchos te dejan porque, engañados por el mundo y la carne, el demonio les hace creer que seguirte es de idiotas. Pues, mira, yo quiero ser ese idiota: desprecio olímpicamente lo que ofrece el mundo y sus engaños, y me agarro fuertemente a tu mano. Con Pedro te pregunto yo: *¿A quién voy a ir lejos de ti?* Y me respondo aclamándote: *¡Tú tienes palabras de vida eterna!*

AGOSTO

23

LUNES

Lunes 21° Tiempo Ordinario Tomo IV - Salterio 1ª semana

Santos ROSA DE LIMA *vg*, Eugenio *ob*, Abundio e Ireneo *mrs*

SANTA ROSA DE LIMA

Papa Francisco: En el Evangelio Jesús riñe un poco a los discípulos que discutían: "Pero tú tenías que tomar el pan —¡No, tú!". Los doce discutían como siempre. Y Jesús les dirige una hermosa palabra: "Estad atentos, evitad la levadura de los fariseos y de Herodes". Herodes es malo, asesino, y los fariseos son hipócritas. Pero el Señor habla también de "levadura" y ellos no comprendían. Los discípulos hablaban de pan, de este pan, y Jesús les dice: "Pero esa levadura es peligrosa, lo que tenemos dentro y nos conduce a destruir. Estad atentos, prestad atención" *(17-2-2015).*

PALABRA

Jesús dijo: «¡Ay de vosotros, escribas y fariseos hipócritas, que cerráis a los hombres el reino de los cielos! Ni entráis vosotros, ni dejáis entrar a los que quieren. ¡Ay de vosotros, escribas y fariseos hipócritas, que viajáis por tierra y mar para ganar un prosélito y, cuando lo conseguís, lo hacéis digno de la "gehenna" el doble que vosotros! ¡Ay de vosotros, guías ciegos, que decís: "Jurar por el templo no obliga, jurar por el oro del templo sí obliga"! ¡Necios y ciegos! ¿Qué es más, el oro o el templo que consagra el oro? O también: "Jurar por el altar no obliga, jurar por la ofrenda que está en el altar sí obliga". ¡Ciegos! ¿Qué es más, la ofrenda o el altar que consagra la ofrenda? Quien jura por el altar jura también por todo lo que está sobre él; quien jura por el templo jura por él y por quien habita en él; y quien jura por el cielo, jura por el trono de Dios y también por el que está sentado en él».

1 Tesalonicenses 1, 1-5. 8b-10; ***Salmo*** 149, 1bc-6a.9b • **MATEO 23, 13-22**

ORACIÓN

SEÑOR, pones en evidencia la incoherencia de los escribas y fariseos, para que tus discípulos alejen de su vida esos estilos de vida y esas conductas reprochables. Tú eres el único Maestro que no defrauda, y yo quiero ser fiel discípulo tuyo: seguirte como Verdad plena, Camino seguro y Vida de mi vida. ***El Señor ama a su pueblo*** *(Salmo 149, 4a).*

SAN BARTOLOMÉ, APÓSTOL

FIESTA DE SAN BARTOLOMÉ, APÓSTOL

SS. Jorge *mj*, Juana Antida Thouret *vg*, Emilia de Vialar *vg*

AGOSTO **24** MARTES

Papa Francisco: A Natanael que se asombraba, Jesús le dice: «Has de ver cosas mayores. Veréis el cielo abierto y a los ángeles de Dios subir y bajar sobre el Hijo del hombre». Toma la imagen de la escalinata de Jacob: Jesús está en el centro de la gloria. Jesús comienza su misión no solo desde Galilea, un sitio descentrado, sino también con hombres que se catalogarían como «de bajo perfil». Para elegir a sus primeros discípulos y futuros apóstoles, no se dirige a las escuelas de los escribas y doctores de la Ley, sino a las personas humildes y a las personas sencillas, que se preparan con diligencia para la venida del reino de Dios. Jesús los llama, y ellos lo siguen, inmediatamente, y van con él: su vida se convertirá en una aventura extraordinaria y fascinante *(26-1-2014).*

PALABRA

Felipe encontró a Natanael y le dijo: «Aquel de quien escribieron Moisés en la Ley y los Profetas, lo hemos encontrado: Jesús, hijo de José, de Nazaret». Natanael le replicó: «¿De Nazaret puede salir algo bueno?». Felipe le contestó: «Ven y verás». Vio Jesús que se acercaba Natanael y dijo de él: «Ahí tenéis a un israelita de verdad, en quien no hay engaño». Natanael le contesta: «¿De qué me conoces?». Jesús le responde: «Antes de que Felipe te llamara, cuando estabas debajo de la higuera, te vi». Natanael respondió: «Rabí, tú eres el Hijo de Dios, tú eres el Rey de Israel». Jesús le contestó: «¿Por haberte dicho que te vi debajo de la higuera, crees? Has de ver cosas mayores». Y le añadió: «En verdad, en verdad os digo: veréis el cielo abierto y a los ángeles de Dios subir y bajar sobre el Hijo del hombre».

***Apocalipsis* 21, 9b-14; *Salmo* 144, 10-13ab.17-18 • JUAN 1, 45-51**

ORACIÓN

SEÑOR, al “gracioso” Natanael, que menosprecia a tus paisanos y a ti, contestas con un elogio: *Ahí tenéis a un israelita de verdad, en quien no hay engaño.* Me das, con esta respuesta, un ejemplo de cómo hemos de reaccionar tus discípulos: frente al mal que recibo, contestar con el bien. Y prometes a Bartolomé, y a mí, que veremos cosas mayores: el cielo abierto. Hay en mi vida momentos de una extraordinaria belleza, cuando experimento tu presencia. Pues ¿cómo será el final de mi camino, siguiendo tus pasos, cuando me abras el cielo? ***Tus fieles, Señor, proclaman la gloria de tu reinado*** *(Salmo 144,12).*

AGOSTO

25

MIÉRCOLES

Miercoles 21° Tiempo Ordinario Tomo IV - Salterio 1ª semana

Santos LUIS IX DE FRANCIA *re*, JOSÉ DE CALASANZ *pb*, Ginés *mr*. Beato Luis Urbano *pb mr*

SAN JOSÉ DE CALASANZ

Papa Francisco: «Id hasta los confines del mundo, a todas las naciones, a las periferias» (*Mt* 28, 19). ¿Y quiénes son los que fueron incapaces de recibir esto? Las personas cerradas, los doctores, los doctores de la Ley, la gente cerrada que no aceptó a Jesús, no aceptó su mensaje de salir. Parecían justos, parecían gente de Iglesia, pero Jesús les dice una palabra no tan bonita: «Hipócritas». Así los llama Jesús. Y para hacernos comprender cómo son ellos, la fotografía que Jesús les hace es: «Sepulcros blanqueados» *(30-4-2015)*.

PALABRA. Jesús dijo: «¡Ay de vosotros, escribas y fariseos hipócritas, que os parecéis a los sepulcros blanqueados! Por fuera tienen buena apariencia, pero por dentro están llenos de huesos de muertos y de podredumbre; lo mismo vosotros: por fuera parecéis justos, pero por dentro estáis repletos de hipocresía y crueldad. ¡Ay de vosotros, escribas y fariseos hipócritas, que edificáis sepulcros a los profetas y ornamentáis los mausoleos de los justos, diciendo: "Si hubiéramos vivido en tiempo de nuestros padres, no habríamos sido cómplices suyos en el asesinato de los profetas"! Con esto atestiguáis en contra vuestra, que sois hijos de los que asesinaron a los profetas. ¡Colmad también vosotros la medida de vuestros padres!».

1 Tesalonicenses 2, 9-13; ***Salmo*** 138, 7-12ab • **MATEO 23, 27-32**

ORACIÓN **SEÑOR,** tus duras palabras contra los fariseos apenas les hicieron mella. Pero son para mí una gran enseñanza: cuando aparento que soy discípulo tuyo y ni mi corazón ni mi vida son enteramente tuyos; y cuando me escudo en lo mal que están estos tiempos, como si, de haber vivido en otras circunstancias, hubiera sido mejor cristiano. ***Señor, tú me sondeas y me conoces*** *(Salmo 138,1b)*.

SANTA TERESA DE JESÚS JORNET

AGOSTO
26
JUEVES

Santos TERESA DE J. JORNET *vg*, Junípero Serra *pb*, Melquisedec *AT*, Juana Isabel *vg*.

Papa Francisco: La honestidad es la rectitud, la coherencia y el actuar con sinceridad absoluta con nosotros mismos y con Dios. La persona honesta no actúa con rectitud solamente bajo la mirada del vigilante o del superior; no tiene miedo de ser sorprendido porque nunca engaña a quien confía en él. El honesto no es prepotente con las personas ni con las cosas que le han sido confiadas para administrarlas, como el «siervo malvado» (*Mt* 24,48). La honestidad es la base sobre la que se apoyan todas las demás cualidades *(21-12-2015)*.

PALABRA

Dijo Jesús a sus discípulos: «Estad en vela, porque no sabéis qué día vendrá vuestro Señor. Comprended que si supiera el dueño de casa a qué hora de la noche viene el ladrón, estaría en vela y no dejaría que abrieran un boquete en su casa. Por eso, estad también vosotros preparados, porque a la hora que menos penséis viene el Hijo del hombre. ¿Quién es el criado fiel y prudente, a quien el señor encarga de dar a la servidumbre la comida a sus horas? Bienaventurado ese criado, si el señor, al llegar, lo encuentra portándose así. En verdad os digo que le confiará la administración de todos sus bienes. Pero si dijere aquel mal siervo para sus adentros: "Mi señor tarda en llegar", y empieza a pegar a sus compañeros, y a comer y a beber con los borrachos, el día y la hora que menos se lo espera, llegará el amo y lo castigará con rigor y lo hará compartir la suerte de los hipócritas. Allí será el llanto y el rechinar de dientes».

1 Tesalonicenses 3,7-13; ***Salmo*** 89, 3-4.12-14.17 • **MATEO 24, 42-51**

ORACIÓN

SEÑOR, estar continuamente alerta, porque no sabemos cuándo vendrás a llevarnos, da sentido a la vida. Sé adónde me dirijo. Y lo acepto, porque los cielos y la tierra pasarán, pero tus palabras no pasarán. Y aprendo la lección: ¡estar siempre en gracia de Dios haciendo el bien, aceptar la debilidad humana con humildad, atacar al eterno enemigo Satanás con la confesión frecuente, vivir el gozo de sentirme morada de la Trinidad Santísima! Así, no hay ningún miedo a la muerte: tu presencia será siempre bien recibida. ***Sácianos de tu misericordia, Señor, y estaremos alegres*** *(Salmo 89,14)*.

AGOSTO
27
VIERNES

Viernes 21° Tiempo Ordinario — **Tomo IV - Salterio 1ª semana**

Santos MÓNICA ***mf,*** **Cesáreo de Arlés** ***ob,*** **Amadeo** ***ob,*** **David Lewis** ***pb mr.*** **Beatos M.ª Pilar Izquierdo** ***vg,*** **Domingo Barberi** ***pb.***

SANTA MÓNICA

Papa Francisco: Hemos de permanecer listos para el encuentro con Jesús. Velar no significa solamente no dormir, sino estar preparados. La lámpara es el símbolo de la fe que ilumina nuestra vida, mientras que el aceite es el símbolo de la caridad que alimenta y hace fecunda y creíble la luz de la fe. La condición para estar listos para el encuentro con el Señor no es solo la fe, sino una vida cristiana rica en amor y caridad hacia el prójimo. Si nos guiamos por lo más cómodo, por buscar nuestros intereses, nuestra vida se vuelve estéril, incapaz de dar vida a los otros y no acumulamos ninguna reserva de aceite para la lámpara de nuestra fe. Y la fe se apagará *(12-11-2017).*

PALABRA

Dijo Jesús a sus discípulos esta parábola: «El reino de los cielos se parece a diez vírgenes que tomaron sus lámparas y salieron al encuentro del esposo. Cinco de ellas eran necias y cinco eran prudentes. Las necias, al tomar las lámparas, no se proveyeron de aceite; en cambio, las prudentes se llevaron alcuzas de aceite con las lámparas. El esposo tardaba, les entró sueño a todas y se durmieron. A medianoche se oyó una voz: "¡Que llega el esposo, salid a su encuentro!". Entonces se despertaron todas aquellas vírgenes y se pusieron a preparar sus lámparas. Y las necias dijeron a las prudentes: "Dadnos de vuestro aceite, que se nos apagan las lámparas". Pero las sensatas contestaron: "Por si acaso no hay bastante para vosotras y nosotras, mejor es que vayáis a la tienda y os lo compréis". Mientras iban a comprarlo, llegó el esposo, y las que estaban preparadas entraron con él al banquete de bodas, y se cerró la puerta. Más tarde llegaron también las otras vírgenes, diciendo: "Señor, señor, ábrenos". Pero él respondió: "En verdad os digo que no os conozco". Por tanto, velad, porque no sabéis el día ni la hora».

1 Tesalonicenses 4,1-8; *Salmo* 96,1-2b.5-6.10-12 • **MATEO 25,1-13**

ORACIÓN

SEÑOR, ¿no me llamas «amigo» y me dices que «con amor eterno te amé?». Sin embargo, ahí está tu palabra, inequívoca, clara, tajante: «No te conozco», porque me he ocupado de cien mil cosas y no he atendido sobre todo la única necesaria, que es vivir para ti. Claro, también son tuyas estas palabras, que aplico a mi vida: «Si no os convertís, todos pereceréis». Maranata, ven, Señor Jesús, que tu siervo te espera. ***Alegraos, justos, con el Señor*** *(Salmo 96, 12a).*

Santos AGUSTÍN *ob dc*, Julián *mr*, Hermes *mr*, Alejandro *ob*

Papa Francisco: La parábola de los talentos *(Mateo 25, 14-30)*, enseña que Dios no da a todos las mismas cosas y de la misma forma: nos conoce personalmente y nos confía lo que es justo para nosotros; pero en todos, en todos hay algo igual: la misma e inmensa confianza. Dios se fía de nosotros, Dios tiene esperanza en nosotros. Y esto es lo mismo para todos. No lo decepcionemos. No nos dejemos engañar por el miedo, sino devolvamos confianza con confianza *(16-11-2014)*.

PALABRA

Dijo Jesús a sus discípulos esta parábola: «Un hombre, al irse de viaje, llamó sus siervos y los dejó encargados de sus bienes: a uno le dejó cinco talentos, a otro dos, a otro uno, a cada cual según su capacidad; luego se marchó. El que recibió cinco talentos fue enseguida a negociar con ellos y ganó otros cinco. El que recibió dos hizo lo mismo y ganó otros dos. En cambio, el que recibió uno fue a hacer un hoyo en la tierra y escondió el dinero de su señor. Al cabo de mucho tiempo viene el señor de aquellos siervos y se pone a ajustar las cuentas con ellos. Se acercó el que había recibido cinco talentos y le presentó otros cinco, diciendo: "Señor, cinco talentos me dejaste; mira, he ganado otros cinco". Su señor le dijo: "¡Bien, siervo bueno y fiel!; como has sido fiel en lo poco, te daré un cargo importante; entra en el gozo de tu señor". Se acercó luego el que había recibido dos talentos y dijo: "Señor, dos talentos me dejaste; mira, he ganado otros dos". Su señor le dijo: "¡Bien, siervo bueno y fiel! Entra en el gozo de tu señor". Se acercó también el que había recibido un talento y dijo: "Señor, sabía que eres exigente, que siegas donde no siembras y recoges donde no esparces, tuve miedo y fui a esconder tu talento bajo tierra. Aquí tienes lo tuyo". El señor le respondió: "Eres un siervo negligente y holgazán. ¿Con que sabías que siego donde no siembro y recojo donde no esparzo? Pues debías haber puesto mi dinero en el banco, para que, al volver yo, pudiera recoger lo mío con los intereses. Quitadle el talento y dádselo al que tiene diez.

1 Tesalonicenses 4,9-11; ***Salmo*** 97,1bcde.7-9 • **MATEO 25,14-28**

ORACIÓN

SEÑOR, quisiera que mis talentos rindieran en beneficio de toda la Iglesia y de los hombres que te buscan y no te encuentran. Qué acierto el de san Agustín cuando te encontró: dejó a los falsos maestros y te eligió como la única Verdad, el único Amor, aunque escribiera que tardó en amarte: *Tarde te amé, belleza tan antigua y tan nueva, tarde te amé.* Siempre es tiempo propicio para encontrarte y seguirte. ***El Señor llega para regir los pueblos con rectitud*** *(Salmo 97,9)*.

AGOSTO

29

DOMINGO

DOMINGO XXII DEL TIEMPO ORDINARIO Tomo IV - Salterio 2ª semana

Martirio de San Juan Bautista

Santos Sabina *mr*, Víctor *er*, Adelfo *ob*

MARTIRIO DE SAN JUAN BAUTISTA

Papa Francisco: Jesús afronta un tema importante: ***la autenticidad de nuestra obediencia a la Palabra de Dios,*** contra toda contaminación mundana o formalismo legalista. Los escribas y los fariseos acusan a los discípulos de Jesús de no seguir los preceptos rituales según las tradiciones. Así ***pretendían golpear la autoridad de Jesús*** como maestro porque decían: «Este maestro deja que los discípulos no cumplan las prescripciones de la tradición». Pero Jesús replica fuerte: «Bien profetizó Isaías de vosotros, ***hipócritas,*** según está escrito: ***"Este pueblo me honra con los labios, pero su corazón está lejos de mí.*** En vano me rinden culto, ya que enseñan doctrinas que son preceptos de hombres". Alteran la voluntad de Dios, descuidando sus mandamientos para cumplir las tradiciones humanas». La reacción de Jesús es severa porque es mucho lo que hay en juego: se trata de la verdad de la relación entre el hombre y Dios, de la autenticidad de la vida de fe. El hipócrita es un mentiroso, no es auténtico. El Señor nos llama a reconocer, siempre de nuevo, eso que es ***el verdadero centro de la experiencia de fe, es decir el amor de Dios y el amor del prójimo, purificándolos de la hipocresía del legalismo y del ritualismo.*** El mensaje del Evangelio hoy está reforzado también por la voz del apóstol ***Santiago,*** que nos dice en síntesis cómo debe ser ***la verdadera religión, que es «visitar a los huérfanos y a las viudas en su tribulación y conservarse incontaminado del mundo»;*** significa practicar la caridad hacia el prójimo a partir de las personas más necesitadas, más frágiles, más marginadas. Son las personas de las cuales Dios cuida de forma especial, y nos pide a nosotros hacer lo mismo *(2-9-2018).*

PALABRA

• ***Deuteronomio*** 4, 1-2. 6-8: Moisés habló al pueblo diciendo: «Ahora, Israel, escucha los mandatos y decretos que yo os enseño para que, cumpliéndolos, viváis y entréis a tomar posesión de la tierra que el Señor, Dios de vuestros padres, os va a dar. No añadáis nada a lo que yo os mando ni suprimáis nada; observaréis los preceptos del Señor, vuestro Dios, que yo os mando hoy. Observadlos y cumplidlos, pues esa es vuestra sabiduría y vuestra inteligencia a los ojos de los pueblos, los cuales, cuando tengan noticia de todos estos mandatos, dirán: "Ciertamente es un pueblo sabio e inteligente esta gran nación". Porque ¿dónde hay una nación tan grande que tenga unos dioses tan cercanos como el Señor, nuestro Dios, siempre que lo invocamos? Y, ¿dónde hay otra nación tan grande, que tenga unos mandatos y decretos tan justos como toda esta ley que yo os propongo hoy?».

• ***Salmo*** 14, 2-5: ***Señor, ¿quién puede hospedarse en tu tienda?***

• ***Santiago*** 1, 17-18.21b-22.27: Mis queridos hermanos: Todo regalo y todo don perfecto viene de arriba, procede del Padre de las luces, en el cual no hay ni alteración ni sombra de mutación. Por propia iniciativa nos engendró con la palabra de la verdad, para que seamos como una primicia de sus criaturas. Acoged con docilidad esa palabra, que ha sido injertada en vosotros y es capaz de salvar vuestras vidas. Poned en práctica la palabra y no os contentéis con oírla, engañándoos a vosotros mismos. La religiosidad auténtica e intachable a los ojos de Dios Padre es esta: atender a huérfanos y viudas en su aflicción y mantenerse incontaminado del mundo.

• **MARCOS 7, 1-8.14-15.21-23:** Se reunieron junto a Jesús un grupo de fariseos y algunos escribas venidos de Jerusalén; y vieron que algunos discípulos comían con manos impuras, es decir, sin lavarse las manos. (Pues los fariseos, como los demás judíos, no comen sin lavarse antes las manos, restregando bien, aferrándose a la tradición de sus mayores, y al volver de la plaza no comen sin lavarse antes, y se aferran a otras muchas tradiciones, de lavar vasos, jarras y ollas). Según eso, los fariseos y los escribas le preguntaron: «¿Por qué no caminan tus discípulos según las tradiciones de los mayores y comen el pan con manos impuras?». Él les contestó: «Bien profetizó Isaías de vosotros, hipócritas, como está escrito: "Este pueblo me honra con los labios, pero su corazón está lejos de mí. El culto que me dan está vacío, porque la doctrina que enseñan son preceptos humanos". Dejáis a un lado el mandamiento de Dios para aferraros a la tradición de los hombres». Llamó Jesús de nuevo a la gente y les dijo: «Escuchad y entended todos: nada que entre de fuera puede hacer al hombre impuro; lo que sale de dentro es lo que hace impuro al hombre. Porque de dentro, del corazón del hombre, salen los pensamientos perversos, las fornicaciones, robos, homicidios, adulterios, codicias, malicias, fraudes, desenfreno, envidia, difamación, orgullo, frivolidad. Todas esas maldades salen de dentro y hacen al hombre impuro».

ORACIÓN

SEÑOR, hoy confieso con mis labios y creo firmemente en mi corazón que tú eres mi único Señor. Y quiero, contando con tu gracia, responder con obras de vida eterna a esa fe del corazón y a esa confesión de mi boca. ¡Ayúdame a que mi corazón, que se te rinde entero, sea fuente pura de donde no pueda brotar nada nocivo, nada sucio, sino tu bondad que hay en mí, que tiende a difundirse, para que los demás, especialmente los más necesitados, vean tu amor y tu misericordia!

AGOSTO

30

LUNES

Lunes 22º Tiempo Ordinario Tomo IV - Salterio 2ª semana

Santos Juana Jugan *vg,* Félix y Adauto *mrs,* Margarita Ward *mr.* Beato Alfredo Ildefonso Schuster *ob*

SANTA JUANA JUGÁN

Papa Francisco: Jesús inició en Nazaret su misión salvífica, aplicándose a sí mismo las palabras del profeta Isaías: «El Espíritu del Señor está sobre mí, porque él me ha ungido. Me ha enviado a evangelizar a los pobres, a proclamar a los cautivos la libertad, y a los ciegos, la vista...» (*Lc* 4,18-19). La fe en Dios se pone a prueba, pero al mismo tiempo revela toda su fuerza positiva. No porque la fe haga desaparecer la enfermedad, sino porque nos ofrece una clave que nos ayuda a ver cómo la enfermedad puede ser la vía que nos lleva a una cercanía más estrecha con Jesús, que camina a nuestro lado cargado con la cruz *(15-9-2015).*

PALABRA

Fue Jesús a Nazaret, donde se había criado, entró en la sinagoga, como era su costumbre los sábados, y se puso en pie para hacer la lectura. Le entregaron el rollo del profeta Isaías y, desenrollándolo, encontró el pasaje donde estaba escrito: «El Espíritu del Señor está sobre mí, porque él me ha ungido. Me ha enviado a evangelizar a los pobres, a proclamar a los cautivos la libertad, y a los ciegos la vista; a poner en libertad a los oprimidos, a proclamar el año de gracia del Señor». Y él comenzó a decirles: «Hoy se ha cumplido esta Escritura que acabáis de oír». Y todos le expresaban su aprobación y se admiraban de las palabras de gracia que salían de su boca. Y decían: «¿No es este el hijo de José?». Pero Jesús les dijo: «En verdad os digo que ningún profeta es aceptado en su pueblo. Puedo aseguraros que en Israel había muchas viudas en los días de Elías, cuando estuvo cerrado el cielo tres años y seis meses y hubo una gran hambre en todo el país; sin embargo, a ninguna de ellas fue enviado Elías, sino a una viuda de Sarepta, en el territorio de Sidón. Y muchos leprosos había en Israel en tiempos del profeta Eliseo; sin embargo, ninguno de ellos fue curado sino Naamán, el sirio». Al oír esto, todos en la sinagoga se pusieron furiosos y, levantándose, lo echaron fuera del pueblo hasta un precipicio del monte sobre el que estaba edificado su pueblo, con intención de despeñarlo. Pero Jesús se abrió paso entre ellos y seguía su camino.

1 Tesalonicenses 4, 13-18; ***Salmo*** 95, 1.3-5.11-13 • **LUCAS 4, 16-22.24-27.29-30**

ORACIÓN

SEÑOR, tus paisanos de Nazaret te desprecian, pero el Espíritu te unge y envía a los pobres como Mesías de la humanidad. Yo, como pobre, necesito que me anuncies el Evangelio, que me des la luz. ***El Señor llega a regir la tierra*** *(Salmo 95,13b).*

SAN RAMON NONATO

Santos Ramón Nonato *rl*, José de Arimatea y Nicodemo *NT*, Dominguito del Val *mr*. Beato Pedro Tarrès y *co mrs*

Papa Francisco: Las tentaciones vuelven siempre, el mal espíritu no se cansa nunca. Vigilancia y discernimiento. *Vigilancia.* La Iglesia nos aconseja siempre el ejercicio del examen de conciencia: ¿Qué ha sucedido hoy en mi corazón? ¿ha venido este demonio educado con sus amigos conmigo? *Discernimiento.* ¿De dónde vienen los comentarios, las palabras, las enseñanzas, quién dice esto? Discernir y vigilar para no dejar entrar a quien engaña, seduce. Pidamos al Señor esta gracia, la gracia del discernimiento y la gracia de la vigilancia *(9-10-2015).*

PALABRA

Jesús bajó a Cafarnaún, ciudad de Galilea, y los sábados enseñaba. Se quedaban asombrados de su enseñanza, porque su palabra estaba llena de autoridad. Había en la sinagoga un hombre poseído por un espíritu de demonio inmundo y se puso a gritar con fuerte voz: «¡Basta! ¿Qué tenemos que ver nosotros contigo, Jesús Nazareno? ¿Has venido a acabar con nosotros? Sé quién eres: el Santo de Dios». Pero Jesús le increpó diciendo: «¡Cállate y sal de él!». Entonces el demonio, tirando al hombre por tierra en medio de la gente, salió sin hacerle daño. Quedaron todos asombrados y comentaban entre sí: «¿Qué clase de palabra es esta? Pues da órdenes con autoridad y poder a los espíritus inmundos, y salen». Y su fama se difundía por todos los lugares de la comarca.

1 Tesalonicenses 5, 1-6.9-11; ***Salmo*** 26, 1 bcde.4.13-14 • **LUCAS 4, 31-37**

ORACIÓN

SEÑOR, el combate contra el demonio no tiene tregua. Tú, el "Santo de Israel, has venido a acabar" con la tiranía del espíritu del mal. Donde tú estás, está la paz, la limpieza de vida y el amor que es servicio desinteresado a los más desfavorecidos. ***Espero gozar de la dicha del Señor en el país de la vida*** *(Salmo 26,13).*

LA BIBLIA PARA ESCUCHAR

la Palabra de Dios en casa, en el coche, en el tren, paseando, en la cama...

Una obra monumental para acercar la Biblia a las personas de todas las edades. Un magnífico regalo para todos, especialmente personas mayores o enfermas.
Guion y dirección: José A. Martínez Puche, O.P. **42 CD + 4 libros: 139 €**

1. **Antiguo Testamento 1.** Textos selectos de Pentateuco, Históricos, Narraciones, Sapienciales, Profetas. Libro: 934 p. 15,75 €. Libro+17 CD: 65 €
2. **Antiguo Testamento 2. Los Salmos.** Texto íntegro de los 150 salmos. Libro: 322 p. 7,50 €. Libro + 4 CD: 19 €
3. **Nuevo Testamento 1. Los Cuatro Evangelios.** Texto íntegro. Libro: 508 p. 6,75 €. Libro + 10 CD: 45 €
4. **Nuevo Testamento 2. Hechos, Cartas, Apocalipsis.** Texto íntegro. Libro: 646 p. 9,50 €. Libro + 11 CD: 45 €

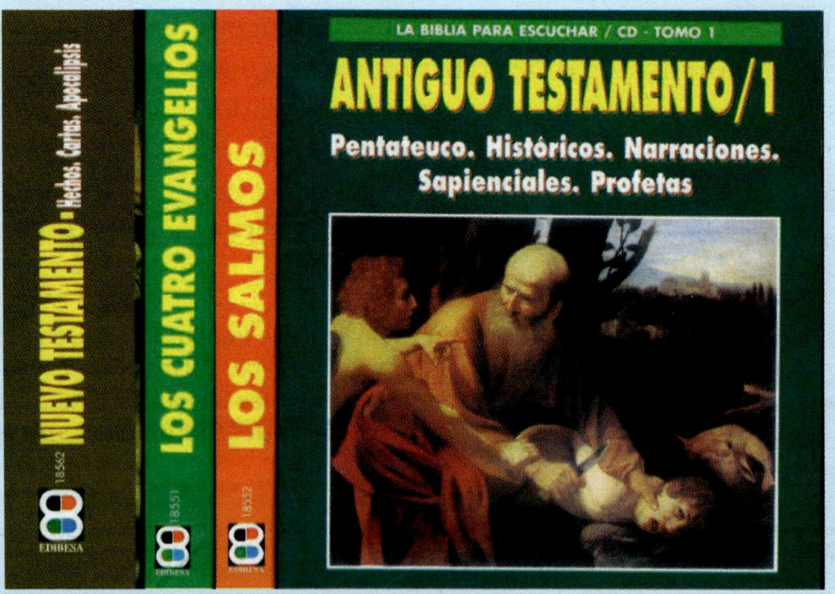

SEPTIEMBRE

STABAT MATER DOLOROSA

Virgen de vírgenes santas, llore yo con ansias tantas,
que el llanto dulce me sea; porque su Pasión y Muerte
tenga en mi alma de suerte que siempre sus penas vea.
Haz que la Cruz me enamore, y que en ella viva y more,
de mi fe y amor indicio; porque me inflame y encienda
y contigo me defienda en el gran Día del Juicio.

SEPTIEMBRE
1
MIÉRCOLES

Miércoles 22° Tiempo Ordinario Tomo IV - Salterio 2ª semana

Santos Josué *AT*, Gil *ab*, Sixto *ob*, Vicente *ob*, Ntra. Sra. de los Ángeles del Puig

Papa Francisco: «Al anochecer, cuando se puso el sol, le llevaron a todos los enfermos y endemoniados... Curó a muchos enfermos de diversos males y expulsó a muchos demonios». Yo os digo a cada uno de vosotros: dejaos curar por Jesús. Cada uno sabe dónde tiene la herida. Que Jesús cure esas heridas. Pero, para esto, tengo que abrir el corazón, para que él venga. ¿Y cómo abro el corazón? Rezando. «Pero, Señor, no puedo con esa gente, la odio, me ha hecho esto, esto y esto...». «Cúrame esta herida, Señor». Si le pedimos a Jesús esta gracia, él nos la concederá. Déjate curar por Jesús. Deja que Jesús te cure *(8-26-2015)*.

PALABRA

Al salir Jesús de la sinagoga, entró en la casa de Simón. La suegra de Simón estaba con fiebre muy alta y le rogaron por ella. Él, inclinándose sobre ella, increpó a la fiebre, y se le pasó; ella, levantándose enseguida, se puso a servirles. Al ponerse el sol, todos cuantos tenían enfermos con diversas dolencias se los llevaban, y él, imponiendo las manos sobre cada uno, los iba curando. De muchos de ellos salían también demonios, que gritaban y decían: «Tú eres el Hijo de Dios». Los increpaba y no les dejaba hablar, porque sabían que él era el Mesías. Al hacerse de día, salió y se fue a un lugar desierto. La gente lo andaba buscando y, llegando donde estaba, intentaban retenerlo para que no se separara de ellos. Pero él les dijo: «Es necesario que proclame el reino de Dios también a las otras ciudades, para eso he sido enviado». Y predicaba en las sinagogas de Judea.

Colosenses 1, 1-8; ***Salmo*** 51, 10.11 • **LUCAS 4, 38-44**

ORACIÓN

SEÑOR, tu paso por este mundo fue siempre para hacer el bien. Y sigues haciéndolo a enfermos, débiles y pecadores. Magnífica reacción de la suegra de Pedro: al ser curada por ti, se levantó enseguida y se puso a servirlos. Me invita a trabajar por tu reino. Pon tu mano sobre mí, cura mi egoísmo y haz que sea testigo de tu amor y dedique mi vida a servir a los demás. ***Confío en tu misericordia, Señor, por siempre*** *(Salmo 51,10cd)*.

Tomo IV - Salterio 2ª semana **Jueves 22° Tiempo Ordinario**

SEPTIEMBRE
2
JUEVES

Santos Zenón *mr,* Antonino *mr,* Teódota *mf.* Beata Ingrid *vd rl*

Papa Francisco: Galilea es *el lugar de la primera llamada, donde todo empezó:* volver allí, volver al lugar de la primera llamada. Jesús pasó por la orilla del lago, mientras los pescadores estaban arreglando las redes. *Los llamó, y ellos lo dejaron todo y lo siguieron.* Volver a Galilea quiere decir releer todo a partir de la cruz y de la victoria; sin miedo. «Ir a Galilea» significa para nosotros redescubrir nuestro bautismo como fuente viva, sacar energías nuevas de la raíz de nuestra fe y de nuestra experiencia cristiana. Volver a ese punto incandescente en que la gracia de Dios me tocó al comienzo del camino. Con esta chispa puedo encender el fuego para el hoy, para cada día, y llevar calor y luz a mis hermanos y hermanas *(19-4-2014).*

PALABRA

La gente se agolpaba en torno a Jesús para oír la palabra de Dios. Estando él de pie junto al lago de Genesaret, vio dos barcas que estaban en la orilla; los pescadores, que habían desembarcado, estaban lavando las redes. Subiendo a una de las barcas, que era de Simón, le pidió que la apartara un poco de tierra. Desde la barca, sentado, enseñaba a la gente. Cuando acabó de hablar, dijo a Simón: «Rema mar adentro, y echad vuestras redes para la pesca». Respondió Simón y dijo: «Maestro, hemos estado bregando toda la noche y no hemos recogido nada; pero, por tu palabra, echaré las redes». Y, puestos a la obra, hicieron una redada de peces tan grande que las redes comenzaban a reventarse. Entonces hicieron señas a los compañeros que estaban en la otra barca, para que vinieran a echarles una mano. Vinieron y llenaron las dos barcas, hasta el punto de que casi se hundían. Al ver esto, Simón Pedro se arrojó a los pies de Jesús diciendo: «Señor, apártate de mí, que soy un hombre pecador». Y es que el estupor se había apoderado de él y de los que estaban con él, al ver la redada de peces que habían recogido; y lo mismo les pasaba a Santiago y Juan, hijos de Zebedeo, que eran compañeros de Simón. Jesús dijo a Simón: «No temas; desde ahora serás pescador de hombres». Ellos sacaron las barcas a tierra y, dejándolo todo, lo siguieron.

Colosenses 1, 9-14; ***Salmo*** 97, 2-6 • **LUCAS 5, 1-11**

ORACIÓN

SEÑOR, he intentado muchas veces hablar de ti a otros, y no siempre he logrado que se interesaran por ti. Incluso, alguna vez se han mostrado contrarios a ti, a tu Iglesia, y a mí. Pero, por tu palabra, echaré las redes. Quien te sigue no puede caer en el desaliento: cuento siempre con tu amor y tu poder. Por tu amor, quieres lo mejor para mí y los míos. Por tu poder, realizas lo que más me conviene. Te diría lo que te dijo Pedro, pero con un cambio: *No te apartes de mí, que soy un pecador.* Tú has venido para los pecadores. ¡Tu puesto está a mi lado! ***El Señor da a conocer su salvación*** *(Salmo 97, 2a).*

SEPTIEMBRE

3

VIERNES

Viernes 22° Tiempo Ordinario Tomo IV - Salterio 2ª semana

Santos GREGORIO MAGNO *pp dc*, Basilisa *vg mr*, Sandalio *mr*

SAN GREGORIO MAGNO

Papa Francisco: El Buen Pastor busca, incluye, se alegra: ***Buscar.*** El profeta Ezequiel nos recuerda que Dios mismo busca a sus ovejas (cf. 34,11.16). Como dice el Evangelio, «va tras la descarriada hasta que la encuentra» (*Lc* 15,4), sin dejarse atemorizar por los riesgos; se aventura sin titubear más allá de los lugares de pasto y fuera de las horas de trabajo. ***Incluir.*** Cristo ama y conoce a sus ovejas, da la vida por ellas y ninguna le resulta extraña. Su rebaño es su familia y su vida. No es un jefe temido por las ovejas, sino el pastor que camina con ellas y las llama por su nombre (cf. *Jn* 10, 3-4). Y quiere reunir a las ovejas que todavía no están con él. ***Alegrarse.*** Dios se pone «muy contento» (*Lc* 15,5): su alegría nace del perdón, de la vida que se restaura, del hijo que vuelve a respirar el aire de casa *(3-6-2016).*

PALABRA

Los fariseos y los escribas dijeron a Jesús: «Los discípulos de Juan ayunan a menudo y oran, y los de los fariseos también; en cambio, los tuyos, a comer y a beber». Jesús les dijo: «¿Acaso podéis hacer ayunar a los invitados a la boda mientras el esposo está con ellos? Llegarán días en que les arrebatarán al esposo, entonces ayunarán en aquellos días». Les dijo también una parábola: «Nadie recorta una pieza de un manto nuevo para ponérsela a un manto viejo; porque, si lo hace, el nuevo se rompe y al viejo no le cuadra la pieza del nuevo. Nadie echa vino nuevo en odres viejos; porque, si lo hace, el vino nuevo reventará los odres y se derramará, y los odres se estropearán. A vino nuevo, odres nuevos. Nadie que cate vino añejo quiere del nuevo, pues dirá: "El añejo es mejor"».

Colosenses 1,15-20; ***Salmo*** 99,1-5 • **LUCAS 5,33-39**

ORACIÓN

SEÑOR, hoy nos hablas de gozo cuando estamos contigo en tu Iglesia. Tú te has desposado con la Iglesia, a la que amas tanto que das tu vida por ella. Y a mí me consideras tu amigo, invitado a la fiesta de bodas. ¿Cómo andar triste mientras tú me invitas al banquete de bodas de esta vida? Solo te pido que me ayudes a quedarme siempre contigo, que no me vaya tras otros amores, que te sea siempre fiel a ti, fuente de la más limpia alegría. ***Entrad en la presencia del Señor con vítores*** *(Salmo 99,2b).*

SANTA CÁNDIDA DE ROMA

SEPTIEMBRE
4
SÁBADO

Santos Moisés *AT*, Marcelo *mr*, Cándida *mr*, Rosalía *vg*, Marino *di er*. Ntra. Sra. de la Consolación

Papa Francisco: Jesús es llamado el Cordero: es el Cordero que quita el pecado del mundo. Uno puede pensar: ¿pero cómo un cordero, tan débil, puede quitar tantos pecados, tantas maldades? Con su Amor, con su mansedumbre. Tan débil Jesús, como un cordero. Pero tuvo la fuerza de cargar sobre sí todos nuestros pecados, todos. -«Pero, Padre, usted no conoce mi vida: yo tengo un pecado que..., no puedo cargarlo ni siquiera con un camión...». -Tal vez cada uno de nosotros tiene un tormento en el corazón, tal vez tiene oscuridad en el corazón, tal vez se siente un poco triste por una culpa... Jesús vino a quitar todo esto, él nos da la paz, él perdona todo *(19-1-2014).*

PALABRA

Un sábado, iba Jesús caminando por medio de un sembrado y sus discípulos arrancaban y comían espigas, frotándolas con las manos. Unos fariseos dijeron: «¿Por qué hacéis en sábado lo que no está permitido?». Respondiendo Jesús les dijo: «¿No habéis leído lo que hizo David, cuando él y sus compañeros sintieron hambre? Entró en la casa de Dios, y tomando los panes de la proposición, que solo pueden comer los sacerdotes, comió él y dio a los que estaban con él». Y les decía: «El Hijo del hombre es señor del sábado».

Colosenses 1,21-23; *Salmo* 53,3-4.6.8 • **LUCAS 6,1-5**

ORACIÓN

SEÑOR, qué inmenso problema con el sábado, a lo largo de tu vida pública. Se podría pensar que para los fariseos el precepto legal supremo era no hacer nada –ni malo ni bueno- en sábado. ¿Qué importa que sufra o muera el hermano, si tú no puedes mover un dedo en sábado? Tú, Señor del sábado, nos enseñaste, con tu vida y tu palabra, que el amor es lo más importante, lo único importante, en el sábado y en los restantes seis días de la semana. ***Dios es mi auxilio*** *(Salmo 53, 6a).*

SEPTIEMBRE
5
DOMINGO

DOMINGO XXIII DEL TIEMPO ORDINARIO Tomo IV - Salterio 3ª semana

Santos TERESA DE CALCUTA *vg*, Bertín *ab*, Urbano y *co mrs*, Pedro Nguyên Tu y *co mrs.*

SANTA TERESA DE CALCUTA

Papa Francisco: Llevaron ante Jesús a un sordomudo, pidiéndole que le impusiera la mano. Él, antes de todo, lo apartó lejos de la multitud. Jesús puso los dedos en las orejas del sordomudo y con la saliva le tocó la lengua. Esto recuerda a la Encarnación: se hizo hombre, y puede comprender la condición penosa de otro hombre e interviene con un gesto en el cual está implicada su propia humanidad. Al mismo tiempo, Jesús quiere hacer entender que el milagro sucede por motivo de su unión con el Padre: por esto, levantó la mirada al cielo. Después emitió un suspiro y pronunció la palabra resolutiva: «Effetá», que significa «Ábrete». Y enseguida ***el hombre fue sanado:*** se le abrieron los oídos, se soltó la atadura de su lengua. La sanación fue para él una «apertura» a los demás y al mundo. Sobre todo, la sanación de la enfermedad. Pero hay una ***segunda sanación,*** quizá más difícil, y es la ***sanación del miedo.*** La sanación del miedo que nos empuja a marginar al enfermo. Demasiadas veces el enfermo y el que sufre se convierten en un problema, mientras que deberían ser ocasión para manifestar la preocupación y la solidaridad de una sociedad en lo relacionado con los más débiles. Jesús nos ha desvelado el secreto de un milagro que podemos repetir también nosotros: se trata de ***abrirnos a las necesidades de nuestros hermanos que sufren y necesitan ayuda,*** escapando del egoísmo y la cerrazón del corazón. Es precisamente el corazón, el núcleo profundo de la persona, lo que Jesús ha venido a «abrir», a liberar, para hacernos capaces de vivir plenamente la relación con Dios y con los demás *(9-9-2018).* ***[Santa Teresa de Calcuta]*** Pensemos juntos hoy en la Madre Teresa de Calcuta. Una hermana pequeña —nadie daba diez céntimos por ella— que iba por las calles recogiendo moribundos para que tuvieran una muerte digna. Esta pequeña hermana, con la oración y con su obra hizo maravillas. La pequeñez de una mujer revolucionó la obra de la caridad en la Iglesia. Es un ejemplo de nuestros días. Debemos esforzarnos en abrir el corazón y la mente, para acoger la realidad divina que viene a nuestro encuentro. Se trata de tener fe: la falta de fe es un obstáculo para la gracia de Dios *(8-7-2018).*

PALABRA

• ***Isaías*** 35, 4-7a: Decid a los inquietos: «Sed fuertes, no temáis. ¡He aquí vuestro Dios! Llega el desquite, la retribución de Dios. Viene en persona y os salvará». Entonces se despegarán los ojos de los ciegos, los oídos de los sordos se abrirán; entonces saltará el cojo como un ciervo, y cantará la lengua del mudo, porque han brotado aguas en el desierto, corrientes en la estepa. El páramo se convertirá en estanque, el suelo sediento en manantial».

• *Salmo* 145, 6c-10: ***Alaba, alma mía, al Señor.***

• *Santiago* 2, 1-5: Hermanos míos: No mezcléis la fe en Nuestro Señor Jesucristo glorioso con la acepción de personas. Suponed que en vuestra asamblea entra un hombre con sortija de oro y traje lujoso, y entra también un pobre con traje mugriento; si vosotros atendéis al que lleva el traje de lujo y le decís: «Tú siéntate aquí cómodamente», y al pobre le decís: «Tú quédate ahí de pie» o «siéntate en el suelo, a mis pies», ¿no estáis haciendo discriminaciones entre vosotros y convirtiéndoos en jueces de criterios inicuos? Escuchad, mis queridos hermanos: ¿acaso no eligió Dios a los pobres según el mundo como ricos en la fe y herederos del Reino, que prometió a los que lo aman?

• **MARCOS 7, 31-37:** Dejando Jesús el territorio de Tiro, pasó por Sidón, camino del mar de Galilea, atravesando la Decápolis. Y le presentaron un sordo, que, además, apenas podía hablar; y le piden que le imponga la mano. Él, apartándolo de la gente, a solas, le metió los dedos en los oídos y con la saliva le tocó la lengua. Y mirando al cielo, suspiró y le dijo: «Effetá» (esto es, «ábrete»). Y al momento se le abrieron los oídos, se le soltó la traba de la lengua y hablaba correctamente. Él les mandó que no lo dijeran a nadie; pero, cuanto más se lo mandaba, con más insistencia lo proclamaban ellos. Y en el colmo del asombro decían: «Todo lo ha hecho bien: hace oír a los sordos y hablar a los mudos».

ORACIÓN

SEÑOR, todo lo has hecho bien en mi vida: lo que ha habido de mal ha sido cosecha propia de mis pecados, que has perdonado. Te doy gracias por mis padres, que me llevaron a tu Iglesia: en el Bautismo se me abrió el oído para escuchar tu Palabra, y la boca para proclamar tus maravillas. ¡Que nunca me aparte de tu camino, que nunca me desentienda de tu amistad! Y que esa amistad me lleve a servirte cerca del que sufre, de alma o cuerpo: en cada enfermo estás tú, como comprobamos en la pandemia del coronavirus y al pie de la cama de cada enfermo.

SEPTIEMBRE

6

LUNES

Lunes 23° Tiempo Ordinario — **Tomo IV - Salterio 3ª semana**

Santos Zacarías *prof,* Onesíforo *NT,* Bega *mj.* Ntra. Sra. de Guadalupe (España)

VIRGEN DE GUADALUPE (ESPAÑA)

Papa Francisco: La gran novedad del Evangelio es que Cristo está vivo, Cristo ha resucitado, Cristo ha pagado por nuestros pecados: su resurrección nos ha transformado y ha enviado al Espíritu para que nos acompañe en la vida. Y esta es la invitación de Jesús a vivir esta novedad. ¿Pero cómo es el camino de los que viven la novedad y no quieren vivir las novedades mundanas? El Evangelio de hoy (*Luc* 6,6-11) presenta a los escribas, los doctores de la ley, que estaban fuera de sí por la cólera, porque no habían podido pillar a Jesús en un error y se pusieron a discutir entre ellos sobre cómo agarrarlo, cómo matarlo, cómo eliminarlo. El camino de aquellos que toman la novedad de Jesucristo es el mismo de Jesús: el camino hacia el martirio; tanto el martirio cruento como el martirio de todos los días *(10-9-2018).*

PALABRA

Un sábado, entró Jesús en la sinagoga y se puso a enseñar. Había allí un hombre que tenía la mano derecha paralizada. Los escribas y los fariseos estaban al acecho para ver si curaba en sábado, y encontrar de qué acusarlo. Pero él conocía sus pensamientos y dijo al hombre de la mano atrofiada: «Levántate y ponte en medio». Y, levantándose, se quedó en pie. Jesús les dijo: «Os voy a hacer una pregunta: ¿Qué está permitido en sábado, hacer el bien o el mal, salvar una vida o destruirla?». Y, echando en torno una mirada a todos, le dijo: «Extiende tu mano». Él lo hizo, y su mano quedó restablecida. Pero ellos, ciegos por la cólera, discutían qué había que hacer con Jesús.

Colosenses 1,24 - 2,3; ***Salmo*** 61, 6-7.9 • **LUCAS 6, 6-11**

ORACIÓN

SEÑOR, con tal de llevarte la contraria, son capaces los escribas y fariseos de preferir el cumplimiento de una ley a la curación de un paralítico. Querían hacerte insoportable la vida cerca de ellos, siempre al acecho. Pero "no sabían de la misa la mitad", no podían entender al que eres manso y humilde de corazón, y tienes también una inteligencia infinita para hacerles callar con tu Palabra ¡El hombre, sobre todo: por y para nosotros viniste! ***De Dios viene mi salvación y mi gloria*** *(Salmo 61, 8a).*

SANTA REGINA MÁRTIR

Santos Regina *mr,* Madelberta *ab,* Clodoaldo *pb.*

Papa Francisco: Toca el corazón la sencillez, también la transparencia, con la cual Lucas nos cuenta la elección de los apóstoles, los primeros obispos (*Lucas* 6, 12-19). Son tres cosas las que conmueven de la actitud de Jesús. Sobre todo, que Jesús reza: Jesús se fue al monte a rezar y pasó toda la noche rezando a Dios. La segunda actitud es que Jesús elige: es él quien elige a los obispos. Y, tercero, Jesús baja con ellos a un lugar llano y encuentra al pueblo: en medio del pueblo. Precisamente estas son las tres dimensiones del oficio episcopal: rezar, ser elegido y estar con el pueblo. En estos tiempos, en los que parece que el Gran Acusador se haya soltado y la haya tomado con los obispos -todos somos pecadores- recemos hoy por nuestros obispos: por mí y por todos los obispos del mundo *(11-9-2018).*

PALABRA

Jesús salió al monte a orar, y pasó la noche orando a Dios. Cuando se hizo de día, llamó a sus discípulos, escogió de entre ellos a doce, a los que también nombró apóstoles: Simón, al que puso de nombre Pedro, y Andrés, su hermano; Santiago, Juan, Felipe, Bartolomé, Mateo, Tomás, Santiago el de Alfeo, Simón, llamado el Zelote; Judas el de Santiago y Judas Iscariote, que fue el traidor. Después de bajar con ellos, se paró en una llanura, con un grupo grande de discípulos y una gran muchedumbre del pueblo, procedente de toda Judea, de Jerusalén y de la costa de Tiro y de Sidón. Venían a oírlo y a que los curara de sus enfermedades; los atormentados por espíritus inmundos quedaban curados, y toda la gente trataba de tocarlo, porque salía de él una fuerza que los curaba a todos.

Colosenses 2, 6-15; ***Salmo*** 144, 1bc-2.8-11 • **LUCAS 6, 12-19**

ORACIÓN

SEÑOR, "venían a oírte y a que los curaras", tenían sed de tu palabra porque hablabas como nadie, y sabían que tenías poder de curar. Los que no tuvimos el privilegio de escucharte hablar en vivo, conocemos lo que dijiste leyendo el Evangelio, y, como quienes te escucharon, podemos decir nosotros lo que decían ellos, maravillados: *Este modo de enseñar es nuevo: nunca habló nadie como él.* Cualquier otro libro ilustra la mente, tu palabra arrebata el corazón. Hablas con autoridad, sabiduría y misericordia. ***El Señor es bueno con todos*** *(Salmo 144, 9a).*

SEPTIEMBRE

8

MIÉRCOLES

Miércoles 23° Tiempo Ordinario Tomo IV - Salterio 3ª semana

FIESTA DE LA NATIVIDAD DE MARÍA

Ntra. Sra. de la Caridad del Cobre, de Covadonga, del Pino, de los Llanos, del Coro, de la Victoria, de Nuria. Santos Fausto *mr*, Sergio *pp*. Beato Federico Ozanam *cf*

NATIVIDAD DE MARÍA

Papa Francisco: La palabra paz aparece en la oración al inicio de la misa. Y está también en la primera lectura del libro del profeta Miqueas (5, 1-4).Todos nosotros, también el mundo entero, necesitamos la paz. Pedimos la paz porque la paz es un don; un don que nos da el Señor. Pero también pedimos crecer en la paz: es un don que tiene su camino de vida, su camino de historia; un don que cada uno de nosotros debe tomar y trabajar para ayudarle a crecer. Hoy, el día de la Natividad de la Virgen, pedimos crecer en la paz y en la unidad, porque donde está la paz hay unidad. La paz es un don que se trabaja cada día de manera artesanal, se hace en lo pequeño para llegar a lo grande *(8-9-2016)*.

PALABRA

La generación de Jesucristo fue de esta manera: María, su madre, estaba desposada con José y, antes de vivir juntos, resultó que ella esperaba un hijo por obra del Espíritu Santo. José, su esposo, como era justo y no quería difamarla, decidió repudiarla en privado. Pero, apenas había tomado esta resolución, se le apareció en sueños un ángel del Señor que le dijo: «José, hijo de David, no temas acoger a María, tu mujer, porque la criatura que hay en ella viene del Espíritu Santo. Dará a luz un hijo, y tú le pondrás por nombre Jesús, porque él salvará a su pueblo de sus pecados». Todo esto sucedió para que se cumpliese lo que había dicho el Señor por medio del profeta: «Mirad: la virgen concebirá y dará a luz un hijo y le pondrán por nombre Enmanuel, que significa "Dios-con-nosotros".

Miqueas 5,1-4a; ***Salmo*** 12,6abc • **MATEO 1,18-23**

ORACIÓN

SEÑOR, ¿celebráis en el cielo el cumpleaños terreno tuyo, de María, de los santos? Si fuera así, no puedo ni imaginarme la fiesta que hoy tenéis en torno a la niña que hoy nació para ser Madre de Dios y Madre de la Iglesia. Aquí la celebramos, viendo en ella sobre todo la disponibilidad radical a cumplir la voluntad del Padre, a estar a tu lado en tu vida, en tu muerte y en tu resurrección, en ser tu más fiel discípula. Así quiero seguir sus huellas, que coinciden con las tuyas. ***Desbordo de gozo con el Señor*** *(Isaías 61, 10a)*.

Santos PEDRO CLAVER *pb*, María de la Cabeza *es.*

Papa Francisco: Se abre de par en par, para todos, la puerta de la divina misericordia, *el amor como fuerza de purificación* de las conciencias, fuerza de *renovación* de las relaciones sociales, fuerza de *proyección* para una economía distinta, que pone en el centro a la persona, el trabajo, la familia, en lugar del dinero y el beneficio. Este *camino es la senda buena para todos,* es la senda que nos acerca a la justicia y a la paz. Nos encomendamos a la misericordia de Dios, y nos comprometemos, con su gracia, a realizar frutos de conversión y obras de misericordia *(5-7-2014).*

PALABRA

Dijo Jesús a sus discípulos: «A vosotros los que me escucháis os digo: amad a vuestros enemigos, haced el bien a los que os odian, bendecid a los que os maldicen, orad por los que os calumnian. Al que te pegue en una mejilla, preséntale la otra; al que te quite la capa, no le impides que tome también la túnica. A quien te pide, dale; al que se lleve lo tuyo, no se lo reclames. Tratad a los demás como queréis que ellos os traten. Pues, si amáis a los que os aman, ¿qué mérito tenéis? También los pecadores aman a los que los aman. Y si hacéis bien solo a los que os hacen bien, ¿qué mérito tenéis? También los pecadores hacen lo mismo. Y si prestáis a aquellos de los que esperáis cobrar, ¿qué mérito tenéis? También los pecadores prestan a otros pecadores, con intención de cobrárselo. Por el contrario, amad a vuestros enemigos, haced el bien y prestad sin esperar nada; será grande vuestra recompensa y seréis hijos del Altísimo, porque él es bueno con los malvados y desagradecidos. Sed misericordiosos como vuestro Padre es misericordioso; no juzguéis, y no seréis juzgados; no condenéis, y no seréis condenados; perdonad, y seréis perdonados; dad, y se os dará: os verterán una medida generosa, colmada, remecida, rebosante, pues con la medida con que midiereis se os medirá a vosotros».

Colosenses **3, 12-17;** ***Salmo*** **150, 1b-6a • LUCAS 6, 27-38**

ORACIÓN

SEÑOR, tu Palabra nos enseña que en el hermano está la permanente prolongación de tu Encarnación: «Lo que hicisteis a uno de estos hermanos míos más pequeños, lo hicisteis a mí» (*Mt* 25,40). Lo que hagamos con los demás tiene una dimensión trascendente: «Con la medida con que midáis, se os medirá» (*Mt* 7,2); y responde a la misericordia divina con nosotros: «Sed misericordiosos como vuestro Padre es misericordioso» (*Lc* 6,36). ***Todo ser que alienta alabe al Señor*** *(Salmo 150, 6a).*

SEPTIEMBRE

10

VIERNES

Viernes 23° Tiempo Ordinario Tomo IV - Salterio 3ª semana

Santos Nicolás de Tolentino *pb*, Pedro de Mezonzo *ob.* Beatos Alfonso Navarrete y *co mrs*, Francisco Gárate *rl*.

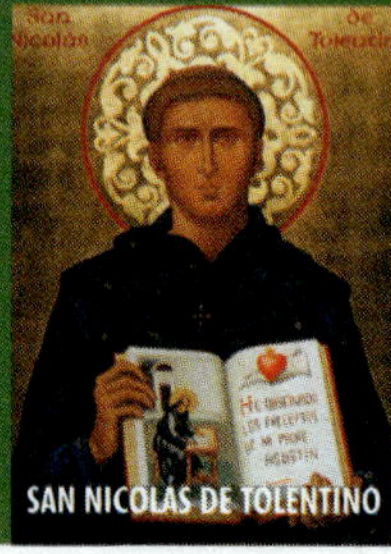

Papa Francisco: Jesús nos dice: "Por favor, no miréis la paja en los ojos ajenos; mirad lo que tenéis en vuestro corazón". Habla mal de ti mismo, acúsate a ti mismo, recordando tus pecados, recordando de dónde te eligió el Señor. Has sido elegido, te tomó de la mano y te trajo aquí. Cuando el Señor te eligió no hizo las cosas a medias: te eligió para algo grande, siempre *(23-9-2018)*.

PALABRA

Dijo Jesús a los discípulos una parábola: «¿Acaso puede un ciego guiar a otro ciego? ¿No caerán los dos en el hoyo? No está el discípulo sobre su maestro, si bien, cuando termine su aprendizaje, será como su maestro. ¿Por qué te fijas en la mota que tiene tu hermano en el ojo y no reparas en la viga que llevas en el tuyo? ¿Cómo puedes decirle a tu hermano: "Hermano, déjame que te saque la mota del ojo", sin fijarte en la viga que llevas en el tuyo? ¡Hipócrita! Sácate primero la viga de tu ojo, y entonces verás claro para sacar la mota del ojo de tu hermano».

1 Timoteo 1, 1-2.12-14; ***Salmo*** 15, 1b-2a.5.7-8.11 • **LUCAS 6, 39-42**

ORACIÓN

SEÑOR, delante de nuestros ojos tenemos los defectos ajenos y las virtudes propias, y en la espalda están las virtudes ajenas y los defectos propios. Tu Palabra lo dice directamente: *Sácate primero la viga de tu ojo y luego la mota del ojo de tu hermano.* Esto es posible porque, para verlo claro, antes me has hecho el regalo de la fe. ***Tú eres, Señor, el lote de mi heredad*** *(Salmo 15, 5a).*

SANTOS PROTO Y JACINTO

Santos Proto y Jacinto *mrs,* Félix y Régula *mrs,* Emiliano *ob.* Beato Buenaventura Gran *rl.* Ntra. Sra. de Valvanera, de Coromoto

Papa Francisco: Todos nosotros, para ser maduros, debemos sentir la alegría de la paternidad. También en el caso del celibato sacerdotal, porque paternidad es dar vida a los demás: la paternidad espiritual. Abrahán sentía que el Señor lo quería mucho, que le había prometido muchas cosas, pero percibía dentro de sí ese grito propio de la naturaleza: Yo quiero tener un hijo. A mí me conmueve ver a este hombre de noventa años, con el bastón en la mano, que defiende lo que es suyo: un padre cuando defiende a la familia *(26-6-2013).*

PALABRA

No hay árbol bueno que dé fruto malo, ni árbol malo que dé fruto bueno; por ello cada árbol se conoce por su fruto; porque no se recogen higos de las zarzas, ni se vendimian racimos de los espinos. El hombre bueno, de la bondad que atesora en su corazón saca el bien, y el que es malo, de la maldad saca el mal; porque de lo que rebosa el corazón habla la boca. ¿Por qué me llamáis "Señor, Señor", y no hacéis lo que digo? Todo el que viene a mí, escucha mis palabras y las pone en práctica, os voy a decir a quién se parece: se parece a uno que edificó una casa: cavó, ahondó y puso los cimientos sobre roca; vino una crecida, arremetió el río contra aquella casa, y no pudo derribarla, porque estaba sólidamente construida. El que escucha y no pone en práctica se parece a uno que edificó una casa sobre tierra, sin cimiento; arremetió contra ella el río, y enseguida se derrumbó desplomándose, y fue grande la ruina de aquella casa».

1 Timoteo 1, 15-17; ***Salmo*** 112, 1-7 • **LUCAS 6, 43-49**

ORACIÓN

SEÑOR, ten compasión de mí y obra con todo tu amor y tu solicitud, para que pueda dar las obras buenas que esperas de mí. Quiero que mi vida responda a mi oración, mis hechos a mis palabras, mis frutos a la buena semilla que tú sembraste en mi corazón. Lo quiero yo, y lo quieres tú: ¡pero tú, además de quererlo, puedes concedérmelo! ***Bendito sea el nombre del Señor por siempre*** *(Salmo 112,2).*

SEPTIEMBRE

12

DOMINGO

DOMINGO XXIV DEL TIEMPO ORDINARIO Tomo IV - Salterio 4ª semana

DULCE NOMBRE DE MARÍA, Ntra. Sra. de la Fuensanta (Murcia), de Lluc, de Estíbaliz. Santos Guido *cf*, Albeo *ob*

Papa Francisco: En el pasaje evangélico de hoy vuelve la pregunta que atraviesa todo el Evangelio de Marcos: ¿Quién es Jesús? Antes de interpelar directamente a los Doce, Jesús quiere escuchar de ellos qué piensa de él la gente: «¿Quién dice la gente que soy yo?». Pero el Señor quiere que sus discípulos de ayer y de hoy establezcan con él una relación personal, y así lo acojan en el centro de sus vidas. Por esto los exhorta a ponerse con toda la verdad ante sí mismos y les pregunta: ***«Y vosotros, ¿quién decís que soy yo?».*** Jesús, hoy, nos vuelve a dirigir esta pregunta tan directa y confidencial a cada uno de nosotros: ***«¿Tú quién dices que soy? ¿Quién soy yo para ti?».*** Puede sucedernos a nosotros lo mismo que le sucedió a Pedro, y afirmar con entusiasmo: «Tú eres el Mesías». Cuando Jesús les dice claramente que su misión se cumple no en el amplio camino del triunfo, sino en el arduo sendero del Siervo sufriente, humillado, rechazado y crucificado, entonces puede sucedernos también a nosotros como a Pedro, y protestar y rebelarnos porque eso contrasta con nuestras expectativas mundanas. En esos momentos, también nosotros nos merecemos el reproche de Jesús. Hermanos y hermanas, la profesión de fe en Jesucristo no puede quedarse en palabras, sino que exige una vida marcada por el amor de Dios, una vida grande, con mucho amor al prójimo. Jesús nos dice que, para seguirle, se necesita negarse a uno mismo, es decir, los pretextos del propio orgullo egoísta, y cargar con la cruz *(16-9-2018).*

PALABRA

• ***Isaías*** 50, 5-9a: El Señor Dios me abrió el oído; yo no resistí, ni me eché atrás. Ofrecí la espalda a los que me golpeaban, las mejillas a los que mesaban mi barba; no escondí el rostro ante ultrajes y salivazos. El Señor Dios me ayudaba, por eso no sentía los ultrajes; por eso endurecí el rostro como pedernal, sabiendo que no quedaría defraudado. Mi defensor está cerca, ¿quién pleiteará contra mí? Comparezcamos juntos, ¿quién me acusará? Que se me acerque. Mirad, el Señor Dios me ayuda: ¿quién me condenará?

• ***Salmo*** 114, 1-6.8-9: ***Caminaré en presencia del Señor en el país de los vivos.***

• ***Santiago*** 2, 14-18: ¿De qué le sirve a uno, hermanos míos, decir que tiene fe, si no tiene obras? ¿Podrá acaso salvarlo esa fe? Si un hermano o una hermana andan desnudos y faltos del alimento diario y uno de vosotros les dice: «Id en paz, abrigaos y saciaos», pero no les da lo necesario para el cuerpo: ¿de qué sirve? Así es también la fe: si no tiene obras, está muerta por dentro. Pero alguno dirá: «Tú tienes fe y yo tengo obras, muéstrame esa fe tuya sin las obras, y yo con mis obras te mostraré la fe».

• **MARCOS 8, 27-35:** Jesús y sus discípulos se dirigieron a las aldeas de Cesarea de Filipo; por el camino preguntó a sus discípulos: «¿Quién dice la gente que soy yo?». Ellos le contestaron: «Unos, Juan el Bautista; otros, Elías, y otros, uno de los profetas». Él les preguntó: «Y vosotros, ¿quién decís que soy?». Tomando la palabra Pedro le dijo: «Tú eres el Mesías». Y les conminó a que no hablaran a nadie acerca de esto. Y empezó a instruirlos: «El Hijo del hombre tiene que padecer mucho, ser reprobado por los ancianos, sumos sacerdotes y escribas, ser ejecutado y resucitar a los tres días». Se lo explicaba con toda claridad. Entonces Pedro se lo llevó aparte y se puso a increparlo. Pero él se volvió, y mirando a los discípulos increpó a Pedro: «¡Ponte detrás de mí, Satanás! ¡Tú piensas como los hombres, no como Dios!». Y llamando a la gente y a sus discípulos les dijo: «Si alguno quiere venir en pos de mí, que se niegue a sí mismo, tome su cruz y me siga. Porque quien quiera salvar su vida, la perderá; pero el que pierda su vida por mí y por el Evangelio, la salvará. Pues ¿de qué le sirve a un hombre ganar el mundo entero y perder su alma?».

ORACIÓN

SEÑOR, ¿quién digo yo que eres tú para mí? Tú lo sabes todo, tú sabes que te quiero: eres mi Señor y mi Dios, mi Maestro y mi único Amigo de verdad, en quien puedo confiar sin ningún temor. Quiero seguirte adondequiera que vayas, negándome a mí mismo, cargando con mi cruz a tu lado: así, hasta que nos demos el abrazo definitivo que nos una para siempre al otro lado de esta vida.

SEPTIEMBRE
13
LUNES

Lunes 24° Tiempo Ordinario Tomo IV - Salterio 4ª semana

Santos JUAN CRISÓSTOMO *ob dc*, Julián *pr mr*, Marcelino *mr*.

SAN JUAN CRISÓSTOMO

Papa Francisco: La política es una de las formas más altas de la caridad, porque es servir al bien común. Lo mejor que podemos ofrecer a los gobernantes es la oración. Reza por él, reza por ella, para que pueda gobernar bien, para que ame a su pueblo, para que sea humilde. Un cristiano que no reza por los gobernantes no es un buen cristiano. También yo soy responsable de su gobierno y debo hacer lo mejor de mi parte para que ellos gobiernen bien, participando en la política como puedo *(16-9-2013)*. En la primera lectura de hoy, Pablo acentúa "la oración por los reyes y por todos los constituidos en autoridad". ¿Rezas por los gobernantes, rezas por los políticos, para que puedan llevar a cabo su vocación con dignidad? *(16-9-2019)*.

PALABRA

Cuando Jesús terminó de exponer todas sus enseñanzas al pueblo, entró en Cafarnaún. Un centurión tenía enfermo, a punto de morir, a un criado a quien estimaba mucho. Al oír hablar de Jesús, el centurión le envió unos ancianos de los judíos, rogándole que viniese a curar a su criado. Ellos, presentándose a Jesús, le rogaban encarecidamente: «Merece que se lo concedas, porque tiene afecto a nuestra gente y nos ha construido la sinagoga». Jesús se puso en camino con ellos. No estaba lejos de la casa, cuando el centurión le envió unos amigos a decirle: «Señor, no te molestes; porque no soy yo digno de que entres bajo mi techo; por eso tampoco me creí digno de venir a ti personalmente. Dilo de palabra y mi criado quedará sano. Porque también yo soy un hombre sometido a una autoridad y con soldados a mis órdenes; y le digo a uno: "Ve", y va; al otro: "Ven", y viene; y a mi criado: "Haz esto", y lo hace». Al oír esto, Jesús se admiró de él y, volviéndose a la gente que lo seguía, dijo: «Os digo que ni en Israel he encontrado tanta fe». Y al volver a casa, los enviados encontraron al siervo sano.

1 Timoteo 2, 1-8; ***Salmo*** 27, 2.7-9 • **LUCAS 7, 1-10**

ORACIÓN

SEÑOR, *no soy quién para que entres bajo mi techo,* para que vengas a mi vida personalmente en la Eucaristía. Pero tú te das de lleno, no escatimas tus dones para convencerme de tu amor. Ojalá algún día digas de mí lo que dijiste del centurión: *Ni en Israel he encontrado tanta fe.* En mí encuentras la que tú me has dado, que guardo entre tibiezas y entusiasmos. Creo, pero aumenta mi fe, que arda, caliente e ilumine. ***Bendito el Señor, que escuchó mi voz suplicante*** *(Salmo 27,6)*.

SEPTIEMBRE
14
MARTES

FIESTA DE LA EXALTACIÓN DE LA SANTA CRUZ

Santos Alberto *ob*, Notburga *vg*

Papa Francisco: Hoy la Iglesia nos invita a contemplar la cruz del Señor, la santa cruz, que es el signo del cristiano. La cruz se convierte en signo de victoria. Nuestra victoria es la cruz de Jesús, la victoria frente a nuestro enemigo, la gran serpiente antigua, el gran Acusador. Por eso la cruz es signo de victoria para nosotros, en la cruz hemos sido salvados, en ese recorrido que Jesús quiso hacer hasta lo más bajo, pero con la fuerza de la divinidad *(14-9-2018).*

PALABRA

Dijo Jesús a Nicodemo: «Nadie ha subido al cielo, sino el que bajó del cielo, el Hijo del hombre. Lo mismo que Moisés elevó la serpiente en el desierto, así tiene que ser elevado el Hijo del hombre, para que todo el que cree en él tenga vida eterna. Porque tanto amó Dios al mundo, que entregó a su Unigénito, para que todo el que cree en él no perezca, sino que tenga vida eterna. Porque Dios no envió a su Hijo al mundo para juzgar al mundo, sino para que el mundo se salve por él. El que cree en él no será juzgado; el que no cree ya está juzgado, porque no ha creído en el nombre del Unigénito de Dios».

Números 21, 4b-9; ***Salmo*** 77, 1b-2.34-38 • **JUAN 3, 13-17**

ORACIÓN

SEÑOR, qué amor más grande el del Padre al entregarnos a su Hijo para que tengamos vida eterna. Al contemplarte en la Cruz confieso con mis labios y creo en mi corazón que tú eres mi Señor y mi Salvador: con tu muerte en la cruz destruiste mi muerte, con tu resurrección me diste la vida eterna. Quisiera que me dijeras desde la Cruz: *Hoy estarás conmigo en el Paraíso.* ***No olvidéis las acciones del Señor*** *(Salmo 77,7b).*

SEPTIEMBRE
15
MIÉRCOLES

Miércoles 24° Tiempo Ordinario Tomo IV - Salterio 4ª semana

NUESTRA SEÑORA, LA VIRGEN DE LOS DOLORES,
de Aránzazu, de las Angustias, Bien Aparecida, del Camino.
Santos Nicomedes *mr,* Valeriano *mr,* Alpino *ob*

NTRA. SRA. DE LOS DOLORES (Salzillo)

Papa Francisco: Evangelio de Juan *(19, 25-27):* Junto a la cruz, estaba María, la madre de Jesús. Todos la miraban, tal vez susurrando: ¡Esa es la madre de este delincuente! Y María oía estas cosas, sufría humillaciones terribles: junto a su Hijo, desnudo, tenía un sufrimiento muy grande, pero no huyó, no negó al Hijo, era su carne. Jesús, que había hablado de no dejarnos huérfanos, mira a su madre y nos la da a nosotros como madre: "He aquí a tu madre"». No somos huérfanos. María nos da a luz en ese momento con mucho dolor: con el corazón traspasado, acepta darnos a luz a todos nosotros en ese momento de dolor. Y desde entonces ella se convierte en nuestra madre, se hace cargo de nosotros y no se avergüenza de nosotros *(15-9-2016).*

PALABRA

Junto a la cruz de Jesús estaban su madre, la hermana de su madre, María, la de Cleofás, y María, la Magdalena. Jesús, al ver a su madre y junto a ella al discípulo al que amaba, dijo a su madre: «Mujer, ahí tienes a tu hijo». Luego, dijo al discípulo: «Ahí tienes a tu madre». Y desde aquella hora, el discípulo la recibió como algo propio.

Hebreos 5, 7-9; ***Salmo*** 30, 2-6.15-16.20 • **JUAN 19, 25-27**

ORACIÓN

SEÑOR, la presencia de tu Madre -y desde entonces, también mía- al pie de la cruz, te dio ánimos, y a la vez pena, viéndola sufrir. Tú eres mi redentor, ella es la corredentora, la que compartió contigo los atroces sufrimientos de tu pasión y tu muerte. A ti te dio a luz sin dolor, a nosotros con los dolores de la cruz. Con Juan, al pie de la cruz, acojo a María en mi casa, en mi corazón, para adaptar mi vida a la suya: es mi madre y maestra. ***Sálvame, Señor, por tu misericordia*** *(Salmo 30,17b).*

Santos CORNELIO Y CIPRIANO *mrs,* Juan Macías *rl,* Eufemia *mr,* Rogelio *mj*

Papa Francisco: Dos palabras nos ayudan a entender lo que hizo Jesús ante la pecadora. *Primera: tuvo compasión;* viéndola, el Señor sintió una gran compasión por ella. El Señor, con su compasión, se había implicado en este caso. *Segunda palabra: Jesús se acercó.* La compasión lo empujó a acercarse (se dejó tocar). Acercarse es una señal de compasión. Yo puedo ver tantas cosas, pero no acercarme. El Evangelio añade un detalle: Jesús dijo «Tus pecados quedan perdonados» *(19-9-2017).*

PALABRA

Un fariseo (Simón) rogaba a Jesús que fuera a comer con él y, entrando en casa del fariseo, se recostó a la mesa. En esto, una mujer que había en la ciudad, una pecadora, al enterarse de que estaba comiendo en casa del fariseo, vino trayendo un frasco de alabastro lleno de perfume y, colocándose detrás junto a sus pies, llorando, se puso a regarle los pies con las lágrimas, se los enjugaba con los cabellos de su cabeza, los cubría de besos y se los ungía con el perfume. Al ver esto, el fariseo que lo había invitado se dijo: «Si este fuera profeta, sabría quién y qué clase de mujer es la que lo está tocando, pues es una pecadora». Jesús respondió y le dijo: «Simón, tengo algo que decirte». Él contestó: «Dímelo, Maestro». Jesús le dijo: «Un prestamista tenía dos deudores: uno le debía quinientos denarios y el otro cincuenta. Como no tenían con qué pagar, los perdonó a los dos. ¿Cuál de ellos le mostrará más amor?». Respondió Simón y dijo: «Supongo que aquel a quien le perdonó más». Le dijo Jesús: «Has juzgado rectamente». Y, volviéndose a la mujer, dijo a Simón: «¿Ves a esta mujer? He entrado en tu casa, y no me has dado agua para los pies; ella, en cambio, me ha lavado los pies con sus lágrimas y me los ha enjugado con sus cabellos. Tú no me diste el beso de paz; ella, en cambio, desde que entró, no ha dejado de besarme los pies. Tú no me ungiste la cabeza con ungüento; ella, en cambio, me ha ungido los pies con perfume. Por eso te digo: sus muchos pecados han quedado perdonados, porque ha amado mucho, pero al que poco se le perdona, ama poco». Y a ella le dijo: «Han quedado perdonados tus pecados». Los demás convidados empezaron a decir entre sí: «¿Quién es este, que hasta perdona pecados?». Pero él dijo a la mujer: «Tu fe te ha salvado, vete en paz».

1 Timoteo 4, 12-16; ***Salmo*** 110, 7-10 • **LUCAS 7, 36-38.41-50**

ORACIÓN

SEÑOR, gracias porque no tienes asco de mí, perdonas mis pecados y me llamas a seguirte. Aquí me tienes. ¿Puedes decirme: «Tu fe ha salvado»? ***Grandes son las obras del Señor*** *(Salmo 110, 2a).*

SEPTIEMBRE

17

VIERNES

Viernes 24° Tiempo Ordinario Tomo IV - Salterio 4ª semana

Santos ROBERTO BELARMINO *ob dc,* Hildegarda de Bingen *vg dc,* Lamberto *ob,* Columba *vg mr,* Pedro de Arbués *pb mr*

SAN ROBERTO BELARMINO

Papa Francisco: *Ver, tener compasión, enseñar.* Los podemos llamar *los verbos del Pastor.* El primero y el segundo, *ver y tener compasión,* están siempre asociados a la actitud de Jesús: su mirada no es la mirada de un sociólogo o de un reportero gráfico, porque él mira siempre con «los ojos del corazón». Estos dos verbos, *ver y tener compasión,* configuran a Jesús como buen Pastor. Su compasión es la conmoción del Mesías en quien se hizo carne la ternura de Dios. Y de esta compasión nace el deseo de Jesús de alimentar a la multitud con el pan de su Palabra, es decir, *enseñar* la Palabra de Dios a la gente (19-7-2015).

PALABRA

Jesús iba caminando de ciudad en ciudad y de pueblo en pueblo, proclamando y anunciando la Buena Noticia del reino de Dios, acompañado por los Doce, y por algunas mujeres que habían sido curadas de espíritus malos y de enfermedades: María la Magdalena, de la que habían salido siete demonios; Juana, mujer de Cusa, administrador de Herodes; Susana y otras muchas que les servían con sus bienes.

1 Timoteo *6, 2c-12;* ***Salmo*** *48, 6-10.17-20* • **LUCAS 8, 1-3**

ORACIÓN

SEÑOR, entre tus acompañantes en las correrías apostólicas por Galilea había jóvenes puros, como Juan, y otros que venían de una vida de pecado. No importa mi pasado, del que me arrepiento y confieso, me perdonas y lo olvidas. Importa mi presente y mi futuro: estar siempre en tu compañía, anunciando el Evangelio del reino de Dios, de palabra y de obra. ¿Hay misión más fascinante? ***Bienaventurados los pobres en el espíritu, porque de ellos es el reino de los cielos*** *(Mateo 5,3).*

SANTA MARÍA DE LA PURÍSIMA

Santos María de la Purísima *vg*, José de Cupertino *pb*, Ariadna *mr*, Sofía, Domingo Trach *pb mr*, Ricarda *re rl*

Papa Francisco: La parábola del sembrador nos habla de cultivar. Nos muestra los tipos de tierra. Ya desde el Génesis, Dios le susurra al hombre esta invitación: cultivar y cuidar. No solo estamos invitados a ser parte de la obra creadora cultivándola, haciéndola crecer, desarrollándola, sino que estamos también invitados a cuidarla, protegerla, custodiarla *(7-7-2015)*.

PALABRA

Habiéndose reunido una gran muchedumbre y gente que salía de toda la ciudad, dijo Jesús esta parábola: «Salió el sembrador a sembrar su semilla. Al sembrarla, algo cayó al borde del camino, lo pisaron, y los pájaros del cielo se lo comieron. Otra parte cayó en terreno pedregoso y, después de brotar, se secó por falta de humedad. Otra parte cayó entre abrojos, y los abrojos, creciendo al mismo tiempo, la ahogaron. Y otra parte cayó en tierra buena y, después de brotar, dio fruto al ciento por uno». Dicho esto, exclamó: «El que tenga oídos para oír, que oiga». Entonces le preguntaron los discípulos qué significaba esa parábola. Él dijo: «La semilla es la palabra de Dios. Los del borde del camino son los que escuchan, pero luego viene el diablo y se lleva la palabra de sus corazones, para que no crean y se salven. Los del terreno pedregoso son los que, al oír, reciben la palabra con alegría, pero no tienen raíz; son los que por algún tiempo creen, pero en el momento de la prueba fallan. Lo que cayó entre abrojos son los que han oído, pero, dejándose llevar por los afanes, riquezas y placeres de la vida, se quedan sofocados y no llegan a dar fruto maduro. Lo de la tierra buena son los que escuchan la palabra con un corazón noble y generoso, la guardan y dan fruto con perseverancia».

1 Timoteo 6, 13-16; *Salmo* 99, 1-5 • **LUCAS 8, 4-8.11-15**

ORACIÓN

SEÑOR, "Son los que con un corazón noble y generoso escuchan la palabra, la guardan y dan fruto", entre quienes quiero estar. Sé que me amas como soy, pero quieres que sea como tú me propones en la parábola. Te necesito para darte el fruto que esperas. ***Entrad en la presencia del Señor con vítores*** *(Salmo 99,2b)*.

SEPTIEMBRE

19

DOMINGO

DOMINGO XXV DEL TIEMPO ORDINARIO Tomo IV - Salterio 1ª semana

Santos JENARO *ob mr,*
Alonso de Orozco *pb,* **Mariano** *er,*
María de Cervelló *vg,*
M.ª Emilia de Rodat *vg*

Papa Francisco: Jesús en el Evangelio nos recuerda una tentación sobre la que tendremos que vigilar con insistencia: el afán de superioridad, de sobresalir por encima de los demás, que puede anidar en todo corazón humano. ¿Cuál es el antídoto que propone Jesús cuando aparece ese afán en nuestro corazón o en el latir de una sociedad o un país? Hacerse el último de todos y el servidor de todos; estar allí donde nadie quiere ir, donde nada llega, en lo más distante de las periferias; y sirviendo, generando encuentro con los últimos, con los descartados. Si el poder se decidiera por eso, si permitiéramos que el Evangelio de Jesucristo llegara a lo hondo de nuestras vidas, entonces sí sería una realidad la "globalización de la solidaridad". «Mientras en el mundo, especialmente en algunos países, reaparecen diversas formas de guerras y enfrentamientos, los cristianos insistimos en nuestra propuesta de reconocer al otro, de sanar las heridas, de construir puentes, de estrechar lazos y de ayudarnos "mutuamente a llevar las cargas" (*Ga* 6,2)» *(Evang.Gaud, 67. 23-9-2018).*

PALABRA

• ***Sabiduría*** 2, 12.17-20: Se decían los impíos: «Acechemos al justo, que nos resulta fastidioso: se opone a nuestro modo de actuar, nos reprocha las faltas contra la ley y nos reprende contra la educación recibida. Veamos si es verdad lo que dice, comprobando cómo es su muerte. Si el justo es hijo de Dios, él lo auxiliará, y lo librará de las manos de sus enemigos. Lo someteremos a ultrajes y torturas, para conocer su temple y comprobar su resistencia. Lo condenaremos a muerte ignominiosa, pues, según dice, Dios lo salvará».

• ***Salmo*** 53, 3-6.8: ***El Señor sostiene mi vida.***

• ***Santiago*** 3, 16-4,3: Queridos hermanos: Donde hay envidia y rivalidad, hay turbulencia y todo tipo de malas acciones. En cambio, la sabiduría que viene de lo alto es, en primer lugar, intachable, y, además, es apacible, comprensiva, conciliadora, llena de misericordia y buenos frutos, imparcial y sincera. El fruto de la justicia se siembra en la paz para quienes trabajan por la paz. ¿De dónde proceden los conflictos y las luchas que se dan entre vosotros? ¿No es precisamente de esos deseos de placer que pugnan dentro de vosotros? Ambicionáis y no tenéis, asesináis y envidiáis y no podéis conseguir nada, lucháis y os hacéis la guerra, y no obtenéis porque no pedís. Pedís y no recibís, porque pedís mal, con la intención de satisfacer vuestras pasiones.

• **MARCOS 9, 30-37:** Jesús y sus discípulos atravesaron Galilea; no quería que nadie se enterase, porque iba instruyendo a sus discípulos. Les decía: «El Hijo del hombre va a ser entregado en manos de los hombres, y lo matarán; y después de muerto, a los tres días resucitará». Pero no entendían lo que decía, y les daba miedo preguntarle. Llegaron a Cafarnaún, y una vez en casa, les preguntó: «¿De qué discutíais por el camino?». Ellos callaban, pues por el camino habían discutido quién era el más importante. Jesús se sentó, llamó a los Doce y les dijo: «Quien quiera ser el primero, que sea el último de todos y el servidor de todos». Y tomando un niño, lo puso en medio de ellos, lo abrazó y les dijo: «El que acoge a un niño como este en mi nombre, me acoge a mí; y el que me acoge a mí, no me acoge a mí, sino al que me ha enviado».

ORACIÓN

SEÑOR, es incomprensible la alienación y el egoísmo de tus discípulos, que miran para otro lado y discuten quién es el más importante, mientras tú les hablas de tu pasión y tu cruz. Yo quiero ser tu discípulo, el último de todos, el servidor de todos, sin las grandes ambiciones que no tienen los niños, a quienes me uno para ser acogido por ti. ¿Me aceptas? ¡Gracias!

SEPTIEMBRE
20
LUNES

Lunes 25° Tiempo Ordinario Tomo IV - Salterio 1ª semana

Santos ANDRÉS KIM, PABLO CHONG y *co mrs*, Juan Carlos Cornay *pb mr.* Beatos Francisco de Posadas *pb*, José de Yermo *pb*

SS. ANDRÉS KIM Y PABLO CHONG

Papa Francisco: Todos nosotros hemos recibido el don de la fe. Debemos cuidarlo, para que al menos no se debilite, para que continúe siendo fuerte con el poder del Espíritu Santo que nos la ha regalado... Dios no nos ha dado un espíritu de timidez. El espíritu de timidez va contra el don de la fe, no deja que crezca. Pidamos al Señor la gracia de tener una fe sincera, una fe que trato de reavivarla, o al menos pido al Espíritu Santo que la reavive y así dé un fruto grande *(26-1-2015)*.

PALABRA

Dijo Jesús al gentío: «Nadie que ha encendido una lámpara, la tapa con una vasija o la mete debajo de la cama, sino que la pone en el candelero para que los que entren vean la luz. Pues nada hay oculto que no llegue a descubrirse, ni nada secreto que no llegue a saberse y hacerse público. Mirad, pues, cómo oís, pues al que tiene se le dará y al que no tiene se le quitará hasta lo que cree tener».

Esdras 1, 1-6; ***Salmo*** 125, 1b-6 • **LUCAS 8, 16-18**

ORACIÓN

SEÑOR, tú no has encendido la luz de la fe en mí para que me salve en solitario, sino para que con mi luz alumbre los pasos de los otros y me ayude a dar frutos de buenas obras. Así, cuando los demás vean tu obra en mí, glorificarán a tu Padre y entrarán en el camino que lleva a la vida eterna, ya iniciada en este mundo: el que me sigue no anda en tinieblas. ***El Señor ha estado grande con nosotros*** *(Salmo 125, 3a).*

FIESTA DE SAN MATEO, APÓSTOL Y EVANGELISTA

Santos Jonás *prof,* Cástor *ob,* Landelino *mj,* Maura *vg*

SEPTIEMBRE

21

MARTES

Papa Francisco: Con su misericordia, Jesús elige a los apóstoles también de entre lo peor, entre los pecadores y los corruptos. Pero depende de ellos preservar el recuerdo de esta misericordia, recordar de dónde han sido elegidos. Esta conciencia que debemos tener los cristianos, debe permanecer por toda la vida, y tener la memoria de que el Señor tuvo misericordia de mis pecados y me eligió para ser cristiano, para ser apóstol. Mateo sintió algo fuerte, tan fuerte, que dejó el amor de su vida en la mesa: el dinero. Mateo dejó la corrupción de su corazón, para seguir a Jesús. La mirada de Jesús, fuerte: "¡Sígueme!" Y lo siguió *(21-9-2018).*

PALABRA

Al pasar vio Jesús a un hombre llamado Mateo sentado al mostrador de los impuestos, y le dijo: «Sígueme». Él se levantó y lo siguió. Y, estando en la casa, sentado a la mesa, muchos publicanos y pecadores, que habían acudido, se sentaban con Jesús y sus discípulos. Los fariseos, al verlo, preguntaron a los discípulos: «¿Cómo es que vuestro maestro come con publicanos y pecadores?». Jesús lo oyó y dijo: «No tienen necesidad de médico los sanos, sino los enfermos. Andad, aprended lo que significa "Misericordia quiero y no sacrificio": que no he venido a llamar a justos, sino a pecadores».

Efesios 4, 1-7.11-13; ***Salmo*** 18, 2-5b • **MATEO 9, 9-13**

ORACIÓN

SEÑOR, entre los enfermos, y los pecadores estoy yo. ¿No me ves? Me he acercado a ti, porque estoy enfermo de tibieza, y sé que tú puedes darme la fuerza para salir de ella. Y soy pecador, de esos que tú vienes a salvar. Y, seguramente, no solo quieres mi salvación personal, sino la de otros con quienes me cruzo en la vida o convivo o trabajo con ellos. Como Mateo, aquí me tienes. ***A toda la tierra alcanza su pregón*** *(Salmo 18, 5a).*

SEPTIEMBRE
22
MIÉRCOLES

Miércoles 25° Tiempo Ordinario Tomo IV - Salterio 1ª semana

Santos Mauricio y *co mrs,* Emérita *mr.* Beatos José Aparicio y 232 mártires de Valencia

BB. JOSÉ APARICIO Y 232 MÁRTIRES DE VALENCIA

Papa Francisco: La obra salvífica de Cristo no termina con su persona y en el arco de su vida terrena; prosigue mediante la Iglesia, sacramento del amor y de la ternura de Dios por los hombres. Enviando en misión a sus discípulos, Jesús les confiere un doble mandato: anunciar el Evangelio de la salvación y curar a los enfermos (cf. Mt 10, 7-8) Fiel a esta enseñanza, la Iglesia ha considerado siempre la asistencia a los enfermos como parte integrante de su misión. «Pobres y enfermos tendréis siempre con vosotros», advierte Jesús (*Mt* 26, 11) *(8-2-2015).*

PALABRA

Habiendo convocado Jesús a los Doce, les dio poder y autoridad sobre toda clase de demonios y para curar enfermedades. Luego los envió a proclamar el reino de Dios y a curar a los enfermos, diciéndoles: «No llevéis nada para el camino: ni bastón ni alforja, ni pan ni dinero; tampoco tengáis dos túnicas cada uno. Quedaos en la casa donde entréis, hasta que os vayáis de aquel sitio.Y si algunos no os reciben, al salir de aquel pueblo sacudíos el polvo de vuestros pies, como testimonio contra ellos». Se pusieron en camino y fueron de aldea en aldea, anunciando la Buena Noticia y curando en todas partes.

Esdras 9, 5-9; ***Salmo: Tobías*** 13,2-4.6 • **LUCAS 9, 1-6**

ORACIÓN

SEÑOR, das a tu Iglesia naciente poder sobre toda autoridad y sobre toda clase de demonios. Por eso, el poder del infierno no la derrotará. aunque estemos llamados a servir a la humanidad desprendidos de todo, tus discípulos sentimos tu presencia cercana en la barca de la Iglesia: no estamos solos.¡Que no se empeñe el demonio: si tú estás conmigo, ¿quién podrá contra mí? ***Bendito sea Dios, que vive eternamente*** *(Tobías 13,1b).*

SAN PÍO DE PIETRELCINA

Santos PÍO DE PIETRELCINA *pb*, Zacarías e Isabel *es.* Cristóbal, Antonio y Juan de Taxkala, niños *mrs*, Lino *pp.*

SEPTIEMBRE
23
JUEVES

Papa Francisco: El corazón de Juan el Bautista, encadenado en la cárcel, permanece en la oscuridad. Después de esta purificación, este continuo caer en el anonadamiento, termina su vida. El rey, perplejo, es capaz de tomar una decisión, pero no porque su corazón se haya convertido; sino más bien porque el vino le da valor. Juan termina su vida bajo la autoridad de un rey mediocre, ebrio y corrupto. Así termina el hombre más grande nacido de mujer. Cuando leo este pasaje, me conmuevo. Pienso en nuestros mártires, en los mártires de nuestros días, torturados, masacrados, que terminan su vida bajo la autoridad corrupta de gente que odia a Jesucristo *(6-2-2015).*

PALABRA

El tetrarca Herodes se enteró de lo que pasaba sobre Jesús y no sabía a qué atenerse, porque unos decían que Juan había resucitado de entre los muertos; otros, en cambio, que había aparecido Elías, y otros que había vuelto a la vida uno de los antiguos profetas. Herodes se decía: «A Juan lo mandé decapitar yo. ¿Quién es este de quien oigo semejantes cosas?». Y tenía ganas de verlo.

Ageo 1, 1-8; *Salmo* 149, 1bc-6a. 9b • **LUCAS 9, 7-9**

ORACIÓN

SEÑOR, Herodes quería verte con curiosidad malsana. Por eso no te manifestaste a él. Tú prefieres que te busquemos como nuestro Dios y nuestro Señor. Como la cierva sedienta desea el agua fresca, así mi alma quiere ver tu rostro. ¿Cuándo podré contemplar el rostro de mi Dios? ***El Señor ama a su pueblo*** *(Salmo 149, 4a).*

SEPTIEMBRE

24

VIERNES

Viernes 25° Tiempo Ordinario Tomo IV - Salterio 1ª semana

Ntra. Sra. de la Merced. Santos Gerardo Sagredo *ob mr,* Antonio González *pb mr.* Beato Dalmacio Moner *pb*

Papa Francisco: Es necesario madurar una *fe personal en Cristo: «Y vosotros, ¿quién decís que soy yo?»* (*Mt* 16, 15). Pregunta que resuena aún hoy en nuestra conciencia, la de sus discípulos, y es decisiva para nuestra identidad y nuestra misión. Solo si reconocemos a Jesús en su verdad, seremos capaces de mirar la verdad de nuestra condición humana, y podremos dar nuestra aportación para la *plena humanización de la sociedad.* nuestra alegría es compartir esta fe y responder juntos al Señor Jesús: *«Tú eres para nosotros el Cristo, el Hijo del Dios vivo».* Nuestra alegría también es ir a contracorriente e ir más allá de la opinión corriente, que, como entonces, no logra ver en Jesús más que a un profeta o un maestro. Nuestra alegría es reconocer en él la presencia de Dios, el enviado del Padre, el Hijo que vino para ser instrumento de salvación para la humanidad *(10-11-2015).*

PALABRA

Una vez que Jesús estaba orando solo, lo acompañaban sus discípulos y les preguntó: «¿Quién dice la gente que soy yo?». Ellos contestaron: «Unos que Juan el Bautista, otros que Elías, otros dicen que ha resucitado uno de los antiguos profetas». Él les preguntó: «Y vosotros, ¿quién decís que soy yo?». Pedro tomó la palabra y dijo: «El Mesías de Dios». Él les prohibió terminantemente decírselo a nadie. Y añadió: «El Hijo del hombre tiene que padecer mucho, ser desechado por los ancianos, sumos sacerdotes y escribas, ser ejecutado y resucitar al tercer día».

Ageo 2,1-9; ***Salmo*** 42,1-4 • **LUCAS 9,18-22**

ORACIÓN

SEÑOR, lo pienso a menudo y me ayuda a ser agradecido contigo: si a tantos incrédulos les hubieras dado tanto como a mí, hoy serían cristianos ejemplares. Tú eres el Mesías de Dios, mi Maestro, mi Redentor y mi Amigo. Tú y tu Evangelio quiero que seáis lo primero, lo único que llene mi corazón y mi vida. ***Espera en Dios, que volverás a alabarlo: "Salud de mi rostro, Dios mío"*** *(Salmo 42,5cd).*

Sábado 25° Tiempo Ordinario

SEPTIEMBRE

25

SÁBADO

Santos Cleofás *NT*, Fermín *ob mr*, Pablo y Tata *es* y cuatro hijos *mrs.* Ntra. Sra. de la Fuencisla

Papa Francisco: Dos discípulos de Jesús, tras su muerte y pasado el sábado, dejan Jerusalén y regresan, tristes y abatidos, hacia su aldea, llamada Emaús. A lo largo del camino Jesús resucitado se les acercó, pero ellos no lo reconocieron. Viéndolos tan tristes, les ayudó primero a comprender que la pasión y la muerte del Mesías estaban previstas en el designio de Dios y anunciadas en las Sagradas Escrituras; y así vuelve a encender un fuego de esperanza en sus corazones. Cuando estés triste, decaído, toma la Palabra de Dios, y ve a la misa a recibir la comunión *(4-5-2014)*.

PALABRA

Entre la admiración general por lo que hacía, Jesús dijo a sus discípulos: «Meteos bien en los oídos estas palabras: el Hijo del hombre va a ser entregado en manos de los hombres». Pero ellos no entendían este lenguaje; les resultaba tan oscuro que no captaban el sentido. Y les daba miedo preguntarle sobre el asunto.

Zacarías 2, 5-9.14-15c; ***Salmo: Jeremías*** *31, 10-13* • **LUCAS 9, 43b-45**

ORACIÓN

SEÑOR, es fácil entenderte cuando narras deliciosas parábolas o cuando hablas de las aves del cielo y los lirios del campo. Otra cosa es cuando anuncias tu muerte cruenta: nos da miedo, no sea que nos salpique tu sangre. Yo me atrevo a abrir bien el oído, porque sé que con tu muerte matarás la muerte, y con tu resurrección nos darás vida nueva: por la cruz a la luz. Desde esa luz descubro que tú eres el Buen Pastor que das tu vida por tus ovejas. ¡En ti confío! ***El Señor nos guardará como un pastor a su rebaño*** *(Jeremías 31,10d)*.

SEPTIEMBRE

26

DOMINGO

DOMINGO XXVI DEL TIEMPO ORDINARIO Tomo IV - Salterio 2ª semana

Santos COSME y DAMIÁN *mrs*, Gedeón *AT*, Nilo *ab*, Lucía Kim y *co mrs*

SANTOS COSME Y DAMIÁN

Papa Francisco: El Evangelio de este domingo (*Marcos* 9,38ss) nos presenta uno de esos momentos particulares muy instructivos de la vida de Jesús con sus discípulos. Estos habían visto que un hombre que no formaba parte del grupo de los seguidores de Jesús, expulsaba a los demonios en el nombre de Jesús, y por eso querían prohibírselo. Juan, con el entusiasmo acérrimo típico de los jóvenes, informa sobre el hecho al Maestro buscando su apoyo; pero Jesús, al contrario, responde: «No se lo impidáis, pues no hay ***nadie que obre un milagro invocando mi nombre y que luego sea capaz de hablar mal de mí. Pues el que no está contra nosotros, está a favor nuestro».*** Juan y los demás discípulos manifiestan una actitud de cerrazón frente a un suceso que no entra en sus esquemas, en este caso la acción, aunque sea buena, de una persona «externa» al círculo de seguidores. Sin embargo, Jesús aparece muy libre, plenamente ***abierto a la libertad del Espíritu de Dios, que en su acción no se limita a ningún lugar ni a ningún grupo.*** La actitud de los discípulos de Jesús es muy humana, muy común, y lo podemos encontrar en las comunidades cristianas de todos los tiempos, probablemente también en nosotros mismos. De buena fe, con celo, se quisiera proteger la autenticidad de una cierta experiencia, tutelando al fundador o al líder de los falsos imitadores. Pero al mismo tiempo está como el ***temor de la «competencia»,*** que alguno pueda robar nuevos seguidores, y entonces no se logra apreciar el bien que los otros hacen: no va bien ***porque «no es de los nuestros»***, se dice. Aquí está la raíz del proselitismo. Y la Iglesia —decía el Papa Benedicto— no crece por proselitismo, crece por atracción, es decir crece por el testimonio dado a los demás con la fuerza del Espíritu Santo *(30-9-2018).*

PALABRA

• ***Números*** 11, 25-29: El Señor bajó en la Nube, habló con Moisés y, apartando algo del espíritu que poseía, se lo pasó a los setenta ancianos. En cuanto se posó sobre ellos el espíritu, se pusieron a profetizar. Pero no volvieron a hacerlo. Habían quedado en el campamento dos del grupo, llamados Eldad y Medad. Aunque eran de los designados, no habían acudido a la tienda, pero el espíritu se posó sobre ellos y se pusieron a profetizar en el campamento. Un muchacho corrió a contárselo a Moisés: «Eldad y Medad están profetizando en el campamento». Josué, hijo de Nun, ayudante de Moisés desde joven, intervino: «Señor mío, Moisés, prohíbeselo». Moisés le respondió: «¿Es que estás tú celoso por mí? ¡Ojalá todo el pueblo del Señor recibiera el espíritu del Señor y profetizara!».

• ***Salmo*** 18, 8.10.12-14: ***Los mandatos del Señor son rectos y alegran el corazón.***

• *Santiago* 5, 1-6: Atención, ahora, los ricos: llorad a gritos por las desgracias que se os vienen encima. Vuestra riqueza está podrida y vuestros trajes se han apolillado. Vuestro oro y vuestra plata están oxidados, y su herrumbre se convertirá en testimonio contra vosotros y devorará vuestras carnes como fuego. ¡Habéis acumulado riquezas... en los últimos días! Mirad, el jornal de los obreros que segaron vuestros campos, el que vosotros habéis retenido, está gritando, y los gritos de los segadores han llegado a los oídos del Señor del universo. Habéis vivido con lujo sobre la tierra y os habéis dado a la gran vida, habéis cebado vuestros corazones para el día de la matanza. Habéis condenado, habéis asesinado al inocente, el cual no os ofrece resistencia.

• **MARCOS 9, 38-43.45.47-48:** Juan dijo a Jesús: «Maestro, hemos visto a uno que echaba demonios en tu nombre, y se lo hemos querido impedir, porque no viene con nosotros». Jesús respondió: «No se lo impidáis, porque quien hace un milagro en mi nombre no puede luego hablar mal de mí. El que no está contra nosotros está a favor nuestro. Y el que os dé a beber un vaso de agua porque sois de Cristo, en verdad os digo que no se quedará sin recompensa. El que escandalice a uno de estos pequeñuelos que creen, más le valdría que le encajasen en el cuello una piedra de molino y lo echasen al mar. Si tu mano te induce a pecar, córtatela: más te vale entrar manco en la vida que ir con las dos manos a la "gehenna", al fuego que no se apaga. Y, si tu pie te induce a pecar, córtatelo: más te vale entrar cojo en la vida, que ser echado con los dos pies a la "gehenna". Y, si tu ojo te induce a pecar, sácatelo: más te vale entrar tuerto en el reino de Dios, que ser echado con los dos ojos a la "gehenna", donde el gusano no muere y el fuego no se apaga».

ORACIÓN

SEÑOR, tu bendita obsesión es la expansión del Reino de Dios para que los hombres se salven. Por eso, cualquier ayuda que lo haga posible, es bienvenida. Por eso, el que favorezca a los que evangelizan tendrá su premio. Por eso, el que escandaliza a un pequeño, que tan bien acoge tu mensaje, lo tiene difícil. Por eso, todo lo que me impida serte fiel, fuera de mí. Aunque me cueste sangre. Lo primero es antes.

SEPTIEMBRE
27
LUNES

Lunes 26° Tiempo Ordinario Tomo IV - Salterio 2ª semana

Santos VICENTE DE PAÚL *pb*, Cayo *ob*, Adolfo y Juan *mrs*

SAN VICENTE DE PAÚL

Papa Francisco: El amor es la promesa que el hombre y la mujer hacen a cada hijo: desde que es concebido en el pensamiento. Los niños vienen al mundo y esperan tener confirmación de esta promesa: lo esperan en modo total, confiado, indefenso. Basta mirarlos: en todas las etnias, en todas las culturas, ¡en todas las condiciones de vida! Cuando sucede lo contrario, los niños son heridos por un escándalo insoportable, más grave en cuanto que no tienen los medios para descifrarlo *(14-10-2015).*

PALABRA

Se suscitó entre los discípulos una discusión sobre quién sería el más importante. Entonces Jesús, conociendo los pensamientos de sus corazones, tomó de la mano a un niño, lo puso a su lado y les dijo: «El que acoge a este niño en mi nombre me acoge a mí; y el que me acoge a mí acoge al que me ha enviado. Pues el más pequeño de vosotros es el más importante». Entonces Juan tomó la palabra y dijo: «Maestro, hemos visto a uno que expulsaba demonios en tu nombre y se lo hemos prohibido, porque no anda con nosotros». Jesús le respondió: «No se lo impidáis; el que no está contra vosotros, está a favor vuestro».

Zacarías 8,1-8; ***Salmo*** 101,16-21.29.22-23 • **LUCAS 9, 46-50**

ORACIÓN

SEÑOR, para poner como modelo eliges la actitud acogedora y sencilla del niño, que en aquel tiempo no contaban para nada. Creer en tu palabra, acogerla con sencillez, esperarlo todo de ti es lo más parecido a esa actitud, que quiero para mí. También me invitas a estar abierto a dedicar mi tiempo y mis fuerzas a ayudar a los demás, a los "pequeños" en quienes estás tú, y necesitan una mano amiga. Tiempo, fuerzas e instituciones dedicó a los pobres un gigante de la caridad: **san Vicente de Paúl,** fundador de las Hijas de la Caridad. ***El Señor reconstruyó Sion, y apareció en su gloria*** *(Salmo 101,17).*

SEPTIEMBRE
28
MARTES

Santos WENCESLAO *re mr*, LORENZO RUIZ y *co mrs*, Simón de Rojas *pb.* Beato Francisco Castelló *mr*

Papa Francisco: El Señor nos ayude: primero, a reconocer en nosotros los momentos de desolación espiritual, cuando nos encontramos en la oscuridad, sin esperanza, y nos preguntamos por qué; segundo, a rezar como nos enseña la liturgia con el salmo en el momento de la oscuridad —"llegue hasta ti mi oración, Señor". Y tercero, cuando me acerco a una persona que sufre, que se encuentra sumida en la desolación: silencio. Un silencio, con mucho amor, cercanía, caricias. Y no soltar discursos que al final no ayudan y, además, hacen daño *(27-9-2016).*

PALABRA

Cuando se completaron los días en que iba a ser llevado al cielo, Jesús tomó la decisión de ir a Jerusalén. Y envió mensajeros delante de él. Puestos en camino, entraron en una aldea de samaritanos para hacer los preparativos. Pero no lo recibieron, porque su aspecto era el de uno que caminaba hacia Jerusalén. Al ver esto, Santiago y Juan, discípulos suyos, le dijeron: «Señor, ¿quieres que digamos que baje fuego del cielo que acabe con ellos?». Él se volvió y los regañó. Y se encaminaron hacia otra aldea.

Zacarías 8, 20-23; ***Salmo*** 86, 1b-7 • **LUCAS 9, 51-56**

ORACIÓN

SEÑOR, ha de bajar sobre ellos tu Espíritu para que los "hijos del trueno", Santiago y Juan, aprendan que lo nuestro no es el odio, la venganza ni la violencia. Después aprenderán de ti hasta dejarse martirizar por amor a ti y a tu Evangelio. Esa actitud es la que deseo hacer vida propia en palabras y obras. ***Dios está con nosotros*** *(Zacarías 8,23c).*

SEPTIEMBRE

29

MIÉRCOLES

FIESTA DE LOS TRES ARCÁNGELES MIGUEL, GABRIEL Y RAFAEL

ARCÁNGELES MIGUEL, RAFAEL Y GABRIEL

Papa Francisco: Los ángeles son los grandes contempladores, contemplan al Señor; sirven y contemplan. Pero el Señor también los envía para acompañarnos en el camino de la vida. Hoy celebramos el día de tres arcángeles porque han tenido un papel importante en la historia de la salvación, y porque también tienen un papel importante en nuestro camino hacia la salvación. Comenzando por ***Miguel*** —el gran Miguel— el que hace la guerra al diablo, hoy agradecemos a san Miguel este trabajo que hace por la Iglesia y por cada uno de nosotros y le pedimos que continúe defendiéndonos. El segundo arcángel, ***Gabriel,*** es el que lleva las buenas nuevas, el que llevó la noticia a María, a Zacarías, a José. Por eso hoy pedimos a Gabriel que nos anuncie siempre la buena nueva: Gabriel, recuérdanos la buena nueva de Dios, lo que Dios ha hecho. Y el tercer arcángel, ***Rafael,*** el que nos ayuda en el camino, el que camina con nosotros. Rafael, por favor, que nosotros no seamos seducidos para dar el paso equivocado; guíanos por el buen camino. Tú eres el compañero de camino, como lo fuiste de Tobías *(29-9-2017).*

PALABRA

Vio Jesús que se acercaba Natanael y dijo de él: «Ahí tenéis a un israelita de verdad, en quien no hay engaño». Natanael le contesta: «¿De qué me conoces?». Jesús le responde: «Antes de que Felipe te llamara, cuando estabas debajo de la higuera, te vi». Natanael respondió: «Rabí, tú eres el Hijo de Dios, tú eres el Rey de Israel». Jesús le contestó: «¿Por haberte dicho que te vi debajo de la higuera, crees? Has de ver cosas mayores». Y le añadió: «En verdad, en verdad os digo: veréis el cielo abierto y a los ángeles de Dios subir y bajar sobre el Hijo del hombre».

Daniel 7,9-10.13-14; ***Salmo*** 137,1bcd-5 • **JUAN 1,47-51**

ORACIÓN

SEÑOR, "Quién como Dios", "Mensajero de la mejor noticia", "Salud de los enfermos": Miguel, Gabriel y Rafael. Ellos nos llevan siglos de adelanto en dedicar toda su existencia a alabarte, adorarte y servirte. Es inexplicable que yo, siendo un pobrecillo, grite el "no serviré" de Luzbel. Te adoro, Señor Jesús, eres mi único Dios. ***Delante de los ángeles tañeré para ti, Señor*** *(Salmo 137,1d).*

SAN JERONIMO (Salzillo)

SEPTIEMBRE **30** JUEVES

Santos JERÓNIMO *pb dc*, Eusebia *vg*, Antonio *mr*, Honorio *ob*

Papa Francisco: Llamó Jesús a otros setenta y dos discípulos y los mandó de dos en dos para la misión (cf. *Lc* 10,1-16). Efectivamente, si la Iglesia «es misionera por su naturaleza» (Vat. II, Decr. *Ad gentes,* 2), la vocación cristiana nace necesariamente dentro de una experiencia de misión. Así, escuchar y seguir la voz de Cristo, dejándose atraer y conducir por él y consagrando a él la propia vida, significa aceptar que el Espíritu Santo nos introduzca en este dinamismo misionero, suscitando en nosotros el deseo y la determinación gozosa de entregar nuestra vida y gastarla por la causa del Reino de Dios *(29-3-2015).*

PALABRA

Designó el Señor otros setenta y dos y los mandó delante de él, de dos en dos, a todos los pueblos y lugares adonde pensaba ir él. Y les decía: «La mies es abundante y los obreros pocos; rogad, pues, al dueño de la mies que mande obreros a su mies. ¡Poneos en camino! Mirad que os mando como corderos en medio de lobos. No llevéis bolsa, ni alforja, ni sandalias; y no saludéis a nadie por el camino. Cuando entréis en una casa, decid primero: "Paz a esta casa". Y si allí hay gente de paz, descansará sobre ellos vuestra paz; si no, volverá a vosotros. Quedaos en la misma casa, comiendo y bebiendo de lo que tengan, porque el obrero merece su salario. No andéis cambiando de casa en casa. Si entráis en una ciudad y os reciben, comed lo que os pongan, curad a los enfermos que haya en ella, y decidles: "El reino de Dios ha llegado a vosotros". Pero si entráis en una ciudad y no os reciben, saliendo a sus plazas, decid: "Hasta el polvo de vuestra ciudad, que se nos ha pegado a los pies, nos lo sacudimos sobre vosotros. De todos modos, sabed que el reino de Dios ha llegado". Os digo que aquel día será más llevadero para Sodoma que para esa ciudad».

Nehemías 8, 1-4a.5-6.7b-12; ***Salmo*** 18, 8-11 • **LUCAS 10, 1-12**

ORACIÓN

SEÑOR, me envías, desprendido de todo, como cordero en medio de lobos, sabiendo que soy débil y que la tarea es ingente. Pero no me dejas solo. Llevo dentro de mi corazón el reino de Dios, la gracia y la fuerza de tu Espíritu, que impulsó a los santos a vivir de tu amor y a anunciar a los hombres la paz que viene de ti.

Los mandatos del Señor son rectos y alegran el corazón *(Salmo 18,9ab).*

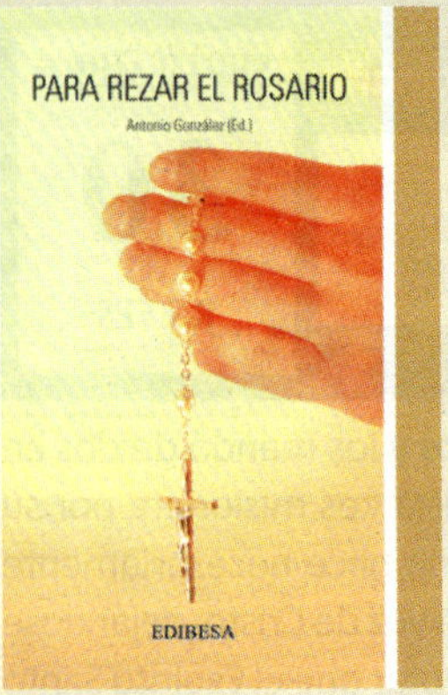

OCTUBRE, MES DEL ROSARIO

LIBROS

- **El libro del Rosario.** ***Historia, doctrina, práctica, diccionario.*** J. A. M. Puche, O.P. 304 p. Cartoné. 12,50 €
- **Rosario Bíblico.** Comentario y meditaciones de los veinte misterios. Salvador Muñoz. 178 p. 5 €
- **La Virgen del Rosario y santo Domingo en el arte.** Domingo Iturgaiz, O.P. 144 p.+24 láminas. Cartoné. 11,50 €
- **El Rosario, oración de un corazón en vela.** ***Mis conversaciones con Maciej, que no lo reza.*** E. Cárdenas, SM. 130 p. 5,25 €
- **Rosarios para las fiestas del Señor.** Sor Marie de la Visitation. Prólogo de Sor Emmanuel Mayllard. 168 p. 10 €. Veinticuatro rosarios originales para todo el año litúrgico.
- **Para rezar el Rosario.** A. González (Ed.). 104 p. 5 €. Libro básico para rezar el Rosario. Por qué, cómo y diversas formas de hacerlo.

AUDIOLIBROS. COMPACT DISC CD, ROSARIO ELECTRÓNICO

PARA REZAR EL ROSARIO: guiones de J. A. Mtnez. Puche, O.P.:

- **Rosario con san Juan Pablo II.** Comentario y rezo de los 20 Misterios, letanías y Salve. 2 CD+Libro 86 p. 16 €.
- **El Rosario.** Comentario bíblico, rezo de los 15 Misterios y letanías. 1 casete: 4 €. En catalán: 4 €
- **El Rosario/20.** Comentario y rezo de los 20 Misterios, letanías y Salve. 2 CD: 13 €
- **Santo Rosario/20.** Los 20 Misterios con comentario de san Josemaría Escrivá de Balaguer. 2 CD+folleto: 18,50 €.
- **El Rosario del Papa.** San Juan Pablo II comenta y reza los 15 Misterios. Letanías, Ángelus y Salve. 2 CD: 14 €
- **Rosario con el Papa/20.** San Juan Pablo II comenta y reza los 20 Misterios. Letanías y Salve. 2 casetes: 9 €.
- **Rosario con Juan Pablo II.** Reflexiones y rezo por el Papa de los 15 Misterios. Letanías y Salve.
- **Misterios luminosos.** Complemento de "Rosario con el Papa" y "El Rosario". 1 CD: 5 €.
- **EL ROSARIO ELECTRÓNICO. Rosario en español con san Juan Pablo II. Guion J.A.M. Puche, O.P.** 39 €. **Con auriculares:** 44 €. **Aparato electrónico con los 20 misterios del Rosario, automatizados para cada día de la semana.**

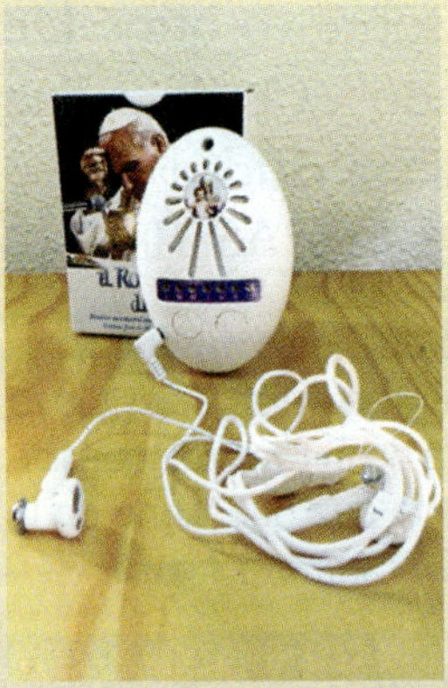

OCTUBRE

El Rosario ha tenido un puesto importante en mi vida espiritual desde mis años jóvenes. El Rosario me ha acompañado en los momentos de alegría y en los de tribulación. A él he confiado tantas preocupaciones y en él siempre he encontrado consuelo. El 29 de octubre de 1978, dos semanas después de la elección a la Sede de Pedro, escribía: "El Rosario es mi oración predilecta. ¡Plegaria maravillosa! Maravillosa en su sencillez y en su profundidad". La historia del Rosario muestra cómo esta oración ha sido utilizada especialmente por los Dominicos, en momentos difíciles para la Iglesia a causa de la difusión de la herejía. Hoy estamos ante nuevos desafíos. ¿Por qué no volver a tomar en la mano las cuentas del rosario con la fe de quienes nos han precedido?

(Juan Pablo II, Carta Apost. "Rosarium V.M.", 2 y 17. 16-10-2002).

OCTUBRE
1
VIERNES

Viernes 26° Tiempo Ordinario Tomo IV - Salterio 2ª semana

Santos TERESA DEL NIÑO JESÚS *vg dc*, Verísimo, Máxima y Julia *mrs*, Román *di mr*

SANTA TERESA DEL NIÑO JESÚS

Papa Francisco: Los cristianos echados de sus casas y privados de todo, se preguntan: «Señor, ¿acaso no he creído en ti? ¿Por qué? ¿Por qué creer en ti es una maldición? A estas personas se suman las que se encuentran con la oscuridad en el alma. Ahí está el ejemplo de santa Teresita del Niño Jesús, que hoy celebra la Iglesia: en los últimos años de su vida trataba de pensar en el cielo, y oía dentro de sí como una voz que le decía: No seas tonta, no fantasees. ¿Sabes qué te espera? La nada. Pero santa Teresita se defendía: rezaba y pedía fuerza para ir adelante, en la oscuridad. Esto se llama "entrar en paciencia". Una virtud que hay que cultivar con la oración, porque nuestra vida es muy fácil, si las comparamos con las de tanta gente que casi han perdido la memoria, la esperanza, que son exiliados hasta de sí mismos *(30-9-2014).*

PALABRA

Dijo Jesús: «¡Ay de ti, Corozaín; ay de ti, Betsaida! Pues si en Tiro y en Sidón se hubieran hecho los milagros que en vosotras, hace tiempo que se habrían convertido, vestidos de sayal y sentados en la ceniza. Por eso el juicio les será más llevadero a Tiro y a Sidón que a vosotras. Y tú, Cafarnaún, ¿piensas escalar el cielo? Bajarás al abismo. Quien a vosotros os escucha, a mí me escucha; quien a vosotros rechaza, a mí me rechaza; y quien me rechaza a mí, rechaza al que me ha enviado».

Baruc 1, 15-22; ***Salmo*** 78, 1b-3.5.8.9 • **LUCAS 10, 13-16**

ORACIÓN

SEÑOR, esa exclamación tuya, "¡Ay de ti!", seguida de mi nombre y apellidos... me pone en guardia. Porque si en aquel o aquella persona se hubieran hecho los milagros que en mí, hace tiempo que se habrían convertido. Y yo sigo siendo ni frío ni caliente: tibio. Para que tu juicio sobre mi vida sea benévolo, apelo a tu infinita paciencia y misericordia: quiero seguir escuchando o leyendo cada día tu Palabra, y espero que, con tu gracia, germine y dé frutos de vida eterna. También te lo pido en mi Rosario por los misioneros, en este mes rosariano y misionero. Mira, Señor, su dedicación y que nunca les falte tu compañía alentadora. ***Por el honor de tu nombre, Señor, sálvanos*** *(Salmo 78,9b).*

Santos ÁNGELES CUSTODIOS,
Saturio ***er.***
Beato Antonio Chevrier ***pb.***
Ntra. Sra. de la Academia

OCTUBRE
2
SÁBADO

Santos Ángeles Custodios

Papa Francisco: ¿Pensamos en cuántas veces ha escuchado el Señor nuestra oración enviándonos *un Ángel?* Ese Ángel es el que inesperadamente nos sale al encuentro para sacarnos de situaciones complicadas, para arrancarnos del poder de la muerte y del maligno, para indicarnos el camino cuando nos extraviamos, para volver a encender en nosotros la llama de la esperanza, para hacernos una caricia, para consolar nuestro corazón destrozado, para despertarnos del sueño existencial, o simplemente para decirnos: «No estás solo» *(29-6-2015).*

PALABRA

En aquel momento, se acercaron los discípulos a Jesús y le preguntaron: ¿Quién es el mayor en el reino de los cielos?». Él llamó a un niño, lo puso en medio y dijo: «En verdad os digo que, si no os convertís y os hacéis como niños, no entraréis en el reino de los cielos. Por tanto, el que se haga pequeño como este niño, ese es el más grande en el reino de los cielos. El que acoge a un niño como este en mi nombre me acoge a mí. Cuidado con despreciar a uno de estos pequeños, porque os digo que sus ángeles están viendo siempre en los cielos el rostro de mi Padre celestial».

Éxodo 23, 20-23; ***Salmo*** 90, 1-6.10-11 • **MATEO 18, 1-5.10**

ORACIÓN

SEÑOR, los Ángeles Custodios son un magnífico don que me has entregado, y confieso que ni merezco el regalo ni te estoy agradecido por tu generosidad. Aunque no soy cada día consciente de la compañía de mi Ángel, cuando he acudido a su protección, he notado que me escucha y me favorece. Ha de ser más frecuente mi oración a mi Ángel, de acuerdo con tu Palabra: *Si no volvéis a ser como niños, no entraréis en el reino de los cielos.* ***A sus ángeles ha dado órdenes para que te guarden en tus caminos*** *(Salmo 90,11).*

OCTUBRE
3
DOMINGO

DOMINGO XXVII DEL TIEMPO ORDINARIO Tomo IV - Salterio 3ª semana

Santos FRANCISCO DE BORJA *pb*, Dionisio Areopagita *NT,* Gerardo *ab*

SAN FRANCISCO DE BORJA

Papa Francisco: El Evangelio de este domingo nos ofrece la palabra de Jesús sobre el ***matrimonio.*** Jesús retoma el Libro del Génesis: «Desde el comienzo de la creación, él los hizo varón y hembra. Por eso dejará el hombre a su padre y a su madre y los dos se harán una sola carne». Y concluye: ***«Lo que Dios unió, no lo separe el hombre».*** En el proyecto originario del Creador, se trata de un hombre y una mujer llamados a reconocerse, a completarse, a ayudarse mutuamente en el matrimonio. Esta enseñanza de Jesús es muy clara y defiende la dignidad del matrimonio como ***una unión de amor que implica fidelidad.*** Lo que permite a los esposos permanecer unidos en el matrimonio es un amor de donación recíproca sostenido por la gracia de Cristo. Si en vez de eso, en los cónyuges prevalece el interés individual, la propia satisfacción, entonces su unión no podrá resistir. Y es la misma página evangélica la que nos recuerda, con gran realismo, que el hombre y la mujer pueden realizar gestos que pongan en crisis su unión. Jesús confirma el designio de Dios, en el que destaca la fuerza y la belleza de la relación humana. La Iglesia, por una parte, no se cansa de confirmar la belleza de la familia como nos ha sido entregada por la Escritura y la Tradición, pero al mismo tiempo se esfuerza por hacer sentir concretamente su cercanía materna a cuantos viven la experiencia de relaciones rotas o que siguen adelante de manera sufrida y fatigosa *(7-10-2018).*

PALABRA

• ***Génesis*** 2, 18-24: El Señor Dios se dijo: «No es bueno que el hombre esté solo; voy a hacerle a alguien como él, que le ayude». Entonces el Señor Dios modeló de la tierra todas las bestias del campo y todos los pájaros del cielo, y se los presentó al hombre, para ver qué nombre les ponía. Y cada ser vivo llevaría el nombre que Adán le pusiera. Así Adán puso nombre a todos los ganados, a los pájaros del cielo y a las bestias del campo; pero no encontró ninguno como él, que le ayudase. Entonces el Señor Dios hizo caer un letargo sobre Adán, que se durmió; le sacó una costilla y le cerró el sitio con carne. Y el Señor Dios formó, de la costilla que había sacado de Adán, una mujer, y se la presentó a Adán. Adán dijo: «¡Esta sí que es hueso de mis huesos y carne de mi carne! Su nombre será "mujer", porque ha salido del varón». Por eso abandonará el varón a su padre y a su madre, se unirá a su mujer y serán los dos una sola carne.

• ***Salmo*** 127, 1bc-6: ***Que el Señor nos bendiga todos los días de nuestra vida.***

• ***Hebreos*** 2, 9-11: Hermanos: Al que Dios había hecho un poco inferior a los ángeles, a Jesús, lo vemos ahora coronado de gloria y honor por su pasión y muerte. Pues, por la gracia de Dios, gustó la muerte por todos. Convenía que aquel, para quien y por quien existe todo, llevara muchos hijos a la gloria perfeccionando mediante el sufrimiento al jefe que iba a guiarlos a la salvación. El santificador y los santificados proceden todos del mismo. Por eso no se avergüenza de llamarlos hermanos.

• **MARCOS 10, 2-12:** Acercándose unos fariseos, preguntaban a Jesús para ponerlo a prueba: «¿Le es lícito al hombre repudiar a su mujer?». Él les replicó: «¿Qué os ha mandado Moisés?». Contestaron: «Moisés permitió escribir el acta de divorcio y repudiarla». Jesús les dijo: «Por la dureza de vuestro corazón dejó escrito Moisés este precepto. Pero al principio de la creación Dios los creó hombre y mujer. Por eso dejará el hombre a su padre y a su madre, se unirá a su mujer y serán los dos una sola carne. De modo que ya no son dos, sino una sola carne. Pues lo que Dios ha unido, que no lo separe el hombre». En casa, los discípulos volvieron a preguntarle sobre lo mismo. Él les dijo: «Si uno repudia a su mujer y se casa con otra, comete adulterio contra la primera. Y si ella repudia a su marido y se casa con otro, comete adulterio».

ORACIÓN

SEÑOR, cuando tanto se menosprecia el matrimonio, incluso entre cristianos, ¡qué falta hace tu poderosa Palabra! Como estuviste presente el día feliz de su boda, haz que vivan tu presencia en las crisis: que no sean solo dos los que discuten y riñen, sino que estés tú también en medio de ellos poniendo paz, amor y unidad, dándoles fuerzas para perdonarse mutuamente, y seguir caminando unidos en el amor. Cuando no es esta la realidad, los hijos son las víctimas inocentes.

Lunes 27° Tiempo Ordinario — Tomo IV - Salterio 3ª semana

San FRANCISCO DE ASÍS *rl*, Áurea de París *ab*, Petronio *ob*, Quintín *mr*

SAN FRANCISCO DE ASÍS

Papa Francisco: Un hombre, medio muerto, quedó arrojado en el suelo del camino. Por casualidad un sacerdote vio y miró, pero continuó su camino. Después pasó un levita,y siguió su camino. Huía de esta voz de Dios en aquel hombre. En cambio, un hombre que habitualmente huía de Dios, un pecador, es quien oye la voz de Dios y se acerca: es un samaritano, un pecador, no estaba acostumbrado a las prácticas religiosas, a la vida moral. Pero cuánto tiempo perdido: lo llevó a una posada y se ocupó de él. Perdió toda la tarde. Cuando tienes el corazón cerrado no puedes oír la voz de Dios. En cambio, el samaritano, que estaba de viaje, vio y tuvo compasión. Tenía el corazón abierto, era humano *(7-10-2013)*.

PALABRA

Se levantó un maestro de la ley y preguntó a Jesús para ponerlo a prueba: «Maestro, ¿qué tengo que hacer para heredar la vida eterna?». Él le dijo: «¿Qué está escrito en la Ley? ¿Qué lees en ella?». Él respondió: «“Amarás al Señor, tu Dios, con todo tu corazón y con toda tu alma y con toda tu fuerza” y con toda tu mente. Y “a tu prójimo como a ti mismo”». Él le dijo: «Has respondido correctamente. Haz esto y tendrás la vida». Pero el maestro de la ley, queriendo justificarse, dijo a Jesús: «¿Y quién es mi prójimo?». Respondió Jesús diciendo: «Un hombre bajaba de Jerusalén a Jericó, cayó en manos de unos bandidos, que lo desnudaron, lo molieron a palos y se marcharon, dejándolo medio muerto. Por casualidad, un sacerdote bajaba por aquel camino y, al verlo, dio un rodeo y pasó de largo. Y lo mismo hizo un levita que llegó a aquel sitio: al verlo dio un rodeo y pasó de largo. Pero un samaritano que iba de viaje llegó a donde estaba él y, al verlo, se compadeció, y acercándose, le vendó las heridas, echándoles aceite y vino, y, montándolo en su propia cabalgadura, lo llevó a una posada y lo cuidó. Al día siguiente, sacando dos denarios, se los dio al posadero y le dijo: “Cuida de él, y lo que gastes de más yo te lo pagaré cuando vuelva”. ¿Cuál de estos tres te parece que ha sido prójimo del que cayó en manos de los bandidos?». Él contestó: «El que practicó la misericordia con él». Jesús le dijo: «Anda y haz tú lo mismo».

Jonás 1, 1–2,1.11; ***Salmo: Jonás*** 2, 3-5.8 • **LUCAS 10, 25-37**

ORACIÓN

SEÑOR, tú eres el mejor samaritano, “que pasaste por el mundo haciendo el bien”. Y me invitas a hacer todo el bien que pueda a quien lo necesita, a anunciar tu Evangelio para que te conozcan y respondan a tu amor. Como el gran san Francisco, tu fiel discípulo, que tanto amó y tanto bien hizo y sigue haciendo, con su ejemplo y por medio de sus hijos e hijas de hoy. ***Tú, Señor, me sacaste vivo de la fosa*** *(Jonás 2,7de)*.

SANTA FAUSTINA KOWASKA

Santos M.ª Faustina Kowalska ***vg,*** **Froilán,** ***ob,*** **Apolinar** ***ob,*** **Atilano** ***ob,*** **Mauro y Plácido** ***mjs.*** **Beatos Raimundo de Capua** ***pb,*** **Bartolomé Longo**

OCTUBRE

5

MARTES

TÉMPORAS DE ACCIÓN DE GRACIAS Y DE PETICIÓN

Feria Mayor

Papa Francisco: De manera directa, pero con afecto, Jesús nos dice: «Si vosotros, aun siendo malos, sabéis dar cosas buenas a vuestros hijos, ¡cuánto más vuestro Padre que está en los cielos dará el Espíritu Santo a los que se lo piden» (*Lc* 11, 13) ¡Cuánta sabiduría hay en estas palabras! Es verdad que en cuanto a bondad y pureza de corazón, nosotros, seres humanos, no tenemos mucho de qué vanagloriarnos. Pero Jesús sabe que somos capaces de una generosidad infinita. Por eso nos alienta: si tenemos fe, el Padre nos dará su Espíritu *(27-9-2015).*

PALABRA

Dijo Jesús a sus discípulos: «Pedid y se os dará, buscad y encontraréis, llamad y se os abrirá; porque todo el que pide recibe, quien busca encuentra y al que llama se le abre. Si a alguno de vosotros le pide su hijo pan, ¿le dará una piedra?; y si le pide pescado, ¿le dará una serpiente? Pues si vosotros, aun siendo malos, sabéis dar cosas buenas a vuestros hijos, ¡cuánto más vuestro Padre que está en los cielos dará cosas buenas a los que le piden!».

Deuteronomio 8, 7-18; ***Salmo: 1 Crónicas*** 29, 0bc-12bcd; ***2 Corintios*** 5,17-21

• MATEO 7, 7-11

ORACIÓN

SEÑOR, no solo es hoy una jornada de petición, sino también de acción de gracias. Al pedirte algo, te reconozco como Dios que me ama y todo lo puede, y yo me sitúo en mi realidad de pobre, necesitado, pecador. ¡Ten piedad de mí, dame las "cosas buenas" que te pido! Pero también es jornada de acción de gracias. ¡Y tengo tantos motivos para ser agradecido contigo, hoy y todos los días! ***Tú eres Señor del universo*** *(1 Crónicas, 29,12b).*

Miércoles 27° Tiempo Ordinario Tomo IV - Salterio 3ª semana

Santos BRUNO *pb*, Fe *mr*, María Francisca *vg*, Román *ob*. Beato Juan de Palafox

Papa Francisco: «Perdona nuestras ofensas como también nosotros perdonamos a los que nos ofenden». En estas palabras del *Padrenuestro* está todo un proyecto de vida basado en la misericordia. La misericordia *es la profecía de un mundo nuevo,* en el que los bienes de la tierra y del trabajo se distribuyen equitativamente y nadie se ve privado de lo necesario, porque la solidaridad y el acto de compartir son la consecuencia concreta de la fraternidad *(5-7-2014).*

PALABRA

Una vez que estaba Jesús orando en cierto lugar, cuando terminó, uno de sus discípulos le dijo: «Señor, enséñanos a orar, como Juan enseñó a sus discípulos». Él les dijo: «Cuando oréis decid: "Padre, santificado sea tu nombre, venga tu reino, danos cada día nuestro pan cotidiano, perdónanos nuestros pecados, porque también nosotros perdonamos a todo el que nos debe, y no nos dejes caer en tentación"».

Jonás 4,1-11; ***Salmo*** 85, 3-6.9-10 • **LUCAS 11, 1-4**

ORACIÓN

SEÑOR, en lugar de ofrecer a tus discípulos una lección o discurso sobre la oración, nos dices lo que tenemos que decir. El Padrenuestro es la oración perfecta, compuesta por ti, que conoces mejor que nadie a tu Padre, a quien nos dirigimos; y a nosotros, que la rezamos, a quienes conoces tú profundamente, porque eres uno de nuestra misma naturaleza. Nos enseñas a pedir lo que necesitamos. Y nos dices que lo pidamos al Padre, que tanto nos ama y todo lo puede. *Padre nuestro...* ***Tú, Señor, eres lento a la cólera y rico en piedad*** *(Salmo 85,15).*

NTRA. SRA. LA VIRGEN DEL ROSARIO.
Santos Justina *vg mr*,
Martín Cid *ab*, Marcelo *mr*

OCTUBRE
7
JUEVES

BIENAVENTURADA VIRGEN MARÍA DEL ROSARIO

Papa Francisco: Virgen del Santo Rosario, Madre del Redentor, mujer de nuestra tierra elevada por encima de los cielos, humilde sierva del Señor, Madre de Misericordia: consíguenos el perdón de Dios, ayúdanos a construir un mundo según tu corazón. *[Tu rosario]* en nuestras manos será arma de paz y de perdón, estrella de nuestro camino. Y el beso a ti con nuestra última respiración nos sumergirá en una onda de luz, en la visión de la Madre amada y del Hijo divino, deseo de alegría y de nuestro corazón con el Padre y el Espíritu Santo" *(21-03-2015)*.

PALABRA

En el mes sexto, el ángel Gabriel fue enviado por Dios a una ciudad de Galilea llamada Nazaret, a una virgen desposada con un hombre llamado José, de la estirpe de David: el nombre de la virgen era María. El ángel, entrando en su presencia, dijo: «Alégrate, llena de gracia, el Señor está contigo». Ella se turbó grandemente ante estas palabras y se preguntaba qué saludo era aquel. El ángel le dijo: «No temas, María, porque has encontrado gracia ante Dios. Concebirás en tu vientre y darás a luz un hijo, y le pondrás por nombre Jesús. Será grande, se llamará Hijo del Altísimo, el Señor Dios le dará el trono de David, su padre; reinará sobre la casa de Jacob para siempre, y su reino no tendrá fin». Y María dijo al ángel: «¿Cómo será eso, pues no conozco varón?». El ángel le contestó: «El Espíritu Santo vendrá sobre ti, y la fuerza del Altísimo te cubrirá con su sombra; por eso el Santo que va a nacer será llamado Hijo de Dios. También tu pariente Isabel ha concebido un hijo en su vejez, y ya está de seis meses la que llamaban estéril, "porque para Dios nada hay imposible"». María contestó: «He aquí la esclava del Señor; hágase en mí según tu palabra». Y el ángel se retiró.

Hechos 1,12-14; ***Salmo: Lucas*** 1,46-55 • **LUCAS 1,26-38**

ORACIÓN

SEÑOR, en esta fiesta del Santo Rosario, ¿por qué no tomo en la mano mi rosario –o pongo el CD o el "Rosario electrónico" en casa o en el coche- y comienzo a rezar los misterios luminosos de los jueves, evocando tu Bautismo en el Jordán, tu primer milagro en las bodas de Caná a instancias de tu Madre, el anuncio del Evangelio que invita a la conversión, la Transfiguración, la institución de la Eucaristía? ¡Son el precioso regalo que nos dejó san Juan Pablo II, "Todo tuyo", todo de María! ***El Poderoso ha hecho obras grandes en mí: su nombre es santo*** *(Lucas 1,49)*.

OCTUBRE
8
VIERNES

Viernes 27° Tiempo Ordinario Tomo IV - Salterio 3ª semana

Santos Hugo *rl*, Pelagia *vg mr*, Evodio *ob*, Reparada *vg mr*

SAN HUGO DE GÉNOVA

Papa Francisco: Por envidia, por rigidez doctrinal, o porque tenían miedo de que vinieran los romanos y los masacraran; por muchos motivos trataban de alejar la autoridad de Jesús del pueblo y también con la calumnia: *Si echa los demonios es por arte de Belzebú, el príncipe de los demonios.* El cristiano no puede estar tranquilo con que todo va bien, debe discernir las cosas y mirar bien de dónde vienen, y cuál es su raíz *(9-10-2015).*

PALABRA

Habiendo expulsado Jesús a un demonio, algunos de entre la multitud dijeron: «Por arte de Belzebú, el príncipe de los demonios, echa los demonios». Otros, para ponerlo a prueba, le pedían un signo en el cielo. Él, conociendo sus pensamientos, les dijo: «Todo reino dividido contra sí mismo va a la ruina y cae casa sobre casa. Si, pues, también Satanás se ha dividido contra sí mismo, ¿cómo mantendrá su reino? Pues vosotros decís que yo echo los demonios con el poder de Belzebú. Pero, si yo echo los demonios con el poder de Belzebú, vuestros hijos, ¿por arte de quién los echan? Por eso, ellos mismos serán vuestros jueces. Pero, si yo echo los demonios con el dedo de Dios, entonces es que el reino de Dios ha llegado a vosotros. Cuando un hombre fuerte y bien armado guarda su palacio, sus bienes están seguros, pero, cuando otro más fuerte lo asalta y lo vence, le quita las armas de que se fiaba y reparte su botín. El que no está conmigo está contra mí; el que no recoge conmigo desparrama. Cuando un espíritu inmundo sale de un hombre, da vueltas por lugares áridos, buscando un sitio para descansar, y, al no encontrarlo, dice: "Volveré a la casa de donde salí". Al volver, se la encuentra barrida y arreglada. Entonces va y toma otros siete espíritus peores que él, y se mete a vivir allí. Y el final de aquel hombre resulta peor que el principio».

Joel 1, 13-15; 2, 1-2; ***Salmo*** 9, 2-3.6.16.8-9 • **LUCAS 11, 15-26**

ORACIÓN

SEÑOR, el reino de Dios ha llegado a nosotros, ha llegado a mi vida, porque echas los demonios con el dedo de Dios. ¡Cuántas veces he pedido: *Venga a nosotros tu reino!* La peor desgracia de mi vida sería estar contra ti. Todo lo que has hecho por mí y a mí ha sido bueno. ¿Cómo no voy a estar de tu parte, aun cuando tenga momentos de crisis en los que no veo tu mano bondadosa? ***El Señor juzgará el orbe con justicia*** *(Salmo 9, 9a).*

Santos DIONISIO *ob*, JUAN LEONARDI *pb*, Luis Bertrán *pb*, Abrahán, patriarca

OCTUBRE
9
SÁBADO

Papa Francisco: Virgen y Madre María, Virgen de la escucha y la contemplación, Madre del amor, esposa de las bodas eternas, intercede por la Iglesia, de la cual eres el icono purísimo, para que ella nunca se encierre ni se detenga en su pasión por instaurar el Reino. Estrella de la nueva evangelización, ayúdanos a resplandecer en el testimonio de la comunión, del servicio, de la fe ardiente y generosa (*Evang. Gaud.* 288, 24-11-2013).

PALABRA

Mientras Jesús hablaba a la gente, una mujer de entre el gentío, levantando la voz, le dijo: «Bienaventurado el vientre que te llevó y los pechos que te criaron». Pero él dijo: «Mejor, bienaventurados los que escuchan la palabra de Dios y la cumplen».

Joel 4, 12-21; *Salmo* 96, 1-6.11-12 • **LUCAS 11, 27-28**

ORACIÓN

SEÑOR, quiero seguirte con la sencillez de la mujer de la calle, y dar rienda suelta a mi entusiasmo por ti y por tu Madre. Solo María pudo llevarte en su vientre y criarte, pero todos, también yo, estamos invitados a ver en ella su ejemplo: escuchó la Palabra de Dios y la cumplió con fidelidad. Por eso destacas esa actitud de tu Madre, discípula tuya y maestra mía. ***Alegraos, justos, con el Señor*** *(Salmo 96, 12a).*

OCTUBRE

10

DOMINGO

DOMINGO XXVIII DEL TIEMPO ORDINARIO Tomo IV - Salterio 4ª semana

Santos TOMÁS DE VILLANUEVA *ob*, Daniel Comboni *ob*, Telquilda *ab*, Casio y Florencio *mrs*

SANTO TOMÁS DE VILLANUEVA

Papa Francisco: El Evangelio de este domingo nos invita a encontrarnos con el Señor, siguiendo el ejemplo de «uno» que «se le acercó corriendo». Podemos identificarnos con ese hombre, del que no se dice el nombre en el texto, como para sugerir que puede representar a cada uno de nosotros. Le pregunta a Jesús ***cómo «heredar la vida eterna».*** Él pide la vida para siempre, la vida en plenitud: ¿quién de nosotros no la querría? Pero, vemos que la pide como una *herencia para poseer,* como un bien que hay que obtener. Para conseguir este bien ha observado los mandamientos desde la infancia y para lograr el objetivo está dispuesto a observar otros; por esto pregunta: *«¿Qué debo hacer para heredar?».* La respuesta de Jesús lo desconcierta. El Señor pone su mirada en él y lo ama. Jesús cambia la perspectiva: de los preceptos observados para obtener recompensas pasa al amor gratuito y total. Aquella persona hablaba en términos de oferta y demanda, Jesús le propone una historia de amor. Le pide ***que pase de la observancia de las leyes al don de sí mismo,*** de *hacer por sí mismo a estar con él.* Y le hace una propuesta de vida "tajante": ***«Vende lo que tienes, dáselo a los pobres [...] y luego ven y sígueme».*** Jesús también te dice a ti: «Ven, sígueme». *Ven:* no estés quieto, porque para ser de Jesús no es suficiente con no hacer nada malo. *Sígueme:* no vayas detrás de Jesús solo cuando te apetezca, sino búscalo cada día; no te conformes con observar los preceptos, con dar un poco de limosna y decir algunas oraciones: ***encuentra en Jesús al Dios que siempre te ama,*** el sentido de tu vida, la fuerza para entregarte *(14-10-2018).*

PALABRA

• ***Sabiduría*** 7, 7-11: Supliqué y me fue dada la prudencia, invoqué y vino a mí el espíritu de sabiduría. La preferí a cetros y tronos, y a su lado en nada tuve la riqueza. No la equiparé a la piedra más preciosa, porque todo el oro ante ella es un poco de arena y junto a ella la plata es como el barro. La quise más que a la salud y la belleza, y la preferí a la misma luz, porque su resplandor no tiene ocaso. Con ella me vinieron todos los bienes juntos, tiene en sus manos riquezas incontables.

• ***Salmo*** 89, 12-17: ***Sácianos de tu misericordia, Señor, y estaremos alegres.***

• ***Hebreos*** 4, 12-13: Hermanos: La palabra de Dios es viva y eficaz, más tajante que espada de doble filo; penetra hasta el punto donde se dividen alma y espíritu, coyunturas y tuétanos; juzga los deseos e intenciones del corazón. Nada se le oculta; todo está patente y descubierto a los ojos de aquel a quien hemos de rendir cuentas.

• **MARCOS 10, 17-30:** Cuando salía Jesús al camino, se le acercó uno corriendo, se arrodilló ante él y le preguntó: «Maestro bueno, ¿qué haré para heredar la vida eterna?». Jesús le contestó: «¿Por qué me llamas bueno? No hay nadie bueno más que Dios. Ya sabes los mandamientos: no matarás, no cometerás adulterio, no robarás, no darás falso testimonio, no estafarás, honra a tu padre y a tu madre». Él replicó: «Maestro, todo eso lo he cumplido desde mi juventud». Jesús se quedó mirándolo, lo amó y le dijo: «Una cosa te falta: anda, vende lo que tienes, dáselo a los pobres, así tendrás un tesoro en el cielo, y luego ven y sígueme». A estas palabras, él frunció el ceño y se marchó triste, porque era muy rico. Jesús, mirando alrededor, dijo a sus discípulos: «¡Qué difícil les será entrar en el reino de Dios a los que tienen riquezas!». Los discípulos quedaron sorprendidos de estas palabras. Pero Jesús añadió: «Hijos, ¡qué difícil es entrar en el reino de Dios! Más fácil le es a un camello pasar por el ojo de una aguja, que a un rico entrar en el reino de Dios». Ellos se espantaron y comentaban: «Entonces, ¿quién puede salvarse?». Jesús se les quedó mirando y les dijo: «Es imposible para los hombres, no para Dios. Dios lo puede todo». Pedro se puso a decirle: «Ya ves que nosotros lo hemos dejado todo y te hemos seguido». Jesús dijo: «En verdad os digo que no hay nadie que haya dejado casa, o hermanos o hermanas, o madre o padre, o hijos o tierras, por mí y por el Evangelio, que no reciba ahora, en este tiempo, cien veces más –casas y hermanos y hermanas y madres e hijos y tierras, con persecuciones–, y en la edad futura, vida eterna».

ORACIÓN

SEÑOR, Maestro bueno, gracias por tu mirada cariñosa, por tu amor y por tu invitación a seguirte en el desprendimiento. ¡No permitas tú, para quien nada hay imposible, que yo frunza el ceño y me aparte de ti triste, arrastrado por los bienes efímeros de este mundo que pasa! Prefiero dejarlo todo para seguirte con libertad, y aceptar lo que tú quieras darme, persecuciones incluidas.

OCTUBRE

11

LUNES

Lunes 28° Tiempo Ordinario **Tomo IV - Salterio 4ª semana**

Santos JUAN XXIII *pp*,
Mª SOLEDAD TORRES *vg*,
Felipe el Diácono *NT*, Fermín *ob*.
Beata María de Jesús *mf rl*.
Ntra. Sra. de Begoña

Papa Francisco: Desde Juan XXIII el mundo ha cambiado, y son nuevos también los desafíos para la misión de la comunidad cristiana. Sin embargo, su herencia puede inspirar aún hoy a esta Iglesia llamada a vivir la dulce y consoladora alegría de evangelizar, a ser compañera de camino de todo hombre, «fuente del pueblo» de la que todos pueden sacar el agua fresca del Evangelio. La renovación querida por el Concilio ecuménico Vaticano II *[que él convocó y hoy hace 59 años que él presidió su apertura]* abrió el camino; y es un gozo especial que la canonización del Papa Roncalli se realice junto a la del beato Juan Pablo II, que llevó adelante tal renovación durante su largo pontificado *(25-4-2014)*.

PALABRA

La gente se apiñaba alrededor de Jesús, y él se puso a decirles: «Esta generación es una generación perversa. Pide un signo, pero no se le dará más signo que el signo de Jonás. Pues como Jonás fue un signo para los habitantes de Nínive, lo mismo será el Hijo del hombre para esta generación. La reina del Sur se levantará en el juicio contra los hombres de esta generación y hará que los condenen; porque ella vino desde los confines de la tierra para escuchar la sabiduría de Salomón, y aquí hay uno que es más que Salomón. Los hombres de Nínive se alzarán en el juicio contra esta generación, y harán que la condenen; porque ellos se convirtieron con la predicación de Jonás, y aquí hay uno que es más que Jonás».

Romanos 1, 1-7; ***Salmo*** 97, 1-4 • **LUCAS 11, 29-32**

ORACIÓN

SEÑOR, mientras la gente sencilla se apiña a tu alrededor sedienta de tu palabra, adviertes la presencia de algunos menos sencillos: "una generación perversa". Déjame que me una a los pequeños, y escuche o lea con gozo y esperanza tu Palabra de vida: la misma que suena en África, en Asia, en América, porque los misioneros dan su vida por ti. ***El Señor da a conocer su salvación*** *(Salmo 97,2)*.

VIRGEN MARÍA DEL PILAR
Santos Félix IV *pp*, Serafín *rl*, Maximiliano *ob*

OCTUBRE
12
MARTES

FIESTA DE LA BIENAVENTURADA VIRGEN MARÍA DEL PILAR

Papa Francisco: María nos mira a todos, a cada uno de nosotros. Y ¿cómo nos mira? Nos mira como Madre, con ternura, con misericordia, con amor. Así ha mirado al Hijo Jesús en todos los momentos de su vida, gozosos, luminosos, dolorosos, gloriosos, como contemplamos en los Misterios del Santo Rosario, simplemente con amor. Cuando estamos cansados, desanimados, abrumados por los problemas, volvámonos a María, sintamos su mirada que dice a nuestro corazón: "¡Animo, hijo, que yo te sostengo!". La Virgen nos conoce bien, es Madre, sabe muy bien cuáles son nuestras alegrías y nuestras dificultades, nuestras esperanzas y nuestras desilusiones *(12-10- 2013).*

PALABRA

Mientras Jesús hablaba a la gente, una mujer de entre el gentío levantando la voz, le dijo: «Bienaventurado el vientre que te llevó y los pechos que te criaron». Pero él dijo: «Mejor, bienaventurados los que escuchan la palabra de Dios y la cumplen».

1 Crónicas 15,3-4.15-16; 16,1-2 (o ***Hechos*** 1,12-14); ***Salmo*** 26,1bcde.3-4
• LUCAS 11,27-28

ORACIÓN

SEÑOR, en la fiesta de tu Madre en su advocación del Pilar, evocamos el 527 aniversario de la llegada a América de los primeros evangelizadores españoles, que unieron dos mundos bajo el patrocinio de una sola Madre. Por eso, la mayor parte de los católicos del mundo te alaban en la lengua española, en la que se les predicó el Evangelio. Podría ser motivo de orgullo hispano, pero para mí ha de ser motivo de gratitud a ti y a los evangelizadores, de responsabilidad y de fidelidad al Evangelio y de amor a la Virgen Madre. ***El Señor me ha coronado, sobre la columna me ha exaltado.***

Santos Teófilo *ob,* Fausto, Jenaro y Marcial *mrs,* Florencio *mr,* Venancio *ab*

Papa Francisco: Los fariseos parecían buenos. Jesús les llama "hipócritas". La fotografía que Jesús les hace es: «Sois sepulcros blanqueados» (cf. *Mt* 23, 27). Son incapaces de recibir la valentía del Espíritu Santo, y permanecen cerrados sin poder ir a la periferia. Pídele al Señor estar abierto a la voz del Espíritu, para ir a esa periferia. Después, mañana tal vez, te pedirá que vayas a otra, no lo sabes... Pero siempre es el Señor quien nos envía. Y en las visitas a la cárcel, decir siempre esto: ¿Por qué esta persona sufre y yo no? ¿Por qué esta persona no conoce a Dios, no tiene esperanza en la vida eterna, piensa que todo termina aquí, y yo no? ¡Por la gracia del Señor! Esta es la más hermosa preparación para ir a las periferias. *(30-4-2015).*

PALABRA

Dijo el Señor: «¡Ay de vosotros, fariseos, que pagáis el diezmo de la hierbabuena, de la ruda y de toda clase de hortalizas, mientras pasáis por alto el derecho y el amor de Dios! Esto es lo que habría que practicar, sin descuidar aquello. ¡Ay de vosotros, fariseos, que os encantan los asientos de honor en las sinagogas y los saludos en las plazas! ¡Ay de vosotros, que sois como tumbas no señaladas, que la gente pisa sin saberlo!». Le replicó un maestro de la ley: «Maestro, diciendo eso nos ofendes también a nosotros». Y él dijo: «¡Ay de vosotros también, maestros de la ley, que cargáis a los hombres cargas insoportables, mientras vosotros no tocáis las cargas ni con uno de vuestros dedos!».

Romanos 2, 1-11; ***Salmo*** 61, 2-3.6-7.9 • **LUCAS 11, 42-46**

ORACIÓN

SEÑOR, entre el gentío entusiasmado nunca faltaban los fariseos, enemigos frontales de tu mensaje. Tú, manso y humilde de corazón, estás en el polo opuesto de quienes solo buscan la apariencia y el aplauso. Yo me quedo contigo, contando con tu gracia. Como los pequeños, con hambre de Dios, con fe: como los que reciben la palabra de los misioneros -religiosos o seglares- que les hablan de ti y de tu Evangelio. ***El Señor paga a cada uno según sus obras*** *(Salmo 61,13bc).*

B. MARÍA POUSSEPIN

San CALIXTO I *pp.*
Beata María Poussepin *vg*

Papa Francisco: La primera lectura, *Efesios* 1, 1-10, es una auténtica explosión de alabanza. Parece que Pablo entra en una gran alegría: «Bendito sea Dios, Padre de Nuestro Señor Jesucristo, que nos ha bendecido en Cristo con toda clase de bendiciones espirituales en los cielos». Cuando yo bendigo a Dios, hablo bien *(bien digo)* de él y hago como el incienso que se quema. Sabemos orar muy bien cuando le pedimos cosas y cuando damos gracias al Señor; es menos habitual alabar al Señor. Podemos hacer memoria de las cosas que el Señor ha hecho en nuestra vida, como san Pablo: «En Cristo nos escogió antes de la creación del mundo». Aquí está la fuente de nuestra oración: *Bendito eres Señor, porque tú me escogiste.* Hemos de sentir el gozo de una cercanía paternal y tierna *(16-10-2014).*

PALABRA

Dijo el Señor: «¡Ay de vosotros, que edificáis mausoleos a los profetas, a quienes mataron vuestros padres! Así sois testigos de lo que hicieron vuestros padres, y lo aprobáis; porque ellos los mataron, y vosotros les edificáis mausoleos. Por eso dijo la Sabiduría de Dios: "Les enviaré profetas y apóstoles; a algunos de ellos los matarán y perseguirán"; y así, a esta generación se le pedirá cuenta de la sangre de todos los profetas derramada desde la creación del mundo; desde la sangre de Abel hasta la sangre de Zacarías, que pereció entre el altar y el santuario. Sí, os digo: se le pedirá cuenta a esta generación. ¡Ay de vosotros, maestros de la ley, que os habéis apoderado de la llave de la ciencia; vosotros no habéis entrado y a los que intentaban entrar se lo habéis impedido!». Al salir de allí, los escribas y fariseos empezaron a acosarlo implacablemente y a tirarle de la lengua con muchas preguntas capciosas, tendiéndole trampas para cazarlo con alguna palabra de su boca.

Romanos 3, 21-30; ***Salmo*** 129, 1b-4.5-7ab • **LUCAS 11, 47-54**

ORACIÓN

SEÑOR, tus palabras sobre esta generación, a la que "se le pedirá cuenta de la sangre", es una llamada a la responsabilidad. ¿Qué hago yo para dejar a las generaciones futuras un mundo más justo y una Iglesia más viva y acogedora, incluso exponiéndome a que me persigan a muerte, como tantos cristianos actuales de Oriente o de África? Tú pasaste haciendo el bien, con tu palabra, tu ejemplo y tu muerte en cruz. Pero ahora nos toca a tus discípulos. ¡Con tu Espíritu! ***Del Señor viene la misericordia, la redención copiosa*** *(Salmo 129,7cd).*

OCTUBRE

15

VIERNES

FIESTA DE SANTA TERESA DE JESÚS, VIRGEN Y DOCTORA DE LA IGLESIA

Santos Severo *ob*, Tecla *ab*

SANTA TERESA DE JESÚS

Papa Francisco: Para santa Teresa de Jesús, la senda de la oración discurre por la vía de la fraternidad en el seno de la Iglesia madre. Esta fue su respuesta providencial: fundar pequeñas comunidades de mujeres que, a imitación del "colegio apostólico", siguieran a Cristo viviendo sencillamente el Evangelio y sosteniendo a toda la Iglesia con una vida hecha plegaria. «Para esto os juntó él aquí, hermanas» (*Camino* 2,5) y tal fue la promesa: «que Cristo andaría con nosotras» (*Vida* 32,11). ¡Qué linda definición de la fraternidad en la Iglesia: andar juntos con Cristo como hermanos! ¡Cómo desearía, en estos tiempos, unas comunidades cristianas más fraternas donde se haga este camino: andar en la verdad de la humildad!¡Nada hay más hermoso que vivir y morir como hijos de esta Iglesia madre! *(15-10-2014).*

PALABRA

Tomó la palabra Jesús y dijo: «Te doy gracias, Padre, Señor del cielo y de la tierra, porque has escondido estas cosas a los sabios y entendidos y se las has revelado a los pequeños. Sí, Padre, así te ha parecido bien. Todo me ha sido entregado por mi Padre, y nadie conoce al Hijo más que el Padre, y nadie conoce al Padre sino el Hijo, y aquel a quien el Hijo se lo quiera revelar. Venid a mí todos los que estáis cansados y agobiados, y yo os aliviaré. Tomad mi yugo sobre vosotros y aprended de mí, que soy manso y humilde de corazón, y encontraréis descanso para vuestras almas. Porque mi yugo es llevadero y mi carga ligera».

Eclesiástico 15,1-6; ***Salmo*** 88,2-3.6-9.16-19 • **MATEO 11, 25-30**

ORACIÓN

SEÑOR, lo que, en sus largas horas de oración le decías a Teresa es lo que con tanto acierto legó a la Iglesia en sus escritos. Pasión por ti, amor a la Iglesia, sencillez y espíritu de trabajo por el Reino: son las virtudes que diste a la gran carmelita, y hoy te pido para mí. De niña quiso escaparse con su hermano a tierra de moros para ser misioneros y mártires: con tus escritos, hace llegar tu Palabra al mundo entero. ***Cantaré eternamente las misericordias del Señor*** *(Salmo 88, 2a).*

SANTA MARGARITA Mª ALACOQUE

Santos EDUVIGIS *rl*, MARGARITA M.ª DE ALACOQUE *vg*, Longinos *NT*, Gerardo Mayela *rl*. Beata Petra de S. José *vg*

Papa Francisco: Las diversas intervenciones del Espíritu Santo forman parte de una acción armónica, de un único proyecto divino de amor. La misión del Espíritu Santo consiste en *generar armonía* –él mismo es armonía– y *obrar la paz* en situaciones diversas y entre individuos diferentes. La diversidad de personas y de ideas no debe provocar rechazo o crear obstáculos, porque la variedad es siempre una riqueza. Por tanto, hoy invocamos con corazón ardiente al Espíritu Santo pidiéndole que *prepare* el camino de la paz y de la unidad *(24-5-2014)*.

PALABRA

Dijo Jesús a sus discípulos: «Todo aquel que se declare por mí ante los hombres, también el Hijo del hombre se declarará por él ante los ángeles de Dios, pero si uno me niega ante los hombres, será negado ante los ángeles de Dios. Todo el que diga una palabra contra el Hijo del hombre podrá ser perdonado, pero al que blasfeme contra el Espíritu Santo no se le perdonará. Cuando os conduzcan a las sinagogas, ante los magistrados y las autoridades, no os preocupéis de cómo o con qué razones os defenderéis o de lo que vais a decir, porque el Espíritu Santo os enseñará en aquel momento lo que tenéis que decir».

Romanos 4, 13.16-18; ***Salmo*** 104, 6-9.42-43 • **LUCAS 12, 8-12**

ORACIÓN

SEÑOR, como te decía san Pedro, te digo yo: *Tú sabes que te quiero,* que estoy de tu parte y dispuesto dar la cara por ti. Pero "el espíritu está pronto y la carne es débil", y te negó cuando quería dar su vida por ti. Querer hacer el bien y ver que "es el mal lo que me sale", lo confesaba Pablo, y yo con él. Dame tu Espíritu, con su sabiduría y fortaleza, para que sepa decir y hacer en cada momento lo que tú dirías y harías. ***El Señor se acuerda de su alianza eternamente*** *(Salmo 104, 8a).*

OCTUBRE

17

DOMINGO

DOMINGO XXIX DEL TIEMPO ORDINARIO Tomo IV - Salterio 1ª semana

Santos IGNACIO DE ANTIOQUÍA *ob mr,* Oseas *prof,* Rufo y Zósimo *mrs,* Ricardo Gwyn *mr.* Beato Contardo Ferrini *cf*

Papa Francisco: En el pasaje evangélico de este domingo, el Señor quiere instruir a sus discípulos sobre los eventos futuros. No se trata principalmente de un discurso sobre el fin del mundo, sino que es una invitación a vivir bien el presente, a estar atentos y siempre preparados para cuando nos pidan cuentas de nuestra vida. Jesús dice que ***la historia de los pueblos y de los individuos tiene una meta y una meta que debe alcanzarse: el encuentro definitivo con el Señor.*** No sabemos el tiempo ni las formas en que sucederá; el Señor ha reiterado que «nadie sabe nada, ni los ángeles en el cielo ni el Hijo». Todo se guarda en el secreto del misterio del Padre. Sin embargo, sabemos un principio fundamental con el que debemos enfrentarnos: «El cielo y la tierra pasarán -dice Jesús- pero mis palabras no pasarán"». El verdadero punto crucial es este. En ese día, cada uno de nosotros tendrá que entender si la Palabra del Hijo de Dios ha iluminado su existencia personal, o si le ha dado la espalda, prefiriendo confiar en sus propias palabras. Será más que nunca ***el momento en el que nos abandonemos definitivamente al amor del Padre y nos confiemos a su misericordia.*** ¡Nadie puede escapar de este momento, ninguno de nosotros! La astucia, que a menudo utilizamos en nuestro comportamiento para avalar la imagen que queremos ofrecer, será inútil; de la misma manera, el poder del dinero y de los medios económicos con los que pretendemos, con presunción, que compramos todo y a todos, ya no se podrá utilizar. No tendremos con nosotros nada más que lo que hemos logrado en esta vida creyendo en su Palabra: el todo y la nada de lo que hemos vivido o dejado de hacer. ***Solo llevaremos con nosotros lo que hayamos dado*** *(18-10-2018).*

PALABRA

• ***Isaías*** 53, 10-11: El Señor quiso triturarlo con el sufrimiento, y entregar su vida como expiación: verá su descendencia, prolongará sus años, lo que el Señor quiere prosperará por su mano. Por los trabajos de su alma verá la luz, el justo se saciará de conocimiento. Mi siervo justificará a muchos, porque cargó con los crímenes de ellos.

• ***Salmo*** 32, 4-5. 18-20.22: ***Que tu misericordia, Señor, venga sobre nosotros, como lo esperamos de ti.***

• ***Hebreos*** 4, 14-16: Hermanos: Ya que tenemos un sumo sacerdote grande que ha atravesado el cielo, Jesús, Hijo de Dios, mantengamos firme la confesión de fe. No tenemos un sumo sacerdote incapaz de compadecerse de nuestras debilidades, sino que ha sido probado en todo, como nosotros, menos en el pecado. Por eso, comparezcamos confiados ante el trono de la gracia, para alcanzar misericordia y encontrar gracia para un auxilio oportuno.

• **MARCOS 10, 35-45:** Se acercaron a Jesús los hijos de Zebedeo, Santiago y Juan, y le dijeron: «Maestro, queremos que nos hagas lo que te vamos a pedir». Les preguntó: «¿Qué queréis que haga por vosotros?». Contestaron: «Concédenos sentarnos en tu gloria uno a tu derecha y otro a tu izquierda». Jesús replicó: «No sabéis lo que pedís, ¿podéis beber el cáliz que yo he de beber, o bautizaros con el bautismo con que yo me voy a bautizar?». Contestaron: «Podemos». Jesús les dijo: «El cáliz que yo voy a beber lo beberéis, y seréis bautizados con el bautismo con que yo me voy a bautizar, pero el sentarse a mi derecha o a mi izquierda no me toca a mí concederlo, sino que es para quienes está reservado». Los otros diez, al oír aquello, se indignaron contra Santiago y Juan. Jesús, llamándolos, les dijo: «Sabéis que los que son reconocidos como jefes de los pueblos los tiranizan, y que los grandes los oprimen. No será así entre vosotros: el que quiera ser grande entre vosotros, que sea vuestro servidor; y el que quiera ser primero, sea esclavo de todos. Porque el Hijo del hombre no ha venido a ser servido, sino a servir y dar su vida en rescate por muchos».

ORACIÓN **SEÑOR,** pongo ante tus ojos la vida y la entrega de tantos miles de cristianos –religiosos, sacerdotes, laicos– que, lejos de las ambiciones terrenas, son capaces de beber cada día el cáliz de la pobreza, de la soledad, de la lejanía de los suyos, de los sufrimientos propios de las penurias del Tercer Mundo. Han tomado muy en serio tu consejo de servir, pero no a los poderosos y magnates, sino a los pobres. Aunque yo esté en retaguardia, concédeme vivir ese espíritu misionero que nace de mi bautismo. ¡Y concédelo a todos los que leemos el Evangelio 2021!

OCTUBRE
18
LUNES

SAN LUCAS, EVANGELISTA
Santos Amable *pb,* Asclepiades *ob*

Papa Francisco: La Iglesia tiene la misión de hacer llegar la Buena Noticia de Jesucristo y su amor salvador a los diferentes ambientes. No considera una pérdida salir a las periferias, o cambiar los esquemas acostumbrados, si es preciso. Como a una madre, lo que le interesa es el bien de sus hijos, sin escatimar esfuerzos y sacrificios: que no falte en las periferias la luz del Evangelio para llevar una vida fecunda de esperanza, de alegría y de paz *(25/26-11-2014).*

PALABRA

Designó el Señor otros setenta y dos, y los mandó delante de él, de dos en dos, a todos los pueblos y lugares adonde pensaba ir él. Y les decía: «La mies es abundante y los obreros pocos; rogad, pues, al dueño de la mies que envíe obreros a su mies. ¡Poneos en camino! Mirad que os mando como corderos en medio de lobos. No llevéis bolsa, ni alforja, ni sandalias; y no saludéis a nadie por el camino. Cuando entréis en una casa, decid primero: "Paz a esta casa". Y si allí hay gente de paz, descansará sobre ellos vuestra paz; si no, volverá a vosotros. Quedaos en la misma casa, comiendo y bebiendo de lo que tengan: porque el obrero merece su salario. No andéis cambiando de casa en casa. Si entráis en una ciudad y os reciben, comed lo que os pongan, curad a los enfermos que haya en ella, y decidles: "El reino de Dios ha llegado a vosotros"».

2 Timoteo 4,9-17b; ***Salmo*** 144,10-13ab.17-18 • **LUCAS 10,1-9**

ORACIÓN

SEÑOR, hoy me dices que me ponga en camino, que anuncie tu reino de amor y de paz, que no me quede parado lamentándome estérilmente de lo mal que está el mundo. Estoy llamado, como san Lucas y los Doce, a colaborar en mejorar esta sociedad, con mi vida de servicio y mis palabras de orientación, ánimo y ayuda, porque está cerca el reino de Dios. Despojado de todo, como cordero en medio de lobos, pero muy unido a ti. ***Tus santos, Señor, proclaman la gloria de tu reinado*** *(Salmo 144,12).*

SAN PEDRO DE ALCÁNTARA

Santos PEDRO DE ALCÁNTARA *pb,* JUAN DE BRÉBEUF E ISAAC JOGUES *pbs mrs,* PABLO DE LA CRUZ *ob,* Joel *prof*

Papa Francisco: Habrá un día en que yo me encontraré cara a cara con el Señor. Y esta es nuestra meta: este encuentro. Nosotros no esperamos un tiempo o un lugar, vamos al encuentro de una persona: Jesús. Por lo tanto, el problema no es «cuándo» sucederán las señales premonitorias de los últimos tiempos, sino el estar preparados para el encuentro. Y no se trata ni siquiera de saber «cómo» sucederán estas cosas, sino «cómo» debemos comportarnos hoy, mientras las esperamos. Estamos llamados a vivir el presente, construyendo nuestro futuro con serenidad y confianza en Dios *(15-11-2015).*

PALABRA

Jesús dijo a sus discípulos: «Tened ceñida la cintura y encendidas las lámparas. Vosotros estad como los hombres que aguardan a que su señor vuelva de la boda, para abrirle apenas venga y llame. Bienaventurados aquellos criados a quienes el señor, al llegar, los encuentre en vela; en verdad os digo que se ceñirá, los hará sentar a la mesa y, acercándose, les irá sirviendo. Y si llega a la segunda vigilia o a la tercera y los encuentra así, bienaventurados ellos».

Romanos 5, 12.15b.17-19.20b-21; ***Salmo*** 39, 7-10.17 • **LUCAS 12, 35-38**

ORACIÓN

SEÑOR, en tu pedagogía divina, inspirada en el amor que me tienes, quieres que viva siempre pendiente de ti, porque en cualquier momento puedes llegar a mi vida y pedirme cuentas. Esta vida es solo la sala de espera de tu llamada a la vida eterna. Que la lámpara de mi fe jamás se apague: esta vida es la preparación consciente y vigilante para las bodas eternas. ***Aquí estoy, Señor, para hacer tu voluntad*** *(Salmo 39, 8a.9a).*

OCTUBRE
20
MIÉRCOLES

Miércoles 29° Tiempo Ordinario Tomo IV - Salterio 1ª semana

Santos Cornelio Centurión *NT,* Vital *ob,* Adelina *ab,* Andrés Calibia *mj mr*

SAN CORNELIO EL CENTURIÓN

Papa Francisco: Dios nos ha dado el documento de identidad. Esta es nuestra ciudadanía: "Ya no sois extranjeros ni forasteros, sino conciudadanos de los santos, miembros de la familia de Dios. Vosotros también entráis con los santos en la edificación para ser morada de Dios, por el Espíritu Santo» *(Efesios 2,19ss).* Y la fuerza es el Espíritu que tiene en su interior: Dios está con nosotros y nos lleva hacia adelante, hacia la herencia, que es lo que buscamos en nuestro viaje. Hay que buscarlo todos los días, ir hacia esta herencia. Vivir con esperanza es caminar hacia una recompensa, hacia la felicidad que no tenemos aquí, pero la tendremos allí... *(23-10-2018).*

PALABRA

Dijo Jesús a sus discípulos: «Comprended que si supiera el dueño de casa a qué hora viene el ladrón, velaría y no le dejaría abrir un boquete en casa. Lo mismo vosotros, estad preparados, porque a la hora que menos penséis viene el Hijo del hombre». Pedro le preguntó: «Señor, ¿dices esta parábola por nosotros o por todos?».Y el Señor dijo: «¿Quién es el administrador fiel y prudente a quien el señor pondrá al frente de su servidumbre para que reparta la ración de alimento a sus horas? Bienaventurado aquel criado a quien su amo, al llegar, lo encuentre portándose así. En verdad os digo que lo pondrá al frente de todos sus bienes. Pero si aquel criado dijere para sus adentros: "Mi señor tarda en llegar", y empieza a pegarles a los criados y criadas, a comer y beber y emborracharse, vendrá el señor de ese criado el día que no espera y a la hora que no sabe y lo castigará con rigor, y le hará compartir la suerte de los que no son fieles. El criado que, conociendo la voluntad de su señor, no se prepara ni obra de acuerdo con su voluntad, recibirá muchos azotes; el que, sin conocerla, ha hecho algo digno de azotes, recibirá menos. Al que mucho se le dio, mucho se le reclamará; al que mucho se le confió, más aún se le pedirá».

Romanos **6, 12-18;** ***Salmo*** **123, 1b-8 • LUCAS 12, 39-48**

ORACIÓN

SEÑOR, ha sido mucho lo que me has confiado, y tengo que dar cuenta de todo ello. ¡Ten compasión de mí! Ayúdame a ser ese administrador fiel y solícito, según tu corazón, que recibe de ti esa alabanza: ¡Bienaventurado! ***Nuestro auxilio es el nombre del Señor*** *(Salmo 123, 8a).*

S. LAURA DE S. CAT. MONTOYA

Santos Hilarión de Gaza *ab*, Viator *cf*, Celina *mf*, Severino *ob*, Úrsula *vg mr*, Laura de S. Catalina S. Montoya *vg*

Papa Francisco: *[1ª lectura, Romanos 6,19].* San Pablo dice a los nuevos cristianos: “Lo mismo que antes ofrecisteis vuestros miembros a la impureza y a la maldad, como esclavos suyos, para que obrasen la maldad, ofreced ahora vuestros miembros a la justicia, como esclavos suyos, para vuestra santificación”. El esfuerzo que nosotros realizamos, ese trabajo de todos los días de servir al Señor con nuestra alma, con nuestro corazón, con nuestro cuerpo, con toda nuestra vida, sirve solo para abrir la puerta al Espíritu Santo. No es fácil, porque nuestra debilidad, el pecado original, el diablo siempre nos hacen retroceder. Hemos recibido este don en Jesús y hemos pasado del pecado, de la vida de iniquidad, a la vida de la entrega en Cristo, en el Espíritu Santo. Cada día un paso. Cada día un paso. Hay muchas ocasiones: ¿Me vienen ganas de hablar contra alguien? Haz silencio; ¿Me viene un poco de sueño y no tengo ganas de rezar? Ve a rezar un poco. No hay que pensar en grandes gestos, se trata de pequeñas cosas de todos los días *(22-10-2015).*

PALABRA

Dijo Jesús a sus discípulos: «He venido a prender fuego a la tierra, ¡y cuánto deseo que ya esté ardiendo! Con un bautismo tengo que ser bautizado, ¡y qué angustia sufro hasta que se cumpla! ¿Pensáis que he venido a traer paz a la tierra? No, sino división. Desde ahora estarán divididos cinco en una casa: tres contra dos y dos contra tres; estarán divididos el padre contra el hijo y el hijo contra el padre, la madre contra la hija y la hija contra la madre, la suegra contra la nuera y la nuera contra la suegra».

Romanos **6, 19-23;** ***Salmo*** **1, 1-4.6 • LUCAS 12, 49-53**

ORACIÓN

SEÑOR, hay una profecía en tu Presentación en el templo: Este niño será como una bandera discutida. Unos queremos acogerte como el mayor tesoro de nuestra vida, mientras otros -incluso de nuestra misma familia- deciden rechazarte. Mi opción es clara: Tú, sobre todo y sobre todos, aunque me cueste enfrentarme con quienes quisiera estar unido por el afecto y el trato fraterno. Te ruego por ellos: bendícelos, que tengan un encuentro contigo. ***Dichoso el hombre que ha puesto su confianza en el Señor*** *(Salmo 39,5ab).*

OCTUBRE

22

VIERNES

Viernes 29° Tiempo Ordinario Tomo IV - Salterio 1ª semana

Santos JUAN PABLO II *pp*, Nunilo y Alodía *vgs mrs.* Beato Timoteo Giaccardo *pb*

SAN JUAN PABLO II

Papa Francisco: San Juan Pablo II *(hoy es su memoria litúrgica)*, en los momentos de tristeza y de abatimiento, cuando todo parecía perdido, no perdía la esperanza, porque su fe y su esperanza estaban puestas en Dios. Para entrar en la gloria es necesario pasar a través de la pasión y la cruz. San Juan Pablo II recorrió este camino de manera ejemplar, recibiendo de Dios un despojamiento total. Por ello, «su carne descansa en la esperanza». ¿Y nosotros? ¿Estamos dispuestos a seguir este camino? Es verdad, somos viandantes, pero no errantes. En camino, pero sabemos adónde vamos. Somos peregrinos, pero no vagabundos, como decía san Juan Pablo II *(4-5-2014)*.

PALABRA

Decía Jesús a la gente: «Cuando veis subir una nube por el poniente, decís enseguida: "Va a caer un aguacero", y así sucede. Cuando sopla el sur, decís: "Va a hacer bochorno", y sucede. Hipócritas: sabéis interpretar el aspecto de la tierra y del cielo, pues ¿cómo no sabéis interpretar el tiempo presente? ¿Cómo no sabéis juzgar vosotros mismos lo que es justo? Por ello, mientras vas con tu adversario al magistrado, haz lo posible en el camino por llegar a un acuerdo con él, no sea que te lleve a la fuerza ante el juez y el juez te entregue al guardia y el guardia te meta en la cárcel. Te digo que no saldrás de allí hasta que no pagues la última monedilla».

Romanos 7, 18-24; ***Salmo*** 118, 66.68.76.77.93.94 • **LUCAS 12, 54-59**

ORACIÓN

SEÑOR, recuerdo aquellos versos iniciales de un libro de texto de religión: "Pues la ciencia consumada/ es que el hombre bien acabe./ Porque, al fin de la jornada/, aquel que se salva, sabe/ y el que no, no sabe nada". Poco importa que me falten conocimientos terrenos, que terminan con la muerte. Lo único importante para mí ha de ser conocer al Padre,y a su enviado que eres tú: "Esta es la vida eterna", según tus palabras. ***Instrúyeme, Señor, en tus decretos*** *(Salmo 118,68b)*.

Santos JUAN DE CAPISTRANO *pb*, Marcos *ob*, Valerio *di mr*

OCTUBRE
23
SÁBADO

Papa Francisco: —"Sí, estaremos en el cielo, allí... hay música, hay canciones, una buena fiesta... ¿Pero será aburrida?" —"No, no, no: será hermosa...": es encontrarse con el Señor. Es un encuentro. La mujer que está esperando un hijo, va al médico y le muestra la ecografía. -"Ah, sí, el bebé... vale." -¡No!, ¡está alegre! Y todos los días se toca la barriga para acariciar a ese niño, vive esperando a ese niño. Imagina cómo serán los ojos del niño, cómo será la sonrisa, cómo será, rubio o moreno... pero imagina el encuentro con el niño. ¿Espero yo así, concretamente, o espero un poco difuso, algo etéreo?". La esperanza es concreta, es cotidiana porque es un encuentro *(23-10-2018)*.

PALABRA

Se presentaron algunos a contar a Jesús lo de los galileos, cuya sangre había mezclado Pilato con la de los sacrificios que ofrecían. Jesús respondió: «¿Pensáis que esos galileos eran más pecadores que los demás galileos porque han padecido esto? Os digo que no; y si no os convertís, todos pereceréis lo mismo. O aquellos dieciocho sobre los que cayó la torre de Siloé y los mató, ¿pensáis que eran más culpables que los demás habitantes de Jerusalén? Os digo que no. Y si no os convertís, todos pereceréis de la misma manera». Y les dijo esta parábola: «Uno tenía una higuera plantada en su viña, y fue a buscar fruto en ella, y no lo encontró. Dijo entonces al viñador: "Ya ves: tres años llevo viniendo a buscar fruto en esta higuera, y no lo encuentro. Córtala. ¿Para qué va a perjudicar el terreno?". Pero el viñador respondió: "Señor, déjala todavía este año; y mientras tanto yo cavaré alrededor y le echaré estiércol, a ver si da fruto en adelante. Si no, la puedes cortar"».

Romanos 8,1-11; ***Salmo*** 23,1b-4ab.5-6 • **LUCAS 13,1-9**

ORACIÓN

SEÑOR, yo sería capaz de hacer las mayores barbaridades que condeno en otros, de ayer o de hoy. No tengo derecho a juzgar a los demás. Si los que considero "malos" hubieran recibido de ti lo que tú me has dado, serían mucho mejores que yo. Gracias, por tu paciencia y tus cuidados conmigo. Es lo que te pido para los misioneros y misioneras cuando los juzgues dignos de la vida eterna que predican. ***Esta es la generación que busca tu rostro, Señor*** *(Salmo 23,6)*.

OCTUBRE

24

DOMINGO

DOMINGO XXX DEL TIEMPO ORDINARIO   Tomo IV - Salterio 2ª semana

Santos ANTONIO M.ª CLARET *ob*, Proclo *ob*, Luis Guanella *pb*

SAN ANTONIO Mª CLARET

DOMINGO MUNDIAL DE LAS MISIONES

Papa Francisco: Hoy el Evangelio sella tres pasos fundamentales para *el camino de la fe.* **1.** En primer lugar, ***nos fijamos en Bartimeo:*** su nombre significa "hijo de Timeo". Surge una paradoja: el padre está ausente. Bartimeo yace solo junto al camino, lejos de casa y sin un padre: no es alguien amado sino abandonado. Es ciego y no tiene quien lo escuche; y cuando quería hablar, intentaban hacerlo callar. ***Jesús escucha su grito.*** Y cuando lo encuentra le deja hablar. No era difícil adivinar lo que Bartimeo le habría pedido: es evidente que un ciego lo que quiere es tener o recuperar su vista. Pero Jesús no es expeditivo, da tiempo a la escucha. Este es el primer paso para facilitar el camino de la fe: ***escuchar. Es el apostolado del oído: escuchar, antes de hablar.*** Por el contrario, muchos de los que estaban con Jesús imprecaban a Bartimeo para que se callara. ¡Qué importante es para nosotros escuchar la vida! Escuchar con amor, con paciencia, como hace Dios con nosotros, con nuestras oraciones a menudo repetitivas. Dios nunca se cansa, siempre se alegra cuando lo buscamos. Pidamos también nosotros la gracia de un corazón dócil para escuchar. **2.** Segundo paso para acompañar el camino de fe: ***hacerse prójimos.*** Miramos a Jesús, que no delega en alguien de la «multitud» que lo seguía, sino que se encuentra con Bartimeo en persona. Le dice: ***«¿Qué quieres que yo haga por ti?».*** *Qué quieres:* Jesús se identifica con Bartimeo, no prescinde de sus expectativas; *que yo haga:* hacer, no solo hablar; *por ti:* no de acuerdo con ideas preestablecidas para cualquiera, sino para ti, en tu situación. Así lo hace Dios, implicándose en primera persona con un amor de predilección por cada uno. La fe pasa por la vida. Cuando la fe se concentra exclusivamente en las formulaciones doctrinales, se corre el riesgo de hablar solo a la cabeza, sin tocar el corazón. Y cuando se concentra solo en el hacer, corre el riesgo de convertirse en moralismo y de reducirse a lo social. La fe es vida: es vivir el amor de Dios que ha cambiado nuestra existencia. **3. *Testimoniar*** es el *tercer* paso. Fijémonos en los discípulos que llaman a Bartimeo: le dirigen solo tres palabras, todas de Jesús: ***«Ánimo, levántate, que te llama».*** En el resto del Evangelio, solo Jesús dice *ánimo,* porque solo él resucita el corazón. Solo Jesús dice en el Evangelio *levántate,* para sanar el espíritu y el cuerpo. Solo Jesús *llama,* cambiando la vida del que lo sigue, levantando al que está por el suelo, llevando la luz de Dios en la oscuridad de la vida *(28-10-2018).*

PALABRA

• ***Jeremías*** 31, 7-9: Esto dice el Señor: «Gritad de alegría por Jacob, regocijaos por la flor de los pueblos; proclamad, alabad y decid: "¡El Señor ha salvado a su pueblo, ha salvado al resto de Israel!". Los traeré del país del norte, los reuniré de los confines de la tierra. Entre ellos habrá ciegos y cojos, lo mismo preñadas que paridas: volverá una enorme multitud. Vendrán todos llorando y yo los guiaré entre consuelos; los llevaré a torrentes de agua, por camino llano sin tropiezos. Seré un padre para Israel. Efraín será mi primogénito».

• ***Salmo*** 125, 1b-6: ***El Señor ha estado grande con nosotros, y estamos alegres.***

• ***Hebreos*** 5, 1-6: Todo sumo sacerdote, escogido de entre los hombres, está puesto para representar a los hombres en el culto a Dios: para ofrecer dones y sacrificios por los pecados. Él puede comprender a los ignorantes y extraviados, porque también él está sujeto a debilidad. A causa de ella, tiene que ofrecer sacrificios por sus propios pecados, como por los del pueblo. Nadie puede arrogarse este honor, sino el que es llamado por Dios, como en el caso de Aarón. Tampoco Cristo se confirió a sí mismo la dignidad de sumo sacerdote, sino que la recibió de aquel que le dijo: «Tú eres mi Hijo: yo te he engendrado hoy»; o, como dice en otro pasaje: «Tú eres sacerdote para siempre, según el rito de Melquisedec».

• **MARCOS 10, 46-52:** Al salir Jesús de Jericó con sus discípulos y bastante gente, un mendigo ciego, Bartimeo (el hijo de Timeo), estaba sentado al borde del camino pidiendo limosna. Al oír que era Jesús Nazareno, empezó a gritar: «Hijo de David, Jesús, ten compasión de mí». Muchos le increpaban para que se callara. Pero él gritaba más: «Hijo de David, ten compasión de mí». Jesús se detuvo y dijo: «Llamadlo». Llamaron al ciego, diciéndole: «Ánimo, levántate, que te llama». Soltó el manto, dio un salto y se acercó a Jesús. Jesús le dijo: «¿Qué quieres que te haga?». El ciego le contestó: «"Rabbuní", que recobre la vista». Jesús le dijo: «Anda, tu fe te ha salvado». Y al momento recobró la vista y lo seguía por el camino.

ORACIÓN

SEÑOR, hoy tu Iglesia fija sus ojos y su corazón en esa porción escogida que son los misioneros, en el Domingo Mundial de las Misiones. Los misioneros son la expresión viva y dinámica de cada Iglesia: la de España ha evangelizado toda América desde finales del siglo XV, y continúa su labor pastoral en lo que fue Nuevo Mundo. Y fue numerosa y definitiva la presencia de misioneros españoles en Filipinas y en Extremo Oriente. Hoy puede considerarse España como tierra de misión: tu presencia entre nosotros necesita una revitalización que solo tú puedes darnos. Y a quienes siguen su misión en el Tercer Mundo protégelos, aviva cada día su ejemplar espíritu misionero.

OCTUBRE
25
LUNES

Lunes 30° Tiempo Ordinario Tomo IV - Salterio 2ª semana

Santos Bernardo Calbó *ob*, Crisanto y Daría *mrs*, Frutos, Valentín y Engracia *mrs*

SAN BERNARDO CALBÓ

Papa Francisco: Cuando llevaban a Jesús un enfermo para que lo tocase y lo curase, no se entretenía con otras cosas; la curación estaba antes que la ley, incluso una tan sagrada como el descanso del sábado (*Mc* 3, 1-6). Los doctores de la ley regañaban a Jesús porque curaba en sábado. Pero el amor de Jesús era dar la salud, hacer el bien: y esto va siempre en primer lugar. Jesús da a los discípulos el poder de curar, o sea de acercarse a los enfermos y hacerse cargo de ellos. La cercanía cristiana es un tesoro de sabiduría, que ayuda a las familias en los momentos difíciles y hace comprender el reino de Dios mejor que muchos discursos. Son caricias de Dios *(10-6-2015).*

PALABRA

Un sábado, enseñaba Jesús en una sinagoga. Había una mujer que desde hacía dieciocho años estaba enferma por causa de un espíritu, y andaba encorvada, sin poderse enderezar de ningún modo. Al verla, Jesús la llamó y le dijo: «Mujer, quedas libre de tu enfermedad». Le impuso las manos, y enseguida se puso derecha. Y glorificaba a Dios. Pero el jefe de la sinagoga, indignado porque Jesús había curado en sábado, se puso a decir a la gente: «Hay seis días para trabajar; venid, pues, a que os curen en esos días y no en sábado». Pero el Señor le respondió y dijo: «Hipócritas: cualquiera de vosotros, ¿no desata en sábado su buey o su burro del pesebre, y los lleva a abrevar? Y a esta, que es hija de Abrahán, y que Satanás ha tenido atada dieciocho años, ¿no era necesario soltarla de tal ligadura en día de sábado?». Al decir estas palabras, sus enemigos quedaron abochornados, y toda la gente se alegraba por todas las maravillas que hacía.

Romanos 8, 12-17; ***Salmo*** 67, 2.4.6-7ab.20-21 • **LUCAS 13, 10-17**

ORACIÓN

SEÑOR, con frecuencia los evangelios distinguen las diferentes reacciones ante tus palabras y tus milagros: tus enemigos quedaron abochornados, y toda la gente se alegraba. Yo me alegro de que "el sábado se haya hecho para el hombre" y no viceversa, y me quedo con tu lección: cualquier día y hora es momento oportuno para hacer el bien al prójimo, atendiendo a sus necesidades espirituales y a sus carencias materiales. Amando al prójimo te amaré a ti mismo, presente en el hermano. ***Nuestro Dios es un Dios que salva*** *(Salmo 67, 21a).*

Santos Albino *ob*, Fulco *ob*, Luciano y Marciano *mrs*, Amando *ob*

OCTUBRE
26
MARTES

Papa Francisco: Jesús utiliza dos ejemplos sencillos de la vida cotidiana: el del grano de mostaza y la levadura. Ambos son pequeños, pero cuando entran en ese movimiento, tienen dentro un poder que sale de sí mismos y crece: es el misterio del Reino de Dios. El grano tiene el poder dentro, la levadura tiene el poder dentro y también el poder del Reino de Dios viene desde dentro. No es un crecer como, por ejemplo, el de un equipo de fútbol cuando aumenta el número de seguidores y el de jugadores, sino que viene de dentro. Dice san Pablo que los sufrimientos de esta vida no son comparables con la gloria que nos espera, que no es un esperar tranquilo. ¿Cómo va mi esperanza? ¿Es una ilusión?¿O creo que allí dentro está el Espíritu Santo? ¿Hablo con el Espíritu Santo?» *(31-10-2017).*

PALABRA

Decía Jesús: «¿A qué es semejante el reino de Dios o a qué lo compararé? Es semejante a un grano de mostaza que un hombre toma y siembra en su huerto; creció, se hizo un árbol y los pájaros del cielo anidaron en sus ramas». Y dijo de nuevo: «¿A qué compararé el reino de Dios? Es semejante a la levadura que una mujer tomó y metió en tres medidas de harina, hasta que todo fermentó».

Romanos 8, 18-25; ***Salmo*** 125, 1b-6 • **LUCAS 13, 18-21**

ORACIÓN

SEÑOR, tu Iglesia –sal, luz y fermento de la humanidad– no ha fracasado por no haber hecho miembros suyos a todos los hombres. Aquel grano de mostaza que sembraste es hoy un inmenso árbol frondoso al que pueden acudir, protegerse y crecer en la fe quienes lo deseen. Es poca cosa, como la sal y la levadura: poco, pero auténtico. ¿Soy yo cristiano de verdad? ¿Tengo en mí el Espíritu de Cristo? ¿Son mis criterios como los suyos? ***El Señor ha estado grande con nosotros*** *(Salmo 125, 3a).*

OCTUBRE
27
MIÉRCOLES

Miércoles 30° Tiempo Ordinario Tomo IV - Salterio 2ª semana

Santos Evaristo *pp*, Gaudioso *ob*, Vicente, Sabina y Cristeta *mrs*

SS. VICENTE, SABINA Y CRISTETA

Papa Francisco: Jesús es la puerta, él es el paso hacia la salvación. Él conduce al Padre. «No todo el que me dice “Señor, Señor” entrará en el reino de los cielos, sino el que hace la voluntad del Padre». Y añade: «Muchos me dirán ese día: “Señor, Señor, ¿no hemos profetizado en tu nombre y echado demonios en tu nombre?”. Entonces yo les declararé: “Nunca os he conocido”». Es una palabra fuerte, no cabe duda, que tiene la finalidad de sacudirnos y llamarnos a la conversión *(4-11-2015).*

PALABRA

Jesús pasaba por ciudades y aldeas enseñando y se encaminaba hacia Jerusalén. Uno le preguntó: «Señor, ¿son pocos los que se salvan?». Jesús les dijo: «Esforzaos en entrar por la puerta estrecha, pues os digo que muchos intentarán entrar y no podrán. Cuando el amo de la casa se levante y cierre la puerta, os quedaréis fuera y llamaréis a la puerta diciendo: “Señor, ábrenos”; pero él os dirá: “No sé quiénes sois”. Entonces comenzaréis a decir: “Hemos comido y bebido contigo, y tú has enseñado en nuestras plazas”. Pero él os dirá: “No sé de dónde sois. Alejaos de mí todos los que obráis la iniquidad”. Allí será el llanto y el rechinar de dientes, cuando veáis a Abrahán, a Isaac y a Jacob y a todos los profetas en el reino de Dios, pero vosotros os veáis arrojados fuera. Y vendrán de oriente y occidente, del norte y del sur, y se sentarán a la mesa en el reino de Dios. Mirad: hay últimos que serán primeros, y primeros que serán últimos».

Romanos 8,26-30; ***Salmo*** 12,4-6 • **LUCAS 13,22-30**

ORACIÓN

SEÑOR, empújame por la puerta estrecha que lleva a la vida, cuando veas que ando por el ancho camino que va a la ruina. Pongo mi vida y mi libertad en tus manos. ¡Que jamás escuche de tus labios que no me conoces, que me aleje de ti, que soy un malvado! No importa que sea el último en tu reino, con tal de estar contigo ahora y por siempre. ***Yo confío, Señor, en tu misericordia*** *(Salmo 12, 6a).*

FIESTA DE LOS SANTOS SIMÓN Y JUDAS TADEO, APÓSTOLES

Santos Fidel *mr*, Francisco Serrano *ob* y *co mrs*, Rodrigo Aguilar *pb mr*

OCTUBRE
28
JUEVES

Papa Francisco: Tres momentos en la jornada de elección de los apóstoles: Jesús pasa una noche entera orando al Padre; Jesús, entre sus apóstoles; Jesús, entre la gente. Ora con el Padre, porque tenía intimidad; por la gente que acudía a encontrarle; y por los apóstoles. Tras la cena del Jueves Santo, ruega al Padre diciendo: "Te ruego por estos, los míos; y también por aquellos que creerán por su palabra". Muchas veces nos decimos: *Reza por mí, ¿eh? Lo necesito, tengo muchos problemas, muchas cosas, reza por mí.* Y esto es algo bueno, debemos rezar el uno por el otro. ¿Decimos a Jesús: "Ruega por mí, tú que eres el primero de nosotros"? Seguro que ora; pero decidle: "Ruega por mí, Señor, tú eres el intercesor" es mostrar una gran confianza. Él ora valientemente, porque hace ver al Padre el precio de nuestra justicia: sus llagas *(28-10-2013).*

PALABRA

Jesús salió al monte a orar, y pasó la noche orando a Dios. Cuando se hizo de día, llamó a sus discípulos, escogió de entre ellos a Doce, a los que también nombró apóstoles: Simón, al que puso de nombre Pedro, y Andrés, su hermano; Santiago, Juan, Felipe, Bartolomé, Mateo, Tomás, Santiago el de Alfeo, Simón, llamado el Zelote; Judas el de Santiago y Judas Iscariote, que fue el traidor. Después de bajar con ellos, se paró en una llanura, con un grupo grande de discípulos y una gran muchedumbre del pueblo, procedente de toda Judea, de Jerusalén y de la costa de Tiro y de Sidón. Venían a oírlo y a que los curara de sus enfermedades; los atormentados por espíritus inmundos quedaban curados, y toda la gente trataba de tocarlo, porque salía de él una fuerza que los curaba a todos.

Efesios 2, 19-22; ***Salmo*** 18, 2-5b • **LUCAS 6, 12-19**

ORACIÓN

SEÑOR, pasas la noche orando, cuentas con el Padre para elegir a tus Apóstoles. Sabes a quiénes eliges, los llamas por su nombre y apellido, incluido Judas, el que te traicionaría. También a mí me quieres como soy, me eliges para ser amigo tuyo y me llamas por mi nombre. ¡Ayúdame a serte siempre fiel, a dedicar mi vida a fortalecer la amistad que nos une! ***A toda la tierra alcanza su pregón*** *(Salmo 18, 5a).*

OCTUBRE

29

VIERNES

Viernes 30° Tiempo Ordinario Tomo IV - Salterio 2ª semana

Santos Narciso *ob,* Feliciano *mr,* Honorato *ob,* Joaquín Royo *pb mr*

SAN JOAQUÍN ROYO

Papa Francisco: Jesús estaba un sábado en casa de uno de los jefes de los fariseos para almorzar con ellos; y le observaban para ver qué hacía. Les preguntó: *¿Es lícito curar los sábados, o no?* Una pregunta sencilla, pero ellos, como todos los hipócritas, callaban siempre cuando Jesús los ponía ante la verdad. Jesús tenía delante de él a un enfermo. ¿Qué hizo Jesús? Lo tomó de la mano, lo curó y lo despidió. Jesús se acerca: la cercanía es la prueba de que vamos por el camino auténtico, el camino que eligió Dios para salvarnos *(31-10-2014).*

PALABRA

Un sábado, entró Jesús en casa de uno de los principales fariseos para comer, y ellos lo estaban espiando. Había allí, delante de él, un hombre enfermo de hidropesía, y tomando la palabra, dijo a los maestros de la ley y a los fariseos: «¿Es lícito curar los sábados, o no?». Ellos se quedaron callados. Jesús, tocando al enfermo, lo curó y lo despidió. Y a ellos les dijo: «¿A quién de vosotros se le cae al pozo el asno o el buey y no lo saca enseguida en día de sábado?». Y no pudieron replicar a esto.

Romanos 9, 1-5; ***Salmo*** 147, 12-15. 19-20 • **LUCAS 14, 1-6**

ORACIÓN

SEÑOR, ante un enfermo, o un necesitado, no miras el calendario: en la consulta del médico divino todos los días son hábiles para curar, para hacer el bien, para ayudar. Y estoy seguro de que eso es lo que esperas de mí y de todos los que te seguimos como discípulos del más perfecto Maestro. Ojalá tuviera yo el don de curar. Pero me has dado el tiempo, las manos, el habla: todo lo que soy y tengo, al servicio de ti mismo, presente en mi prójimo necesitado. ¡Cuando un minúsculo virus ha tenido continentes sufriendo en torno a millones de enfermos y cientos de miles de muertos... te echamos en falta: a ti, y tu don de curar, que tan bien nos hubiera venido para vencer al coronavirus, Covid-19! ***Glorifica al Señor, Jerusalén*** *(Salmo 147, 12a).*

Santos Claudio, Lupercio y Victorio *mrs*, Marcelo *mr*, Germán *ob*, Gerardo *ob*

Papa Francisco: Esta gente [los fariseos] estaba tan apegada a la ley que había olvidado la justicia y el amor. Y estaban apegados a las palabras, a las letras de la ley. Este modo de vivir les alejaba del amor y de la justicia: cuidaban la ley, descuidaban la justicia; cuidaban la ley, descuidaban el amor. Jesús para esta gente encuentra solamente una palabra: ¡Hipócritas! El estar apegados a la letra de la ley, lleva a la cerrazón, lleva al egoísmo, a la soberbia de sentirse justos, a esa "santidad" —entre comillas— de las apariencias *(31-10-2014)*.

PALABRA

Un sábado, entró Jesús en casa de uno de los principales fariseos para comer, y ellos lo estaban espiando. Notando que los convidados escogían los primeros puestos, les decía una parábola: «Cuando te conviden a una boda, no te sientes en el puesto principal, no sea que hayan convidado a otro de más categoría que tú; y vendrá el que os convidó a ti y al otro y te diga: "Cédele el puesto a este". Entonces, avergonzado, irás a ocupar el último puesto. Al revés, cuando te conviden, vete a sentarte en el último puesto, para que, cuando venga el que te convidó, te diga: "Amigo, sube más arriba". Entonces quedarás muy bien ante todos los comensales. Porque todo el que se enaltece será humillado; y el que se humilla será enaltecido».

Romanos 11, 1-2a.11-12.25-29; ***Salmo*** 93, 12-13a.14-15.17-18

• LUCAS 14, 1.7-11

ORACIÓN

SEÑOR, nuevamente aludes a la humildad como talante de tus seguidores: "El que se ensalza será humillado, y el que se humilla será ensalzado". "Un corazón quebrantado y humillado tú no lo desprecias". Por eso estoy seguro de que me escuchas cuando, sintiéndome pecador, apelo a tu misericordia. Para mí es mi única salida. Para ti, motivo de gozo, porque tienes preferencia por los pecadores. ***El Señor no rechaza a su pueblo*** *(Salmo 93, 14a)*.

OCTUBRE

31

DOMINGO

DOMINGO XXXI DEL TIEMPO ORDINARIO Tomo IV - Salterio 3ª semana

Santos Jerónimo Hermosilla *ob mr*, Alonso Rodríguez *rl*, Quintín *mr*

SAN JERÓNIMO HERMOSILLA

Papa Francisco: En el centro del Evangelio de este domingo (*Marcos* 12, 28b-34), está el mandamiento del amor: ***amor a Dios y amor al prójimo.*** Un escriba preguntó a Jesús: «¿Cuál es el primero de todos los mandamientos?». Él responde citando la profesión de fe con la que cada israelita abre y cierra su día y que empieza con las palabras ***«Escucha, Israel. Yahvé nuestro Dios es el único Señor»*** (*Deuteronomio* 6, 4). De este modo Israel custodia su fe en la realidad fundamental de todo su credo: existe un solo Señor y ese Señor es «nuestro» en el sentido de que está vinculado a nosotros con un pacto indisoluble, nos ha amado, nos ama y nos amará por siempre. De esta fuente, de este amor de Dios, se deriva para nosotros el doble mandamiento: ***«Amarás al Señor, tu Dios,*** con todo tu corazón, con toda tu alma, con toda tu mente y con todas tus fuerzas [...] ***Amarás a tu prójimo*** como a ti mismo». Eligiendo estas dos palabras dirigidas por Dios a su pueblo y poniéndolas juntas, Jesús enseñó una vez para siempre que ***el amor a Dios y el amor al prójimo son inseparables, es más, se sustentan el uno al otro.*** Incluso si se colocan en secuencia, son las dos caras de una única moneda: vividos juntos son la verdadera fuerza del creyente. Amar a Dios es vivir de él y para él, por aquello que él es y por lo que él hace. Y nuestro Dios es donación sin reservas, es perdón sin límites, es relación que promueve y hace crecer. Por eso, amar a Dios quiere decir ***invertir cada día nuestras energías para ser sus colaboradores en el servicio sin reservas a nuestro prójimo,*** en buscar perdonar sin límites y en cultivar relaciones de comunión y de fraternidad *(4-11-2018).*

PALABRA

• ***Deuteronomio*** 6,2-6: Habló Moisés al pueblo, diciendo: «Teme al Señor, tu Dios, tú, tus hijos y nietos, y observa todos sus mandatos y preceptos, que yo te mando, todos los días de tu vida, a fin de que se prolonguen tus días. Escucha, pues, Israel, y esmérate en practicarlos, a fin de que te vaya bien y te multipliques como te prometió el Señor, Dios de tus padres, en la tierra que mana leche y miel. Escucha, Israel: El Señor es nuestro Dios, el Señor es uno solo. Amarás, pues, al Señor, tu Dios, con todo tu corazón, con toda tu alma y con todas tus fuerzas. Estas palabras que yo te mando hoy estarán en tu corazón».

• ***Salmo*** 17,2-4.47.51ab: ***Yo te amo, Señor; tú eres mi fortaleza.***

• ***Hebreos*** 7, 23-28: Hermanos: Ha habido multitud de sacerdotes de la anterior Alianza, porque la muerte les impedía permanecer; en cambio, Jesús, como permanece para siempre, tiene el sacerdocio que no pasa. De ahí que puede salvar definitivamente a los que se acercan a Dios por medio de él, pues vive siempre para interceder a favor de ellos. Y tal convenía que fuese nuestro sumo sacerdote: santo, inocente, sin mancha, separado de los pecadores y encumbrado sobre el cielo. Él no necesita ofrecer sacrificios cada día como los sumos sacerdotes, que ofrecían primero por los propios pecados, después por los del pueblo, porque lo hizo de una vez para siempre, ofreciéndose a sí mismo. En efecto, la ley hace sumos sacerdotes a hombres llenos de debilidades. En cambio, la palabra del juramento, posterior a la ley, consagra al Hijo, perfecto para siempre.

• **MARCOS, 12,28b-34:** Un escriba se acercó a Jesús y le preguntó: «¿Qué mandamiento es el primero de todos?». Respondió Jesús: «El primero es: "Escucha, Israel: el Señor, nuestro Dios, es el único Señor: amarás al Señor, tu Dios, con todo tu corazón, con toda tu alma, con toda tu mente, con todo tu ser". El segundo es este: "Amarás a tu prójimo como a ti mismo". No hay mandamiento mayor que estos». El escriba replicó: «Muy bien, Maestro, sin duda tienes razón cuando dices que el Señor es uno solo y no hay otro fuera de él; y que amarlo con todo el corazón, con todo el entendimiento y con todo el ser, y amar al prójimo como a uno mismo vale más que todos los holocaustos y sacrificios». Jesús, viendo que había respondido sensatamente, le dijo: «No estás lejos del reino de Dios». Y nadie se atrevió a hacerle más preguntas.

ORACIÓN

SEÑOR, con las palabras "Escucha, Israel", que preceden al mandamiento del amor, me indicas cuál ha de ser mi actitud ante tu Palabra de vida: escuchar, meditar, guardar en el corazón. Y hacer de mi vida un ejercicio alegre y prolongado de amor: amor a ti sobre todas las cosas, y al prójimo como tú nos amas.

EL MATRIMONIO Y LA FAMILIA

Libros para fortalecer la vida matrimonial y familiar

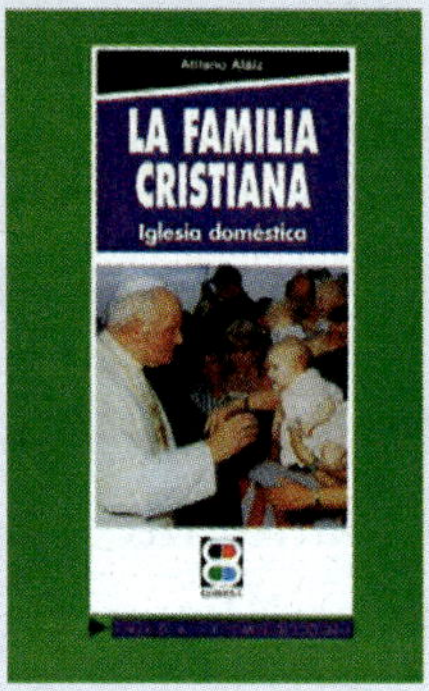

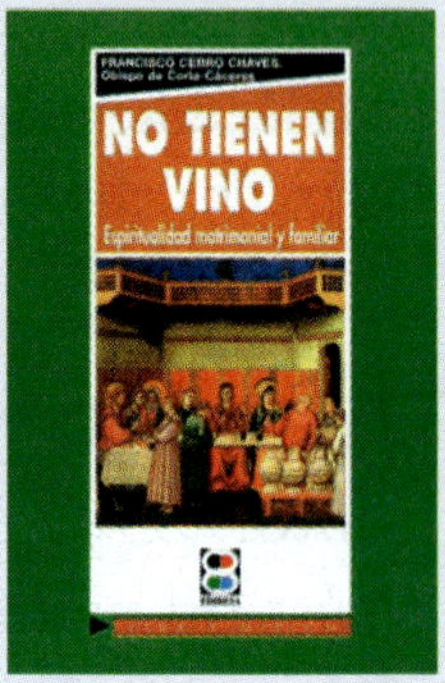

- **El amor humano.** ***Su sentido y su alcance.*** A. López Quintás. 256 p. 9,00 €. Ética y amor.
- **No tienen vino.** ***Espiritualidad matrimonial y familiar.*** Mons. Francisco Cerro, arzobispo de Toledo. 70 p. 6,75 €
- **El matrimonio en Cristo.** J.Mª Iraburu. 144 p. 4,25 €
- **Amor y vida.** *Acerca del Matrimonio Cristiano.* F. García. 308 p. 11,45 €
- **Familia, vida y sociedad.** ***Textos sociales católicos.*** M, J. Núñez. 346 p. 11,75 v
- **La familia cristiana.** ***Iglesia doméstica.*** Atilano Aláiz, 346 p. 11,50 €
- **Escuela de padres en casa** (3ª ed.). N. Martínez, 212 p. 7,25 €. Para educar desde la familia y el diálogo.
- **Quince cartas a un padre preocupado** (3ª ed.). Venancio Luis Agudo. 150 p. 5,25 €

NOVIEMBRE

A TI, OH DIOS, TE ALABAMOS.
Los ángeles todos, los cielos,
los querubines y serafines te cantan sin cesar.
A ti te ensalza el glorioso coro de los apóstoles,
la multitud admirable de los profetas,
el blanco ejército de los mártires.
Padre de inmensa majestad,
Hijo único, digno de adoración,
Espíritu Santo, Defensor.

NOVIEMBRE

1

LUNES

SOLEMNIDAD DE TODOS LOS SANTOS

TODOS LOS SANTOS

Papa Francisco: La solemnidad de Todos los Santos nos recuerda que todos estamos llamados a la santidad. Los santos y las santas de todos los tiempos, que hoy celebramos todos juntos, no son simplemente símbolos, seres humanos lejanos, inalcanzables. Al contrario, son personas que han vivido con los pies en la tierra; que han experimentado la fatiga cotidiana de la existencia con sus éxitos y sus fracasos, encontrando en el Señor la fuerza de volver a levantarse siempre y continuar el camino. De ahí podemos comprender que la santidad es una meta que no se puede alcanzar solo con las propias fuerzas, sino que es fruto de la gracia de Dios y de nuestra libre respuesta a ella. Por lo tanto, la santidad es un don y una llamada. Como gracia de Dios, es decir, don suyo, es algo que no podemos comprar ni cambiar, sino acoger, participando así en la misma vida divina por medio del Espíritu Santo que habita en nosotros desde el día de nuestro Bautismo. La semilla de la santidad es precisamente el Bautismo. Se trata de madurar cada vez más la conciencia de que estamos injertados en Cristo, ya que el sarmiento está unido a la vid, y por eso podemos y debemos vivir con él y en él como hijos de Dios. Así que la santidad es vivir en plena comunión con Dios, ya ahora, durante esta peregrinación terrenal *(1-11-2019)*.

PALABRA

• ***Apocalipsis*** 7, 9-10.13-14: Yo, Juan, vi una muchedumbre inmensa, que nadie podría contar, de todas las naciones, razas, pueblos y lenguas, de pie delante del trono y del Cordero, vestidos con vestiduras blancas y con palmas en sus manos. Y gritan con voz potente: «¡La victoria es de nuestro Dios, que está sentado en el trono, y del Cordero!». Y uno de los ancianos me dijo: «Estos que están vestidos con vestiduras blancas ¿quiénes son y de dónde han venido?». Yo le respondí: «Señor mío, tú lo sabrás». Él me respondió: «Estos son los que vienen de la gran tribulación: han lavado y blanqueado sus vestiduras en la sangre del Cordero».

• ***Salmo*** 23, 1-6: ***Esta es la generación que busca tu rostro, Señor.***

• ***1 Juan*** 3, 1-3: Mirad qué amor nos ha tenido el Padre para llamarnos hijos de Dios, pues ¡lo somos! ¡El mundo no nos conoce porque no lo conoció a él! Queridos, ahora somos hijos de Dios y aún no se ha manifestado lo que seremos. Sabemos que, cuando se manifieste, seremos semejantes a él, porque lo veremos tal cual es. Todo el que tiene esta esperanza en él, se hace puro como él es puro.

• **MATEO, 5, 1-12a:** Al ver Jesús el gentío, subió al monte, se sentó y se acercaron sus discípulos; y, abriendo su boca, les enseñaba diciendo: Bienaventurados los pobres en el espíritu, porque de ellos es el reino de los cielos. Bienaventurados los mansos, porque ellos heredarán la tierra. Bienaventurados los que lloran, porque ellos serán consolados. Bienaventurados los que tienen hambre y sed de la justicia, porque ellos quedarán saciados. Bienaventurados los misericordiosos, porque ellos alcanzarán misericordia. Bienaventurados los limpios de corazón, porque ellos verán a Dios. Bienaventurados los que trabajan por la paz, porque ellos serán llamados hijos de Dios. Bienaventurados los perseguidos por causa de la justicia, porque de ellos es el reino de los cielos. Bienaventurados vosotros cuando os insulten y os persigan y os calumnien de cualquier modo por mi causa. Alegraos y regocijaos, porque vuestra recompensa será grande en el cielo.

ORACIÓN

SEÑOR, las bienaventuranzas que salieron de tu boca son auténticas realidades vivas en la gran asamblea de todos los santos que en su vida terrestre siguieron tus huellas, y hoy los celebramos. Tu Iglesia nos los presenta como ejemplos de vida de acuerdo con el Evangelio. Mientras ellos ya han alcanzado la segunda parte de las bienaventuranzas y son plenamente bienaventurados, a mí me invitan a ser pobre, misericordioso, limpio de corazón, amante de la paz y de la justicia... hasta que, como los santos, alcance la bienaventuranza eterna. Merece la alegría vivir como vivieron, con tu gracia, para un día gozar con ellos en tu gloria

NOVIEMBRE

2

MARTES

CONMEMORACIÓN DE TODOS LOS FIELES DIFUNTOS

Papa Francisco: Podemos pensar en la vida de aquellas personas, que tenían que esconderse, que tenían la cultura de enterrar a los muertos y celebrar la Eucaristía aquí, en las catacumbas. Esto no ha sido superado: todavía hoy hay algunos. Pienso en aquella monja en Albania que estaba en un campo de reeducación, en la época comunista, donde estaba prohibido que los sacerdotes dieran los sacramentos, y esta monja bautizaba en secreto. Nuestra identidad *[indica el Evangelio: Bienaventuranzas, y Mateo 25]* dice que seremos benditos si nos persiguen, si dicen de todo en nuestra contra; pero si estamos en las manos de Dios llagadas de amor, estamos seguros. Ese es nuestro lugar. Y hoy podemos preguntarnos: ¿Dónde me siento más seguro? ¿En las manos de Dios o con otras cosas que al final caerán? Nuestra esperanza está en el cielo, y nosotros, con la cuerda en la mano, nos sostenemos mirando esa orilla del río que tenemos que cruzar *(2-11-2019).*

PALABRA

Dijo Jesús a sus discípulos: «No se turbe vuestro corazón, creed en Dios y creed también en mí. En la casa de mi Padre hay muchas moradas; si no, os lo habría dicho, porque me voy a prepararos un lugar. Cuando vaya y os prepare un lugar, volveré y os llevaré conmigo, para que donde estoy yo estéis también vosotros. Y adonde yo voy, ya sabéis el camino». Tomás le dice: «Señor, no sabemos adónde vas, ¿cómo podemos saber el camino?». Jesús le responde: «Yo soy el camino, y la verdad, y la vida. Nadie va al Padre, sino por mí».

Lamentaciones 3,17-26; ***Salmo*** 129,1b-8; ***Romanos*** 6,3-9 • **JUAN 14,1-6**

ORACIÓN

SEÑOR, la muerte nos llegará a todos. Pero para quienes te aclamamos como Camino, Verdad y Vida, la tristeza de la muerte se cambia en esperanza de ir a una de las muchas estancias que nos has preparado en la casa del Padre. Hoy te pido una muerte consciente: será el acto más importante de mi existencia. Y que en el cielo encuentre a mis padres, hermanos, familiares y amigos difuntos, y a tantas almas del purgatorio, por quienes nadie te pide: *¡Dales, Señor, el descanso eterno, y brille para ellos la luz perpetua!* ***Desde lo hondo a ti grito, Señor*** *(Salmo 129,1b).*

Santos MARTÍN DE PORRES *rl*, Pedro Almató *pb mr*, Germán, Silvia *mf*, Beato Manuel Lozano Garrido (Lolo) *la*

Papa Francisco: El peruano Martín de Porres, siendo mestizo, fue acogido en la Orden de los Dominicos como terciario y luego como hermano cooperador. Fray Martín aceptó esta condición, viviendo una existencia de máxima humildad, irradiante de amor. Se dedicó con abnegación a los pobres y a los enfermos, aplicando sus cuidados sanitarios, gracias a los conocimientos aprendidos en una farmacia y luego como ayudante de un barbero-quirurgo, según la usanza de aquel tiempo. La figura humilde y grande de san Martín de Porres, que el papa san Pablo VI, en 1966, proclamó Patrono celestial de los peluqueros, nos estimula a trabajar con estilo cristiano, tratando a quienes acuden a nosotros, con gentileza y cortesía, y ofreciéndoles siempre una palabra amable de ánimo *(29-4-2019)*.

PALABRA

Mucha gente acompañaba a Jesús; él se volvió y les dijo: «Si alguno viene a mí y no pospone a su padre y a su madre, y a su mujer y a sus hijos, y a sus hermanos y a sus hermanas, e incluso a sí mismo, no puede ser discípulo mío. Quien no carga con su cruz y viene en pos de mí, no puede ser discípulo mío. Así, ¿quién de vosotros, si quiere construir una torre, no se sienta primero a calcular los gastos, a ver si tiene para terminarla? No sea que, si echa los cimientos y no puede acabarla, se pongan a burlarse de él los que miran, diciendo: "Este hombre empezó a construir y no puede acabar". ¿O qué rey, si va a dar la batalla a otro rey, no se sienta primero a deliberar si con diez mil hombres podrá salir al paso del que lo ataca con veinte mil? Y si no, cuando el otro está todavía lejos, envía legados para pedir condiciones de paz. Así, pues, todo aquel de entre vosotros que no renuncia a todos sus bienes no puede ser discípulo mío».

Romanos 13, 8-10; ***Salmo*** 111, 1b-2.4-5.9 • **LUCAS 14, 25-33**

ORACIÓN

SEÑOR, Los santos se entregaron a hacer el bien, como vemos en san Martín de Porres, el humilde y servicial dominico. "¿Para qué vale la vida sino para darla?". Quienes la dieron encontraron, ya en la tierra, una paz y una felicidad que jamás podrá dar el mundo. Y yo, ¿qué espero para dar ese paso: dejarlo todo en un segundo plano, para que tú seas lo primero en mi vida, y llevar mi cruz detrás de ti? ***Dichoso el que se apiada y presta*** (Salmo 111, 5a).

NOVIEMBRE

4

JUEVES

Jueves 31° Tiempo Ordinario — Tomo IV - Salterio 3ª semana

Santos CARLOS BORROMEO *ob*, Vital y Agrícola *mrs*, Modesta *ab*, Félix de Valois *pb*

SAN CARLOS BORROMEO

Papa Francisco: La actitud de los escribas y de los fariseos es la misma, excluyente. En cambio, la actitud de Jesús es incluir. Hay dos caminos en la vida: el camino de la exclusión de las personas de nuestra comunidad y el camino de la inclusión. No es fácil incluir a la gente porque hay resistencia, hay esa actitud selectiva. Por eso, Jesús contaba dos parábolas: la oveja perdida y la mujer que pierde una moneda. Tanto el pastor como la mujer hacen de todo para encontrar lo que han perdido. Y cuando lo encuentran se llenan de alegría. No juzgar nunca, y decir: Dios sabe; es su vida, pero yo no lo excluyo de mi corazón, de mi oración, de mi saludo, de mi sonrisa, y si tengo ocasión decirle una palabra bonita *(5-11-2015)*.

PALABRA

Solían acercarse a Jesús todos los publicanos y los pecadores a escucharle. Y los fariseos y los escribas murmuraban diciendo: «Ese acoge a los pecadores y come con ellos». Jesús les dijo esta parábola: «¿Quién de vosotros que tiene cien ovejas y pierde una de ellas, no deja las noventa y nueve en el desierto y va tras la descarriada, hasta que la encuentra? Y, cuando la encuentra, se la carga sobre los hombros, muy contento; y, al llegar a casa, reúne a los amigos y a los vecinos, y les dice: "¡Alegraos conmigo!, he encontrado la oveja que se me había perdido". Os digo que así también habrá más alegría en el cielo por un solo pecador que se convierta que por noventa y nueve justos que no necesitan convertirse. O ¿qué mujer que tiene diez monedas, si se le pierde una, no enciende una lámpara y barre la casa y busca con cuidado, hasta que la encuentra? Y, cuando la encuentra, reúne a las amigas y a las vecinas y les dice: "¡Alegraos conmigo!, he encontrado la moneda que se me había perdido". Os digo que la misma alegría habrá entre los ángeles de Dios por un solo pecador que se convierta».

Romanos 14,7-12; ***Salmo*** 26,1bcde.4.13-14 • **LUCAS 15,1-10**

ORACIÓN

SEÑOR, me invitas a convertirme, hoy y cada día. ¡Cómo celebras que los pecadores como yo demos la espalda al pecado y encaminemos nuestros pasos hacia el Padre, a tu lado! A nadie excluyes de tu corazón por muy pecador que sea. Pero yo no puedo convertirme, volver a ti, si tú no tomas la iniciativa: *"Hazme volver a ti, Señor, y volveré" (Lamentaciones 5,21)*. ***Espero gozar de la dicha del Señor en el país de la vida*** *(Salmo 26,13)*.

SANTA ANGELA DE LA CRUZ

NOVIEMBRE

5

VIERNES

Santos ÁNGELA DE LA CRUZ *vg*, Bertila *ab*, Domingo Mâu *pb mr*, Guido M. Conforti *ob*. Beata María Rafols *vg*.

Papa Francisco: Dios nos ha mandado llevar el pan a casa con nuestro trabajo honesto. En cambio, este administrador daba de comer a sus hijos pan sucio. Y sus hijos, tal vez educados en colegios costosos, tal vez crecidos en ambientes cultos, lo habían recibido de su papá como comida sucia. Porque su papá llevando pan sucio a casa había perdido la dignidad. Si el primer soborno es pequeño, después viene el otro y el otro: y se termina con la enfermedad de la adicción a los sobornos, un pecado muy grave porque va contra la dignidad: esa dignidad con la que somos ungidos con el trabajo *(8-11-2013)*.

PALABRA

Decía Jesús a sus discípulos: «Un hombre rico tenía un administrador, a quien acusaron ante él de derrochar sus bienes. Entonces lo llamó y le dijo: "¿Qué es eso que estoy oyendo de ti? Dame cuenta de tu administración, porque en adelante no podrás seguir administrando". El administrador se puso a decir para sí: "¿Qué voy a hacer, pues mi señor me quita la administración? Para cavar no tengo fuerzas; mendigar me da vergüenza. Ya sé lo que voy a hacer para que, cuando me echen de la administración, encuentre quien me reciba en su casa". Fue llamando uno a uno a los deudores de su amo y dijo al primero: "¿Cuánto debes a mi amo?". Este respondió: "Cien barriles de aceite". Él le dijo: "Toma tu recibo; aprisa, siéntate y escribe cincuenta". Luego dijo a otro: "Y tú, ¿cuánto debes?". Él respondió: "Cien fanegas de trigo". Le dice: "Toma tu recibo y escribe ochenta". Y el amo alabó al administrador injusto, porque había actuado con astucia. Ciertamente, los hijos de este mundo son más astutos con su propia gente que los hijos de la luz».

Romanos 15, 14-21; ***Salmo*** 97, 1bcde.2-4 • **LUCAS 16, 1-8**

ORACIÓN

SEÑOR, como hijo de la luz, estoy llamado a poner todas las luces que me has confiado para el servicio del Evangelio: anunciar tu salvación a los que o no te conocen bien o se han apartado, y demostrar con obras que el amor es posible en tu Iglesia. ¡Que no me ganen en astucia para conseguir el bien los listillos del mundo que tanto mal hacen! Dame el espíritu de sabiduría, ciencia e inteligencia. ***El Señor revela a las naciones su salvación*** *(Salmo 97,2b)*.

NOVIEMBRE

6

SÁBADO

Sábado 31° Tiempo Ordinario Tomo IV - Salterio 3ª semana

Santos PEDRO POVEDA e INOCENCIO CANOURA *pbs y co mrs,* **Severo** *ob,* **Leonardo** *er,* **Melanio** *ob.* **Beata Josefa Naval** *vg*

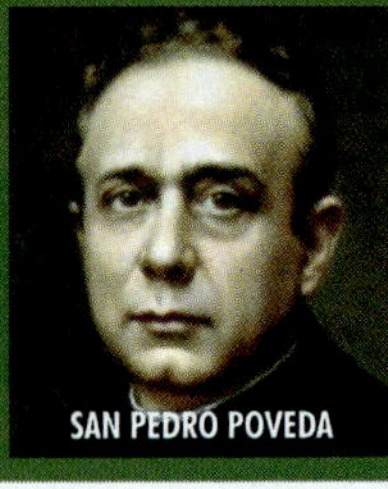
SAN PEDRO POVEDA

Papa Francisco: La pobreza siempre tratamos de escamotearla, sea por cosas razonables: me refiero a escamotearla en el corazón. Hay que saber administrar los bienes: es una obligación, pues los bienes son un don de Dios, pero cuando esos bienes entran en el corazón y te empiezan a conducir la vida, ahí perdiste. Ya no eres como Jesús *(20-9-2015).*

PALABRA

Decía Jesús a sus discípulos: «Ganaos amigos con el dinero de iniquidad, para que, cuando os falte, os reciban en las moradas eternas. El que es fiel en lo poco, también en lo mucho es fiel; el que es injusto en lo poco, también en lo mucho es injusto. Pues, si no fuisteis fieles en la riqueza injusta, ¿quién os confiará la verdadera? Si no fuisteis fieles en lo ajeno, ¿lo vuestro, quién os lo dará? Ningún siervo puede servir a dos señores, porque, o bien aborrecerá a uno y amará al otro, o bien se dedicará al primero y no hará caso del segundo. No podéis servir a Dios y al dinero». Los fariseos, que eran amigos del dinero, estaban escuchando todo esto y se burlaban de él. Y les dijo: «Vosotros os las dais de justos delante de la gente, pero Dios conoce vuestros corazones, pues lo que es sublime entre los hombres es abominable ante Dios».

Romanos 16, 3-9.16.22-27; ***Salmo*** 144, 2-5.10-11 • **LUCAS 16, 9-15**

ORACIÓN

SEÑOR, detestas la arrogancia de los hombres, que se alejan de ti por la soberbia, y valoras la honradez en las cosas pequeñas. Aquí me tienes, sin más ambición que ser amigo tuyo, amigo fiel hasta en los menores detalles de la vida ordinaria. Acepta mi voluntad de servirte solo a ti, dando la espalda al vil dinero que tantas veces me engaña. Solo tú eres el Dios de mi vida y el Señor de mis actos. ***Bendeciré tu nombre por siempre, Dios mío, mi Rey*** *(Salmo 144,1bc).*

NOVIEMBRE
7
DOMINGO

Santos Lázaro *cf,* Jerón *mr,* Florencio *ob,* Jacinto Castañeda y Vicente Lê *pbs mrs.* Beato Francisco Palau *pb*

Papa Francisco: El episodio evangélico de hoy resalta dos figuras opuestas: ***el escriba y la viuda.*** El escriba representa a las personas importantes, ricas, influyentes; la viuda representa a los últimos, a los pobres, a los débiles. En realidad, el juicio resuelto de Jesús se refiere a aquellos que alardean de su posición social, que se enorgullecen del título de "rabí", es decir, maestro, a quienes les gusta que les reverencien y ocupar los primeros puestos. Lo peor es que su ostentación es sobre todo de naturaleza religiosa, porque rezan, dice Jesús -"so capa de largas oraciones"- y se sirven de Dios para proclamarse como los defensores de su ley. Y esta actitud de superioridad y de vanidad los lleva a despreciar a los que cuentan poco o se encuentran en una posición económica de desventaja, como es el caso de las viudas. **1.** Jesús desenmascara este mecanismo perverso: ***denuncia la opresión instrumentalizada de los débiles por motivos religiosos,*** diciendo claramente que Dios está del lado de los últimos. **2.** Y para grabar esta lección en la mente de los discípulos, les pone un ***ejemplo viviente: una viuda pobre,*** cuya posición social era insignificante porque no tenía un marido que pudiera defender sus derechos, y por eso era presa fácil para algún acreedor sin escrúpulos. Esta mujer, que echará en el tesoro del templo solamente dos moneditas, todo lo que le quedaba, y hace su ofrenda intentando pasar inadvertida. Pero, precisamente con esta humildad, ella cumple una acción de gran importancia religiosa y espiritual. Ese gesto lleno de sacrificio no escapa a la mirada de Jesús, que, al contrario, ve brillar en él el don total de sí mismo en el que quiere educar a sus discípulos. **3.** ***La enseñanza que Jesús nos da hoy*** nos ayuda a recobrar lo que es esencial en nuestras vidas y favorece una relación concreta y cotidiana con Dios. Hermanos y hermanas, las balanzas del Señor son diferentes a las nuestras. Pesa de manera diferente a las personas y sus gestos: ***Dios no mide la cantidad sino la calidad,*** escruta el corazón, mira la pureza de las intenciones. Esto significa que nuestro "dar" a Dios, en la oración y a los demás en la caridad, debería huir siempre del ritualismo y del formalismo, así como de la lógica del cálculo, y debe ser ***expresión de gratuidad,*** como hizo Jesús con nosotros: nos salvó gratuitamente, no nos hizo pagar la redención. ***Nos salvó gratuitamente.*** Y nosotros debemos hacer las cosas como expresión de gratuidad *(11-11-2018).*

PALABRA

• ***1 Reyes*** 17, 10-16: Se alzó el profeta Elías y fue a Sarepta. Traspasaba la puerta de la ciudad, en el momento en el que una mujer viuda recogía por allí leña. Elías la llamó y le dijo: «Por favor, tráeme un poco de agua en el jarro para que beba». Cuando ella fue a traérsela, él volvió a gritarle: «Tráeme, por favor, en tu mano un trozo de pan». Ella respondió: «Vive el Señor, tu Dios, que no me queda pan cocido; solo un puñado de harina en la orza y un poco de aceite en la alcuza. Estoy recogiendo un par de palos, entraré y prepararé el pan para mí y mi hijo; lo comeremos y luego moriremos». Respondió Elías: «No temas. Entra y haz como has dicho, pero antes prepárame con la harina una pequeña torta y tráemela; para ti y tu hijo la harás después. Porque así dice el Señor, Dios de Israel: "La orza de harina no se vaciará, la alcuza de aceite no se agotará, hasta el día en que el Señor conceda lluvias sobre la tierra"». Ella se fue y obró según la palabra de Elías y comieron él, ella y su familia. Por mucho tiempo la orza de harina no se vació, ni la alcuza de aceite se agotó, según la palabra que había pronunciado el Señor por boca de Elías.

• ***Salmo*** 145, 7-10: ***Alaba, alma mía, al Señor.***

• ***Hebreos*** 9, 24-28: Cristo entró no en un santuario construido por hombres, imagen del auténtico, sino en el mismo cielo, para ponerse ante Dios, intercediendo por nosotros. Tampoco se ofrece a sí mismo muchas veces como el sumo sacerdote, que entraba en el santuario todos los años y ofrecía sangre ajena. Si hubiese sido así, tendría que haber padecido muchas veces, desde la fundación del mundo. De hecho, él se ha manifestado una sola vez, al final de los tiempos, para destruir el pecado con el sacrificio de sí mismo. Por cuanto el destino de los hombres es morir una sola vez; y después de la muerte, el juicio. De la misma manera, Cristo se ofreció una sola vez para quitar los pecados de todos. La segunda vez aparecerá, sin ninguna relación al pecado, para salvar a los que lo esperan.

• **MARCOS 12, 38-44:** Jesús, instruyendo al gentío, les decía: «¡Cuidado con los escribas! Les encanta pasearse con amplio ropaje y que les hagan reverencias en las plazas, buscan los asientos de honor en las sinagogas y los primeros puestos en los banquetes; y devoran los bienes de las viudas y aparentan hacer largas oraciones. Esos recibirán una condenación más rigurosa». Estando Jesús sentado enfrente del tesoro del templo, observaba a la gente que iba echando dinero: muchos ricos echaban mucho; se acercó una viuda pobre y echó dos monedillas, es decir, un cuadrante. Llamando a sus discípulos les dijo: «En verdad os digo que esta viuda pobre ha echado en el arca de las ofrendas más que nadie. Porque los demás han echado de lo que les sobra, pero esta, que pasa necesidad, ha echado todo lo que tenía para vivir».

ORACIÓN

SEÑOR, ofreces dos aspectos de la realidad, y te decantas entusiasmado por el segundo. Hablas primero de los escribas: *¡Cuidado con ellos!* Son la expresión del egoísmo, de querer sobresalir en el primer lugar por encima de todos… El segundo aspecto, la viuda pobre que solo tenía dos reales y los echó en el cepillo del templo, en honor tuyo. ¿Y yo? ¿Me busco a mí mismo como los escribas, o estoy dispuesto a darlo todo por ti? Necesito mucha generosidad y un alto grado de confianza en ti. Nada me faltaría nunca si me fiara de ti y derrochara generosidad por amor a ti, en quien pongo mi esperanza.

NOVIEMBRE
8
LUNES

Santos Godofredo *ob*, Adeodato *pp*.
Beato Juan Duns Escoto *pb*

Papa Francisco: Leemos en el Evangelio de san Lucas (17, 1-6): «Si tu hermano te ofende, repréndelo; y si se arrepiente, perdónalo. Si te ofende siete veces en un día, y siete veces vuelve a decirte: "Me arrepiento", lo perdonarás». Cuando leo este pasaje veo siempre un retrato de Jesús. Lo hemos escuchado muchas veces: él no se cansa de perdonar. Y nos aconseja hacer lo mismo: "Quisiera no hacerlo más, pero soy débil". Este es el pecador. Dice Jesús: "¡Ay de quien provoca escándalos!". Este no se arrepiente y sigue pecando fingiendo ser cristiano. Es como si llevara una doble vida, la doble vida de un cristiano hace mucho mal *(11-11-2013)*.

PALABRA

Jesús dijo a sus discípulos: «Es imposible que no haya escándalos; pero ¡ay de quien los provoca! Al que escandaliza a uno de estos pequeños, más le valdría que le ataran en el cuello una piedra de molino y lo arrojasen al mar. Tened cuidado. Si tu hermano te ofende, repréndelo; y si se arrepiente, perdónalo; si te ofende siete veces en un día, y siete veces vuelve a decirte: "Me arrepiento", lo perdonarás». Los apóstoles le pidieron al Señor: «Auméntanos la fe». El Señor contestó: «Si tuvierais fe como un granito de mostaza, diríais a esa morera: "Arráncate de raíz y plántate en el mar". Y os obedecería».

Sabiduría 1, 1-7; ***Salmo*** 138, 1b-3.4-6.7-10 • **LUCAS 17, 1-6**

ORACIÓN

SEÑOR, aumenta mi poca fe. Fe en tu presencia en medio de nosotros. Fe en la buena voluntad y en la bondad de los demás. Así será más fácil la delicadeza en la corrección fraterna: sin paternalismos, sin crítica, con amor y delicadeza. Y, sobre todo, Señor, no permitas que yo sea motivo de escándalo para nadie, nadie. Si alguna vez lo he sido, inconscientemente, tu bondad puede remediar lo que mi debilidad haya podido perjudicar. ¡Gracias! ***Guíame, Señor, por el camino eterno*** *(Salmo 138,24b)*.

NOVIEMBRE
9
MARTES

DEDICACIÓN BASÍLICA DE LETRÁN (SALVADOR).

Santos Isabel de la Trinidad *vg*, Jorge *ob*, Ursino *ob*. Ntra. Sra. de la Almudena

SANTA ISABEL DE LA TRINIDAD

FIESTA DE LA DEDICACIÓN DE LA BASÍLICA DE LETRÁN

Papa Francisco: Jesús, en el Evangelio de la liturgia de hoy, al hablar del templo revela una verdad sorprendente: que el templo de Dios no es solamente el edificio hecho con ladrillos, sino que es su Cuerpo, hecho de piedras vivas. En virtud del Bautismo, cada cristiano forma parte del «edificio de Dios», es más, se convierte en la Iglesia de Dios. El edificio espiritual, la Iglesia, pide a cada uno de nosotros ser coherentes con el don de la fe y realizar un camino de testimonio cristiano. Y no es fácil la coherencia en la vida, entre la fe y el testimonio; pero nosotros debemos buscar cada día en nuestra vida esta coherencia. ¡Esto es un cristiano! Esta coherencia que nos da vida es una gracia del Espíritu Santo que debemos pedir *(9-11-2014).*

PALABRA

Se acercaba la Pascua de los judíos y Jesús subió a Jerusalén. Y encontró en el templo a los vendedores de bueyes, ovejas y palomas, y a los cambistas sentados; y, haciendo un azote de cordeles, los echó a todos del templo, ovejas y bueyes; y a los cambistas les esparció las monedas y les volcó las mesas; y a los que vendían palomas les dijo: «Quitad esto de aquí; no convirtáis en un mercado la casa de mi Padre». Sus discípulos se acordaron de lo que está escrito: «El celo de tu casa me devora». Entonces intervinieron los judíos y le preguntaron: «¿Qué signos nos muestras para obrar así?». Jesús contestó: «Destruid este templo, y en tres días lo levantaré». Los judíos replicaron: «Cuarenta y seis años ha costado construir este templo, ¿y tú lo vas a levantar en tres días?». Pero él hablaba del templo de su cuerpo. Y, cuando resucitó de entre los muertos, los discípulos se acordaron de que lo había dicho, y creyeron a la Escritura y a la Palabra que había dicho Jesús.

Ezequiel 47,1-2.8-9.12; ***Salmo*** 45,2-3.5-6.8-9 • **JUAN 2, 13-22**

ORACIÓN

SEÑOR, si viviera siempre consciente de lo que tú prometiste: *Vendremos a él y haremos morada en él,* me sentiría en cada momento templo de Dios, respetaría mi sacralidad personal y adoraría al Padre, al Espíritu y a mi Señor Jesús, que moráis en mí. Lamentablemente soy débil y, por el pecado, lo que es templo tuyo lo he cambiado alguna vez en mercado y cueva de ladrones. Te ofrezco las potencias de mi alma y los miembros de mi cuerpo: haz de mí un instrumento de tu gracia y de tu paz. ***Un río y sus canales alegran la ciudad de Dios. El Altísimo consagra su morada*** *(Salmo 45,5).*

Santos LEÓN MAGNO *pp dc*, Orestes *mr*, Andrés Avelino *pb*

Papa Francisco: Es necesaria la nobleza del alma para que crezca la flor de la gratitud: Jesús cura a diez enfermos de lepra y solo uno regresa a dar gracias a Jesús. Y el Señor dice: "Y los otros nueve, ¿dónde están?". Esto es válido también para nosotros: ¿sabemos agradecer? En vuestra relación es importante tener viva la conciencia de que la otra persona es un don de Dios, y a los dones de Dios se dice ¡gracias!, siempre se da gracias *(14-2-2014)*.

PALABRA

Una vez, yendo Jesús camino de Jerusalén, pasaba entre Samaría y Galilea. Cuando iba a entrar en una ciudad, vinieron a su encuentro diez leprosos, que se pararon a lo lejos y a gritos le decían: «Jesús, maestro, ten compasión de nosotros». Al verlos, les dijo: «Id a presentaros a los sacerdotes». Y sucedió que, mientras iban de camino, quedaron limpios. Uno de ellos, viendo que estaba curado, se volvió alabando a Dios a grandes gritos y se postró a los pies de Jesús, rostro en tierra, dándole gracias. Este era un samaritano. Jesús tomó la palabra y dijo: «¿No han quedado limpios los diez?; los otros nueve, ¿dónde están? ¿No ha habido quien volviera a dar gloria a Dios más que este extranjero?». Y le dijo: «Levántate, vete; tu fe te ha salvado».

Sabiduría 6, 1-11; ***Salmo*** 81, 3-4.6-7 • **LUCAS 17, 11-19**

ORACIÓN

¡JESÚS, *maestro, ten compasión de mí!* No tengo lepra corporal, pero sí espiritual: la debilidad, el egoísmo, la pereza, males indómitos de mi espíritu. Cúrame, y dame un corazón agradecido para que reconozca que siempre tienes compasión de mí. Y para hacer cualquier bien a los demás, necesito que cures el egoísmo de mi corazón. ***Levántate, oh Dios, y juzga la tierra*** *(Salmo 81, 8a)*.

NOVIEMBRE

11

JUEVES

Jueves 32º Tiempo Ordinario **Tomo IV - Salterio 4ª semana**

Santos MARTÍN DE TOURS ***ob*****,**
Teodoro Estudita ***ab*****,**
Marina de Ômura ***vg mr***

Papa Francisco: El reino de Dios no es un espectáculo, eso que muchas veces es la caricatura del reino de Dios. El reino de Dios es silencioso, crece dentro; lo hace crecer el Espíritu Santo con nuestra disponibilidad, crece lentamente, silenciosamente. Ahí está la perseverancia de muchos cristianos que llevan adelante la familia: hombres, mujeres que se preocupan por sus hijos, que llegan a finales de mes con mucha escasez, pero oran: reino de Dios, escondido en esa santidad de todos los días. El reino de Dios es humilde, como la semilla: humilde; pero se hace grande por el poder del Espíritu Santo. Y a nosotros nos toca dejarlo crecer en nosotros, sin gloriarnos: cuidarlo silenciosamente con la oración, la adoración, el servicio de la caridad *(13-11-2014).*

PALABRA

Los fariseos preguntaron a Jesús: «¿Cuándo va a llegar el reino de Dios?». Jesús les contestó: «El reino de Dios no viene aparatosamente, ni dirán: "Está aquí" o "Está allí", porque, mirad, el reino de Dios está en medio de vosotros». Dijo a sus discípulos: «Vendrán días en que desearéis ver un solo día del Hijo del hombre, y no lo veréis. Entonces se os dirá: "Está aquí" o "Está allí"; no vayáis ni corráis detrás, pues como el fulgor del relámpago brilla de un extremo al otro del cielo, así será el Hijo del hombre en su día. Pero primero es necesario que padezca mucho y sea reprobado por esta generación».

Sabiduría 7,22-8,1; ***Salmo*** 118, 89-91.130.135.175 • **LUCAS 17, 20-25**

ORACIÓN

SEÑOR, yo deseo vivir contigo, no solo hoy, sino todos los días de mi vida terrena y toda la eternidad. Nada hay que desee con tanta ilusión y tanta fuerza. Es la valoración, que desde muy niño escuchaba a mis padres, de la gloria que compartiremos contigo. Tu reino, que está dentro de mí desde que nací y fui bautizado, es el motor que me hace aspirar a tu continua y eterna amistad, cuando muera para vivir siempre contigo. ***Tu palabra, Señor, es eterna*** *(Salmo 118, 89a).*

NOVIEMBRE
12
VIERNES

Santos JOSAFAT *ob*, Millán de la Cogolla *pb*, Nilo *ab*, Margarito Flores *pb mr*

Papa Francisco: Cada uno de nosotros morirá. Preguntan a Jesús cómo será el fin del mundo, y responde cómo será mi final. Jesús usa las expresiones «como sucedió en los días de Noé: los hombres comían, bebían, se casaban... hasta el día que Noé entró en el arca». Nosotros estamos acostumbrados a esta normalidad de la vida y pensamos que será siempre así. Pero hoy la Iglesia dice a cada uno de nosotros: Párate, párate, no todos los días serán así; habrá un día en el que tú te irás. Darás un último paso, el día en el que el Señor venga a tomarme para ir con él. No sirve de nada decir: "Señor, espera que debo arreglar esto". No se puede arreglar nada: aquel día, donde estés te tomarán, y tú lo dejarás todo. Tu muerte es ir con el Señor *(17-11-2017).*

PALABRA

Dijo Jesús a sus discípulos: «Como sucedió en los días de Noé, así será también en los días del Hijo del hombre: comían, bebían, se casaban los hombres y las mujeres tomaban esposo, hasta el día en que Noé entró en el arca; entonces llegó el diluvio y acabó con todos. Asimismo, como sucedió en los días de Lot: comían, bebían, compraban, vendían, sembraban, construían; pero el día que Lot salió de Sodoma, llovió fuego y azufre del cielo y acabó con todos. Así sucederá el día que se revele el Hijo del hombre. Aquel día, el que esté en la azotea y tenga sus cosas en casa no baje a recogerlas; igualmente, el que esté en el campo, no vuelva atrás. Acordaos de la mujer de Lot. El que pretenda guardar su vida, la perderá; y el que la pierda, la recobrará. Os digo que aquella noche estarán dos juntos: a uno se lo llevarán y al otro lo dejarán; estarán dos moliendo juntas: a una se la llevarán y a la otra la dejarán». Ellos le preguntaron: «¿Dónde, Señor?». Él les dijo: «Donde está el cadáver, allí se reunirán los buitres».

Sabiduría 13, 1-9; ***Salmo*** 18, 2-5b • **LUCAS 17, 26-37**

ORACIÓN

SEÑOR, yo quiero guardar mi vida, pero no para cerrarme en el egoísmo, sino para ponerla en tus manos: ahí estaré seguro y podrás emplearme en lo que tú quieras, soy tu siervo. ¿Para qué quiero la vida que me has dado sino para devolvértela, con sus muchos o escasos frutos? Toda mi existencia terrena quiere ser un continuo crecer en tu amistad. Por tu parte, el amor está asegurado, pero por mi parte hay debilidad y negligencias. En ti confío. ***El cielo proclama la gloria de Dios*** *(Salmo 18, 2a).*

NOVIEMBRE
13
SÁBADO

Sábado 32° Tiempo Ordinario Tomo IV - Salterio 4ª semana

Santos LEANDRO *ob*, Diego de Alcalá *rl*, Eugenio *ob*, Agustina *vg*. Ntra. Sra. de los Treinta y Tres

SAN LEANDRO

Papa Francisco: Cuántas veces vemos esta realidad: gente que obra el mal y que parece que en la vida le vaya bien; son felices, tienen todo lo que quieren, no les falta nada. De aquí la pregunta: «¿Por qué, Señor?». Ayer me llegó la carta de una mamá valiente: cuarenta años, tres hijos, el marido, y ahora le han descubierto un tumor, «de los malos». – "¿Por qué me sucede esto?". - El Señor escucha siempre nuestros ¿porqués? El Salmo 1 refleja la aparente prosperidad de los malhechores, de los que pensamos que todo les va bien, y añade: "No así los impíos, no así; serán paja que arrebata el viento... Porque el Señor protege el camino de los justos, pero el camino de los impíos acaba mal". Pide al Señor que te dé más esperanza *(8-10-2015).*

PALABRA

Jesús dijo a sus discípulos una parábola para enseñarles que es necesario orar siempre, sin desfallecer: «Había un juez en una ciudad que ni temía a Dios ni le importaban los hombres. En aquella ciudad había una viuda que solía ir a decirle: "Hazme justicia frente a mi adversario". Por algún tiempo se estuvo negando, pero después se dijo a sí mismo: "Aunque ni temo a Dios ni me importan los hombres, como esta viuda me está molestando, le voy a hacer justicia, no sea que siga viniendo a cada momento a importunarme"».Y el Señor añadió: «Fijaos en lo que dice el juez injusto; pues Dios, ¿no hará justicia a sus elegidos que le claman día y noche?; ¿o les dará largas? Os digo que les hará justicia sin tardar. Pero, cuando venga el Hijo del hombre, ¿encontrará esta fe en la tierra?».

Sabiduría 18, 14-16; 19, 6-9; ***Salmo*** 104, 2-3.36-37.42-43 • **LUCAS 18, 1-8**

ORACIÓN

SEÑOR, la primera victoria del Maligno es convencernos de que no existe: así puede atacar sin que le opongamos resistencia. Día y noche te grito que me hagas justicia frente a mi eterno adversario, el Maligno. No me dejes caer en sus garras: él intenta hacer desaparecer sobre la tierra esa fe que tú quieres encontrar cuando vengas. ¡No lo conseguirá! ***Recordad las maravillas que hizo el Señor*** *(Salmo 104, 5a).*

Santos José Pignatelli *pb*, Rufo *ob*, Lorenzo O'Toole *ob*, Serapio *mr*

DÍA MUNDIAL DE LOS POBRES
DÍA DE LA IGLESIA DIOCESANA

Papa Francisco: Hoy celebramos la Jornada Mundial de los Pobres: *"La esperanza de los pobres nunca se frustrará"* (*Salmo* 9, 19). Dirijo mi pensamiento a todos aquellos que, en las diócesis y parroquias de todo el mundo, han promovido iniciativas de solidaridad para dar una esperanza concreta a los más pobres. Esto debe ser un testimonio de la atención que nunca debe faltar hacia nuestros hermanos. He visto algunas estadísticas sobre la pobreza. ¡Nos hacen sufrir! La indiferencia de la sociedad hacia los pobres *(17-11-2019).* En el pasaje evangélico de este domingo, el Señor quiere instruir a sus discípulos sobre los eventos futuros. No se trata principalmente de un discurso sobre el fin del mundo, sino que es una invitación a vivir bien el presente, a estar atentos y siempre preparados para cuando nos pidan cuentas de nuestra vida. Jesús dice: «Por esos días, después de aquella tribulación, el sol se oscurecerá, la luna no dará su resplandor, las estrellas irán cayendo del cielo». **1. *La luz que brillará en ese último día será única y nueva: será la del Señor Jesús*** que vendrá en gloria con todos los santos. En ese encuentro finalmente ***veremos su rostro a la plena luz de la Trinidad;*** un rostro radiante de amor, ante el cual todo ser humano también aparecerá en su verdad total. **2.** Jesús dice que la historia de los pueblos y de los individuos tiene una meta y ***una meta que debe alcanzarse: el encuentro definitivo con el Señor.*** No sabemos el tiempo ni las formas en que sucederá. Sabemos un principio fundamental: «El cielo y la tierra pasarán, dice Jesús, pero mis palabras no pasarán». El verdadero punto crucial es este. En ese día, cada uno de nosotros tendrá que entender si la Palabra del Hijo de Dios ha iluminado su existencia personal, o si le ha dado la espalda, prefiriendo confiar en sus propias palabras. Será más que nunca ***el momento en el que nos abandonemos definitivamente al amor del Padre y nos confiemos a su misericordia.* 3. *¡Nadie puede escapar de este momento,*** ninguno de nosotros! El poder del dinero y de los medios económicos con los que pretendemos, con presunción, comprarlo todo y a todos, ya no se podrá utilizar. ***Solo llevaremos con nosotros lo que hemos dado*** *(18-11-2018).*

PALABRA

• ***Daniel*** 12, 1-3: Por aquel tiempo, se levantará Miguel, el gran príncipe que se ocupa de los hijos de tu pueblo; serán tiempos difíciles, como no los ha habido desde que hubo naciones hasta ahora. Entonces se salvará tu pueblo: todos los que se encuentran inscritos en el libro. Muchos de los que duermen en el polvo de la tierra despertarán: unos para vida eterna, otros para vergüenza e ignominia perpetua. Los sabios brillarán como el fulgor del firmamento, y los que enseñaron a muchos la justicia, como las estrellas, por toda la eternidad.

• ***Salmo*** 15, 5. 8-11: ***Protégeme, Dios mío, que me refugio en ti.***

• ***Hebreos*** 10, 11-14.18: Todo sacerdote ejerce su ministerio diariamente ofreciendo muchas veces los mismos sacrificios, porque de ningún modo pueden borrar los pecados. Pero Cristo, después de haber ofrecido por los pecados un único sacrificio, está sentado para siempre jamás a la derecha de Dios y espera el tiempo que falta hasta que sus enemigos sean puestos como estrado de sus pies. Con una sola ofrenda ha perfeccionado definitivamente a los que van siendo santificados. Ahora bien, donde hay perdón, no hay ya ofrenda por los pecados.

• **MARCOS 13, 24-32:** Dijo Jesús a sus discípulos: «En aquellos días, después de la gran angustia, el sol se oscurecerá, la luna no dará su resplandor, las estrellas caerán del cielo, los astros se tambalearán. Entonces verán venir al Hijo del hombre sobre las nubes con gran poder y gloria; enviará a los ángeles y reunirá a sus elegidos de los cuatro vientos desde el extremo de la tierra hasta el extremo del cielo. Aprended de esta parábola de la higuera: cuando las ramas se ponen tiernas y brotan las yemas, deducís que el verano está cerca; pues cuando veáis vosotros que esto sucede, sabed que él está cerca, a la puerta. En verdad os digo que no pasará esta generación sin que todo suceda. El cielo y la tierra pasarán, pero mis palabras no pasarán. En cuanto al día y la hora, nadie lo conoce, ni los ángeles del cielo ni el Hijo, solo el Padre».

ORACIÓN

SEÑOR, en la Jornada Mundial de los Pobres, celebro que el Papa haya querido destacar lo que tú ponderas en tu Palabra con frecuencia: la gracia de ser pobre, el privilegio de poder ayudar al Pobre. En el Evangelio me hablas de tu segunda venida: será con gran poder y majestad. Y a mí, que me considero amigo tuyo, me alegra tu poder y me conforta tu misericordia. Al final, triunfará la Verdad, el Amor y la Vida, que eres tú, frente a la mentira y la muerte de este mundo y de su príncipe. ¡Tu palabra no pasará!

SAN ALBERTO MAGNO

Tomo IV - Salterio 1ª semana | **Lunes 33° Tiempo Ordinario**

NOVIEMBRE
15
LUNES

Santos ALBERTO MAGNO *ob dc*, Marino y Aniano *mrs*, Leopoldo *cf*, Roque y Alfonso *pbs mrs*

Papa Francisco: Este pasaje del Evangelio comienza con un *no ver,* un ciego, y termina con un *ver:* "Todo el pueblo, al ver esto, alabó a Dios". *El ciego,* por la enfermedad que le había quitado la vista, no veía, mendigaba. Hoy hay muchos, muchos, sentados al borde del camino. No era tonto: estaba precisamente en la entrada de la ciudad de Jericó, lo sabía todo. Cuando percibió que precisamente Jesús se acercaba, gritó. Y cuando querían hacerle callar, gritaba aún más fuerte. Jesús se detuvo y dijo: *«Mirad allí, traedlo a mí».* Así hace que los discípulos giren la cabeza hacia las periferias que sufren. «No me miréis solo a mí. Sí, tenéis que mirarme, pero no solo a mí. Miradme también en los demás, en los necesitados» *(17-11-2014).*

PALABRA

Cuando se acercaba Jesús a Jericó, había un ciego sentado al borde del camino, pidiendo limosna. Al oír que pasaba gente, preguntaba qué era aquello; y le informaron: «Pasa Jesús el Nazareno». Entonces empezó a gritar: «¡Jesús, hijo de David, ten compasión de mí!». Los que iban delante lo regañaban para que se callara, pero él gritaba más fuerte: «¡Hijo de David, ten compasión de mí!». Jesús se paró y mandó que se lo trajeran. Cuando estuvo cerca, le preguntó: «¿Qué quieres que haga por ti?». Él dijo: «Señor, que recobre la vista». Jesús le dijo: «Recobra la vista, tu fe te ha salvado». Y enseguida recobró la vista y lo seguía glorificando a Dios. Y todo el pueblo, al ver esto, alabó a Dios.

1 Macabeos 1, 10-15.41-43.54-57.62-64; ***Salmo*** 118, 53.61.134.150.155.158

• LUCAS 18, 35-43

ORACIÓN

SEÑOR JESÚS, *hijo de David, ten compasión de mí.* La reiteración de este grito del ciego, al estilo del "Peregrino ruso", llega a ser la oración del corazón, insistente, sin interrupción: *¡Jesús, hijo de David, ten compasión de mí!* Tú sabes que lo necesito: soy un pobre pecador. ***Dame vida, Señor, para que observe tus preceptos*** *(Salmo 118,88).*

NOVIEMBRE

16

MARTES

Martes 33° Tiempo Ordinario Tomo IV - Salterio 1ª semana

Santos MARGARITA DE ESCOCIA *re mf*, GERTRUDIS *vg*, Edmundo *ob*

SANTA MARGARITA DE ESCOCIA

Papa Francisco: Zaqueo estaba en estado de putrefacción. Precisamente corrupto. Pero Zaqueo sintió algo dentro: «a este hombre capaz de curar... quisiera verlo, por curiosidad». El Espíritu Santo es astuto y sembró la semilla de la curiosidad; hizo un poco el ridículo: un jefe de los dirigentes subido a un árbol para ver una procesión. Pero la Palabra de Dios entró en su corazón y con la Palabra, la alegría. El corazón cambió, se convirtió, y pronunció su palabra auténtica: "Mira, Señor, la mitad de mis bienes se la doy a los pobres, y si he robado a alguien" —mucho— "restituyo cuatro veces más". Cuando la conversión llega a los bolsillos, es segura *(18-11-2014)*.

PALABRA

Entró Jesús en Jericó e iba atravesando la ciudad. En esto, un hombre llamado Zaqueo, jefe de publicanos y rico, trataba de ver quién era Jesús, pero no lo lograba a causa del gentío, porque era pequeño de estatura. Corriendo más adelante, se subió a un sicomoro, para verlo, porque tenía que pasar por allí. Jesús, al llegar a aquel sitio, levantó los ojos y dijo: «Zaqueo, date prisa y baja, porque es necesario que hoy me quede en tu casa». Él se dio prisa en bajar y lo recibió muy contento. Al ver esto, todos murmuraban, diciendo: «Ha entrado a hospedarse en casa de un pecador». Pero Zaqueo, de pie, dijo al Señor: «Mira, Señor, la mitad de mis bienes se la doy a los pobres; y si he defraudado a alguno, le restituyo cuatro veces más». Jesús le contestó: «Hoy ha sido la salvación de esta casa; pues también este es hijo de Abrahán. Porque el Hijo del hombre ha venido a buscar y a salvar lo que estaba perdido».

2 Macabeos 6, 18-31; ***Salmo*** 3, 2-8a • **LUCAS 19, 1-10**

ORACIÓN

¡JESÚS, comparto la alegría de Zaqueo, cuando te alojas en mí por la comunión eucarística! Por ser Zaqueo bajo de estatura, lo viste y fuiste a su casa. Por ser yo pequeño y débil para hacer el bien, te necesito en mi vida. Haz que tu venida no se quede en gozo estéril, sino que se manifieste en obras de justicia y de amor. ***El Señor me sostiene*** *(Salmo 3,6b)*.

NOVIEMBRE

17

MIÉRCOLES

Santos ISABEL DE HUNGRÍA *re mf*, **Acisclo** *mr*, **Aniano** *ob*, **Hugo** *ob*, **Hilda** *ab*, **Filipina Duchesne** *rl*, **Juan del Castillo** *pb mr*

Papa Francisco: La primera lectura de ayer nos decía que Eleazar era un hombre digno, y rehusó hacer alianza con las naciones paganas, y fue perseguido. Este mártir da la vida, por amor a Dios y a la Ley: pensó que su testimonio sería para los jóvenes una promesa de fecundidad y, frente a la raíz perversa, él mismo se hace raíz para dar vida a los demás. Que este ejemplo nos ayude en los momentos tal vez de confusión frente a las actuales colonizaciones culturales y espirituales. El libro de los Macabeos cuenta la historia de los siete hermanos con su madre, mártires *(21-11-2017)*.

PALABRA

Jesús dijo una parábola: «Un hombre noble se marchó a un país lejano para conseguirse el título de rey, y volver después. Llamó a diez siervos suyos y les repartió diez minas de oro, diciéndoles: "Negociad mientras vuelvo". Cuando regresó de conseguir el título real, mandó llamar a su presencia a los siervos a quienes había dado el dinero, para enterarse de lo que había ganado cada uno. El primero se presentó y dijo: "Señor, tu mina ha producido diez". Él le contestó: "Muy bien, siervo bueno; como has sido fiel en lo pequeño, recibe el gobierno de diez ciudades". El segundo llegó y dijo: "Tu mina, señor, ha rendido cinco". A ese le dijo también: "Pues toma tú el mando de cinco ciudades". El otro llegó y dijo: "Señor, aquí está tu mina; la he tenido guardada en un pañuelo, porque tenía miedo, pues eres un hombre exigente, que retiras lo que no has depositado y siegas lo que no has sembrado". Él le dijo: "Por tu boca te juzgo, siervo malo. ¿Conque sabías que soy un hombre exigente, que retiro lo que no he depositado y siego lo que no he sembrado? Pues, ¿por qué no pusiste mi dinero en el banco? Al volver yo, lo habría cobrado con los intereses". Entonces dijo a los presentes: "Quitadle a este la mina y dádsela al que tiene diez minas". Le dijeron: "Señor, ya tiene diez minas". "Os digo: al que tiene se le dará, pero al que no tiene se le quitará hasta lo que tiene".

2 Macabeos 7,1.20-31; ***Salmo*** 16,1bcde.5-6.8.15 • **LUCAS 19, 11a.12-13.15a.16b-26**

ORACIÓN

SEÑOR, otros te rechazarán, pero tu Espíritu me guía por el camino de la Verdad, de la fidelidad a ti y de la felicidad: *¡Tú, solo tú, eres mi Rey!* ***Al despertar me saciaré de tu semblante, Señor*** *(Salmo 16,15b)*.

NOVIEMBRE

18

JUEVES

Jueves 33° Tiempo Ordinario **Tomo IV - Salterio 1ª semana**

DEDICACIÓN DE LAS BASÍLICAS DE SAN PEDRO Y SAN PABLO, San Román *mr.*
Ntra. Sra. de la Divina Providencia

Papa Francisco: La cerrazón de Jerusalén hace llorar a Jesús; la cerrazón del corazón de su elegida, de la ciudad elegida, del pueblo elegido: no tenía tiempo para abrirle la puerta, estaba demasiado ocupada, demasiado satisfecha de sí misma. Hoy Jesús sigue llamando a la puerta de nuestro corazón, a la puerta de su Iglesia. Jerusalén tenía miedo del Señor, de su esposo, de su amado. Cuando el Señor visita a su pueblo nos trae la alegría, nos trae la conversión. Y todos nosotros tenemos miedo de la alegría que trae el Señor, porque no podemos controlarla *(20-11-2014).*

PALABRA

Al acercarse Jesús a Jerusalén y ver la ciudad, lloró sobre ella, mientras decía: «¡Si reconocieras tú también en este día lo que conduce a la paz! Pero ahora está escondido a tus ojos. Pues vendrán días sobre ti en que tus enemigos te rodearán de trincheras, te sitiarán, apretarán el cerco de todos lados, te arrasarán con tus hijos dentro, y no dejarán piedra sobre piedra. Porque no reconociste el tiempo de tu visita».

1 Macabeos 2, 15-29; ***Salmo*** 49, 1b-2.5-6.14-15 • **LUCAS 19, 41-44**

ORACIÓN

SEÑOR, el amor a tu Ciudad Santa te hace llorar, por su cerrazón a tu venida para salvarla y previendo su destrucción. Esto me da a entender tu disgusto cuando abandono la casa paterna, y tu alegría cuando recobro la dignidad de hijo de Dios. ¡Que comprenda en este día lo que conduce a la paz y a la salvación, y no pierda el tiempo en ocupaciones estériles o, peor, perniciosas! ***Al que sigue buen camino le haré ver la salvación de Dios*** *(Salmo 49,23cd).*

SAN ABDÍAS PROFETA

Santos Abdías *prof,* Matilde *vg,* Rafael J. Kalinowski *pb,* Máximo *mr,* Inés de Asís *vg*

Papa Francisco: Cuando Jesús fue al templo, empezó a expulsar a los vendedores. Los expulsó a todos: "Está escrito: mi casa será casa de oración. Pero vosotros habéis hecho de ella una cueva de bandidos". Los jefes del templo, los jefes de los sacerdotes y los escribas, habían entrado en un proceso de degradación y habían convertido en impuro el templo. ¿Qué nos dice a los cristianos de hoy? El templo es un icono o imagen de la Iglesia. Y la Iglesia siempre —¡siempre!— experimentará la tentación de la mundanidad y de un poder que no es el poder de Jesucristo. Jesús dice: «Vosotros habéis hecho aquí una cueva de bandidos». Y, cuando la Iglesia entra en este proceso de degradación, el final es muy feo. ¡Muy feo! Hoy hay más mártires en la Iglesia que en los primeros tiempos. Nos hará bien pensar en ellos, y también pedir la gracia de no entrar nunca en este proceso de degradación hacia la mundanidad que nos conduce al apego del dinero y del poder *(20-11-2015).*

PALABRA

Entró Jesús en el templo y se puso a echar a los vendedores, diciéndoles: «Escrito está: "Mi casa es casa de oración"; pero vosotros la habéis hecho una "cueva de bandidos"». Todos los días enseñaba en el templo. Por su parte, los sumos sacerdotes, los escribas y los notables del pueblo buscaban acabar con él, pero no sabían qué hacer, porque todo el pueblo estaba pendiente de él, escuchándolo.

1 Macabeos 4,36-37.52-59; ***Salmo: 1 Crónicas*** 29,10bc-12bcd • **LUCAS 19, 45-48**

ORACIÓN

SEÑOR, como el pueblo entero, yo quiero estar siempre pendiente de tus labios, porque quiero que mi amistad contigo se fortalezca día a día. Así mi alma será casa de oración: atenta a lo que tú me dices para que lo practique, y dispuesta a alabarte, pedirte perdón, presentarte mis carencias y darte gracias por todo lo que me regalas sin merecerlo. ***Alabamos tu nombre glorioso, Señor*** *(1 Crónicas 29,13b).*

NOVIEMBRE

20

SÁBADO

Sábado 33° Tiempo Ordinario Tomo IV - Salterio 1ª semana

Stos. Crispín *ob mr,* Edmundo *re mr,* Francisco J. Cân *ct mr.* Beata Ángela y *co mrs*

SAN CRISPÍN

Papa Francisco: No sorprende que un misterio tan grande, tan decisivo, tan sobrehumano como el de la Resurrección haya requerido todo el itinerario, todo el tiempo necesario, hasta llegar a Jesucristo. Él puede decir: «Yo soy la resurrección y la vida» (*Jn* 11, 25), porque en él este misterio no solo se revela plenamente, sino que llega a ser realidad por primera vez y definitivamente. El relato de la muerte de Jesús y del sepulcro vacío representa la cima de todo ese camino: es el acontecimiento de la Resurrección, que responde a la larga búsqueda del pueblo de Dios. Cada uno de nosotros está invitado a entrar en este acontecimiento *(3-11-2014)*.

PALABRA

Se acercaron algunos saduceos, los que dicen que no hay resurrección, y le preguntaron: «Maestro, Moisés nos dejó escrito: "Si a uno se le muere su hermano, dejando mujer, pero sin hijos, que tome la mujer como esposa y dé descendencia a su hermano". Pues bien, había siete hermanos; el primero se casó y murió sin hijos. El segundo y el tercero se casaron con ella, y así los siete, y murieron todos sin dejar hijos. Por último, también murió la mujer. Cuando llegue la resurrección, ¿de cuál de ellos será la mujer? Porque los siete la tuvieron como mujer». Jesús les dijo: «En este mundo, los hombres se casan y las mujeres toman esposo, pero los que sean juzgados dignos de tomar parte en el mundo futuro y en la resurrección de entre los muertos no se casarán ni ellas serán dadas en matrimonio. Pues ya no pueden morir, ya que son como ángeles; y son hijos de Dios, porque son hijos de la resurrección. Y que los muertos resucitan, lo indicó el mismo Moisés en el episodio de la zarza, cuando llama al Señor "Dios de Abrahán, Dios de Isaac, Dios de Jacob". No es Dios de muertos, sino de vivos; porque para él todos están vivos». Intervinieron unos escribas: «Bien dicho, Maestro». Y ya no se atrevían a hacerle más preguntas.

1 Macabeos **6, 1-13;** ***Salmo*** **9, 2-4.6.16.19 • LUCAS 20, 27-40**

ORACIÓN

SEÑOR, la vida del cielo no está en nuestras manos, depende solo de ti y la organizas con el mejor criterio de tu amor. Hacia ella camino, disfrutando ya en esta vida de tu amistad. En el horizonte, disfrutar de lo más inefable que tienes preparado para los que amas: lo que ni el ojo pudo ver ni el oído oír. ***Gozaré con tu salvación, Señor*** *(Salmo 9,15c).*

PRESENTACIÓN DE LA SANTÍSIMA VIRGEN.
Santos Gelasio I *pp*, Mauro *ob*, Rufo *NT*.
Ntra. Sra. de la Paz

SOLEMNIDAD DE JESUCRISTO, REY DEL UNIVERSO

Papa Francisco: La solemnidad de Jesucristo Rey del universo, que celebramos hoy, se coloca al final del año litúrgico y recuerda que la vida de la creación no avanza de forma aleatoria, sino que procede hacia una meta final: la manifestación definitiva de Cristo, Señor de la historia y de toda la creación. La conclusión de la historia será su reino eterno. El pasaje evangélico de hoy nos habla de este reino de Cristo, relatando la ***situación humillante en la que se encontró Jesús después de ser arrestado en el Getsemaní: atado, insultado,*** acusado y conducido frente a las autoridades de Jerusalén. Y después, es presentado al procurador romano, como uno que atenta contra el poder político, para convertirse en el rey de los judíos. Pilato entonces hace su petición y en un interrogatorio le pregunta al menos dos veces si él es rey. Y Jesús responde que ***su reino «no es de este mundo».*** La historia enseña que los reinos fundados sobre el poder de las armas y sobre la prevaricación son frágiles y antes o después terminan quebrando. Pero ***el Reino de Dios se fundamenta sobre el amor y se radica en los corazones,*** ofreciendo a quien lo acoge paz, libertad y plenitud de vida. Todos nosotros queremos paz, queremos libertad, queremos plenitud. ¿Cómo se consigue? Basta con que dejes que el amor de Dios se radique en el corazón y tendrás paz, libertad y plenitud. Jesús hoy nos pide que ***dejemos que él se convierta en nuestro rey.*** Un Rey que, con su palabra, con su ejemplo y con su vida inmolada en la Cruz, nos ha salvado de la muerte, e indica el camino al hombre perdido, da luz nueva a nuestra existencia marcada por la duda, por el miedo y por la prueba de cada día. Pero no debemos olvidar que el reino de Jesús no es de este mundo. Él dará un sentido nuevo a nuestra vida, en ocasiones sometida a dura prueba también por nuestros errores y nuestros pecados, solamente con la condición de que nosotros no sigamos las lógicas del mundo y de sus «reyes» *(25-11-2018).*

PALABRA

• ***Daniel*** 7, 13-14: Seguí mirando. Y en mi visión nocturna vi venir una especie de hijo de hombre entre las nubes del cielo. Avanzó hacia el anciano y llegó hasta su presencia. A él se le dio poder, honor y reino. Y todos los pueblos, naciones y lenguas lo sirvieron. Su poder es un poder eterno, no cesará. Su reino no acabará.

• ***Salmo*** 92, 1ab-2.5: ***El Señor reina, vestido de majestad.***

• *Apocalipsis* 1, 5-8: Jesucristo es el testigo fiel, el primogénito de entre los muertos, el príncipe de los reyes de la tierra. Al que nos ama, y nos ha librado de nuestros pecados con su sangre, y nos ha hecho reino y sacerdotes para Dios, su Padre. A él, la gloria y el poder por los siglos de los siglos. Amén. Mirad: viene entre las nubes. Todo ojo lo verá; también los que lo traspasaron. Por él se lamentarán todos los pueblos de la tierra. Sí. amén. Dice el Señor Dios: «Yo soy el Alfa y la Omega, el que es, el que era y ha de venir, el todopoderoso».

• **JUAN 18, 33b-37:** Pilato dijo a Jesús: «¿Eres tú el rey de los judíos?». Jesús le contestó: «¿Dices eso por tu cuenta o te lo han dicho otros de mí?». Pilato replicó: «¿Acaso soy yo judío? Tu gente y los sumos sacerdotes te han entregado a mí: ¿qué has hecho?». Jesús le contestó: «Mi reino no es de este mundo. Si mi reino fuera de este mundo, mi guardia habría luchado para que no cayera en manos de los judíos. Pero mi reino no es de aquí». Pilato le dijo: «Entonces, ¿tú eres rey?». Jesús le contestó: «Tú lo dices: soy rey. Yo para esto he nacido y para esto he venido al mundo: para dar testimonio de la verdad. Todo el que es de la verdad, escucha mi voz».

ORACIÓN

JESUCRISTO, REY DEL UNIVERSO, tú eres el rey de reyes, tú eres el rey de mi vida, aunque para proclamarlo te hayan vestido un sayal y puesto en tus manos una caña a modo de cetro, y corona de espinas. ¿Qué importan las apariencias cuando eres el Testigo de la Verdad? Venga a mi vida tu reino, Señor: reino de la verdad y la vida, reino de la santidad y la gracia, reino de la justicia, el amor y la paz.

**Santos CECILIA *vg mr*,
Filemón *NT*, Benigno *ob*.**

Papa Francisco: Cuando das limosna, ¿tocas la mano o le tiras la moneda?". "No, le tiro la moneda". "Y no lo tocaste, y si no lo tocaste, no te encontraste con él". Lo que Jesús nos enseña es ir primero a encontrarnos, y en el encuentro, ayudar. Necesitamos saber encontrarnos con los más necesitados edificar, crear, construir una cultura del encuentro. Siempre hay alguien que lo pasa peor, ¿eh? ¡Siempre! *(7-8-2013)*.

PALABRA

Jesús, alzando los ojos, vio a unos ricos que echaban donativos en el tesoro del templo; vio también una viuda pobre que echaba dos monedillas, y dijo: «En verdad os digo que esa viuda pobre ha echado más que todos, porque todos esos han contribuido a los donativos con lo que les sobra, pero ella, que pasa necesidad, ha echado todo lo que tenía para vivir».

Daniel 1, 1-6.8-20; ***Salmo: Daniel*** 3, 52ac-56a • **LUCAS 21, 1-4**

ORACIÓN

SEÑOR, aunque haya quien piense que vives en otra dimensión, veo que estás en todos los detalles de nuestra vida, y te fijas en las cosas pequeñas ¡Qué hermosa es tu alabanza a la viuda que dedica a Dios todo lo que tiene y se fía plenamente de tu misericordia y tu providencia que jamás defraudan a quien confía en ti! Desprendimiento y confianza plena en ti: para tenerte como mi único Dios y poner mi esperanza en ti. ***A ti gloria y alabanza por los siglos*** *(Daniel 3,52b)*.

NOVIEMBRE

23

MARTES

Martes 34° Tiempo Ordinario Tomo IV - Salterio 2ª semana

Santos CLEMENTE I *pp*, COLUMBANO *ab*, Lucrecia *mr*. Beato Miguel A. Pro *pb mr*

Papa Francisco: En el discurso que Jesús pronunció antes de su última Pascua, hay elementos terroríficos, catástrofes cósmicas: «El sol se oscurecerá, la luna no dará su esplendor, las estrellas caerán del cielo, los astros se tambalearán». Pero el núcleo central del discurso de Jesús es él mismo; nuestra meta final es el encuentro con el Señor resucitado. Todo pasa –nos recuerda el Señor–; solo él, su Palabra, permanece como luz que guía, anima nuestros pasos y nos perdona siempre, porque está a nuestro lado. Basta mirarlo y nos cambia el corazón *(15-11-2015).*

PALABRA

Como algunos hablaban del templo, de lo bellamente adornado que estaba con piedra de calidad y exvotos, Jesús les dijo: «Esto que contempláis, llegarán días en que no quedará piedra sobre piedra que no sea destruida». Ellos le preguntaron: «Maestro, ¿cuándo va a ser eso?, ¿y cuál será la señal de que todo eso está para suceder?». Él dijo: «Mirad que nadie os engañe. Porque muchos vendrán en mi nombre, diciendo: "Yo soy", o bien: "Está llegando el tiempo"; no vayáis tras ellos. Cuando oigáis noticias de guerras y de revoluciones, no tengáis pánico. Porque es necesario que eso ocurra primero, pero el fin no será enseguida». Entonces les decía: «Se alzará pueblo contra pueblo y reino contra reino, habrá grandes terremotos, y en diversos países, hambres y pestes. Habrá también fenómenos espantosos y grandes signos en el cielo».

Daniel 2, 31-45; ***Salmo: Daniel*** 3, 57a-61a • **LUCAS 21, 5-11**

ORACIÓN

SEÑOR, ante los signos del fin del mundo, que se dan aquí o allá, no han faltado quienes han usurpado tu nombre para anunciar ese fin. Solo tiene valor tu palabra de alerta: he de estar siempre preparado y en vela, viviendo en tu gracia, que es tu misma vida divina. Y tu consejo: que no tenga pánico, pues estoy en las mejores manos, las tuyas. ¿Quién podrá separarme de tu amor? Nada ni nadie. ***¡Ensalzadlo con himnos por los siglos!*** *(Daniel 3,59b).*

NOVIEMBRE
24
MIÉRCOLES

Santos ANDRÉS DUNG-LAC *pb* y *co mrs*, Crisógono *mr*, Flora y María *vgs mrs*, Mateo Alonso y *co mrs*

Papa Francisco: Jesús predice que sus discípulos deberán sufrir, por su causa. Pero asegura que estamos totalmente en las manos de Dios. Las adversidades que encontramos por nuestra fe son ocasiones de testimonio; no deben alejarnos del Señor, sino impulsarnos a abandonarnos aún más a él, a la fuerza de su Espíritu y de su gracia. Al final, Jesús hace una promesa que es garantía de victoria: «Con vuestra perseverancia salvaréis vuestras almas». ¡Cuánta esperanza en estas palabras! Son una llamada a la esperanza y a la paciencia *(7-11-2013)*.

PALABRA

Dijo Jesús a sus discípulos: «Os echarán mano, os perseguirán, entregándoos a las sinagogas y a las cárceles, y haciéndoos comparecer ante reyes y gobernadores, por causa de mi nombre. Esto os servirá de ocasión para dar testimonio. Por ello, meteos bien en la cabeza que no tenéis que preparar vuestra defensa, porque yo os daré palabras y sabiduría a las que no podrá hacer frente ni contradecir ningún adversario vuestro. Y hasta vuestros padres, y parientes, y hermanos, y amigos os entregarán, y matarán a algunos de vosotros, y todos os odiarán a causa de mi nombre. Pero ni un cabello de vuestra cabeza perecerá; con vuestra perseverancia salvaréis vuestras almas».

Daniel 5, 1-6.13-14-16-17.23-28; ***Salmo: Daniel*** 3, 62a-67a • **LUCAS 21, 12-19**

ORACIÓN

SEÑOR, todos los siglos han sido testigos del cumplimiento de tu palabra: los apóstoles y cientos de miles de mártires del siglo I al XXI. Los apóstoles "estaban contentos por haber sido considerados dignos de sufrir a causa de tu nombre". Y los mártires perdonaban a sus verdugos y vitoreaban tu nombre y tu título de la Cruz: Cristo Rey. ¡Dame esa perseverancia que salvará mi alma! ***¡Ensalzadlo con himnos por los siglos!*** *(Daniel 3,59b)*.

NOVIEMBRE

25

JUEVES

Jueves 34° Tiempo Ordinario Tomo IV - Salterio 2ª semana

Santos CATALINA *vg mr*, Moisés *pb*, Pedro y Águeda Yi *mrs*

SANTA CATALINA DE ALEJANDRÍA

Papa Francisco: Después de anunciar las terribles señales que precederán a su venida, Jesús concluye: «Cuando empiece a suceder esto, tened ánimo y alzad la cabeza; se acerca vuestra liberación» (*Lc* 21,28). Y, si san Pablo habla de un amor «que crece y rebosa», es porque el testimonio cristiano debe reflejar esta fuerza irresistible que narra el Evangelio *(29-11-2015)*.

PALABRA

Dijo Jesús a sus discípulos: «Cuando veáis a Jerusalén sitiada por ejércitos, sabed que está cerca su destrucción. Entonces, los que estén en Judea, que huyan a los montes; los que estén en medio de Jerusalén, que se alejen; los que estén en los campos, que no entren en ella; porque son "días de venganza" para que se cumpla todo lo que está escrito. ¡Ay de las que estén encinta o criando en aquellos días! Porque habrá una gran calamidad en esta tierra y un castigo para este pueblo. "Caerán a filo de espada", los llevarán cautivos "a todas las naciones", y "Jerusalén será pisoteada por gentiles", hasta que alcancen su plenitud los tiempos de los gentiles. Habrá signos en el sol y la luna y las estrellas, y en la tierra angustia de las gentes, enloquecidas por el estruendo del mar y el oleaje, desfalleciendo los hombres por el miedo y la ansiedad ante lo que se le viene encima al mundo, pues las potencias del cielo serán sacudidas. Entonces verán al Hijo del hombre venir en una nube, con gran poder y gloria. Cuando empiece a suceder esto, levantaos, alzad la cabeza: se acerca vuestra liberación».

Daniel **6,12-28; *Salmo: Daniel*** 3, 68a-74a • **LUCAS 21,20-28**

ORACIÓN

SEÑOR, si tuviera puesta mi esperanza en este mundo, temería el final. Pero, como Pablo, exclamo: *¿Quién me librará de este cuerpo de muerte?* Y me adhiero a tus palabras: *Levantaos, alzad la cabeza: se acerca vuetra liberación.* **¡Ensalzadlo con himnos por los siglos!** (Daniel 3,59b).

Santos Juan Berchmans *rl*, Delfina *re*, Conrado *ob*, Leonardo *pb*, Tomás Dinh y Domingo Nguyên *pbs mrs.* Beato Santiago Alberione

NOVIEMBRE
26
VIERNES

Papa Francisco: "El cielo y la tierra pasarán, pero mis palabras no pasarán". El Señor nos dice que estemos preparados para el encuentro, la muerte es un encuentro con él, que viene llevarnos con él. El Señor llamará a nuestra puerta. De toda las cosas que hemos ahorrado no nos llevaremos nada. Pero sí llevaremos el abrazo del Señor. Piensa en tu propia muerte: ¿cuándo moriré? En el calendario no está anunciado, pero el Señor lo sabe: *"Señor, prepara mi corazón para morir bien, morir en paz, morir con esperanza" (29-11-2019).*

PALABRA

Dijo Jesús a sus discípulos una parábola: «Fijaos en la higuera y en todos los demás árboles: cuando veis que ya echan brotes, conocéis por vosotros mismos que ya está llegando el verano. Igualmente vosotros, cuando veáis que suceden estas cosas, sabed que está cerca el reino de Dios. En verdad os digo que no pasará esta generación sin que todo suceda. El cielo y la tierra pasarán, pero mis palabras no pasarán».

Daniel 7, 2-14; ***Salmo: Daniel*** 3, 75a-81a • **LUCAS 21, 29-33**

ORACIÓN

SEÑOR, jamás hombre alguno habló con la absoluta firmeza de tus palabras: *El cielo y la tierra pasarán, mis palabras no pasarán:* Solo tú tienes palabras de vida eterna. Sé que está cerca el reino de Dios, y, lejos de asustarme, me anima, porque se acerca el encuentro contigo, el amigo que jamás defrauda: ¡de ti nada puedo temer, y sí esperar lo mejor! ***Ensalzadlo con himnos por los siglos!*** *(Daniel 3,59b).*

NOVIEMBRE

27

SÁBADO

Sábado 34° Tiempo Ordinario Tomo IV - Salterio 2ª semana

Ntra. Sra. de la Medalla Milagrosa. Santos Facundo y Primitivo *mrs,* Sigfrido *ob,* Bilgilda *vg.* Beato Ramón Llull *mr*

Papa Francisco: Si el Señor volviese hoy, ¿dónde me encontraría? *«Donde está tu tesoro, allí está también tu corazón»* (*Mt* 6, 21). Y mi corazón, ¿dónde está? ¿En medio de la gente, rezando con y por la gente, rodeado de sus alegrías y sufrimientos? ¿O más en medio de las cosas del mundo, de los negocios terrenos, de mis «espacios» privados? *(20-11-2015).*

PALABRA

Dijo Jesús a sus discípulos: «Tened cuidado de vosotros, no sea que se emboten vuestros corazones con juergas, borracheras y las inquietudes de la vida, y se os eche encima de repente aquel día; porque caerá como un lazo sobre todos los habitantes de la tierra. Estad, pues, despiertos en todo tiempo, pidiendo que podáis escapar de todo lo que está por suceder y manteneros en pie ante el Hijo del hombre».

Daniel 7, 15-27; ***Salmo: Daniel*** 3, 82a-87a • **LUCAS 21, 34-36**

ORACIÓN

SEÑOR, el vicio, la bebida y los agobios de la vida son parte de la estrategia de Satanás para despistarnos de lo único necesario y tenernos ajenos a lo que puede sobrevenirnos en cualquier momento. Fijos los ojos en ti, confiando plenamente en tu amor, le pido con fe al Padre en tu nombre que me dé fuerza para escapar de todo lo malo que está por venir y mantenerme en pie ante el Hijo del hombre. ¡En ti confío, y no quedaré defraudado! ***¡Ensalzadlo con himnos por los siglos!*** *(Daniel 3,59b).*

MAÑANA, NUEVO TOMO DE LA "LITURGIA DE LAS HORAS": TOMO I

Santos Catalina Labouré *vg,*
Esteban *mj mr,* Andrés Trân *mr*

NUEVO AÑO LITÚRGICO CICLO "B" "LITURGIA DE LAS HORAS": TOMO I

TIEMPO DE ADVIENTO

Papa Francisco: Hoy empieza el Adviento, el tiempo litúrgico que nos prepara para la Navidad, invitándonos a levantar la mirada y abrir nuestros corazones para recibir a Jesús. **1.** En Adviento, ***no vivimos solamente la espera navideña, también estamos invitados a despertar la espera del glorioso regreso de Cristo*** —cuando volverá al final de los tiempos— preparándonos para el encuentro definitivo con él. Recordamos la Navidad, esperamos el glorioso regreso de Cristo y también nuestro encuentro personal el día que el Señor nos llame. Durante estas cuatro semanas, estamos llamados a despojarnos de una forma de vida resignada y rutinaria y a salir alimentando esperanzas y sueños para un futuro nuevo. **2.** El Evangelio de este domingo va precisamente en esta dirección y nos advierte que no nos dejemos oprimir por un modo de vida egocéntrico o de los ritmos convulsos de los días. Resuenan de forma particularmente incisiva las palabras de Jesús: "Tened cuidado de vosotros, ***no sea que se emboten vuestros corazones*** con juergas, borracheras y las inquietudes de la vida, y se os eche encima de repente aquel día; estad despiertos en todo tiempo". **3.** ***Estar despiertos y orar:*** he aquí cómo vivir este tiempo desde hoy hasta la Navidad. El sueño interno viene siempre de dar vueltas en torno a nosotros mismos, y de permanecer encerrados en nuestra propia vida con sus problemas, alegrías y dolores, pero siempre dando vueltas en torno a nosotros mismos. Y eso cansa, eso aburre, eso cierra a la esperanza. **4.** El Adviento nos invita a un esfuerzo de vigilancia, mirando más allá de nosotros mismos, ***alargando la mente y el corazón para abrirnos a las necesidades de la gente, de los hermanos y al deseo de un mundo nuevo.*** Es el deseo de tantos pueblos martirizados por el hambre, por la injusticia, por la guerra; es el deseo de los pobres. **5.** La otra actitud para vivir bien el tiempo de la espera del Señor es la ***oración.*** *"Levantaos, alzad la cabeza; se acerca vuestra liberación".* Se trata de levantarse y rezar, dirigiendo nuestros pensamientos y nuestro corazón a Jesús que viene. Nosotros esperamos a Jesús, queremos esperarle en oración, que está estrechamente vinculada con la vigilancia. ***Rezar, esperar a Jesús, abrirse a los demás, estar despiertos, no encerrados*** en nosotros mismos. Pero si pensamos en la ***Navidad en un clima de consumismo,*** de ver qué puedo comprar, Jesús pasará y no lo encontraremos. Nosotros esperamos a Jesús y queremos esperarle en oración vigilante *(2-12-2018).*

PALABRA

• *Jeremías* 33, 14-16: «Ya llegan días –oráculo del Señor– en que cumpliré la promesa que hice a la casa de Israel y a la casa de Judá. En aquellos días y en aquella hora, suscitaré a David un vástago legítimo, que hará justicia y derecho en la tierra. En aquellos días se salvará Judá y en Jerusalén vivirán tranquilos, y la llamarán así: "El Señor es nuestra justicia"».

• *Salmo* 24,4-5.8-10.14: ***A ti, Señor, levanto mi alma.***

• *1 Tesalonicenses* 3, 12-4,2: Hermanos: Que el Señor os colme y os haga rebosar de amor mutuo y de amor a todos, lo mismo que nosotros os amamos a vosotros; y que afiance así vuestros corazones, de modo que os presentéis ante Dios nuestro Padre, santos e irreprochables en la venida de nuestro Señor Jesús con todos sus santos. Por lo demás, hermanos, os rogamos y exhortamos en el Señor Jesús: ya habéis aprendido de nosotros cómo comportarse para agradar a Dios; pues comportaos así y seguid adelante. Pues ya conocéis las instrucciones que os dimos, en nombre del Señor Jesús.

• **LUCAS 21, 25-28.34-36:** Dijo Jesús a sus discípulos: «Habrá signos en el sol y la luna y las estrellas, y en la tierra angustia de las gentes, perplejas por el estruendo del mar y el oleaje, desfalleciendo los hombres por el miedo y la ansiedad ante lo que se le viene encima al mundo, pues las potencias del cielo serán sacudidas. Entonces verán al Hijo del hombre venir en una nube, con gran poder y gloria. Cuando empiece a suceder esto, levantaos, alzad la cabeza; se acerca vuestra liberación. Tened cuidado de vosotros, no sea que se emboten vuestros corazones con juergas, borracheras y las inquietudes de la vida, y se os eche encima de repente aquel día; porque caerá como un lazo sobre todos los habitantes de la tierra. Estad, pues, despiertos en todo tiempo, pidiendo que podáis escapar de todo lo que está por suceder y manteneros en pie ante el Hijo del hombre».

ORACIÓN

JESÚS, al iniciar su andadura el nuevo Año Litúrgico, que nos guía al encuentro contigo, me alientan tus palabras: *Levantaos, alzad la cabeza, se acerca vuestra liberación.* Con los primeros cristianos, lo repetimos en cada Eucaristía: *Maranata, Ven, Señor Jesús.* Ven, no tardes. Ven a liberarme de tantas cosas que me impiden avanzar con libertad. Dame fuerzas para escapar de todo lo que me separa de ti.

Santos Saturnino *mr,* Iluminada *vg,* Francisco A. Fasani *pb.* Beato Bernardo F. de Hoyos *pb*

Papa Francisco: ¿Cómo puedo salir al encuentro del Señor? Tres actitudes: vigilantes en la oración, activos en la caridad y exultantes en la alabanza de Dios. Yo estoy en camino para encontrarle, y él está en camino para encontrarme. La gran sorpresa es que él me está buscando, antes de que yo comience a buscarlo. Es la sorpresa que tuvo el centurión: el Señor quería ir a su casa: "Voy yo a curarlo". Es la experiencia de la abundancia de su gracia, de su amor, de su ternura que no se cansa de buscarnos *(28-11-2016).*

PALABRA

Al entrar Jesús en Cafarnaún, un centurión se le acercó rogándole: «Señor, tengo en casa un criado que está en cama paralítico y sufre mucho». Le contestó: «Voy yo a curarlo». Pero el centurión le replicó: «Señor, no soy digno de que entres bajo mi techo. Basta que lo digas de palabra, y mi criado quedará sano. Porque yo también vivo bajo disciplina y tengo soldados a mis órdenes; y le digo a uno: "Ve", y va; al otro: "Ven", y viene; a mi criado: "Haz esto", y lo hace». Al oírlo, Jesús quedó admirado y dijo a los que le seguían: «En verdad os digo que en Israel no he encontrado en nadie tanta fe. Os digo que vendrán muchos de oriente y occidente y se sentarán con Abrahán, Isaac y Jacob en el reino de los cielos».

Isaías 2, 1-5; ***Salmo*** 121, 1bc-4.8-9 • **MATEO 8, 5-11**

ORACIÓN

SEÑOR, el centurión no te pidió que fueras a su casa a curar a su criado, solo te lo comunica. Y tú te ofreces a ir a curarlo. Él no te conocía ni sabía que tu amor es infinito. Yo sí te conozco: ¿Quién soy yo para que entres bajo mi techo? ¡Ayúdame a apreciar tu amor, la gracia de tu amistad y tu presencia viva en mí! Tengo miedo de no ser frío ni caliente, sino un mediocre tibio. ***Vamos alegres a la casa del Señor*** *(Salmo 121,1bc).*

NOVIEMBRE

30

MARTES

FIESTA DE SAN ANDRÉS, APÓSTOL

Santos Cutberto *pb mr*, Tadeo Liu *pb mr*, José Marchand *pb mr*

SAN ANDRÉS, APÓSTOL

Papa Francisco: El Apóstol Andrés y su hermano Pedro, a la llamada de Jesús, «inmediatamente dejaron las redes y lo siguieron» (*Mt* 4,20). También aquí nos asombra el entusiasmo de los Apóstoles, que, atraídos de tal manera por Cristo, se sienten capaces de emprender cualquier cosa y de atreverse, con él, a todo. Cada uno en su corazón puede preguntarse sobre su relación personal con Jesús, y examinar lo que ya ha aceptado para poder responder a su invitación a seguir a Jesús más de cerca *(30-9-2015).*

PALABRA

Paseando Jesús junto al mar de Galilea, vio a dos hermanos, a Simón, llamado Pedro, y a Andrés, que estaban echando la red en el mar, pues eran pescadores. Les dijo: «Venid en pos de mí y os haré pescadores de hombres». Inmediatamente dejaron las redes y lo siguieron. Y pasando adelante vio a otros dos hermanos, a Santiago, hijo de Zebedeo, y a Juan, su hermano, que estaban en la barca repasando las redes con Zebedeo, su padre y los llamó. Inmediatamente dejaron la barca y a su padre y lo siguieron.

Romanos 10,9-18; ***Salmo*** 18,2-5b • **MATEO 4,18-22**

ORACIÓN

SEÑOR, tu mirada, tu palabra, tu bondad, todo tu ser debía de tener la fuerza del más poderoso imán, para que aquellos jóvenes discípulos de Juan te siguieran sin titubear, con asombrosa prontitud, dejándolo todo. ¿Qué vieron en ti? La vida, el trabajo, la familia no se deja por cualquier motivo. Ah, si yo pudiera verte, escuchar tu voz, vivir contigo. Concédeme sentirte más cerca, más vivo, y seguirte sin regateos, con la generosidad y prontitud de aquellos jóvenes entusiasmados por ti, ***A toda la tierra alcanza su pregón*** *(Salmo 18, 5a).*

DICIEMBRE

Hoy grande gozo en el cielo todos hacen,
porque en un barrio del suelo nace Dios.
¡Qué gran gozo y alegría tengo yo!
Mas no nace solamente en Belén,
nace donde hay un caliente corazón.

DICIEMBRE
1
MIÉRCOLES

Miércoles 1° de Adviento

Tomo I - Salterio 1ª semana

Santos Nahún *prof,* Florencia *vg,* Eligio *ob,* Edmundo, Radulfo y Alejandro *pbs mrs.* Beatos Juan de Vercelli *pb,* Carlos de Foucauld *pb*

B. CARLOS DE FOUCAULD

Papa Francisco: Hemos tener el corazón de Jesús, quien «al ver a las muchedumbres, se compadecía de ellas, porque estaban extenuadas y abandonadas como ovejas que no tienen pastor» (*Mt* 9,36). Al ver a las muchedumbres, sintió compasión. Las personas esperan encontrar en nosotros la mirada de Jesús, a veces sin ni siquiera saberlo, esa mirada serena, feliz, que entra en el corazón *(16-6-2014).*

PALABRA

Jesús se dirigió al mar de Galilea, subió al monte y se sentó en él. Acudió a él mucha gente llevando tullidos, ciegos, lisiados, sordomudos y muchos otros; los ponían a sus pies, y él los curaba. La gente se admiraba al ver hablar a los mudos, sanos a los lisiados, andar a los tullidos y con vista a los ciegos, y daban gloria al Dios de Israel. Jesús llamó a sus discípulos y les dijo: «Siento compasión de la gente, porque llevan ya tres días conmigo y no tienen qué comer. Y no quiero despedirlos en ayunas, no sea que desfallezcan en el camino». Los discípulos le dijeron: «¿De dónde vamos a sacar en un despoblado panes suficientes para saciar a tanta gente?». Jesús les dijo: «¿Cuántos panes tenéis?». Ellos contestaron: «Siete y algunos peces». Él mandó que la gente se sentara en el suelo. Tomó los siete panes y los peces, pronunció la acción de gracias, los partió y los fue dando a los discípulos, y los discípulos a la gente. Comieron todos hasta saciarse y recogieron las sobras: siete canastos llenos.

Isaías 25,6-10a; ***Salmo*** 22,1b-6 • **MATEO 15, 29-37**

ORACIÓN

JESÚS, eres maravilloso: no solo te ocupas de anunciar el reino de Dios, sino que también te preocupas de saciar el hambre física del hombre. Es toda una lección para tus discípulos de todos los tiempos. También tu Iglesia –también yo– está llamada a dar respuesta a los problemas temporales de los hombres ¿Siento verdadera lástima, compasión, misericordia de quienes padecen necesidad? Sentir lástima y continuar dando de comer. ***Habitaré en la casa del Señor por años sin término*** *(Salmo 22,6cd).*

DICIEMBRE
2
JUEVES

Santos Habacuc *prof*, Bibiana *mr*, Silverio *pp mr*. Beatos M.ª Ángela Astorch *ab*, Juan de Ruusbroeck *pb*

Papa Francisco: «Muchos me dirán ese día: "Señor, Señor, ¿no hemos profetizado en tu nombre y echado demonios en tu nombre?". Entonces yo les declararé: "Nunca os he conocido"» (cf. *Mt* 7, 21-23). Es una palabra fuerte, no cabe duda, que tiene la finalidad de sacudirnos y llamarnos a la conversión. De otro modo, haremos predicaciones incluso muy bellas, y tal vez también expulsaremos algún demonio, pero al final el Señor no nos reconocerá como sus discípulos, porque no hemos tenido la capacidad de perdonar y de dejarnos perdonar por los demás *(4-11-2015)*.

PALABRA

Dijo Jesús a sus discípulos: «No todo el que me dice "Señor, Señor" entrará en el reino de los cielos, sino el que cumple la voluntad de mi Padre que está en los cielos. El que escucha estas palabras mías y las pone en práctica se parece a aquel hombre prudente que edificó su casa sobre roca. Cayó la lluvia, se desbordaron los ríos, soplaron los vientos y descargaron contra la casa; pero no se hundió, porque estaba cimentada sobre roca. El que escucha estas palabras mías y no las pone en práctica se parece a aquel hombre necio que edificó su casa sobre arena. Cayó la lluvia, se desbordaron los ríos, soplaron los vientos y rompieron contra la casa, y se derrumbó. Y su ruina fue grande».

Isaías 26, 1-6; ***Salmo*** 117, 1.8-9.19-21.25-27a • **MATEO 15, 29-37**

ORACIÓN

JESÚS, en muchas ocasiones me invitas a orar, a pedir al Padre en tu nombre, a pedirte con fe lo que quiero que hagas en mi vida. Pero quieres que mi oración nazca de una vida según tu voluntad. Hoy te pido que mi vida responda a mi fe, mis obras a mis palabras: entonces cumpliré la voluntad de Dios y será tan robusta mi vida espiritual que nada podrá contra ella. ***Bendito el que viene en nombre del Señor*** *(Salmo 117, 26a)*.

DICIEMBRE

3

VIERNES

Viernes 1° de Adviento Tomo I - Salterio 1ª semana

Santos FRANCISCO JAVIER *pb*,
Sofonías *prof*, Lucio *er*, Casiano *mr*

Papa Francisco: El Adviento es tiempo de preparar nuestros corazones para recibir al Salvador. Jesús viene a hacer fecundas nuestras historias personales y colectivas, nuestras esperanzas frustradas y nuestros deseos estériles. Y nos manda a anunciar, sobre todo a los oprimidos por los poderosos de este mundo, y también a los que sucumben bajo el peso de sus pecados: «En aquellos días se salvará Judá, y en Jerusalén vivirán tranquilos, y la llamarán así: "El Señor es nuestra justicia"» (*Jr* 33,16). Sí, Dios es Justicia. Por eso nosotros, cristianos, estamos llamados a ser en el mundo los artífices de una paz fundada en la justicia. La salvación que se espera de Dios tiene también el sabor del amor *(29-11-2015)*.

PALABRA

Dos ciegos seguían a Jesús, gritando: «Ten compasión de nosotros, hijo de David». Al llegar a la casa se le acercaron los ciegos, y Jesús les dijo: «¿Creéis que puedo hacerlo?». Contestaron: «Sí, Señor». Entonces les tocó los ojos, diciendo: «Que os suceda conforme a vuestra fe». Y se les abrieron los ojos. Jesús les ordenó severamente: «¡Cuidado con que lo sepa alguien!». Pero ellos, al salir, hablaron de él por toda la comarca.

Isaías 29,17-24; ***Salmo*** 26,1bcde.4.13-14 • **MATEO 9,27-31**

ORACIÓN

JESÚS, tú nos miras con amor, como a los dos ciegos que te seguían gritando. Para mí ese gritar es importunar. Para ti es la expresión de su necesidad, es confianza en tu amor y en tu poder. Por eso: *"Que os suceda conforme a vuestra fe"*. Yo creo que tú puedes aportarme una nueva visión de la vida, con más amor. Y todo cambia a mejor, no solo para los demás, sino también para mí. ***El Señor es mi luz y mi salvación*** *(Salmo 26,1b)*.

SAN JUAN DAMASCENO

DICIEMBRE
4
SÁBADO

Santos JUAN DAMASCENO *pb dc*, Bárbara *vg mr*, Juan Taumaturgo *ob*, Bernardo *ob*

Papa Francisco: La primera motivación para evangelizar es el amor de Jesús que hemos recibido, esa experiencia de ser salvados por él que nos mueve a amarlo siempre más. Nos hace falta clamar cada día, pedir su gracia para que nos abra el corazón frío y sacuda nuestra vida tibia y superficial. Puestos ante él con el corazón abierto, dejando que él nos contemple, reconocemos esa mirada de amor que descubrió Natanael: «Cuando estabas debajo de la higuera, te vi» (*Jn* 1,48). ¡Qué dulce es estar frente a un crucifijo, o de rodillas delante del Santísimo, y simplemente estar ante sus ojos! ¡Cuánto bien nos hace dejar que él vuelva a tocar nuestra existencia y nos lance a comunicar su vida nueva! La mejor motivación para decidirse a comunicar el Evangelio es contemplarlo con amor, es detenerse en sus páginas y leerlo con el corazón *(Evan.Gaud. 264. 24-11-2013).*

PALABRA

Jesús recorría todas las ciudades y aldeas, enseñando en sus sinagogas, proclamando el evangelio del reino y curando toda enfermedad y toda dolencia. Al ver a las muchedumbres, se compadecía de ellas, porque estaban extenuadas y abandonadas, «como ovejas que no tienen pastor». Entonces dice a sus discípulos: «La mies es abundante, pero los trabajadores son pocos; rogad, pues, al Señor de la mies que mande trabajadores a su mies». Llamó a sus doce discípulos y les dio autoridad para expulsar espíritus inmundos y curar toda enfermedad y toda dolencia. A estos doce los envió Jesús con estas instrucciones: «Id a las ovejas descarriadas de Israel. Id y proclamad que ha llegado el reino de los cielos. Curad enfermos, resucitad muertos, limpiad leprosos, arrojad demonios. Gratis habéis recibido, dad gratis».

Isaías 30, 19-21. 23-26; ***Salmo*** 146, 1bc-6 • **MATEO 9, 35-10, 1.6-8**

ORACIÓN

JESÚS, en tu corazón cabemos todos, arropados por tu infinita compasión, misericordia y amor. Te preocupamos cuando nos ves extenuados como ovejas sin pastor. Eliges apóstoles en todos los tiempos, para anunciar gratis el Evangelio a quienes andan -o andamos- por la vida sin sentido, y les das poder para curar, liberar del demonio y resucitar. Tú eres la respuesta a todos mis problemas. ¡Contigo, lo tengo todo! ***Dichosos los que esperan en el Señor*** *(Isaías 30,18).*

DICIEMBRE

5

DOMINGO

DOMINGO II de Adviento   Tomo I - Salterio 2ª semana

Santos Sabas *ab,* Juan Almond *pb mr,* Crispina *mf mr.* Beato Felipe Rinaldi *pb*

SAN SABAS ABAD

Papa Francisco: Hoy, segundo domingo de Adviento, se nos indica cómo *dar sustancia a la espera* propia del Adviento: emprendiendo un *camino de conversión,* haciendo concreta esa espera. Como guía en este camino, el Evangelio nos presenta ***la figura de Juan el Bautista,*** que «recorrió toda la región del río Jordán, predicando un bautismo de conversión para el perdón de los pecados». Para describir la misión del Bautista, el evangelista Lucas recoge la antigua profecía de Isaías que dice así: ***«Preparad el camino del Señor, allanad sus senderos;*** los valles serán rellenados, los montes y colinas serán rebajados; lo torcido será enderezado, lo escabroso será camino llano». Para preparar el camino al Señor que viene, es necesario tener en cuenta los requisitos de conversión a la que invita el Bautista. ¿Cuáles son estos ***requisitos de conversión***? **1.** Ante todo, estamos llamados a ***rellenar los valles causados por la frialdad y la indiferencia,*** abriéndonos a los demás con los mismos sentimientos de Jesús, es decir, con esa cordialidad y atención fraterna que se hace cargo de las necesidades del prójimo. Es decir, rellenar los barrancos producidos por la frialdad. No se puede tener una relación de amor, de fraternidad con el prójimo si hay "agujeros", como no se puede ir por un camino con baches. **2.** Después es necesario ***rebajar tantas asperezas causadas por el orgullo y la soberbia.*** Cuánta gente, quizá sin darse cuenta, es soberbia, áspera, no tiene esa relación de cordialidad. Hay que superar esto haciendo gestos concretos de reconciliación con nuestros hermanos, de solicitud de perdón por nuestras culpas. No es fácil reconciliarse, siempre se piensa: ¿quién da el primer paso? Pero el Señor nos ayuda a hacerlo si tenemos buena voluntad. ***La conversión es completa si lleva a reconocer humildemente nuestros errores,*** nuestras infidelidades, nuestras faltas. El creyente es aquel que, a través de su hacerse cercano al hermano, como Juan el Bautista, abre caminos en el desierto, es decir, indica perspectivas de esperanza incluso en aquellos contextos existenciales tortuosos, marcados por el fracaso y la derrota *(9-12-2018).*

PALABRA

• ***Baruc*** 5, 1-9: Jerusalén, despójate de tu vestido de luto y aflicción que llevas, y viste las galas perpetuas de la gloria que Dios te concede. Envuélvete ahora en el manto de la justicia de Dios, y ponte a la cabeza la diadema de la gloria del Eterno, porque Dios mostrará tu esplendor a cuantos habitan bajo el cielo. Dios te dará un nombre para siempre: «Paz en la justicia» y «Gloria en la piedad». En pie, Jerusalén, sube a la altura, mira hacia oriente y contempla a tus hijos; el Santo los reúne de oriente a occidente, y llegan gozosos invocando a su Dios. A pie tuvieron que partir, conducidos por el enemigo, pero Dios te los traerá con gloria, como llevados en carroza real. Dios ha mandado rebajarse a todos los montes elevados y a todas las colinas encumbradas;

ha mandado rellenarse a los barrancos hasta hacer que el suelo se nivele, para que Israel camine seguro, guiado por la gloria de Dios. Ha mandado a los bosques y a los árboles aromáticos que den sombra a Israel. Porque Dios guiará a Israel con alegría, a la luz de su gloria, con su justicia y su misericordia.

• *Salmo* 125, 1-6: ***El Señor ha estado grande con nosotros, y estamos alegres.***

• ***Filipenses*** 1, 4-6.8-11: Hermanos. Siempre que rezo por todos vosotros, lo hago con gran alegría. Porque habéis sido colaboradores míos en la obra del Evangelio, desde el primer día hasta hoy. Esta es nuestra confianza: que el que ha inaugurado entre vosotros esta buena obra, la llevará adelante hasta el Día de Cristo Jesús. Testigo me es Dios del amor entrañable con que os quiero, en Cristo Jesús. Y esta es mi oración: que vuestro amor siga creciendo más y más en penetración y en sensibilidad para apreciar los valores. Así llegaréis al Día de Cristo limpios e irreprochables, cargados de frutos de justicia, por medio de Cristo Jesús, para gloria y alabanza de Dios.

• **LUCAS 3, 1-6:** En el año decimoquinto del imperio del emperador Tiberio, siendo Poncio Pilato gobernador de Judea, y Herodes tetrarca de Galilea, y su hermano Filipo virrey de Iturea y Traconítide, y Lisanio tetrarca de Abilene, bajo el sumo sacerdocio de Anás y Caifás, vino la palabra de Dios sobre Juan, hijo de Zacarías, en el desierto. Y recorrió toda la comarca del Jordán, predicando un bautismo de conversión para perdón de los pecados, como está escrito en el libro de los oráculos del profeta Isaías: «Voz del que grita en el desierto: Preparad el camino del Señor, allanad sus senderos; los valles serán rellenados, los montes y colinas serán rebajados; lo torcido será enderezado, lo escabroso será camino llano. Y toda carne verá la salvación de Dios».

ORACIÓN

JESÚS, qué bien cumple su misión tu primo Juan, preparando los caminos para tu encuentro con las gentes. Se consideraba solo como la voz que grita en el desierto. Pero toda su vida era ejemplo de austeridad, de testimonio, de invitación –con la palabra y la vida– a la conversión. Acojo sus palabras: que se eleve el valle de mi pereza, que descienda la colina de mi orgullo, que se enderece y se iguale lo torcido y escabroso de mi conducta. Así veré –y otros podrán ver– la salvación que nos traes.

DICIEMBRE
6
LUNES

Lunes 2° de Adviento Tomo I - Salterio 2ª semana

Santos NICOLÁS *ob*, Pedro Pascual *ob mr*, Carmen M.ª Sallés *vg*

Papa Francisco: En el Evangelio están los jefes de los sacerdotes que preguntan a Jesús con qué autoridad actúa. No tienen horizontes, son hombres cerrados en sus cálculos, esclavos de la propia rigidez y los cálculos humanos cierran el corazón, cierran la libertad, mientras que la esperanza nos hace ligeros. Estos eran doctores, pero su ciencia no les salvaba. *[Lo opuesto a la anciana que fue a confesarse con el P. Bergoglio en 1992, a la que le dijo:]* Abuela, pero usted no tiene pecados. *Ella:* -Padre, todos los tenemos. Dios perdona todo. *[Bergoglio]* ¿Y usted cómo lo sabe? *Ella: -Porque si Dios no perdonara todo, el mundo no existiría.* ¡Sus ojos veían más allá, ojos llenos de esperanza! *(14-12-2015).*

PALABRA

Un día, estaba Jesús enseñando, y estaban sentados unos fariseos y maestros de la ley, venidos de todas las aldeas de Galilea, Judea y Jerusalén. Y el poder del Señor estaba con él para realizar curaciones. En esto, llegaron unos hombres que traían en una camilla a un hombre paralítico y trataban de introducirlo y colocarlo delante de él. No encontrando por donde introducirlo, a causa del gentío, subieron a la azotea, lo descolgaron con la camilla a través de las tejas, y lo pusieron en medio, delante de Jesús. Él, viendo la fe de ellos, dijo: «Hombre, tus pecados están perdonados». Entonces se pusieron a pensar los escribas y los fariseos: «¿Quién es este que dice blasfemias? ¿Quién puede perdonar pecados sino solo Dios?». Pero Jesús, conociendo sus pensamientos, respondió y les dijo: «¿Qué pensáis en vuestros corazones? ¿Qué es más fácil, decir: "Tus pecados te son perdonados", o decir: "Levántate y echa a andar"? Pues, para que veáis que el Hijo del hombre tiene poder en la tierra para perdonar pecados –dijo al paralítico–: "A ti te lo digo, ponte en pie, toma tu camilla y vete a tu casa"». Y, al punto, levantándose a la vista de ellos, tomó la camilla donde había estado tendido y se marchó a su casa dando gloria a Dios. El asombro se apoderó de todos y daban gloria a Dios. Y, llenos de temor, decían: «Hoy hemos visto maravillas».

Isaías 35, 1-10; ***Salmo*** 84, 9abc-14 • **LUCAS 5, 17-26**

ORACIÓN

JESÚS, solo Dios puede perdonar los pecados y solo él puede hacer milagros. Y tú, como Dios, haces ambas cosas en favor del paralítico que te ponen delante. Y también para ayudar a mi fe, que hoy ve cosas admirables en tu proceder con los que sufren y con los que quieren creer sin prejuicios: todos podemos ver en ti al Dios que salva al hombre en su integridad. ***He aquí nuestro Dios; viene en persona y nos salvará*** *(Isaías 35,4ce).*

Santos AMBROSIO *ob dc*,
Sabino *ob mr*, Urbano *ob*, Fara *ab*

Papa Francisco: Cuando el Señor se acerca nos da esperanza, abre siempre una puerta. Y luego, viene con las puertas abiertas. La esperanza es una verdadera fortaleza, es una gracia, es un don. Cuando el cristiano pierde la esperanza, su vida ya no tiene sentido. Es como si su vida estuviese ante un muro, ante la nada. Pero el Señor nos consuela y nos rehace con la esperanza, para seguir adelante. "No es voluntad de vuestro Padre que está en el cielo que se pierda ni uno de estos pequeños» (*Mateo* 18,12-14). Pidamos la gracia de no tener miedo a la consolación del Señor, de estar abiertos, pedirla, buscarla porque es un consuelo que nos dará esperanza y nos hará sentir la ternura de Dios Padre *(10-12-2013).*

PALABRA

Dijo Jesús a sus discípulos: «¿Qué os parece? Suponed que un hombre tiene cien ovejas: si una se le pierde, ¿no deja las noventa y nueve en los montes y va en busca de la perdida? Y si la encuentra, en verdad os digo que se alegra más por ella que por las noventa y nueve que no se habían extraviado. Igualmente, no es voluntad de vuestro Padre que está en el cielo que se pierda ni uno de estos pequeños».

Isaías 40,1-11; ***Salmo*** 95,1-3.10ac. 11-13 • **MATEO 18,12-14**

ORACIÓN

JESÚS, smuchas veces soy yo esa oveja que escapa de tu redil: estoy seguro de que correrás en mi búsqueda y me cargarás sobre tus hombros. Es un privilegio ser amigo tuyo, experimentar tus preferencias por los pecadores y conocer la voluntad del Padre: que ninguno de tus pequeños –y yo lo soy– se pierda. ***Aquí está nuestro Dios, que llega con fuerza*** *(Isaías 40,9-10).*

DICIEMBRE

8

MIÉRCOLES

Ntra. Sra. de Caacupé,
Santa Narcisa de Jesús *vg*

SOLEMNIDAD DE LA INMACULADA CONCEPCIÓN DE LA BIENAVENTURADA VIRGEN MARÍA

Papa Francisco: La Palabra de Dios nos presenta hoy una alternativa. En la primera lectura está el hombre que en los orígenes dice *no* a Dios, y en el Evangelio está María que en la Anunciación dice *sí* a Dios. En ambas lecturas es Dios quien busca al hombre. En el primer caso se dirige a ***Adán, después del pecado,*** y le pregunta: «¿Dónde estás?», y él responde: «Me escondí». En el segundo caso se dirige a ***María, sin pecado,*** que le responde: «He aquí la esclava del Señor». *Heme aquí* es lo opuesto de *me escondí.* El *heme aquí* abre a Dios, mientras el pecado cierra, aísla, hace que permanezca solo consigo mismo. *Heme aquí* es estar disponible para el Señor, es la cura para el egoísmo, el antídoto de una vida insatisfecha, a la que siempre le falta algo. *Heme aquí* es el remedio contra el envejecimiento del pecado, es la terapia para permanecer jóvenes dentro. *Heme aquí* es creer que Dios cuenta más que mi yo. Es elegir apostar por el Señor, dócil a sus sorpresas. Por eso decirle *heme aquí* es la mayor alabanza que podemos ofrecerle. María vence esta primera tentación con su *heme aquí.* Y hoy miramos la ***belleza de la Virgen, concebida, nacida y crecida sin pecado,*** siempre dócil y transparente a Dios *(8-12-2018).*

PALABRA

• ***Génesis*** 3, 9-15.20: Después que Adán comió del árbol, el Señor llamó al hombre: «¿Dónde estás?». Él contestó: «Oí tu ruido en el jardín, me dio miedo, porque estaba desnudo, y me escondí». El Señor le replicó: «¿Quién te informó de que estabas desnudo? ¿Es que has comido del árbol del que te prohibí comer?». Adán respondió: «La mujer que me diste como compañera me ofreció del fruto, y comí». El Señor dijo a la mujer: «¿Qué has hecho?». La mujer respondió: «La serpiente me sedujo y comí». El Señor Dios dijo a la serpiente: «Por haber hecho eso, maldita tú entre todo el ganado y todas las fieras del campo; te arrastrarás sobre el vientre y comerás polvo toda tu vida; pongo hostilidad entre ti y la mujer, entre tu descendencia y su descendencia; ella te aplastará la cabeza cuando tú la hieras en el talón». Adán llamó a su mujer Eva, por ser la madre de todos los que viven.

• *Salmo* 97, 1bcde-4: ***Cantad al Señor un cántico nuevo, porque ha hecho maravillas***

• ***Efesios*** 1, 3-6.11-12: Bendito sea Dios, Padre de nuestro Señor Jesucristo, que nos ha bendecido en la persona de Cristo con toda clase de bendiciones espirituales en los cielos. Él nos eligió en la persona de Cristo antes de la fundación del mundo para que fuésemos santos e intachables ante él por el amor. Él nos ha destinado por medio de Jesucristo, según el beneplácito de su voluntad, a ser sus hijos, para alabanza de la gloria de su gracia, que tan generosamente nos ha concedido en el Amado. En él hemos heredado también los que estábamos destinados por decisión del que lo hace todo según su voluntad, para que seamos alabanza de su gloria quienes esperábamos en el Mesías.

• **LUCAS 1,26-38:** El ángel Gabriel fue enviado por Dios a una ciudad de Galilea llamada Nazaret, a una virgen desposada con un hombre llamado José, de la estirpe de David: el nombre de la virgen era María. El ángel, entrando en su presencia, dijo: «Alégrate, llena de gracia, el Señor está contigo». Ella se turbó grandemente ante estas palabras y se preguntaba qué saludo era aquel. El ángel le dijo: «No temas, María, porque has encontrado gracia ante Dios. Concebirás en tu vientre y darás a luz un hijo, y le pondrás por nombre Jesús. Será grande, se llamará Hijo del Altísimo, el Señor Dios le dará el trono de David, su padre; reinará sobre la casa de Jacob para siempre, y su reino no tendrá fin».Y María dijo al ángel: «¿Cómo será eso, pues no conozco varón?». El ángel le contestó: «El Espíritu Santo vendrá sobre ti, y la fuerza del Altísimo te cubrirá con su sombra; por eso el Santo que va a nacer será llamado Hijo de Dios.También tu pariente Isabel ha concebido un hijo en su vejez, y ya está de seis meses la que llamaban estéril, "porque para Dios nada hay imposible"». María contestó: «He aquí la esclava del Señor; hágase en mí según tu palabra».Y el ángel se retiró.

ORACIÓN

JESÚS, cuando se cumplen 167 años de la definición del dogma de la Inmaculada Concepción de tu Madre, felicito a la Madre Inmaculada, contigo y con tu Iglesia de esta generación: porque la quisiste concebida sin pecado y llena de gracia, y porque la Iglesia la propone como ejemplo de vida perfecta, purísima, sin pecado, colmada de gracia. *"Toda hermosa eres, María. Bajo tu amparo nos acogemos, líbranos de todos los peligros"*. ***Cantad al Señor un cántico nuevo, porque ha hecho maravillas*** *(Salmo 97,1bc).*

DICIEMBRE

9

JUEVES

Jueves 2° de Adviento Tomo I - Salterio 2ª semana

Santos JUAN DIEGO *cf*, Leocadia *vg mr*, Siro *ob*, Pedro Fourier *pb*

Papa Francisco: La voz del Bautista grita también hoy en los desiertos de la humanidad, que son las mentes cerradas y los corazones duros; y nos hace preguntarnos si en realidad estamos en el buen camino, viviendo una vida según el Evangelio (*Lc* 3,1-6). Hoy nos advierte con las palabras del profeta Isaías: «Preparad el camino del Señor, allanad sus senderos». Es una apremiante invitación a abrir el corazón y acoger la salvación que Dios nos ofrece incesantemente, casi con terquedad, porque nos quiere a todos libres de la esclavitud del pecado *(6-12-2015).*

PALABRA

Jesús dijo al gentío: «En verdad os digo que no ha nacido de mujer uno más grande que Juan el Bautista; aunque el más pequeño en el reino de los cielos es más grande que él. Desde los días de Juan el Bautista hasta ahora el reino de los cielos sufre violencia y los violentos lo arrebatan. Los Profetas y la Ley han profetizado hasta que vino Juan; él es Elías, el que tenía que venir, con tal que queráis admitirlo. El que tenga oídos que oiga».

Isaías 41, 13-20; ***Salmo*** 144,1bc.9-13ab • **MATEO 11, 11-15**

ORACIÓN

JESÚS, Juan el Bautista fue el mayor profeta entre los que anunciaron tu venida. Fue santificado en el vientre materno con tu llegada a Ain Karem dentro del vientre virginal de María. Pero tú me has elegido para ser "miembro del reino de los cielos", un honor tan grande, que ni Juan pudo alcanzarlo. ¡Ayúdame a ser digno miembro de tu Cuerpo Místico, a ser santo porque nuestro Padre es santo! ***El Señor es clemente y misericordioso, lento a la cólera y rico en piedad*** *(Salmo 144,8).*

SANTA EULALIA DE MÉRIDA

Santos EULALIA DE MÉRIDA *vg mr*, Mauro *mr*, Gregorio III *pp*. Ntra. Sra. de Loreto

Papa Francisco: Quizá nosotros nos preguntamos: «¿Por qué deberíamos convertirnos? La conversión concierne a quien de ateo se vuelve creyente, de pecador se hace justo, pero nosotros no tenemos necesidad, ¡ya somos cristianos! No vamos bien. La salvación se ofrece a todo hombre, a cada uno de nosotros. Ninguno de nosotros puede decir: «Yo soy santo, yo soy perfecto, yo ya estoy salvado». No. Siempre debemos acoger este ofrecimiento de la salvación *(6-12-2015).*

PALABRA

Dijo Jesús al gentío: «¿A quién compararé esta generación? Se asemeja a unos niños sentados en la plaza, que gritan diciendo: "Hemos tocado la flauta, y no habéis bailado; hemos entonado lamentaciones, y no habéis llorado". Porque vino Juan, que ni comía ni bebía, y dicen: "Tiene un demonio". Vino el Hijo del hombre, que come y bebe, y dicen: "Ahí tenéis a un comilón y borracho, amigo de publicanos y pecadores". Pero la sabiduría se ha acreditado por sus obras».

Isaías 48, 17-19; ***Salmo*** 1,1-4.6 • **MATEO 11, 16-19**

ORACIÓN

JESÚS, te llaman comilón y borracho, y me molesta semejante calumnia. Te acusan de ser amigo de publicanos y pecadores, y más que acusación me parece una alabanza, que me llena de gozo y de esperanza. En todo caso, hagas lo que hagas eres incomprendido y criticado por quienes se han constituido enemigos y jueces del Mesías. Para mí es una lección: que me sea indiferente la opinión de los demás, con tal de que, ayudado por tu gracia, cumpla tu voluntad y crea que tu opinión es siempre lo más razonable. ***El que te sigue, Señor, tendrá la luz de la vida*** *(Juan 8,12).*

DICIEMBRE

11

SÁBADO

Sábado 2º de Adviento

Tomo I - Salterio 2ª semana

**Santos DÁMASO I *pp*,
Maravillas de Jesús *vg*, Daniel *pb*,
Sabino *ob***

SAN DÁMASO, PAPA

Papa Francisco: El Evangelio, donde brilla gloriosa la Cruz de Cristo, invita insistentemente a la alegría. La visita de María a Isabel hace que Juan salte de alegría en el seno de su madre. En su canto María proclama: «Mi espíritu se estremece de alegría en Dios, mi salvador» (*Lc* 1,47). Cuando Jesús comienza su ministerio, Juan exclama: «Esta es mi alegría, que ha llegado a su plenitud» (*Jn* 3,29).*(Evang.Gaud.5. 24-11-2013).*

PALABRA

Cuando bajaban del monte, los discípulos preguntaron a Jesús: «¿Por qué dicen los escribas que primero tiene que venir Elías?». Él les contestó: «Elías vendrá y lo renovará todo. Pero os digo que Elías ya ha venido, y no lo reconocieron, sino que han hecho con él lo que han querido. Así también el Hijo del hombre va a padecer a manos de ellos». Entonces entendieron los discípulos que se refería a Juan el Bautista.

Eclesiástico 48, 1-4.9-11b; ***Salmo*** 79, 2ac.3b.15-16.18-19 • **MATEO 17, 10-13**

ORACIÓN

JESÚS, no te era indiferente el trato que daban a Juan, ni lo que preparan para ti y lo que también harán con tu Iglesia. Por eso, está claro que si quiero seguirte he de cargar cada día con la cruz y caminar tras tus pasos: por la cruz a la luz. No hay vida sin cruz, pero hay cruces sin Cristo, que son insoportables. ***Oh Dios, restáuranos, que brille tu rostro y nos salve*** *(Salmo 79,4).*

VIRGEN DE GUADALUPE

NTRA. SRA. DE GUADALUPE
(México: Solemnidad)
Santos Israel *pb*, Simón Phan *pf mr.*

DICIEMBRE **12** DOMINGO

Papa Francisco: En este tercer domingo de Adviento, la ***liturgia nos invita a la alegría.*** **1.** El profeta ***Sofonías*** le dirige a la pequeña porción del pueblo de Israel estas palabras: ***«Regocíjate, hija de Sion, grita de júbilo, Israel».*** Los habitantes de la Ciudad Santa están llamados a gozar porque el Señor ha revocado su condena. Dios ha perdonado, no ha querido castigar. Este llamamiento del profeta es particularmente apropiado cuando nos preparamos para la Navidad porque se aplica a Jesús, el Enmanuel, el Dios-con-nosotros: su presencia es la fuente de la alegría. Sofonías proclama: «El Rey de Israel está en medio de ti»; y poco después repite: «El Señor tu Dios está en medio de ti, ¡un guerrero que salva!». **2.** Este mensaje encuentra su pleno significado en el momento de ***la anunciación a María,*** narrada por el evangelista Lucas. Las palabras que le dirige el ángel Gabriel a la Virgen son como un eco de las del profeta. Y ¿qué dice el arcángel Gabriel? ***«Alégrate, llena de gracia, el Señor está contigo»***. «Alégrate», dice a la Virgen. En una aldea perdida de Galilea, en el corazón de una joven mujer desconocida para el mundo, Dios enciende la chispa de la felicidad para todo el mundo. **3.** Y hoy ***el mismo anuncio va dirigido a la Iglesia, llamada a acoger el Evangelio*** para que se convierta en carne, vida concreta. Dice a la Iglesia, a todos nosotros: «Alégrate, pequeña comunidad cristiana, pobre y humilde, aunque hermosa a mis ojos porque deseas ardientemente mi Reino, tienes sed de justicia, tejes con paciencia tramas de paz, no sigues a los poderosos de turno, sino que permaneces fielmente al lado de los pobres. Y así no tienes miedo de nada, sino que tu corazón está en el gozo» *(16-12-2018).*

PALABRA

• ***Sofonías*** 3, 14-18a: Alégrate hija de Sion, grita de gozo Israel, regocíjate y disfruta con todo tu ser, hija de Jerusalén. El Señor ha revocado tu sentencia, ha expulsado a tu enemigo. El rey de Israel, el Señor, está en medio de ti, no temas mal alguno. Aquel día se dirá a Jerusalén: «¡No temas! ¡Sion, no desfallezcas! El Señor tu Dios está en medio de ti, valiente y salvador; se alegra y goza contigo, te renueva con su amor; exulta y se alegra contigo como en día de fiesta.

• ***Salmo:*** Isaías 12, 2-6: ***Gritad jubilosos, porque es grande en medio de ti el Santo de Israel.***

• ***Filipenses*** 4, 4-7: Hermanos: Alegraos siempre en el Señor; os lo repito, alegraos. Que vuestra mesura la conozca todo el mundo. El Señor está cerca.

Nada os preocupe; sino que, en toda ocasión, en la oración y en la súplica, con acción de gracias, vuestras peticiones sean presentadas a Dios. Y la paz de Dios, que supera todo juicio, custodiará vuestros corazones y vuestros pensamientos en Cristo Jesús.

• **LUCAS 3, 10-18:** La gente preguntaba a Juan: «Entonces, ¿qué tenemos que hacer?». Él contestó: «El que tenga dos túnicas, que comparta con el que no tiene; y el que tenga comida, haga lo mismo». Vinieron también a bautizarse unos publicanos y le preguntaron: «Maestro, ¿qué debemos hacer nosotros?». Él les contestó: «No exijáis más de lo establecido». Unos soldados igualmente le preguntaban: «Y nosotros, ¿qué tenemos que hacer?». Él les contestó: «No hagáis extorsión ni os aprovechéis de nadie con falsas denuncias, sino contentaos con la paga». Como el pueblo estaba expectante, y todos se preguntaban en su interior sobre Juan si no sería el Mesías, Juan les respondió dirigiéndose a todos: «Yo os bautizo con agua; pero viene el que es más fuerte que yo, a quien no merezco desatarle la correa de sus sandalias. Él os bautizará con Espíritu Santo y fuego: en su mano tiene el bieldo para aventar su parva y reunir su trigo en el granero y quemar la paja en una hoguera que no se apaga». Con estas palabras y otras muchas exhortaciones, anunciaba al pueblo el Evangelio.

ORACIÓN

JESÚS, con la invitación a la alegría, porque estás ya cerca, me llega el reconocimiento de la santidad de Juan el Bautista. En su vida, siempre fiel a su misión. Cuando tú llegaste, desapareció humillándose en tu presencia, te señaló como Mesías y te ofreció sus mejores discípulos. No hay en este mundo misión más grande que la de ayudar a otros a encontrarse contigo. Pongo mi pobreza –mi vida tan poco ejemplar y mi débil palabra– al servicio de la evangelización. Tú harás lo demás.

Santos LUCÍA *vg mr,*
Otilia *ab,* **Autberto** *ob.*
Beato Antonio Gras *pb*

Papa Francisco: Juan termina su vida bajo la autoridad de un rey mediocre, ebrio y corrupto. Así termina un grande, el hombre más grande nacido de mujer. Cuando leo este pasaje, me conmuevo. Pienso en los *mártires* de nuestros días, esos hombres, mujeres y niños que son perseguidos, odiados, expulsados de sus casas, torturados, masacrados. Terminan su vida bajo la autoridad corrupta de gente que odia a Jesucristo. También nosotros, queriéndolo o no, vamos por el camino del abajamiento existencial de la vida *(6-2-2015).*

PALABRA

Jesús llegó al templo y, mientras enseñaba, se le acercaron los sumos sacerdotes y los ancianos del pueblo para preguntarle: «¿Con qué autoridad haces esto? ¿Quién te ha dado semejante autoridad?». Jesús les replicó: «Os voy a hacer yo también una pregunta; si me la contestáis, os diré yo también con qué autoridad hago esto. El bautismo de Juan ¿de dónde venía, del cielo o de los hombres?». Ellos se pusieron a deliberar: «Si decimos "del cielo", nos dirá: "¿Por qué no le habéis creído?". Si le decimos "de los hombres", tememos a la gente; porque todos tienen a Juan por profeta». Y respondieron a Jesús: «No sabemos». Él, por su parte, les dijo: «Pues tampoco yo os digo con qué autoridad hago esto».

Números 24, 2-7.15.17a; ***Salmo*** 24, 4-9 • **MATEO 21, 23-27**

ORACIÓN

JESÚS, tu sabiduría no puede ser atrapada por aprendices de lo sagrado, que caen en sus propias redes. Jamás enseñó en el templo nadie más autorizado que tú. Yo me quedo entre la gente sencilla, para acoger tu palabra sin discutirla, y tratar de cumplirla confiando en tu ayuda. ***Señor, instrúyeme en tus sendas*** *(Salmo 24,4b).*

DICIEMBRE

14

MARTES

Martes 3° de Adviento

Tomo I - Salterio 3ª semana

Santos JUAN DE LA CRUZ *pb dc*, Venancio Fortunato *ob*, Jerón y *co mrs*, Pompeyo *ob*, Drósida *mr*

SAN JUAN DE LA CRUZ

Papa Francisco: Jesús presenta a los sumos sacerdotes el caso de los dos hijos a quienes el padre les pide que vayan a trabajar a la viña. Uno responde: «No voy». Pero luego va. El otro, en cambio, dice: «Sí, papá», pero después no va. Y les dijo: «En verdad os digo que los publicanos y las prostitutas van por delante de vosotros en el Reino de Dios, porque los publicanos y prostitutas creyeron a Juan». Un santo lo ofrecía todo al Señor, que le dijo: «Tú aún no me has dado una cosa». -Pero, ¿qué cosa, Señor? - «Tus pecados». Cuando seamos capaces de decir al Señor: "Señor, estos son mis pecados, son los míos. Tómalos tú", entonces seremos el pueblo humilde y pobre que confía en el nombre del Señor *(16-12-2014)*.

PALABRA

Dijo Jesús a los sumos sacerdotes y a los ancianos del pueblo: «¿Qué os parece? Un hombre tenía dos hijos. Se acercó al primero y le dijo: "Hijo, ve hoy a trabajar en la viña". Él le contestó: "No quiero". Pero después recapacitó y fue. Se acercó al segundo y le dijo lo mismo. Él le contestó: "Voy, señor". Pero no fue. ¿Quién de los dos cumplió la voluntad de su padre?». Contestaron: «El primero». Jesús les dijo: «En verdad os digo que los publicanos y las prostitutas van por delante de vosotros en el Reino de Dios. Porque vino Juan a vosotros enseñándoos el camino de la justicia y no le creísteis; en cambio, los publicanos y prostitutas le creyeron. Y, aun después de ver esto, vosotros no os arrepentisteis ni le creísteis».

Sofonías 3,1-2.9-13; ***Salmo*** 33,2-3.6-7.17-19.23 • **MATEO 21,28-32**

ORACIÓN

JESÚS, no son bellas palabras lo que esperas de mí, sino los frutos de la conversión, que comienza por reconocerse pecador –como los publicanos y las prostitutas–, continúa por hacer la voluntad del Padre, y termina por la felicidad suprema de la vida eterna. Así de sencillo. Así de esperanzador. ***El afligido invocó al Señor, y él lo escuchó*** *(Salmo 33,7ab)*.

SAN VALERIANO

Santos Valeriano *ob*, Maximino *pb*, María C. de Rosa *vg*

Papa Francisco: Cuando Jesús comenzó su vida pública, Juan era cercano a los esenios, observantes de la ley, de las oraciones y de las penitencias. Y cuando estaba en la cárcel, sufrió la prueba de la oscuridad, de la noche en su alma: el más grande manda al encuentro de Jesús a dos discípulos para preguntarle: "¿eres tú o me he equivocado y tenemos que esperar a otro?". En la vida de Juan se asomó la oscuridad del error, la oscuridad de una vida consumida en el error. Ante la pregunta de Juan, Jesús responde con las palabras de Isaías. El Bautista comprende, pero su corazón permanece en la oscuridad *(6-2-2015).*

PALABRA

Juan, llamando a dos de sus discípulos, los envió al Señor diciendo: «¿Eres tú el que ha de venir, o tenemos que esperar a otro?». Los hombres se presentaron ante él y le dijeron: «Juan el Bautista nos ha mandado a ti para decirte: «¿Eres tú el que ha de venir, o tenemos que esperar a otro?». En aquella hora Jesús curó a muchos de enfermedades, achaques y malos espíritus, y a muchos ciegos les otorgó la vista. Y respondiendo, les dijo: «Id a anunciar a Juan lo que habéis visto y oído: los ciegos ven, los cojos andan, los leprosos quedan limpios y los sordos oyen, los muertos resucitan, los pobres son evangelizados. Y ¡bienaventurado el que no se escandalice de mí!».

Isaías 45,6c-8.18.21b-25; ***Salmo*** 84,9abc.10-14 • **LUCAS 7,19-23**

ORACIÓN

JESÚS, las dudas de Juan eran una tentación del enemigo, un dolor añadido a estar encadenado en la cárcel por defender tu Palabra. Tú eres el que tenía que venir a su vida, y tenías que estar en su corazón a la hora del martirio. Tú nunca fallas a quien pone su confianza en ti. Para mí es garantía plena, que agradezco como uno de tus mejores dones. ***Cielos, destilad desde lo alto al Justo, las nubes lo derramen*** *(Isaías 45,8).*

DICIEMBRE
16
JUEVES

Jueves 3º de Adviento **Tomo I - Salterio 3ª semana**

Santos Ageo *prof*, José Mañanet *pb*, Everardo *mj*, Adelaida *em*

SAN JOSÉ MAÑANET

Papa Francisco: Juan, el último de los profetas, "el más grande nacido de mujer", era la lámpara, no la luz, da testimonio de la luz. Juan era la voz -"Yo soy la voz que grita en el desierto", pero no era la Palabra, él da testimonio de la Palabra, indica el Verbo de Dios. Él es solo la voz, el predicador de la penitencia. Juan es lo provisional que indica lo definitivo. Disminuye, se abaja, hasta el final: en la oscuridad de una celda, en la cárcel, decapitado por el capricho de una bailarina y la envidia de una adúltera. ¡Grande Juan! *(16-12-2016).*

PALABRA

Cuando se marcharon los mensajeros de Juan, Jesús se puso a hablar a la gente acerca de Juan: «¿Qué salisteis a contemplar en el desierto? ¿Una caña sacudida por el viento? ¿O qué salisteis a ver? ¿Un hombre vestido con ropas finas? Mirad, los que visten fastuosamente y viven entre placeres están en los palacios reales. Entonces, ¿qué salisteis a ver? ¿Un profeta? Sí, os digo, y más que profeta. Él es de quien está escrito: Yo envío mi mensajero delante de ti para que prepare el camino ante ti. Os digo que entre los nacidos de mujer no hay nadie mayor que Juan. Aunque el más pequeño en el reino de Dios es mayor que él». Al oír a Juan, todo el pueblo, incluso los publicanos, recibiendo el bautismo de Juan, proclamaron que Dios es justo. Pero los fariseos y los maestros de la ley, que no habían aceptado su bautismo, frustraron el designio de Dios para con ellos.

Isaías **54,1-10;** ***Salmo*** **29,2.4-6.11-13b • LUCAS 7,24-30**

ORACIÓN

JESÚS, qué triste la última frase evangélica sobre los fariseos: "frustraron el designio de Dios para con ellos". En el lado opuesto, la absoluta fidelidad de Juan el Bautista a la voluntad del Padre y a la misión que le confió. Que se cumpla en mi vida todo lo que ha designado para mí nuestro Padre, que tanto me ama. ***Te ensalzaré, Señor, porque me has librado*** *(Salmo 29, 2a).*

SAN JUAN DE MATA

17 DICIEMBRE. FERIA MAYOR

Santos Juan de Mata *pb*, Modesto *ob*

DICIEMBRE
17
VIERNES

Papa Francisco: Dios qu'so hacerse historia. Está con nosotros. Ha hecho camino con nosotros. Por ello llamó a Abrahán, el primero de la genealogía, y le invitó a caminar. Y Abrahán engendró a Isaac, e Isaac a Jacob, y Jacob a Judá... Dios camina con su pueblo. En la genealogía de Jesús hay santos y pecadores, como David, que tras el pecado se convirtió. Cuando Dios quiere decir quién es, dice: Yo soy el Dios de Abrahán, de Isaac, de Jacob. ¿Cuál es el apellido de Dios? Somos nosotros, cada uno de nosotros. Él toma de nosotros el nombre para hacer de él su apellido *(17-12-2013).*

PALABRA

Libro del origen de Jesucristo, hijo de David, hijo de Abrahán. Abrahán engendró a Isaac, Isaac engendró a Jacob, Jacob engendró a Judá y a sus hermanos. Judá engendró, de Tamar, a Fares y a Zará... Salmón engendró, de Rajab, a Booz, Booz engendró, de Rut, a Obed; Obed engendró a Jesé, Jesé engendró a David, el rey. David, de la mujer de Urías, engendró a Salomón, Salomón engendró a Roboán... Josías engendró a Jeconías y a sus hermanos, cuando el destierro de Babilonia. Después del destierro de Babilonia, Jeconías engendró a Salatiel, Salatiel engendró a Zorobabel, Zorobabel engendró a Abiud, Abiud engendró a Eliaquín, Eliaquín engendró a Azor, Azor engendró a Sadoc, Sadoc engendró a Aquín, Aquín engendró a Eliud, Eliud engendró a Eleazar, Eleazar engendró a Matán, Matán engendró a Jacob; y Jacob engendró a José, el esposo de María, de la cual nació Jesús, llamado Cristo. Así, las generaciones desde Abrahán a David fueron en total catorce; desde David hasta la deportación a Babilonia, catorce; y desde la deportación a Babilonia hasta el Cristo, catorce.

Génesis 49,1-2.8-10; ***Salmo*** 71,1-4ab.7-8.17 • **MATEO 1,1-3.5-7.11-17**

ORACIÓN

OH SABIDURÍA, *que brotaste de los labios del Altísimo, abarcando del uno al otro confín y ordenándolo todo con firmeza y seguridad: ¡ven y muéstranos el camino de la salvación!* Tú eres el Camino: mi Dios, mi Maestro, y no quiero otro Salvador sino tú, Señor Jesús, Sabiduría de Dios, que vienes a salvar mi vida. Otros caminos conducen a la perdición: que solo me guíe la Sabiduría de tu Palabra. ***En sus días florezca la justicia y la paz abunde eternamente*** *(Salmo 71,7)*

DICIEMBRE

18

SÁBADO

18 DICIEMBRE. FERIA MAYOR

Ntra. Sra. de la O (Expectación, Esperanza, Macarena). Santos Malaquías ***prof,*** **Pablo Nguyên y** ***co cts mrs***

VIRGEN DE LA ESPERANZA MACARENA

Papa Francisco: El pasaje de hoy de san Mateo (1, 18-24) nos dice que no hay una salvación sin historia, hubo una larga historia. El personaje central es José, novio: quería mucho a su prometida esposa, que se había ido a ayudar a su prima, y cuando regresa se veían los primeros signos de su maternidad. José sufre. «Esta mujer es buena, yo la conozco. Es una mujer de Dios. Pero ¿qué me ha hecho? ¡No es posible!». José, en el momento más oscuro, carga sobre sí el problema. Y al final llega el Señor: le envía el ángel. Digamos con confianza, en los malos momentos: *Señor, la historia no comenzó conmigo ni acabará conmigo. Tú estás adelante, yo estoy preparado».* Y así nos ponemos en las manos del Señor *(18-12-2014).*

PALABRA

La generación de Jesucristo fue de esta manera: María, su madre, estaba desposada con José y, antes de vivir juntos, resultó que ella esperaba un hijo por obra del Espíritu Santo. José, su esposo, como era justo y no quería difamarla, decidió repudiarla en privado. Pero, apenas había tomado esta resolución, se le apareció en sueños un ángel del Señor que le dijo: «José, hijo de David, no temas acoger a María, tu mujer, porque la criatura que hay en ella viene del Espíritu Santo. Dará a luz un hijo y tú le pondrás por nombre Jesús, porque él salvará a su pueblo de sus pecados». Todo esto sucedió para que se cumpliese lo que había dicho el Señor por medio del profeta: «Mirad: la virgen concebirá y dará a luz un hijo y le pondrá por nombre Enmanuel, que significa "Dios-con-nosotros"». Cuando José se despertó, hizo lo que le había mandado el ángel del Señor y acogió a su mujer.

Jeremías 23, 5-8; ***Salmo*** 71,1-2.12-13.18-19 • **MATEO 1, 18-24**

ORACIÓN

OH ADONAI, *Pastor de la casa de Israel, que te apareciste a Moisés en la zarza ardiente, en el Sinaí le diste la ley, y en la plenitud de los tiempos te encarnaste en las entrañas de María Virgen sin intervención de varón: ¡ven a librarnos con el poder de tu brazo!* Buen Pastor, te hiciste hombre en María para que el hombre llegue a Dios. ***En sus días florezca la justicia, y la paz abunde eternamente*** *(Salmo 71,7).*

Santos Anastasio I *pp,* Urbano V *pp,* Gregorio *ob*

Papa Francisco: La liturgia de hoy ***se centra en la figura de María, la Virgen Madre,*** que espera dar a luz a Jesús, el Salvador del mundo. María es un modelo de fe y caridad. ¿Cuáles eran sus pensamientos durante los meses de espera? La respuesta proviene del pasaje de la ***visita de María a su pariente anciana, Isabel:*** «Entró en casa de Zacarías y saludó a Isabel». Seguramente María estaba feliz con Isabel por su maternidad, y a su vez Isabel saludó a María diciendo: «Bendita tú entre las mujeres y bendito el fruto de tu seno; y ¿quién soy yo para que me visite la madre de mi Señor?». E inmediatamente elogia su fe: «¡Bienaventurada la que ha creído porque lo que le ha dicho el Señor se cumplirá!». El evangelista nos dice que ***«se levantó María y se fue con prontitud»*** hacia Isabel: apresurada, no ansiosa sino con prontitud, en paz. «Se levantó»: un gesto lleno de preocupación. Podría haberse quedado en casa para prepararse para el nacimiento de su hijo; en lugar de eso, se preocupa primero de los demás, demostrando que ya es una discípula del que lleva en su vientre. La auténtica caridad es siempre el fruto del amor de Dios. La visita de María a Isabel ***nos prepara para vivir bien la Navidad, comunicándonos el dinamismo de la fe y la caridad.*** Este dinamismo es obra del Espíritu Santo: un dinamismo lleno de alegría, como vemos en el encuentro entre las dos madres, que es todo un himno de júbilo alegre en el Señor, que hace grandes cosas con los pequeños que se fían de él *(23-12-2018).*

PALABRA

• ***Miqueas*** 5, 1-4a: Esto dice el Señor: «Y tú, Belén Efratá, pequeña entre los clanes de Judá, de ti voy a sacar al que ha de gobernar Israel; sus orígenes son de antaño, de tiempos inmemoriales. Por eso, los entregará hasta que dé a luz la que debe dar a luz, el resto de sus hermanos volverá junto con los hijos de Israel. Se mantendrá firme, pastoreará con la fuerza del Señor, con el dominio del nombre del Señor, su Dios; se instalarán, ya que el Señor se hará grande hasta el confín de la tierra. Él mismo será la paz».

• ***Salmo*** 79, 2ac-3b. 15-16.18-19: ***Oh Dios, restáuranos, que brille tu rostro y nos salve.***

• ***Hebreos*** 10, 5-10: Hermanos: Al entrar Cristo en el mundo, dice: «Tú no quisiste sacrificios ni ofrendas; pero me formaste un cuerpo; no aceptaste holocaustos ni víctimas expiatorias. Entonces yo dije: He aquí que vengo –pues así está escrito en el comienzo del libro acerca de mí– para hacer, ¡oh Dios!, tu voluntad». Primero dice: «Tú no quisiste sacrificios ni ofrendas, ni holocaustos, ni víctimas expiatorias», que se ofrecen según la ley. Después añade: «He aquí que vengo para hacer tu voluntad». Niega lo primero, para afirmar lo segundo. Y conforme a esa voluntad todos quedamos santificados por la oblación del cuerpo de Jesucristo, hecha una vez para siempre.

• **LUCAS 1, 39-45:** En aquellos días, María se levantó y se puso en camino de prisa hacia la montaña, a una ciudad de Judá; entró en casa de Zacarías y saludó a Isabel. Aconteció que, en cuanto Isabel oyó el saludo de María, saltó la criatura en su vientre. Se llenó Isabel de Espíritu Santo y, levantando la voz, exclamó: «¡Bendita tú entre las mujeres y bendito el fruto de tu vientre! ¿Quién soy yo para que me visite la madre de mi Señor? Pues, en cuanto tu saludo llegó a mis oídos, la criatura saltó de alegría en mi vientre. ¡Bienaventurada la que ha creído, porque lo que le ha dicho el Señor se cumplirá!».

ORACIÓN ***OH RENUEVO,*** *del tronco de Jesé, que te alzas como un signo para los pueblos, ante quien los reyes enmudecen y cuyo auxilio imploran las naciones, ven a librarnos, no tardes más:* el Adviento va adelante y tu venida se acerca, ven a mi vida y renuévala a tu imagen y semejanza.

20 DICIEMBRE. FERIA MAYOR

Santos Domingo de Silos *ab*, Ceferino *pp*, Ursicino *er*

DICIEMBRE

20

LUNES

Papa Francisco: El Señor cuidó siempre el misterio. Cuando la Virgen recibe del ángel el anuncio del Hijo, el misterio de su maternidad personal permanece oculto. Esta sombra de Dios en nosotros, en nuestra vida, nos ayuda a descubrir nuestro misterio del encuentro con el Señor, misterio del camino de la vida con el Señor. Cada uno de nosotros sabe cómo obra misteriosamente el Señor en su corazón, en su alma. Y cuál es la nube, el poder, cómo es el estilo del Espíritu Santo para cubrir nuestro misterio. El silencio es precisamente la nube que cubre el misterio de nuestra relación con el Señor, de nuestra santidad y nuestros pecados *(20-12-2014).*

PALABRA

En el mes sexto, el ángel Gabriel fue enviado por Dios a una ciudad de Galilea llamada Nazaret, a una virgen desposada con un hombre llamado José, de la casa de David: el nombre de la virgen era María. El ángel, entrando en su presencia, dijo: «Alégrate, llena de gracia, el Señor está contigo». Ella se turbó grandemente ante estas palabras y se preguntaba qué saludo era aquel. El ángel le dijo: «No temas, María, porque has encontrado gracia ante Dios. Concebirás en tu vientre y darás a luz un hijo, y le pondrás por nombre Jesús. Será grande, se llamará Hijo del Altísimo, el Señor Dios le dará el trono de David, su padre; reinará sobre la casa de Jacob para siempre, y su reino no tendrá fin». Y María dijo al ángel: «¿Cómo será eso, pues no conozco varón?». El ángel le contestó: «El Espíritu Santo vendrá sobre ti, y la fuerza del Altísimo te cubrirá con su sombra; por eso el Santo que va a nacer será llamado Hijo de Dios. También tu pariente Isabel ha concebido un hijo en su vejez, y ya está de seis meses la que llamaban estéril, "porque para Dios nada hay imposible"». María contestó: «He aquí la esclava del Señor; hágase en mí según tu palabra». Y el ángel se retiró.

Isaías 7, 10-14; ***Salmo*** 23, 1b-6 • **LUCAS 1, 26-38**

ORACIÓN

OH LLAVE DE DAVID *y Cetro de la casa de Israel, que abres y nadie puede cerrar, cierras y nadie puede abrir, ven y libra a los cautivos que viven en tinieblas y en sombra de muerte.* Tú tienes la llave de mi corazón: ciérralo a todo ataque del maligno y ábrelo de par en par a tu Espíritu y sus dones. ***Va a entrar el Señor; él es el Rey de la gloria*** *(Salmo 23,7c.10c).*

DICIEMBRE

21

MARTES

21 DICIEMBRE. FERIA MAYOR

Santos PEDRO CANISIO ***pb dc*****,**
Miqueas ***prof*****, Temístocles** ***mr***

Papa Francisco: Después del saludo de María, Isabel se siente envuelta de un gran ***asombro.*** Para celebrar bien la Navidad, estamos llamados a detenernos en ***los «lugares» del asombro. Son tres.*** **1.** El primer lugar es ***el otro:*** cada rostro lleva marcada la semejanza del Hijo de Dios. Sobre todo, cuando es el rostro del pobre. **2.** El segundo: ***la historia:*** corremos el riesgo de leerla al revés. El Dios de la Navidad «cambia las cartas»: es el Señor el que derriba a los poderosos del trono y ensalza a los humildes. **3.** Un tercer lugar es ***la Iglesia:*** mirarla con el asombro de la fe significa no limitarse a considerarla solo como institución religiosa, sino sentirla como Madre. *(20-12-2015).*

PALABRA

María se levantó y se puso en camino de prisa hacia la montaña, a una ciudad de Judá; entró en casa de Zacarías y saludó a Isabel. Aconteció que, en cuanto Isabel oyó el saludo de María, saltó la criatura en su vientre. Se llenó Isabel de Espíritu Santo y, levantando la voz, exclamó: «¡Bendita tú entre las mujeres, y bendito el fruto de tu vientre! ¿Quién soy yo para que me visite la madre de mi Señor? Pues, en cuanto tu saludo llegó a mis oídos, la criatura saltó de alegría en mi vientre. Bienaventurada la que ha creído, porque lo que le ha dicho el Señor se cumplirá».

Cantar 2, 8-14; ***Salmo*** 32, 2-3.11-12.20-21 • **LUCAS 1, 39-45**

ORACIÓN

OH SOL *que naces de lo alto, Resplandor de la luz eterna, Sol de justicia, ven ahora a iluminar a los que viven en tinieblas y en sombra de muerte.* Sin sol, no hay vida ni luz, y yo necesito vivir alumbrado por el Sol que eres tú; la luz que iluminó la noche de Belén es la que hará que mi vida sea clara y luminosa. ***Aclamad, justos, al Señor, cantadle un cántico nuevo*** *(Salmo 32, 1a.3a).*

SANTA FRANCISCA J. CABRINI

22 DICIEMBRE. FERIA MAYOR

Santos Francisca J. Cabrini *vg*, Isquirión *mr*

DICIEMBRE
22
MIÉRCOLES

Papa Francisco: Como canta María en el *Magnificat*, "el Señor derriba del trono a los poderosos y enaltece a los humildes, a los hambrientos los colma de bienes y a los ricos los despide vacíos". En Navidad Dios se nos da todo dándonos a su Hijo, el Único, que es toda su alegría. Y solo con el corazón de María, la humilde y pobre hija de Sion, convertida en Madre del Hijo del Altísimo, es posible exultar y alegrarse por el gran don de Dios y por su imprevisible sorpresa. Que María nos ayude a percibir el asombro por el nacimiento de Jesús, el don de los dones, el regalo inmerecido que nos trae la salvación *(20-12-2015)*.

PALABRA

María dijo: «Proclama mi alma la grandeza del Señor, "se alegra mi espíritu en Dios, mi salvador; porque ha mirado la humildad de su esclava". Desde ahora me felicitarán todas las generaciones, porque el Poderoso ha hecho obras grandes en mí: "su nombre es santo, y su misericordia llega a sus fieles de generación en generación". Él hace proezas con su brazo: dispersa a los soberbios de corazón, "derriba del trono a los poderosos y enaltece a los humildes, a los hambrientos los colma de bienes y a los ricos los despide vacíos. Auxilia a Israel, su siervo, acordándose de la misericordia" –como lo había prometido a "nuestros padres"– en favor de Abrahán y su descendencia por siempre». María se quedó con Isabel unos tres meses y volvió a su casa.

1 Samuel 1, 24-28; ***Salmo: 1 Samuel*** 2, 1.4-7.8abcd • **LUCAS 1, 46-56**

ORACIÓN

OH REY** de las naciones y Deseado de todos los pueblos, Piedra angular de la Iglesia, que haces de dos pueblos uno solo, cantado por tu Madre en su "Magníficat": ¡ven y salva al hombre que formaste del barro de la tierra!* Eres el Deseado de todos los pueblos, a quien más deseo y necesito para edificar la casa de mi vida sobre la única piedra angular firme y segura: mi Salvador. ***Mi corazón se regocija en el Señor, mi Salvador *(1 Samuel 2, 1a)*.

DICIEMBRE
23
JUEVES

23 DICIEMBRE. FERIA MAYOR

Santos JUAN DE KETY *pb*, Ivón *ob*, Juan Stone *pb mr*, M.ª Margarita *mf rl*. Beatos Nicolás Factor *pb*, Antonio Galvão de França *pb*

SAN JUAN DE KETY

Papa Francisco: El tiempo de Adviento nos invita a la vigilancia espiritual para preparar el camino al Señor que viene. El corazón del hombre desea la alegría que viene de la *cercanía de Dios*. Desde que Jesús entró en la historia, con su nacimiento en Belén, la humanidad recibió un brote del reino de Dios, como un terreno que recibe la semilla, promesa de la cosecha futura. También san Pablo, en la liturgia de hoy, indica las condiciones para ser «misioneros de la alegría»: rezar con perseverancia, dar siempre gracias a Dios, cooperando con su Espíritu, buscar el bien y evitar el mal. Si este es nuestro estilo de vida, entonces la Buena Noticia podrá entrar en muchas casas y ayudar a las personas y a las familias a redescubrir que en Jesús está la salvación *(14-12-2014).*

PALABRA

A Isabel se le cumplió el tiempo del parto y dio a luz un hijo. Se enteraron sus vecinos y parientes de que el Señor le había hecho una gran misericordia, y se alegraban con ella. A los ocho días vinieron a circuncidar al niño, y querían llamarlo Zacarías, como su padre; la madre intervino diciendo: «¡No! Se va a llamar Juan».Y le dijeron: «Ninguno de tus parientes se llama así». Entonces preguntaban por señas al padre cómo quería que se llamase. Él pidió una tablilla y escribió: «Juan es su nombre».Y todos se quedaron maravillados. Inmediatamente se le soltó la boca y la lengua, y empezó a hablar bendiciendo a Dios. Los vecinos quedaron sobrecogidos, y se comentaban todos estos hechos por toda la montaña de Judea.Y todos los que los oían reflexionaban diciendo: «Pues ¿qué será este niño?». Porque la mano del Señor estaba con él.

Malaquías 3,1-4.23-24; ***Salmo*** 24, 4-5. 8-10.14 • **LUCAS 1, 57-66**

ORACIÓN

OH ENMANUEL, *Rey y Legislador nuestro, Esperanza de las naciones y Salvador de los pueblos, a quien Juan el Bautista anunció como Cordero de Dios que quita el pecado del mundo, ven a salvarnos, Señor Dios nuestro.* Dios-con-nosotros, te espero con el corazón abierto y con mi pobreza espiritual que tú enriquecerás con tus dones divinos y con tu amistad. ***Levantaos, alzad la cabeza: se acerca vuestra liberación*** *(Lucas 21,28).*

24 DICIEMBRE. FERIA MAYOR

Santos Antepasados de Jesús: Adán, Abrahán, Jacob, David…, Delfín *ob*, Tarsila *vg*

DICIEMBRE
24
VIERNES

Papa Francisco: María hizo posible la encarnación del Hijo de Dios, «la revelación del misterio mantenido en secreto durante siglos eternos» (*Rom* 16, 25). Hizo posible la encarnación del Verbo gracias precisamente a su «sí» humilde y valiente. María nos enseña a captar el momento favorable en el que Jesús pasa por nuestra vida y pide una respuesta disponible y generosa. Y Jesús pasa. El Verbo, que encontró una morada en el seno virginal de María, en la celebración de la Navidad viene a llamar nuevamente al corazón de cada cristiano: viene y llama *(21-12-2014)*.

PALABRA

Zacarías, padre de Juan, se llenó de Espíritu Santo, y profetizó diciendo: «"Bendito sea el Señor, Dios de Israel", porque ha visitado y "redimido a su pueblo", suscitándonos una fuerza de salvación en la casa de David, su siervo, según lo había predicho desde antiguo por boca de sus santos profetas. Es la salvación que nos libra de nuestros enemigos y de la mano de todos los que nos odian; realizando la "misericordia que tuvo con nuestros padres, recordando su santa alianza" y "el juramento que juró a nuestro padre Abrahán" para concedernos que, libres de temor, arrancados de la mano de los enemigos, le sirvamos con santidad y justicia, en su presencia, todos nuestros días. Y a ti, niño, te llamarán profeta del Altísimo, porque irás delante "del Señor a preparar sus caminos", anunciando a su pueblo la salvación, el perdón de sus pecados. Por la entrañable misericordia de nuestro Dios, nos visitará el sol que nace de lo alto, para iluminar a los que viven en tinieblas y en sombra de muerte, para guiar nuestros pasos por el camino de la paz».

2 Samuel 7,1-5.8b-12.14a.16; ***Salmo*** 88,2-5.27.29 • **LUCAS 1, 67-79**

ORACIÓN

JESÚS, lo que durante siglos esperó Israel se cumplió con tu Nacimiento en Belén. Lo que venimos anhelando durante el Adviento está a punto de cumplirse: hoy sé que vienes como Señor, y mañana contemplaré tu gloria. Que ninguna ocupación o preocupación aparte mi mente, mi corazón y mi vida de lo único importante de esta Navidad: tú, que vienes y me pides alojarte en mi corazón, en mi vida, para que libre de temor, arrancado de la mano de mis enemigos, te sirva con santidad y justicia, en tu presencia, toda mi vida. ***Cantaré eternamente tus misericordias, Señor*** *(Salmo 88, 2a)*.

DICIEMBRE
25
SÁBADO

TIEMPO DE NAVIDAD

NATIVIDAD DEL SEÑOR

NATIVIDAD DE JESÚS

SOLEMNIDAD DE LA NATIVIDAD DEL SEÑOR

Papa Francisco: José, con María su esposa, subió «a la ciudad de David, que se llama Belén». Esta noche, también nosotros *subimos a Belén* para descubrir el misterio de la Navidad. **1. *Belén: el nombre significa casa del pan.*** En esta "casa" el Señor convoca hoy a la humanidad. Él sabe que necesitamos alimentarnos para vivir. Belén es el punto de inflexión para cambiar el curso de la historia. Allí, Dios, en la *casa del pan,* nace en un *pesebre.* Como si nos dijera: Aquí estoy para vosotros, como vuestro alimento. No toma, sino que ofrece el alimento; no da algo, sino que se da él mismo. En Belén descubrimos que Dios no es alguien que toma la vida, sino aquel que da la vida. El cuerpecito del Niño de Belén propone un modelo de vida nuevo: no devorar y acaparar, sino compartir y dar. Dios se hace pequeño para ser nuestro alimento. Nutriéndonos de él, Pan de Vida, ***podemos renacer en el amor y romper la espiral de la avidez y la codicia.*** Desde la "casa del pan", Jesús lleva de nuevo al hombre a casa, para que se convierta en un familiar de su Dios y en un hermano de su prójimo. Ante el pesebre, comprendemos que ***lo que alimenta la vida no son los bienes, sino el amor;*** no es la voracidad, sino la caridad; no es la abundancia ostentosa, sino la sencillez que se ha de preservar. Y todavía hoy, en el altar, se ***hace pan partido para nosotros: llama a nuestra puerta para entrar y cenar con nosotros.*** En Navidad recibimos, en la tierra a Jesús, Pan del cielo: es un alimento que no caduca nunca, sino que nos permite saborear ya desde ahora la vida eterna. **2.** Después de Belén casa de pan, reflexionemos sobre ***Belén ciudad de David.*** Allí David, que era un joven pastor, fue elegido por Dios para ser pastor y guía de su pueblo. En Navidad, en la ciudad de David, los que acogen a Jesús son precisamente los pastores: en aquella primera Nochebuena «se llenaron de gran temor», pero el ángel les dijo: «No temáis». El hombre, desde los orígenes, también a causa del pecado, tiene miedo de Dios: «Me dio miedo [...] y me escondí» (*Gén* 3,10), dice Adán después del pecado. Belén es el remedio al miedo, porque, ***a pesar del "no" del hombre, allí Dios dice siempre "sí": será para siempre Dios con nosotros.*** Y para que su presencia no inspire miedo, se hace un niño tierno. El Hijo de David nace entre pastores para decirnos que nadie estará jamás solo. Los pastores de Belén nos dicen también cómo ir al encuentro del Señor. Ellos velan por la noche: no duermen, sino que hacen lo que Jesús tantas veces nos pedirá: *velar (24-12-2018).*

MISA DE MEDIANOCHE

PALABRA • ***Isaías*** 9,1-3.5-6: El pueblo que caminaba en tinieblas vio una luz grande; habitaba en tierra y sombras de muerte, y una luz les brilló. Acreciste la alegría, aumentaste el gozo: se gozan en tu presencia, como gozan al segar, como se alegran al repartirse el botín. Porque la vara del opresor, el yugo de su carga, el bastón de su hombro, los quebrantaste como el día de Madián. Porque la bota que pisa con estrépito y la túnica empapada de sangre serán combustible, pasto del fuego. Porque un niño nos ha nacido, un hijo se nos ha dado: lleva al hombro el principado, y es su nombre: «Maravilla de Consejero, Dios fuerte, Padre de eternidad, Príncipe de la paz». Para dilatar el principado con una paz sin límites, sobre el trono de David y sobre su reino. Para sostenerlo y consolidarlo con la justicia y el derecho, desde ahora y por siempre. El celo del Señor del universo lo realizará.

• ***Salmo*** 95,1-3.11-13: ***Hoy nos ha nacido un Salvador: el Mesías, el Señor.***

• ***Tito*** 2,11-14: Querido hermano: Se ha manifestado la gracia de Dios, que trae la salvación para todos los hombres, enseñándonos a que, renunciando a la impiedad y a los deseos mundanos, llevemos desde ahora una vida sobria, justa y piadosa, aguardando la dicha que esperamos y la manifestación de la gloria del gran Dios y Salvador nuestro, Jesucristo, el cual se entregó por nosotros para rescatarnos de toda iniquidad y purificar para sí un pueblo de su propiedad, dedicado enteramente a las buenas obras.

• **LUCAS 2,1-14:** Sucedió en aquellos días que salió un decreto del emperador Augusto, ordenando que se empadronase todo el Imperio. Este primer empadronamiento se hizo siendo Cirino gobernador de Siria. Y todos iban a empadronarse, cada cual a su ciudad. También José, por ser de la casa y familia de David, subió desde la ciudad de Nazaret, en Galilea, a la ciudad de David, que se llama Belén, en Judea, para empadronarse con su esposa María, que estaba encinta. Y sucedió que, mientras estaban allí, le llegó a ella el tiempo del parto y dio a luz a su hijo primogénito, lo envolvió en pañales y lo recostó en un pesebre, porque no había sitio para ellos en la posada. En aquella misma región había unos pastores que pasaban la noche al aire libre, velando por turno su rebaño. De repente un ángel del Señor se les presentó; la gloria del Señor los envolvió de claridad, y se llenaron de gran temor. El ángel les dijo: «No temáis, os anuncio una buena noticia que será de gran alegría para todo el pueblo: hoy, en la ciudad de David, os ha nacido un Salvador, el Mesías, el Señor. Y aquí tenéis la señal: encontraréis un niño envuelto en pañales y acostado en un pesebre». De pronto, en torno al ángel, apareció una legión del ejército celestial, que alababa a Dios, diciendo: «Gloria a Dios en el cielo, y en la tierra paz a los hombres de buena voluntad».

MISA DEL DÍA

PALABRA • ***Isaías*** 52,7-10: ¡Qué hermosos son sobre los montes los pies del mensajero que anuncia la paz, que trae la buena noticia, que pregona la justicia, que dice a Sion: «¡Tu Dios reina!» Escucha: tus vigías gritan, cantan a coro, porque ven cara a cara al Señor, que vuelve a Sion. Romped a cantar a coro, ruinas de Jerusalén, porque el Señor ha consolado a su pueblo, ha rescatado a Jerusalén. Ha descubierto el Señor su santo brazo a los ojos de todas las naciones, y verán los confines de la tierra la salvación de nuestro Dios.

• ***Salmo*** 97,1bcde-6: ***Los confines de la tierra han contemplado la salvación de nuestro Dios.***

• ***Hebreos*** 1,1-6: En muchas ocasiones y de muchas maneras habló Dios antiguamente a los padres por los profetas. En esta etapa final, nos ha hablado por el Hijo, al que ha nombrado heredero de todo, y por medio del cual ha realizado los siglos. Él es reflejo de su gloria, impronta de su ser. Él sostiene el universo con su palabra poderosa. Y, habiendo realizado la purificación de los pecados, está sentado a la derecha de la Majestad en las alturas; tanto más encumbrado sobre los ángeles, cuanto más sublime es el nombre que ha heredado. Pues, ¿a qué ángel dijo jamás: "Hijo mío eres tú, yo te he engendrado hoy"; y en otro lugar: "Yo seré para él un padre y él será para mí un hijo"? Asimismo, cuando introduce en el mundo al primogénito, dice: "Adórenlo todos los ángeles de Dios".

• **JUAN 1,1-5.9-14:** En el principio existía el Verbo, y el Verbo estaba junto a Dios, y el Verbo era Dios. Este estaba en el principio junto a Dios. Por medio de él se hizo todo, y sin él no se hizo nada de cuanto se ha hecho. En él estaba la vida, y la vida era la luz de los hombres. Y la luz brilla en la tiniebla, y la tiniebla no lo recibió. El Verbo era la luz verdadera, que alumbra a todo hombre, viniendo al mundo. En el mundo estaba; el mundo se hizo por medio de él, y el mundo no lo conoció. Vino a su casa y los suyos no lo recibieron. Pero a cuantos lo recibieron, les dio poder de ser hijos de Dios, a los que creen en su nombre. Estos no han nacido de sangre, ni de deseo de carne, ni de deseo de varón, sino que han nacido de Dios. Y el Verbo se hizo carne y habitó entre nosotros, y hemos contemplado su gloria: gloria como del Unigénito del Padre, lleno de gracia y de verdad.

ORACIÓN

JESÚS, hoy me uno a toda la humanidad para felicitarte y para felicitarme. Te felicito, como María y José, como los ángeles y los pastores, porque te has hecho uno de nosotros, sin dejar tu categoría de Dios: *¡Gloria a Dios en el cielo!* Me felicito, porque "nuestra" naturaleza humana ha alcanzado en ti la máxima expresión: tú vas delante de nosotros, compartiendo nuestra humanidad, hasta que nosotros lleguemos adonde tú nos has preparado un sitio en tu gloria: *¡Paz en la tierra a los hombres de buena voluntad!* Estos son los sencillos, como los pastores. Son los pequeños del mundo: los grandes de la Tierra tienen cosas tan importantes en su agenda, que poco les importas tú. Nosotros solo tenemos de importante tu Persona y tu Amistad. Con María y José, mi Navidad es estar alegre a tu lado, adorarte y entregarte mi vida, mi alabanza y mi gratitud.

FIESTA DE SAN ESTEBAN PROTOMÁRTIR

Santos Dionisio *pp*, Zenón *ob*, Zósimo *pp*

JORNADA POR LA FAMILIA Y POR LA VIDA

DICIEMBRE **26** DOMINGO

FIESTA DE LA SAGRADA FAMILIA

Papa Francisco: Realmente, hoy es un día hermoso... Hoy celebramos la fiesta de la Sagrada Familia de Nazaret. El término “sagrada” coloca a esta familia en el ámbito de la santidad, que es un don de Dios pero, al mismo tiempo, es una adhesión libre y responsable al plan de Dios. Este fue el caso de la familia de Nazaret: estaba totalmente a disposición de la voluntad de Dios. ¿Cómo no asombrarse, por ejemplo, de la **1. *docilidad de María a la acción del Espíritu Santo*** que le pide que se convierta en la madre del Mesías? Porque María, como toda joven de su tiempo, estaba a punto de realizar su proyecto de vida, es decir, casarse con José. Pero cuando se dio cuenta de que Dios la llamaba a una misión particular, no dudó en proclamarse su “esclava” (cf. *Lucas* 1, 38). Jesús exaltará su grandeza no tanto por su papel de madre, sino por su obediencia a Dios. Jesús dijo: «Dichosos más bien los que escuchan la Palabra de Dios y la guardan» (*Lucas* 11, 28), como María. Y cuando no comprende plenamente los acontecimientos que la involucran, María medita en silencio, reflexiona y adora la iniciativa divina. Su presencia al pie de la Cruz consagra esta disponibilidad total. **2.** Luego, en lo que respecta a ***José,*** el Evangelio no nos refiere ni una sola palabra: ***no habla, sino que actúa por obediencia.*** Es el hombre del silencio, el hombre de la obediencia. **3.** Finalmente, la tercera persona de la Sagrada Familia: ***Jesús. Él es la voluntad del Padre:*** sobre él, dice san Pablo, no hubo “sí” y “no”, sino solo “sí” (cf. *2 Corintios* 1, 19). Y esto se manifestó en muchos momentos de su vida terrenal. Por ejemplo, el episodio en el templo en el que, a los padres angustiados que lo buscaban, les respondió: «¿No sabíais que yo debía estar en la casa de mi Padre? (*Lucas* 2, 49); o su constante repetición: «Mi alimento es hacer la voluntad del que me ha enviado» (*Juan* 4, 34); su oración en el Huerto de los Olivos: «Padre mío, si esto no puede pasar sin que yo lo beba, hágase tu voluntad» (*Mateo* 26, 42). Todos estos acontecimientos son la perfecta realización de las mismas palabras de Cristo que dice: «No quisiste sacrificio y oblación. Entonces dije: “¡He aquí que vengo para hacer, oh Dios, tu voluntad!”» (*Hebreos* 10, 5-7; *Salmos* 40, 7-9). **4. *María, José, Jesús:*** la Sagrada Familia de Nazaret que representa una respuesta coral a la voluntad del Padre: ***los tres miembros de esta familia se ayudan mutuamente a descubrir el plan de Dios. Rezaban, trabajaban, se comunicaban.*** Y yo me pregunto: ¿tú, en tu familia, sabes cómo comunicarte o eres como esos chicos que en la mesa, cada uno con un teléfono móvil, están chateando? En esa mesa no se comunican entre ellos. Debemos reanudar el diálogo en la familia: padres, madres, hijos, abuelos y hermanos deben comunicarse entre sí... Es una tarea que hay que hacer hoy, precisamente en el Día de la Sagrada Familia *(29-12-2019).*

PALABRA

• Eclesiástico 3, 2-6.12-14: El Señor honra más al padre que a los hijos y afirma el derecho de la madre sobre ellos. Quien honra a su padre expía sus pecados, y quien respeta a su madre es como quien acumula tesoros. Quien honra a su padre se alegrará de sus hijos y cuando rece, será escuchado. Quien respeta a su padre tendrá larga vida, y quien honra a su madre obedece al Señor. Hijo, cuida de tu padre en su vejez y durante su vida no le causes tristeza. Aunque pierda el juicio, sé indulgente con él y no lo desprecies aun estando tú en pleno vigor. Porque la compasión hacia el padre no será olvidada y te servirá para reparar tus pecados.

• ***Salmo* 127, 1bc-5: *Dichosos los que temen al Señor y siguen sus caminos.***
• ***Colosenses* 3, 12-21:** Hermanos: Como elegidos de Dios, santos y amados, revestíos de compasión entrañable, bondad, humildad, mansedumbre, paciencia. Sobrellevaos mutuamente y perdonaos, cuando alguno tenga quejas contra otro. El Señor os ha perdonado: haced vosotros lo mismo. Y por encima de todo esto, el amor, que es el vínculo de la unidad perfecta. Que la paz de Cristo reine en vuestro corazón: a ella habéis sido convocados, en un solo cuerpo. Sed también agradecidos. La Palabra de Cristo habite entre vosotros en toda su riqueza; enseñaos unos a otros con toda sabiduría; exhortaos mutuamente. Cantad a Dios, dando gracias de corazón, con salmos, himnos y cánticos inspirados. Y todo lo que de palabra o de obra realicéis, sea todo en nombre del Señor Jesús, dando gracias a Dios Padre por medio de él. Mujeres, sed sumisas a vuestros maridos, como conviene en el Señor. Maridos, amad a vuestras mujeres, y no seáis ásperos con ellas. Hijos, obedeced a vuestros padres en todo, que eso agrada al Señor. Padres, no exasperéis a vuestros hijos, no sea que pierdan el ánimo.
• **LUCAS 2, 22-35.39-40:** Cuando se cumplieron los días de la purificación, según la ley de Moisés, los padres de Jesús lo llevaron a Jerusalén, para presentarlo al Señor, de acuerdo con lo escrito en la ley del Señor: «Todo varón primogénito será consagrado al Señor», y para entregar la oblación, como dice la ley del Señor: «un par de tórtolas o dos pichones». Había entonces en Jerusalén un hombre llamado Simeón, hombre justo y piadoso, que aguardaba el consuelo de Israel; y el Espíritu Santo estaba con él. Le había sido revelado por el Espíritu Santo que no vería la muerte antes de ver al Mesías del Señor. Impulsado por el Espíritu, fue al templo. Y cuando entraban con el niño Jesús sus padres para cumplir con él lo acostumbrado según la ley, Simeón lo tomó en brazos y bendijo a Dios diciendo: «Ahora, Señor, según tu promesa, puedes dejar a tu siervo irse en paz. Porque mis ojos "han visto a tu Salvador", a quien has presentado ante todos los pueblos: "luz para alumbrar a las naciones" y gloria de tu pueblo Israel». Su padre y su madre estaban admirados por lo que se decía del niño. Simeón los bendijo y dijo a María, su madre: «Este ha sido puesto para que muchos en Israel caigan y se levanten; y será como un signo de contradicción -y a ti misma una espada te traspasará el alma-, para que se pongan de manifiesto los pensamientos de muchos corazones». Y, cuando cumplieron todo lo que prescribía la ley del Señor, se volvieron a Galilea, a su ciudad de Nazaret. El niño, por su parte, iba creciendo y robusteciéndose, lleno de sabiduría; y la gracia de Dios estaba con él.

ORACIÓN

JESÚS, como todas las grandes revoluciones, tú iniciaste la mayor revolución espiritual con tu familia. Nazaret fue donde primero se vivió el Evangelio, antes de ser proclamado: la familia es el lugar privilegiado para vivir y transmitir la fe. Yo te doy gracias por la familia que me diste. Recompénsales con creces todo el bien que me han hecho mis padres. Y, si han muerto, que estén gozando del fruto de esa misma fe, que es la gloria eterna. Que sus hijos y nietos fomentemos la mejor herencia: la fe, el amor y la unidad.

SAN JUAN EVANGELISTA (Salzillo)

FIESTA DE SAN JUAN, APÓSTOL Y EVANGELISTA

Santos Fabiola *vd*, Teodoro *mj*

DICIEMBRE
27
LUNES

Papa Francisco: A la llamada de Jesús, los primeros apóstoles no dudaron ni un instante en dejarlo todo y seguirlo: «Inmediatamente dejaron las redes y lo siguieron» (*Mt* 4,20). También aquí nos asombra el entusiasmo de los apóstoles, que, atraídos de tal manera por Cristo, se sienten capaces de emprender cualquier cosa y de atreverse, con él, a todo. Cada uno en su corazón puede preguntarse sobre su relación personal con Jesús *(30-11-2015)*.

PALABRA

El primer día de la semana, María la Magdalena echó a correr y fue donde estaban Simón Pedro y el otro discípulo, a quien Jesús amaba, y les dijo: «Se han llevado del sepulcro al Señor y no sabemos dónde lo han puesto». Salieron Pedro y el otro discípulo camino del sepulcro. Los dos corrían juntos, pero el otro discípulo corría más que Pedro; se adelantó y llegó primero al sepulcro; e, inclinándose, vio los lienzos tendidos; pero no entró. Llegó también Simón Pedro detrás de él y entró en el sepulcro: vio los lienzos tendidos y el sudario con que le habían cubierto la cabeza, no con los lienzos, sino enrollado en un sitio aparte. Entonces entró también el otro discípulo, el que había llegado primero al sepulcro; vio y creyó.

1 Juan 1,1-4; ***Salmo*** 96,1-2.5-6.11-12 • JUAN 20,2-8

ORACIÓN

JESÚS, Juan, tu discípulo predilecto, te siguió desde joven, te acompañó en la pasión, y en el Calvario, donde recibió el gran regalo que nos hiciste desde la Cruz: tu Madre, como madre suya y de todos los cristianos. Y fue testigo privilegiado de tu Resurrección. Aunque yo no sea tu discípulo predilecto sé que cuento con tu amistad, y quiero ser discípulo fiel; propongo seguirte cada día con mi cruz; acojo a la Madre en mi casa, que es mi vida. Al nacer de ella, acampaste entre nosotros, y ella también está en nuestra tienda. ***Alegraos, justos, con el Señor*** *(Salmo 96, 12a)*.

DICIEMBRE

28

MARTES

FIESTA DE LOS SANTOS INOCENTES,

Antonio *mj*, Gaspar del Búfalo *pb*

Papa Francisco: El Niño Jesús, nacido en Belén, es el *signo* que Dios dio a los que esperaban la salvación, y permanece para siempre como signo de la ternura de Dios y de su presencia en el mundo. El ángel dijo a los pastores: «Y aquí tenéis la señal: encontraréis un niño...». Cuando los niños son recibidos, amados, custodiados, tutelados, la familia está sana, la sociedad mejora, el mundo es más humano. Dios hoy nos repite también a nosotros, hombres y mujeres del siglo XXI: «Y aquí tenéis la señal», buscad al niño... El Niño de Belén es frágil, como todos los recién nacidos. No sabe hablar y, sin embargo, es la Palabra que se ha hecho carne, que ha venido a cambiar el corazón y la vida de los hombres. Este Niño, como todo niño, es débil y necesita ayuda y protección. También hoy los niños necesitan ser acogidos y defendidos desde el seno materno *(25-5-2014).*

PALABRA

Cuando se retiraron los magos, el ángel del Señor se apareció en sueños a José y le dijo: «Levántate, toma al niño y a su madre y huye a Egipto; quédate allí hasta que yo te avise, porque Herodes va a buscar al niño para matarlo». José se levantó, tomó al niño y a su madre, de noche, se fue a Egipto y se quedó hasta la muerte de Herodes para que se cumpliese lo que dijo el Señor por medio del profeta: «De Egipto llamé a mi hijo». Al verse burlado por los magos, Herodes montó en cólera y mandó matar a todos los niños de dos años para abajo, en Belén y sus alrededores, calculando el tiempo por lo que había averiguado de los magos. Entonces se cumplió lo dicho por medio del profeta Jeremías: «Un grito se oye en Ramá, llanto y lamentos grandes; es Raquel que llora por sus hijos, y rehúsa el consuelo, porque ya no viven».

1 Juan 1,5-2,2; ***Salmo*** 123, 2-5.7c-8 • **MATEO 2, 13-18**

ORACIÓN

JESÚS, viniste a tu casa, a los tuyos, y los tuyos no te recibieron, querían matarte, como hoy quieren que desaparezca tu Cruz. Y esto sucede entre los tuyos, en los países que tradicionalmente se han declarado cristianos y han evangelizado el mundo. ¿También en las familias estorbas? ¿Siguen poniendo el belén, incluida la matanza de los inocentes? Lo peor es que intentemos echarte de nuestra vida, de nuestro corazón. No permitas que ocurra en mí: tú eres mi Amigo, y yo quiero ser tu amigo. ***Hemos salvado la vida, como un pájaro, de la trampa del cazador*** *(Salmo 123,7ab).*

REY DAVID

Día V dentro de la Octava de Navidad

DICIEMBRE 29 MIÉRCOLES

Santos TOMÁS BECKET *ob mr,*
David *re prof,* **Martiniano** *ob,*
Marcelo *ab,* **Trófimo** *ob*

Papa Francisco: María y José encuentran en el templo las *raíces del pueblo:* la promesa de Dios no se realiza individualmente y de una sola vez, sino juntos y a lo largo de la historia. Y encuentran también las *raíces de la fe,* porque la fe es el arte de vivir con Dios, que se consigue por la experiencia de quien nos ha precedido en el camino. Cuánto bien nos hace, como a Simeón, tener al Señor «en brazos» (*Lc* 2,28). No solo en la cabeza y en el corazón, sino en las manos, en todo lo que hacemos: en la oración, en el trabajo, en la comida, al teléfono, en la escuela, con los pobres, en todas partes. Dejarse encontrar por Jesús, ayudar a encontrar a Jesús: este es el secreto para mantener viva la llama de la vida espiritual *(2-2-2018).*

PALABRA

Cuando se cumplieron los días de la purificación, según la ley de Moisés, los padres de Jesús lo llevaron a Jerusalén, para presentarlo al Señor, de acuerdo con lo escrito en la ley del Señor: «Todo varón primogénito será consagrado al Señor», y para entregar la oblación, como dice la ley del Señor: «un par de tórtolas o dos pichones». Había entonces en Jerusalén un hombre llamado Simeón, hombre justo y piadoso, que aguardaba el consuelo de Israel; y el Espíritu Santo estaba con él. Le había sido revelado por el Espíritu Santo que no vería la muerte antes de ver al Mesías del Señor. Impulsado por el Espíritu, fue al templo. Y cuando entraban con el niño Jesús sus padres para cumplir con él lo acostumbrado según la ley, Simeón lo tomó en brazos y bendijo a Dios diciendo: «Ahora, Señor, según tu promesa, puedes dejar a tu siervo irse en paz. Porque mis ojos "han visto a tu Salvador", a quien has presentado ante todos los pueblos: "luz para alumbrar a las naciones" y gloria de tu pueblo Israel». Su padre y su madre estaban admirados por lo que se decía del niño. Simeón los bendijo y dijo a María, su madre: «Este ha sido puesto para que muchos en Israel caigan y se levanten; y será como un signo de contradicción -y a ti misma una espada te traspasará el alma-, para que se pongan de manifiesto los pensamientos de muchos corazones».

1 Juan 2, 3-11; ***Salmo*** 95, 1-2a.2b-3.5b-6 • **LUCAS 2, 22-35**

ORACIÓN

JESÚS, tú afirmaste sin ambigüedad que viniste a dar plenitud a la Ley de tus mayores, y me das ejemplo de obediencia desde tus primeros días: siendo Dios dejas que te lleven al templo para presentarte a Dios. Allí comenzaste tu misión de "alumbrar a las naciones" con la luz de tu ejemplo de humildad y obediencia. Y a tu Madre se le anuncia -como a mí y a todos tus discípulos- que hemos de arrimar el hombro a los tormentos de tu Pasión. ***Alégrese el cielo, goce la tierra*** *(Salmo 95, 11a).*

DICIEMBRE
30
JUEVES

Día VI dentro de la Octava de Navidad

Santos Félix I *pp,* Hermes *mr,* Rainiero *ob,* Rogelio *ob*

SAN FÉLIX I, papa

Papa Francisco: Cuando encontramos a Jesús, quedamos fascinados, conquistados, y es una alegría dejar nuestro acostumbrado modo de vivir, tal vez árido y apático, para abrazar el Evangelio, para dejarnos guiar por la lógica nueva del amor y del servicio humilde y desinteresado. Os hago una pregunta: ¿cuántos de vosotros leéis cada día un pasaje del Evangelio? Y ¿cuántos de vosotros, tal vez, tenéis prisa por acabar el trabajo con el fin de no perder la telenovela...? Tener el Evangelio entre las manos, tener el Evangelio sobre la mesilla, tener el Evangelio en la cartera, tener el Evangelio en el bolsillo y abrirlo para leer la Palabra de Jesús: así viene el reino de Dios. El contacto con la Palabra de Jesús nos acerca al reino de Dios. Se lee lo que dice Jesús, y Jesús está allí *(26-7-2014).*

PALABRA

Había una profetisa, Ana, hija de Fanuel, de la tribu de Aser, ya muy avanzada en años. De joven había vivido siete años casada, y luego viuda hasta los ochenta y cuatro; no se apartaba del templo, sirviendo a Dios con ayunos y oraciones noche y día. Presentándose en aquel momento, alababa también a Dios y hablaba del niño a todos los que aguardaban la liberación de Jerusalén. Y, cuando cumplieron todo lo que prescribía la ley del Señor, Jesús y sus padres volvieron a Galilea, a su ciudad de Nazaret. El niño, por su parte, iba creciendo y robusteciéndose, lleno de sabiduría; y la gracia de Dios estaba con él.

1 Juan **2, 12-17;** ***Salmo*** **95, 7-10 • LUCAS 2, 36-40**

ORACIÓN

JESÚS, qué gozo para María y José llevarte a casa, después de tantos acontecimientos. Junto a ti mi vida cristiana irá creciendo y robusteciéndose. Ana, con su vida limpia y dedicada a tu servicio, tuvo la luz suficiente para descubrir en ti – un pobre niño, hijo de una familia pobre– al Salvador del mundo. Los ayunos y las oraciones alimentaron su fe, que hoy te pido para mí. ***Alégrese el cielo, goce la tierra*** *(Salmo 95, 11a).*

Día VII dentro de la Octava de Navidad

Santos SILVESTRE I *pp,*
Columba *vg mr,* **Melania** *es,*
Juan F. Regis *pb,* **Mario** *ob*

DICIEMBRE
31
VIERNES

Papa Francisco: «El Verbo era la luz verdadera, que alumbra a todo hombre» (1, 4-5.9). Los hombres hablan mucho de la luz, pero a menudo prefieren la tranquilidad engañadora de la oscuridad. «Vino a su casa, y los suyos no lo recibieron» (*Jn* 1, 11); porque «este es el juicio: que la luz —Jesús— vino al mundo, y los hombres prefirieron la tiniebla a la luz, porque sus obras eran malas. Pues todo el que obra el mal detesta la luz, y no se acerca a la luz, para no verse acusado por sus obras» (Jn 3, 19-20). Quien obra el mal, odia la luz *(4-1-2015).*

PALABRA

En el principio existía el Verbo, y el Verbo estaba junto a Dios, y el Verbo era Dios. Él estaba en el principio junto a Dios. Por medio de él se hizo todo, y sin él no se hizo nada de cuanto se ha hecho. En él estaba la vida, y la vida era la luz de los hombres. Y la luz brilla en la tiniebla, y la tiniebla no lo recibió. El Verbo era la luz verdadera, que alumbra a todo hombre, viniendo al mundo. En el mundo estaba; el mundo se hizo por medio de él, y el mundo no lo conoció. Vino a su casa, y los suyos no lo recibieron. Pero a cuantos lo recibieron, les dio poder de ser hijos de Dios, a los que creen en su nombre. Estos no han nacido de sangre, ni de deseo de carne, ni de deseo de varón, sino que han nacido de Dios. Y el Verbo se hizo carne y habitó entre nosotros, y hemos contemplado su gloria: gloria como del Unigénito del Padre, lleno de gracia y de verdad. Juan da testimonio de él y grita diciendo: «Este es de quien dije: El que viene detrás de mí se ha puesto delante de mí, porque existía antes que yo». Pues de su plenitud todos hemos recibido, gracia tras gracia.

1 Juan 2,18-21; ***Salmo*** 95,1-2.11-13 • **JUAN 1,1-5.9-16**

ORACIÓN

JESÚS, gracias por tantas cosas buenas que me has concedido en este 2021 que hoy termina. Y gracias también por las cruces, que no han faltado y que me unen más a ti. Te pido perdón por las veces que he preferido seguir las indicaciones torcidas del Maligno, en lugar de tenerte como mi único Camino, mi Verdad y mi Vida. A pesar de mi debilidad, tú sabes que te quiero: con tu ayuda, espero demostrártelo en el 2022. ***Alégrese el cielo, goce la tierra*** *(Salmo 95, 11a).*

AUDIOLIBROS.
"LIBROS PARA LEER" (CD + LIBRO)

• **LA BIBLIA PARA ESCUCHAR,** en 42 CD's con sus 4 libros: 175 €
(en lugar de su precio: 218,50 €).

OTROS AUDIOLIBROS DE ESPIRITUALIDAD (orden alfabético)

1 CD: 9 € 2 CD: 16 €; 4 CD: 29 €

- **Amigos de Dios**, homilías de S. Josemaría Escrivá: 9 CD's con libro: 49,50 €
- **Cántico espiritual**, de San Juan de la Cruz ,extractos selectos: 4 CD's
- **Confesiones, de San Agustín**, extractos selectos: 2 CD's
- **Diálogos de Pasión**, de José L. Martín Descalzo: 1 CD
- **Diario del alma**, del B. Juan XXIII, extractos selectos: 1 CD
- **Divino impaciente, El**, de José M. Pemán, sobre S. Francisco Javier: 2 CD's
- **Es Cristo que pasa**, homilías de S. Josemaría Escrivá: 9 CD's: 49,50 €
- **Hermano Rafael. Escritos selectos**: 2 CD's
- **Historia de un alma**, de Santa Teresita,extractos selectos: 2 CD's
- **LAUDES Y VÍSPERAS**, de Audiprol, para rezar mañana y tarde: 4 CD's
- **Libro de la vida**, de Santa Teresa, extractos selectos: 2 CD's
- **MI CRISTO ROTO,** con la voz del autor, P. Cué, S. J.: 2 CD's
- **Poemas eucarísticos y marianos**. Selección: J. L. Gago (sin libro): 1 CD
- **San Francisco de Sales**. Testigo de amor, vida y mensaje: 1 CD
- **San Pablo cuenta su vida**, de Luis L. de las Heras: 2 CD's
- **Santa Juana Jugan,** fundadora de las Hermanitas de los Pobres.
- **Santa Maravillas de Jesús**, vida y mensaje: 1 CD
- **Santa Margarita Mª (Alacoque) y el Corazón de Dios**: 2 CD's
- **Santa Teresa.** Vida, obra, mensaje: 1 CD
- **Via Crucis.** Bíblico y actual, por J.A. Martínez Puche: 1 CD
- **Vida de Cristo**, de Fray Luis de Granada: 2 CD's

LITERATURA, HISTORIA (extractos selectos)

- **Cantar de Mio Cid,** en los inicios del castellano: 1 CD
- **Fuenteovejuna,** de Lope de Vega: 1 CD
- **Historia de Madrid,** de Teresa Uriburu: 2 CD's
- **Isabel la Católica,** promotora del Descubrimiento de América: 1CD
- **Lazarillo de Tormes.** Anónimo. 1 CD
- **Quijote de la Mancha, El ingenioso hidalgo don** (Cervantes): 4 CD's
- **Vida es sueño, La,** de Calderón de la Barca: 1 CD

ÍNDICE DE SANTOS, BEATOS Y CELEBRACIONES

Los beatos llevan asterisco (*) después del nombre.

M

ORACIONES Y VIDA CRISTIANA

1. ORACIONES MÁS COMUNES

1. SEÑAL DE LA CRUZ

Por la señal + de la Santa Cruz, de nuestros + enemigos líbranos, Señor + Dios nuestro. En el nombre del Padre, y del Hijo + y del Espíritu Santo. Amén.

2. PADRENUESTRO

Padre nuestro, que estás en el cielo, santificado sea tu nombre, venga a nosotros tu reino, hágase tu voluntad en la tierra como en el cielo. Danos hoy nuestro pan de cada día, perdona nuestras ofensas como también nosotros perdonamos a los que nos ofenden, no nos dejes caer en la tentación, y líbranos del mal. Amén. *(Este Amén se suprime en la misa.)*

3. AVEMARÍA

Dios te salve, María, llena eres de gracia, el Señor es contigo. Bendita tú eres entre todas las mujeres y bendito es el fruto de tu vientre, Jesús. Santa María, Madre de Dios, ruega por nosotros, pecadores, ahora y en la hora de nuestra muerte. Amén.

4. GLORIA

Gloria al Padre, y al Hijo, y al Espíritu Santo. Como era en el principio, ahora y siempre, por los siglos de los siglos. Amén.

5. ACTO DE CONTRICIÓN

Señor mío Jesucristo, Dios y hombre verdadero, Creador y Redentor mío: por ser tú quien eres, Bondad Infinita, y porque te amo sobre todas las cosas, me pesa de todo corazón haberte ofendido; propongo firmemente nunca más pecar, apartarme de todas las ocasiones de ofenderte; confesarme, y cumplir la penitencia que me fuere impuesta. Te ofrezco mi vida, obras y trabajos, en satisfacción de todos mis pecados; y así como te lo suplico, así confío en tu bondad y misericordia infinita que me los perdonarás por los merecimientos de tu sangre, pasión, muerte y resurrección; y me darás gracia para enmendarme, y para perseverar en tu santo servicio hasta la muerte. Amén

6. COMUNIÓN ESPIRITUAL

Creo, Jesús mío, que estás presente en el Santísimo Sacramento del Altar; te amo sobre todas las cosas y deseo recibirte dentro de mi alma. Mas, no pudiendo hacerlo ahora sacramentalmente, ven espiritualmente a mi corazón. No permitas, Jesús mío, que jamás me aparte y separe de ti. Así sea.

7. INVOCACIÓN AL ESPÍRITU SANTO

Ven, Espíritu Santo, llena los corazones de tus fieles y enciende en ellos el fuego de tu amor.

V. Envía, Señor, tu Espíritu y habrá una nueva creación.

R. *Y renovarás la faz de la tierra.*

Oración: Oh Dios, que has iluminado los corazones de tus fieles con la luz del Espíritu Santo; haznos dóciles a sus inspiraciones para gustar siempre el bien y gozar de su consuelo. Por Cristo nuestro Señor. Amén.

8. SALVE

Dios te salve, Reina y Madre de misericordia, vida, dulzura y esperanza nuestra, Dios te salve. A ti llamamos los desterrados hijos de Eva; a ti suspiramos, gimiendo y llorando, en este valle de lágrimas. Ea, pues, Señora, abogada nuestra, vuelve a nosotros esos tus ojos misericordiosos, y, después de este destierro, muéstranos a Jesús, fruto bendito de tu vientre. ¡Oh clementísima, oh piadosa, oh dulce Virgen María! Ruega por nosotros, santa Madre de Dios, para que seamos dignos de alcanzar las promesas de nuestro Señor Jesucristo. Amén.

9. CÁNTICO DE LA VIRGEN MARÍA (MAGNÍFICAT)

Proclama mi alma la grandeza del Señor, se alegra mi espíritu en Dios, mi salvador; porque ha mirado la humildad de su esclava. Desde ahora me felicitarán todas las generaciones, porque el Poderoso ha hecho obras grandes por mí: su nombre es santo, y su misericordia llega a sus fieles de generación en generación. Él hace proezas con su brazo: dispersa a los soberbios de corazón, derriba del trono a los poderosos y enaltece a los humildes, a los hambrientos los colma de bienes y a los ricos los despide vacíos. Auxilia a Israel, su siervo, acordándose de la misericordia –como lo había prometido a nuestros padres– en favor de Abrahán y su descendencia por siempre.

10. BAJO TU AMPARO

Bajo tu amparo nos acogemos, Santa Madre de Dios: No desprecies nuestras súplicas en las necesidades, mas líbranos siempre de todos los peligros. ¡Oh Virgen gloriosa y bendita!

11. "ACORDAOS" (San Bernardo)

Acuérdate, oh piadosísima Virgen María, que jamás se ha oído decir que ninguno de los que han acudido a tu protección, implorando tu asistencia y reclamando tu socorro, haya sido abandonado de ti. Animado con esta confianza, a ti también acudo, ¡oh Madre, Virgen de las vírgenes! Y, aunque gimiendo bajo el peso de mis pecados, me atrevo a comparecer ante tu presencia soberana. No desoigas mis súplicas, ¡oh Madre de Dios!, antes bien, inclina a ellas tus oídos y dígnate atenderlas favorablemente. Amén.

12. BENDITA SEA TU PUREZA

Bendita sea tu pureza /y eternamente lo sea, /pues todo un Dios se recrea /en tan graciosa belleza. /A ti, celestial princesa, /Virgen sagrada María, /te ofrezco en este día /alma, vida y corazón, mírame con compasión, /no me dejes, Madre mía.

13. HAZ DE MÍ INSTRUMENTO DE TU PAZ (San Francisco)

Señor, haz de mí un instrumento de tu paz: donde haya odio, ponga yo amor; donde haya ofensa, ponga yo perdón; donde haya discordia, ponga yo armonía; donde haya error, ponga yo verdad; donde haya duda, ponga yo la fe; donde haya desesperación, ponga yo esperanza; donde haya tinieblas, ponga yo la luz; donde haya tristeza, ponga yo alegría. Que no me empeñe tanto: en ser consolado, como en consolar; en ser comprendido, como en comprender; en ser amado, como en amar. Porque dando, se recibe; olvidándose de sí, se encuentra; perdonando, se es perdonado; muriendo, se resucita a la Vida.

14. ACTO DE AMOR A CRISTO CRUCIFICADO

No me mueve, mi Dios, para quererte,
el cielo que me tienes prometido,
ni me mueve el infierno tan temido
para dejar por eso de ofenderte.
Tú me mueves, Señor,
muéveme el verte
clavado en esa cruz y escarnecido,
muéveme el ver tu cuerpo tan herido,
muévenme tus afrentas y tu muerte.
Muéveme, en fin, tu amor de tal manera,
que, aunque no hubiera cielo, yo te amara,
y, aunque no hubiera infierno, te temiera.
No me tienes que dar por que te quiera;
porque, aunque lo que espero no esperara,
lo mismo que te quiero, te quisiera.

15. ME PONGO EN TUS MANOS (P. Foucauld)

Padre, me pongo en tus manos, haz de mí lo que quieras: sea lo que sea, te doy las gracias. Estoy dispuesto a todo, lo acepto todo, con tal de que tu voluntad se cumpla en mí y en todas tus criaturas. No deseo nada más, Padre. Te confío mi alma, te la doy con todo el amor de que soy capaz, porque te amo y necesito darme, ponerme en tus manos sin medida, con una infinita confianza, porque tú eres mi Padre.

16. MÍRAME, AMADO Y BUEN JESÚS

Mírame, ¡mi amado y buen Jesús!, postrado en tu divina presencia. Te ruego con el mayor fervor que imprimas en mi corazón vivos sentimientos de fe, esperanza y caridad, verdadero dolor de mis pecados y propósito de jamás ofenderte. Mientras, yo, con el mayor afecto y compasión de que soy capaz, voy considerando tus cinco llagas y tengo presente lo que dijo de ti el santo Profeta David: "Han taladrado mis manos y mis pies y se pueden contar todos mis huesos" (Salmo 22,17).

17. VISITA AL SANTÍSIMO

• *Se repite cinco veces:* Bendito y alabado sea el Santísimo Sacramento del Altar. Sea por siempre bendito y alabado. Padrenuestro... Avemaría... Gloria al Padre...

• *Y una sexta vez, por las intenciones del Papa.*

• Dios mío, que estás aquí presente, yo te adoro con toda humildad, quiero amarte con todo mi corazón y concluir este día y toda mi vida en tu servicio. Amén.

18. OFRECIMIENTO DIARIO POR LA HUMANIDAD

Dios, Padre nuestro, yo te ofrezco toda mi jornada, mis oraciones, pensamientos, afectos y deseos, palabras, obras, alegrías y sufrimientos, en unión con tu Hijo Jesucristo, que sigue ofreciéndose a ti en la Eucaristía, por la salvación del mundo. Que el Espíritu Santo que guio a Jesús, sea mi guía y mi fuerza en este día, para que pueda ser testigo de tu amor. Con María, la Madre del Señor y de la Iglesia, te pido especialmente por las intenciones del Papa y de nuestros obispos para este mes.

19. OFRECIMIENTO A LA VIRGEN MARÍA

¡Oh Señora mía! ¡Oh Madre mía!
Yo me ofrezco enteramente a ti. Y, en prueba de mi filial afecto, te consagro en este día mis ojos, mis oídos, mi lengua, mi corazón: en una palabra, todo mi ser. Ya que soy todo tuyo, Madre de bondad, guárdame y defiéndeme como cosa y posesión tuya. Amén.

20. OFRECIMIENTO AL SEÑOR

Toma, Señor, y recibe toda mi libertad, mi memoria, mi entendimiento y toda mi voluntad, todo mi haber y mi poseer. Tú me lo diste, a ti, Señor, lo torno. Todo es tuyo. Dispón de todo según tu voluntad. Dame tu amor y tu gracia, que esta me basta.

2. LA JORNADA DEL BUEN CRISTIANO

• AL LEVANTARSE

(Hacer la señal de la Cruz)
Yo te adoro, Señor y Padre mío, y te amo con todo mi corazón. Te doy gracias por haberme creado y hecho cristiano y por el nuevo día que me regalas. Te ofrezco las acciones de este día: haz que sean según tu voluntad y para mayor gloria tuya. Líbrame del pecado y de todo mal. Que tu gracia esté siempre conmigo y con todos los que yo quiero. Amén.
(Rezar un Padrenuestro y tres Avemarías).
–Puede hacerse el «Ofrecimiento diario por la humanidad» y el «Ofrecimiento a la Virgen María» (núms. 18 y 19).

• AL MEDIODÍA. Ángelus

El Ángel del Señor anunció a María;
Y concibió por obra del Espíritu Santo.
Dios te salve, María...
Aquí está la esclava del Señor;
Hágase en mí según tu palabra.
Dios te salve, María...
Y el Hijo de Dios se hizo hombre;
Y habitó entre nosotros.
Dios te salve, María...
V. Ruega por nosotros, Santa Madre de Dios.
R. Para que seamos dignos de las promesas de Cristo.

Oración: Derrama, Señor, tu gracia en nuestros corazones, para que, habiendo conocido por el anuncio del Ángel la encarnación de tu Hijo Jesucristo, por los méritos de su pasión y de su cruz, y con la intercesión de la Virgen María, lleguemos a la gloria de la resurrección. Por el mismo Jesucristo, nuestro Señor. Amén.

Regina Coeli

(En tiempo pascual, en lugar del Ángelus se recita esta oración)
Reina del cielo, alégrate, aleluya; porque el Señor, a quien mereciste llevar en tu seno, aleluya; ha resucitado, según su palabra, aleluya. Ruega a Dios por nosotros, aleluya.
V. Gózate y alégrate, Virgen María, aleluya.

R. Porque verdaderamente ha resucitado el Señor, aleluya.

Oración: ¡Oh Dios, que por la resurrección de tu Hijo, nuestro Señor Jesucristo, te has dignado alegrar al mundo! Concédenos, te rogamos, que por la intercesión de su Madre, la Virgen María, alcancemos los gozos de la vida eterna. Por el mismo Jesucristo, nuestro Señor. Amén.

• BENDICIÓN DE LA MESA Y ACCIÓN DE GRACIAS

1. Bendice, Señor, los alimentos que vamos a tomar: que nos den fuerzas para hacer el bien a los demás.
2. Te bendecimos, Señor, por estos alimentos recibidos de tu infinita bondad. Da pan a los que tienen hambre, y hambre de ti a los que tenemos pan. Por Cristo nuestro Señor. Amén.

---

1. Te damos gracias, Padre de bondad, por el alimento que nos regalas y por todos tus beneficios: a ti, que vives y reinas por los siglos de los siglos. Amén.
2. Dios, que nos ha dado para hoy, nos dé para mañana: su gracia y su bendición, salud para el cuerpo y salvación para el alma. Amén.

• AL ACOSTARSE

Te adoro, Señor y Padre mío, y te amo con todo mi corazón. Te doy gracias por haberme creado y hecho cristiano y por haberme conservado en este día.
Guárdame en el descanso y líbrame de todos los peligros. Perdona los males que hoy he cometido y acepta el bien que he hecho. Sálvame, Señor, despierto, y protégeme mientras duermo, para que viva con Cristo y descanse en paz. Amén.

Jesús, José y María, os doy el corazón y el alma mía.
Jesús, José y María, asistidme en mi última agonía.
Jesús, José y María, descanse con vosotros en paz el alma mía.
(Rezo de un Padrenuestro y tres Avemarías).

3. PRECES ESPECIALES

POR LOS ENFERMOS

En la enfermedad del cristiano se cumple especialmente lo que dijo Jesús: «El que quiera seguirme, que tome su cruz y me siga» (Mc 8,34). Es muy conveniente que el Crucifijo esté presente y visible para el enfermo, a fin de que se sienta unido a los dolores del Señor y encuentre en Cristo y en María el consuelo que tanto necesita. También, según las circunstancias, se le puede ayudar a rezar el rosario (por ejemplo, con el CD "El Rosario/20" o el Rosario electrónico) *u otras oraciones. Y animarle a pedir que cada día le lleven la Comunión.*

Ante una operación delicada y una situación terminal

Es importantísimo llamar a la parroquia o al capellán para que le administre el Sacramento de la Unción de los Enfermos, sin esperar a última hora. Habrá que advertir al enfermo que es el "sacramento de los enfermos", no la "extremaunción de los moribundos".

POR LOS MORIBUNDOS

Ayudar a bien morir es seguramente la más importante obra de caridad que se puede hacer a un ser querido o conocido. Cuando aparecen los síntomas de una muerte inminente, conviene que el moribundo escuche la

Recomendación de su alma

Querido hermano/a, te entrego a Dios, y, como criatura suya, te pongo en sus manos, pues es tu Creador, el que te formó del polvo de la tierra. Que al dejar esta vida, salgan a tu encuentro la Virgen María y todos los ángeles y santos.

Que Cristo, que sufrió muerte de cruz por ti, te conceda la verdadera libertad. Que Cristo, Hijo de Dios vivo, te aloje en su paraíso. Que Cristo, buen Pastor, te cuente entre sus queridas ovejas. Que te perdone todos los pecados y te agregue al número de sus elegidos. Que puedas contemplar cara a cara a tu Redentor y gozar de la visión de Dios por los siglos de los siglos. Amén.

Cuando, acabada la recomendación del alma, haya síntomas de muerte inminente, se le puede dar a besar el Crucifijo y decir, haciéndole la señal de la cruz en la frente:

Que el Padre, el Hijo y el Espíritu Santo estén contigo, te infundan esperanza y te conduzcan a la paz de su reino celestial, por los siglos de los siglos. Amén.

PRECES POR EL DIFUNTO

En el momento de expirar

Al cerrarle los ojos, rezar esta oración:

Concede, Señor, a nuestro/a hermano/a **N.**, cuyos ojos no verán más la luz de este mundo, contemplar eternamente tu belleza y gozar de tu presencia, por los siglos de los siglos. Amén.

Otras preces por el difunto

A continuación, después de hacerle la señal de la cruz en la frente, se rezan estas preces, que también pueden repetirse en distintos momentos del velatorio y entierro:

V. Este primer mundo ha pasado definitivamente para nuestro/a hermano/a **N.** Pidamos al Señor que le conceda gozar ahora del cielo nuevo y de la tierra nueva que Él ha dispuesto para sus elegidos.

Venid en su ayuda, santos de Dios; salid a su encuentro, ángeles del Señor.

Todos. ***Recibid su alma y presentadla ante el Altísimo.***

V. Cristo, que te llamó, te reciba, y los ángeles te conduzcan al regazo de Abrahán.

Todos. ***Recibid su alma y presentadla ante el Altísimo.***

V. Dale, Señor el descanso eterno, y brille para él (ella) la luz perpetua.

Todos. ***Recibid su alma y presentadla ante el Altísimo.***

V. Hacia ti, Señor, levantamos nuestros ojos; contempla, Señor, nuestra fe en este momento de prueba y concede a **N.** el descanso eterno. Oremos con la oración que Cristo nos enseñó y el Avemaría a nuestra Madre, para que interceda por nuestro/a hermano/a **N.**

Padre nuestro... Dios te salve, María...

V. Dale, Señor, el descanso eterno.

Todos. ***Y brille para él (ella) la luz perpetua.***

V. Descanse en paz.

Todos. ***Amén.***

Otro formulario de preces en el velatorio y en el cementerio

V. Oremos por nuestro/a hermano/a **N.**, que ha dejado este mundo. Que Cristo, que sufrió la muerte de cruz por él (ella), le conceda la felicidad verdadera.

Todos. ***Te lo pedimos, Señor.***

V. Que Cristo, el Hijo de Dios vivo, lo/a reciba en su paraíso.

Todos. ***Te lo pedimos, Señor.***

V. Que le perdone todos sus pecados y lo/a agregue al número de los elegidos.

Todos. ***Te lo pedimos, Señor.***

V. Que pueda contemplar cara a cara a su Redentor y gozar de la visión de su Señor por toda la eternidad.

Todos. ***Te lo pedimos, Señor.***

V. Te pedimos, Señor, que tu siervo/a **N.**, que ha muerto ya para este mundo, viva ahora para ti y que tu amor misericordioso borre los pecados que cometió por fragilidad humana. Por Jesucristo nuestro Señor.

Todos. ***Amén.***

Recemos el *Padre nuestro,* la oración que Cristo nos enseñó, y el *Avemaría* a nuestra Madre, para que interceda por nuestro/a hermano/a **N.**

Padre nuestro... Dios te salve, María...

V. Dale, Señor, el descanso eterno.

Todos. ***Y brille para él/ella la luz perpetua.***

V. Descanse en paz.

Todos. ***Amén.***

POR LAS ALMAS DEL PURGATORIO

"Los que mueren en la gracia y en la amistad de Dios, pero imperfectamente purificados, aunque están seguros de su eterna salvación, sufren después de la muerte una purificación, a fin de obtener la santidad necesaria para entrar en la alegría del cielo. La Iglesia llama *purgatorio* a esta purificación final de los elegidos. Desde los primeros tiempos, la Iglesia ha honrado la memoria de los difuntos y ha ofrecido sufragios en su favor, en particular el sacrificio eucarístico, para que, una vez purificados, puedan llegar a la visión beatífica de Dios". *(Catecismo de la Iglesia Católica 1031-1032).*

Ya el Antiguo Testamento recomienda la ayuda espiritual que los vivos podemos prestar a las almas del purgatorio. Leemos en el segundo libro de los Macabeos (12,43-46): *Judas Macabeo recogió dos mil dracmas de plata y las envió a Jerusalén para que ofreciesen un sacrificio de expiación. Obró con gran rectitud y nobleza, pensando en la resurrección. Si no hubiera esperado la resurrección de los que habían caído [en la batalla], habría sido inútil y ridículo rezar por los muertos. Pero, considerando que a los que habían muerto piadosamente les estaba reservado un magnífico premio, la idea era piadosa y santa. Por eso, encargó un sacrificio de expiación por los muertos, para que fueran liberados del pecado.*

Se atribuye a Jacinto Verdaguer esta afirmación certera: ***"Las flores se secan, las lágrimas se evaporan, la oración llega al cielo".***

Lo único valioso que podemos hacer por nuestros difuntos y por todas las almas del purgatorio, además de lo que dice el *Catecismo,* es rezar, ofrecer la santa misa por ellos. Aquí añadimos algunas oraciones por las almas del purgatorio.

Oración de santa Gertrudis

Santa Gertrudis la Grande (1256-1301), monja alemana de Turingia, recibió del Señor esta oración por las almas del purgatorio, muy eficaz para la liberación de las benditas almas del purgatorio:

"Eterno Padre, yo te ofrezco la preciosísima Sangre de tu divino Hijo Jesús, en unión con todas las misas celebradas hoy en todo el mundo, por todas las benditas almas del purgatorio".

Se puede añadir:

Y por los pecadores del mundo, de la Iglesia universal, de mi familia y de mi comunidad (parroquial, religiosa, cristiana). Amén

Oraciones de la Liturgia

•Acuérdate, Señor, de tus hijos *(nombres de familiares y conocidos difuntos)* que me han precedido con el signo de la fe y duermen ya el sueño de la paz. A ellos y a cuantos descansan en Cristo, concédeles el lugar del consuelo, de la luz y de la paz.

•A mis familiares y conocidos difuntos y a cuantos murieron en tu amistad recíbelos en tu reino, donde esperamos gozar todos juntos de la plenitud eterna de tu gloria. Por Cristo, Señor nuestro, por quien concedes al mundo todos los bienes.

•Dios misericordioso y eterno, vida de los mortales y gozo de los santos, escucha mi oración por todas las benditas almas del purgatorio; líbralas de las cadenas de la muerte y admítelas en las alegrías eternas de tu reino.

•Oh Dios, que resucitaste a tu Hijo para que, venciendo la muerte entrara en tu reino, escucha mi oración por las benditas almas del purgatorio. Que los difuntos que fueron en este mundo miembros de tu Iglesia peregrina, superada su condición mortal puedan participar con todos los santos en la asamblea de la Iglesia celestial y contemplarte cara a cara por toda la eternidad.

•Presta oídos, Señor Jesús, a la oración con la que imploro tu misericordia en favor de las benditas almas del purgatorio. Tú que hiciste, a quienes ya han muerto, miembros de tu Iglesia durante su vida mortal, llévalos contigo a la patria de la luz, para que ahora participen de la ciudadanía de los santos, contigo y con tu Madre María, que nos diste por Madre desde la Cruz.

Dales, Señor, el descanso eterno.
Y brille para ellos la luz perpetua.
Que todos los fieles difuntos, por la misericordia de Dios, descansen en paz.
Amén.

(¿Cómo agradecerán las benditas almas del purgatorio nuestra oración a Dios por ellos, cuando lleguen al cielo gracias a nuestra oración? -Ayudándonos con su santa intercesión en presencia de Dios, Padre misericordioso, Hijo que nos salva, y Espíritu Santo que nos alienta en nuestro caminar hacia la Patria)

4. SACRAMENTOS

Los sacramentos son siete:

El primero, Bautismo.
El segundo, Confirmación.
El tercero, Penitencia.
El cuarto, Eucaristía.
El quinto, Unción de los enfermos.
El sexto, Orden Sacerdotal.
El séptimo, Matrimonio.

El **Bautismo** *y la* **Confirmación,** *sacramentos de la iniciación cristiana, suelen recibirse de niño y de joven, una sola vez. La* **Penitencia** *(confesión) y la* **Eucaristía** *(comunión) deben recibirse con frecuencia. El* **Matrimonio** *y el* **Orden Sacerdotal** *sirven a la edificación y salvación de los demás, por medio de los cónyuges cristianos y de los ministros sagrados. La* **Unción de los enfermos** *reconforta a los atribulados por la enfermedad.*

LA PENITENCIA

Para celebrar bien este sacramento es necesario:

– el examen de conciencia, *para poner toda tu vida a la luz del Evangelio;*

– el dolor de los pecados (contrición), *por haber ofendido a Dios;*

– el propósito de la enmienda, *porque quieres cambiar de vida, convertirte, con la gracia de Dios;*

– la confesión de los pecados al sacerdote*: exponer todos los pecados con sencillez y sinceridad;*

– la satisfacción*: cumplir la penitencia, reparar el daño causado al prójimo, restituir lo robado (bienes, fama...).*

• Examen de conciencia

Es necesario confesar los pecados graves, o «mortales», *que son los que tienen como objeto una materia grave (contra los Mandamientos), se cometen con pleno conocimiento y consentimiento deliberado. Sin embargo, para una más profunda y progresiva conversión, será bueno que también te arrepientas y confieses tus* pecados veniales. *A continuación tienes un cuestionario para ayudarte a examinar tu conciencia.*

Primer Mandamiento: ¿Tengo a Dios por encima de todo y trato de aumentar mi fe y mi amor a Dios? ¿He admitido en serio dudas contra las verdades de la fe?, etc.

Segundo Mandamiento: ¿He blasfemado? ¿He pronunciado palabras injuriosas contra Dios, la Virgen María, los santos o las cosas sagradas, incluso delante de otros?, etc.

Tercer Mandamiento (y Mandamientos de la Iglesia): ¿He santificado el domingo, asistiendo consciente y devotamente a la celebración de la Eucaristía y guardando el descanso sagrado?, etc. ¿Cumplo los mandamientos de la Iglesia?

Cuarto Mandamiento: ¿Honro a mis padres con el amor, el respeto y la obediencia debidos, o los maltrato y hago sufrir con mi conducta? ¿Ayudo a mis padres en sus necesidades, enfermedad, ancianidad?, etc.

Quinto Mandamiento: ¿Tengo odio, rencor o enemistad con alguien? ¿He escandalizado a otros, induciéndolos al mal? ¿He causado algún mal físico a otros? ¿He quitado la vida a alguien, en todos los sentidos? ¿He abortado o colaborado en aborto o eutanasia? ¿He conducido imprudentemente el coche o la moto? ¿He tomado drogas, o alcohol en exceso?

Sexto y noveno Mandamientos: ¿Me he entretenido en pensamientos, deseos o recuerdos impuros? ¿He cometido –o deseado– alguna acción impura: solo o con otros, de distinto o del mismo sexo, parientes, consagrados, menores de edad? ¿Me he puesto en peligro con diversiones, lecturas, espectáculos, páginas indecentes de internet? ¿Tengo amistades peligrosas? ¿Guardo la debida castidad en el noviazgo o en el matrimonio?, etc.

Séptimo y décimo Mandamientos: ¿He robado alguna cosa o cantidad de dinero? ¿Lo he devuelto? ¿Cumplo fielmente mis deberes sociales: impuestos, seguros, votaciones, etc.?

Octavo Mandamiento: ¿He mentido? ¿He reparado el daño derivado de mis mentiras? ¿He criticado a otros, descubriendo faltas graves? ¿He calumniado a otros atribuyéndoles algo que es falso? ¿He reparado o estoy dispuesto a reparar esa calumnia?, etc.

LA EUCARISTÍA, LA SANTA MISA

Todos los domingos y fiestas de precepto debes participar en la celebración de la Eucaristía, la Santa Misa, y procura comulgar. Si has cometido algún pecado, confiésate. Y celebra el domingo, día del Señor, en unión con todos los cristianos del mundo. Para participar activamente en la celebración, lee y aprende las oraciones y respuestas que hay a continuación.

Saludo inicial

SACERDOTE: En el nombre del Padre, y del Hijo y del Espíritu Santo.

TODOS: ***Amén.***

S: La gracia de nuestro Señor Jesucristo, el amor del Padre y la comunión del Espíritu Santo estén con vosotros.

T: ***Y con tu espíritu.***

Acto penitencial

S: Para celebrar dignamente estos sagrados misterios, reconozcamos nuestros pecados.

T: ***Yo confieso ante Dios todopoderoso y ante vosotros, hermanos, que he pecado mucho de pensamiento, palabra, obra y omisión. Por mi culpa, por mi culpa, por mi gran culpa.***

Por eso ruego a Santa María, siempre Virgen, a los ángeles, a los santos y a vosotros, hermanos, que intercedáis por mí ante Dios, nuestro Señor.

S: Dios todopoderoso tenga misericordia de nosotros, perdone nuestros pecados y nos lleve a la vida eterna.

T: ***Amén.***

S: Señor, ten piedad.

T: ***Señor, ten piedad.***

S: Cristo, ten piedad.

T: ***Cristo, ten piedad.***

S: Señor, ten piedad.

T: ***Señor, ten piedad.***

Gloria

Gloria a Dios en el cielo, y en la tierra paz a los hombres que ama el Señor. Por tu inmensa gloria te alabamos, te bendecimos, te adoramos, te glorificamos, te damos gracias. Señor Dios, Rey celestial, Dios Padre todopoderoso. Señor Hijo único, Jesucristo, Señor Dios, Cordero de Dios, Hijo del Padre; Tú que quitas el pecado del mundo, ten piedad de nosotros; Tú que quitas el pecado del mundo, atiende nuestra súplica; Tú que estás sentado a la derecha del Padre, ten piedad de nosotros.

Porque solo tú eres Santo, solo tú Señor, solo tú Altísimo Jesucristo.

Con el Espíritu Santo, en la gloria de Dios Padre. Amén.

Final de la oración

S: Por Jesucristo... que vive y reina por los siglos de los siglos *(otras oraciones:* Por Jesucristo nuestro Señor).

T: ***Amén.***

Final de las lecturas

Lector: Palabra de Dios.

T: ***Te alabamos, Señor.***

Evangelio

S: El Señor esté con vosotros.

T: ***Y con tu espíritu.***

S: Lectura del Santo Evangelio, según San...

T: ***Gloria a ti, Señor.***

S *(final):* Palabra del Señor.

T: ***Gloria a ti, Señor Jesús.***

Profesión de fe (Credo apostólico)

Creo en Dios, Padre todopoderoso, Creador del cielo y de la tierra.
Creo en Jesucristo, su único Hijo, nuestro Señor, que fue concebido por obra y gracia del Espíritu Santo, nació de Santa María Virgen, padeció bajo el poder de Poncio Pilato, fue crucificado, muerto y sepultado, descendió a los infiernos, al tercer día resucitó de entre los muertos, subió a los cielos y está sentado a la derecha de Dios, Padre todopoderoso.
Desde allí ha de venir a juzgar a vivos y muertos.
Creo en el Espíritu Santo, la santa Iglesia católica, la comunión de los santos, el perdón de los pecados, la resurrección de la carne y la vida eterna. Amén.

Presentación de las ofrendas

S: *(Pan)* Bendito seas, Señor... será para nosotros pan de vida.

T: ***Bendito seas por siempre, Señor.***

S: *(Vino)* Bendito seas, Señor... será para nosotros bebida de salvación.

T: ***Bendito seas por siempre, Señor.***

S: Orad, hermanos, para que este sacrificio, mío y vuestro, sea agradable a Dios, Padre todopoderoso.

T: ***El Señor reciba de tus manos este sacrificio para alabanza y gloria de su nombre, para nuestro bien y el de toda su santa Iglesia.***

Plegaria Eucarística. Prefacio

S: El Señor esté con vosotros.

T: ***Y con tu espíritu.***

S: Levantemos el corazón.

T: ***Lo tenemos levantado hacia el Señor.***

S: Demos gracias al Señor nuestro Dios.

T: ***Es justo y necesario.***

S: *(recita el Prefacio)*

T: ***Santo, Santo, Santo es el Señor, Dios del universo. Llenos están los cielos y la tierra de tu gloria. Hosanna en el cielo. Bendito el que viene en nombre del Señor. Hosanna en el cielo.***

Después de la Consagración

S: Este es el Sacramento de nuestra fe.

T: ***Anunciamos tu muerte, proclamamos tu Resurrección.***
¡Ven, Señor Jesús!

Final de la Plegaria Eucarística

S: Por Cristo... todo honor y toda gloria, por los siglos de los siglos.

T: ***AMÉN.***

Rito de la Comunión

–Rezo del Padrenuestro...

S: Líbranos... esperamos la venida gloriosa de nuestro Salvador Jesucristo.

T: Tuyo es el reino, tuyo el poder y la gloria, por siempre, Señor.

Rito de la Paz

S: Señor Jesucristo... tú que vives y reinas por los siglos de los siglos.

T: Amén

S: La paz del Señor esté siempre con vosotros.

T: Y con tu espíritu.

S: Daos fraternalmente la paz.

(se da la paz a los más cercanos, diciendo: ***La paz sea contigo).***

T: Cordero de Dios, que quitas el pecado del mundo, ten piedad de nosotros *(dos veces).* ***Cordero de Dios, que quitas el pecado del mundo, danos la paz.***

Comunión:

S: Este es el Cordero... invitados a la Cena del Señor.

T: Señor, no soy digno de que entres en mi casa, pero una palabra tuya bastará para sanarme.

S: El Cuerpo de Cristo.

COMULGANTE: Amén.

Rito de despedida

S: El Señor esté con vosotros.

T: Y con tu espíritu.

S: La bendición de Dios... descienda sobre vosotros.

T: Amén.

S: Podéis ir en paz.

T: Demos gracias a Dios.

• *PARA ANTES DE LA COMUNIÓN*

Oración de santo Tomás de Aquino

Omnipotente y eterno Dios: llego al sacramento de tu Hijo unigénito, como enfermo al médico de la vida, como manchado a la fuente de la misericordia, como ciego a la luz de la eterna claridad, como pobre al Señor de cielos y tierra, como desvalido al Rey de la gloria.

Por eso, Señor, ruego a tu infinita bondad y misericordia, que tengas a bien sanar mi enfermedad, limpiar mis manchas, alumbrar mi ceguera, enriquecer mi pobreza y vestir mi desnudez. Así podré recibir al Rey de los Ángeles y Señor de los señores, con tanta reverencia y humildad, con tanta contrición y ternura, con tanta pureza y fe, con tal propósito e intención, cual conviene a la salud de mi alma. Concédeme, te ruego, recibir no solo el Sacramento del Cuerpo y la Sangre del Señor, sino también la gracia y virtud de este Sacramento. Concédeme, Dios mío benignísimo, recibir de tal manera el Cuerpo que tu Hijo unigénito tomó de la Virgen María, que merezca ser incorporado a su Cuerpo Místico y contado entre sus miembros. Concédeme, Padre amantísimo, que logre yo contemplar un día cara a cara, por toda la eternidad, a este tu amadísimo Hijo, a quien ahora, en mi vida mortal, me propongo recibir encubierto bajo el velo del Sacramento. Te lo pido en nombre de tu Hijo Jesucristo, el cual vive y reina contigo en la unidad del Espíritu Santo, por los siglos de los siglos. Amén.

• *PARA DESPUÉS DE LA COMUNIÓN*

Alma de Cristo

Alma de Cristo, santifícame.
Cuerpo de Cristo, sálvame.
Sangre de Cristo, embriágame.

Agua del costado de Cristo, lávame.
Pasión de Cristo, confórtame.
¡Oh buen Jesús!, óyeme.
Dentro de tus llagas escóndeme.
No permitas que me aparte de ti.
Del maligno enemigo, defiéndeme.
En la hora de mi muerte, llámame, y mándame ir a ti, para que con tus santos te alabe por los siglos de los siglos. Amén.

A Jesús Crucificado

Mírame, ¡oh mi amado y buen Jesús!, postrado en tu divina presencia. Te ruego, con el mayor fervor, que imprimas en mi corazón los sentimientos de fe, esperanza y caridad, verdadero dolor de los pecados y propósito firme de jamás ofenderte. Mientras, yo, con gran amor y compasión, voy considerando tus cinco llagas, comenzando por aquello que dijo el profeta David:
Han taladrado mis manos y mis pies, y se pueden contar todos mis huesos.

5. SANTO ROSARIO

(Después del enunciado de cada Misterio que se ha de meditar, se reza un Padrenuestro, diez Avemarías y el Gloria).

Misterios gozosos *(lunes y sábados)*
1º La Encarnación del Hijo de Dios.
2º La Visitación de la Virgen María a su prima Santa Isabel.
3º El Nacimiento del Hijo de Dios.
4º La Presentación del Niño Jesús en el Templo.
5º El Niño Jesús, perdido y hallado en el Templo.

Misterios luminosos *(jueves)*
1º El Bautismo del Señor en el Jordán.
2º La revelación de Jesús en las bodas de Caná.
3º El anuncio del Reino de Dios, invitación a la conversión.
4º La Transfiguración del Señor.
5º La institución de la Eucaristía.

Misterios dolorosos *(martes y viernes)*
1º La Oración de Jesús en el Huerto.
2º Los azotes que padeció el Señor, atado a la columna.
3º La coronación de espinas.
4º Jesús con la Cruz a cuestas.
5º La Crucifixión y Muerte del Señor.

Misterios gloriosos *(miércoles y domingos)*
1º La Resurrección del Señor.
2º La Ascensión del Señor a los cielos.
3º La venida del Espíritu Santo.
4º La Asunción de la Virgen María en cuerpo y alma a los cielos.
5º La Coronación de Nuestra Señora como Reina de cielos y tierra.

LETANÍAS DE NUESTRA SEÑORA

Señor, ten piedad.
R. *(Se repite lo mismo).*
Cristo, ten piedad. R.
Señor, ten piedad. R.
Cristo, óyenos. R.
Cristo, escúchanos. R.
Dios, Padre celestial.
R. *Ten misericordia de nosotros.*
Dios, Hijo Redentor del mundo.
R. *Ten misericordia de nosotros.*
Dios, Espíritu Santo. R.
Trinidad Santa, un solo Dios. R.
(A partir de aquí, se responde:
Ruega por nosotros)
Santa María,

Santa Madre de Dios,
Santa Virgen de las vírgenes,
Madre de Cristo,
Madre de la Iglesia,
Madre de la divina gracia,
Madre purísima,
Madre castísima,
Madre y virgen,
Madre santa,
Madre inmaculada,
Madre amable,
Madre admirable,
Madre del buen consejo,
Madre del Creador,
Madre del Salvador,
Virgen prudentísima,
Virgen digna de veneración,
Virgen digna de alabanza,
Virgen poderosa,
Virgen clemente,
Virgen fiel,
Ideal de santidad,
Morada de la sabiduría,
Causa de nuestra alegría,
Templo del Espíritu Santo,
Honor de los pueblos,
Modelo de entrega a Dios,
Rosa escogida,
Fuerte como la torre de David,
Hermosa como torre de marfil,
Casa de oro,
Arca de la Nueva Alianza,
Puerta del Cielo,
Estrella de la mañana,
Salud de los enfermos,
Refugio de los pecadores,
Consoladora de los afligidos,
Auxilio de los cristianos,
Reina de los Ángeles,
Reina de los Patriarcas,
Reina de los Profetas,
Reina de los Apóstoles,
Reina de los Mártires,
Reina de los que viven su fe,
Reina de las Vírgenes,
Reina de todos los Santos,
Reina concebida sin pecado original,
Reina elevada al cielo,
Reina del Santo Rosario,
Reina de la familia,
Reina de la paz,

Cordero de Dios, que quitas el pecado del mundo.

R. *Perdónanos, Señor.*

Cordero de Dios, que quitas el pecado del mundo.

R. *Escúchanos, Señor.*

Cordero de Dios, que quitas el pecado del mundo.

R. *Ten misericordia de nosotros.*

V. Ruega por nosotros, Santa Madre de Dios.

R. *Para que seamos dignos de las promesas de Cristo.*

Oremos: Te pedimos, Señor, que nosotros, tus siervos, gocemos siempre de salud de alma y cuerpo, y por la intercesión de santa María, la Virgen, líbranos de las tristezas de este mundo y concédenos las alegrías del cielo. Por Jesucristo nuestro Señor. Amén.

Ave María Purísima. Sin pecado concebida.

6. VÍA CRUCIS

Al comenzar cada Estación, se reza:

V. Te adoramos, Cristo, y te bendecimos.

R. **Porque por tu Santa Cruz redimiste al mundo.**

Y se termina con esta invocación:

Jesús, pequé: ten piedad y misericordia de mí.

Y termina la Estación con

1ª estación: Jesús es condenado a muerte.
2ª Jesús carga con la Cruz.
3ª Jesús cae bajo el peso de la Cruz.
4ª Jesús se encuentra con su Santísima Madre.
5ª El Cireneo ayuda a Jesús a llevar la Cruz.
6ª La Verónica limpia el rostro de Jesús.
7ª Jesús cae en tierra por segunda vez.
8ª Jesús consuela a las hijas de Jerusalén.
9ª Jesús cae por tercera vez.
10ª Jesús es despojado de sus vestiduras.
11ª Jesús es clavado en la Cruz.
12ª Jesús muere en la Cruz.
13ª Jesús es bajado de la Cruz y puesto en brazos de su Madre.
14ª Jesús es puesto en el sepulcro.

7. CONOCIMIENTOS CRISTIANOS BÁSICOS

1. Los diez Mandamientos de la Ley de Dios

1º Amarás a Dios sobre todas las cosas.
2º No tomarás el nombre de Dios en vano.
3º Santificarás las fiestas.
4º Honrarás a tu padre y a tu madre.
5º No matarás.
6º No cometerás actos impuros.
7º No robarás.
8º No dirás falsos testimonios ni mentirás.
9º No consentirás pensamientos ni deseos impuros.
10º No codiciarás los bienes ajenos.

Estos diez Mandamientos se resumen en dos: Amarás a Dios sobre todas las cosas, y al prójimo como Jesús te ha amado y te ama.

2. Las ocho Bienaventuranzas

1ª Bienaventurados los pobres en el espíritu, porque de ellos es el reino de los cielos.
2ª Bienaventurados los mansos, porque ellos heredarán la tierra.
3ª Bienaventurados los que lloran, porque ellos serán consolados.
4ª Bienaventurados los que tienen hambre y sed de la justicia, porque ellos quedarán saciados.
5ª Bienaventurados los misericordiosos, porque ellos alcanzarán misericordia.
6ª Bienaventurados los limpios de corazón, porque ellos verán a Dios.
7ª Bienaventurados los que trabajan por la paz, porque ellos serán llamados hijos de Dios.
8ª Bienaventurados los perseguidos por causa de la justicia, porque de ellos es el reino de los cielos.

Bienaventurados vosotros cuando os insulten y os persigan y os calumnien de cualquier modo por mi causa. Alegraos y regocijaos, porque vuestra recompensa será grande en el cielo (Mt 5, 3-12).

3. Los siete dones del Espíritu Santo

Don de sabiduría.
Don de inteligencia.
Don de consejo.
Don de fortaleza.
Don de ciencia.
Don de piedad.
Don de temor de Dios.

4. Los doce frutos del Espíritu Santo

Caridad, gozo, paz, paciencia, longanimidad, bondad, benignidad, mansedumbre, fidelidad, modestia, continencia y castidad.

5. Las siete virtudes

Teologales: fe, esperanza y caridad.

Cardinales: prudencia, justicia, fortaleza y templanza.

7. Las catorce obras de misericordia

Siete espirituales:

1ª Enseñar al que no sabe.
2ª Dar buen consejo al que lo necesita.
3ª Corregir al que yerra.
4ª Perdonar las injurias.
5ª Consolar al triste.
6ª Sufrir con paciencia los defectos del prójimo.
7ª Rogar a Dios por vivos y difuntos.

Siete corporales:

1ª Visitar y cuidar a los enfermos.
2ª Dar de comer al hambriento.
3ª Dar de beber al sediento.
4ª Dar posada al peregrino.
5ª Vestir al desnudo.
6ª Redimir al cautivo.
7ª Enterrar a los muertos.

8. Los siete pecados capitales

1º Soberbia (contra la humildad).
2º Avaricia (contra la largueza).
3º Lujuria (contra la castidad).
4º Ira (contra la paciencia).
5º Gula (contra la templanza).
6º Envidia (contra la caridad).
7º Pereza (contra la diligencia).

9. Los cinco mandamientos de la Iglesia

1º Participar en la misa entera todos los domingos y demás fiestas de precepto, y no realizar trabajos serviles.
2º Confesar, al menos una vez al año, los pecados graves de que se tenga conciencia.
3º Recibir el sacramento de la Eucaristía al menos por Pascua.
4º Abstenerse de comer carne, y ayunar en los días establecidos por la Iglesia (ayuno y abstinencia: *el miércoles de ceniza y el viernes santo;* abstinencia: *los viernes de cuaresma).*
5º Ayudar a las necesidades de la Iglesia.

BIBLIOTECA BÁSICA CRISTIANA

EDIBESA le ofrece su fondo editorial de LIBROS, AUDIOLIBROS, MÚSICA y PELÍCULAS para su propia formación cristiana, para evangelizar y hacer regalos de provecho.

Consulte las novedades mes a mes en www.edibesa.com

1. BIBLIA. EVANGELIO

LA BIBLIA PARA LEER

La Biblia de la familia 1.400 p.+CD-Rom interactivo. Texto completo. 21,5x28,5 cm. Color. Cartoné. Canto Dorado. Un gran regalo para bodas. 45 €

Biblia de la Familia. Nueva edición con estuche, 55 €

La Biblia. Leer. Pensar. Orar... Cada día. 1310 p. 13,50 x 21 cm. Traducción interconfesional. Con método de la Lectio Divina 10 €

La Biblia. Dios habla hoy: El Libro. 1866 p. 12x18,5 cm. 17,75 €. Biblia interconfesional. Texto completo. Ilustraciones. Índices y cuadros pedagógicos.

San Pablo, Hechos y Cartas. 222 p. Texto completo. 2,20 €

San Pablo. Testimonio y doctrina. *Texto de las Cartas por orden temático* 230 p. 8,25 €

LA BIBLIA PARA ESCUCHAR

42 CD + 4 libros: 139 €

1. Antiguo Testamento 1. Textos selectos de Pentateuco, Históricos, Narraciones, Sapienciales, Profetas. Libro: 934 p. 15,75 €. Libro+17CD: 65 €

2. Antiguo Testamento 2. Los Salmos. Texto íntegro de los 150 salmos. Libro: 322 p. 7,50 €. Libro + 4 CD: 19 €

3. Nuevo Testamento 1. Los Cuatro Evangelios. Texto íntegro. Libro: 508 p. 6,75 €. Libro + 10 CD: 45 €

4. Nuevo Testamento 2. Hechos, Cartas, Apocalipsis. Texto íntegro. Libro: 646 p. 9,50 €. Libro + 11 CD: 48,99 €

BIBLIAS PARA NIÑOS

Mi primera Biblia. Para niños a partir de 3 años. 26 p. cartón. 16x15,5 cm. Color. Cartoné acolchado. 9,50 €

La Biblia de los niños. A partir de 5 años. 142 p. 21,5x21,5 cm. Color. Ilustrada. Cartoné. 14,50 €

La Biblia de los pequeños. *Antiguo y Nuevo Testamento para los niños.* 200 p. Cartoné. Color + CD. 24x34 cm. 22,50 €

La Biblia, mi amiga. 320 p. 14x20,5 cm. Color. Ilustrada. Cartoné. 50 relatos para niños mayores y preadolescentes. Primera Comunión. 18 €

Jesús nos cuenta. Las parábolas del Evangelio. 128 p. Ilustradas y adaptadas para los más pequeños. 24x34 cm. 17,25 € Color. Cartoné.

EL EVANGELIO PARA LEER

El Evangelio para nuestros mayores. 500 p. 13,25 €. Letra grande. Bicolor. Reflexión-oración diaria de José A. Martínez Puche, O.P.

El Evangelio. *Oraciones y vida cristiana.* 218 p. 1,25 €. Texto de los cuatro Evangelios para cada día del año con oraciones cristianas. J. A. Martínez Puche.

El Evangelio. *Recuerdo de mi Primera Comunión.* 218 p. 1,50 €.Texto evangélico para cada día. Oraciones y vida cristiana. Para regalar a todos los niños.

El Evangelio. *Recuerdo de mi Confirmación.* 218 p. 1,25 €. Texto evangélico para cada día. Oraciones y vida cristiana. Para regalar a todos los confirmandos.

El Evangelio *(para cada día del año).* 186 p. Texto de los cuatro Evangelios para cada día del año. Rústica. 1 €. Cartoné. 3 €

El Evangelio para cada día. *Y vocabulario evangélico popular.* 326 p. 5,25 €. Texto evangélico para cada día. Índices de textos, onomástico y numérico. Santoral.

El Evangelio en crucigramas. *Textos de los evangelios concordados con pasatiempos* (4ª ed.) 614 p. 15 €
Ejercicios y pasatiempos de "El Evangelio en crucigramas" (2ª ed.). 310 p. 4 €. Sólo los pasatiempos del libro anterior.
Evangelio de los Hebreos. *Vida de Jesús, según los Evangelios y escritos apócrifos.* Pseudo Leví Hispano. 276 p. 8,50 €
Palabra de vida. *Evangelio y breve reflexión para meditar.* Ciclo A. 176 p. 14,00 €

EL EVANGELIO PARA ESCUCHAR

Los Evangelios. *Vida y doctrina de Jesucristo en los Cuatro Evangelios.* Textos seleccionados. Libro: 100 p. 2,75 €. Libro+ 1 CD: 9 € seleccionados por J. A. Martínez Puche.
Las Palabras de Jesús. Todo lo que dijo el Señor (extraído de los Cuatro Evangelios por J. A. Martínez Puche.). Libro: 264 p. 5,50 €. Libro + 4 CD: 29 €

PARA COMPRENDER LA BIBLIA

Libros de exégesis, estudios, comentarios bíblicos y reflexión espiritual sobre la Palabra de Dios

Comprender las Escrituras. *Curso completo para el estudio de la Biblia* Scott Hahn. 550 p. Color. Cartoné. 21,50x28 cm. 35 €. Un buen regalo para cualquier ocasión.
La Biblia, comentada por ella misma. Jesús Cantera. 366 p. 11,50 €

EL ANTIGUO TESTAMENTO

El Pentateuco. *Historia y sentido* (2ª ed.). A.-Á. García. 292 p. 15 €
Moisés, contado por los sabios. E. Fleg. 246 p. Escritos de los sabios de Israel. 12,50 €
Comentario al Cantar de los Cantares. J-F. Rey. 212 p. 12 €
Cantar de los Cantares. *Resonancias bíblicas.* E. Jiménez. 314 p. 15,25 €
Introducción al estudio de los Salmos. J. G. Trapiello. 230 p. 12 €

EL NUEVO TESTAMENTO

Palabras de Cristo. *El mensaje del Evangelio de Mateo.* Mons. P. Mori. 168 p. 11 €
Hágase en mí. *Comentario espiritual a San Mateo, en 24 charlas.* Ch. Villarroel. 312 p. + CD (56 charlas). 11,25 €
Cristo, mi justicia. ***En Cristo estamos salvados.*** Comentario y vivencia de Romanos 1-8. Chus Villarroel. 360 p. 12,50 €
Comentario al Evangelio según San Juan. Santo Tomás de Aquino. Cada tomo: 7,50 €. **Tomo I.** *Cap. 1.* 264 p. **Tomo II.** *Cap. 2, 3 y 4.* 254 p. **Tomo III.** *Cap. 5 y 6.* 264 p. **Tomo IV.** *Cap. 7 y 8.* 224 p. **Tomo V.** *Cap. 9 y 10.* 188 p. **Tomo VI.** *Cap. 11 y 12.* 208 p. **Tomo VII.** *Cap. 13 y 14.* 216 p. **Tomo VIII.** *Cap. 15, 16 y 17.* 216 p. **Tomo IX.** *Cap. 18 y 19, 140 p.* **y Tomo X.** *Capítulos 20 y 21, 236 p.* Precio de la colección de 10 tomos: 60 €
Pasión de Nuestro Señor Jesucristo. F. Fdez. Ramos. 240 p. 20 €
Pasión y muerte del Señor. Mons. Celso Morga. 252 p. 7,50 €
El Evangelio leído con humor. S. Gil del Muro. 176 p. 8,25 €.
Claves para leer los evangelios sinópticos (2ª ed.). Gerardo Sánchez. 274 p. 14 €
La revolución de la misericordia. *Comentario a la parábola del hijo pródigo y al relato de la mujer pecadora.* Mons. Francisco Cerro. 136 p. 9,50 €
El evangelio de la misericordia. J. Peraire. 160 p. 10,50 €
La familia, hogar de la misericordia. J-R. Flecha. 160 p. 10,50 €

ENSEÑANZAS DEL PAPA FRANCISCO

Un libro de cada año de su pontificado con los textos completos de todas sus intervenciones públicas, documentos y homilías.

- **Diccionario primero del Papa Francisco. 2013.** 816 p. 31 €
- **Diccionario segundo del Papa Francisco. 2014.** 904 p. 39 €
- **Diccionario tercero del Papa Francisco. 2015.** 1.032 p. 35 €

2. DIOS . JESUCRISTO

DIOS

Misterio trinitario. *Dios, desde el silencio y la cercanía* (2ª ed.). S. Fuster. 298 p. 15 €

Eucaristía y Trinidad para el siglo XXI. *Doce catequesis* (2ª ed.). Sebastián Fuster. 180 p. 3,75 €

Para encontrar a Dios. *Vida teologal.* M. Gelabert. 288 p. Las virtudes teologales. 15 €

Vivencias de gratuidad. *Dios me salva* (3ª ed.). Chus Villarroel. 366 p. 10 €

Historia de la salvación. *Historia de amor de Dios al hombre.* Emiliano Jiménez. 342 p. 16,25 €

Más que Padre. *El Dios de todos los días* (2ª ed.). Rafael de Andrés. 386 p. 11,50 €. 500 textos sobre Dios.

JESUCRISTO

Las credenciales de Jesús. *Perfil humano y mensaje divino*. J. Álvarez. 276 p. Presentación de Jesús para creyentes y no creyentes. 14,50 €

El Señor de la Historia. *Manifestaciones extraordinarias de Jesucristo*.D. Pajariño. 372 p. Recorrido histórico de apariciones de Jesús. 18 €

Jesús. Volver a los comienzos. F.J. Sáez de Maturana. 1144 p. Cartoné. Una obra completa sobre Jesús. Presentación: J.A. Pagola. 29,80 €

Jesús de Nazaret. A. Hari. 228 p. Cartoné. Color. 18,5x23.5 cm. 18 €. Los niños conocen a Jesús a través de diez temas.

Un hombre llamado Jesús. L. Ruegenberg (ilust.), G. Wieghaus (Texto). 56 p. Color. Cartoné. 23,5x31 cm. 13,75 €. Jesús visto a través de los ojos de dos niños, que están presentes en las principales escenas de su vida, según el Evangelio de Lucas.

Jesucristo, revelación del misterio del hombre. *Ensayo de Antropología Teológica* (4ª ed.). Martín Gelabert. 266 p. 15 €

Jesucristo en sus misterios. Columba Marmion. 344 p. 10,50 €

El lado humano de Jesús de Nazaret. J. Salvador. 436 p. 12,50 €

Emaús. *Era necesaria la pasión y la glorificación de Cristo.* J. Domínguez. 156 p. 5,75 €

Mi Cristo roto. *Guión literario.* R. Cué. 162 p. Meditaciones cuaresmales en TVE. 4,50 €

Mi Cristo roto, de casa en casa (3ª ed.). Ramón Cué. 196 p. Segunda parte de *Mi Cristo Roto*. 5,50 €

La Sábana Santa de Turín. *Su autenticidad* (10ª ed.). J. Loring. 254 p. 9,50 €

Jesús, el dinero y los negocios. J. Salvador. 264 p. 10,50 €

Jesucristo. *Todo un Hombre, todo un Dios.* J. Álvarez. 288 p. 8,75 €

Jesús, siempre y más. *Mil textos sobre Jesucristo* (2ª ed.). R. de Andrés. 526 p. 11,50 €

La Cristiada. *Vida de Jesús, N.S.* (1611). F. Diego de Hojeda. 528 p. Edición facsímil de 1896, bicolor, con dibujos originales. 41 €

Colección DOCE VIDAS DE JESÚS

Colección de obras clásicas de la exégesis y de la teología sobre Jesucristo. Formato 13,50 x 20,50 cm. Colección completa 179 €

Vida de Jesucristo según el Evangelio (2ª ed.). J. M. Lagrange, O.P. XII + 544 p. Obra clásica de la exégesis. 17,45 €

La más antigua vida de Jesús: Diatessaron (2ª ed.). Taciano. 270 p. 10,50 €. Los cuatro Evangelios en un solo relato del siglo II.

Vida de Cristo (2ª ed.) Fray Luis de Granada, O.P. 366 p. 13,25 €

Jesucristo (2ª ed.). L. Grandmaison. 644 p. 21 €. Cristología clásica.

Vida de Jesús según los Evangelios sinópticos (2ª ed.) J. Salguero, O.P 356 p. 13,85 €.

Nuestro Señor Jesucristo según los Evangelios (2ª ed.) L.C. Fillion. 448 p. 14,45 €

Memorias de un reportero de los tiempos de Cristo (2ª ed.) Carlos Mª de Heredia, S.J. 1.010 p. 23,45 €. Texto novelado, fiel al Evangelio.

Vida de Nuestro Señor Jesucristo (2ª ed.). Remigio Vilariño, S.J. 654 p. 21 €

Vida de Jesús. François Mauriac 224 p. 10,50 €. Joya literaria del novelista francés.

Historia de Cristo (3ª ed.). Giovanni Papini. 384 p. 14,45 €. Su obra cumbre.

Vida de Jesucristo (2ª ed.) Giovanni Ricciotti. 596 p. 19,25 €

Vida de Jesús en el país y pueblo de Israel. Franz Michele William. 494 p. 17,95 €

3. LA VIRGEN MARÍA. EL SANTO ROSARIO

Colección BIBLIOTECA MARIANA

Colección de grandes clásicos sobre la Virgen María. Formato 14 x 17 cm.

María en la Biblia y en los Padres de la Iglesia (3ª ed.). J-R. Flecha, K. Stock, J. A. M. Puche. 392 p. 13,25 €

Documentos pontificios marianos (3ª ed.). J. A. M. Puche, J. Gil. 510 p. Diecinueve siglos de Magisterio. 16,50 €

San Bernardo de Claraval y san Alberto Magno hablan de María. *Homilías marianas. Marial* (2ª ed.). D. Yáñez, J. Álvarez., J. A. M. Puche. 322 p. 11,30 €

San Luis Mª G. de Montfort y san Alfonso hablan de María (3ª ed.). San Luis: *Tratado de la verdadera devoción a la Santísima Virgen. El secreto de María.* San Alfonso: *Las glorias de María, La salve. Las virtudes de María.* 490 p. 17,25 €

Antología mariana. *100 autores hablan de María* (3ª ed.). J. A. M. Puche, R. de Andrés. 422 p. 14,90 €

María en la literatura y en el arte (2ª ed.). Fray Luis de Granada (*Vida de María*). Poetas, pintores y escultores honran a la Virgen. 382 p. Color. 19,50 €

El Año Mariano. *Cada día con María* (2ª ed.). J. A. M. Puche. 688 p. Liturgia, teología, historia, piedad. Apéndice: El Rosario. El Escapulario del Carmen. 23,50 €

María, Madre de la Hispanidad (2ª ed.). *Vírgenes patronas de España y América.* J. A. Martínez Puche, O.P., R. del Olmo. 636 p. + 84 en color. 24,50 €

Enciclopedia de la Virgen. J. A. M. Puche, O.P., I. H. de la Mota, R del Olmo, O.S.A. 1906 p. 59,50 €

Biblioteca Mariana. Colección completa + Enciclopedia de la Virgen 179 €

Colección LA SIERVA DEL SEÑOR

María y la renovación carismática. Vicente Martínez-Blat. 152 p. 10 €

María, madre del Redentor. E. Jiménez. 326 p. 15,75 €. María, en su virginidad fiel y fecunda, nos muestra el verdadero camino de la fe.

El Evangelio de María. G. Blanquière 152 p. 12,75 €

La Reina de la Paz en Medjugorje. *Historia y Mensajes.* G.O.T.T. 306 p. 14,25 €

La hija de Joaquín. *Comprensión de la humanidad de María.* C. Paradinas. 128 p. 8 €

Vida de la Virgen María. R. L. Melús. 226 p. 13,75 €

La Virgen María. *Historia. Teología. Devoción.* J.Á. Maestro. 218 p. 9 €

El misterio de Guadalupe. Ramiro Ribas. 272 p. 11,50 €. María ayuda a extender la fe y combatir el mal.

Secretos de Fátima. G. Gòrny, J. Rosikon. El Mayor enigma del siglo XX en un libro completamente ilustrado. Imprescindible para conocer la historia y mensajes de Fátima. 400 p. 29 €.

Y además

Imitación de María. T. de Kempis. 144 p. 6,80 €

La Iglesia habla de María. *50 años de documentos marianos pontificios.* AA.VV. 418 p. 15 documentos, desde Pío XII a Juan Pablo II. 5,75 €

María. *Un itinerario dogmático.* D. Cerbelaud. 384 p. 25 €

María, la Madre del Señor, en el Nuevo Testamento. K. Stock. 184 p. 9 €

Vida de María. *Vida y misterio de la Santísima Virgen.* Fray Luis de Granada. 108 p. 5,50 €

El libro de la Inmaculada. *Doctrina, historia, poesía y arte.* J. A. M. Puche. 208 p. 10,25 €
Mariam de Judá. *Vida de María.* Jaime Colomina. 278 p. 11,75 €
Queridos hijos. Testimonios sobre Medjugorje. M. Danelon. 400 p. 14,50 €
El Avemaría. L. L. de las Heras. 82 p. 5,25 €. Estudio bíblico y espiritual del Avemaría.
Virgen de Guadalupe, Señora del Tepeyac (2ª ed.). J. A. Montes. 70 p. Historia de las apariciones y actualidad. 4,75 €
Memorias de María, memorias de Juan. *La vida de Jesús contada por la Madre y el Discípulo.* S. Valero. 252 p. 11,45 €
Fátima, ternura y misericordia, por Mons. Francisco Cerro. 2ª edición ampliada y al día. 196 p. 10,75 €
Adorar con María. M-B. Angot. 146 p. La oración con María y oraciones de adoración, por la fundadora de *Casas de Adoración.* 5,25 €

LIBROS SOBRE EL ROSARIO

Rosarios para las fiestas del Señor. Sor Marie. 168 p. Veinticuatro rosarios originales para todo el año litúrgico. 10 €
Para rezar el Rosario. A. González. 104 p. Libro básico para rezar el Rosario. Por qué, cómo y diversas formas de hacerlo. 5 €
El Rosario meditado. *Una reflexión del Evangelio para cada Avemaría* (8ª ed.). P. Meseguer. 48 p. Color. Los 20 misterios. 1,50 €
El Rosario de la Virgen María (6ª ed.). *Carta apostólica.* Juan Pablo II. 46 p. 2,50 €
El Rosario de Juan Pablo II. *Los 20 misterios comentados por el Papa.* (12ª ed.). J. A. M. Puche. 48 p. Color. 1,50 €
El libro del Rosario. *Historia, doctrina, práctica, diccionario.* J. A. M. Puche. 304 p. Cartoné. 12,50 €
Rosario Bíblico. *Comentario y meditaciones de los veinte misterios.* Salvador Muñoz Iglesias. 178 p. 5 €
El Rosario de María. *Palabra de Dios para la contemplación de los 20 Misterios.* J. A. M. Puche. Desplegable 7,5 x 21,5 cm., a todo color (100 unidades). 10 €
El Rosario de la Virgen. Hoja bicolor plastificada de bolsillo (100 unidades). 7 €
El Rosario, oración de un corazón en vela. *Mis conversaciones con Maciej, que no lo reza.* Emilio Cárdenas. 130 p. 5,25 €
La Virgen del Rosario y santo Domingo en el arte. D. Iturgaiz. 144 p. + 24 láminas color. Cartoné. 11,50 €

PARA REZAR EL ROSARIO

Rosario con san Juan Pablo II. Comentario y rezo de los 20 Misterios, letanías y Salve. 2 CD+Libro 86 p. 16 €
El Rosario. Comentario bíblico, rezo de los 15 Misterios y letanías. 1 casete: 4 €. J.A. M. Puche. En catalán (**Sant Rosari**): 4 €
El Rosario/20. Comentario y rezo de los 20 Misterios. J.A.M. Puche. 2 CD: 13 €.
Santo Rosario/20. Los 20 Misterios con comentario de san Josemaría Escrivá. 2 CD + folleto: 18,50 €. 2 casetes: 8 €
El Rosario del Papa. Juan Pablo II comenta y reza los 15 Misterios. Letanías, Ángelus y Salve. 2 CD: 14 €.
Rosario con Juan Pablo II. Reflexiones y rezo por el Papa de los 15 Misterios. Letanías y Salve. 1 casete. 5 €
El Rosario del Papa (electrónico). Rosario Juan Pablo II. Aparato electrónico con los 20 misterios del Rosario, automatizados para cada día de la semana.
Con auriculares 44 €, sin auriculares 39 €

4. ESPIRITUALIDAD

Palabras de oro
CLÁSICOS DE ESPIRITUALIDAD

Imitación de Cristo (6ª ed.). Tomás de Kempis. 456 p. Traducción de Fray Luis de Granada. 11,75 €
Tratado del Amor de Dios (3ª ed.). S. Francisco de Sales. 952 p. 17,50 €
Credo, Padrenuestro. Avemaría. *Exposición y comentarios.* Santo Tomás de Aquino. 240 p. 12,15 €
El arte de aprovechar nuestras faltas según san Francisco de Sales. J. Tissot. 216 p. 11,75 €
Guía de pecadores. Fray Luis de Granada. 784 p. 19,75 €
A los catequistas y catecúmenos. San Agustín. 320 p. 12,50 €
Libro de la vida. Santa Teresa. 516 p. 17,50 €
Relatos de un peregrino ruso. Anónimo. 112 p. El gran libro de la espiritualidad del Oriente cristiano. 5 €
Confesiones. San Agustín. 448 p. Texto íntegro. 7,75 €
Tratados espirituales de San Vicente Ferrer. *De la vida espiritual, Sobre las tentaciones de la fe, Vida de Cristo en la Misa*. San Vicente Ferrer. 164 p. 5,50 €
El alma de todo apostolado. J. B. Chautard. 240 p. 8,90 €

Colección
ESPIRITUALIDAD DE LOS PADRES DE LA IGLESIA

Nueve libros de divulgación patrística, preparados por las Benedictinas de la Abadía argentina de Santa Escolástica, con selección de textos por temas. Formato 12 x 18 cm. Cada libro 5 €. Colección completa: 37,50 €

La Virgen María. *Padres de la Iglesia.* 132 p.
El Bautismo. *Padres de la Iglesia.* 128 p.
El tiempo de Cuaresma. *Padres de la Iglesia.* 126 p.
Felices los pobres. *Padres de la Iglesia.* 112 p. Sobre la pobreza.
El misterio de la Navidad. *Padres de la Iglesia.* 96 p.
La conversión. *Padres de la Iglesia.* 104 p.
La unidad de la Iglesia. *Padres de la Iglesia.* 88 p.
Dios y el César. *Padres de la Iglesia.* 144 p. Sobre las relaciones Iglesia-Estado.
La oración. *Padres de la Iglesia.* 136 p.

Colección
HISTORIA DE LA ESPIRITUALIDAD CRISTIANA

Espiritualidad cristiana I. *Desde los orígenes al siglo XII.* B. McGinn (Dir.). 528 p. 18,50 €
Espiritualidad cristiana II. *Alta Edad Media y Reforma.* J. Raitt (Dir.). 464 p. 18,50 €

Colección
EL PAN DE CADA DIA

Colección de libros de espiritualidad para la reflexión y la meditación breve de cada día. Formato 11 x 18 cm.

1. Los cinco minutos de Dios (34ª ed.). Alfonso Milagro. 402 p. 8 €. Pensamiento bíblico y reflexión para cada día del año.
2. El Evangelio para cada día. *Y vocabulario evangélico popular.* J. A. M. Puche. 326 p. 5,25 € Texto evangélico para cada día. Índices de textos, onomástico y numérico. Santoral.
3. Silencios en alta voz. A. Barriales. 406 p. 8,75 € Reflexiones para cada día del año emitidas en la COPE.

PARA LOS MOMENTOS DIFÍCILES

¿Para qué sufrir? *Sentido del dolor humano, a la luz de la fe en Cristo.* Á. Mª Rojas. 140 p. 10 €
Crecer desde el sufrimiento. 319 p. 10,75 €
¿Por qué a mí? A. Grün. 154 p. El misterio del dolor y la justicia de Dios. 10,50 €

Colección AGUA VIVA
Para meditar y reflexionar

Colección de escritos de espiritualidad, meditación y reflexión cristiana. Formato 15 x 21 cm. Serie Minor 12x18 cm.

1. La vida como oblación por los sacerdotes. Pensamientos de la Madre María del Carmen. 152 p. 6 €
2. Autorretrato de Santa Gema Galgani. 184 p. 7,50 €
3. Autorretrato de Edith Stein. 148 p. 7 €
4. Teología y espiritualidad de la santa Juana. *Una mujer predicadora.* I.García. 386 p. 14 €
5. Las enseñanzas espirituales del Maestro Gracián. Amigo y director espiritual de santa Teresa. V. Martínez-Blat O.C.D. 288 p. 11 €
6. La predicación de san Antonio de Padua. *Exposición sistemática.* L. Pérez O.F.M. 416 p. 15,90 €
7. Nacimiento e infancia de Jesús. Ana Catalina Emmerick. 284 p. 11,75 €
8. Pasión y Resurrección de Jesús. A. C. Emmerick. 338 p. 13,50 €
9. Vida de la Virgen María, los Apóstoles, los Mártires y los Santos. A. C. Emmerick. 252 p. 11 €
10. San Juan Crisóstomo. *Pensamiento espiritual.* J.Álvarez. 208 p. 10 €
11. Cartas de santa Gema Galgani. *A su director espiritual, P. Germán de San Estanislao, pasionista.* P. García M. 352 p. 13,50 €

Y además:

Meditaciones y devociones. Beato J. H. Newman. 280 p. Escritos de la etapa católica del cardenal. 7,50 €
El pozo y los charcos. G. K. Chesterton. 288 p. 7,25 €
Escritos esenciales. *Una confianza muy sencilla.* Roger de Taizé. 204 p. Antología de Marcello Fidanzio. 11,75 €
Santa Faustina y la Divina Misericordia. R. Iaria. 264 p. Escritos de santa Faustina Kowalska. 6 €

Encuentros con Merton. *Reflexiones espirituales.* H. Nouwen. 112 p. Introducción a su vida y pensamiento. 9,50 €
Guía de la vida interior. J. Otón. 232 p. Un seglar escribe para el cristiano actual. 7,75 €
Aquí en la tierra como en el cielo. *Los novísimos, asunto de esta vida.* Atilano Aláiz. 230 p. 8,75 €
Síntesis de espiritualidad católica. J. Rivera, J.Mª Iraburu. 432 p. 9 €
La tierra del Maestro. *Ejercicios espirituales en los santos lugares* (2ª ed.). Francisco Mª López Melús. 314 p. 10,50 €
El Apostolado de la Oración. *Ascuas o cenizas, en 66 preguntas y respuestas.* D. Muñoz. 146 p. 2,50 €
Corazón de Cristo. *Belleza que salva al mundo.* Mons. Francisco Cerro. 78 p. 5 €
Cartas de un ángel a su sobrino. Janusz Pyda. 126 p. 6,40 €
Armonía interior. *Un camino posible* (9ª ed.). Anselm Grün. 150 p. Cómo lograr la paz espiritual. 11 €
Sanación del alma. *Sanar las heridas de la infancia. Impulsos espirituales.* Anselm Grün. 222 p. 15,30 €

Colección LUX FIDEI

Ángeles y demonios. *Criaturas celestiales.* Santiago Cantera. 296 p. 13,50 €
El Dios que viene. G. Blanco, J. Carballo, M. Santos (eds) 228 p. 16 €
Lo humano que viene. G. Blanco, J. Carballo, M. Santos (eds). 136 p. 15 €
Palabra de Dios en lenguaje humano. Jesús Espeja, Jesús Díaz Sariego. 208 p. 16 €

EL EVANGELIO DE JUAN, COMENTADO POR SANTO TOMÁS (10 tomos)

Tomo I. *Capítulo 1.* 264 p.
Tomo II. *Capítulos 2, 3 y 4.* 254 p.
Tomo III. *Capítulos 5 y 6.* 264 p.
Tomo IV. *Capítulos 7 y 8.* 224 p.
Tomo V. *Capítulos 9 y 10.* 188 p.
Tomo VI. *Capítulos 11 y 12.* 208 p.
Tomo VII. *Capítulos 13 y 14.* 216 p.
Tomo VIII. *Capítulos 15, 16 y 17.* 216 p.
Tomo IX. *Capítulos 18 y 19.* 140 p.
Tomo X. *Capítulos 20 y 21.* 236 p.
Cada tomo: 7,50 €

5. FRASES, PENSAMIENTOS y PEQUEÑOS LIBROS

Colección UN PENSAMIENTO PARA CADA DÍA

Colección de pensamientos o reflexiones del personaje para cada uno de los días del año... Formato 10x14,5 cm.

1. Los Salmos. 192 p. 4 € 2. Salomón y los sabios de Israel. 160 p. 4 € 3. S. Pablo. 216 p. 5 € 4. S. Agustín. 158 p. 4 € 5. Padres de la Iglesia 1. 170 p. 4 € 6. Sto. Tomás de Aquino. 192 p. 4,50 € 7. Sta. Catalina de Siena . 188 p. 4,50 € 8. S. Ignacio de Loyola. 158 p. 4 € 9. Sta. Teresa. 160 p. 4 € 10. S. Juan de la Cruz. 156 p. 4 € 11. S. Juan de Ávila. 164 p. 4 € 12. Fray Luis de Granada. 204 p. 4,50 € 13. S. Francisco de Sales. 158 p. 4 € 14. El cura de Ars. 128 p. 4 € 15. Sta. Teresita del Niño Jesús. 184 p. 4,50 € 16. S. Juan Bosco. 128 p. 3,50 € 17. S. Claudio de la Colombière. 136 p. 3,70 € 18. Sta. Faustina Kowalska. 194 p. 4 € 19. Sta. Genoveva Torres. 156 p. 4 € 20. Sta. Ángela de la Cruz. 160 p. 4 € 21. Sta. Maravillas de Jesús. 160 p. 4 € 22. El Padre Pío. 144 p. 3,50 € 23. S. Juan Pablo II. 158 p. 4 € 24. Padres de la Iglesia / 2. 170 p. 4 € 25. Sta. Margarita Mª Alacoque. 136 p. 3,50 € 26. S. Francisco Javier. 130 p. 4 € 27. S. Rafael Arnáiz Barón. 168 p. 4 € 28. S. Josemaría Escrivá de Balaguer. 192 p. 4 € 29. Roger de Taizé. 192 p. 4 € 30. Medjugorje. Mensaje de Ntra. Sra. de la Paz. 248 p. 5,50 € 31. S. Pedro Julián Eymard. S. Aylwin. 160 p. 5 € 32. Bta. Esperanza de Jesús. C. Caballero. 176 p. 4 € 33. Sto. Tomás Moro. 184 p. 5 € 34. Sta. Gema Galgani. 140 p. 5,50 € 35. S. Felipe Neri. 108 p. 5 € 36. S. Alberto Hurtado. 144 p. 5 € 37. Bto. Carlos de Foucauld. 140 p. 5,50 € 38. S. Antonio de Padua. 140 p. 5,50 € 39. S. Vicente de Paúl. 140 p. 5,50 €

Colección PEQUEÑAS HISTORIAS DE SANTIDAD

Libritos divulgativos a todo color. Formato 8,50 x 12 cm. 32 p. (1,44) 1,50 € cada uno. *Colección Completa 12,50 €*

San Juan Bautista, predicador
San Pedro, Apóstol
San Juan Bosco
Santa María Goretti
San José, esposo de María
San Agustín, obispo
Beato Juan XXIII
Santiago el Mayor, Apóstol
San Pablo, Apóstol

FRASES Y RECOPILACIONES

Tu palabra me da vida. (2ª ed.). *1000 pensamientos de la Biblia*. J. Sáinz. 240 p. 4 €
Al dictado de Dios. *1400 pensamientos a la escucha del Señor.* Mª L. Vila. 262 p. 6,50 €
Mil pensamientos para vivir mejor (2ª ed.). Á. Rodríguez (recopilador). 220 p. 5,15 €
Gracias. Meditar con Teresa y Juan Pablo II. G. Schindler (Recopilación). 78 p. Cartoné. Textos selectos de la Madre Teresa de Calcuta y Juan Pablo II. 6,75 €

Colección EL MENSAJE DE...

Colección de libritos a todo color, cartoné. 48 p. 10,5 x 15 cm. Autor: Luis Glinka. 4,50 € cada uno

El mensaje de Jesús
El mensaje de san Agustín
El mensaje de Francisco de Asís
El mensaje de Teresa de Ávila
El mensaje de Juan de la Cruz

6. IGLESIA. ECUMENISMO. PAPAS

IGLESIA. ECLESIOLOGÍA

Atlas de la caridad. Juan Mª Laboa. 240 p. Recorrido histórico por el desarrollo del ejercicio de la caridad en la Iglesia, en sus muchas formas, instituciones y personajes más señalados. 28,50 €

El sentido de la Iglesia. La Iglesia del Señor. Romano Guardini. 188 p. 8,30 €

Esta es tu Iglesia. *Perspectivas desde la fe.* J. Álvarez. 244 p. 9 €

Esta es nuestra fe. *Símbolos de la fe, Teología, Magisterio.* J. A. M. Puche. 298 p. 11,30 €

Mi querida Iglesia, santa y pecadora. M. Purroy. 164 p. 4,50 €

La Iglesia necesita santos. *Santidad, experiencia de Dios.* G. Aparicio. 264 p. 8,90 €

DIÁLOGO INTERRELIGIOSO. ECUMENISMO

Convivencia y Diálogo. *Benedicto XVI y los musulmanes.* Mons. C. Amigo. 168 p. 7,50 €

Hemos roto la Cruz. *Manual de ecumenismo para el pueblo cristiano.* J. Álvarez. 228 p. 9 €

Las religiones del mundo. *Historia, fe y moral en las religiones.* J. Álvarez. 352 p. 11,25 €

MOVIMIENTOS DE IGLESIA

La Parroquia y el Camino Neocatecumenal (2ª ed.). J. Higueras. 144 p. 7,75 €

Legio Mariae. *Manual oficial de la Legión de María.* Legión de María. 468 p. 8,50 €

El alma de la Legión de María. D. Castañón. 110 p. 5,25 €

María y la Renovación Carismática. 152 p. 10 €

PAPAS

Francisco, nuevo Papa. J. Fernández.128 p. Crónica de la transición de Benedicto XVI a Francisco. Primeros días de pontificado. 9,50 €

Enviados a hacer el bien. J. M. Bergoglio (Francisco). 144 p. Mensajes para sacerdotes y agentes de pastoral. 11,50 €

Europa, identidad y misión. *Aportación de Juan Pablo II a la construcción de Europa.* B. Gazapo, E. Cambón. 408 p. 17,50 €

Juan Pablo II, ¡Santo súbito! *Un nuevo Pentecostés.* A. J. González. 378 p. 6,50 €

Benedicto XVI/Ratzinger habla de Juan Pablo II/Wojtyla. Mª E. Schindler. 112 p. Color, ilustrado. 17x24 cm. 13,75 €

El Papa Benedicto XVI. *Sucesor de Pedro.* M. Collins. 118 p. 14x21 cm. 5,75 €. Biografía completa.

7. MAGISTERIO. DOCTRINA CRISTIANA

ANTOLOGÍAS DE DOCUMENTOS

Encíclicas de Pablo VI. J. A. M. Puche. (ed.). 510 p. 22,50 €. Sus seis encíclicas más la Exhortación "*Evangelii nuntiandi*". Índice onomástico y de materias.

Encíclicas de San Juan Pablo II (7ª ed.). J. A. M. Puche. (ed.). 1872 p. 30 €. Las 14 encíclicas. Con abundantes y prácticos índices.

Padre, Hijo y Espíritu Santo. *Encíclicas sobre Dios.* Juan Pablo II. 438 p. 5,25 €. *Redemptor hominis, Dominum et vivificantem, Dives in misericordia* y *Tertio millennio adveniente.*

Exhortaciones Apostólicas de San Juan Pablo II *y la "Evangelii nuntiandi", de Pablo VI.* J. A. M. Puche (ed.). 1290 p. 33 €. Con abundantes y prácticos Índices.

Dios Padre. *Vocabulario de Juan Pablo II sobre el Padre. Encíclica "Dives in misericordia".* J. A. M. Puche. 222 p. 6 €

La Nueva Evangelización. *Enseñanzas del San Juan Pablo II. Aportaciones de Benedicto XVI.* J. A. M. Puche. 142 p. 9,20 €

Sacerdotes para nuestro tiempo. *Juan Pablo II y Benedicto XVI hablan sobre el sacerdocio.* J. A. M. Puche. 382 p. 13,50 €

La Misericordia. *100 textos del Papa Francisco.* J.A. M. Puche (Ed.).196 p. 10 €

Colección ENSEÑANZAS DE BENEDICTO XVI

Colección preparada por José A. Martínez Puche, O.P. y J. Gil Aguilar, O.Carm. Formato 15,50x21 cm. Cartoné. Recoge todas las intervenciones del Papa a lo largo del año. Cada tomo ofrece un diccionario completo de temas y nombres.

Tomo 1: 2005. 570 p. 19,50 €
Tomo 2: 2006. 1.030 p. 35 €
Tomo 3: 2007. 1.270 p. 43 €
Tomo 4: 2008. 1.022 p. 35 €
Tomo 5: 2009. 970 p. 32 €
Tomo 6: 2010. 942 p. 33 €
Tomo 7: 2011. 920 p. 32 €
Tomo 8: 2012. 928 p. 31 €

Los 8 tomos: 260'50 €. ¡¡OFERTA: 175 €!!

Colección ENSEÑANZAS DEL PAPA FRANCISCO

- **Diccionario primero del papa Francisco. 2013.** 816 p. 31 €
- **Diccionario segundo del papa Francisco. 2014.** 904 p. 39 €
- **Diccionario tercero del papa Francisco. 2015.** 1032 p. 35 €

ENCÍCLICAS Y OTROS DOCUMENTOS

Lumen fidei. *Encíclica sobre la fe.* Francisco. 84 p. 2,30 €

La alegría del Evangelio. *Evangelii Gaudium.* Francisco. 224 p. 3,50 €

Laudato si'. Francisco. 192 p. 2,50 €

La alegría del amor. Francisco. 248 p. 3,60 €

Alegraos y Regocijaos. Francisco. 128 p. 2,90 €

Vive Cristo, esperanza nuestra. Francisco. 192 p. 3,40 €.

Querida Amazonia. Francisco. 96 p. 2,30 €.

Caminar desde Cristo (6ª ed.). El compromiso de la vida consagrada. 64 p. 3,75 €.

Las personas consagradas y su misión en la escuela. C. Educación Católica. 48 p. 2,50 €. Reflexiones y orientaciones.

Ecclesia de Eucharistia. Juan PabloII. 80 p. 2,50 €. Encíclica sobre la Eucaristía.

El sacramento de la redención (3ª ed.). C. Culto Divino. 70 p. 2,50 €. Instrucción sobre la celebración de la Eucaristía

Quédate con nosotros (6ª ed.). Juan Pablo II. 32 p. 1,25 €. Carta Apostólica sobre la Eucaristía.

El Día del Señor. *Carta Apostólica "Dies Domini" sobre la santificación del domingo.* Juan Pablo II. 96 p. 2,75 €

Fides et ratio (2ª ed.). *Encíclica sobre las relaciones entre fe y razón.* Juan Pablo II. 194 p. 4 €. Con índices de materias, onomástico y de citas bíblicas.

Evangelium vitae (2ª ed.). *Encíclica sobre el valor y el carácter inviolable de la vida humana.* Juan Pablo II. 252 p. 5,50 €. Apéndice: Instrucción "*Donum vitae*". Con índices.

Reconciliatio et paenitentia. *Exhortación Apostólica sobre la reconciliación y la penitencia.* Juan Pablo II. 162 p. 4 €

Salvados por la esperanza. Benedicto XVI. 64 p. 2 €. Encíclica sobre la esperanza cristiana.

Dios es amor (7ª ed.). Benedicto XVI. 80 p. 2,25 €. Encíclica sobre el amor cristiano.

El Sacramento de la caridad. Benedicto XVI. 120 p. 2,50 €. Exhortación Apostólica sobre la Eucaristía.

La Palabra del Señor. *Exhortación Apostólica Verbum Domini.* Benedicto XVI. 206 p. 2,90 €

Caritas in veritate. Benedicto XVI. 120 p. 2,50 €. Encíclica sobre la caridad en la verdad.

Enseñanzas del Papa en la JMJ 2011 Madrid. Benedicto XVI. 144 p. 2,20 €. Todas las Intervenciones y el Viacrucis.

DICCIONARIOS

Obras bien preparadas, elegantes, en cartoné, exhaustivas en contenidos. Necesarias para toda buena biblioteca.

Diccionario bíblico ilustrado. N. Molina. 688 p. Color. Cartoné. 20x27 cm. 26,50 €.

Diccionario abreviado del cristianismo. J Álvarez, J. A. M. Puche. 496 p. Más de tres mil voces. 19,50 €.
Diccionario social de los Padres de la Iglesia. Restituto Sierra. 384 p. 17,50 €.
Diccionario doctrinal de san Agustín. P. J. Lasanta, R. del Olmo. 968 p. 29,50 €.
Diccionario teológico de santo Tomás. *Textos de la "Suma" por orden alfabético* J. A. M. Puche. 892 p. 28,75 €
Diccionario de santa Teresa de Jesús. Jesús Martí B. 884 p. 28,50 €. Semblanza, biografía, textos y complemento teológico.
Diccionario teológico-espiritual de san Juan de Ávila. P.J. Lasanta. 552 p. 15 €.
Diccionario de espiritualidad de santa Teresita. *La doctrina de Teresa del Niño Jesús en un millar de textos.* V. Martínez-Blat. 368 p. 11,50 €
Diccionario de Pablo VI. P. J. Lasanta. 870 p. 32 €.
Diccionario social y moral de Juan Pablo II. P.J. Lasanta. 734 p. 2.210 textos. 23,50 €.
Diccionario de teología y espiritualidad de Juan Pablo II. P.J. Lasanta. 1268 p. 32 €.
Diccionario de valores. *De Juan Pablo II a los jóvenes del mundo.* R. Cuadrado. 524 p. 9,80 €.
Doctrina social de la Iglesia. *Diccionario de textos de Benedicto XVI.* J.A.M. Puche. 266 p. 6,50 €.

SÍNTESIS DE LA FE. CATECISMOS

En el nombre del Señor. *Síntesis de la fe y vida cristianas.* E. Carretón. 200 p. 9 €
La fe cristiana explicada. Introducción al cristianismo. Scott Hahn. 616 p. 39 €
Catecismo del Pueblo de Dios, *Creer, vivir, amar y orar con Jesús.* Diego Muñoz. 124 p. 5,50 €
Catecismo popular de María, Madre Inmaculada. *Doctrina mariana y devoción a María.* Diego Muñoz, S.J. 72 p. 4,50 €
El cristiano ante el judaísmo y el islam. *Doctrina mariana y devoción a María.* C. de Francisco. 102 p. 5,50 €
Compendio del nuevo Catecismo. *Con notas pastorales y ejemplos.* Mons. J. A. Flores. 510 p. (2ª ed.). 10,75 €
Vive tu fe (4ª ed.). *Esquema Guía para estudiar el Catecismo de la Iglesia Católica.* L. Caram. 388 p. 96 fichas de trabajo con preguntas y pasatiempos. 13,25 €
Enseñanzas del Nuevo Catecismo. Mons. J. A. Flores. 222 p. 4,75 €
Para salvarte. Jorge Loring. 1.004 p. Enciclopedia del católico. (58ª ed.) 16 €
La escuela de Jesús. *Lo fundamental de la vida cristiana en 25 catequesis.* D. Muñoz. 222 p. 6,50 €
Catecismo popular de Dios, uno y trino. *Dios Padre, Jesús, Espíritu Santo.* Diego Muñoz. 248 p. 6,75 €
Catecismo popular de la Eucaristía. Diego Muñoz. 92 p. 2,75 €
Catecismo popular de la Penitencia. Diego Muñoz. 96 p. 5,50 €

LA FE EN IMÁGENES

¡Oh noche realmente gloriosa! M. Coghe. 168 p. La vigilia Pascual y los símbolos de la Pascua. 15 €
El Credo en imágenes. J. A. Rodríguez. 144 p. El mejor regalo para el día de la Confirmación 17 €
El Padrenuestro en imágenes. J. A. Rodríguez. Reflexiones y meditaciones en torno al padrenuestro a través de imágenes. 190 p. 17 €

8. SANTOS, BEATOS Y TESTIGOS

Colección NUEVO AÑO CRISTIANO

Enciclopedia de doce libros, uno por mes. Dirigida por José A. Martínez Puche, O.P. Contiene: liturgia, santoral -santos, beatos, venerables, siervos de Dios- jornadas eclesiales y tiempos litúrgicos. Encuadernación: cartoné y rústica. Formato 13,50 x 20,50 cm. Los precios indicados son para la encuadernación en rústica; para la de cartoné hay que sumar 2 € más. Colección completa: Rústica: 179 €. Cartoné: 198 €

1. Enero (5ª ed.). 634 p. 20,25 € **2. Febrero** (4ª ed.). 490 p. 15,65 € **3. Marzo** (5ª ed.). 440 p. 13,50 € **4. Abril** (4ª ed.). 458 p. 14 € **5. Mayo** (4ª ed.). 600 p. 18,50 € **6. Junio** (4ª ed.). 570 p. 17,50 € **7. Julio** (4ª ed.). 678 p. 21 € **8. Agosto** (4ª ed.). 756 p. 23,75 € **9. Septiembre** (4ª ed.). 662 p. 20,45 € **10. Octubre** (5ª ed.). 654 p. 20,30 € **11. Noviembre** (4ª ed.). 584 p. 18,25 € **12. Diciembre** (4ª ed.). 634 p. 20,25 €

Colección VIDAS Y SEMBLANZAS

Biografías y vidas ejemplares de santos, beatos y buenos cristianos. Formato 15x21 cm. Serie Minor: 12x18 cm.

1. Santa Brígida de Suecia. J. Álvarez. 144 p. 8 €

2. Vida de san Romualdo, abad. San Pedro Damián, J-F. Rey. 92 p. 7 €

3. Balduino, el rey que supo amar. J. Mª Salaverri. 128 p. 7,50 €

4. Hildegarda de Bingen. *Profetisa y doctora para el tercer milenio.* P. Dumoulin. 274 p.18 €. Biografía e introducción a la obra de la cuarta "Doctora de la Iglesia"

5. San Bernardo. *El Medievo en su plenitud.* Santiago Cantera Montenegro O.S.B. Prior del Valle de los Caídos. 158 p. 10 €

6. Domingo Barberi. *Apóstol del ecumenismo.* Autobiografía del beato que recibió en la Iglesia católica al cardenal Newman. P. García. 84 p. 7 €

7. San Juan XXIII. *Una vida con sabor a Evangelio.* F. Javier Sáez de Maturana. 408 p. 19 €

8. San Juan Pablo II. Su vida cotidiana. Mons. M. Mokrzycki, B. Grysiak. 148 p. 12,50 €

9. San Juan Pablo II vivía con Dios. Mons. M. Mokrzycki, B. Grysiak. 174 p. 15 €

10. Beata Lucila González. Thomas Baumert. 235 p. 14 €

11. Madre Josefa de la Resurrección. J. R. H. Figueiredo. 284 p. Biografía de la fundadora de las Clarisas Reparadoras. 14,50 €

12. P. Marie-Dominique Philippe. *Obrero de la sabiduría.* Fr. Benoît-Emmanuel. 210 p. Perfil y pensamiento del dominico fundador de los grupos de la Familia San Juan. 14 €

13. Santa Teresa de Jesús. *Biografía poética de una pasión.* P. Galán. 92 p. 7,50 €

14. Santa Isabel de Hungría. *Sólo el amor queda.* S. Cabot. 272 p. 14,50 €

15. San José. *Biografía. Teología. Devoción.* J. Álvarez. 144 p. 10 €

16. Thomas Merton. *Maestro y amigo.* Mª L. López. 188 p. 11,50 €

17. Santa María de la Purísima. T. León. 96 p. 8,50 €

18. Madre María Félix. I.l Roser. 178 p. 10,50 €

19. Santa Bonifacia, maestra de vida. A. Cáceres. 200 p. 11 €

20. Pedro Reyero. Chus Villarroel. 186 p. 10,50 €

21. Madre Esperanza Alhama Valera. Beata, testigo del Amor Misericordioso. G. Rossi, F. A. M. 124 p. 8€

22. Edith Stein. Filosofa. Judía. Atea. Monja. Mártir. Santa. Jacinto Peraire. 176 p. 10,50 €.

23. San Gabriel de la Dolorosa. Biografía del copatrón de la juventud católica italiana. Pablo García Macho. 136 p. 9 €

24. Albino Luiciani. Biografía del Papa Juan Pablo I, "el Papa de la sonrisa". Jesús Martí Ballester. 228 p. 11,50 €

25. El santo cura de Ars. El hombre que se hizo misericordia. Jorge López Teulón. 264 p. 11,50 €

26. Pablo VI en el corazón. Un papado que marcó un antes y un después en la historia de la Iglesia. 140 p. 9,00 €

Serie MAIOR:

1. San Pedro Nolasco. J. Millán. 350 p. 18 €

2. Martínez Izquierdo. Diputado, senador y primer obispo de Madrid-Alcalá (1830-1886). Francisco Rodríguez de Coro. 1008 p. 28 €

Serie MINOR:

1. San Giovanni Antonio Farina. Fundador de las Hermanas Maestras de Santa Dorotea Hijas de los Sagrados Corazones. F. Vaquerizo. 60 p. 4 €

2. Santa Bonifacia, una mujer trabajadora. Fundadora de las Siervas de San José. A. de Cáceres. 48 p. 3 €

3. Pura Sánchez Maqueda. A. Obra de Jesús. 140 p. 7 €

4. Confío. *Las huellas de santa Faustina Kowalska.* J. Rosikon. 328 p. 29 €

5. María del Pilar Cimadevilla "Pilina". Enfermera misionera. Alfonso López Quintás. 96 p. 6,50 €

Otras biografías clasificadas por orden alfabético: San, Santa, Santo, Beatas/os, Colectivos / Otros

San

San Antonio de Padua. *Vida, doctrina, devoción.* Luis Pérez. 170 p. 8,50 €

Damián de Molokai a través de sus cartas. O. Aparicio. 144 p. Color. 5 €

Florecillas de San Francisco de Asís. A. Nucifora. 256 p. 5,50 €

San Francisco de Sales y la Orden de la Visitación de María. *Una escuela de perfección cristiana.* P. Fernández. 222 p. 11 €

Ignacio de Loyola. *Tras el rastro de Jesús.* W. Hewet. 224 p. Guía y complemento de CD de igual título. 7,75 €

San Martín de Porres. La vida de "Fray Escoba" (10ª ed.). S. Velasco. 390 p. 7,75 €

San Pedro de Alcántara (1499-1999). B. Jiménez. 104 p. 3 €

El Padre Pío, la Madre Teresa. *Memorias de un colaborador médico de ambos.* F. di Raimondo. 214 p., fotos en color. 10,50 €

Padre Pío. A. Pandiscia. 192 p. 7,90 €

San Rafael Arnáiz Barón. *Vida y mensaje del Hermano Rafael* (2ª ed.). A. Mª Martín. 280 p. Cartoné. 14,50 €

San Raimundo de Peñafort. F. Valls. 246 p. 13,50 €

San Tarsicio (2ª ed.). *El mártir de la Eucaristía.* I. Domínguez. 120 p. 5,25 €

Santa

Santa Catalina de Siena. C. Miglioranza. 168 p. 6,50 €

Santa Juana de Arco. *La vida por la misión.* T. Resusta. 104 p. 7,25 €

Santa María Magdalena. *Según Vicente Ferrer, Luis de Granada y Lacordaire.* A. Esponera. 182 p. 6,75 €

Teresa de Jesús. La Santa, la Madre, la Maestra. J. Rouco. 248 p. 11,45 €. La santa a través de sus cartas.

Vida de la Madre Teresa de Jesús. *Fundadora de las Descalzas y Descalzos Carmelitas.* F. de la Ribera. 688 p. Cartoné. La primera y más completa vida de Santa Teresa. 21,30 €

Santo

Santo Domingo de Guzmán. Escritos de sus contemporáneos. Vito T. Gómez. (Ed.). 1198 p. 35 €

Santo Domingo y su Orden. H. Lacordaire. 218 p. (2ª ed.) 9 €. La *Vida de Santo Domingo* y otros escritos del autor. 9 €

Historia de Santo Domingo. H. M. Vicaire. 974 p. La más prestigiosa biografía de Domingo de Guzmán. 25,50 €

Santo Tomás de Aquino. *Biografía documentada de un hombre bueno, inteligente, verdaderamente grande.* R. Spiazzi. 418 p. Cartoné. 16,50 €

Tomás de Aquino. *El Santo, el Maestro.* A. Lobato, J.A. M. Puche. 148 p. 3,75 €

Santos y Beatos

Evangelio de una santa. Teresa de Calcuta. P. Arribas. 220 p. 8,75 €

Madre Teresa de Calcuta. D. Bach (dibujos). 32 p. Color. 1,50 €

A la sombra de la Madre Teresa. P. Jara, voluntario, testigo de las últimas semanas de M. Teresa. 288 p. 11,75 €

Pedro Jorge Frassati. *El joven cristiano ejemplo para hoy.* C. Casalegno. 500 p. 12,50 €

Autobiografía de Ana Catalina Emmerick. 160 p. 9,50 €

Colectivos

EL AÑO DOMINICANO. *514 santos y beatos de la Orden de Predicadores.* J.A. Martínez Puche (Director) 1.406 p. color, cartoné. 75 €.

Los frutos de la siembra de Madre Maravillas. *Catorce carmelitas ejemplares.* B. Jiménez. 116 p. 5,25 €

Otros

Ana de San Bartolomé. *Compañera inseparable de Teresa de Jesús.* B. Yuste. 106 p. 5,75 €

A la escucha del Cardenal Congar. Juan Bosch. 280 p. 11,45 €. Estudio de la vida y obra del teólogo dominico precursor del Vaticano II.

Eckhart, Tauler y Susón. *Vida y doctrina del Maestro y de sus dos mejores discípulos.* Brian Farrelly. 358 p. Los grandes místicos dominicos alemanes. 11,45 €

Amaneció de noche. *Despedida de Narciso Yepes* (4ª ed.). M. Szumlakowska de Yepes. 294 p. Cartoné. Últimos años del músico. 17,50 €

Pilina. *La niña cristiana del siglo XX para los niños del siglo XXI.* T. Resusta. 138 p. 6,50 €

La voz que aún resuena. *Síntesis de la vida de José Luis Gago de Val.* J. A. Solórzano, Salus Mateos. 244 p. 18,00 €

Colección TESTIMONIO

Secretos. 15 mujeres se confiesan. J.J. Montes. C. López Schlichting. 144 p. 2ª ed. 10 €

Ángelo. *Testimonio de fe de un joven con cáncer.* D. Mondrone. 174 p. 7,50 €. Con prólogo del P. Mario Pezzi.

Sobre la marcha. *Un tetrapléjico que ama la vida* (3ª ed.). 11,50 €. **Luis de Moya**. 212 p.

El día que me encontré a Dios. *Testimonios de vida y conversión.* 12 €. J.J. Montes. 216 p.

MÁRTIRES

El martirio de Cristo y de los cristianos. J.Mª Iraburu. 156 p. 4,25 €

Mártires de ayer y de hoy. *Héroes del amor a Cristo.* O. y R. Mª López Melús. 320 p. Cartoné. 15,50 €

Mártires españoles (1934-1939). *Beatificaciones y canonizaciones.* J. López Teulón. 346 p. Cartoné. (2ª ed.) 15,90 €

El hábito y la cruz (2ª ed.). *Religiosas asesinadas en la Guerra Civil Española.* G. Rodríguez. 624 p. Cartoné. Datos de 296 mártires. 19,75 €

Mártires dominicos españoles. *92 mártires de la persecución religiosa de 1936.* J. A. M. Puche (Coord.). 296 p. 15,50 €

Mártires de Toledo. *Trece clérigos diocesanos, testigos de Cristo en la España de 1936.* J. L. Teulón. 442 p. Cartoné. 18,50 €

Mártires de Ciudad Real. *El obispo Narciso Estenaga y diez de sus diocesanos.* F. del Campo Real. 212 p. Cartoné. 13,50 €

Mártires franciscanos de Castilla (1936-1938). *73 testigos de Cristo para el siglo XXI.* M. Rincón. 260 p. Cartoné. 14,25 €

El arcipreste mártir de Talavera. *Vida, obra y martirio del beato Saturnino Ortega (+ 1936).* P. Arganda. 164 p. Cartoné. 12,50 €

Toledo 1936, ciudad mártir. *Persecución y martirio.* J. L Teulón. 310 p. Cartoné. 19,50 €

Mártires de Motril. *Y persecución religiosa en la archidiócesis de Granada (1931-1936).* T. Calvo. 536 p. Cartoné. 24,75 €

El mártir de cada día 1: *enero-junio*. J. L. Teulón. 964 p. Cartoné. Breve reseña biográfica para cada día del año de un mártir de la guerra española 1936-1939. 28,50 €

El mártir de cada día 2: *julio-diciembre*. J. L. Teulón. 942 p. Cartoné. 28,50 €

Bajo un manto de estrellas. Marco histórico y guion de la película del mismo título sobre el martirio de los dominicos de Almagro. J. A. M. Puche. 96 p. 5 €

Martirio en el corazón de la Mancha. Francisco del Campo Real. 208p. Cartoné. 14,75 €

Colección EL CAMINO DE DAMASCO

Colección de grandes convertidos en la historia del cristianismo. Formato 13,50 x 20,50 cm. (Col. Completa: 7 libros). 65 €

San Pablo y convertidos de la Biblia (2ª ed.). J-R. Flecha. 270 p. 12,50 €

San Agustín y convertidos de la era patrística. R. del Olmo. 360 p. 13,75 €

San Francisco y convertidos de la Edad Media. L. Pérez. 176 p. 8 €

San Ignacio, Santa Teresa y convertido del siglo XVII. I. Iglesias, S. Ros. 218 p. 9 €

Cardenal Newman y convertidos de los siglos XVIII y XIX. P. Langa. 224 p. 9,25 €

Carlos de Foucauld y convertidos del siglo XX. J. L. Vázquez, J. Peraire. 296 p. 13 €

Edith Stein y convertidos de los siglos XX y XXI. J. Peraire, J. A. M. Puche. 420 p. 14,50 €

Colección SANTOS, AMIGOS DE DIOS

Colección de libros biográficos de santos, beatos y otras personalidades cristianas. Formato 14 x 20 cm.

1. **San Pablo.** *Cuenta su vida. Expone su doctrina.* L.L. de las Heras, J. A. M. Puche. 172 p. 6,50 €
2. **San Judas Tadeo.** *El apóstol de la misericordia de Cristo.* J. L. Teulón. 286 p. 9,50 €
3. **San Agustín.** R. del Olmo. 160 p. 6,50 €
4. **San Juan Crisóstomo.** J. Álvarez. 188 p. 7,20 €
5. **San Francisco de Asís.** L. Pérez. 230 p. 8,30 €
6. **San Ignacio de Loyola.** *Del Íñigo en busca de Dios al Ignacio compañero de Jesús.* Ignacio Iglesias, S. I. 190 p. 7,20 €
7. **Beato Carlos de Foucauld.** J. L. Vázquez. 120 p. 5,80 €
8. **Santa Rita de Casia.** *Esposa. Madre. Viuda. Religiosa.* J. Álvarez. 208 p. 8,20 €
9. **Jóvenes testigos de Cristo.** *Ejemplos de vida y fe en nuestro tiempo.* J. Mª Montiu, J. A. M. Puche. (Coords.) 358 p. 11,20 €
10. **San Juan Pablo II.** *Habla la historia. Habla el pueblo de Dios. Habla Benedicto XVI.* J. L. Teulón, J. A. M. Puche. 344 p. 11,20 €
11. **Madre María de la Purísima.** *La fuerza heroica del amor.* Teodoro León. 246 p. 8,70 €
12. **Beato Leopoldo de Alpandeire.** *El gemido de un pobre evangélico.* Alfonso Ramírez. 308 p. 9,50 €
13. **Saturnino López Novoa.** *Fundador de las Hermanitas de los Ancianos Desamparados.* Mons. J. J. Asenjo. 304 p. 9,50 €
14. **Beato Juan E. Newman.** *El Cardenal del Movimiento de Oxford.* Pedro Langa. 262 p. 9 €
15. **San Josemaría Escrivá de Balaguer.** M. Dolz. 400 p. 10,20 €
16. **Santa Rosa de Lima.** V. Forcada, 198 p. 7,20 €
17. **Frassati.** *Pedro Jorge: joven, deportista, un cristiano para nuestros días.* Aristónico Montero. 200 p. 5,90 €
18. **Manuel Díaz Martínez.** *Se inmoló por los sacerdotes (1918-1947). Vida y escritos.* E. Vera. 256 p. (2ª ed.). 12,50 €
19. **Santo Domingo de Guzmán.** *Fundador de los dominicos.* Chus Villarroel. 296 p. 9 €
20. **San José.** *Así pudo ser su vida.* F. Álvarez. 460 p. 19,50 €

21. **Madre Rosario Vilallonga Lacave.** *Fundadora de la Institución Benéfica del Sagrado Corazón. 1911-1991.* B. Medina, C. Hdez-Carrillo. 608 p. 19,50 €
22. **Fray Jesús de la Cruz.** *Franciscano. Vida oculta de un místico.* A. Muñoz. 430 p. 17,50 €
23. **San Juan de Ávila.** *Doctor de la Iglesia.* Jorge L. Teulón. 296 p. 8,80 €
24. **Los Santos Padres.** *Vida y obra de los Padres de la Iglesia.* J. Álvarez. 408 p. 12.30 €
25. **Beato Juan José Lataste.** *Fundador de las Dominicas de Betania, apóstoles de la mujer maginada.* E. Marie. 256 p. 10.50 €
16. **Santo Domingo de Guzmán.** *Vida, ejemplaridad y legado.* Vito T. Gómez. 352 p. 11,50 €

SAN JUAN DE ÁVILA

Vida del Padre Maestro Juan de Ávila. *Y las partes que ha de tener un predicador del evangelio.* Fray Luis de Granada. 174 p. 5,75 €

San Juan de Ávila. Tomo I. *Sacerdote y Maestro de espíritu. Pensamientos y sentencias.* San Juan de Ávila. 282 p. 12,75 €. A sacerdotes, religiosos y seglares.

San Juan de Ávila. Tomo II. *Sacerdote, Maestro del Pueblo de Dios. Pensamientos y sentencias.* San Juan de Ávila. 304 p. Año litúrgico. Espíritu Santo, Stmo. Sacramento. María. Santos. 13 €

También: Diccionario teológico-espiritual de san Juan de Ávila / San Juan de Ávila. Doctor de la Iglesia

SANTA MARAVILLAS DE JESÚS

Si Tú le dejas... *Vida de Santa Maravillas de Jesús* (5ª ed.). Carmelitas Descalzas 550 p. 13,25 €

Nuestra Dulcísima Madre. *La Virgen María en la vida y escritos de Santa Maravillas de Jesús* (2ª ed.). R. Mª López Melús. 326 p. 11,50 €

Vida mística de la Madre Maravillas de Jesús. *Su alma.* (2ª ed.). Baldomero Jiménez. 270 p. 11,50 €

Cartas de la Madre Maravillas. *Antología epistolar de Santa Maravillas de Jesús* (2ª ed.). 520 p. Cartoné. 18 €

Mis recuerdos de la Madre Maravillas. M. Dolores de Jesús. 316 p. Cartoné. 13,50 €

Maravillas de Jesús. *Una "maravilla" de naturaleza y gracia.* Mª C. López. 114 p. 4,75 €

Santa Maravillas. *Naturalidad en lo sobrenatural. Influjos configurantes en su fisonomía espiritual.* Alberto J. González Chaves. 652 p. Cartoné. 22,50 €

Madre Maravillas, una llama que arde y enciende. *Selección de artículos sobre la Santa. 1920 y 1974-2003.* Carmelitas Descalzas 296 p. 12,80 €

SANTA TERESA DE LISIEUX

Historia de un alma. Santa Teresita del Niño Jesús. Ed. Bolsillo: 334 p. 4 €

Historia póstuma de Santa Teresa de Lisieux. *Las páginas más bellas sobre su vida y doctrina.* V. Martínez-Blat. 366 p. Cientos de testimonios sobre la santa. 11,75 €

Santa Teresita, día a día. *Biografía íntima de Santa Teresita de Lisieux.* V. Martínez-Blat. 216 p. 9,50 €

Los padres de Santa Teresita. *Beatos Celia y Luis Martín.* A. y H. Quantin. 144 p. 7,50 €

Diccionario de espiritualidad de Santa Teresita. V. Mtez-Blat. 368 p. 11,50 €

BEATO MANUEL LOZANO GARRIDO "LOLO"

Las estrellas se ven de noche. *Diario Póstumo.* 332 p. 5,75 €

Dios habla todos los días. *Diario de un inválido.* (4ª ed.). 260 p. 5,75 €

El árbol desnudo. *Novela autobiográfica.* 262 p. 5,75 €

Las golondrinas nunca saben la hora. 282 p. 5,75 €

Cuentos en "La" sostenido. 180 p. 5,75 €

El sillón de ruedas (2ª ed.). 344 p. 5,75 €

Cartas con la señal de la cruz. *La utilidad... de lo inútil.* 284 p. 5,75 €
Mesa redonda con Dios (2ª ed.). 250 p. 5,75 €
Reportajes desde la cumbre (2ª ed.). 350 p. 5,75 €
Bien venido, amor. 178 p. Mil pensamientos. 1,85 €
La alegría vivida en el dolor. *Vida y virtudes de Manuel Lozano Garrido, inválido y ciego, periodista y escritor.* Rafael Higueras. 270 p. 5,75 €
Lolo, un cristiano. *Semblanza espiritual de Manuel Lozano Garrido.* P. Cámara. 172 p. 2,50 €

9. SACRAMENTOS. VIDA CONSAGRADA

LITURGIA. SACRAMENTOS

Introducción a la liturgia. P. Fernández. 310 p. 18 €
Celebrar, un reto apasionante. *Bases para una comprensión de la liturgia.* J. M. Bernal. 456 p. 23,50 €
Los sacramentos de la Iglesia a tu alcance. P. J. Lasanta. 182 p. 9 €
Las tres grandes catequesis bautismales. *Samaritana, ciego de nacimiento, resurrección de Lázaro.* A. Pardo. 92 p. 3,75 €
Celebrar desde el corazón. Una invitación a saborear la liturgia. Francisco J. Sáez de Maturana. 21,95 €

PENITENCIA

Arte de confesión. Ramón Llull. 94 p. 3,15 €
El sacramento de la penitencia. *Teología del pecado y del perdón.* P. Fernández. 352 p. 18,50 €
La alegría del perdón. *2000 años de doctrina sobre el Sacramento de la Penitencia.* J. Atienza. 280 p. 11,45 €

EUCARISTÍA

La Eucaristía del Nuevo Testamento (2ª ed.). J. L. Espinel. 300 p. 15 €
Preparación para la celebración de la Santa Misa. R. Guardini. 144 p. 7,50 €
Eucaristía. Misterio, vida y fraternidad. *El "Obispo del Sagrario", testigo.* Mons. R. Palmero. 124 p. 5,50 €
Jesús en la Eucaristía. *¿Comprendéis lo que he hecho con vosotros?* A. J. González. 378 p. 12,50 €
De la Eucaristía a la Trinidad (2ª ed.). V. M. Bernadot, O.P. 230 p. 5,15 €
Dar la propia vida. *De la Eucaristía a la vida.* Mons. Pierre Claverie. 128 p. 6,40 €
El Misal de Pablo VI. *De "decir Misa" a "celebrar la Eucaristía".* AA.VV. 316 p. 11,45 €. Evaluación y propuestas por especialistas.

MATRIMONIO. FAMILIA

El amor humano. *Su sentido y su alcance.* A. López Quintás. 352 p. 12,50 €. Ética y amor.
No tienen vino. *Espiritualidad matrimonial y familiar.* Mons. F. Cerro. 70 p. 6,75 €
El matrimonio en Cristo. J. Mª Iraburu. 144 p. 4,25 €
Amor y vida. *Acerca del Matrimonio Cristiano.* F. García. 308 p. 11,45 €
Familia, vida y sociedad. *Textos sociales católicos.* M-J. Núñez. 346 p. 11,75 €
La familia cristiana. *Iglesia doméstica.* Atilano Aláiz, 346 p. 11,50 €

SACERDOCIO

1. Celibato por el Reino de Dios. *Formación y vivencia.* A-L. Crespo. 236 p. 13,75 €
2. Los sacerdotes en el corazón de san Juan Pablo II. S. Fernández. 382 p. 18 €
3. En cada Iglesia designaban presbíteros. *El clero diocesano secular: vocación, misión, espiritualidad.* A. Hiraldo. 472 p. 22,50 €

4. Discípulos y pastores. Seguir a Jesús en el camino. Antonio Hiraldo Velasco. 300 p. 19 €
El sacerdote en el pueblo de Dios. J-R. Flecha. 120 p. 8,75 €
Sacramento del Orden. *Estudio teológico. Vida y santidad del sacerdote ordenado.* P. Fernández. 276 p. 20 €
Hombres de Dios. *Tú puedes ser sacerdote.* J. Álvarez. 158 p. 6 €
Sugerencias sacerdotales. Baldomero Jiménez. 190 p. 603 pensamientos. 5,15 €
Sacerdotes para nuestro tiempo. *Juan Pablo II y Benedicto XVI hablan sobre el sacerdocio.* J. A. M. Puche. 382 p. 13,50 €

VIDA CONSAGRADA

La Vida consagrada a la luz del kerigma. Gerardo Sánchez. 194 p. 8 €
La Santa Regla. San Benito de Nursia. 122 p. 4,75 €
La vida religiosa. *Exposición teológico-jurídica.* José J. Fernandez Castaño. 181 p. 10,50 €
Espiritualidad de la vida religiosa y sus razones teológicas. P. Fernández. 334 p. 16,75 €
Religiosos para la Nueva Evangelización. *Religiosas y religiosos, testigos de Jesús.* P. J. Lasanta. 292 p. 11,45 €.
Procesos de maduración personal. *Madurez humana y vida consagrada.* E. J. Ferreras. 278 p. 9,75 €
El seguimiento de Jesús en la vida consagrada. E. J. Ferreras. 272 p. 9,75 €
Pensando en Dios. *Experimentar a Dios para ser sus testigos.* Chus Villarroel. 252 p. 8,75 €

10. MORAL. DERECHOS HUMANOS

MORAL. ÉTICA

Compendio de Teología Moral. *Moral católica para el siglo XXI.* G. Cappelluti. 200 p. 5,50 €
Moral de convicciones, moral de principios. *Una introducción a la ética desde las ciencias humanas.* E. Pérez-Delgado, O.P. 296 p. 15 €
Impacto de la religión en el pensamiento moral de los jóvenes. *El punto de vista psicológico y otros puntos de vista.* E. Pérez-Delgado, O.P. 250 p. 20 €
Síntesis de la moral católica. *Preguntas y respuestas.* Dominicos de Bolonia. 142 p. 4,50 €

Divorcio, aborto, natalidad y educación. *Cuatro batallas ¿perdidas?* L. Riesgo. 220 p. 9 €
De la utopía a la política económica. *Para una ética de las políticas económicas.* J. A. Chaves. 280 p. 15 €
Tras la justicia. *Introducción a una filosofía política.* R. Larrañeta. 236 p. 12 €
La conciencia, a examen. I. Domínguez. 208 p. Doctrina y pastoral. 6,50 €
Ética informática y ética e internet. D. G. Johnson. 256 p. 21 €
El desafío ético de la información. N. Blázquez. 354 p. 18,50 €

DERECHOS HUMANOS

Teoría de los derechos humanos. *Conocer para practicar.* A. Osuna. 254 p.14,50 €
Los derechos humanos. *Ámbitos y desarrollo.* A. Osuna. 340 p. 19 €
Dignidad y aventura humana. A. Lobato. 274 p. 13,50 €
Nuestro arquetipo humano. *Trazos de su razón soberana.* E. Chávarri. 282 p. 14 €
Francisco de Vitoria y su "Relección sobre los Indios". *Los derechos de los hombres y de los pueblos.* R. Hernández. 185 p. 9 €

11. PASTORAL. CATEQUESIS. NIÑOS

Colección BUEN PASTOR

Libros para la reflexión y la práctica pastoral dirigidos a los diversos agentes de pastoral. Formato 12x19 cm. Serie Materiales 17x24 cm

1. La nueva parroquia evangelizadora. *Renovación interior y creatividad pastoral.* J. Álvarez. 302 p. 12 €

2. El amor: un nombre, un rostro. *En camino con los jóvenes.* Giovanni Marini. 172 p. 10 €

3. ¿Nos casamos o nos vamos a vivir juntos? P. Mª Reyes. 112 p. 9 €.

4. El matrimonio, camino eucarístico. É.y D. Lemaître. 102 p. 9,25 €

5. Preguntas candentes sobre Dios. *Para encontrar y progresar en la fe.* Respuesta a 57 preguntas que recogen las inquietudes actuales sobre Dios, la fe y la vida cristiana. E.Pastore. 228 p. 12,50 €

6. Atreverse a vivir el amor. El reto de vivir de verdad el amor en pareja. G. Blaquière. 228 p. 12,50 €

7. Propuesta pastoral del Papa Francisco. Desde la "Evangelii Gaudium". Antonio Danoz. 136 p. 7,50 €

Serie MATERIALES

1. Catequesis familiares con el CIC. *35 temas para fortalecer la fe de los padres.* S. Fernández. 126 p. 7,50 €

Jóvenes felices, jóvenes con valores. R. Cuadrado. 256 p. 9 €

Colección BUEN SAMARITANO

Libros para ayudarse y ayudar a tener una vida feliz y de calidad. Comprenden la persona humana en su triple dimensión: corporal, psicológica y espiritual. Formato 12 x 18 cm.

1. Cuídate, quiérete, *Tú escribes tu historia.* F.F. Martín. 160 p. 12,50 €

2. Vivir la angustia de otra manera. *Aproximación médica, psicológica, espiritual.* L. Masquin. 108 p. 11,75 €

3. La mejor brújula para la vida. F.F. Martín. 136 p. 12 €

4. Combatir los pensamientos negativos. J. Pralong. 128 p. 12 €

5. Para acabar con la culpabilidad. J. Pralong. 146 p. 12 €

6. Vencer los miedos y afrontar el futuro. J. Pralong. 160 p. 12 €

7. Dime que me quieres. 36 formas de amar. Ch. Prince. 80 p. 9 €

8. Cómo ser un buen padre. O. Belleil. 288 p. 14,50 €

Colección CAMINOS DE SANTIDAD

Libros de recopilación de materiales para facilitar el camino de la felicidad y caminar hacia Dios. Muy útiles para la catequesis, la predicación y la pastoral en todos los ambientes. Hnos. López Melús (Rafael y Justo). Formato 13,50 x 20,50 cm. 9 € cada libro.

Tomo I. *Decálogos que dirigen.* 396 p.

II. *Semillas que dan vida.* 366 p.

III. *Destellos que iluminan.* 336 p.

IV. *Bienaventuranzas que bendicen.* 336 p.

V. *Ejemplos que edifican.* 384 p.

Colección CICLO LITÚRGICO

Libros de utilidad pastoral en los tiempos litúrgicos. Formato 12 x 18 cm.

1. Adviento y Navidad con los Santos Padres. A. González. 102 p. 7 €

2. Cuaresma con los Santos Padres. A. González. 100 p. 7 €

3. Vivir el Adviento en el ciclo B. Una reflexión y oración para cada día al ritmo de las lecturas litúrgicas. Monjas Trinitarias de Suesa 120 p. 7 €

4. Vivir la Cuaresma en el ciclo B. M. T. de Suesa 120 p. 7 €

5. Festivos de Cuaresma a Pascua. Ciclo B. Evangelio, Comentario. Oración. Reflexión. S. Moranchel. 204 p. 8,75 €
6. El camino del Adviento.
A. Danoz. 180 p. 9,50 €
7. El camino de la Cuaresma.
A. Danoz. 176 p. 9,50 €

HOMILÍAS

Libros de homilías o textos que pueden ayudar a prepararlas.

1. Los cuentos de mis homilías. Ciclos A, B, C. A. Illescas. 408 p. 4ª ed. Un cuento para cada domingo del año como recurso para comenzar la homilía. 16 €
2. Reflexiones evangélicas para los días de diario 1. Leonardo García Martín. OFM. Una breve homilía para cada día de Adviento, Navidad, Cuaresma y Pascua. 282 p. 14,50 €
3. Reflexiones evangélicas para los días de diario 2.
Tiempo Ordinario 436 p. 16,75 €
4. Homilías en cinco palabras. Ciclos A, B, C. Diego Muñoz. 320 p. 12,25 €
5. Palabras de vida. Ciclos A, B, C.
J-R. Flecha. 688 p. 20,25 €
6. Guiones bíblicos para homilías dominicales. Ciclos A, B y C.
J. Salguero. 754 p. (2ª ed.). 21 €
7. Dios con nosotros. Ciclo A.
J-R. Flecha. 292 p. 11 €
8. Hijo de Dios. Ciclo B.
J-R. Flecha. 316 p. 11 €
9. Despertar con Dios. Ciclo B.
Á. Galindo. 208 p. 11,45 €
10. Despertar con Dios. Ciclo C.
Á. Galindo. 236 p. 11,45 €
11. Homilías para exequias.
Gerardo Sánchez. 184 p. 7,75 €

LIBROS PARA NIÑOS

Colección preparada por Mª E. Schindler y C. Ramos 24 p. Color. Cartoné. 5 € *cada uno*

El libro de los ositos para mi Primera Comunión.
El libro de los ositos para rezar. *Oraciones para los más chiquitos.*
El libro de los ositos. Mi angelito de la guarda. *Descubro a mis amigos los ángeles*
El libro de los ositos. Rezamos a Mamá María. *Descubro a mi Madre del Cielo*
El libro de los ositos para aprender las virtudes
María, mi mamá del cielo

Colección HABLANDO CON MI PAPÁ DEL CIELO

Libros con forma de mano 13,5 x 16 cm., con oraciones elementales para los niños más pequeños. Cartoné. Color. 12 p. 6,50 € *cada uno.*

Oraciones diarias. Oraciones de alabanza. Oraciones para las comidas. Oraciones para dormir

VIDAS DE SANTOS en CÓMIC

Libros a todo color. 40 páginas. Formato 22 x 28 cm. Con texto de Miguel Ángel Requena y dibujo de Pilarín Bayés. 5,75 € *cada uno.*

-Santo Domingo de Guzmán. -San Vicente Ferrer. -El Santo de la Escoba. San Martín de Porres (3ª ed.). **Santa Gema. -El Buen papa Juan.** *Beato Juan XXIII.* **-Josemaría Escrivá.** *La santidad en la vida corriente* (2ª ed.). Edición en castellano o catalán.
-El santo Hermano Rafael cuenta su vida a los niños. C. Aspas (Texto). M. Jiménez (Dibujos). 86 p. Bicolor. 6,50 €

JUEGOS

Tres juegos para la familia, catequesis y clases de religión.

YOBEL. *El juego del peregrino.* De 2 a 25 jugadores. Caja, tablero, fichas, dados y 200 tarjetas con mil preguntas de cultura religiosa sobre Biblia, Historia de la Iglesia, María, los santos y doctrina cristiana. 39 €.

¡ADELANTE! Juego de la Nueva Evangelización. Juego para la familia, catequesis y clases de religión con 330 preguntas. Caja, tablero, fichas, dados y seis barajas con nombres de santos para aprender cultura religiosa sobre la fe, sacramentos, vida de Cristo, oración, liturgia e historia sagrada. 39 €.

Biblia. Memory Game. Juego de cartas para jugar a las familias con personajes bíblicos. 13 €

12. ORACIÓN. PIEDAD POPULAR

Colección TU ROSTRO BUSCARÉ

Colección de libros sobre la oración (Formatos 13 x 21 cm.) y de oraciones (Formato 12 x 18 cm.)

1. 33 días para consagrarse a Jesús por María. *Consagración personal. Consagración del mundo.* F. Breynaert. 132 p. 12 €
2. Oraciones sálmicas. 4 series de oraciones..F. Rafael de Pascual (Ed.) Monje Cisterciense. 226 p. 13,75 €
3. La Palabra en la vida diaria. *Saber orar cada día.* Guía de oración para todas las semanas y días del año a partir de la Biblia. T.Rodríguez. 72 p. 4,50 €
4. Orar con la Lectio Divina. *El beso de Dios a su pueblo creyente.* B. Olivera. 96 p. 6,50 €
5. Orar con santa Maravillas. Carmelitas Descalzas de la Aldehuela. 100 p. 2ª ed. 5 €
6. Buenos días, Ángel de mi Guarda. Doctrina y devocionario angélico. R. Mª López Melús. 136 p. 8 €
7. Oraciones y devociones. Oracional completo en español y latín. Principalmente para sacerdotes y para todos. J. Socías. 624 p. 16 €
8. Así oraba y nos propone orar santa Teresa. Los cuatro grados de oración de santa Teresa comentados y presentados para los fieles de hoy. J. M. Ballester. 252 p. 11,50 €
9. Me consagro a María Reina de la Paz. *Preparación contemplando los misterios del Rosario* G.O.T.T. 108 p. 6 €
10. Reflexiono y rezo en mi enfermedad. Reflexiones y oraciones para cada día y Devocionario apropiado. R. Cuadrado, A. Glez. 164 p. 7,50 €
11. Ante ti, Señor. *Con mi vida en la oración eucarística.* Meditaciones y oraciones para los momentos de oración ante el Santísimo. V. Viguera. 272 p. 10,50 €
12. Orar con el Evangelio de Lucas. A. Danoz. 300 p. 10,75 €
13. Adoraciones eucarísticas 1. *Con las obras de misericordia espirituales.* PP. Sacramentinos. 108 p. 6,75 €
14. Adoraciones eucarísticas 2. Eucaristía, banquete de misericordia.102 p. 6,75 €
15. Adoraciones eucarísticas 3. *Para el tiempo de Adviento y Navidad.* PP. Sacramentinos. 90 p. 9,50 €
16. Adoremos. *Vivencias eucarísticas.* Olga Mª del Redendor. 300 p. 10,75 €

Y además

Orar con san Benito. P. Minteguía. 70 p. 5,50 €
Caminando en el tiempo. *Salmos para la vida.* F. Clemente. 102 p. (2ª ed.). 5,50 €
Nueva oración de los fieles (I y II). L. Caram. 18 X 27 cm. Tomo I: Festivos. 408 p. 21 €. Tomo II: Ferial. 544 p. 24 €.
Oraciones y vida cristiana (7ª ed.). J. A. M. Puche. 32 p. Oraciones comunes, sacramentos y minicatecismo. 0,75 €
Vida en plenitud. *Orar en la tercera edad.* M. Prieto. 286 p. 10,75 €
Al Dios desconocido. Oraciones al Espíritu Santo. R. de Andrés. 268 p. 9,50 €
Laudes y Vísperas. El Oficio Divino en un formulario para cada día entre semana y cuatro para los domingos. Libro + 4 CD: 29 €

PIEDAD POPULAR

Materiales para las diversas manifestaciones de la piedad popular: celebraciones, viacrucis, meses especiales, novenas...

Celebraciones

Vivencias de Eucaristía. *10 celebraciones eucarísticas vivas fuera de la misa.* R. Cuadrado. 102 p. 3,50 €

Viacrucis

De la cruz a la luz. *20 viacrucis.* J-R. Flecha. 208 p. 8,75 €

Vía-Crucis Vía-Passionis. Cuatro viacrucis y meditación sobre el rostro de Cristo. P. Gª Macho. 72 p. 6 €

Vía Crucis nuevo. *El itinerario de la crucifixión.* Salvador Muñoz. 70 p. 4 €

Vía Crucis bíblico. *De la Palabra de Dios a la vida del hombre.* J. A. M. Puche. 74 p. 3,75 €. Libro + 1 CD. 9,50 €

Meses

Hallaréis vuestro descanso. *Mes del Corazón de Jesús.* Olga Mª del Redentor. 206 p. 11,75 €

Mes de mayo a María. R. Mª L. Melús. 120 p. 9 €

Un mes con la Madre de Jesús. ***Conocer y amar a María.*** M-M. Breynaert. 164 p. 12,50 €

Corazón vivo. *El Corazón de Cristo, fuente de vida.* Mons. Francisco Cerro, arzobispo de Toledo. 78 p. 30 reflexiones para el mes de junio. (2ª ed.). 5,50 €

Novenas

1. Novena a la Virgen del Carmen. R. Mª L. Melús. 60 p. 4 €

2. Novenas a san Josemaría Escrivá de Balaguer. E. Fernández. 88 p. 5 €

3. Novenas a santa Maravillas. Carmelitas Descalzas de la Aldehuela. 94 p. 5 €

4. Novena y oraciones a san Antonio de Padua. 100 p. 7,00 €

5. Novenas a la Virgen del Rosario. R. Cuadrado. 96 p. 5 €

6. Novena y devociones a la Divina Misericordia. A. González. 100 p. 5 €

7. Novenas y oraciones a san Juan Bosco. V. Viguera. 96 p. 5 €

13. LIBROS VARIOS

Cuentos y fábulas. *Para los niños y niñas que asisten a las escuelas.* 132 cuentos y fábulas: el ser humano, los animales, la naturaleza y los objetos. A. Molina. 256 p. Color. 19,50 €

La voz que aún resuena. *José Luis Gago de Val. Biografía.* J. A. Solórzano y Salus Mateos. 244 p. 18 €

JOSÉ MARÍA PEMÁN

Colección de escritos originales del autor, obras religiosas y de temática general. Formato 14 x 21,50 cm. Colección preparada por J.A.Martínez Puche.

La Navidad de Pemán. Poesía y prosa. 144 p. 7,25 €

La pasión según Pemán. Poesía y prosa. 148 p. 7,25 €

Lo que María guardaba en su corazón *y otros escritos marianos.* Poemas, discursos y artículos. 348 p. 13,25 €

Las flores del bien. *De la vida sencilla y otras obras poéticas.* 318 p. 11,75 €

Los testigos de Jesús. 182 p. Personajes y santos. 182 p. 9 €

A la luz del misterio. *Y otros escritos sobre Dios, la Iglesia, el hombre, la vida.* 374 p. 13,25 €

El "Séneca" y sus puntos de vista. Artículos de sabiduría popular. 190 p. 9 €.

Mis mejores artículos. 326 p. 13,25 €

De las letras y las artes. *El mundo de las letras. Escritores y artistas de ayer y de hoy.* 396 p. 15 €

Mis almuerzos con gente importante. 228 p. 10,50 €

Mis encuentros con Franco. 176 p. 9 €

El "Séneca" en televisión. 224 p. 10,50 €

Teatro selecto. *Cuando las Cortes de Cádiz, La casa, Edipo*, y cuatro obras más. 576 p. 18,75 €

Andalucía. 458 p. 17,45 €. *La eternamente vencedora, Barrio de Santa Cruz, Señorita del mar*, y otros temas andaluces.

Apuntes autobiográficos: 222 p. 10,50 €

JOSÉ LUIS MARTÍN DESCALZO

Antologías de textos publicados en diversos medios, principalmente en el programa de RTVE "Pueblo de Dios". Textos recopilados y ordenados por J.A. Martínez Puche.

María de Nazaret (3ª ed.). 138 p. Sobre la Virgen. 8,50 €

Yo amo a la Iglesia (2ª ed.). 290 p. Sobre la Iglesia. 11,75 €

Días grandes de Jesús. 300 p. 11,75 €. Sobre Navidad, Semana Santa, Pascua y santos

Para mí la vida es Cristo. ***El sacerdote habla a sus hermanos.*** (3ª ed.). 300 p. 11,75 €. Sobre la vida cristiana.

Relatos de un cura joven 1. ***Al filo de la Palabra*****.** 196 p. 9 €. Antología de folletos de tema bíblico.

Relatos de un cura joven, 2. ***Cristianos para nuestro tiempo*****.** 204 p. Antología de folletos sobre la vida cristiana. 9 €

ARTE

En teoría, es arte. ***Una introducción a la estética.*** S. J. Castro. 276 p. 16 €

Guía de las Cartujas de España. L. Doeijo. 248 p. con ilustraciones. 11x21 cm. 8,50 €

Los santos y los patronos. Cómo reconocerlos en el arte y en las imágenes populares. Fernando y Gioia Lanzi. 264 p. Cartoné. Color. 300 ilustraciones. Formato: 21,5x27 cm. 39 €

JOSÉ A. MÁRTINEZ PUCHE (DIRECTOR)

EL AÑO DOMINICANO, de José A. Martínez Puche (Director).
514 SANTOS y beatos de la Orden de Predicadores. 1.406 págs. todo color, cartoné. 75 €.

14. AUDIOLIBROS. TEXTOS SONORIZADOS

LOS SANTOS Y SUS ESCRITOS (Extractos selectos de Teresa Uriburu y J.A.M. Puche.)

Libro de la Vida. Santa Teresa. 104 p. + 2 CD. 16 €

Para Vos nací. Santa Teresa. Poesías y Exclamaciones. 72 p. + 2 CD. 16 €

Camino de perfección. Santa Teresa. 120 p. 2 CD. 16 €

Confesiones. San Agustín. Libro: 122 p. 3,50 €. Libro + 2 CD: 16 €

Cántico espiritual. San Juan de la Cruz. Libro: 228 p. 5,50 €. Libro + 4 CD: 29 €

Diario del alma. Juan XXIII. Libro: 76 p. 2,75 € Libro + 1 CD: 9 €

Historia de un alma. Santa Teresita del Niño Jesús. Libro 140 p.+ 2 CD. 16 €.

Vida de Cristo. Fray Luis de Granada. Libro: 106 p. 2,75 € Libro + 2 CD: 16 €

Hermano Rafael. *Escritos selectos.* Rafael Arnáiz. Libro: 158 p. 3,75 € Libro + 2 CD: 16 €

San Rafael. Monje trapense. Rafael Arnáiz. 12 CD. 35 €

Santa Margarita María y el Corazón de Dios. Santa Margarita Mª Alacoque. Vida y mensaje. Libro: 78 p. 2,75 €. Libro + 2 CD: 16 €

San Pablo cuenta su vida. L. L. de las Heras. Libro: 156 p. 5 € Libro + 2 CD: 16 €

Santa Maravillas de Jesús. Vida y mensaje. J. Onrubia. Libro: 72 p. 2,50 € Libro + 1 CD: 9 €

San Francisco de Sales. M. Salesas. Semblanza biográfica. Libro: 76 p. 1,75 €. Libro + 1 CD: 9 €

Santa Teresa (de Jesús). Pancracio Celdrán. Biografía dramatizada. Libro: 60 p. 1,75 €. Libro + 1 CD: 9 €

Santa Juana Jugan. P. Milcent. Libro + 2 CD: 16 €

Fátima. *Historia. Secreto. Mensaje.* Hna. Lucía. Libro: 90 p. 3,50 €. Libro + 1 CD: 9 €

Historia de una escoba (*san Martín de Porres***).** A. Sánchez. Libro: 62 p. 3,70 €. Libro + 1 CD: 9 €

LITERATURA (Extractos selectos)

El ingenioso hidalgo Don Quijote de la Mancha. M. de Cervantes. Libro + 4 CD: 29 €

Cantar de Mío Cid. Anónimo. Libro + 1 CD: 9 €

Lazarillo de Tormes. Anónimo. Libro + CD: 9 €

La vida es sueño. P. Calderón de la Barca. Libro + 1 CD:9 €

Fuenteovejuna. F. Lope de Vega. Libro + 1 CD:9 €

El divino impaciente. J. M. Pemán. Libro + 2 CD: 16 €

Joyas de la palabra I y II. Antología de poemas espirituales. AA.VV. 2 CD: 12,50 € cada uno.

HISTORIA. SEMBLANZAS

Isabel la Católica. T. Uriburu. Libro + 1 CD: 9 € Libro, 1.75 €

CHARLAS. DRAMATIZACIONES

No os pido más que le miréis. *Jesucristo a través de los ojos de santa Teresa de Jesús.* M. Olga Mª del Redentor.72 p. 2 CD (67+68 min.).16 €

Darnos del todo al Todo sin hacernos partes. *Santa Teresa de Jesús y la vida consagrada.* M. Olga Mª del Redentor. 272 p. 1 DVD-MP3 (12 horas)17,50 €

Hacia la Luz, el Amor y la Vida. *Reflexiones para Cuaresma y Pascua.* M. Olga Mª del Redentor. 260 p. 1 DVD-MP3 (12 horas)17,50 €

Mi Cristo roto. Ramón Cué. Libro + 2 CD: 16 €

Ojos que vieron a Cristo. Ramón Cué. Nueve charlas sobre personajes del Evangelio. Libro + 2 CD: 12 €

Yo creo en la alegría. Ramón Cué. Ocho charlas de vida cristiana. Libro + 1 CD: 9 €

Buscando su rostro. *Memorial de una vida.* Ignacio Larrañaga. 15 horas de reflexiones espirituales. 14 CD: 68 €

Diálogos de Pasión. J.L. Martín Descalzo. Jesús habla con los diversos personajes de sus últimos momentos. Libro + 1 CD: 9 €

Amigos de Dios. J. Escrivá de Balaguer. 18 homilías. Libro (460 p.) + 9 CD: 49,50 €

Juan Pablo II, a los cristianos. Mensajes en español a la familia, jóvenes, sacerdotes y religiosos. 2 CD: 12,50 €

NUEVO AÑO CRISTIANO

12 TOMOS, 12 MESES (5.ª ed.)

SANTORAL (santos, beatos, venerables, siervos de Dios), AÑO LITÚRGICO (tiempos y fiestas), JORNADAS ECLESIALES

Obra dirigida por José A. Martínez Puche, O.P., con un amplio equipo de especialistas. ¡Imprescindible!

«Es una joya, muy completo, verdaderamente admirable..., una verdadera enciclopedia de la santidad cristiana. Muy hermosa presentación» († Alberto Iniesta).

Adquiera los mejores libros publicados en 2001 para el siglo XXI.

¡GRAN OFERTA! Los 12 libros en rústica: 179 € (No 223,40).

En cartoné: 198 € (No 247,40).

15. MÚSICA. CDs. Partituras. Cancioneros

POLIFÓNICA. PROCESIONAL

Canto gregoriano y Polifonía. Polifónica turolense. 2 CD: 21 €
Semana Santa. Antología de 60 marchas procesionales. 4 CD: 25 €
Santo entierro magno. Sevilla. 2 CD + DVD + Fotos: 23 €

PADRE. HIJO. ESPÍRITU SANTO

Al Dios de mi alabanza. A. Gutiérrez. CD: 12,50 €. Partituras: 28 p. 3,50 €
Dios, Padre bueno. V. Muñoz. CD: 12,50 €. Partituras: 28 p. 3,50 €
En el nombre del Padre. *Nuevos espirituales.* E. Bastida. CD: 12,50 €. Partituras: 28 p. 3,50 €.
Manos de Dios. A. de Armas. CD: 12,50 €.
Alabanza de gloria. V. Borragán CD: 12,50 €. Partituras: 3,50 €
Ven, Señor Jesús. V. Borragán. CD: 12,50 €. Partituras: 36 p. 3,50 €. Cantos a Jesucristo: súplica y esperanza.
Hijo del Hombre. Abelardo de Armas. CD: 12,50 €
La otra mejilla. CD: 12,50 €. Seminaristas de Getafe.
Seguir a Cristo. J. Sagüés (música), santa Genoveva Torres (letra). 2 CD: 21 €. Partituras: 52 p 3,50 €
Espíritu Santo ¡ven! V. Borragán. CD: 12,50 €. Partituras: 32 p. 3,50 €

EUCARISTÍA

Al partir el Pan. *Cantos de Eucaristía.* A. Gutiérrez. CD: 12,50 €. Partituras: 20 p. 3,50 €
Misa del tercer milenio. A. Gutiérrez. CD: 12,50 €. Partituras: 28 p. 3,50 €
Vendremos a él. *Canciones de Trinidad y Eucaristía.* J. M. Glez. Durán. CD: 12,50 €. Partituras: 36 p. 3,50 €.
Panis vivus. *Cantata a la Ascensión. Triludios eucarísticos.* L. Iruarrízaga. Escolanía del Valle de los Caídos. CD: 12,50 €.
Venimos a tu mesa. M. Carchenilla. Canciones e instrumental. CD: 12,50 €. Partituras: 28 p. 3,50 €.

NAVIDAD

Gran orquesta de Navidad. Paul Mauriat. CD: 12,50 €.
A la lumbre del Portal II. Grupo Tahona. Villancicos. CD: 12,50 €.
En el Portal de Belén. 16 villancicos populares. CD: 6 €.
Los villancicos del Padre Soler (1729-1783). CD: 12,50 €.
Canciones de Navidad. Escolanía del Valle de los Caídos. 24 villancicos. CD: 12,50 €.
Navidad musical. *Misa de Pastorela. Villancicos populares (Molina de Segura).* CD: 12,50 €.
Mágica Navidad. 24 villancicos. 2 CD: 21 €
Oratorio de Navidad. F. Palazón. Cuatro piezas sinfónicas y un Oratorio. 12,50 €
Villancicos espirituales. F. Palazón, J. L. Martín Descalzo (Letra). 9 Villancicos y un himno a San Juan de la Cruz. 12,50 €. Libreto de partituras: 5,50 €
Villancicos por rumbas 1, 2 y 3. Coros rocieros. Cada uno 2 CD: 16 €

MARÍA

Salve, Madre. *Cantos marianos populares y polifónicos.* CD: 12,50 €. Partituras: 32 p. 3,50 €.
Ofrenda musical a María. Coral "Tomás Luis de Vitoria". Salve Marinera, Salve cartagenera, cantigas, himnos marianos. CD: 12,50 €
María Madre del 2000. *Canciones nuevas a Santa María.* A. Gutiérrez. CD: 12,50 €. Partituras: 24 p. 3,50 €.
Flor escondida. A. de Armas. CD: 12,50 €. Cantos a la Virgen.
Salve rociera. Antología. 2 CD: 21 €.
Al Rocío. Antología. 2 CD: 21 €.

FE Y VIDA

Cantos para el siglo nuevo. V. Muñoz. CD: 12,50 €. Partituras: 32 p. 3,50 €
Dominicos. *Ochocientos años (1216-2016).* V. Muñoz. CD: 12,50 €. Partituras: 28 p. 3,50 €
Ama. Es posible el amor. A. Di Mario, P. Tombolato. 12,50 €

Contagiando fe. T. Titos. Cantos juveniles. 12,50 €
Rosa del mundo. Teresa de Calcuta y su mensaje. R. Cabado. Canto a Madre Teresa. Canciones. 12,50 €
Palabras sagradas de Pablo Apóstol. Frei L. Turra. Canciones "estilo Taizé" con textos de san Pablo. 12,50 €
Ignacio de Loyola. *Tras el rastro de Jesús.* W. Hewett. Oratorio musical para coro, solista, orquesta, órgano y narrador. CD: 16,50 €. Partituras: 48 p. 3,50 €
Vamos a Javier. *Javierada musical.* J. Sagüés. Himnos y cantos a san Francisco Javier. CD: 12,50 €. Partituras y catequesis: 28 p. 4,50 €
Camino de Santiago. *Canciones para la marcha y el encuentro.* J.M. G. Durán y Recoletos. CD: 12,50 €. Partituras y catequesis: 56 p. 3,50 €

LA MÚSICA DE JUAN ANTONIO ESPINOSA

Las canciones de la asamblea. 49 canciones. 2 CD. 21 €. Partituras 83 canciones: 272 p. 11,75 €. 2 CD (instrumental) 21 €
Al Señor del nuevo siglo. CD: 12,50 €. Partituras: 36 p. 3,50 €
A los que ama el Señor. CD: 12,50 €. Partituras: 52 p. 3,50 €
Eres uno de los nuestros. CD: 12,50 €. Partituras: 36 p. 3,50 €
Cantares de libertad. La tierra grita. Cantares con ojos abiertos. Hombres sin tierra. 2 CD: 21 €
Testigos de Jesús. 41 canciones. 2 CD: 21 €. Partituras: 140 p. 9,50 €
El Senyor es la meva força. CD: 12,50 €

Colección CANCIONES DEL PADRE JOSICO

Nº 1. **Por la Cuaresma a la Pascua / De Ramos a Pascua.** CD: 21 €. Partituras: 62 p. 6,40 €
Nº 2. **Nuevas Cantigas a María / Gracias, María.** CD: 21 €. Partituras: 82 p. 7,25 €
Nº 3. **Celebramos tus fiestas, Señor / Los niños cantan a Dios.** CD: 21 €. Partituras: 68 p. 6,40 €
Nº 4. **Mensajero de tu paz / En tus manos, Señor.** CD. 21 €. Partituras: 52 p. 5,50 €

CANCIONEROS

Himnos de la Liturgia de las Horas. Mª C. Villar. 288 p. Cancionero con partituras: 12,50 €.
Maravillas, nombre y vida. *Himnos y canciones a Santa Maravillas de Jesús.* AA.VV. 224 p. 43 Partituras. 7,75 €
Mira a Jesucristo (4ª ed.). *Himnos, cantos y elementos comunes de las celebraciones.* R. Mª Riera. 200 p. 85 Partituras 6,25 €

¡¡EL CAMINO DE DAMASCO!!

Libros para conocer a grandes personajes que cambiaron su vida al encontrarse con Cristo.
Dirección: J.A.M. Puche, O.P.

- **San Pablo y convertidos de la Biblia.** J. R. Flecha. 270 p. 2ª ed. 12,50 €
- **San Agustín y convertidos de la era patrística.** R. del Olmo. 360 p. 13,75 €
- **San Francisco y convertidos de la Edad Media.** L. Pérez. 176 p. 8 €
- **San Ignacio, Santa Teresa y convertido del siglo XVII.** Ignacio Iglesias. 218 p. 9 €
- **Cardenal Newman y convertidos de los siglos XVIII y XIX** P. Langa. 224 p. 9,25 €
- **Carlos de Foucauld y convertidos del siglo XX.** J. L. Vázquez. 296 p. 13 €
- **Edith Stein y convertidos de los siglos XX y XXI.** J. Peraire y J. A. M. Puche. 420 p. 14,50 €

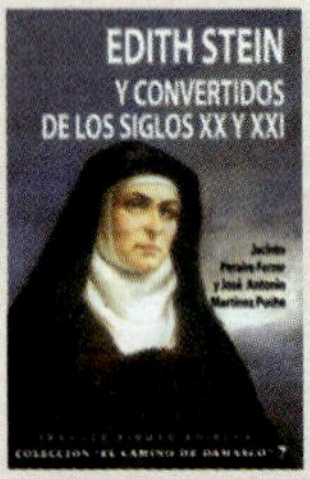

Colección completa: Solo 65 €

16. PELÍCULAS Y DOCUMENTALES en DVD

ANTIGUO TESTAMENTO

La Biblia. Personajes y episodios (13 DVD). Episodios de 50 min. en dibujos animados. 1. El jardín del Edén. 2. José y la túnica sagrada. 3. La historia de Moisés. 4. Josué y la batalla de Jericó. 5. Sansón y Dalila. 6. Sodoma y Gomorra. 7. Daniel y la guarida del león. 8. David y Goliat. 9. Jonás y la ballena. 10. La Natividad. 11. Los milagros de Jesús. 12. Los Apóstoles. 13. La pasión. 64,50 €

Historias de la Biblia. *Los grandes acontecimientos del Antiguo Testamento.* 5 DVD. 26 capítulos de 30 min. Dibujos animados. 39,50 €.

Los misterios de la Biblia. 150 min. Reportaje de Discovery Channel que intenta una explicación de algunos temas bíblicos. DVD 1 (El Éxodo. Los evangelios perdidos) DVD 2 (Sodoma y Gomorra). 21 €.

Los Diez Mandamientos. 222 min. Dir.: C.B. de Mille. Int.: Ch. Heston, Y. Brynner. 16 €.

El Principio. 189 min. Dir.: Kevin Connor. Int.: Martin Landau, Jaqueline Bisset. Recreación histórica de los relatos bíblicos desde Abraham a Moisés. 16 €.

Sansón y Dalila. 12 €. 95 min. Dir.: L. Philips.

El rey de Israel (Moisés). 135 min. Dir.: G. de Bosio. Int.: B. Lancaster. 12 €.

NUEVO TESTAMENTO. JESUCRISTO

Reportajes

Jesús. La verdadera historia. 180 min. Discovery Channel presenta a Jesús desde diversos enfoques. 2 DVD: 21 €.

El Sudario de Cristo. 12 €. 55 min.

La Sábana Santa. *La evidencia científica de la Pasión.* 45 min. Dir.: D. Rolfe. 12 €

La Jerusalén de Jesús. *Los primeros cristianos.* 90 min. 15 €

El Santo Grial. *Leyenda y realidad del Cáliz de la Última Cena.* 40 min. 12 €

Los Reyes Magos. *¿Leyenda o realidad?* 40 min. Reportaje sobre todo lo relacionado con los personajes. 12 €

Los 40 días ignorados de Jesús. 88 min. Documental. 16 €

Películas sobre Jesucristo

Rey de reyes. 154 min. 16 €. Dir.: N. Ray.

Quo Vadis. 170 min. 16 €. Dir.: M. LeRoy.

La túnica sagrada. 135 min. 16 €. Dir.: H. Koster.

Jesús de Nazaret. 400 min. 2 DVD: 21 €. Dir.: F. Zeffirelli.

Un niño llamado Jesús. 110 min. 16 €. Dir.: F. Rossi

Los años perdidos de Jesús. 60 min. 16 €. Dir.: T. Jennings. La vida de Jesús entre los 12 y 30 años.

Películas sobre personajes del NT

Tomás. 96 min. 12 €. Dir.: R. Mertes. El apóstol incrédulo.

Judas. 91 min. 12 €. Dir.: R. Mertes. El apóstol traidor.

El beso de Judas. 90 min. 12 €. Dir.: R. Gil.

María Magdalena. 98 min. 12 €. Dir.: R. Mertes.

Otras películas relacionadas

Cuentos para Navidad. 260 min. 2 DVD: 19 €. Dir.: Burbank. Animación.

El Cristo del Océano. 74 min. 12 €. Dir.: R. Fernández

Mi Cristo roto. 83 min. 12 €. R. Cué

MARÍA

Reportajes

De Fátima a Medjugorje. 60 min. 12 €. Dir.: G. Frascarolo. Documental.

El Rocío es compartir. 55 min. 16 €. Dir.: F. Campos. Documental sobre la popular y tradicional romería.

Películas

La Señora de Fátima. 90 min. 12 €. Dir.: R. Gil.

Aquella joven de blanco (Lourdes). 95 min. 12 €. Dir.: L. Klimovsky.

La Virgen de Guadalupe. 82 min. 12 €. Dir.: A. Salazar.

María de Nazaret (Serie Tv). 205 min. 2 DVD 21 €

SANTOS Y BEATOS

Fray Escoba. 98 min. 16 €. Dir.: R. Torrado. Vida de san Martín de Porres.

Teresa de Jesús. 3 DVD: 25 €. Serie de TVE. Dir.: J. Molina.

San Agustín. 199 min. 16 €. Dir.: Ch. Duguay.

Francesco. *San Francisco de Asís.* 127 min. 16 €. Dir.: M. Soavi.

San Ignacio de Loyola (El capitán Loyola). 100 min. 16 €. Dir.: J. Díaz.

Isidro el Labrador. 100 min. 16 €. Dir.: R.l J. Salvia.

Juana de Arco. 145 min. 16 €. Dir.: V. Fleming.

El cielo sobre el pantano (Santa María Goretti). 105 min. 16 €. Dir.: A. Genina.

Fray Escoba. 98 min. 16 €. Dir.: R. Torrado. Vida de san Martín de Porres.

Maximilian Kolbe. 91 min. 16 €. Dir.: K. Zanussi.

Santa Rita de Casia. 208 min. 16 €. Dir.: G. Capitani.

Padre Pío. 206 min. 16 €. Dir.: C. Carlei.

Rosa de Lima. 97 min. 16 €. Dir.: J. Mª Elorrieta

Teresa de Jesús. 3 DVD: 25 €. Serie de TVE. Dir.: J. Molina.

Thérèse. 94 min. 16 €. Dir.: A. Cavalier.

Becket. 107 min. 16 €. Dir.: P. Glenville.

Un hombre para la eternidad (Tomás Moro). 115 min. 16 €. Dir.: F. Zinnemann.

Monsieur Vincent (San Vicente de Paúl). 111 min. 16 €. Dir: M. Cloche.

Teresa de Calcuta. 111 min. 16 €. Dir.: F. Costa.

Don Bosco (S. Juan Bosco). 200 min. 19 €. Dir.: L. Gasparini.

San Pedro Claver. *Esclavo de los esclavos.* 24 min. 9 €. Dir.: C. Portabella. Documental

Scoto, el defensor de la Inmaculada (Beato Duns Scoto). 95 min. 16 €. Dir.: F. Muraca.

Francisco, juglar de Dios. 83 min. Dir.: R. Rossellini. 19 €

San Antonio de Padua. *El guerrero de Dios.* 105 min. Dir.: U.Marino. 19 €

Santa Bárbara. 115 min. Dir.: C. Elia. 19 €

Un Dios prohibido. 123 min. Dir.: P. Moreno. 19 €

Vida y mensaje del Hermano Rafael. 137 min. Documental sobre la vida y espiritualidad de san Rafael Arnáiz Barón (1911-1938), monje trapense. 19 €

Faustina, Apóstol de la Divina Misericordia. 88 min. 19 €. Dir.: J. Lukaszewicz. Película biográfica de santa Faustina Kowalska.

María Goretti. 95 min. 19 €. Dir.: G. Base.

Bajo un manto de estrellas. 88 min. 19 €. Dir.: Óscar Parra. Vida, persecución y martirio de los dominicos de Almagro.

Colección HÉROES DE LA FE

Colección de relatos de vidas de santos pensadas para presentar los santos a los niños de hoy. Películas realizadas en dibujos animados de gran calidad. Producidas por Mondo TV Group. 12 € cada título

El Padre Karol, Juan Pablo II. 90 min.
San Josemaría Escrivá de B. *Infancia y juventud.* 65 min.
Madre Teresa de Calcuta. 90 min.
San Antonio de Padua. *Doctor de la Iglesia.* 90 min.
Padre Pío. 92 min.
Santa Catalina de Siena. *Maestra de oración.* 30 min.
Santa Juana de Arco. 100 min.
Santas Perpetua y Felicidad. 30 min.

TESTIMONIOS Y VALORES

El credo. La fe de la Iglesia. 75 min. 19 €. 15 vídeos de 5 minutos para explicar el credo y la fe de la Iglesia.
Érase una fe. 84 min. 19 €. Documental. Dir.: P. Barnérias. Los cristianos olvidados y perseguidos.
El camino de la vida. 172 min. 16 €. Dir.: B. Riveiro. El Camino de Santiago.
Alexia. 70 min. 16 €. Dir.: P. Delgado. Vida de Alexia González-Barros, adolescente en proceso de beatificación por su forma ejemplar de afrontar la enfermedad.
Cartas a Dios. 155 min. 16 €. Dir.: E-E. Emmanuel. Un niño habla a Dios en su enfermedad.
Intocable. 108 min. 19 €. Dir.: E. Toledano. Comedia basada en hechos reales. Un aristócrata tetrapléjico recupera las ganas de vivir animado por su joven cuidador.
En el vientre materno. 100 min. 21 €. Documental de National Geographic+ libro de los nueve primeros meses de vida del ser humano
Bella. 115 min. 16 €. Dir.: A. Gómez. El aborto y la adopción.
La Ciudad de la Alegría. 128 min. 12 €. Dir.: R. Joffé.
El pequeño ángel. 84 min. 19 €. Dir.: D. Kim. Animación. Un ángel busca en la tierra el mejor regalo para llevar al Niño Jesús.

PAPAS

Las sandalias del pescador. 155 min. 16 €. Dir. M. Anderson
Juan XXIII, *el Papa de la paz.* 180 min. 16 €. Dir.: G. Capitani.
Juan Pablo I, la sonrisa de Dios. 200 min. 16 €. Dir.: G. Capitani.
Juan Pablo II. En España y en el mundo. 98 min. 12 €. Reportaje
Karol / I. *El hombre que se convirtió en Papa.* 187 min. 16 €. Dir.: G. Battiato. Vida de Juan Pablo II.
Karol / II. *El Papa, el hombre.* 183 min. 16 €. Segunda parte.
Juan Pablo II, el amigo de toda la humanidad. 60 min. 9 €. Dir.: J. L. López-Guardia. Biografía en dibujos animados y documental temático doctrinal de sus viajes.
Benedicto XVI, el Papa alemán. 50 min. 9 €. Dir.: C. Singer. Documental biográfico hasta ser elegido Papa.

SACERDOTES

Diario de un cura rural. 120 min. 16 €. Dir.: R. Bresson. Basada en la novela de G. Bernanos.
Balarrasa. 90 min. 16 €. Dir.: J. A. Nieves Conde.
Escarlata y negro. 136 min. 12 €. Dir.: J. London. Hª de Mons. Hugh O'Flaherty.
Romero. 104 min. 16 €. Dir.: J. Duigan. Recreación de la vida y muerte de Mons. Óscar Romero.
El Cardenal. 174 min. 16 €. Dir.: O. Preminger.
Elefante blanco.103 min. 19 €. Dir.: P. Trapero. Dos sacerdotes en una barriada de Buenos Aires.
La última cima. 80 min. 16 €. Dir.: J. Ml. Cotelo. Documental sobre la vida del sacerdote Pablo Domínguez.
Las campanas de Santa María. 125 min. 16 €. Dir.: L. McCarey. El P. O'Malley en un barrio de Nueva York.

La guerra de Dios. 96 min. 16 €. Dir.: R. Gil. Un sacerdote lucha por los derechos de los trabajadores.
El noveno día. 98 min. 16 €. Dir.: V. Schlöndorff. El P. Kremer se negó a aceptar las leyes racistas nazis.
El Padrecito. 128 min. 19 €.. Dir.: M. M. Delgado. Int.: Cantinflas.
La mies es mucha. 142 min. : 15 € Dir.: J.L. Sáenz de Heredia. Int.: Fernando Fernán Gómez.
Forja de hombres-La ciudad de los muchachos. 90 y 102 min. : 15 € Dir.: N. Taurog. Int.: S. Tracy, M. Rooney.

RELIGIOSOS

Diálogo de carmelitas. 107 min. 16 €. Dir.: Ph. Agostini. Vida y martirio de 16 monjas en 1794.
El gran silencio. 164 min. 16 €. Dir.: Ph. Gröning. La vida cotidiana en un monasterio cartujo.
La Misión. 120 min. 16 €. Dir.: R. Joffé.
Marcelino Pan y Vino. 87 min. 16 €. Dir.: L. Vajda.

RELIGIOSAS

Un día perdido. 82 min. 19 €. Dir.: J. Mª Forqué. Tres monjas y un taxista tratan de localizar a los padres de un niño por Madrid.
Canción de cuna. 93 min. 16 €. Dir.: J. Mª Elorrieta. Historia de una niña y su adopción en un convento de monjas en el siglo XIX.
Narciso negro. 96 min. 16 €. Dir.: M. Powell. Unas monjas anglicanas viven el choque de dos culturas.
Bendito paladar. 9 horas, 56 min. 4 DVD. 30 €. 22 programas de TVE sobre cocina de tres monjas.
Sister Act 1. Una monja de cuidado. 96 min. 16 €. Dir. E. Ardolino. Int.: Whoopi Goldberg.

Sister Act 2. De vuelta al convento. 107 min. 16 €. Dir. B. Duke. Int.: Whoopi Goldberg.

EDUCACIÓN

Profesor Lazhar. 91 min. 19 €. Dir.: Ph. Falardeau. Un maestro de primaria de origen argelino entra en contacto con un grupo de adolescentes de Montreal obsesionados por el misterio de la muerte.
Solo es el principio. 98 min. 19 €. Dir.: J. Pierre Barougier. Idioma: Francés con subtítulos en español. Una lección de humanidad, calidez, educación, tolerancia y sentido común. El despertar del pensamiento crítico.

También están disponibles hasta agotar stock, a 16 € cada una:
- **El club de los poetas muertos.**
- **El pequeño salvaje.**
- **Los cuatrocientos golpes.**
- **Rebelión en las aulas**

HISTORIA

El Cid. 172 min. 16 €. Dir.: A. Mann
La caída del Imperio Romano. 173 min. 16 €. Dir.: A. Mann.
Constantino el Grande. 127 min. 16 €. Dir.: L. de Felice
Jerusalén. La creación de una ciudad santa. 173 min. 16 €.. Documental de la BBC
Las Cruzadas. Una guerra de 200 años. 150 min. 16 €. Dir.: Documental de la BBC

LOS CUENTOS DE LOS HERMANOS GRIMM

Cuentos inmortales de los Hermanos Grimm en dibujos animados de gran calidad. Una producción de Greenlight Media Film. Duración aproximada de cada cuento 30 min., una hora cada DVD. PVP de cada DVD 7 €

Blancanieves / Rumpelstiltskin
La bella durmiente / Los dos hermanos
Cenicienta / Las dos princesas
El gato con botas / Caperucita roja
Pulgarcito / Los músicos de Bremen
Hansel y Gretel / Rapunzel
Juan sin miedo / El rey rana
El rey pico de loro / El maestro ladrón
Los tres pelos de oro del diablo / Los seis criados
Mesita Ponte / Juan el fiel
La luz azul / Los seis cisnes
La doncella de los gansos / Bola de cristal

DOCE VIDAS DE JESÚS

1. Vida de Jesucristo según el Evangelio,
del **P. LAGRANGE, O.P.** (2.ª ed.). XII + 545 págs. 17,45 €.
2. La más antigua Vida de Jesús.
Diatessaron de Taciano (2.ª ed.). 259 págs. 10,50 €.
3. Vida de Cristo,
de **FRAY LUIS DE GRANADA** (2.ª ed.). 370 págs. 13,25 €.
4. Jesucristo,
de **L. DE GRANDMAISON, S.J.** (2.ª ed.). 638 págs. 21 €.
5. Vida de Jesús según los Evangelios sinópticos,
de **JOSÉ SALGUERO, O.P.** (2.ª ed.). 356 págs. 13,85 €.
6. Nuestro Señor Jesucristo según los Evangelios,
de **L.-Cl. FILLION** (2.ª ed.). 447 págs. 14,45 €.
7. Memorias de un reportero de los tiempos de Cristo,
del **P. Carlos M.ª de HEREDIA, S. J.** 1.010 págs. 23,45 €.
8. Vida de Nuestro Señor Jesucristo,
del **P. REMIGIO VILARIÑO, S. J.** (2.ª ed.). 645 págs. 21 €.
9. La vida de Jesús, en el país y pueblo de Israel,
de **F. M. WILLAM** (2.ª ed.). 493 págs. 17,45 €.
10. Vida de Jesús
de **FRANÇOIS MAURIAC.** 224 págs 10,50 €.
11. Historia de Cristo,
de **GIOVANNI PAPINI** (2.ª ed.). 383 págs. 14,45 €.
12. Vida de Jesucristo,
de **GIUSEPPE RICCIOTTI** (2.ª ed.). 590 págs. 19,25 €.

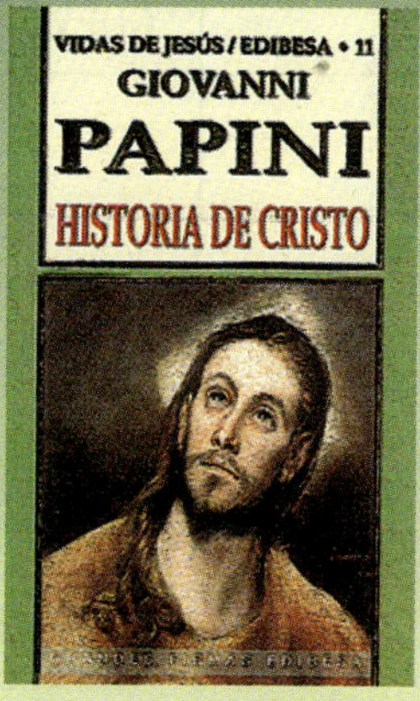

• **Precio especial de las 12 Vidas de Jesús: 179 €** *(no 196,50 €).*

BOLETÍN DE PEDIDO

Nombre y apellidos ______________________________

Calle ______________________________

Población ______________________________

C. Postal ______________ Provincia ______________

Teléfono ______________ Móvil ______________ CIF/DNI ______________

E-mail ______________________________

Les ruego envíen contra reembolso:

Cantidad	Título	Importe
	EVANGELIO 2021 (bolsillo)	
	EVANGELIO 2021 (letra grande)	
	EL AÑO DOMINICANO (1.406 p.)	75 €
	NUEVO AÑO CRISTIANO. 12 TOMOS. 7.160 p.	(OFERTA) ¡SOLO 179€! CARTONÉ 198€

Recorte o fotocopie esta hoja y envíela a:

EDIBESA. c/ Juan de Urbieta, nº 51. 28007 MADRID. Tlf. 91 345 19 92

pedidos@edibesa.com (Los precios no incluyen los gastos de envío)